# གནའ་བོའི་དུས་ཀྱི་མལ་གྲོ་དང་འབྲེལ་བའི་རིག་གནས་ལོ་རྒྱུས།

ལྷག་པ་བཀྲ་ཤིས་ཀྱིས་རྩོམ་སྒྲིག་བྱས།

བོད་ལྗོངས་བོད་ཡིག་དཔེ་རྙིང་དཔེ་སྐྲུན་ཁང་།

# སྔོན་འགྲོའི་གཏམ།

སྔ་འཛམ་བུ་གླིང་ལས། ཟས་མོ་སྣང་པ་བོད་འདི་བཞིན་ས་བབ་ཀྱི་ཆ་ནས་འཛམ་གླིང་འཛིན་མའི་གཙུག་ཏུ་ཆགས་ཤིང་། ཉིན་དང་མཚན་གྱི་མགོན་པོ་ཉི་ཟླའི་ཟླ་ཆ་ཉེ་བར་འཆར་ལ། དེའི་བགྲོད་ཕྱོགས་སམ་འཁོར་ཕྱོགས་བདེ་བའི་ཨ་སྔོན་ནམ་མཁའི་སླའི་འོག་ན་གཏུགས་པ་མེད་པའི་ས་གཞིའི་ཁྱོན་ཡངས་ཤིང་རྒྱ་ཆེ་བ་ནི་འགྱིང་བ། ལྷུན་ཆགས་པ་ལྷ་བུའི་གངས་རི་དང་། རྫ་རི། ནགས་རི། སྤང་རི་ལ་སོགས་ཀྱིས་ལན་དུ་མར་བསྐོར་བའི་ཞིང་ཁམས་རྒོད་སྐྱེས་རྩེ་ཐོག་འབྲུངས་ས། འབྲུ་དྲུག་སྨིན་པའི་ཡུལ། བརྟེད་ཆགས་ཡིད་དུ་འོང་བའི་སྤོངས་དང་སྤོངས་ཀྱི་སོགས་ནས་ཆུ་བོ་ཆུ་ཕྲན་དང་བཅས་པ་བསམ་བཞིན་དུ་འབབ་པའི་གནས་མཆོག་གང་དེའི་ཡུལ་མི་རྣམས་ནི་གཞུང་དྲང་ཞིང་ལས་ལ་བརྩོན་པ། ཤེས་རིག་བཀྲ་ལ་དཔའ་ངར་ཆེ་བ། དཀའ་སྤྱད་བབ་ཆགས་ཀྱི་གཤིས་རྒྱུད་དང་ལྡན་པ་ཞིག་ཡིན་ཞིང་། རང་བྱུང་ཁམས་དང་འཐབ་རྩོད་བྱེད་པའི་བརྒྱུད་རིམ་ནང་མིའི་རིགས་ཀྱི་སྤྱི་ཚོགས་འཕེལ་རྒྱས་ཀྱི་དཔལ་ཡོན་མང་དུ་གཏོད་ཁར། རང་རིགས་ཀྱི་ཐུན་མོང་དང་ཐུན་མོང་མ་ཡིན་པའི་རིག་གནས་ཀྱང་ཕུན་སུམ་ཚོགས་པ་བསྐྲུན་ཡོད།

དེང་ཆར་མིའི་རིགས་ཀྱི་རིག་གནས་ཤུལ་ནོར་སྲུང་སྐྱོབ་དང་ཉམས་པ་སོར་ཆུད། མི་ཉམས་གོང་འཕེལ། གནའ་ཤུལ་རིག་གནས་སྔོག་སྐྱེལ་དང་རྒྱུན་འཛིན་དྲིལ་བསྒྲགས་ཀྱིས་རྒྱལ་ཁམས་སྐྱེ་བོའི་མིག་ཡིད་ཟ་བའི་དགའ་སྟོན་དང་།

རྒྱུགས་ཕྱི་བུ་རམ་ལྷ་བུར་གྱུར་དང་འགྱུར་མྱུར་མུས་ཀྱི་བསྐལ་བཟང་འདི་དང་བསྟུན། ཕོ་བོས་གངས་ཅན་བོད་ཀྱི་གནའ་བོའི་གྲོང་ཁྱེར་དཔལ་གྱི་སའི་ཁོངས་སུ་གཏོགས་པ་ཆོས་འཁོར་ལྷ་ལྡན་གྱི་ཤར་ཕྱོགས་སྐྱིད་ཆུའི་སྟོད་རྒྱུད་དུ་ཆགས་པའི་མལ་གྲོ་གུང་དཀར་རྫོང་དེའི་ད་ལྟའི་དུས་དང་སྔར་སོང་གི་འཕེལ་འགྱུར་བརྗོད་བྱར་བྱས་པའི་《གནའ་བོའི་དུས་ཀྱི་མལ་གྲོ་དང་འབྲེལ་བའི་རིག་གནས་ལོ་རྒྱུས》ཞེས་པ་འདི་བཞིན་རྩོམ་སྒྲིག་བགྱི་ཁུལ་བྱས་པའི་ཐོག་མའི་རྒྱུན་ནི། ང་རང་རྫོང་དེར་ལོ་ངོ་བཅུ་གྲངས་ལ་ཉེ་བ་འཚོ་སྡོད་བྱེད་པའི་ནང་ཡུལ་གྲུ་འདི་པའི་མ་བཅོས་རང་བྱུང་ཁོར་ཡུག་གི་མཛེས་ལྗོངས་དང་ས་འབྲོག་གི་ཡུལ་བབ་རྣམ་པ། བཅོས་དང་བཅོས་མིན་གྱི་ཐོན་ཁུངས་ཕུན་སུམ་ཚོགས་པ། ཁྱད་པར་པུར་རྒྱལ་བོད་ཀྱི་བཙན་པོ་ཆོས་རྒྱལ་སྲོང་བཙན་སྒམ་པོའི་འཁྲུངས་ཡུལ་ཡང་རྫོང་དེའི་མངའ་ཁོངས་སུ་ཡིན་ཞིང་། གང་ཉིད་སྐུ་གཞོན་ནུའི་མཛད་རྣམ་སྤེལ་ཡུལ་དང་། ཕྱིས་ཀྱི་བཙན་པོ་འགའི་འཕྲིན་ལས་བསམ་གྱིས་མི་ཁྱབ་པ་སྤེལ་བའི་དོན་ལྡན་སྣན་མོ་ངག་གི་གཏམ་རྒྱུད་དམ་ལོ་རྒྱུས་ལྡན་པ། ནང་པ་སངས་རྒྱས་པའི་ཆོས་ལུགས་གྲུབ་མཐའ་ཁག་གི་རིན་བྲལ་གཙུག་ལག་གི་དཔང་མཐོ་བ། ས་གནས་ཡུལ་པའི་རིག་གནས་ཀྱིས་སྤྲུག་པ། ཡུལ་འདི་པའི་སྐྱེ་བོ་ཕལ་ཆེར་ལ་རབས་གཞུང་དྲང་དང་བབ་ཆགས་པ། བྱམས་བརྩེའི་ངང་ཚུལ་ལྡན་གྱིས་གྲུབ་པའི་མི་གཤིས་བཟང་པོ། དེ་བཞིན་ད་ལྟའི་འཕེལ་རྒྱས་སོགས་ལ་ཁོ་བོ་ཅག་གི་བློ་དབང་མེད་དུ་དེ་ཕྱོགས་སུ་རིངས་པས། ཡུལ་འདི་དང་འདི་ཡི་ལོ་རྒྱུས་ལ་ཤེས་འདོད་ཆེན་པོ་བསྐྱེད་པ་དེ་ཡིན་ཞིང་། བར་དུ་ཡུལ་གྲུ་དེའི་ལོ་རྒྱུས་ལ་ཞིབ་འཇུག་བྱེད་འགོ་བཙམས་ཏེ་ཡུལ་དེའི་གནས་སོ་སོར་ངོ་བསྐྱོད་དང་། བགྲེས་

སྲོང་སྒྲིང་བ་ཅན་ལ་བཅར་འདྲི་ཞུས་པ། དེ་བཞིན་གནའ་དེང་ལོ་རྒྱུས་སླ་བའི་མཁས་པའི་བརྩམས་ཆོས་བོད་ཀྱི་ལོ་རྒྱུས་དང་ཆོས་འབྱུང་སོགས་ཚད་ལྡན་ཡིག་ཆ་ཞིབ་དཔྱད་ཀྱིས་ཕྱོགས་བསྒྲིགས་སམ་བསྡུ་རུབ། སྐབས་ཆད་འདེམས་སྐོང་གི་ཚུལ་དུ་རྩོམ་སྒྲིག་བགྱི་ཁྲུལ་ཞུས་པ་དང་། མཐའ་མའི་དམིགས་བྱ་ནི《གནའ་བོའི་དུས་ཀྱི་མལ་གྲོ་དང་འབྲེལ་བའི་རིག་གནས་ལོ་རྒྱུས》རྩོམ་སྒྲིག་བྱས་ཏེ་སྤྱིར་ཡུལ་གངས་ཅན་དང་འབྲེལ་བའི་གནའ་དེང་གི་ལོ་རྒྱུས་ཤེས་འདོད་ཅན་གྱི་སྐྱེ་བོ་དག་དང་། སྒོས་སུ་ཡུལ་ཚན་སོ་སོ་བའམ་ཡུལ་མལ་གྲོའི་གནའ་དེང་གི་ལོ་རྒྱུས་རྟོགས་འདོད་ཆེ་བའི་རང་མཉམ་བརྩོན་འགྲུས་ཅན་རྣམས་ལ་ཤེས་རྟོགས་ཀྱི་དཔྱད་གཞི་རུ་སྣང་ན་བསམ་པ་དང་། གནའ་དེང་གི་ཉམས་སྣང་གཉིས་ལྡན་གྱི་མལ་གྲོ་གྲུང་དཀར་དྲིལ་བསྒྲགས། ལྷག་པར་དེང་འཛམ་གླིང་ཁྲོན་ཡོངས་དཔལ་འབྱོར་སྤར་ལྷག་གི་འཕེལ་རྒྱུས་སུ་སོང་བས་སྐྱེ་བོའི་ཚོགས་དག་གླིང་གཅིག་ནས་གླིང་གཞན་ཞིག་ཏུ་ཡུལ་སྐོར་ཞིང་ལྟོངས་རྒྱུ་བའི་རྣམ་པ་ཆེས་ཆེར་དར་ཞིང་འཕེལ་བས་ཡུལ་སྐོར་བའི་སྐུ་མགྲོན་རྣམས་ལ་ཡུལ་དེ་དང་དེའི་རང་བྱུང་ཁོར་ཡུག་གི་མཛེས་ལྟོངས་དང་། ཤུལ་བཞག་རིག་གནས། ཐུན་མོང་མིན་པའི་ཡུལ་སྲོལ་གོམས་གཤིས་ཀྱི་ཆ་ལ་སྒྲིང་རོལ་བྱེད་བདེའི་རྒྱུས་མེད་རྒྱུས་མངའི་ལམ་སྟོན་གྱི་ལམ་བཤད་ལྟ་བུ་ཞིག་ཏུ་འགྱུར་རེའི་སྨོན་པ་དང་བཅས་དངོས་ཐོག་བདེན་འཚོལ་གྱི་སྒོ་ནས་རང་ནུས་གང་སྤྱོབས་ཀྱིས་དེབ་ཆུང་འདི་བསྒྲིགས་ཁྲུལ་བྱས་པ་ཡིན། འོན་ཀྱང་བདག་ལ་མཚོན་ན་ལྷན་སྐྱེས་ཀྱི་ཤེས་རབ་དམན་ཞིང་སྦྱངས་སྟོབས་ཀྱི་ཡོན་ཏན་ཞན་པས། མཁས་པ་དགྱེས་པའི་སྐྱེབ་སྦྱོར་སོགས་མེད་ངེས་ལ། དེ་བཞིན་དཔེ་དེབ་འདི་ལྟ་བུ་ཞིག་འབྲི་བའི་

ཉམས་མྱོང་མེད་པའི་ཁར་སློབ་ཁྲིད་ཀྱི་ཞར་དུ་བསྒྲིགས་པས་སྐྱོན་དང་ནོར་འཁྲུལ་འབྱུང་ངེས་པར་གོར་མ་ཆགས་པས་ཀློག་པ་པོ་མཁྱེན་ལྡན་རྣམ་པས་ཚོམས་མེད་དགོངས་འཆར་ལྷུག་སྤྲོ་ཡོད་པའི་འདུན་པ་དང་། དེ་བཞིན་སྒྲིག་རྩོམ་བྱེད་པའི་བརྒྱུད་རིམ་ནང་དགེ་བའི་བཤེས་གཉེན་ཤར་ཡུལ་ཕུན་ཚོགས་ཚེ་རིང་མཆོག་དང་རྩོམ་སྒྲིག་འགན་འཁུར་བ་ཚེ་བརྟན་ལགས་ནས་རིན་ཐང་བྲལ་བའི་བཀའ་སློབ་མཛུབ་སྟོན་ཡང་ཡང་གནང་བ་དང་། དགེ་བའི་བཤེས་གཉེན་བྱ་རིགས་བློ་བཟང་རྣམ་རྒྱལ་ལགས་ནས་འབྲེལ་ཡོད་དཔྱད་གཞི། རྫོང་ཡུལ་སྐར་ཚུལ་ནས་པར་རིས་ཁག་ཅིག་མགོ་འདོན་གནང་བར་ཁོ་བོས་སོར་བཅུའི་འདབ་མ་སྙིང་ཁར་ཟུམ་ནས་ཐུགས་རྗེ་ཆེ་ཞུ་རྒྱུ་དང་བཅས།

ལྷག་པ་བཀྲ་ཤིས་ནས་སྤྱི་ལོ་༢༠༡༢ལོའི་ཟླ་༤པར་རྫོགས་པར་བྲིས་པ་འདིས་ཀྱང་གནས་མཆོག་འདི་ཉིད་ཀྱི་སྙན་གྲགས་ཕྱོགས་བཅུར་རྒྱས་པར་གྱུར་ཅིག །

# རྩོམ་པ་པོ་ངོ་སྤྲོད་མདོར་བསྡུས།

ལྷག་པ་བཀྲ་ཤིས་ལགས་ནི་སྤྱི་ལོ་༡༩༧༩ལོར་གཞིས་རྩེ་ས་ཁུལ་གཏིང་སྐྱེས་རྫོང་ཁོངས་ཀྱི་ཞིང་པའི་ཁྱིམ་ཚང་ཞིག་ཏུ་འཁྲུངས། དགུང་ང་ལོ་བརྒྱད་དགུ་ནས་རིམ་བཞིན་སློབ་ཆུང་དང་སློབ་འབྲིང་འགྲིམས། སྤྱི་ལོ་༢༠༠༠ལོར་བོད་ལྗོངས་སློབ་ཆེན་དུ་ལོ་བཞིའི་རིང་ལོ་རྒྱུས་རིག་པར་སློབ་གཉེར་གནང་། སྤྱི་ལོ་༢༠༠༣ལོར་སློབ་གྲྭ་ཐོན་རྗེས་མལ་གྲོ་གུང་དཀར་རྫོང་སློབ་འབྲིང་དུ་དགེ་རྒན་གྱི་ཞུགས་ལས་གནང་། སྤྱི་ལོ་༢༠༠༨ལོར་ཞིབ་འཇུག་སློབ་མའི་རྒྱུགས་འཕྲོད་རྗེས། བོད་ལྗོངས་སློབ་ཆེན་དུ་མཁས་དབང་ཤར་ཡུལ་ཕུན་ཚོགས་ཚེ་རིང་སོགས་བསྟེན་ནས་བོད་ཀྱི་རིག་གནས་སྤྱི་དང་ལྷག་དོན་བོད་ཀྱི་ཆོས་ལུགས་ལོ་རྒྱུས་ལ་སློབ་གཉེར་བྱས་ཤིང་། སྤྱི་ལོ་༢༠༠༩ལོར་བོད་ཀྱི་ཆོས་ལུགས་ལོ་རྒྱུས་རབ་འབྱམས་པའི་མཚན་གནས་ཐོབ།

སྤྱི་ལོ་༢༠༠༨ནས་ད་བར་སློབ་སྦྱོང་དང་སློབ་ཁྲིད་ཀྱི་ཞོར་དུ《བོད་ལྗོངས་ཞིབ་འཇུག》དང་《བོད་ལྗོངས་སྒྱུ་རྩལ་ཞིབ་འཇུག》《བོད་ལྗོངས་སློབ་ཆེན་རིག་དེབ》《སྤང་རྒྱན་མེ་ཏོག》བཅས་དུས་དེབ་ཁག་ནང་《ཕག་གྲུའི་དུས་སྐབས་བོད་ཀྱི་རི་མོའི་སྒྱུ་རྩལ་འཕེལ་རྒྱས་ཕྱིན་ཚུལ་སྐོར་གླེང་བ》དང་། 《སྣེའུ་གྲོང་ཚོའི་ལོ་རྒྱུས་དང་ད་ལྟའི་རྣམ་པ་གསར་པ》 《བོད་དུ་གསང་

སྤྱགས་རྙིང་མའི་གྲུབ་མཐའ་བྱུང་ཚུལ་རགས་ཙམ་གླེང་བ》《བོན་དང་གཡུང་དྲུང་བོན་གྱི་བྱུང་འཕེལ་སྐོར་མདོ་ཙམ་གླེང་བ》སོགས་དཔྱད་རྩོམ་སྤེལ་མྱོང་ཡོད།

དེ་བཞིན་《བོད་ཀྱི་ཉེ་རབས་ལོ་རྒྱུས་ཁམ་བུ་རའི་སྒྲ་དབྱངས》དང་།《བོད་ཀྱི་ལོ་རྒྱུས་ཞིབ་འཇུག་ལ་ཉེ་བར་མཁོ་བའི་ལོ་རྒྱུས་དོན་ཆེན་རེའུ་མིག་རྒྱས་པ་ཀོ་ཏ་ཀ》ཞེས་བྱ་བ་གཉིས་བོད་ཡིག་ནས་རྒྱ་ཡིག་ཐོག་ཏུ་ཕབ་སྒྱུར་དཔེ་སྐྲུན་བྱས། ད་ལྟ་བོད་ལྗོངས་སློབ་གྲྭ་ཆེན་མོའི་རིག་གཞུང་སློབ་གླིང་དུ་གྲངས་ཉུང་མི་རིགས་ལོ་རྒྱུས་ཆེད་ལས་ཀྱི་འབུམ་རམས་པའི་སློབ་སྦྱོང་གནང་མུས་ཡིན།

# དཀར་ཆག

# ལེའུ་དང་པོ། གནའ་བོའི་ཡུལ་གྱི་བདག་པོ་ཨ་ཕྱི་ཆོས་སྒྲོན་དང་ཀླུ་མལ་གྲོ་གཟི་ཅན་གྱི་ལོ་རྒྱུས་དང་གཏམ་རྒྱུད་སྐོར།

## དང་པོ། ཡུལ་གྱི་བདག་པོ་ཨ་ཕྱི་ཆོས་སྒྲོན་གྱི་ལོ་རྒྱུས།

ཨ་ཕྱི་ཆོས་ཀྱི་སྒྲོན་མ་ནི་འབྲི་གུང་བཀའ་བརྒྱུད་ཀྱི་ཐུན་མོང་མ་ཡིན་པའི་སྲུང་མ་གཙོ་བོ་ཞིག་ཡིན།《འབྲི་གུང་ཨ་ཕྱི་ཆོས་སྒྲོན་གྱི་རྣམ་ཐར》[①]ནང་སྣ་ནམ་གྱི་བརྒྱུད་ལས་གསང་སྔགས་རྙིང་མའི་རྣལ་འབྱོར་པ་ཇོ་བོ་དཔལ་ཞེས་རེ་མ་ཏི་ཐྲན་དུ་བཀོལ་བའི་ནུས་པ་ཅན་དེ་དང་། འབྲི་བཟའ་དར་འཛམ་གཉིས་སྣ་ནམ་ནས་འབྲི་གུང་དུ་ཕྱིན་ནས་བཞུགས་པ་ན། འཛམ་དཔལ་ཙ་རྒྱུད་ལས། བྱང་གི་ཕྱོགས་ཀྱི་དུར་ཁྲོད་དུ། སྒྲོལ་མའི་མིང་ཅན་འབྱུང་གྱུར་ཏེ། ཞེས་ལུང་དུ་བསྟན་པ་བཞིན་ཡབ་ཡུམ་དེ་ཉིད་ཀྱི་སྲས་མོར་ཚང་ལ་མ་ནོར་རྒྱལ་བའི་བསྟན་པ་སྐྱེ་དང་བྱེ་བྲག་ཏུ་སྙིང་པོ་དོན་གྱི་བརྒྱུད་པ་རྒྱལ་བ་འབྲི་གུང་བཀའ་བརྒྱུད་པའི་བསྟན་སྲུང་ཐུན་མོང་མ་ཡིན་པ་དམ་ཅན་རྒྱ་མཚོའི་རྒྱུ་སྐར་གྱི་ཁྲོད་ན་སྟོད་ཐལ་གྱི་ཉི་ཟླ་ལྟར་མངོན་པར་འཕགས་ཤིང་ཀུན་ལ་ཁྱབ་པ། མཐུ་

---

① འབྲི་གུང་དཀོན་མཆོག་རྒྱ་མཚོ《འབྲི་གུང་ཨ་ཕྱི་ཆོས་སྒྲོན་གྱི་རྣམ་ཐར》བོད་ལྗོངས་མི་དམངས་དཔེ་སྐྲུན་ཁང་། སྤྱི་ལོ་༢༠༠༨ལོའི་ཟླ་༧

སྟོབས་དང་རྫུ་འཕྲུལ་དཔག་ཏུ་མེད་ཅིང་། བསྟན་པ་སྤྱི་དང་བྱེ་བྲག་སྲུང་ཞིང་སྐྱོབ་པ་ལ་གཡེལ་བ་མི་མངའ་བའི་ཐུགས་རྗེ་ཅན། རྒྱལ་འགྱུར་པ་གང་གིས་སྒྲུབ་ན་བྱིན་རླབས་མྱུར་ཞིང་། ཐུན་མོང་དང་མཆོག་གི་དངོས་གྲུབ་ཐོགས་མེད་དུ་སྩོལ་བ། མཚན་ཙམ་གྱིས་ཀྱང་དགྲ་ཁ་ཐུང་དུ་གཏོང་བའི་ཊ་ཀི་མ་ཡེ་ཤེས་ཀྱི་མཁའ་འགྲོ་སྣ་ནམ་བཟའ་དབང་ཕྱུག་ཆོས་ཀྱི་སྒྲོལ་མའམ་འབྲི་གུང་ཨ་ཕྱི་མ་ཞེས་གྲགས་པ་རབ་བྱུང་དང་པོའི་མེ་ཡོས་(སྤྱི་ལོ་༡༠༢༧)ལོར་འཁྲུངས་ཏེ། དེ་ཡང་བུ་མོ་ཤ་དཀར་ལ་འོད་ཟེར་འཕྲོ་བ་མིག་གསུམ་ཡོད་པ་ལས་ཅན་འགར་སྣང་བ་ཞིག་བྱུང་སྟེ། འཁྲུངས་མ་ཁད་དུ་གསུངས་ཕྱིན་ཏེ། ཕོ་མོ་སྐྱེས་པ་ནི་ཕྱོགས་ཐམས་ཅད་དུ་སྙན་པའི་གྲགས་པས་ཁྱབ་པ་ཞིག་འབྱུང་ངོ་། ཞེས་གསུངས་པས། ཡབ་ཡུམ་བྲེད་ནས་མིག་གསུམ་ཡོད་ཅིང་འཁྲུངས་མ་ཁད་དུ་གཏམ་སྨྲ་བ་ངན་ནོ་སྙམ་ནས་ཆུར་བསྐྱུར་ཡང་ཡར་ཕྱིན་པས་གཅེས་པར་བསྐྱངས་སྐད། འཁྲུངས་ས་དེར་ད་ལྟའང་སྐྱེས་གྲགས་ཞེས་མིང་ཆགས་ཏེ། ཕྱིས་ལྟེ་ཁྲག་གམ་ཏེལ་ཕྲ་ཟེར་བ་མིང་འཚོལ་བར་གསུངས་ལ། ལྟོ་པས་རྟེན་འབྲེལ་གྲ་ཐང་ཟེར་གསུངས། ད་ལྟ་ཡང་ལྟེ་ཁྲག་ཐང་ཞེས་གྲགས་ཤིང་། འཁྲུངས་པའི་ས་དམིགས་སུ་བསྟན་སྲུང་མའི་རྟེན་མཁར་བརྗིད་ལྡན་དང་བཅས་པ་མཇལ་རྒྱུ་ཡོད་དོ། ཡབ་ཀྱིས་བུར་རེ་བ་བུ་མོར་སོང་བ་ཡུམ་གྱི་སྐྱི་ལྟས་དེ་འདྲ། བུ་གཅིག་ལས་བུ་མོ་དགའ་སྲིད་གསུངས། སྐྱིད་བསྲིངས་པས་གཞན་ལས་སྐྱིད་དྲག་པར་བྱུང་ཞིང་། ཆུང་ངུ་ནས་རྗེ་བཙུན་སྒྲོལ་མའི་སྙིང་པོ་འབའ་ཞིག་ལ་ཡི་དམ་བྱེད་པ་ཞིག་བྱུང་སྟེ། མཚན་ཡང་ཆོས་ཀྱི་སྒྲོལ་མར་གསོལ། དགུང་ལོ་གསུམ་བཞི་ནས་ཡུལ་མི་དང་གྲོགས་ཐམས་ཅད་ལ་བྱུང་སེམས་ཆེ་ཞིང་། སྒྲོལ་མའི་སྙིང་པོ་འདོན་པར་བསྐུལ་བར་མཛད་པས་ཐམས་ཅད་ངོ་མཚར་སྐྱེས།

དེར་དགུང་ལོ་བདུན་བཞེས་པའི་ཚེ་ཡབ་ཡུམ་ལ། འདིར་ནི་པོ་མོ་སྡོད་པའི་ཡུལ་མ་ཡིན་ཏེ། ཁམས་ཕྱོགས་སུ་སྔོན་ལམ་གྱི་འབྲེལ་བ་ཡོད་པས་རིགས་བཟང་གི་སྐྱེས་བུ་ཞིག་ཡུལ་དང་གྲོང་ཁྱེར་འདི་ལྟ་བུར་ཡོད་པས་དེར་འགྲོ། ཞེས་ཡང་ཡང་གསུངས། དེ་ནས་ཆེར་ལོན་པ་ན་ཡབ་ཐར་པའི་ནད་ཀྱིས་སྐུ་གཤེགས། དགུང་གྲངས་བཅོ་བརྒྱད་ཙམ་ན་ཡུམ་ཡང་གྲོངས་པས་ནོར་རྫས་རྣམས་ཡབ་ཡུམ་གྱི་རྗེས་སུ་གཏོང་བར་མཛད་དོ། ཕ་སྤུན་ཨ་ཁུ་ཞིག་ཡོད་པའི་རྩར་བཞུགས་པའི་ཚེ། ལང་ཚོའི་དཔལ་ཡོན་ཆེས་ཆེར་བདོ་བས་ཁྱིམ་ཐབ་ཀྱི་མདུན་མ་གླེང་མཁན་མང་དུ་བྱུང་བར། ཞལ་སྔ་ནས། པོ་མོ་འདི་རུ་མི་སྡོད་དེ། ཁམས་ཕྱོགས་རིགས་བཟང་སྐྱེས་བུ་ཡོད། དེ་དང་ང་གཉིས་འབྲེལ་བ་ཟབ། ཐབས་ཤེས་དབྱེར་མེད་ཆེན་པོ་ལས། ལས་ཅན་རིགས་བཟང་སྐྱེས་བུ་འབྱུང་། །ཞེས་གསུངས་པར་ཀུན་ཏ་ལས་པར་གྱུར། དེའི་ཚེ་ལ་པའི་ཚོང་པ་རྒྱ་ཡུལ་དུ་འགྲོ་བ་གནས་དེར་འགྱུར་བས། ཚོང་དཔོན་གྱིས་ཡབ་ཡུམ་སོགས་འདྲི་སྨེད་བྱས་པར་རྒྱུ་མཚན་ཞུས་ཏེ། པོ་མོ་ཁམས་སུ་འགྲོ་བ་ཡིན་གསུངས་པས་ཚོང་དཔོན་གྱིས། ངེད་རྣམས་ཀྱི་ཟླར་འགྲོ་ན་སྐྱིད་པར་འོངས་ཞེར་བས་ཆོས་ཀྱི་སྒྲོལ་མས་ཁས་བླངས་ཏེ། གསང་ཐབས་ཀྱིས་བྲོས་ཏེ་ཚོང་པ་དང་མཉམ་དུ་བསྙེབས་ནས་བྱོན། འདན་ཡུལ་ལ་ཉེ་བར་ཕེབས་པ་ན། མགྲོན་པོ་ལ། པོ་མོ་སྡོད་སའི་ཡུལ་ནི་འདི་ན་ཡིན། ཚོང་དཔོན་ཆེན་པོ་ཡུལ་ཐག་རིང་བས་གནང་བ་མཛོད། ཅེས་གསུངས་ཏེ། འདན་སྟོད་ཀྱི་གྲོང་ཁྱེར་ཙོང་དུར་ལྷ་བབས་འཛུ་རྒྱལ་སྐྱུ་རའི་གདུང་རིགས་དྲི་མ་མེད་པ། ཆོས་དང་འཇིག་རྟེན་གྱི་སྒྱུ་རྩལ་དུ་མའི་ཕ་མཐར་སོན་པ། ཕྱུགས་འཆང་ཉིང་མའི་རིགས་ཕྱུགས་འཆང་བ་སྐྱུ་ར་ཚུལ་ཁྲིམས་རྒྱ་མཚོ་ཞེས་རྡོ་རྗེའི་རིགས་ཀྱི་དཔའ་བོའི་མཚན་རྟགས་ཀྱིས་ཕྱུག་པ་དེའི་ཁབ་ཏུ

གཤེགས། གཤེགས་ནས་ཀྱང་དབུས་ནས་ཆེད་གཏད་འདིར་ཕྱིན་པའི་ལོ་རྒྱུས་
རྣམས་བསྙད་དེ། ཕོ་མོ་ནི་རིགས་བཟང་གི་སྐྱེས་བུ་ཁྱེད་དང་བསྟན་པ་ལ་
བསམས་ཏེ་དབུས་ནས་ཐག་རིང་པོར་འདིར་མཆིས་པ་ཡིན། །ཞེས་གསུངས་
པས། སྨྲ་རའི་ཞལ་ནས། ཕོ་བོ་འཇིག་རྟེན་ལ་ཞེན་པ་མེད་ལ། ལོངས་སྤྱོད་
ཀྱང་ཆུང་བས་ཁྱིམ་ཐབ་ཀྱི་འདུན་པ་ཡང་མ་མཆིས་ཤིང་། ཁྱད་པར་གཉེན་
སྟོན་དང་སྣ་བོན་ལ་སོགས་པའི་ཡོ་བྱད་ཀྱང་མི་གཤོམས་པས། ཁྱེད་རང་གཞན་
གར་འདོད་དུ་ཕྱིན་ན་ལེགས་ཞེས་གསུངས་པ་ལ། ཆོས་ཀྱི་སྒྲོལ་མའི་ཞལ་སྔ་
ནས། ཕོ་མོ་ཡང་འཇིག་རྟེན་གྱི་བྱ་བར་ཞེན་པ་ཆེ་བ་ཞིག་མ་ལགས་ཏེ། ངེད་
གཉིས་ལ་བརྟེན་ནས་སངས་རྒྱས་ཀྱི་བསྟན་པ་རིན་པོ་ཆེ་ལ་བྱ་བ་བྱེད་པའི་སྐྱེས་
ཆེན་དུ་མ་འབྱུང་བར་འགྱུར་བའི་རྟེན་འབྲེལ་ཡོད་པས་ན་ཕོ་མོ་གནས་འདིར་
མཆིས་པ་ལགས། ལོངས་སྤྱོད་ཀྱི་འབྱོར་པས་རེ་ཞིག་ཐོངས་པར་གྱུར་པ་ལ་གང་
ཉིད་ཐུགས་ཞུམ་པར་བྱ་མི་འཚལ། ཕོ་མོས་ཅི་དགོས་ཐམས་ཅད་བསྒྲུབ་པར་
བགྱིའོ། ཞེས་གསུངས་ནས་དེ་ནུབ་ནས་སྣ་བོན་པ་ཡང་བོས་སོ། ཕྱིས་ཉིན་
ཆོས་ཀྱི་སྒྲོལ་མའི་ཞལ་ནས། བདག་གི་ཕ་མིང་ནི་བོད་དབུས་ན་མཆིས་ཀྱི།
འདིར་ཡོད་པ་ནི་ལ་པའི་མགྲོན་པོ་དག་ཡིན་ནོ་གསུངས་ནས་ཐམས་ཅད་ལ་
མགྲོན་བཛ་སྦྱར་རོ། དེར་ཨ་མེས་འཁོར་བཅས་བྲེད་ནས་བདག་ཅག་གི་འཁོས་
ནི་འདི་ལགས་ན་མགྲོན་པོ་དག་ལ་ཇི་ལྟར་བགྱི་ཞེས་གཏོལ་མེད་དུ་གྱུར་པ་ན།
ཆོས་ཀྱི་སྒྲོལ་མས་ཕགས་གསུངས་པས་སྣམ་ཕྲུག་ནས་ཀ་པ་ལ་གཅིག་བྱུང་།
ཡང་ཕགས་གསུངས་པས་སྣམ་ཕྲུག་གཡོན་ནས་ཌ་མ་རུ་གཅིག་བྱུང་བ་ན། ད་
ཚོགས་འཁོར་གྱི་ཡོ་བྱད་གང་མཆིས་འདིར་སྤུལ་ཞིག་གསུངས། དེར་ལུག་ཤ་
ལག་གཡས་གཅིག་ཡོད་པ་དེ་ཕུལ་བས་ཞལ་ནས། ཙོ་རྟེན་འབྲེལ་ཤིན་ཏུ་

བཟང་། ང་ལ་བུ་བཞི་འབྱུང་སྟེ། དེ་དག་གི་དངོས་དང་བརྒྱུད་པའི་སློབ་ནས་སངས་རྒྱས་ཀྱི་བསྟན་པ་ལ་བྱ་བ་བགྱིད་པའི་སྐྱེས་ཆེན་དུ་མ་འབྱུང་བར་འགྱུར་རོ། གསུངས་ཏེ་དགྱེས་ཤིང་ཊ་མ་རུ་དཀྱིལ་བས་བཟའ་བཏུང་གི་བྱེ་བྲག་གི་བསམ་གྱིས་མི་ཁྱབ་པ་ཆར་བཞིན་འབབ་པས། མགྲོན་པོ་དག་ཀྱང་ཚིམ་པར་བགྱིད་ཅིང་སྣ་བོན་པ་ཡའང་གཟི་ཆུ་མིག་བཅུ་གཉིས་པ་ཕྱིན་ནོ། དེར་ཁབ་ཏུ་བཞུགས་པ་ལས་སྲས་བཞི་འཁྲུངས་པ་ནམ་མཁའ་དབང་ཕྱུག དཔེ་ཀ་དབང་རྒྱལ། ནང་འགག་པ་བསོད་ནམས་དཔལ། དཀར་ཐུང་གྲུ་བཞིའོ། དེ་དག་ཀྱང་རང་བཞིན་གྱི་དབང་པོ་ཀུན་གསལ་ཞིང་། སྐྱེས་བུ་ཡོན་ཏན་དུ་མར་མངའ་དབང་འགྱུར་བ་ཤ་སྟག་གོ། སྲས་རྣམས་ཆུང་ངུའི་དུས་ཀྱི་ཞབས་རྗེས་ད་ལྟའང་སྒྲོལ་མ་བྲག་ལ་ཡོད། དེར་ཆོས་ཀྱི་སྒྲོན་མས་མི་ལས་འདས་པའི་ཚོ་འཕྲུལ་དཔག་ཏུ་མེད་པ་འགྱེད་ཅིང་། ཕྱི་རབས་ལ་དགོངས་ནས་ཉིད་ཀྱི་སྒྲུབ་ཐབས་ཀྱང་བསྐུལ་བར་ད་ལྟ་ཨ་ཕྱིའི་བེའུ་བུམ་དུ་གྲགས། ཡུམ་སྲས་རྣམས་ལྷན་སྐྱིད་སྒྲོལ་མ་བྲག་ཏུ་སྒྲུབ་པར་བཞུགས་ཤིང་། འབྲུ་མི་འགྱུར་ཐར་པའི་གནས་བརྒྱད་ལས། ལྷན་སྐྱིད་བྲག་རྩ་སྐྱུ་རས་བཟུང་། །སྐྱུ་ར་མི་འགྱུར་གནས་ཅིག་ཡིན། །ཞེས་གྲགས་པའང་འདི་ཙམ་ན་ཡིན་ནོ།

དེ་ནས་སྐལ་ལྡན་གྱི་གདུལ་བྱ་དང་བུ་རྒྱུད་ལ་དགོངས་ནས་རང་གི་སྒྲུབ་ཐབས་རང་ཉིད་ཀྱིས་མཛད་དེ། ཞལ་ནས། བུ་དང་ཚ་བོའི་དོན་དུ་ནི། །རང་གི་སྒྲུབ་ཐབས་རང་གི་བྱས། །ཞེས་དང་ཡང་། ངོ་གལ་ཆེ་ན་ང་ལ་སྒྲོན། །ང་བུ་མོ་གཞན་པས་ཕྱི་ཐག་རིང་། །མི་རྒྱུད་རབས་ཆད་མི་འབྱུང་ཞིང་། །བསྟན་པ་རིན་ཆེན་དར་བར་འགྱུར། །ཞེས་གསུངས་ཤིང་གསེར་ཟམ་ལྷ་བུའི་གདུང་བརྒྱུད་མི་ཆད་ཅིང་། ལུགས་གཉིས་ཀྱི་འཕྲིན་ལས་ཕྱི་མཐའི་བར་དུ་འབྱུང་བར་

ལུང་བསྟན། མཐར་གྱིས་ཚེ་སྐུ་དངོས་ཀྱི་གདུལ་བྱ་རྫོགས་པས། ཞལ་སྔ་ནས། ཁོ་མོའི་ལུས་འདི་ཉིད་ཀྱི་བྱ་བ་ཐམས་ཅད་བསྒྲུབས་ཟིན་ན། ད་ནི་བུ་རྒྱུད་འདིར་བསྟན་པ་སྤྱི་ལས་ཁྱད་པར་དུ་འཕགས་པའི་སྙིང་པོའི་བསྟན་པ་ཞིག་འབྱུང་བས། དེའི་བཀའ་སྲུང་ཁོ་མོ་རང་གིས་བགྱིད་ཅིང་། ད་ལྟ་བདག་གིས་སྒྲུབ་ཐབས་བགྱིད་པ་འདི་རྣམས་ཀྱང་སུས་ཉམས་སུ་ལེན་པའི་མི་རབས་བཅོ་ལྔའི་བར་དུ་རང་གིས་སྲུང་སྐྱོབ་བགྱིད་པས། ངོ་གལ་ཆེ་ན་ང་ལ་སྤྲོན་ཅིག་སོགས་གསུང་གི་ཐ་མ་བསྒྲུལ་ནས། སྐུ་ལུས་མ་བོར་བར་མཁའ་སྤྱོད་དུ་བཞུད་དེ་འཇའ་ལུས་འཕོ་བ་ཆེན་པོའི་སྐུར་བཞེངས་པར་མཛད་དོ། འཇིག་རྟེན་ཁམས་ཀྱི་མི་བསྲུན་མ་རུངས་སོག་སྔོན་གྱི་མི་མ་ཡིན་དྲེགས་བྱེད་མ་ལུས་པ་འདུལ་བའི་འཕྲིན་ལས་མཛད་པའང་ཡིན་ཏེ། ཨ་ཕྱི་ཉིད་ཀྱིས། པདྨ་འབྱུང་གནས་མུ་དྲ་ཡིས། །འཇིག་རྟེན་ཁམས་ཀུན་གཡོ་འགྱུལ་ནས། །དྲེགས་བྱེད་ལྷ་འདྲེ་ཆམ་ལ་འབེབས། །རྗེས་འཇུག་ཀུན་གྱིས་གསང་ལ་སྒྲུབས། །ཞེས་གསུངས་པའི་ཕྱིར་རོ།

གཤེགས་པའི་དུས་ནི་རབ་བྱུང་གཉིས་པའི་སྟོད་ཙམ་ལ་ཡིན་པར་སེམས་ཏེ། དགུང་གྲངས་བདུན་ཅུ་ལྷག་བཞུགས་ངེས་པའི་ཕྱིར་རོ།

བསྟན་སྲུང་མ་འདི་ལ་ཨ་ཕྱི་ཞེས་འབོད་པ་ནི། འདི་ཉིད་ཀྱི་སྲས་དཔེ་ཀ་དབང་རྒྱལ་ལ་སྲས་བཞི་འཁྲུངས་ཏེ། མཁན་པོ་དར་མ། དཀོན་མཆོག་རིན་ཆེན། བཙུན་མ་འབར། ཆུང་ཤོས་རྣལ་འབྱོར་བ་རྡོ་རྗེའོ། ཆུང་ཤོས་རིགས་སྔགས་འཆང་བ་དེའི་སྲས་མདོ་རྒྱུད་དུ་མ་ནས་ལུང་གིས་ཟིན་པ། འཇིག་རྟེན་གསུམ་གྱི་མགོན་པོ་འབྲི་གུང་པ་ཞེས་ལྷ་དང་བཅས་པའི་འགྲོ་བའི་དེད་དཔོན་ཆོས་ཀྱི་དབང་ཕྱུག་ནས་ཡར་བརྩིས་པས་ཨ་ཕྱིར་གྱུར་བས་ན། ཨ་ཕྱི་ཆོས་ཀྱི་

སྒྲོལ་མ་སྔ་ནམ་བཟའ་དབང་ཕྱུག་ཅེས་སྲིད་པ་གསུམ་དུ་སྙན་པར་གྲགས་སོ། །

## གཉིས་པ། ཀླུའམ་རྣར་གྱི་བདག་པོ་མལ་གྲོ་གཟི་ཅན་གྱི་གཏམ་རྒྱུད།

དེ་ཡང་ཀ་ཚལ་རི་ཟུར་གྱི་ལྷོ་འགྲམ་ནས་འོད་ཟེར་རྒྱང①གི་ཤར་ངོས་བར་རྟ་པའི་ཉིན་ལམ་གཉིས་ཙམ་གྱི་ས་སྟེ། སྤྱི་ལེ་བཞི་བཅུ་ཙམ་གྱི་གཙང་འགྲམ་དུ་སླ་ཚེར་གྱི་རྒྱ་ཁྱོན་ལ་མུའུ་ཆེག་ཁྲི་སྟོང་མེད་བརྒྱ་མེད་བཞི་བཅུ་ཞེ་བརྒྱད་ཙམ་ཡོད་པ་དེ་ནི་ཀླུ་མལ་གྲོ་གཟི་ཅན་གནས་ཡུལ་ཡིན་སྐབས། དེ་ནས་ཤིང་གཙོད་བྲེག་བྱས་མི་ཆོག་པ་ཞིག་ཡིན་པས། ནགས་གསེབ་ཏུ་དྲེད་མོང་དང་། ཕ་མོ། རི་བོང་སོགས་མང་པོ་ཡོད་སྐད།

ཀླུའི་རྒྱལ་པོ་ནེའུ་ལེ་ཐོད་དཀར་རམ་གཟི་ཅན་འབར་བ་ཞེས་ཡོངས་སུ་གྲགས་པ་ས་བདག་ཀླུ་གཉན་ཐམས་ཅད་ཀྱི་ཡང་རྗེ་ཆེན་པོར་གྱུར་བ་འདི་ནི། ངེས་དོན་དུ་བཅོམ་ལྡན་འདས་དཔལ་ཧེ་རུ་ཀ་ཉིད་ཡིན་ཚུལ་དབང་ཕྱུག་ཆེན་

---

① 《ཐ་བཞེད་ཆེན་མོ》ནང་སྤྱི་ལོ་༡༥༧ལོར་རྒྱལ་པོ་ཁྲི་རལ་པ་ཅན་མལ་གྲོའི་འོད་ཟེར་དམ་པའི་ཕོ་བྲང་དུ་འབྲས་ཆང་མྱོས་པར་བཞེས་ཏེ་གཟིམས་པའི་སྐབས་དང་བསྟུན་ཏེ། བློན་པོ་སྦས་སྟག་དང་། ཅོག་རོ་ལྷ་ལོད། ལེགས་སྟུག་བཙན་གསུམ་གྱིས་མགུལ་གཏུབས་ཏེ་བསྒྲོངས་ཐོག སླང་དར་མ་ཨུ་དུམ་བཙན་ལ་སྲིད་དབང་བཟུང་དུ་བཅུག་ཅིང་། སྦས་སྟག་སྣས་བློན་པོ་བྱས། ཅེས་འཁོད་པའི་ལོ་རྒྱུས་ཐོག་ཁྲི་རལ་པ་ཅན་མགུལ་གཏུབས་ཏེ་བསྒྲོངས་ས་འོད་ཟེར་དམ་པའི་ཕོ་བྲང་དེ་ནི་མལ་གྲོ་གུང་དཀར་རྫོང་འོད་ཟེར་བའི་ས་གནས་དེར་དེ་སྔ་ཚེས་བཅུ་ལྷ་ཁང་ཞེས་ལྷ་ཁང་ཀ་བཞི་ཞིག་དང་ཁང་བྲན་འགའ་ཞིག་ཡོད་པ་དེ་ཡིན་པར་སྣང་།

པོའི་ལོ་རྒྱུས་ཀྱི་སྐབས་ལས་རྒྱས་པར་བཤད་མོད། འདིར་ཐུན་མོང་མ་ཡིན་པའི་ལོ་རྒྱུས་ཙུང་ཟད་ཙམ་ངོ་སྤྲོད་ཞུས་ན། ཀླུའི་རྒྱལ་པོ་འདི་ནི་འཛམ་བུ་གླིང་ཀླུ་རིགས་ཀུན་གྱི་རྗེ་བོར་གྱུར་བ་ཡིན་ཏེ། འདི་དང་མཚོ་ཆེན་པོ་མ་དྲོས་ཀྱི་ཀླུའི་རྒྱལ་པོ་གཅིག་ཡིན་ཅིང་། མ་དྲོས་པའི་ཀླུ་དེའི་མཐུ་དཔལ་ལ་བརྟེན་ནས་ཐོབ་པའི་བདེ་སྐྱིད་ཡོངས་རྫོགས་ཀླུའི་རྒྱལ་པོ་ཆེན་པོ་འདི་ཁོ་ནའི་འཕྲིན་ལས་སམ་ཐུགས་རྗེར་རིག་པར་བྱ་སྟེ།《མདོ་སྡུད་པ་》ལས། འཛམ་བུ་གླིང་འདིར་ཆུ་ཀླུང་རྗེ་སྙེད་ཅིག་འབབ་ཅིང་མེ་ཏོག་འབྲས་ལྡན་སྨན་དང་ནགས་ཚལ་སྐྱེད་བྱེད་པ། མ་དྲོས་གནས་པའི་ཀླུ་དབང་ཀླུ་བདག་བརྟེན་ནས་ནི། ཀླུ་ཡི་རྒྱལ་པོ་དེ་ཡི་མཐུ་དཔལ་ཡིན་ཞེས་གསུངས་པས་སོ། དེའི་ཕྱིར་ན་འཛམ་བུ་གླིང་འདིར་གནས་བཅས་པའི་སྣོད་བཅུད་ཀྱི་ཡོན་ཏན་ཐམས་ཅད་ཀླུའི་རྒྱལ་པོ་ཆེན་པོ་འདི་ཉིད་ཀྱི་མཐུ་དཔལ་དུ་རིག་པར་བྱའོ། མཚོ་མ་དྲོས་པའི་ཀླུ་དང་གཟི་ཅན་གཅིག་ཡིན་པའི་རྒྱུ་མཚན་ནི། 《འོ་སླེང་པོ་བྱང་ཆུབ་གླིང་ལ་དཔལ་གྱི་རྒྱལ་མཚན་གྱི་གཏེར་སྦྱིན་བཀའ་ནན་རབ་བརྗིད་བསླུགས་པས་དོན་སླུབ》ལས། མལ་དྲོ་ལུང་གི་ཕུ་སྟོད་དུ་མ་དྲོས་གཟི་བྱིན་ལ་སོགས་པའི་ཀླུ་གཉན་ཐམས་ཅད་དམ་ལ་བཏགས་ཞེས་གསུངས་ཤིང་། ཀླུ་འདི་ལ་མ་དྲོས་རྒྱན་དལ་ཞེས་འཛིག་རྟེན་དུ་ཡང་གྲགས་སོ།

འདི་ཉིད་ནི་སྟོན་དཔལ་ཆེན་པོ་ཧེ་རུ་ཀས་དབང་བསྒྱུར་དམ་ལ་བཏགས། དེའི་རྗེས་སུ་སློབ་དཔོན་ཆེན་མོ་ཀླུ་སྒྲུབ་ཀྱིས་བཏུལ་ཏེ། ཉོན་མོངས་པའི་དུག་ཐམས་ཅད་ཞི་བར་མཛད་པའི་ཚུལ་བསྟན། སངས་རྒྱས་བསྟན་པའི་སྲུང་མར་བསྐོས། གཡུང་དྲུང་བོན་གྱི་རིག་འཛིན་ཆེན་མོ་རྣམས་ཀྱིས་སླར་ཡང་དམ་ཚིག་གི་གསོལ་བ་བཏབ་ཏེ། འཇིག་རྟེན་ཐམས་ཅད་བདེ་བར་སྐྱོང་བའི་

བདག་པོ་ཆེན་པོར་མངའ་གསོལ། བཀའ་ནན་དང་ཐ་ཚིག་བསྒྲགས། དེ་དང་དེ་བཞིན་ལས་སུ་འབབ་པའི་འདུལ་བྱ་སྐྱོང་བ་ལ། བོད་ཁ་བ་ཅན་གྱི་ཡུལ་མཆོག་འདིར་མཁན་སློབ་ཆོས་གསུམ་ཞལ་འཛོམས་བསམ་ཡས་གཙུག་ལག་ཁང་བཞེངས་པ་དང་གཙུག་ལག་ཁང་འདི་ཉིད་བཞེངས་པའི་ནུས་སྟོབས་སམ་འགྱུར་བའི་འཕྲིན་ལས་ནི་གླུ་ལ་མ་བརྟེན་པར་མི་འགྲོང་བས་ཟུར་ཕུད་རྐྱང་བུ་ཚལ་①དུ་གླུ་འདུལ་མཛད་སྐབས་གཟི་ཅན་དངོས་སུ་བྱུང་ནས་སའི་སྟེང་ན་རྒྱལ་པོ་ཁྲི་སྲོང་ལྡེའུ་བཙན་ཆེ། སའི་འོག་ན་གླུ་རྒྱལ་ང་ཆེ་བས་ངེད་ཅག་གྲོགས་པོ་བྱས་ལ། རྒྱལ་པོ་ལྷ་ཁང་བཞེངས་པའི་གསེར་ཕྱེ་དྲེའུ་ཁལ་བརྒྱ་བཞི་བྱིན་གྱིས་གསེར་ཁྱུང་སྤྲང་པ་སྣར་ལེན་དུ་ཕོངས་ཟེར་ནས་ཕུལ་བ་དང་། ད་ལྟའི་མལ་དྲོ་མཁར་སྐྱ་ཞེས་པ་འདིར་ཡིན། དེ་ནས་བསམ་ཡས་ཀྱི་གཙུག་ལག་ཁང་ཐམས་ཅད་ཉིན་མོ་མིས་བརྩིགས་པ་ལས་མཚན་མོ་ལྷ་འདྲེས་བརྩིགས་པ་སྟོབས་ཆེ་བའི་སྒོ་ནས་བཞེངས། སློབ་དཔོན་ཆེན་པོས་གཟི་ཅན་ཉིད་སློབ་དཔོན་དང་དགོངས་པ་གཅིག་ཀྱང་ཆེ་བ་འབྱིན་པའི་ས་ལུད་དུ་ད་དུང་གླུ་དམ་ལ་མ་ཕོགས་

①《ཐ་བཞེད་》ནང་རབ་བྱུང་གོང་གི་ཤཱཀྱའི་འདས་ལོ་༡༣༠༨ས་ཕག་( སྤྱི་ལོ་༧༥༡ལོ་) ལོར་མལ་གྲོ་ཟུར་ཕུད་རྐྱང་བུ་ཚལ་གྱི་ཕོ་བྲང་དུ་ཆོས་དང་བོན་གཉིས་རྩོད་གླེང་བྱས་སྐབས་བོན་རྣམས་ཕམ། རྒྱལ་པོས་བོན་པོ་རྣམས་སྟོད་མངའ་རིས་ཞང་ཞུང་གི་ཡུལ་དུ་མཐར་སྐྲོད་བཏང་ཞིང་། བོན་པོའི་ཆོས་དཔེ་ཡོངས་རྫོགས་བསྡུས་ནས་ཁག་གཅིག་ཆུ་ལ་གཡུགས། ཁག་གཅིག་བསམ་ཡས་སུ་མཆོད་རྟེན་ནག་པོ་གཅིག་བཞེངས་པ་དེའི་འོག་ཏུ་མནན། མི་གསོན་པོ་དང་གཤིན་པོའི་རིམ་གྲོར་སེམས་ཅན་གསོད་པའི་དམར་མཆོད་འབུལ་མི་ཆོག་པ་དང་། སངས་རྒྱས་ཆོས་ལུགས་མ་གཏོགས་བོན་པོའི་ཆོས་བྱེད་མི་ཆོག་པའི་ཁྲིམས་བཅད་ཅེས་གསལ་བ་ལྟར་གནའ་རབས་ལོ་རྒྱུས་ཐོག་སངས་རྒྱས་ཆོས་ལུགས་དང་བོན་ཆོས་གཉིས་རྩོད་པ་བྱས་ནས་བོན་ཕམ་པའི་ས་གནས་མལ་གྲོ་རྐྱང་བུ་ཚལ་ཞེས་པ་དེ་གཟི་ཕྲུག་ནང་ཡིན་པའི་རྗེས་ཤུལ་ཡོད་སྐད།

པར་མཛད་དེ། མཚམས་ཕུར་ཀླུ་འདུལ་གྱི་དགོངས་པ་ལ་བཞུགས་པས་ཀླུའི་རྒྱལ་པོ་གཟི་ཅན་འཁོར་དང་བཅས་པ་སྐྲག་ཏེ། ཀླུས་ཞིང་ཐམས་ཅད་མི་སྨིན་པར་སྨྲས་པས་ཞིང་པ་བཟོ་བ་ཀུན་སྙེའུ་ཀླད་ལ་བསྐོར་ཞིང་ཞིང་གང་ན་ཡོད་ཟེར་དུས། རྒྱལ་པོའི་སྨྲུན་སྦྱར་ཁྱེའུ་ལོ་བདུན་ལོན་པའི་ན་ཚོད་ཅན་ཞིག་ཏུ་བྱུང་ནས་སའི་སྟེང་ན་མིའི་རྒྱལ་པོ་ཁྱོད་ལས་ཆེ་བ་མེད། ས་འོག་ན་ཀླུའི་རྒྱལ་པོ་ང་ལས་ཆེ་བ་མེད་པས་གྲོགས་པོ་བྱའོ། ཁྱོད་ཀྱི་གཙུག་ལག་ཁང་གི་ཞིང་ཐམས་ཅད་ངས་ཀླུའི་ཡུལ་ནས་འབུལ་ལོ། ང་ལ་ཞུ་བ་གཅིག་ཡོད་པས་ཐུགས་ལ་འདོགས་པར་ཞུ་ཟེར་བས་རྒྱལ་པོ་དགྱེས་ནས་དེ་བཞིན་དུ་བགྱིའོ་གསུངས། གཟི་ཅན་གྱི་རྒྱ་མཚོ་ཆེན་པོའི་གླིང་ནས་ཙན་དན་ཚོགས་དང་། ཕླ་བ། གསོམ། ཐང་ཞིང་ལ་སོགས་པ་ལ་རྗོ་རྗེའི་འདམ་བྱུག་ནས་འཇིག་གྲུམ་མེད་པར་བྱས་ཏེ། མི་ཡར་གྱི་མཚོ་ལས་དྲངས་བྱུང་བས་མི་རྣམས་ཀྱིས་བླངས་སོ། དེ་ནས་ཀླུས་དངའི་ཞུ་བ་དེ་ཐུགས་ལ་འདོགས་པ་ཞུ་ཟེར་བས་ཅི་ཡིན་དྲིས་པའི་ལན་དུ། མཚམས་ཕུ་ནས་སློབ་དཔོན་ཆེན་པོ་ཀླུ་འདུལ་དགོངས་པར་བཞུགས་འདུག་པས་དགོངས་པ་སློད་པར་ཞུས་ཤིག་ཟེར་རོ། དེར་རྒྱལ་པོས་མཚམས་ཕུར་སློབ་དཔོན་བཞུགས་སར་བྱོན་པས་ཁྱུང་ཆེན་སྦྲུལ་ཟ་བ་ཞིག་འདུག དེ་ཉིད་སློབ་དཔོན་ཡིན་པར་རིག་སྟེ་ཕྱག་འཚལ་དགོངས་པ་སློད་པར་ཞུ་དངོས་གྲུབ་ཡོད་ཅེས་ནན་གྱིས་ཞུས་པས། ཁྱུང་གི་ཁ་ནས་སྦྲུལ་ཤོར། དེ་ཉིད་སློབ་དཔོན་དུ་གྱུར་ཏེ་ཙམ་གྱི་སྐད་སྒྲོག་པ་ཅི་ཡིན་དངོས་གྲུབ་ཅི་ཡོད་ཅེས་གསུངས་པས། ཀླུས་ཞིང་གི་དངོས་གྲུབ་སྟེར་བ་ཡོད་ལགས་ཞུས། སློབ་དཔོན་གྱི་ཞལ་ནས། ཞིང་ལ་མི་ཐོགས་པ་ཡིན་ཏེ་རྒྱལ་པོ་ནན་ཆེ་བས་དེ་ལྟར་བགྱིའོ། སྔད་མའི་ཚེ་བོད་ཀྱི་ཡུལ་དུ་ས་བདག་ཀླུ་གཉན་གྱི་ནད་མི་འབྱུང་བ་བྱ་སྐམ་པ་ཡིན་ཀྱང་ད་བྱ་

ཐབས་མེད། ཕྱི་མའི་དུས་སུ་མཛེ་རིགས་བཅོ་བརྒྱད་དར་བས་སེམས་ཅན་ཐམས་ཅད་ལ་གནོད་ཅིང་། མིའི་ཡུལ་ཁག་ཅིག་ཆུས་འཇིགས་པར་འགྱུར་རོ་གསུངས་པ་དང་། རྒྱལ་པོ་དང་ཀླུ་གཉིས་གྲོགས་པོར་གྱུར་ཟིན་ཡང་སྐར་ཡང་ཕྲན་མོང་བའི་སྣང་ངོར་གཙུག་ལག་ཁང་གི་ཕྱེད་ཙམ་འགྲོངས་པ་དང་། རྒྱལ་པོའི་ནོར་ཟད་པའི་ཚུལ་མཛད། སློབ་དཔོན་ལ་ཇི་ལྟར་བྱ་ཞུས་པས། སློབ་དཔོན་ཆེན་པོས་མིའི་རྒྱལ་པོ་ཁྲི་སྲོང་ལྡེའུ་བཙན་དང་ཀླུའི་རྒྱལ་པོ་མལ་དྲོ་གཟི་ཅན་གཉིས་གྲོགས་པོ་བྱེད་དགོས་པས་དེའི་འཕྲིན་པ་ངེད་ཀྱིས་བྱེད་དོ་ཞེས་ཡང་བསྐྱར་རྒྱལ་པོ་དང་། ཀླུའི་མཚམས་སྦྱོར་མཛད་པར་གསུངས་ཏེ། 《ཐང་ཡིག་》ལས། གཙུག་ལག་ཁང་ནི་ཕྱེད་ཙམ་འགྲོངས་པ་དང་། རྒྱལ་པོའི་ནོར་ཟད་ཇི་ལྟར་བྱས་ན་ཞུས། སློབ་དཔོན་ཞལ་ནས་ཐབས་ཤིག་ཡོད་ཀྱི་གསུངས། མིའི་རྒྱལ་པོ་ཁྲི་སྲོང་ལྡེའུ་བཙན་དང་། ཀླུའི་རྒྱལ་པོ་གྲོགས་པོ་བྱེད་དགོས་གསུངས། ང་ཡིས་ཁྱེད་གཉིས་སྤྲེལ་བའི་འཕྲིན་པ་བྱེད། མཚོ་ཆེན་མལ་དྲོའི་འགྲམ་དུ་འཁྲིད་དེ་ཕྱིན། རྒྱལ་པོའི་སྣོན་འབངས་ལུང་པ་ཡ་གཅིག་སྣས། སློབ་དཔོན་མཚོ་ཁར་དར་གྱི་སྣྲ་ཕུབ་ནས། ཞག་གསུམ་དགོངས་པ་མཛད་ཅིང་བཞུགས་པ་ལ། ནངས་པར་བུད་མེད་ཤིན་ཏུ་མཛེས་པ་ཞིག་མཚོ་ཁར་བྱུང་ནས་སློབ་དཔོན་ཅི་མཛད་ཟེར། མིའི་རྒྱལ་པོ་ཁྲི་སྲོང་ལྡེ་བཙན་དང་། ཀླུ་ཡི་རྒྱལ་པོ་དགའ་བའི་གྲོགས་པོ་བྱེད། རྒྱལ་པོའི་གཙུག་ལག་ཁང་ནི་མ་འགྲོངས་པས། ཀླུ་ལ་ནོར་སློང་གསུངས་ནས་འཕྲིན་བསྐྱར་བས། གནངས་ཀྱི་ནང་པར་སྦྲུལ་ཆེན་ཞིག་འོང་ནས། ཆུ་ཡི་འགྲམ་དུ་གསེར་ཕྱེ་ཉིལ་གྱིས་བྱུང་། རྗེ་འབངས་སྲན་ནས་གསེར་ཕྱེ་སྟུད་དུ་བཙུག་གསེར་ཕྱེ་ཕུལ་ནས་གངས་ཅན་ཁ་བའི་ཡུལ་གྱི་དགོན་གྱི་དང་པོ་དཔལ་བསམ་ཡས་མི་འགྱུར་ལྷུན་གྱིས་གྲུབ་པའི་གཙུག་ལག་ཁང་

ལེགས་གྲུབ་ཟིན་པའོ། །དེ་བཞིན་"སྔར་བལ་བཟའ་ཁྲི་བཙུན་གྱིས་ར་ས་གཙུག་ལག་ཁང་བཞེངས་སྐབས་ཀླུ་རིགས་ཀུན་གྱི་རྗེར་གྱུར་པ་ཀླུ་མལ་གྲོ་གཟི་ཅན་ལ་གཏོར་མ་ཕུལ་ནས་གསོལ་བ་བཏབ་པས། …………ཀྱི་ཆུའི་ཕྱེད་ཀར་ཆུང་སྦུབ་གདོང་དུ་གྱུར་"①ཞེས་འཁོད།

ཟམ་པ་ཁྲུལ་བྱ་གར་ནོལ་གྱི་ཡར་ཙམ་ལ་ཕ་བོང་ཆེན་པོ་ཞིག་གི་ཁར་ཁྱུང་གི་སྡེར་རྗེས་ཞེས་པའི་སྡེར་རྗེས་ཆེན་པོ་ཞིག་ཡོད་པ་ནི། འབྲི་གུང་སྐྱོབ་པ་རིན་པོ་ཆེ་ཞལ་བཞུགས་སྐབས་ཀླུའི་རྒྱལ་པོ་མལ་གྲོ་གཟི་ཅན་རང་གཟུགས་ཀྱིས་ཆོས་ཉན་དུ་ཡོང་བར་མཁྱེན་པས་བུ་སློབ་རྫུ་འཕྲུལ་ཐོབ་པ་རྣམས་ཀྱིས་ཀླུ་རྒྱལ་ལ་ཕར་གནོད་པ་བྱས་ཀྱི་དོགས་པ་དང་། མ་ཐོབ་རྣམས་ལ་ཀླུ་རྒྱལ་ཆོས་ཉན་པར་གནོད་སེམས་མེད་ཀྱང་། ཀླུའི་ཁ་རླངས་ཀྱི་དུག་ཐོག་གི་དགོངས་ནས་རྡོ་ནུབ་ཝུར་སྟེག་གི་སྒྲ་དྲག་པོ་ཇི་ལྟར་བྱུང་ཡང་མ་བལྟ་ཞིག་ཅེས་ཉེ་གནས་འཕྲིན་བསྐུལ་དུ་བཏང་བས། གཞན་ཐམས་ཅད་ལ་འཕྲིན་བསྐུལ་རྟུང་གྲུབ་ཐོབ་མགར་དམ་པ་གསེར་ཁང་འོག་གི་ཟླ་གཡེལ་ཕུག་རིང་དུ་བཞུགས་པར་བརྗེད། གསན་མི་ཡོང་སྙམ་ནས་བཏང་སྙོམས་སུ་བཞག་པས། དེ་ནུབ་སྒྲ་ཆེན་པོ་བྱུང་བ་མགར་དམ་པས་གསན་ནས་ཅི་ཡིན་སྙམ་ཕྱིར་བྱོན་ནས་གཟིགས་པས། སྦྲུལ་སྔོ་ནག་འཇིགས་སུ་རུང་བ་ཞིག་གིས་གླིང་ལ་ལན་གསུམ་བསྐོར་ཏེ། མགོ་གཟིམ་ཆུང་གསེར་ཁང་གི་བར་སྣང་གི་ཐད་དུ་འདུག་པར་ཁོས་ངའི་བླ་མར་གནོད་པ་བྱེད་ཡིན་འདུག་པ་དགོངས་ནས་ཁྱུང་ཆེན་པོ་ཞིག་ཏུ་སྤྲུལ་ཏེ། དེད་པས་རོལ་པ་འཕྲང་གི་མར་ཟུར་ཕ་བོང་ཆེན་པོ་ཞིག་སྟེང་ཁྱུང་བབས་པའི་རྗེས་ཀྱང་ཤིན་

① 《བཀའ་ཆེམས་ཀ་ཁོལ་མ་》ཀན་སུའུ་མི་རིགས་དཔེ་སྐྲུན་ཁང་། སྤྱི་ལོ་༡༩༨༩ ལོའི་ཟླ་༡

ཏུ་གསལ་པོ་ཡོད་ཅེས《འབྲི་གུང་གདན་རབས་གསེར་ཕྲེང་》དུ་གསལ་བ་དང་། ས་གནས་མང་ཚོགས་ཀྱི་བརྗོད་སྲོལ་དང་མཐུན་པའི་རྗེས་ཤུལ་ད་ལྟ་མཐོང་རྒྱུ་ཡོད། །གཞན་ཡང་དེའི་ཡར་ཙམ་ན་ལམ་གྱི་ལྷག་གི་བྲག་བཞུགས་ཁྲི་འདྲ་བའི་ཐད་ཀྱི་གཞུ་རོང་གཙང་པོ་དེ་མདའ་རྒྱུད་གང་ཙམ་གྱི་སར་འགྲོ་བའི་ཆུ་པོ་ལ་སྒྲ་མེད་དལ་གྱིས་བབས་ཀྱི་ཡོད་པ་ནི། རྗེ་སྐྱོབ་པ་རིན་པོ་ཆེས་སེམས་མེད་འབྱུང་བ་ཆུ་ལ་ཆོས་གསུངས་པས་ཆུས་ཆོས་ཉན་ཟེར་བ་དེ་ཡིན། དེའི་ཡར་ཙམ་ན་རྫོ་སྒོམ་ཞྭ་ཞེས་པ་ཕ་བོང་སྒོམ་ཞྭའི་རང་བྱོན་གསལ་བ་ཡོད། ད་ལྟ་ལམ་བཟོའི་སྐབས་མེད་པར་སོང་འདུག དེའི་གོང་ལ་ཁྱུང་ངར་སྣང་ཞེས་ཁྱུང་ངར་བས་ཁྱུང་ངར་མཆོད་དང་ཁྱུང་ངར་སྣང་ཞེས་གྲགས། དེ་ནས་ཡར་ཙམ་ཕྱིན་པ་ན་བྱ་རིལ་ནང་ཞེས་པ་དེ་ཁྱུང་གིས་སྤྲུལ་དེད་ཅིང་ངར་བས། བྱ་རྣམས་འཛིགས་ཤིང་སྐྲག་སྟེ་ཐབ་རིལ་བས་བྱ་རིལ་ཞེས་གྲགས། དེའི་ནུབ་ངོས་ཀྱི་རི་ལྡེབས་སུ་རྗེ་སྐྱོབ་པའི་སྒྲུབ་ཕུག་ཕུག་པ་སྐྱ་རིལ་ཞེས་པ། ནང་དུ་དཀར་ཁྱུང་དང་དངོས་པོ་འགེལ་ས་བྲག་ལས་གྲུབ་པ་ཡོད་པར་གྲགས། དེ་ནས་ཡར་ཙམ་ཕྱིན་པ་ན་འཛོར་པ་ལེན་པའི་ཕ་བོང་ཞེས་པ་ཞིག་ཡོད་པ་དེར་མི་རྣམས་ཀྱིས་ལག་གི་འཛོར་པ་སོགས་དེར་བརྡར་ན་དག་པར་འགྱུར་ཅེས་ཟེར། རོལ་པ་ཕྲང་ཞེས་པར་རྗེ་སྐྱོབ་པ་ཐོག་མར་འབྲི་གུང་དུ་ཕེབས་སྐབས་ས་དེར་གླུ་བདུད་འཛིགས་སུ་རུང་བ་ཞིག་ཡོད་པའི་ཁ་གཉན་དུ་ཞབས་རྗེས་ཤིག་ཀྱང་བཞག་ཡོད་པ་དང་། དེ་ནས་ཡར་ཙམ་ཕེབས་ན་རྫོང་ཐང་གི་བྱིས་པ་འགའ་རྗེ་དང་ལ་མའི་ཁྲི་ཞིག་བརྩིགས་ནས་བླ་མ་སུ་བྱེད་ལ་མ་འཚམ་པར་ཡོད་པ་ལ། རྗེ་སྐྱོབ་པ་ལམ་སྣང་དེར་ཕྱག་འཁར་ཨོམ་བཙུགས་མཛད་ནས་ཙུང་ཞིག་བཞུགས་པས། དེར་ཕྱག་འཁར་བཙུགས་པའི་རྗེས་བྱུང་བ་ད་ལྟའང་ལམ་དེར་མཐོང་རྒྱུ་ཡོད། དེ་ནས་

བྱིས་པ་ཞིག་གིས་ངེད་རྣམས་བླ་མ་སུ་བྱེད་མ་འཚམ་པར་དེ་ལས་ཕ་གིའི་རྣལ་འབྱོར་བ་འདི་བྱེད་ཟེར་བས་ཀུན་ཁ་འཚམས་པས། རྗེ་ཉིད་དེར་གདན་དྲངས་ནས་ཁྲིའི་སྟེང་བཞུགས་སུ་གསོལ་བས་རྟེན་འབྲེལ་བཟང་བར་གྱུར། དེ་ནས་ཡར་ཙམ་ལ་ཐེབས་པའི་ཕྱོགས་སྤྲིན་ཆེན་པོའི་མདོར། མ་འོངས་ལྔ་བརྒྱའི་ཐ་མ་ལ། བྱང་ཕྱོགས་རྒྱུད་ཀྱི་བྱང་ཕྱོགས་ན། ཛན་ཞེས་བྱ་བའི་གྲོང་ཁྱེར་ཡོད། ཞེས་གསུངས་པ་ལྟར་གྱི་ཛན་ཐང་གྲོང་ཟེར་བ་དེར་ཐེབས། གྲོང་ཁྱེར་དེར་ཧ་མོང་གི་མི་རོ་འཁྱེར་བའི་ས་གྲུའི་གནོད་པ་ཡོད་པ་ལ། དེར་ལྷ་ཁང་ཆུང་ངུ་ཞིག་དང་། ཉིད་ཀྱི་སྐུ་བཞེངས། རབ་གནས་མཛད་པར་ཡུན་རིང་པོའི་བར་གྲོང་དེ་དར་རྒྱས་ཆེ་བར་གྲགས། དེ་ནས་ཡར་ཙམ་ཕྱིན་པས་ཁ་ཚལ་སྒང་ཞེས་པ་དེ་ཡིན། སྔོན་རྗེ་ཉེར་བརྒྱད་པས་བཏར་མཚོ་ལས་འབུམ་ནག་ཟིལ་པ་ཅན་གཏེར་ནས་བཞེས་ཏེ། ཏེ་སྒྲོའི་ལྷིང་རྒྱས་སུ་གདན་འདྲེན་པའི་འབུམ་ཁ་པ་དེ་གདན་འདྲེན་པ་པོས་ས་ཚོལ་ཞིང་། དེར་གདན་དྲངས་སོང་བའི་འབུམ་གྱིས་གསུང་བྱུང་ནས། ཁོ་བོ་འདིར་ཁ་ཚལ་ལོ་ཞེས་དང་། ཁོ་བོའི་གདུལ་བྱ་འབྲི་གུང་མཐིལ་དུ་ཡོད་ཅེས་གསུངས་པས་གདན་ས་རིན་པོ་ཆེའི་ནང་རྟེན་གྱི་གྲས་སུ་བཞུགས། ཕྱིས་ས་ཆ་དེར་ཁ་ཚལ་སྒང་ཞེས་པའི་ཐ་སྙད་བྱུང་།

# ལེའུ་གཉིས་པ། ཆོས་རྒྱལ་སྲོང་བཙན་སྒམ་པོའི་འཁྲུངས་ཡུལ་གནས་མཆོག་རྒྱ་མ་དང་། བཙུན་མོ་དགའ་ཚལ། ཀ་ཚལ་གཙུག་ལག་ཁང་སོགས་ཀྱི་སྐོར།

## དང་པོ། ཆོས་རྒྱལ་སྲོང་བཙན་སྒམ་པོའི་འཁྲུངས་ཡུལ་དངོས་གནས་མཆོག་རྒྱ་མ་དང་འབྲེལ་བའི་རིག་གནས་ལོ་རྒྱུས།

### ༡ རྒྱ་མ་ཁྲུལ་ནས་གསར་དུ་རྙེད་པའི་གནའ་བོའི་བྲག་བརྐོས་རི་མོའི་སྐོར།

སྤྱི་ལོ་༢༠༠༨ལོར་ཐང་རྒྱ་ཤང་གི་རྒན་ཚོ་རིང་ལུགས་ཀྱིས་དགོངས་འདུན་བཞིན་ཧོར་ཁང་བྱམས་པ་བསྟན་དར་དང་། བོད་ལྗོངས་སྤྱི་ཚོགས་ཚན་རིག་ཁང་ནུ་མའི་ཚེ་དབང་རིག་འཛིན། བོད་ལྗོངས་སྒྱུ་རྩལ་ཞིབ་འཇུག་སོའི་ཡི་མཁས་དབང་ཟླ་བ་བཟང་པོ་ལགས་བཅས་རྒྱ་མ་ཁྲུལ་གྱི་གནའ་བོའི་བྲག་བརྐོས་རི་མོར་དངོས་སུ་རྟོག་ཞིབ་བྱ་བར་བསྐྱོད། དེའི་སྐོར་མཁས་དབང་དགྲ་ལྷ་ཟླ་བ་བཟང་པོ་ལགས་ཀྱིས《བཙན་པོ་སྲོང་བཙན་སྒམ་པོའི་འཁྲུངས་ཡུལ་རྒྱ་མ་ཁྲུལ་ནས་གསར་དུ་རྙེད་པའི་བྲག་བརྐོས་རི་མོའི་སྐོར་ལ་དཔྱད་པ》ཞེས་པའི་ནང་། དེ་ཡང་ང་ཚོས་རྟོག་ཞིབ་བྱེད་སྐབས་བྲག་བརྐོས་རི་མོ་དེ་དག་ལོ་རྒྱུས་ཡུན་རིང་སོང་སྟབས་རྒྱུད་རིང་ནས་བལྟས་ན་མངོན་གསལ་ཆུང་ཡང་། མདུན་དུ་བཅར་ཏེ་ཞིབ་པར་བལྟས་ཚེ་རི་མོའི་བཅད་རིས་གསལ་ཞིང་མི་དང་རི་དྭགས

སོགས་ཀྱི་རྣམ་འགྱུར་གསོན་ཉམས་དོད་པ་དེ་དག་མཐོང་ཐུབ་ཅིང་། རི་མོའི་བརྗོད་བྱ་ལའང་རྗོན་པས་རི་དྭགས་རྗོན་ཚུལ་དང་། རི་དྭགས་སྣ་ཚོགས། གཡུང་དྲུང་སོགས་ཀྱི་གཟུགས་རིས་སྣ་ཚོགས་པ་ཞིག་འདུག་སྐབས། དེ་ལྟ་བུའི་བྲག་བརྐོས་རི་མོ་ནི་ཡིག་བཀོད་ལོ་རྒྱུས་མ་བྱུང་གོང་གི་བོད་ས་མཐོའི་མི་རྣམས་ཀྱི་འཚོ་བའི་རྣམ་པ་སྒྱུ་རྩལ་གྱི་ལམ་ནས་ཟིན་ཐོར་བཀོད་པ་ཞིག་ཡིན་ན། སྔད་མཚོ་བོད་ས་མཐོའི་སྤྱི་ཚོགས་འཕེལ་རིམ་དང་འབྲེལ་ཡོད་ཀྱི་སྒྱུ་རྩལ་ལམ་ལུགས་རྩལ་སོགས་ལ་ཞིབ་འཇུག་བྱ་བར་མཁོ་བའི་དཔྱད་གཞི་རིན་ཐང་ཅན་ཞིག་ཡིན་པར་བསམས། ད་ཐེངས་བྲག་བརྐོས་རི་མོ་རྙེད་སོན་བྱུང་བ་དེས་ཀྱང་། ཡུལ་དེའི་མེས་པོ་རྣམས་ཀྱིས་ཡི་གེའི་གཟུགས་རིས་མ་ཐོན་གོང་རང་གི་མཐོང་ཐོས་དྲན་རེག་ཅི་རིགས་རི་མོར་བཀོད་པའི་ལོ་རྒྱུས་མཚོན་པ་ལགས་ན། དེར་ཞིབ་འཇུག་གི་རིན་ཐང་ཆེན་པོ་ལྡན་པ་གདོན་མི་གཟའོ། །

སྤྱིར་བྲག་བརྐོས་རི་མོ་ལ་ལོ་གྲངས་ཇི་ཙམ་གྱི་ལོ་རྒྱུས་ཡོད་པར་ཁ་ཚོན་གཅོད་དཀའ་ཡང་། དེ་ནི་རྫོ་ཆས་ཀྱི་དུས་ནས་ཀྱང་ཡོད་པར་ངེས་འཛིན་བྱས་ན་ཆོག་ཅིང་། བོད་ཀྱི་གནའ་བོའི་བྲག་བརྐོས་རི་མོ་དེ་དག་ནི་ཏ་ལམ་རྫོ་ཆས་གསར་མའི་དུས་རབས་ནས་བྱུང་འགོ་ཚུགས་པ་ཞིག་ཡིན་ལ། བྲག་བརྐོས་རི་མོ་ཁག་གི་ལོ་ཚིགས་ཀྱང་རི་མོའི་མཚོན་བྱའི་ནང་དོན་དང་མཚོན་ཐབས་བཟོ་རྩལ་ལ་གཞིགས་ནས་ཚོས་དཔག་བྱེད་རྒྱུ་ལས་ད་བར་དེ་བས་འོས་ཤིང་འཚམ་པའི་ཐབས་ལམ་ཞིག་མ་རྙེད། དེས་ན་བོད་ཀྱི་གནའ་བོའི་བྲག་བརྐོས་རི་མོར་བརྗོད་བྱའི་ནང་དོན་ལྟར་དབྱེ་ན་གཉིས་སུ་ཡོད་དེ། གཅིག་ནི་བོན་ཆོས་རིག་གནས་མ་དར་སྔོན་ཏེ་རྗོན་མ་འབྲོག་རིག་གནས་འབའ་ཞིག་ཡིན་ལ། དེ་དག་ནི་ད་ནས་བརྩིས་པའི་ཏ་ལམ་ལོ་སྟོང་ཕྲག་གསུམ་བཞི་ཙམ་གྱི་གོང་ལ་བྱུང་བ་ཡིན་པ་

དང་། ཅིག་ཤོས་ནི་གདོང་མའི་བོན་གྱི་དུས་རབས་ཧེ་ད་ནས་བརྩིས་པའི་ཧ་ལམ་ལོ་ངོ་ཉིས་སྟོང་སྟོན་ལ་བྱུང་བ་ཞིག་ཡིན་པར་འདོད། དེ་ཡང་སྔ་མ་ནི་ཕྱུགས་འཚོ་བ་དང་། རི་དྭགས་རྔོན་པ། འབྲོང་གཡག་གཡུང་བ་སོགས་ཀྱི་བརྗོད་བྱ་གཙོ་བོར་མཚོན་པར་བྱེད་པ་ཞེ་གཅིག་ཡིན་ལ། ཕྱི་མ་ནི་གདོང་མའི་ཆོས་ལུགས་ཆོ་ག་དང་། གཏོ་བཅོས། མཆོད་གསོལ་བྱེད་སྒོ་སོགས་མཚོན་པར་བྱེད་པ་ཞེ་གཅིག་ལགས། འོ་ན་རྒྱ་མའི་བྲག་བརྐོས་རི་མོ་དེ་དག་ལ་ལོ་རྒྱུས་དུ་ཙམ་ཡོད་དམ་ཞེ་ན། དེ་ནི་ནང་དོན་སྐབས་བདེ་བ་ཞིག་སྟེ་ཇོན་པས་མདའ་གཞུ་ལ་བརྟེན་ནས་རི་དྭགས་རྔོན་རྩལ་དང་། བརྗོན་བྱའི་རི་དྭགས་ཀྱང་ཤ་བ་དང་། དགོ་བ། གླ་བ། གཙོད། དོམ་འདྲ་བ་སོགས་ཡོད་པ་དང་། དེ་བཞིན་གཡུང་དྲུང་དང་དར་ལྕོག་གི་གཟུགས་རིས་འདྲ་བ་སོགས་ཀྱང་ཡོད་པ་བཅས་ལ་དཔྱེ་ཞིབ་བྱས་ན། རི་མོ་དེ་དག་ནི་དུས་ཚོད་གཅིག་གི་སྟེང་དུ་བྱུང་བ་ཞིག་མིན་པར་དུས་རིམ་ཁ་ཤས་ཤིག་གི་ནང་བྱུང་བ་ཞིག་ཡིན་པར་རིགས་པས་དཔོག་ཐུབ། དེ་ཡང་《ཞང་བོད་ཧྲི་སིའི་འོད》ཅེས་བྱ་བ་ལས། "ཁོ་བོ་ཅག་གིས་རྙེད་པའི་ཞང་ཞུང་གི་བྲག་བརྐོས་རི་མོ་དེ་རྣམས་ཀྱི་ཁྲོད་དུ་གཡུང་དྲུང་གི་རི་མོ་དང་དེ་དང་ཆ་འདྲ་བའི་རི་མོའི་རྣམ་པ་མི་འདྲ་བ་འགའ་རེ་དང་། ཡིག་གཟུགས་ཤིག་ཡིན་ནམ་སྙམ་པའི་རི་མོ་དེ་ཙམ་མི་གསལ་བ་འགའ་རེ་ཡོད་པ་འདི་རིགས་ཁ་ཤས་ནི་ཆེས་སྔ་བའི་དུས་ཀྱི་རི་མོ་ཡིན་ལ། འགའ་ཞིག་དུས་རིམ་གོང་མའི་ནང་གི་མི་ཆོས་གསར་བསྟན་གྱི་རི་མོའང་ཡིན་ལས་ཆེ་བ་འདུག །གང་ལྟར་ཟེར་ན་བྲག་བརྐོས་ཀྱི་རི་མོ་འདི་རིགས་དུས་ཚོད་གཅིག་གི་སྟེང་དུ་བྱུང་བ་ནི་ཡིན་དཀའ་སྟེ། དུས་རབས་རིམ་ཅན་གྱི་མིས་སྟོན་གྱི་རི་མོ་རྙེད་པ་དེ་རྣམས་མཐོང་བས་དེ་དག་གི་གཤམ་དུ་གསར་སྟོན་གྱི་རི་མོ་ཅི་རིགས་བཀོད་འདུག

བ་ནི་ཕོ་བོ་ཅག་གིས་རྙེད་པའི་བྲག་བརྐོས་རི་མོ་འགའ་ཞིག་གཞམ་དུ་དེང་དུས་ཀྱི་མིས་གསར་དུ་བཀོད་པའི་ཡི་གེ་འཕགས་པ་སྤྱན་རས་གཟིགས་ཀྱི་མཚན་སྔགས་‘ ཨོཾ་མཎིཔདྨེཧཱུྃ ’ ཞེས་བྱ་བ་འདི་བརྐོས་འདུག་པས་ངེས་ཤེས་ཐུབ་པ་ཡིན། ” ཞེས་བྱུང་བ་ལྟར་ཕོ་བོ་ཅག་གིས་མཐོང་བའི་རྒྱ་མའི་བྲག་བརྐོས་རི་མོ་འདི་རིགས་ཀྱང་ཚུལ་དེ་ལས་མ་འདས་ཏེ། དེ་ཡང་རི་མོ་ཡོད་སའི་བྲག་རྡོའི་སྟེང་ཐོག་ཏུ་བཅད་རིས་མངོན་གསལ་ཆུང་ཙམ་གྱི་རི་དྭགས་སྣ་ཚོགས་དང་། བར་དུ་བཅད་རིས་མངོན་གསལ་ཆེ་ཙམ་གྱི་རི་དྭགས་སྣ་ཚོགས། གཞམ་ཁུལ་དུ་རྔོན་པས་རི་དྭགས་རྔོན་ཚུལ་དང་། རི་དྭགས་འདྲ་མིན། དེ་བཞིན་གཡུང་དྲུང་རི་མོ་དང་དར་ལྕོག་གམ་མཆོད་རྟེན་འདྲ་པོ་སོགས་བརྐོས་ཡོད་ལ། ངོས་ཤིག་ཏུ་འཕགས་པ་སྤྱན་རས་གཟིགས་ཀྱི་མཚན་སྔགས“ ཨོཾ་མཎིཔདྨེཧཱུྃ” ཡང་བརྐོས་འདུག་པའི་ཕྱིར་རོ། །

དེས་ན་བྲག་རིས་དེའི་རིགས་ཀྱི་ལོ་ཚིགས་ལ་དཔྱད་ཞིབ་བྱེད་སྐབས་བརྒྱ་ཁ་གཅིག་གཅོད་མ་ཡིན་པར་ཐོག་མཐའ་བར་གསུམ་གྱི་གནས་ཚུལ་དངོས་ལ་དབྱེ་ཞིབ་ནན་ཏུར་བྱ་དགོས་ཤིང་། ཕྱོགས་གཅིག་ནས་གནའ་རྫས་རྟོག་ཞིབ་ཀྱི་རིག་པར་བརྟེན་དགོས་ལ། ༡ གཉིས་གཉིས་ནས་ལོ་རྒྱུས་དཔེ་ཐེར་ཁག་ལ་ཁུངས་གཏུགས་དགོས་པ་སྨོས་མེད་ལགས། ཕྱིར་བྲག་ལྡེབས་རི་མོ་ལ་མཚོན་ཐབས་ཀྱི་སྒོ་ནས་དབྱེ་ན་ཆོན་རིས་དང་བརྐོས་རིས་གཉིས་སུ་ཡོད་ཅིང་། བོད་ཀྱི་བྲག་ལྡེབས་རི་མོ་ལས་བྱུང་གནམ་མཚོའི་བཀྲ་ཤིས་མདོའི་བྲག་ལྡེབས་རི་མོ་ནི་ཆོན་བྱུགས་རི་མོ་ཡིན་པ་ཐུད། དེ་བྱིངས་ཕལ་ཆེར་བརྐོས་རིས་ཞེ་གཅིག་ཡིན། དེ་ཡང་གནས་རྫས་རྟོག་ཞིབ་རིག་པ་ལྟར་ན། ཆོན་རིས་ལྟ་བུར་སོལ་འགྱུར་༡༤ཚད་ལེན་གྱི་ཐབས་ལ་བརྟེན་ན་ལོ་ཚིགས་ཁ་ཆོན་གཅོད་པར་གལ་ཆེའི་ཞུས་

པ་ཐོན་ངེས་ཀྱང་། བགྲོས་རིས་ལྔ་བུར་དེ་ལྟར་བྱ་ཐབས་བྲལ། དེས་ན་རྒྱ་མའི་བྲག་ལྷེབས་རི་མོ་དེ་རྣམས་ནི་བགྲོས་རིས་ཀྱི་ཁོངས་སུ་གཏོགས་པས། སོལ་འགྱུར་༡༨ཚད་ལེན་གྱི་ཐབས་ལ་བརྟེན་ནས་ལོ་ཚིགས་ཁ་ཚོན་གཅོད་ཐབས་བྲལ་ཡང་། མཚོན་ཐབས་བཟོ་རྩལ་དང་མཚོན་བྱའི་ནང་དོན་ལ་དཔྱེ་ཞིབ་བྱས་ན་ད་གཟོད་ལོ་རྒྱུས་ཇི་ཙམ་ཡོད་ཚུལ་ཡམ་རྟོགས་ཐོབ་པོ། །

དེ་ཡང་རྒྱ་མའི་བྲག་བགྲོས་རི་མོའི་མཚོན་བྱའི་ནང་དོན་གཙོ་བོ་ནི་རི་དྭགས་རྔོན་ཚུལ་ཡིན་ལ། རི་དྭགས་རྔོན་བྱེད་ཀྱི་ལག་ཆ་ནི་མདའ་གཞུ་འཕང་ཞིག་ཡིན་པས། རི་མོའི་བྱུང་དུས་ལ་དཔྱད་པ་མ་བགྲིས་གོང་དུ་དེ་དང་འབྲེལ་ཡོད་ཀྱི་མདའ་གཞུ་ནམ་བྱུང་སྐོར་ལ་དཔྱད་ཞིབ་མ་བྱེད་ཐབས་མེད་ལགས། དེ་ཡང་ལོ་རྒྱུས་དེབ་ཐེར་ནང་རང་རེའི་ཡུལ་འདིར་མདའ་གཞུ་ནམ་བྱུང་སྐོར་ལ་བཞེད་ཚུལ་སྣ་ཚོགས་བྱུང་བ་སྟེ། 《ལྡེའུ་ཆོས་འབྱུང་རྒྱས་པ》 དང་། 《ཆོས་འབྱུང་མཁས་པའི་དགའ་སྟོན》ལས་གཉོད་སྲིན་ནག་པོའི་དུས་སུ་མདའ་གཞུ་གཉིས་ལག་ཆར་བྱུང་ཚུལ་བསྟན་པ་དང་། ཡང་《བཀའ་ཐང་སྡེ་ལྔ་》དང་《གཡུང་དྲུང་བོན་གྱི་བསྟན་འབྱུང་ཕྱོགས་བསྡུས》ལས། མ་སངས་སྤུན་དགུའི་དུས་མཚོན་ཆའི་བྱེ་བྲག་མདའ་མདུང་བྱུང་ཚུལ་བསྟན་པ་བཅས་སོ། ། གོང་གསལ་གྱི་ཆོས་འབྱུང་དང་ལོ་རྒྱུས་ཡིག་ཆ་དག་ལས་མདའ་གཞུ་ནི་མངའ་མཛད་ཀྱི་དུས་རབས་མི་འདྲ་བར་བྱུང་བར་འདོད་ལ། མངའ་མཛད་ཀྱི་དུས་རབས་ནི་དུས་རབས་ནམ་ཞིག་ལ་ངོས་འཛིན་དགོས་སམ་ཞེ་ན། 《བོད་ཀྱི་ལོ་རྒྱུས་པདྨ་རཱ་གའི་ལྡེ་མིག》སོགས་ཀྱི་རྗེས་སུ་འབྲངས་ནས་བཤད་ན། གདོད་མའི་སྤྱི་ཚོགས་མཇུག་རྫོགས་ནས་རྒྱལ་ཕྲན་སིལ་མ་བཅུ་གཉིས་མ་བྱུང་བའི་སྔོན་གྱི་དུས་རབས་དེར་ངོས་བཟུང་ན་ཆོག་ཅིང་། 《ལྡེའུ་ཆོས་འབྱུང་རྒྱས་པ》སོགས་ལྟར་

ན་མདའ་གཞུ་ནི་གནོད་སྦྱིན་བཙན་གྱི་དུས་སུ་བྱུང་བར་འདོད་པས་བོད་དུ་ཐོག་མར་མདའ་གཞུ་བའི་དུས་ནི་ད་ནས་བརྩིས་པའི་ང་ལམ་ལོ་༤༠༠༠ ནས་༥༠༠༠གོང་ལ་ཡིན་དགོས་པ་དང་། 《བཀའ་ཐང་སྡེ་ལྔ་》སོགས་ཀྱི་དབང་དུ་བྱས་ན་མདའ་གཞུ་ནི་མ་སངས་སྤུན་དགུའི་དུས་སུ་བྱུང་བར་འདོད་པས་ད་ནས་བརྩིས་པའི་ང་ལམ་མི་ལོ་༥༠༠༠ནས་༩༠༠༠གོང་ལ་ཡིན་དགོས། དེ་ཡང་མདའ་གཞུ་ནི་བསྐལ་པ་ཡ་ཐོག་གི་རྡོ་ཆས་སྤྱོད་པའི་དུས་སྐབས་ཀྱི་སྤྱི་ཚོགས་སུ་རི་དྭགས་རྔོན་པའི་ལག་ཆ་ཞིག་ཡིན་ལ། ཆབ་མདོའི་ཁ་རུབ་ནས་རྡོའི་སྐེའུ་དང་། རྡོའི་གཟོང་། རྡོའི་འབྲེག་གཏུབ་ཀྱི་ལག་ཆ་སོགས་བསྐལ་པ་ཡ་ཐོག་གི་ཐོན་སྐྱེད་འཚོ་བའི་ལག་ཆ་མང་པོ་ཞིག་དང་སྲོག་ཆགས་ཀྱི་རུས་པ་འཁོར་ཆེན་ཉེད་སོན་བྱུང་བ་སོགས་ལས་ཀྱང་རི་དྭགས་རྔོན་རྒྱུ་ནི་སྐབས་དེའི་དཔལ་འབྱོར་འཚོ་བའི་གལ་ཆེའི་གྲུབ་ཆ་ཞིག་ཡིན་པར་མ་ཟད། དེའི་ཐོག་ནས་སྐབས་དེའི་སྐྱེད་དངོས་ཁོར་ཡུག་ནང་སྲོག་ཆགས་ཀྱི་ཐོན་ཁུངས་ཕུན་སུམ་ཚོགས་པོ་ཡོད་པ་རྟོགས་ཐུབ་ཅིང་། དེ་བཞིན་ལྷ་སའི་བྱང་ངོས་རྒྱ་གོང་གི་གནའ་ཤུལ་ནས་ཡར་ཐོན་ཆེ་ཙམ་ཡིན་པའི་ཞིང་ལས་ཐོན་སྐྱེད་ཀྱི་ལག་ཆ་དང་། ལག་ཤེས་བཟོ་ལས་ཀྱི་ལག་ཆ། རི་དྭགས་རྔོན་བྱེད་ཀྱི་ལག་ཆ་སོགས་ཀྱང་ཐོན་ཡོད་པར་མ་ཟད། ཁབ་རྩེ་དང་ཁབ་མིག་གཉིས་ཀ་གཞོགས་གཅིག་ཏུ་ཡོད་པའི་རུས་པའི་ཁབ་དང་། ལྕགས་ཀྱི་ཡུ་བ་ཅན་གྱི་ལིའི་མེ་ལོང་། ལྕགས་རིགས་ལས་གྲུབ་པའི་མདའ་རྩེ། རྫ་འཇིམ་ལས་གྲུབ་པའི་སྤྲིལ་གདོང་སོགས་དམིགས་བསལ་གྱི་དངོས་རྫས་མང་དག་ཅིག་ཐོན་པ་བཅས་ལས་ཀྱང་རང་ཅག་ཁ་བའི་ལྗོངས་འདིར་མ་མཐར་ད་ནས་བརྩིས་པའི་མི་ལོ་སུམ་སྟོང་ལྔ་བརྒྱ་ལྷག་ཙམ་གྱི་གོང་ལ་ཡར་ཐོན་ཆེ་ཙམ་ཡིན་པའི་ཞིང་ལས་ཐོན་སྐྱེད་ཀྱི་ལག་ཆའམ་འཚོ་བའི་ཡོ་བྱད་སྤྱི་དང་། བྱེ་བྲག་

འཛེམ་བཟོའི་སྒྱུ་རྩལ་ཡང་ཐོན་པ་རྟགས་ཐུབ། ། རྒྱ་མའི་བྲག་བཀོས་རི་མོ་འདི་རིགས་ཀྱང་བྲག་བཀོས་རི་མོ་སྔ་ཚད་དེ་ལོ་ཁྲི་བཞི་ལྔའི་ལོ་རྒྱུས་ཡོད་པའི་གྲས་སུ་མ་ཚུད་ཀྱང་། ད་ནས་བརྩིས་པའི་ལོ་ངོ་སུམ་སྟོང་ལྔ་བརྒྱའི་གོང་ལ་ཕྱུང་བར་ངེས་འཛིན་བྱས་ན་ཆོག་སྟེ། བོད་ཀྱི་ལོ་རྒྱུས་དེབ་ཐེར་ཁག་ནང་གསལ་བའི་རི་དྭགས་རྔོན་བྱེད་ཀྱི་མདའ་གཞུ་ནམ་བྱུང་གི་ལོ་རྒྱུས་ཙམ་མ་ཟད། རྒྱ་མ་ཁྱུལ་དང་བར་ཐག་སྤྱི་ལེ་དྲུག་ཅུ་ལྷག་ཙམ་ལས་མེད་པའི་ཆུ་གོང་གི་གནའ་ཤུལ་ནས་རི་དྭགས་ཤ་བ་དང་། གླ་བ། ཕག་རྒོད། རྐྱང་སོགས་ཀྱི་རུས་པ་འཐོར་ཆེན་ཐོན་པ་དེ་རིགས་ཀྱིས་ཀྱང་དངོས་ཤུགས་བརྒྱུད་གསུམ་ནས་ར་སྤྲོད་བྱེད་ཐུབ་པར་སྙམ་མོ། །

## ༢ ཆོས་རྒྱལ་སྲོང་བཙན་སྒམ་པོའི་མཛད་རྣམ་མདོར་བསྡུས།

བོད་ཀྱི་བཙན་པོ་སྲོང་བཙན་སྒམ་པོ་ནི། རང་ཅག་བོད་མི་རིགས་ཚང་མས་དགའ་གུས་དང་། དད་སེམས་དཔག་མེད་བྱེད་པའི་མི་རིགས་ཀྱི་སྔོན་བྱོན་དཔའ་བོ་འགྲན་ཟླ་མེད་པ་ཞིག་ཡིན་ལ། ཁོང་གི་མཚན་སྙན་ནི་རྒྱལ་ཡོངས་དང་འཛམ་གླིང་གླིང་ཆེན་ཁག་ལ་དུས་ད་ལྟའང་ཉམས་པ་མེད་པར་གནས་པའི་ལོ་རྒྱུས་ཀྱི་མི་སྣ་གྲགས་ཅན་ཞིག་ཡིན་ལ། ཕུལ་དུ་བྱུང་བའི་ཆབ་སྲིད་མཁས་ཅན་དང་། དམག་དོན་མཁས་ཅན། ཁྲིམས་ལུགས་མཁས་ཅན། ཕྱི་འབྲེལ་མཁས་ཅན་བཅས་ཀྱང་ཡིན། ཁོང་ནི་བོད་མེ་གླང་ (སྤྱི་ལོ་༦༡༧) ལོར་ཡབ་གནམ་རི་སྲོང་བཙན་དང་། ཡུམ་ཚེ་སྤོང་བཟའ་འབྲི་མ་ཐོད་དཀར་གཉིས་ཀྱི་སྲས་སུ་དབུ་རུ་མལ་གྲོ་རྒྱ་མ་ཚ་བྲང་བྱམས་པ་མི་འགྱུར་གླིང་དུ་སྐུ་འཁྲུངས། རྒྱལ་སྲས་འདི་ཉིད་སྐུ་ན་ཆུང་ངུའི་དུས་ནས་མཁྱེན་རབ་ལྷག་པར་གསལ་ཞིང་། བློ་གྲོས་ཀྱི་གཏིང་དཔོག་པར་དཀའ་བ་དང་། དཔའ་མཛངས་བརྟུལ་ཕོད་པའི་

སྙིང་སྟོབས་དང་ལྡན་པ་ཞིག་ཡོད། དེ་ནས་རྒྱལ་པོ་ནར་སོན་དུས་རིག་པའི་གནས་ལྔ་ལ་སོགས་པའི་ཡོན་ཏན་དུ་མ་དང་ལྡན་པར་གྱུར་བས་བློན་པོ་རྣམས་ན་རེ། འོ་ཅག་གི་རྗེ་འདི་ནི་ཡོན་ཏན་དུ་མ་དང་ལྡན་ཏེ་ཐུགས་ཤིན་ཏུ་སྒམ་མོ་ཟེར། སྲོང་བཙན་སྒམ་པོ་ཞེས་པའི་མཚན་དེ་ནི་ཁོང་གིས་སྲིད་དབང་བཟུང་རྗེས་བློན་པོ་རྣམས་ཀྱིས་གསོལ་བའི་མཚན་ཡིན་ཅིང་། དེ་ཡང་རྒྱུད་དྲང་ཞིང་སྲོང་བ། ཁྲིམས་ལ་ཉེ་རིང་མེད་པའི་བཀའ་བཙན་པ། མི་སུས་ཀྱང་ཁོང་གི་རྒྱུད་ཚོད་སོན་མི་ཐུབ་པའི་སྒམ་པོ་ཡོད་པ་བཅས་ཀྱི་ཁྱད་ཆོས་དང་མཐུན་པའི་སྒོ་ནས་མཚན་དེ་ལྟར་གྲགས། རྒྱལ་སྲས་སྲོང་བཙན་སྒམ་པོ་དགུང་ལོ་བཅུ་གསུམ་ལ་ཕེབས་སྐབས་སྲིད་དབང་བཞེས། དེ་སྐབས་མྱང་མང་པོ་རྗེ་ཞང་སྣང་དང་། ཁྱུང་པོ་སྤུང་སད་ཟུང་ཙེ། དབས་དབྱི་ཚབ། མགར་སྟོང་བཙན་ཡུལ་བཟུང་། ཐོན་མི་སམ་བྷོ་ཊ། འབྲི་སེ་རུ་གུང་སྟོན། སྣུབས་ཁྲི་བཟང་ཡང་སྟོན་སོགས་ཕྱི་ནང་བར་གསུམ་གྱི་བློན་པོ་བརྒྱ་ཕྲག་འགའ་ཤས་ཡོད་པར་གསུངས། བློན་པོ་ཐོན་མི་སམ་བྷོ་ཊར་བཀས་སྐུལ་ཏེ་ད་ལྟ་སྤྱོད་བཞིན་པའི་བོད་ཡིག་འདིའི་སྲོལ་གཏོད་པ་དང་གཅིག བོད་ཀྱི་རུས་རྒྱུད་ཆེ་བ་ཁག་གཅིག་འགྱུར་བྱས་ཏེ་ཁྲིམས་ལུགས་བརྩུགས་པ་དང་གཉིས། དམག་དོན་དང་སྲིད་འཛིན་ཟུང་འབྲེལ་གྱིས་གཅིག་འགྱུར་ལམ་ལུགས་བརྩུགས་པ་དང་གསུམ། མི་རིགས་རང་ཉིད་ཀྱི་ཐུར་ཡོད་རིག་གནས་གོང་འཕེལ་གཏོང་བའི་རྨང་གཞིའི་ཐོག་མི་རིགས་གཞན་གྱི་རིག་གནས་དང་ལག་རྩལ་སློབ་སྦྱོང་བྱེད་པ་དང་བཞི། ཁྲིམ་མཚེས་རྒྱལ་ཁབ་ཁག་བར་མཐུན་སྒྲིལ་ལ་ཤུགས་སྣོན་རྒྱག་པ་དང་ལྷ་བཅས་མཛད་རྗེས་ཁག་ལྷར་བསྟུས་ཤིང་། བལ་བཟའ་ཁྲི་བཙུན་དང་། རྒྱ་བཟའ་ཝུན་ཤིང་ཀོང་ཇོ། མོང་བཟའ་ཁྲི་ལྕམ་སོགས་བཙུན་མོ་ལྔ་ལས་མོང་བཟར་སྲས་

གུང་རི་གུང་བཙན་བྱུང་། ར་ས་འཕྲུལ་སྣང་དང་། རྒྱལ་སྣག་ར་མོ་ཆེ། བྲག་ཡེར་པ། ཁྲ་འབྲུག་སོགས་ལྷ་ཁང་དུ་མ་བཞེངས་པ་དང་། རྒྱ་དཀར་ནག་བལ་ལི་སོགས་ནས་གསུང་རབས་དུ་མ་བསྒྱུར་ཅིང་། བོད་དུ་ནང་པའི་ཆོས་ལུགས་དར་བར་མཛད་པ་སོགས་ཞབ་ཕྲའི་མཛད་རྗེས་ལོ་རྒྱུས་ཆོས་འབྱུང་ཁག་ཏུ་ཡོངས་སུ་གྲགས་པས་འདིར་ངལ་བ་མ་བྱས།

༣ ཁྲིང་འགོ་ཆུ་མིག

བོད་མི་གླང་ (སྤྱི་ལོ་༦༡༧) ལོར་ཡབ་གནམ་རི་སྲོང་བཙན་དང་། ཡུམ་ཚེ་སྤོང་བཟའ་འབྲི་མ་ཐོད་དཀར་གཉིས་ཀྱི་སྲས་སུ་དབུ་རུ་མལ་གྲོ་རྒྱ་མ་ཚོ་བྲང་བྱམས་པ་མི་འགྱུར་གླིང་དུ་སྐུ་འཁྲུངས། ཆོས་རྒྱལ་སྲོང་བཙན་སྒམ་པོ་སྐུ་འཁྲུངས་པ་དང་དུས་མཉམ་དུ་ཚོ་བྲང་གི་ཉེ་འགྲམ་དུ་ཆུ་མིག་གཅིག་འཁྲུངས་ཤིང་། ཆུ་མིག་དེའི་ནང་ནས་རྡོ་སྐུ་རིན་པོ་ཆེ་གཅིག་དང་། མ་ཧེ་ཡིག་དྲུག་གི་རང་བྱོན་གཅིག་དུས་མཉམ་དུ་འཁྲུངས། དེང་གི་དུས་སུའང་ཡུལ་མི་ཚོས་ཆུ་མིག་དེའི་ཆུ་སྤྱོད་བཞིན་མཆིས། རྡོ་སྐུ་རིན་པོ་ཆེ་དེ་ད་ཆ་ལྷ་ས་ཕ་བོང་ཁའི་རྟེན་གཙོ་ཡིན་ལ། སྔོན་བྱོན་མཁས་དབང་དུ་མའི་གསུང་རྒྱུན་ལྟར་དགེ་འདུན་པ་ཚོས་སྤྱན་རས་གཟིགས་ཀྱི་སྐུ་ལ་ངོས་འཛིན་གནང་གི་ཡོད། མ་ཧེ་ཡིག་དྲུག་གི་རང་བྱོན་དེ་ནི་ད་ལྟ་རྒྱ་མ་ཁྲི་ཁང་ནང་གི་རབ་རྒྱས་དགོན་པའི་ནང་མཇལ་རྒྱུ་ཡོད།

༤ ཚོ་བྲང་བྱམས་པ་མི་འགྱུར་གླིང་།

ཚོ་བྲང་བྱམས་པ་མི་འགྱུར་གླིང་ཞེས་པ་དེ་ལོ་རྒྱུས་དེབ་ཐེར་མང་ཆེ་བར་རྒྱ་མ་ཁྲུལ་དུ་ཡིན་པ་བཞེད་ཅིང་། རྒྱ་མ་ཞེས་པའི་ཡུལ་ལུང་འདི་ནི་མལ་གྲོ་གུང་དཀར་གྲོང་བརྡལ་ནས་སྤྱི་ལེ་དགུ་ཙམ་གྱི་སར་གནས་ཡོད་ཅིང་། སྔོན་དུས

བརྒྱ་མ་ཞེས་ཀྱང་འབྲི། དེའི་དོན་ནི་འགྲོ་དགོན་སངས་རྒྱས་དཔོན་གྱིས་ལུང་པ་བརྒྱ་བདམས་གནང་བའི་ནང་ནས་ལེགས་ཤོས་དེ་ཡིན་པས་མིང་དེ་ལྟར་ཐོགས། དེ་ཡང་ཕོ་བྲང་བྱམས་པ་མི་འགྱུར་གླིང་ནི་རྒྱ་མ་ཁྲི་ཁང་དུ་གྱུར་ཤུལ་ཞིག་ཡོད་པ་དེ་ཡིན་པར་ངོས་འཛིན་བྱེད་པ་དང་། ཡང་ཁུལ་དེའི་མང་ཚོགས་ཀྱི་ཤོད་རྒྱུན་དུ། ཁྲི་ཁང་གི་ནུབ་ངོས་རི་འདབས་སུ་དེ་སྔོན་གྱི་དགོན་ཡོད་པའི་ས་གནས་དེར་ཆོས་ཁང་དམར་པ་པོ་ཟེར་བ་ཞིག་འདུག་པ་དེ་ལ་སྲོང་བཙན་འཁྲུངས་པ་རེད་ཅེས་ཟེར་སྲོལ་འདུག སྤྱིར་སྲོང་བཙན་འཁྲུངས་ཡུལ་སྔོན་རྒྱ་མའི་ཡུལ་ནི་དབུས་རི་བར་སྐོར་དུ་གྲགས་པའི་ནང་ཚན་རི་བོ་གྲགས་ཅན་མང་པོ་ཡོད་པའི་ནང་གི་རི་བོ་མཇལ་ཞེས་པའི་འདབས་སུ་ཆགས་ཡོད་པ་དང་། ཡུལ་དེར་རྩྭ་ཆུ་ཤིང་གསུམ་འཛོམས་ཤིང་གཙང་གཟན་རི་དྭགས་བྱ་རིགས་སྣ་ཚོགས་རྩེ་ཤིང་མེ་ཏོག་གི་ཁྲོད་དུ། ཉམས་དགའ་བར་བརྟེན་པ་དང་ཁོར་ལྗོངས་ཀྱི་རི་བོ་རྣམས་རིན་ཆེན་སྣ་ལྔའི་བང་མཛོད་དུ་བཀོད། དབྱར་དུས་རི་ལྡེབས་སུ་དཀར་ནག་ཕྱུགས་རིགས་ཁྱུ་ཚོ་མཐོང་ལ་སྤྲུས་ལེགས་སྨན་རྩྭའི་དྲི་ཞིམ་སྣ་ལ་འཕྱུལ་བ། དྭངས་གཙང་ཕུ་ཆུ་ལུང་གཞུང་ནས་ལྡིང་ལྡིང་དུ་རྒྱུ་བ། རི་གཤམ་འབྲུ་སྣ་ལྔ་ཡི་ཞིང་གླིང་གི་ལྗང་གཞོན་དང་། སྤང་ལྗོངས་ནེའུ་སེང་གཡུ་ཡི་གཅལ་དུ་བཀྲམས་པ། གསེར་མདོག་པད་ཁའི་མེ་ཏོག་གི་ཕྲ་ཚོམ་བཏབ། སྐྱེ་བོ་ཕོ་མོའི་ཚོགས་རྣམས་ཞིང་འབྲོག་ལས་ལ་བརྩོན་པ། རི་བོ་ཐོན་ཁུངས་བཟང་ཞིང་རི་ཞོལ་ལོ་འབྲས་ལེགས་པའི་དཔལ་གྱིས་རབ་ཕྱུག་པའི་ཡུལ་ལུང་ཉམས་དགའ་བ་ཞིག་ཡིན། ཡུལ་འདིར་གནའ་རབས་ཕོ་བྲང་གི་རྗེས་ཤུལ་དང་། ལོ་རྒྱུས་ཡུན་རིང་ལྡན་པའི་མཆོད་རྟེན། ངོ་མཚར་ཆེ་བའི་སྒྲུབ་ཕུག །ཡིད་དགར་འོང་བའི་སྒྲུབ་ཆུ། སྙན་པའི་གྲགས་པ་ཀུན་ལ་ཁྱབ་པའི་རྩྭ་ར་པད་མ་སྟོང་ལྡན་སོགས་མིག

དབང་གི་ཡོངས་སྤྱོད་དུ་གྱུར་བ་མ་ཟད། ཁྱད་པར་དུ་ཆོས་རྒྱལ་སྐུ་ཕྲག་སོ་གཉིས་པ་གནམ་རི་སྲོང་བཙན་སྐུ་དུས་ཀྱི་མཛད་པ་འཕྲིན་ལས་བསྐྱངས་གནས་དང་། སྣན་གྲགས་ཀྱི་བ་དན་ཕྱོགས་བཅུར་ཁྱབ་པའི་ཆོས་རྒྱལ་སྲོང་བཙན་སྒམ་པོའི་འཁྲུངས་ཡུལ་དང་མཛད་འཕྲིན་བསྐྱངས་ཡུལ་ཡིན། ཡུལ་ལུང་འདི་ཉིད་བོད་ཀྱི་གནའ་བོའི་རྒྱལ་རབས་ཀྱི་ལོ་རྒྱུས་དང་། ཆོས་སྲིད་ཀྱི་གནས་སྟངས། རིག་གནས་ཀྱི་འབྱུང་འཕེལ་སོགས་ཕྱོགས་གང་ཐད་ལའང་མཐོ་གལ་ཆེ་བའི་ལོ་རྒྱུས་ཀྱི་དཔང་རྟགས་མཚོན་པ་ཞིག་ཡིན་པ་མ་ཟད། བླ་མ་སྐྱེས་ཆེན་དུ་མ་དང་གྲགས་ཅན་མི་སྣ་མང་པོའི་འཁྲུངས་ཡུལ་ཡང་ཡིན་པས། ད་ཆ་རྒྱལ་ཁབ་ཕྱི་ནང་གི་སྐྱེ་བོ་མང་པོས་བོད་ལྗོངས་འདི་ཉིད་ལ་ཤེས་རྟོགས་དང་བཅས་པའི་ཡུལ་སྐོར་སྐྱོ་འཆམ་གྱི་གནས་ཁྱད་པར་ཅན་ཞིག་ཏུ་གྱུར་ཡོད།

༥ རབ་རྒྱས་གླིང་།（ཁྲི་ཁང་ལྷ་ཁང）

མཚན་རྒྱས་པར་ཁྲི་ཁང་ཆོས་ཁང་རབ་རྒྱས་གླིང་ཞེས་ཞུ། མལ་གྲོ་གུང་དཀར་རྫོང་ནས་སྤྱི་ལེ་དགུ་ཙམ་སོང་ན་ཁྲི་ཁང་གྲོང་དབུས་སུ་དགོན་དེ་མཇལ་རྒྱུ་ཡོད། དགོན་དེ་ཐོག་མར་འགྲོ་མགོན་སངས་རྒྱས་དཔོན་གྱིས་ཕྱག་བཏབ་གནང་མཛད། ཐོག་མར་བཀའ་གདམས་པའི་དགོན་པ་ཡིན་པ་ལ་རྗེས་སུ་རི་བོ་དགེ་ལུགས་པར་འགྱུར། དགོན་བདག་ནི་རྒྱ་མ་ཁྲི་ཁང་པས་གནང་བ་རེད། ཁྲི་ཁང་ཞེས་པ་ནི་ས་སྐྱ་འགྲོ་མགོན་ཆོས་རྒྱལ་འཕགས་པའི་སྐུ་དུས་སུ་བོད་ཁྲི་སྐོར་བཅུ་གསུམ་དུ་དབྱེར་སྐབས། དབུས་སྐོར་རྒྱ་མ་ཁྲི་ཁང་དེ་ཡང་བོད་ཁྲི་སྐོར་བཅུ་གསུ་ཡི་ཡ་གྱལ་ཡིན་པས་རྒྱ་མ་ཁྲི་ཁང་ཞེས་པ་དེ་དུས་སུ་ཐོགས། ཁྲི་ཁང་ལྷ་ཁང་ནང་ཐུགས་རྗེ་ཆེན་པོ་ཕྱག་སྟོང་སྤྱན་སྟོང་བྱིན་ཅན་བཞུགས་པས་སྟོན་གཟིམ་ཚང་བ་ཞེས་པའི་ཁྲལ་ཡང་ཆག་ཡང་ཐོབ། ལྷ་ཁང་ཀ་བ་བཞིའི་

ནང་རྟེན་གཙོ་ཐུགས་རྗེ་ཆེན་པོ་ཕྱག་སྟོང་སྤྱན་སྟོང་ཐོག་སོ་གཅིག་ལྷག་དང་། གཡས་གཡོན་དུ་གསེར་ཟངས་ཀྱི་ཐུབ་དབང་ཐོག་སོ་ཅན། ཁྲང་འགོ་ཆུ་མིག་ཅེས་ཆོས་རྒྱལ་འཁྲུངས་ས་ཐག་ཆུ་མིག་ནས་མ་ཏི་འི་ཡིག་དྲུག་རང་བྱོན་དང་། རྡོ་སྐུའི་རང་བྱོན་ཞེས་རྡོ་ནག་སྟེང་འོ་མས་བྲིས་པ་ལྟར་གསལ་བ་དེ་དང་ཉེ་བའི་སྲུང་མ་ཁང་ཞེས་པའི་ནང་དམ་ཅན་གྱི་རའི་ཞབས་རྗེས་དང་། འགྲོ་མགོན་གྱི་གསོལ་མཛོད་ཞབས་རྗེས། ལྷ་ཁང་ཐོག་སོ་ཉིས་ཐོག་ལ་སྟེང་ཤོད་གཉིས་ཀར་བར་སྐོར་རེ་ཡོད་པ། སྟོན་དགོན་དེར་དགེ་སློང་བརྒྱད་ཅུ་གཅིག་དགའ་ལྡན་ཁྲི་ཐོག་སྣང་ནས་གཏོང་གནང་སྲོལ་ཡོད། གཞན་ཡང་སྟོན་དགོན་ལོ་ལྟར་བོད་ཟླ་༡༢ཚེས་༢༨ལ་དགོན་དེའི་གྲྭ་པ་དང་། ཁྲི་ཁང་གི་ཕོ་གཡོག རྒྱ་མའི་ཨུལ་ལག་བཅས་ཀྱིས་མེ་ལྷ་བསྐུལ་ཅེས་ལྷོ་བར་མེ་སྤར་ནས་གཏོར་རྒྱག་རྒྱག་སྲོལ་ཡོད། ད་ལྟ་སྟོན་གྱི་ལྷ་ཁང་ཉམས་གསོ་གནང་བའི་ནང་སྟོན་གྱི་ཐུགས་རྗེ་ཆེན་པོའི་ཞབས་སྟེང་ནས་བཞེངས་གནང་བའི་སྨན་འདམ་གྱི་ཐུགས་རྗེ་ཆེན་པོ་དང་། གསེར་ཟངས་ཀྱི་ཐུབ་དབང་། མ་ཎིའི་རང་བྱོན། འགྲོ་མགོན་སངས་རྒྱས་དཔོན་གྱི་གདུང་རྟེན་འབུམ་པ་བང་རིམ་ཡན་གསར་བཞེངས་གནང་བ་ཐོག་སོ་བདུན་ལྡན། ལྷེབས་རིས་རྙིང་མ་སོགས་མཇལ་རྒྱུ་ཡོད།

རྒྱ་མ་ཁྲི་ཁང་ཞེས་པའི་མཁར་གྲོང་འདིར་ཧོར་གླིང་གཡུལ་འགྱེད་སྐབས་ཀྱི་སྒྲུང་ཞིག་ཤོད་རྒྱུན་དུ་གྲགས་པ་སྟེ། མཁར་གྲོང་འདི་ནི་ཧོར་གུར་དཀར་རྒྱལ་པོའི་མཁར་གྲོང་ཡིན་པ་དང་། གྲོང་གི་ཤར་ངོས་སུ་གུར་དཀར་རྒྱལ་པོའི་དམག་དཔོན་ཤན་པའི་ཟླ་རི་ཕྱུག་ལྷ་ཚལ་རྩེ་ཟེར་བ་ཞིག་ཡོད་པ། གྲོང་གི་ནུབ་ངོས་སུ་གུར་དཀར་རྒྱལ་པོའི་མགར་བ་ཆོས་དར་གྱི་གཞིས་ཀ་ཡོད། གྲོང་གི་བྱང་ངོས་སུ་གུར་དཀར་རྒྱལ་པོའི་རྟ་ར་པད་མ་སྟོང་ལྡན་ཟེར་བ་ཡོད། གླིང་རྗེ་

གེ་སར་ནོར་བུ་དགྲ་འདུལ་གྱིས་ཧོར་གུར་དཀར་རྒྱལ་པོ་ཚམ་ལ་འབེབས་ཆེད་ཚོང་པ་ཁག་གཅིག་ལ་སྤྲུལ་ནས་རྟ་ར་པད་མ་སྟོང་ལྡན་དུ་ཞག་གཅིག་གནས་མལ་བཅས་པ་དང་། ཕྱི་ཉིན་སྤྲང་པོ་ཞིག་ཏུ་སྤྲུལ་ཏེ་ཛ་རོལ་དཀྱིལ་དུ་ལུས་པའི་ཚུལ་བསྟན་པས་མགར་ཚོས་དར་གྱི་སྲུས་མོ་མགར་ས་ཆོས་སྒྲོན་གྱིས་མཐོང་ནས་རང་ཁྱིམ་དུ་ཁྲིད་ཏེ། ཕ་ཡི་གཡོག་ཏུ་ཉར་བས་རིམ་བཞིན་གུར་དཀར་རྒྱལ་པོའི་བློན་པོ་དང་རིག་སྟོབས་འགྲན་རྩལ་ཀུན་ལས་རྒྱལ་བ་བྱུང་། གུར་དཀར་རྒྱལ་པོ་མཉེས་ནས་རིམ་གྱི་གནས་སྤར་བྱས་པ་དང་། མཐར་བློན་པོར་བཙུག་ཏེ་མིང་དུ་ཐང་ཛ་རོའི་དཀྱིལ་ནས་རྙེད་པས་ཨ་ཕོ་ཐང་རྙེད་ཟེར་བ་དང་། ཨ་ཕོ་ཐང་རྙེད་ཀྱིས་ཐབས་ཤེས་སྣ་ཚོགས་ཀྱི་གུར་དཀར་རྒྱལ་པོའི་བློན་པོ་དྲག་གྲས་གསང་སྟེ། སྟོན་པའི་སློབ་དཔོན་སྟོབས་ཆེན་སླང་པོ་ཁྲ་འབར་དང་། ཤུགས་ཆེན་རི་བོ་པང་འགྱོགས། མགར་བ་ཨ་ནག་ཐེག་སྐྱུབ་སོགས་མེད་པར་བཟོས་པ་དང་། མཐར་ཧོར་གུར་དཀར་རྒྱལ་པོ་ཡང་བསད་དེ་འགྲོ་བ་རྣམས་དཀར་ཕྱོགས་དགེ་བའི་ལས་སུ་བཀོད་པའི་རྣམ་ཐར་ཡོད།

གཞན་ཡང་བསམ་ཡས་གཙུག་ལག་ཁང་མཇལ་བར་ཕེབས་མཁན་ངེས་པར་དུ་རྒྱ་མའི་ནང་ནས་ཕེབས་དགོས་པ་ཡིན་པའི་གསུང་རྒྱུན་འདུག་པ་ནི། བསམ་ཡས་སུ་ཕེབས་སའི་རྒྱལ་སྒོ་ཕྱི་མ་དང་བར་མ་གཉིས་རྒྱ་མའི་ནང་དུ་ཡོད་པས་ཡིན། རྒྱ་མའི་ནང་ནས་བསམ་ཡས་སུ་ཕེབས་པའི་སྒོ་དང་པོ་དེ་ཐུགས་ལྷུགས་ཞེས་པའི་གྲོང་ནས་མི་རིང་བའི་སར་རི་སྟེང་བྲག་དམར་པོ་ཞིག་དང་། རི་གཤམ་དུ་ལྷ་ཁང་ཆུང་ཆུང་གཅིག་ཡོད་ས་དེར་ཡིན།

གནས་དེར་ཡ་མཚན་ཅན་གྱི་ཤྭ་བ་དང་གཟིག་སོགས་སྲོག་ཆགས་མང་པོ་ཡོད་ལ་རི་སྟེང་དུ་ལྷ་ཤིང་ཤུག་པ་མང་པོ་ཡོད། སྒོ་གཉིས་པ་ནི་གནམ་རྒྱལ་ཀོའི་

གཤམ་དུ་སྙིང་ལ་བྲག་དམར་པོ་དང་འོག་ཏུ་ལྷ་ཁང་ཆུང་ཆུང་གཉིས་ཡོད་ས་དེར་ཡིན། གནས་དེར་ཡང་ངོ་མཚར་གྱི་གཏམ་རྒྱུད་མང་པོ་ཡོད། སྒོ་གསུམ་པ་ནི་རྒྱ་མ་དང་བསམ་ཡས་བར་གྱི་རྩིབ་ལ་ཐེར་བ་དེ་ནས་ཏ་ལམ་སྤྱི་ལེ་༢༠ཙམ་གྱི་སར་བྱང་ཐང་ནང་ཐེར་བ་དེར་ལྷ་ཁང་ཆུང་ཆུང་ཞིག་དང་དར་ཆེན་ཞིག་ཡོད་ས་དེར་ཡིན་པ་བཅས་སོ།

ཡང་དགོན་དེའི་ལྷག་ཏུ་ཆོས་རྒྱལ་སྲོང་བཙན་གྱི་འཁྲུངས་ཁང་གི་ཤུལ་ལ་དར་ཆེན་དང་། ཁྲ་འགོ་ཆུ་མིག་བཅས་ཡོད།

### ༤ རྒྱལ་པོའི་སྐུ་མཁར།（སྲོང་བཙན་ལྷ་ཁང）

རྒྱ་མ་ཤང་གི་བྱང་ངོས་སྤྱི་ལེ་གསུམ་ཙམ་གྱི་སར་རི་སྣ་ཞིག་གི་སྟེང་རྒྱལ་པོའི་སྐུ་མཁར་ཞེས་པ་ཆོས་རྒྱལ་གནས་དེ་ནས་ཕེབས་ཁར་ཡུལ་ལྷ་གཞིས་བདག་སེམས་མ་ཕམ་ཆེད་བཞེངས་གནང་བའི་ལྷ་ཁང་ཞིག་ཡོད་པ་དང་། དེ་ནི་ཆོས་རྒྱལ་སྲོང་བཙན་སྒམ་པོས་མགོན་སྤྱུག་རི་འདི་རི་དཔྱད་བཟང་བའི་རྟེན་འབྲེལ་དང་དགོས་པ་ཁྱད་པར་ཅན་ལ་དགོངས་ནས་བཞེངས་པ་ཞིག་ཡིན། དེའི་རྟེན་གཙོ་སྲོང་བཙན་དང་། རྒྱ་བཟའ། བལ་བཟའ་བཅས་ཀྱི་འདྲེམ་བརྟན་ཡོད་པ་དེ་སྔོན་རིག་གནས་གསར་བརྗེའི་སྐབས་གཏོར་ཤིག་བྱུང་འདུག་ཀྱང་། ཕྱིས་སུ་དིང་སང་མང་ཚོགས་ནས་རྒྱལ་པོའི་སྐུ་མཁར་གསར་བཞེངས་བྱས་ཐོག་དེར་རྒྱུན་གཏན་མང་ཚོགས་ནས་ཆོས་ཀྱི་བྱེད་སྒོ་བྱེད་ཀྱི་ཡོད་པ་དང་། དེའི་ཁྲིས་སུ་རྒྱལ་པོའི་དུར་ཁྲོད་ཐེར་བ་རྡོ་ཕ་བོང་ཞིག་ཡོད་པ་དེ་ལ་སྲོང་བཙན་གྱི་སྐུ་ཕྱག་ཞུལ་གནང་བའི་རྗེས་ཀྱང་ཡོད་པར་གྲགས།

མགོན་སྤྱུག་རི་འདི་དབྱིབས་ཟུར་གསུམ་དང་ཤིང་སྣ་རྗེ་བའི་ཁ་དོག་སོགས་དཔལ་ཡེ་ཤེས་ཀྱི་མགོན་པོ་སྐུ་དངོས་བཞུགས་པའི་མཚན་མ་ཁྱད་པར་

ཅན་ཡོད་པས། རི་དེའི་འདབས་སུ་རྒྱལ་པོའི་རྟེན་ཆགས་པའི་དུར་ཁྲོད་ཡོད། དེའི་ཉེ་འདབས་ཀྱི་ཕ་བོང་ལེབ་མོ་ཞིག་གི་སྟེང་ནས་ཆོས་རྒྱལ་སྲོང་བཙན་སྒམ་པོས་ཐུགས་སྨོན་མཛད་སྐབས། ཐུགས་རྗེ་ཆེན་པོ་ནམ་མཁའི་རྒྱལ་པོ་རྟེན་དང་བརྟེན་པར་བཅས་པ་དུར་ཁྲོད་དཀྱིལ་གྱི་ནམ་མཁར་ནས་ཞལ་གཟིགས་ཏེ། དུར་ཁྲོད་དུ་མངོན་སུམ་དུ་ཐིམ་པས་རྒྱལ་པོའི་རྟེན་ཆགས་དུར་ཁྲོད་དུ་གྲགས། རྒྱལ་པོས་ཕ་བོང་ལེབ་མོའི་སྟེང་དུ་ཕྱག་མཛད་པས་རྒྱལ་པོའི་དབུ་ཐོད་དང་ཕྱག་ཞབས་ཀྱི་རྗེས་མངོན་སུམ་དུ་མཇལ་རྒྱུ་ཡོད། དུར་ཁྲོད་དེར་རྒྱ་གར་བསིལ་བ་ཚལ་གྱི་དུར་ཁྲོད་དང་ཁྱད་མེད་ཀྱི་བྱིན་རླབས་བཞུགས་ཡོད་པས། ཞང་པོ་བྱ་གཏོར་བྱས་ཚེ་འཕགས་པ་ཐུགས་རྗེ་ཆེན་པོས་རྗེས་སུ་བཟུང་ཞིང་བྱིན་གྱིས་བརླབས་པའི་རྩ་ཆེའི་དུར་ཁྲོད་ཞིག་ཡིན།

### ༧ རྒྱ་མ་རིན་ཆེན་སྒང་།（སྒུང་མ་ཁང་）

བཀའ་གདམས་པའི་དགེ་བའི་བཤེས་གཉེན་དགྱེར་སྒོམ་པ་གཞོན་ནུ་འོད་ཀྱིས་སྤྱི་ལོ་༡༡༡༨ ལོར་ཕྱག་བཏབ། རྒྱ་མ་ཤང་སྲིད་གཞུང་གི་ལྷོ་ངོས་སྤྱི་ལི་ལྔ་ཙམ་སར་རིན་ཆེན་སྒང་གྲོང་ཚོའི་རྒྱབ་རིའི་འདབས་སུ་མཇལ་རྒྱུ་ཡོད། ཕྱིས་སངས་རྒྱས་བྱང་ཆུབ་དུས་ཁང་པ་ཞིག་ལ་སྒྲུབ་སྙིང་གི་མིང་འདོགས་དང་དངོས་གཞི་ཞེས་མཆོད་པ་བཙུགས། གཙུང་བློ་གྲོས་རྒྱལ་མཚན་གྱིས་འཛམ་མགོན་ཙོང་ཁ་པའི་ཞབས་ལ་གཏུགས་ཅིང་དགེ་ལུགས་སུ་འགྱུར། འདུས་པའི་སྒྲུབ་མཆོད་སོགས་མཆོད་གཞིས་རང་སྐལ་ཟུར་དུ་ཕྱེ་བའི་སྒྲུབ་གསར་དང་སྒྲུབ་སྙིང་（དགོན་དེ་གཉིས་ནི་རྒྱ་མ་ཁྲུལ་དུ་གནས་བཞི་དང་དགོན་བརྒྱད་དུ་གྲགས་པའི་དགོན་བརྒྱད་ཀྱི་ཁོངས་གཏོགས་ཡིན་）ཞེས་པའི་དབྱེ་བ་བྱུང་། དགོན་དེར་བཀའ་གདམས་པའི་དགེ་བའི་བཤེས་གཉེན་ཆེན་པོ་དགྱེར་སྒོམ་གཞོན་ནུ་

འོད་དང་། འགྲོ་མགོན་སངས་རྒྱས་དཔོན། སྤྱན་སྔ་བློ་གྲོས་རྒྱལ་མཚན་སོགས་གདན་ས་པ་སྐྱེས་ཆེན་དུ་མ་བྱོན་པ་དང་། སྐབས་དེར་དགེ་འདུན་ཞལ་གྲངས་བརྒྱད་བརྒྱ་ཙམ་ཡོད་ཅིང་མཁས་གྲུབ་དགེ་ལེགས་དཔལ་བཟང་སོགས་སྐྱེས་ཆེན་དུ་མས་ཆོས་ཀྱི་འཁོར་ལོ་བསྐོར་ཡུལ་གྱི་གནས་བྱིན་ཅན་ཞིག་ཡིན། ད་ལྟ་སྲུང་མ་ཁང་དང་མཆོད་རྟེན་འགའ་ཤས། དེ་མིན་གནའ་བོའི་ཤུག་སྡོང་སོ་བརྒྱད་བརྒྱ་ལྷག་ཕྱིན་པ་གསུམ་བཞི་ཙམ་ཡོད། སྲུང་མ་ཁང་དུ་སྲུང་མ་ཟངས་ལྷམ་མའི་སྐུ་བརྙན་བྱིན་ཅན་ཞིག་དང་། དེ་མིན་ཞལ་ཐང་། རྟ་མགྲིན་གྱི་ཕུར་པ་སོགས་ནང་རྟེན་བྱིན་ཅན་འགའ་བཞུགས། སྲུང་མ་འདི་ནི་ཇོ་བོ་རྗེ་བོད་དུ་ཕེབས་ཁར་བཀའ་གདམས་པའི་བསྟན་པ་སྲུང་བར་དམ་བཅས་ཏེ། བོད་དུ་ཕེབས་རྗེས་གནང་སྐབས་ཇོ་བོ་རྗེས་ཁྱེད་བོད་དུ་ཕེབས་ན་བོད་ཀྱི་སྐྱེ་འགྲོ་ལ་བརྡབ་གསིག་བྱེད་འགྲོ་གསུངས་པས། སྲུང་མས་རང་ཉིད་ལ་རྫུ་འཕྲུལ་གྱི་ཟངས་ཀྱི་ལྷམ་ཞིག་གྱོན་པར་བྱས་ཏེ་སྐྱེ་འགྲོ་ལ་གནོད་པ་མེད་པ་བྱས་སྟབས། ཇོ་བོ་རྗེས་ཞལ་བཞེས་གནང་བ་ཐོས་ནས། བོད་དུ་མཉམ་དུ་ཕེབས་ཤིང་། གནས་ཆེན་རིན་ཆེན་སྒང་དུ་ད་ལྟ་ཡང་སངས་རྒྱས་ཀྱི་བསྟན་པ་སྲུང་བར་འཕྲིན་ལས་གཡེལ་བ་མེད་པར་བཞུགས་སོ།

## ༨ ཐུ་ལ་དགོན།

རྒྱ་མ་སྟོན་མདའ་ནས་ཤར་དུ་སོང་ན་ཐུ་ལ་ཞེས་པའི་གྲོང་གི་རི་འདབས་སུ་བཙུན་མའི་དགོན་འདི་མཇལ་རྒྱུ་ཡོད། ཐོག་མར་ཀ་ཚལ་དགོན་གྱི་དགོན་ལག་བཀའ་བརྒྱུད་ཕྱག་བཞེད་མཛད་པ་ལ། སྤྱི་ལོ་༡༨༨༢ལོར་ངག་དབང་ཆོས་འཛིན་གྱིས་སྣེ་ཁྲིད་འོག་ཉམས་གསོ་གནང་། ད་ལྟ་སྲུང་མ་ལྷ་ཁང་སོགས་ནང་རྟེན་གཙོ་རྗེ་ཙོང་ཁ་པའི་སྐུ་བརྙན་དང་བཙུན་མ་རྣམས་ཀྱིས་རི་བོ་དགེ

ལྡན་ཕྱག་བཞེད་མཛད་ཀྱི་ཡོད།

༩ སྔོན་གྱི་དུམ་བུ་རི།

ཕོ་བྲང་བྱམས་པ་མི་འགྱུར་གླིང་དང་ཉེ་བའི་རི་སྟེང་དུ་དགེ་བའི་བཤེས་གཉེན་བྱང་སེམས་ཟླ་བ་རྒྱལ་མཚན་གྱིས་ཕྱག་བཏབ་པའི་དུམ་བུ་རིའི་དགོན་(རྒྱ་མ་ཁྱུལ་དུ་གནས་བཞི་དང་དགོན་བརྒྱད་དུ་གྲགས་པའི་དགོན་བརྒྱད་ཀྱི་ཁོངས་གཏོགས་ཡིན་) མཇལ་རྒྱུ་ཡོད། དགོན་འདི་ཉིད་ཐོག་མར་བཀའ་གདམས་པའི་དགོན་དང་། རྗེས་སུ་གྲུབ་མཐའ་དགེ་ལུགས་སུ་འགྱུར་རྗེས་ སྟགས་ཕྱོགས་རྒྱུད་སྟོད་དང་ཉེ་བ། གྲྭ་རྒྱུན་ཉག་རོང་དང་། སློ་གསལ་གླིང་། སེ་ར་བྱེས་བཅས་པས་འགྲོ། དགོན་པ་དེ་ནི་གོང་ས་ལྔ་པའི་སྐུ་དུས་སུའང་མ་མཐོར་བར་བསྟོད་ཡོད་ལ། དགེ་འདུན་ཞལ་གྲངས་ཡང་དྲུག་ཅུ་སྐོར་ཡོད་པ་བཤེར་ནང་དུ་གསལ་ཡོད། རི་སྟེང་དུ་མཆོད་རྟེན་དང་གནའ་ཤུལ་མང་པོ་མཇལ་རྒྱུ་ཡོད།

༡༠ ཨོ་རྒྱན་སྒྲུབ་ཕུག

རྒྱ་མའི་ཤར་ཐ་ལུང་ནང་གི་ཕུར་གཡུ་ཁྱུང་བྲག་ཅེས་པ་ཨོ་རྒྱན་པདྨ་འབྱུང་གནས་ཀྱི་སྒྲུབ་ཁང་བྲག་ཕུག་རྒྱ་ཆེ་སར་འགྲོ་ས་ངོ་མཚར་ཅན་ཞིག་ཡོད། སྒྲུབ་ཕུག་དེ་ནི་རི་བོ་ཆུང་ཆུང་འཕྲིའི་མགོ་བོའི་དབྱིབས་འདྲ་བ་ཞིག་གི་སྟེང་དུ་ཆགས་ཡོད། ཡུལ་མིའི་ཤོད་རྒྱུན་དུ་ཨོ་རྒྱན་པདྨ་འབྱུང་གནས་ཀྱིས་བསམ་ཡས་གསུ་ལྷ་སྲིན་དམ་ལ་འདོགས་སྐབས་སྲིན་མོ་ཞིག་བསམ་ཡས་ནས་རྒྱ་མའི་ནང་བྲོས་པས་རྗེས་འདེད་ཀྱིས་ད་ལྟའི་སྒྲུབ་ཁང་གནས་ཡུལ་དུ་རི་བོའི་གཟུགས་སུ་བརྫུས་ནས་ཡོད་པ་དམ་ལ་བཏགས་ཤིང་སྲིན་མོའི་ཁོག་པའི་ནང་དུ་སྒྲུབ་གནས་ལ་བྱིན་གྱིས་བརླབས་ཏེ་སྒྲུབ་པ་སྐྱོན་གནང་མཛད། སྒྲུབ་ཁང་དེ་ནི་སྲིན་མོའི་ཁོག་པའི་

ཚུལ་དུ་ཡོད་ཅིང་སྒྲུབ་ཁང་ནང་དུ་འཛུལ་སྐབས་སྲིན་མོའི་ཁ་ནས་འཛུལ་དགོས་པ་དང་། ཡར་དོན་སྐབས་སྲིན་མོའི་སྣ་ཁུང་ནས་དོན་དགོས། བྲག་ཕུག་དེའི་ཁའི་ནང་ནས་ཐག་ཤུར་བཏང་ནས་མེད་པའི་ཚུལ་དུ་ཡོད་པའི་དོག་ལམ་གྲོལ་རྗེས་ཁོག་སྦུག་གི་ཚུལ་ཡིན་པར་སླེབས་པས་རྒྱ་ཆེར་འགྲོ་བ་ཡིན། དེ་ནི་སློབ་དཔོན་པེ་རོ་ཙ་ནའི་གཟིམ་ཕུག་ཡིན་ལ་མཐོ་ཚད་ཐོག་བརྩེགས་གསུམ་དང་སྲིན་མོའི་ཁོག་པ་ཡིན་པས་ནང་ངོས་རྫོ་ཅོང་སི་ལས་གྲུབ་པའི་རྒྱུ་མ་དང་། སློ་བ། སྙིང་སོགས་ཀྱི་རང་བྱོན་ཡོད།

བྲག་ཕུག་དེའི་ནུབ་ངོས་སུ་སློབ་དཔོན་རིན་པོ་ཆེའི་གཟིམ་ཆུང་ཤར་ཟེར་བ་ཞིག་དང་། དེའི་འོག་ཏུ་དྲ་མིག་འདྲ་བའི་བྲག་ཁུང་ཆུང་ཆུང་ཞིག་གི་ནང་དུ་སྒྲུབ་ཕུག་འདི་ནས་སྒོ་འབྱེད་མཁན་གྱི་རའི་རང་བྱོན་ཞིག་ཡོད། དེ་ནས་རིམ་བཞིན་བསྐྱོད་པས་ན་བྲག་ཕུག་དེ་བས་ཆེ་བ་ཞིག་ཏུ་སླེབས་པ་ནི་མཁའ་འགྲོའི་གྲྭ་ར་ཡིན་པས་དེར་ཅོང་ཞིའི་ཟེ་མར་ར་སྐྱེས་དང་། ཅོང་ཞིའི་རྒྱལ་མཚན། གདུགས། འཕན། ཀ་བ། ཚོགས་དང་ཚོགས་གཞོང་སོགས་ཀྱི་རང་བྱོན་ཡོད། སྐར་གྱུ་དོག་པའི་བྲག་ཕུག་ཞིག་བརྒྱུད་རྗེས་སློབ་དཔོན་རིན་པོ་ཆེའི་སྒྲུབ་ཁང་དངོས་དེར་སླེབས། སྒྲུབ་ཁང་དེའི་གཡོན་ངོས་སུ་སྒྲུབ་ཆུ་དང་ཚེ་རིལ་གྱི་རང་བྱོན་ཡོད། སྒྲུབ་ཁང་དེ་ནི་རྫོ་ཅོང་སིའི་ཀ་བ་ཆེ་བ་དང་ཆུང་བ་གཉིས་ཀྱིས་ཡར་བཏེགས་པའི་ཚུལ་དུ་ཡོད་ཅིང་། དེ་མིན་བྲག་ཁུང་ཆུང་ཆུང་མང་པོ་ཡོད། དེ་རྣམས་མཇལ་རྗེས་སྐར་ཡང་པེ་རོའི་གཟིམ་ཕུག་ཏུ་སླེབས་རྗེས་ཤར་ངོས་སུ་ཐུར་ཟད་འཛོགས་ན་དམྱལ་བའི་འཕྲང་ལམ་དུ་སླེབས་ཤིང་དེ་ནས་མུ་མཐུད་ཁ་ལྷོར་གཏད་དེ་ཕྱིན་ན་སློབ་དཔོན་རིན་པོ་ཆེའི་མཛོད་ཁང་དུ་སླེབས། དེ་ནས་ཐུར་ཟད་མར་ཡོང་ཏེ་ཁ་ཤར་དུ་གཏད་ནས་ཕྱིན་ན་སྲིན་མོའི་སྣ་ཁུང་རེད་ཟེར་བའི་

བྲག་ཕུག་ནས་མར་ཐོན་དགོས། ཡུལ་གྱི་སྲིད་རྒྱུན་ལྟར་ན་ཐ་ལུང་མདའི་བྱིན་ཅན་ཧིང་པ་ཐེར་བའི་དུས་ཚང་གི་ར་མོ་ཞིག་རྒྱུན་དུ་སྒྲུབ་ཁང་གནས་ཡུལ་དེར་འགྲོ་ཡི་ཡོད་པ་ཕྱུགས་རྫིས་ཤེས་ནས་ཡ་མཚན་སྐྱེས་ཏེ་ཉིན་ཞིག་རྗེས་འདེད་བཏང་བས་དེར་སྒྲུབ་ཁང་ཡོད་པ་དང་། ར་དེས་སྒྲུབ་ཁང་ནང་དུ་འོ་མ་འབུལ་བར་འགྲོ་བ་ཕྱུགས་རྫིས་ཤེས་ནས་ཀུན་ལ་བཤད་པས། དེ་ནས་བཟུང་ཡུལ་མི་ཚོར་ངོ་མཚར་ཤིན་ཏུ་ཆེ་བའི་སྒྲུབ་ཕུག་དེ་རྙེད་པ་ཡིན་སྐད། སྒྲུབ་ཁང་ཕྱི་རོལ་དུ་ཡུལ་ལྗོངས་ཉམས་དགའ་ཞིང་། གུ་རུ་རིན་པོ་ཆེས་བྱིན་མོ་བཏུལ་བའི་པགས་པ་ལས་གྲུབ་པའི་ཛུ་རི་དམར་མདངས་ཅན་ཞིག་དང་། དེའི་ནུབ་ངོས་སུ་ཤིང་སྡུམ་དང་། བ་ལུ། སུ་ལུ། སྐྱང་མ། སེ་བ། སྒྲོ་བ་ཤིང་སོགས་ཀྱིས་བརྒྱན་པའི་ནགས་རི་དང་། སྤོ་ལྗང་གཡུ་ཡི་མཇུལ་ཕྱུངས་འདྲའི་སྤང་རི་སོགས་ལས་སྨན་རྩྭའི་མེ་ཏོག་སྣ་ཚོགས་ཀྱི་དྲི་ཞིམ་འཐུལ་བ། རྩ་ཆེའི་སྤྲིག་ཚགས་སླ་བ། དགོ་བ། རྣ་གཡག རི་བོང་སོགས་རི་དྭགས་སྣ་ཚོགས་དང་། གཟིག སྤྱིའུ། ཕ་མོ། དྲེད་མོང་། སྤྱང་ཀི་སོགས་གཅན་གཟན་གྱི་རིགས། བྱ་ཐང་དཀར་དང་། བྱ་རྒོད། བྱ་ངང་། ལྷ་བྱ་གོང་མོ། ཁུ་བྱུག འཛོལ་མོ་སོགས་བྱ་རིགས་སྣ་ཚོགས་རྩེ་ཞིང་མེ་ཏོག་གི་ཁྲོད་དུ་ཉམས་དགའ་བར་རྩེན་པའི་གནས་ཡིན་པ་མ་ཟད། སྒྲུབ་ཁང་གནས་ཡུལ་དེར་སྤྲེལ་ལོ་ནམ་ཤར་ལ་སྤྲེལ་ལོའི་སྤྲེལ་མཆོད་ཅེས་བོད་ཟླ་༥ཚེས་ ༡༠ ཉིན་ཆོས་ཕྱོགས་ཀྱི་དུས་སྟོན་ཞིག་གཏོང་སྲོལ་ཡོད་པ་དང་། རྒྱ་མའི་སྤྲེལ་ལོ་ཞེས་གྲགས་ཆེ་ཙམ་ཡོད། དུས་སྟོན་གྱི་ཉིན་དེར་ཡུལ་གྱི་སེར་སྐྱ་མང་ཚོགས་རྣམས་མཉམ་དུ་གནས་དེར་འཛོམས་ནས་དགའ་བདེ་སྤྲོ་གསུམ་ངང་ནས་སྒྲུབ་ཁང་མཇལ་གྱི་ཡོད།

## ༡༡ སྟག་ལྷ་སྒྲུབ་ཁང་།

སྨོན་རྒྱ་མའི་ཨོ་རྒྱན་སྒྲུབ་ཕུག་གི་གཤམ་དུ་རྫོགས་ཆེན་བསྟན་པའི་སྲོག་ཤིང་རྒྱལ་བ་ཀུན་མཁྱེན་ཀློང་ཆེན་རབ་འབྱམས་པའི་སྒྲུབ་གནས་ཁྱད་པར་ཅན་ཚོགས་ལྷ་ཞེས་པ་ཡོད། ཚོགས་ལྷའི་གསུམ་མདོ་ནས་གཡས་ཕྱོགས་སུ་ཅུང་ཟད་འཛེགས་ན་སྒྲུབ་ཁང་དེར་སླེབས་ཀྱི་ཡོད། ཀུན་མཁྱེན་པ་ཆེན་པོ་གནས་འདིར་སྒྲུབ་པ་སྐྱོན་སྐབས་རྡོ་རྗེ་གཡུ་སྒྲོན་དང་། དམ་ཅན་རྡོར་ལེགས་པ། གཟའ་ཁྱབ་འཇུག་བཅས་ཕྱུགས་དམ་འཕེལ་བའི་གྲོགས་སུ་འབྲལ་མེད་དུ་སྲུང་བར་དམ་བཅའ་བའི་རྟགས་སུ་སྒྲུབ་ཁང་གོང་འོག་གཉིས་ཀྱི་བར་དུ་དམ་ཅན་བླ་རྡོ་ཞེས་རྡོ་ཕ་བོང་དམར་པོ་ངོ་མཚར་ཅན་ཞིག་དང་། ཉེ་འགྲམ་དུ་ལྷ་མོ་གཡུ་སྒྲོན་མའི་རང་བྱོན་བྱིན་ཅན་ཞིག གཟའ་ཁྱབ་འཇུག་གི་རྟགས་སུ་སྒྲུབ་ཁང་འདིའི་གཡས་གཡོན་དུ་མེ་འབར་བ་རྟག་ཏུ་མཐོང་རྒྱུ་ཡོད། ཀུན་མཁྱེན་ཀློང་ཆེན་རབ་འབྱམས་རྒྱ་མའི་ནང་རིག་འཛིན་ཀུ་མ་ར་ཛ་མཇལ་བར་ཕེབས་པ་དང་། །དེ་རྗེས་གནས་འདིར་སྒྲུབ་པ་བསྐྱོན་ནས་བཞུགས་ཤུལ་ཡོད།

### ༡༢ ཟངས་ལུང་རི་ཁྲོད།

ཟངས་ལུང་རི་ཁྲོད་ནི་མལ་གྲོ་རྒྱ་མ་ཤང་གི་སྤྱི་བོ་རིའི་ནུབ་ངོས་སུ་ཡོད་པ་དང་། འགྲོ་མགོན་སངས་རྒྱས་དཔོན་དང་། སྤྱན་སྔ་བློ་གྲོས་རྒྱལ་མཚན། པཎ་ཆེན་བློ་བཟང་ཆོས་རྒྱན་སོགས་སྐྱེས་ཆེན་དུ་མས་ཞབས་ཀྱིས་བཅགས་པའི་སྒྲུབ་གནས་བྱིན་ཅན་ཞིག་དང་། སྒྲུབ་ཁང་གི་ཉེ་འགྲམ་དུ་བྲག་རྡོའི་སྟེང་ལྷ་མོ་གཡུ་སྒྲོན་མའི་རང་བྱོན་ངོ་མཚར་ཅན་ཞིག་མཇལ་རྒྱུ་ཡོད།

### ༡༣ རྒྱ་མ་ཕུ་རྒྱབ་སྒྲུབ་ཕུག

རྒྱ་མ་ཕུ་རྒྱབ་སྒྲུབ་ཕུག་ནི་བོད་ཀྱི་བཙན་པོ་སྲོང་བཙན་ཆོས་ཀྱི་རྒྱལ་པོའི་འཁྲུངས་ཡུལ་རྒྱ་མ་ཞེས་བྱ་བའི་ཡུལ་གྱི་ཕུ། རི་བོ་མཉྭལ་གྱི་ཤར་ལྷོ་ན་གནས

ཡོད། འདིར་དངོས་སྒྲུབ་མྱུར་བའི་སྒྲུབ་གནས་ཡོད་ཅེས་ལུང་གིས་ཟིན་པས་ཕུར་རྒྱབ་སྒྲུབ་ཕུག་ཅེས་གྲགས། སྒྲུབ་ཕུག་འདི་ཉིད་ཡུལ་ཚད་མོ་ཁད་ཀྱི་ཕུར་བྲག་རི་གཡང་གཟར་ཅན་ཞིག་གི་ལྗིབས་སུ་ཆགས་ཡོད། དེ་ཡང་ལོ་ངོ་དུ་མའི་སྔོན་དུ་ཡུལ་ཚད་མོ་ཁད་ཀྱི་གྲོང་ལ་ཤར་སྒང་པའི་ནང་དུ་བུ་མགོན་པོ་དོན་གྲུབ་ཅེས་བྱ་བ་བྱིས་པ་ལོ་ལྔ་དྲུག་ནས་མ་ཧེ་ལ་བརྩོན་པ་ཞིག་བྱུང་ཞིང་། དེར་སོང་མ་བུ་རྣམས་འཚོ་བའི་ཡོ་བྱད་ཆེར་མེད་པར་བརྟེན། ཚད་མོ་ཁད་ཀྱི་ཡུལ་དེའི་གྲོང་མི་སྤྱིའི་ལུག་རྫི་བྱས་ནས་ལྟོ་གོས་འཚོལ་བའི་སྐབས་ཤིག་ཏུ། ཉིན་ཞིག་སྤྱང་ཀི་མང་པོ་དུས་གཅིག་ཏུ་བྱུང་ནས་ལུག་རྣམས་ཕལ་ཆེར་ཟོས་ཟིན་པས། ལུག་རྫི་མགོན་པོ་དོན་གྲུབ་རང་ཡུལ་དུ་ཕྱིར་ལོག་མ་ནུས་པར་ཡུལ་གྱུར་དུ་འགྲོ་དགོས་བསམ་པར་ནུབ་ཕྱོགས་སུ་རི་བས་ཚད་མོའི་སྦུག་གད་ལའི་ལོགས་སུ་བྱས་ནས་ཕྱིན་པས། ནུབ་དེར་ཁྲད་མའི་བྲག་དཀྱིལ་དུ་དགོན་རོལ་ལ་ཞག་གཅིག་བསྡད་པའི་ནུབ་མོ་དེར་སེམས་ཟང་ཟིང་གིས་གཉིད་ཆེར་མ་བྱུང་། གཉིད་ཡིན་མིན་འདྲ་བའི་སྐབས་ཞིག་ཏུ་ལོང་ལོང་ཟེར་བའི་སྐད་མང་པོ་དང་། ར་ལུག་གཡག་ཁལ་མང་པོ་གནས་དེ་ནས་ཕུ་རྒྱབ་ཕྱོགས་སུ་འགྲོ་བ་སོགས་ཀྱི་འཁྲུལ་སྣང་འགའ་ཞིག་བྱུང་ཞིང་། རྫར་ཕད་ལ་ཐོས་བྱས་ཏེ་ཉལ་བའི་ཚེ་ཁོའི་བསམ་པར། རྗོ་ཁ་ཤས་བླངས་ཏེ་རྫར་ཕད་ནང་དུ་བཙུག་སྟེ། ཐོས་བྱས་ན་ཨེ་དྲག་སྙམ་ནས་དེ་ལྟར་ཉལ་ཀྱང་། སྔོན་མ་ལྟར་གྱི་འཁྲུལ་སྣང་ཟང་ཟིང་ལས་གཉིད་ཆེར་མ་བྱུང་བའི་སང་ཞོགས་ཐོ་རངས་ཀྱི་དུས་སུ་རྫར་ཕད་ཁྱེར་ནས་ཕྱིན་པས། ཉི་ཤར་གྱི་དུས་སུ་གད་ལའི་རྩེར་སླེབས་བྱུང་བ་དང་། ལ་རྫས་སུ་ཐོས་བྱས་ནས་ངལ་བ་གསོས་པས་གཉིད་དུ་སོང་བའི་རྨི་ལམ་དུ། རྫར་ཕད་ནང་ནས་མི་སྐད་སྒྲུབ་ལྷ་བུ་བྱུང་ལ། ཤར་ཕྱོགས་སུ་འགྲོ་བར་བྱས་ན་ལེགས་པའི་གཞི་ཚུགས་པ་

ཟེར་བ་འདྲ་ཞིག་བྱུང་བ་དང་། གཉིད་སད་པ་དང་ཛར་ཕད་ཁྲུར་ནས་ནུབ་ཕྱོགས་རང་དུ་འགྲོ་བའི་བསམ་པ་བྱས་པར། ཛར་ཕད་ཤིན་ཏུ་ཆེ་བས་རང་བཞིན་གྱིས་གོམ་པ་གཉིས་གསུམ་ཙམ་ཡང་འགྲོ་མི་ཐུབ་པར་གྱུར་པ་ན། ཅི་ཡིན་བསམ་ཏེ་ཛར་ཕད་ཁ་ཕྱེ་ནས་བལྟས་པས། མདང་ནུབ་སྨྲས་ལ་རེ་བའི་རྗེ་རྣམས་ཀྱི་ཁྲིད་དུ་ལྷ་སྐུ་ཞལ་བཞི་པ་ཞིག་འདུག་པ། དེ་མཐོང་མ་ཐག་ཏུ་སེམས་ལ་དགའ་བ་དཔག་ཏུ་མེད་པ་བྱུང་ཞིང་། ང་ཡིས་ཚེ་འདི་ཕྱི་གཉིས་ཀྱི་རེ་ལྟོས་འདི་ག་རང་ལ་བྱས་ཆོག་པ་འདུག་བསམ་པ་དང་། རྗེ་སྐུ་དེ་ལ་རྫས་ཀྱི་སོགས་སུ་བཞག་ནས་ཕྱག་འཚལ་གསོལ་བ་བཏབ་པས། རྗེ་སྐུའི་ཞལ་ནས་སྐལ་ལྡན་གྱི་བུ་ཁྱོད་ཉི་མ་ནུབ་ཏུ་མ་འགྲོ། ཤར་ཕྱོགས་སུ་འགྲོ། ང་ཡི་གནས་ཕྱོགས་ཉི་མ་ཤར་ཕྱོགས་སུ་ཡོད་པ་དེར་འགྲོ་བར་གྱིས་ཞེས་གསུང་དངོས་སུ་བྱོན་བྱུང་བ་དང་། དགའ་བ་དང་གུས་པའི་རང་བཞིན་གྱིས་རྗེ་སྐུ་ཛར་ཕད་དུ་སྤར་བཞིན་བཅུག་ནས་རྒྱབ་ཏུ་འཁུར། ཇི་ལྟར་གསུངས་པ་ལྟར་ཤར་ཕྱོགས་སུ་འགྲོ་རྒྱུར་བློ་ཐག་བཅད་ནས་ཕྱིར་ལོག་བྱས་པར། ཚད་མོ་ཁད་ཀྱི་གྲོང་མགོར་སླེབས་ལ་ཉེ་བའི་སྐབས་སུ་མགོན་པོ་དོན་གྲུབ་ཀྱི་བསམ་པར་གར་འགྲོ་ཆ་མི་འཚལ། ཡུལ་མི་རྣམས་ཀྱིས་བཟུང་དོགས་ཀྱིས་ངལ་གསོས་ནས་བསྡད་པར། ཛར་ཕད་ནང་གི་རྗེ་སྐུའི་ཞལ་ནས། འོ་ང་ཡི་གནས་ཁང་ཆུ་རྒྱུད་འདིའི་མགོར་ཡོད་པས་དེར་འགྲོ་གསུངས་པ་དང་། ཁོའི་བསམ་པར་ཆུ་རྒྱུད་འདིའི་མགོར་སྟེར་ར་ལུག་འཚོ་བར་ཡང་ཡང་ཕྱིན་པས། ཕུ་རྒྱབ་ཏུ་བྲག་ཕུག་ཞིག་ཡོད་པ་ལས། གནས་ཁང་གི་རིགས་མེད་ཅིང་། ཅི་ཡིན་བསམ་ཀྱང་དེ་བཞིན་དུ་ཆུ་རྒྱུད་དེ་ཁ་ཡར་འདེད་ཀྱིས་ཡོང་བར་ཕུ་རྒྱབ་བྲག་ཕུག་ཆེ་བའི་ནང་ནས་ཤྭ་བ་ཕོ་མོ་ཤྭ་ཕྲུག་དང་བཅས་པ་ཕྱིར་དོན་བྱུང་བར། དེར་ལྟ་བཞིན་པའི་མུར་རྒྱབ་ཁྲུར་གྱི་ཛར་ཕད་ཀྱི་ནང་

ནས། རྗེ་སྐུ་མགོན་པོའི་ཞལ་ནས། ཕུ་རྒྱབ་ཤེལ་གྱི་བྲག་ཕུག་ཏུ། ཡུ་མོས་ཤ་ཕྲུག་སྐྱས་པ་ཡོད། ང་ཡི་གནས་ཁང་དེ་ཡིན་པས། གནས་དེར་ང་ཕྱོལ་གདུལ་བྱ་ཡིན། །ཞེས་གསུངས་བྱུང་བར་ཤེལ་ཕྲུག་གིས་ལུང་བསྟན་པའི་བྲག་ཕུག་ལ་ཕུ་རྒྱབ་ཤེལ་གྱི་བྲག་ཕུག་ཏུ་མིང་ཆགས། ཕུག་པ་དེར་མགོན་པོ་དང་བཅས་ཏེ་མགོན་པོ་དོན་གྲུབ་ཀྱིས་ཡི་གེ་དྲུག་པ་ལ་བརྩོན་པར་བཞུགས་པས། གདུལ་བྱ་འཕྲིན་ལས་རྒྱས་པར་བྱུང་བ་དང་། བྲག་ཕུག་སྟེང་མར་སྒྲུབ་ཁང་གི་སྦྱིན་བདག་རྣམས་བསྐུལ་ཏེ། གནས་ཁང་མཐོ་ཞིང་བཙན་པ་ཞིག་བརྩིགས་པའི་མཐུན་རྐྱེན་གྱི་གྲོགས་ནི་ཡུལ་མི་རྣམས་ཀྱིས་ལེགས་པར་བྱས་ནས། རྒྱ་མའི་ཕུ་པ་རྣམས་ཀྱིས་ཤིང་ཆ་རྣམས་ཕུལ། རྒྱ་མ་ལུང་པའི་མདའི་ལྷུང་དཀྱིལ་ནས་གདུང་མའི་རྒྱུ་ཤིང་བཟང་པོ་གཅིག་དྲངས་པ་ལ་གཉམ་ནས་མི་མང་པོས་འཁྲོངས་པར་ལུས་སོང་བ། མགོན་པོ་དོན་གྲུབ་ཀྱིས་ཕྲག་པར་དཀའ་ཚེགས་མེད་པར་བཀལ་ཏེ། ཕུ་རྒྱབ་བྲག་ཕུག་ཏུ་འཕྱོལ་བར་མཛད་པ་ལ་ཀུན་ངོ་མཚར་ཆེ་བར་བྱུང་ཞིང་། གྲུབ་ཆེན་ཆོས་རྒྱལ་ཞེས་པའི་མཚན་ཐོགས། སྒྲུབ་ཁང་གི་བཟོ་བཀོད་ཕལ་ཆེ་བ་གྲུབ་ཆེན་ཆོས་རྒྱལ་རིན་པོ་ཆེས་མཛད་དེ། སྒྲུབ་ཁང་སུམ་བརྩེགས་ལེགས་པར་གྲུབ། མགོན་པོའི་རྗེ་སྐུ་རིན་པོ་ཆེ་དང་བཅས་ཏེ་སྒྲུབ་ཁང་དུ་བཞུགས་པའི་མགོན་པོའི་འཕྲིན་ལས་ཀྱིས་འདོད་ཡོན་ལོངས་སྤྱོད་ཆེ་ཞིང་སྒྲུབ་པ་མཐར་ཕྱིན་པའོ། སྐུ་ཚེ་ཕྱི་མ་ནུབ་ཕྱོགས་བདེ་བ་ཅན་དུ་མགོན་པོ་འོད་དཔག་མེད་ཀྱི་ཐུགས་སྲས་སུ་འཁྲུངས་ནས་འགྲོ་དོན་མཛད་པ་ཞིག་བྱུང་ངོ་། དེ་ནས་དུས་མ་འགྱངས་པར་འཕགས་པ་ཐུགས་རྗེ་ཆེན་པོའི་རྣམ་སྤྲུལ་འགྲོ་མགོན་སངས་རྒྱས་དབོན་རི་པོ་མཉལ་གྱི་རྩེར་བྱོན་པའི་དུས་ཤིག་ཏུ། ཕུ་རྒྱབ་བྲག་ཕུག་འདི་དཔལ་འཁོར་ལོ་བདེ་མཆོག་གི་དཀྱིལ་འཁོར་དངོས་སུ

གཟིགས་ཏེ། གནས་འདིར་ཡི་དམ་འཁོར་ལོ་བདེ་མཆོག་ལྷའི་སྒྲུབ་པ་མཛད་པས། བདེ་མཆོག་གི་ཞལ་དངོས་སུ་གཟིགས་ནས་ཡེ་ཤེས་པ་མངོན་སུམ་དུ་ཐིམ་པའི་དཔལ་འཁོར་ལོ་བདེ་མཆོག་གི་སྣང་བརྙན་བྱིན་ཅན་དང་། བཀའ་སྲུང་མགོན་པོ་ཞལ་བཞི་པའི་རྗེ་སྐུ་རིན་པོ་ཆེ་ནས་གསུང་ཡང་ཡང་བྱོན་པས་འཕྲིན་ལས་ཚུལ་བཞིན་དུ་སྒྲུབ་པ་སོགས་གནས་ཡིག་དངོས་གཞིར་གསལ་བ་ལྟར་རེད་འདུག དེ་རྗེས་སྤྱན་སྔ་བློ་གྲོས་རྒྱལ་མཚན་གྱིས་ཕྱི་ལྟར་བྱང་ཆུབ་ལམ་གྱི་རིམ་པའི་ཟབ་ཁྲིད་བསྐྱངས་ཤིང་། གསུང་ཐོར་བུ་འགའ་ཞིག་གནས་འདི་ནས་གསུངས་པ་སོགས་དང་། གཞན་ཡང་པཎ་ཆེན་བློ་བཟང་ཆོས་རྒྱན་དང་རྒྱལ་དབང་གྲུབ་པ་སོགས་བླ་མ་སྐྱེས་ཆེན་དམ་པ་དུ་མས་ཞབས་ཀྱིས་བཅགས་པའི་སྒྲུབ་གནས་ཁྱད་པར་ཅན་ཞིག་ཀྱང་ཡིན། སྒྲུབ་ཁང་ནང་དུ་ཡན་ལག་བརྒྱད་ལྡན་གྱི་སྒྲུབ་ཆུ་དྭངས་ཤིང་བསིལ་བ། མངར་ཞིང་མགྲིན་པར་མི་གནོད་པ། ཁོངས་པས་མི་ལུད་པ། གཙུས་པས་ཤུང་དུ་མི་འགྲོ་བའི་རྒྱུན་ཆད་མེད་པར་བདུད་རྩིའི་ཆུ་མིག་ཡོད་པ། བྱ་བྲེའུ་ཚོགས་ཀྱིས་སྐད་སྙན་པར་སྒྲུར་ཞིང་། རྩི་ཤིང་། མེ་ཏོག ནགས་ཚལ་སྣ་ཚོགས་ཀྱིས་བརྒྱན་པའི་སྤང་ལྗོངས་དང་བཅས་པའི་གནས་ཡིད་དུ་འོང་བ། སྒྲུབ་པ་བྱས་ན་སྒྲུབ་ཐབ་ཉེ་བ། ཕྱག་དང་མཆོད་པ་བྱས་ན་ཐར་པའི་ལམ་སྣ་ཟིན་པ། ཁྱད་པར་དུ་ཚེ་སྒྲུབ་དང་དབང་སྡུད་ཀྱི་ལས་བྱས་ན་ངེས་པར་རྟགས་ཐོན་པ། གསོལ་མཆོད་འཕྲིན་ལས་བྱས་ན་གནས་སྐབས་ཀྱི་འདོད་དོན་གྲུབ་པ། སྒྲུབ་པ་སྙིང་པོར་བྱས་ན་མཐར་ཐུག་ཟུང་འཇུག་གྲུབ་པའི་གནས་ཁྱད་པར་ཅན་ཞིག་ཡིན་ནོ།

ཁྱད་པར་དུ་གནས་ཕྱོགས་འདི་དང་ཉེ་བའི་སར་རྒྱལ་མཚན་གྱི་ཏོག་ལྟར་མངོན་པར་འཕགས་ཤིང་། འཕགས་མཆོག་རིགས་གསུམ་མགོན་པོའི་ཕོ་བྲང་

དཪོས་དང་དབྱེར་མེད་པའི་གནས་རི་ཕྱིན་ཅན་རི་བོ་མཚལ་དང་། བུམ་བྲལ། ཡབ་བྲལ་གསུམ་ཡོད་ཅིང་། དེ་ཡང་འཕགས་པ་སྤྱན་རས་གཟིགས་ཀྱི་ཕོ་བྲང་རི་བོ་པོ་ཏ་ལ་དང་དབྱེར་མེད་པའི་གནས་རི་བོ་མཚལ་དང་། རྗེ་བཙུན་འཇམ་དཔལ་དབྱངས་ཀྱི་ཕོ་བྲང་རི་བོ་རྩེ་ལྔ་དང་དབྱེར་མེད་པའི་གནས་རི་བུམ་བྲལ། ( དབུས་བྲལ་ཀྱང་ཟེར་) ཡི་དམ་གསང་བའི་བདག་པོ་ཕྱག་ན་རྡོ་རྗེའི་ཕོ་བྲང་རི་བོ་ལྕང་ལོ་ཅན་དང་དབྱེར་མེད་པའི་གནས་རི་བོ་ཡབ་བྲལ་དུ་གྲགས་པ་བཅས་ཡོད། གནས་རི་དེ་དག་གི་ཤར་ལྷོ་ནུབ་བྱང་སྟེ། ཕྱོགས་བཞིར་གནས་ཆེན་བཞི་ཡོད་པ་སྟེ། ཤར་རུ་སྤྱན་རས་གཟིགས་ཀྱི་བླ་མཚོ། ལ་མོ་མཚོ་དཀར་གྱི་གནས། ནུབ་ཏུ་དཔལ་གསང་བ་འདུས་པའི་ཕོ་བྲང་། རི་བོ་དགའ་ལྡན་རྣམ་པར་རྒྱལ་བའི་གླིང་ཆེན་པོའི་གནས། བྱང་དུ་བྱང་སེམས་ཟླ་བ་རྒྱལ་མཚན་གྱི་སྒྲུབ་སྤྱིལ། བྱིན་ཐུ་རྒྱབ་སྐོར་གྱི་སྒྲུབ་གནས། ཤར་དུ་དཔལ་འཁོར་ལོ་བདེ་མཆོག་གི་ཕོ་བྲང་། ཕུར་རྒྱབ་ཤེལ་གྱི་བྲག་ཕུག་གནས་ཡིན་པ་བཅས་སོ། །

## གཉིས་པ། ཆོས་རྒྱལ་སྲོང་བཙན་སྒམ་པོའི་བཙུན་མོའི་དགའ་ཚལ་གྱི་སྐོར།

རྒྱ་མ་སྔོན་མདའ་ནས་སྤྱི་ལེ་ལྔ་ཙམ་སོང་ན་འབྱེད་གྲོང་ཀོ་ཞེས་པའི་རི་ཁུག་ཏུ། རྒྱབ་རི་སྣང་ཆེན་ཁ་ནུབ་ཏུ་གཏད་པའི་སྣང་པོ་ཆེའི་མཚུའི་ནང་དུ་དགོན་དེ་མཇལ་རྒྱུ་ཡོད། བཙུན་མོ་ཚལ་ཞེས་པ་ནི་སྔོན་ཆོས་རྒྱལ་སྲོང་བཙན་སྒམ་པོས་རྒྱ་བལ་གྱི་སྲས་མོ་གཉིས་བཙུན་མོར་བསུས་རྗེས། ས་ཆ་འདིར་སྤྲོ་གསེང་བཞུགས་ཡུལ་སྐྱིད་མོས་ཚལ་དེར་ཕོ་བྲང་ཞིག་བཏབ་ནས། བཙུན་མོ་རྣམས་རྒྱུན་དུ་བཞུགས་པས་བཙུན་མོ་ཚལ་ཞེས་གྲགས། དེ་བཞིན་འབྱེད་ཅེས་པ་ནི་ཆོས་རྒྱལ་སྲོང་བཙན་གྲོད་གཏུམས་སུ་འཁྲུངས་པ་ལ་ཡུམ་སྐྲག་སྟེ་ཆུ་ལ་

བཞམས་པས་གླིང་ལག་ཏུ་ཐོན་པ་ཕོ་རོག་གཅིག་གིས་འཁྱེར་ཡོང་རྗེས། ཐུན་ཁོག་ནང་རི་ཟུར་དུ་རྡོ་ལྷ་སྤུན་གསུམ་ཞེས་པ་ཞིག་ཡོད་པ་དེའི་སྟེང་དུ་གྲོད་པ་ཁ་འབྱེད་པས་འབྱེད་ཅེས་པ་དེ་ལྟར་བྱུང་།

དེ་རྗེས་འདུལ་འཛིན་གྲགས་པ་རྒྱལ་མཚན་གྱིས་རབ་བྱུང་བདུན་པ་ལྕགས་བྱི་ལོ་སྤྱི་ལོ་༡༤༢༠ལོར་བཙུན་མོ་ཚལ་དགོན་སྡེ་འདི་ཉིད་ཕྱག་བཏབ་ཅིང་། ད་བར་མི་ལོ་༥༨༥ཙམ་འདས་ཟིན། སྔོན་འདུ་ཁང་ཀ་བ་བཅུ་དྲུག་གི་ནང་རྟེན་གཙོར་རྒྱལ་བའི་བཀའ་འགྱུར་ཆ་ཚང་དང་། ཡབ་སྲས་གསུམ། རྗེ་མཁའ་སྤྱོད་མ། རྫོར་སེམས་མི་ཚད་རེ་ཡོད། དཔྱལ་གདུང་ཀ་བ་བཞིའི་ནང་དུ་རྟེན་གཙོར་འདུལ་འཛིན་གྲགས་པ་རྒྱལ་མཚན་གྱི་དམར་གདུང་། དཀྱིལ་དུ་རྒྱ་གར་ཤ་ལི་ལས་གྲུབ་པའི་རྡོ་བོ་ཤཱཀྱ་མུ་ནེའི་སྐུ་ཆེ་བ་གཅིག དེ་བཞིན་ཐོན་མི་རང་གིས་རྡོ་ལ་བརྐོས་གནང་བའི་ཡིག་ཕུད། སྲོང་བཙན་གྱི་བསྟོད་པ། ཤར་ལིའི་རྡོ་བོ་ཐོག་ཚད་མ། སྒྲུབ་ཆེན་ཆོས་ཀྱི་རྡོ་རྗེའི་སྐུ་གདུང་། མགོན་ཁང་ནང་ར་ལོའི་ཕྱག་བཟོ་སོགས་བཞུགས་སུ་གསོལ། དགེ་ལྡན་ལུགས་ཕྱག་བཞེད་མཛད་ཅིང་། བཀྲས་ལྷུན་དགོན་གྱི་དགོན་ལག་ཡིན། དགོན་དེར་ཐོག་མར་མདོ་སྔགས་གཉིས་ཀ་ཕྱག་བཞེད་མཛད་པ་ཡིན་ཡང་། རྗེས་སུ་སྔགས་ཕྱོགས་ཁོ་ན་ཕྱག་ལེན་གནང་བ་ནི་འཛིགས་བྱེད་དང་། ཀུན་རིག སྨན་བླ་སོགས་ཡིན། གཞི་གསུམ་གྱི་ཕྱག་ལེན་ཡང་མི་ཉམས་པ་ཡོད། དགོན་འདིའི་ཆོས་སྲུང་སྐྱེས་བུ་གསུམ་གྱི་སྲུང་མ་སྤྱི་དང་། ལྷ་མོ་དམར་ཟེར་མ། སྐུ་ཚེ་སྔོན་མའི་ལས་འབྲེལ་ལ་བརྟེན་པའི་ཆོས་སྐྱོང་ཚངས་པ་བཀའ་སྲུང་དུ་བསྟེན་པའི་ལྷ་ཆེན་ཚངས་པའི་གནས་གཞི་ཆགས། ཆོས་སྐྱོང་ཚངས་པ་རྒྱལ་དབང་པཎ་ཆེན་རྣམ་གཉིས་ཀྱི་དབུ་ལྷ་ཡིན་པའི་ལ་མོ་ཆོས་སྐྱོང་དང་། ཚངས་པའི་ཐུགས་སྤྲུལ་ཀླུ་བདུད་

གཡག་མགོ་ཅན་གཉིས་ཀྱི་སྐུ་ཞབས་པ། སྐུ་རྟེན་ཡང་པ་ཊ་ཆེན་རིན་པོ་ཆེ་
མཆོག་ནས་ཙཱ་སྣོ་ཕྱི་དགོས་ཀྱི་ཡོད། འབྲི་གུང་ཨ་ཕྱི་ཆོས་སྒྲོན་ནི། འདུལ་
འཛིན་གྲགས་པ་རྒྱལ་མཚན་གྱི་འཁྲུངས་ལྷ་ཡིན་པས་དགོན་འདིའི་ཆོས་སྐྱོང་དུ་
བསྟེན་པ་ཡིན། བོད་ཟླ་༩པའི་ཚེས་༢༠ལ་དཀར་མེ་ཞེས་མགོན་ཆོས་དང་
ཚངས་པ་སོགས་གར་འཆམ་གནང་བ་ཡིན། ཚངས་པ་མ་ཐོན་ཙམ་དུ་རྒྱ་མ་
བས་མར་ཕྲན་བུ་རེ་ཕུལ་བ་དང་། སྐུ་གཉེར་གྱིས་བཞུ་སྣོད་ལ་མེ་བཀྱབ་སྟེ། མར་
ཁུ་བཞུར་མཚམས་མཆོད་མེ་འབུལ་གནང་སྲོལ་ཡོད། དེ་སྔོན་གྱི་འདུ་ཁང་
ཉམས་གསོ་གནང་བའི་ནང་གོང་གསལ་ཡིག་ཕུད་རྗེ་བརྐོས་དང་། སྔོན་གྱི་སྐུ་
བརྙན་དེ་དག་གི་སྐུ་ཚབ་གསར་བཞེངས་གནང་བ། ལྷེབས་རིས་སྙིང་མ་སོགས་
མཛལ་རྒྱུ་ཡོད། དེ་སྔ་ས་གནས་སྲིད་གཞུང་གི་དབུས་ཁུལ་དགོན་ཁག་གཞུང་
ཁྲའི་ནང་ཆོས་སྡེ་འདིར་དགེ་འདུན་ཞལ་གྲངས་བཞི་བཅུ་ཞེ་དགུ་ཡོད་པ་གསལ།
རྒྱལ་པོའི་བཀའ་ཡི་བློན་པོ་ཐོན་མི་སམ་བྷོ་ཊས་གངས་ཅན་གྱི་བརྡ་སྤྲོད་པའི་ཡི་
གེ་གསར་གཏོད་མཛད་དེ། ཇི་སྐད་དུ། ཞལ་རས་གསལ་ལ་དང་མདངས་གང་
བ་བཟང་། །གདམས་ངག་ཟབ་ལ་མ་འཆད་ཐ་དད་དང་། །ལས་ངན་བབ་
ཆགས་ཐམས་ཅད་བསལ་མཛད་པ། །འཕགས་པ་མ་ཕམ་ཡང་དག་དམ་པ་ལ།
།བདེ་གཤེགས་བདེན་ངེས་ཡེ་ཤེས་ཏེ། །ཏིང་འཛིན་ཞི་ཉིད་རིག་ཅིང་གཟིགས།
།ཉོན་མོངས་ཚོགས་བཅོམ་མགོན་པོ་མཆོག །དུས་གསུམ་བདུད་འདུལ་ཀུན་ཏུ་
ཐུལ། །སྲིད་བཙན་ཁྱོད་ལ་ཕྱག་འོ་འཚལ་བསྟོད། །ཅེས་སོགས་ཡིག་ཕུད་ཕུལ་
བའི་ཡིག་གཟུགས་འཁོད་པའི་བྲག་རྗེ་དེ་བཙུན་མོ་ཚལ་དགོན་གྱི་རྒྱབ་ངོས་སུ་
འཁོར་ནང་ལྷ་ཁང་དུ་གྲགས་པ་དེར་ཡོད་སྐད། ཐོན་མིའི་ཡིག་ཕུད་འབུར་
བཀོད་མ་ཧི་ཡིག་དྲུག་མ་འདུལ་འཛིན་གྲགས་པ་རྒྱལ་མཚན་གྱི་དངུལ་གདུང་

མདུན་དུ་ཡོད། ཐྲག་བཤོས་ཡི་གེ་རྣམས་རིག་གནས་གསར་བརྗེའི་གོང་མཐོང་རྒྱུ་ཡོད་པ་དེ་ནི་རིག་གནས་གསར་བརྗེའི་སྐབས་གཞུང་ལམ་འོག་ཏུ་ཚུད་དོ།

**གསུམ་པ། མཐའ་འདུལ་ཡང་འདུལ་གཙུག་ལག་ཁང་གི་ཡ་གྱལ་ཀ་ཚལ་གཙུག་ལག་ཁང་གི་སྐོར།**

ཀ་ཚལ་གཙུག་ལག་ཁང་འདི་ཉིད་ཐོག་མར་གསར་བཞེངས་མཛད་ཚུལ་ནི། དུས་རབས་བདུན་པའི་ནང་དུ་བྱུང་བའི་བོད་ཀྱི་བཙན་པོ་སྲོང་བཙན་སྒམ་པོའི་སྐུ་དུས་ཡིན་པ་དང་། དེ་ཡང་རྒྱ་བཟའ་ཝུན་ཤིང་ཀོང་ཇོ་དང་བལ་བཟའ་ཀོང་ཇོ་གཉིས་ཀྱི་རྟེན་སྐལ་ཇོ་བོ་རྣམ་གཉིས་ཀྱི་བཞུགས་གནས་སུ་ལྷ་ཁང་བཞེངས་པར་གྲོས་བྱས་ཏེ། བལ་བཟའ་ཁྲི་བཙུན་གྱིས་ར་ས་འཕྲུལ་སྣང་གཙུག་ལག་ཁང་གསར་བཞེངས་མཛད་སྐབས་ཉིན་བརྩིགས་པས་མཚན་མོ་ཞིག་སྟེ་མ་གྲུབ་པས། རྒྱ་བཟའ་ཝུན་ཤིང་ཀོང་ཇོས་ས་དཔྱད་བརྟགས་པས། བོད་ཁ་བ་ཅན་གྱི་ཡུལ་འདི་སྲིན་མོ་གན་རྐྱལ་གྱི་རྣམ་པར་གནས་པ་ཤེས་ནས་དེ་གནོན་ཕྱིར། འོ་ཐང་གི་མཚོ(ར་ས་འཕྲུལ་སྣང་གཙུག་ལག་ཁང་ཆགས་ཡུལ)སྲིན་མོའི་སྙིང་ཁྲག་ལྷ་བུའི་སྟེང་དུ་བརྩིགས་པ་དང་། དེ་བཞིན་དུ་གནོན་བཞི་དང་། མཐའ་འདུལ་བཞི། ཡང་འདུལ་བཞི་སྟེ། རྗེའི་ཐུགས་དམ་གྱི་ལྷ་ཁང་བཅུ་གཉིས་བཞེངས་པའི་ནང་གསེས་སུ་གནོན་བཞིའི་ཡ་གྱལ་དུ་གྱུར་པ། སྲིན་མོའི་དཔུང་མགོ་གཡས་པ་གནོན་པའི་ཆེད་དུ་ཀ་ཚལ་གཙུག་ལག་ཁང་འདི་ཉིད་བཞེངས་ཞིང་། སྲོང་བཙན་དགུང་ལོ་ཉེར་བརྒྱད་བཞེས་པ་ཤིང་འབྲུག་ལོར(སྤྱི་ལོ་༦༤༤) ཡོངས་སུ་འགྲུབ་པར་གྲགས། ལྷ་ཁང་གི་ནང་དུ་རྟེན་ཇི་ལྟ་བུ་བཞུགས་ཡོད་མེད་ད་ཡོད་ཡིག་ལམ་ཀུན་ལས་མི་གསལ་བས་ཞུ་སྤྱོབས་བྲལ་ཡང་སྔ་དར་སྐབས་སུ་བཞེངས་པའི་ལྷ་ཁང་ཀུན་གྱི་རྟེན་ནི་བྱ་སྤྱོད་གཉིས་དང་

མདོ་ལྟར་ན། རྣལ་འབྱོར་རྒྱུད་དང་བླ་མེད་ཀྱི་སྐུ་མི་སྣང་བས་ན། འདིར་ཡང་དུས་གསུམ་སངས་རྒྱས་ཀྱི་སྐུ་བརྙན་བཞུགས་པ་མིན་ནམ་སྙམ། གཙུག་ལག་ཁང་འདིའི་མཚན་ལ《རྒྱལ་པོ་བཀའ་ཐང》ནང་བཀའ་སྒྲོལ་ཞེས་དང་།《ཞྭ་ལྷ་ཁང་གི་དཀར་ཆག》ནང་བཀའ་ཚལ་ཞེས་དང་།《བུ་སྟོན་ཆོས་འབྱུང》ནང་སྐ་ཚལ། རྒྱལ་རབས་ཆོས་འབྱུང་གཞན་པ་རྣམས་སུ་ཀ་ཚལ་ཞེས་གསལ་བ་ལས་གཞན་མིང་འགྲེལ་བཤད་པ་ནི་མ་མཐོང་ངོ་། དེ་རྗེས་བཙུན་པ་རྣམས་ནས་སྲི་ཞུ་བླ་ལྷག་མཛད་ཀྱང་། ལྷ་སྲས་དར་མའི་སྐུ་ཚེའི་སྨད་ལ་རྒྱལ་བསྟན་ལ་ཉམས་ཉེས་བྱུང་བ་དང་མཉམ་དུ་གཙུག་ལག་ཁང་འདི་ཡང་ཉམས་རྒྱུད་ཕྱིན་སོང་། ཕྱི་དར་གྱི་དབུ་ཚུགས་པའི་རྗེས་སུ་དབུས་གཙང་མི་བཅུའི་ཡ་གྱལ་རག་ཤི་ཚུལ་ཁྲིམས་འབྱུང་གནས་ཀྱིས་ཀ་ཚལ་བཟུང་ནས། མཚན་ཉིད་པའི་སྡེར་གྱུར་ཅིང་རག་ཚོའི་བསྟི་གནས་གཙོ་བོར་གྱུར། དགེ་བཤེས་འཆད་ཁ་བས་མལ་གྲོ་འཆད་ཁ་བཏབ་སྟེ། འབྲིན་ལས་བསྐྱངས་པ་དང་དགོན་པའི་ཆོས་ལུགས་ཀྱང་བཀའ་གདམས་པར་བསྒྱུར་ནས་དར་རྒྱས་ཆེ་ཙམ་བྱུང་། འབྲི་གདན་བཅོ་ལྔ་པ་ཀུན་དགའ་རིན་ཆེན་དཔལ་བཟང་པོ་དགུང་ལོ་ཞེ་ལྔ་བཞེས་པ་སྤྱི་ལོ་༡༥༡༨ལོར་སྡེ་གདོང་པས་དཔུང་ཆེན་བཏེགས་ནས་འབྲི་བསྟན་ལ་གླགས་འཚོལ་ཕྱིར་མལ་དྲོར་ལྷགས་པར། འབྲི་གུང་སྒོམ་པ་མགོན་པོ་རྒྱལ་མཚན་གྱིས་རང་ཉིད་ཀྱི་དམག་དྲངས་ནས་གཡུལ་བསྲེས་པའི་ནང་དགོན་འདི་འཐབ་རར་གྱུར་བས། དགོན་པ་འཐོར་ཞིག་ཏུ་སོང་ནས་གཙུག་ལག་ཁང་འདི་བརླགས་པར་གྱུར་ཏོ། དེ་རྗེས་འབྲི་གདན་བཅུ་དྲུག་པ་རྒྱལ་དབང་གནམ་ལྕགས་མེ་འབར་རིན་ཆེན་ཕུན་ཚོགས་ཆོས་ཀྱི་རྒྱལ་པོ་དེ་ཉིད་དགུང་ལོ་ཞེ་དྲུག་བཞེས་པ་རབ་བྱུང་དགུ་པའི་ཆུ་གླང་（སྤྱི་ལོ་༡༥༥༣）ལོར་གཙུག་ལག་ཁང་འདི་དང་

སྒྲགས་བཀའ་གདམས་པའི་དགོན་ཤུལ་ཉམས་གསོ་མཛད་དེ། རང་ལུགས་འབྲི་གུང་བཀའ་བརྒྱུད་ཀྱི་གྲུབ་མཐའ་འཛིན་པའི་ཆོས་སྡེ་ཞིག་ཏུ་བསྒྱུར། འབྲི་གདན་ཉི་ཤུ་པ་ཆོས་རྒྱལ་ཕུན་ཚོགས་བཀྲ་ཤིས་དཔལ་བཟང་པོས་རྒྱལ་དབང་རཏྣའི་སྐུ་གདུང་ཚབ་ཏུ་དབུ་ལོ་ན་བཟའ་སོགས་བཞུགས་པའི་དངུལ་གདུང་རིན་པོ་ཆེ་ཐོག་ཚད་གྲུས་ལེགས་འདུས་སྡེའི་རྟེན་གཙོར་བཞུགས་སུ་གསོལ། འདིར་མཚམས་གྲྭ་གསར་འཛུགས་མཛད་དེ། སྒྲུབ་བསྟན་ལ་མཐོང་ཆེན་གནང་ཞིང་ཉིད་ནས་ཀྱང་རྗེ་བར་ཕྱག་རྗེས་བཞག་པ་སོགས་གྲུབ་པའི་མཚན་མ་ངོམས་པར་མཛད། འབྲི་གདན་ཉེར་བཞི་པ་ཕྲིན་ལས་བཟང་པོའི་སྐུ་དུས་སུ་རྒྱལ་དབང་དྲུག་པ་ཚངས་དབྱངས་རྒྱ་མཚོ་ཁམས་ནས་དབུས་སུ་གནས་སྐོར་བའི་བརྟུལ་ཞུགས་འཆང་ནས་འགྲུལ་སྐབས། གནས་འདིར་ཞབས་སོར་བརྟེན་ནས་གཉལ་ལྷག་མཁན་པོས་མཐུན་རྐྱེན་སྒྲུར་ཏེ་ཟླ་གཅིག་ལྷག་ཙམ་སྒྲུབ་པ་ལ་བཞུགས། མཁན་པོ་ལྷོ་པ་ནས་བཟུང་འབྲི་གུང་པའི་བུ་སློབ་རེ་མོས་ཀྱིས་བསྐྱངས་ཤིང་། སྐྱབས་རྗེ་རྣམ་གཉིས་ནས་ཡང་ཡང་ཞབས་སོར་འཁོད་དེ་ཆོས་ཀྱི་འཁོར་ལོ་གདུལ་བྱའི་ཁམས་དབང་ལྟར་བསྐོར་བར་མཛད། ཕྱིས་སུ་སྔར་ཐུབ་བསྟན་སྡེ་བཞི་རབ་རྒྱས་གླིང་གསར་དུ་ཕྱག་བཏབ་པ་ནས་བཟུང་། དགོན་འདི་ཡང་སྔར་གྱི་ཁོངས་སུ་གཏོགས་ཤིང་། ཡང་སྔར་སྤྲུལ་སྐུའི་ཁོངས་ནས་གཉའ་ལྷག་སྤྲུལ་སྐུ་དང་། ཛ་རས་སྤྲུལ་སྐུ། ཆོས་མཛད་སྤྲུལ་སྐུ། སྤྱིལ་དཀར་སྤྲུལ་སྐུ་བཅས་རྣམ་བཞིའི་བླ་བྲང་གདན་འཛུགས་ཀྱིས་སྐྱེ་ཕྲེང་རིམ་བྱོན་ཆོས་དགོན་འདི་བསྐྱངས། བར་སྐབས་ཤིག་ལ་འབྲི་གུང་པར་གཞུང་ས་ནས་ཕྱོགས་འཛིན་གྱིས། སྐྱབས་མགོན་ཐུགས་རྗེའི་ཉི་མ་གནས་དབྱུང་ཐེངས་གཉིས་བཏང་བ་སོགས་བཀའ་བརྒྱུད་ཀྱི་བསྟན་ལ་འཚེ་བ་རྒྱུན་མཐུད་བྱུང་བས། འབྲི་

གྲུང་པའི་མངའ་ཐང་ཡང་ཅུང་ཟད་བྲི་བར་གྱུར། དེར་བརྟེན་འབྲི་གདན་སོ་ལྔ་པ་སྐྱབས་མགོན་དཀོན་མཆོག་བསྟན་འཛིན་ཞི་བའི་བློ་གྲོས་ཐུབ་བསྟན་གསལ་བྱེད་ཀྱི་སྐུ་ཚེའི་སྨད་ཙམ་ལ་ཀ་ཚལ་འདུས་སྡེ་ནས་འབྲི་གུང་པར་བློ་ལོག་སྟེ། ཆོས་སྲིད་གཉིས་ཀྱི་ཐད་ལ་རྒྱབ་སྐྱོར་བཙན་པའི་དགེ་ལུགས་པར་མགོ་བཏགས་ཐོག་འབྲི་གུང་པ་རྒྱབ་བསྐྱུར་གྱི་མནའ་བྱས། དེ་ལྟར་ཞྭ་སེར་ཅོད་པན་འཆང་བའི་རིང་ལུགས་བཟུང་ནས་ལོ་ངོ་སུམ་ཅུར་ཉེ་བའི་དུས་ཀྱི་ནང་ཀ་ཚལ་འདུས་སྡེའི་ནང་མི་མཐུན་པ་དང་། གྲྭ་པར་ཡམ་འགྲོ་མེད་པ། དགོན་པའི་ནང་ནད་ཡམས་བྱུང་སྟེ་སྟོངས་ལ་ཁད་དུ་གྱུར། ལྷ་སྲུང་སོགས་ལ་བརྟག་པ་ཞུས་པས་སྔར་སྲོལ་བཞིན་འབྲི་གུང་པའི་ཆོས་རྒྱུན་འཛིན་ཅིང་འབྲི་གུང་པའི་ལྷ་སྲུང་གསོལ་ན་ལེགས་ཀྱི་གཞན་དུ་མིན་པའི་ལུང་ཕེབས་པར་འདུས་སྡེ་ནས་འབྲི་གུང་སྐྱབས་རྗེ་རྣམ་གཉིས་ལ་སྔར་ལྟར་བདག་སྐྱོང་ཡོང་བ་ཞུས་པ་དོན་དུ་སྨིན་ནས་སྔར་འབྲི་གུང་པའི་རིང་སྲོལ་འཛིན་པར་གྱུར་ཏོ། འོན་ཀྱང་སྔར་དགེ་ལུགས་པའི་སྲོལ་འཛིན་དུས་ཀྱི་མནའ་གན་བརྩེ་སྲུང་གིས་དགེ་བསྐོས་རིམ་བྱོན་གྱིས་ཞྭ་མོ་རྩེ་ཞྭ་སེར་པོ་དང་། ཟླ་གམ། ཕྲེང་སེར། ལྷམ་ཤ་གཟུགས་མ་བཅས་གྱོན་སྲོལ་ཡོད། འབྲི་གུང་བཀའ་ཆོས་ཁག་ལ་ཀ་ཚལ་འདུས་ཚོགས་ཀྱི་བཞུགས་ཡུལ་སོགས་གཏན་འཁེལ་ཡོད་ལ་བར་སྐབས་དགེ་ལུགས་སུ་གྱུར་སྐབས་ཕེབས་སྲོལ་ཆུབ་པ་ཡང་གསོས་སོ། སྔར་དགོན་འདིའི་རྟེན་གཙོ་ནི་རྒྱལ་དབང་རཏྣའི་གདུང་རྟེན་རིན་ཆེན་གཉིས་པ་ལས་གྲུབ་པ་གདུང་རྟེན་བཀྲ་ཤིས་འོད་འབར་དུ་གྲགས་པ་དེ་ཡིན་ལ། དེ་མིན་འབྲི་གདན་རིམ་བྱོན་གྱིས་སྦྱོར་འཛུགས་སྐྱལ་པའི་རྟེན་གསུམ་མཐའ་ཡས་ཤིང་། གཞན་ཡང་དགོན་གཞུང་གི་རྟེན་གསུམ་ཡང་མང་དུ་ཡོད་འདུག་ལ་སྲོང་བཙན་གྱི་ཕྱུག་འཁོར་སོགས་ཡོད་སྐད། རིག་གནས་

གསར་བརྗེའི་ཆེན་པོའི་སྔོན་དགོན་འདིར་སྤྲུལ་སྐུ་བཞི་དང་གྲྭ་གྲངས་ལྔ་བཅུ་ལྷག་ཡོད་ཅིང་། སྤྲུལ་གྲྭའི་ཉམས་ལེན་གཙོ་བོ་ནི་ལྔ་ལྡན་དང་། ཡང་ཟབ། ཛོ་ཕོར་བཅས་ཡིན་ལ། དགོན་གཞུང་གི་འདོན་སྤྱོད་ནི་འབྲི་གུང་གི་གདན་ས་ཁག་དང་སྤྱི་མཚུངས་ལྟར་ལགས། ཕྱིས་ཉི་ལྷུང་བཤད་སྒྲུབ་རབ་རྒྱས་གླིང་དུ་ཡང་ཕེབས་སྲོལ་བྱུང་ཞིང་། གུང་མཁར་དམ་ཅན་ཁང་དུ་བསྐང་གསོ་གསུང་མི་ཡང་འདི་ནས་མངགས་དགོས་སོ། རིག་གནས་གསར་བརྗེའི་ཆེན་པོའི་སྐབས་འཕྲིན་ལས་ཀྱི་མཇུག་བསྡུས་ནས་འདུ་ཁང་ནི། ཕྱི་རྒྱ་ཙམ་ལས་གཞན་ཟླ་བྲང་གྲྭ་ཤག་མཚམས་ཁང་མགོན་ཁང་སྒྲུབ་ཁང་སོགས་རྟེན་དང་བརྟེན་པར་བཅས་པ་མེད་གི་ལྷག་མར་གྱུར་ཏོ།

ཕྱི་ལོ་༡༩༨༣ཟ་ཚེན་ཞེས་པ་ཆུ་ཕྲི་ལོར་གཉའ་ལྷག་སྤྲུལ་སྐུ་དཀོན་མཆོག་བསྟན་འཛིན་ཐུབ་བསྟན་དབང་པོ་ནས་ངལ་བ་ཁྱད་བསད་ཀྱིས། ཐོག་མར་འདུ་ཁང་གི་སྟེང་ཤོད་ཉམས་གསོ་མཛད་འགོ་ཚུགས་ཤིང་། རྒྱ་ཆེའི་མང་ཚོགས་ཀྱི་རོགས་རམ་འོག་འདུ་ཁང་གི་ཕྱི་ནང་དང་། ཙུང་ཁང་། དཀོར་ཁང་། དབྱར་ཁང་སོགས་གསར་བཞེངས་དང་ཉམས་གསོ་རིམ་གྱིས་བྱུང་། གྲྭ་པ་སྣེར་གྱིས་མཚམས་ཁང་བཅུ་ཕྲག་ལྷག་ཙམ་ཉམས་གསོ་བྱས་ཡོད། གསར་དུ་བཞེངས་པའི་སྐུ་རྟེན་འདུ་ཁང་སྦུག་ཏུ་དུས་གསུམ་སངས་རྒྱས་ཐོག་ཚད་མ་དང་། སྟེང་ཁང་གི་སྦུག་ཏུ་མཁན་སློབ་ཆོས་གསུམ་མི་ཚད་མ། སྐྱབས་པ་རིན་པོ་ཆེ་དང་། རྒྱལ་དབང་རིན་ཆེན་ཕུན་ཚོགས། བསྟན་སྲུང་གཙོ་མོ་ཨ་ཕྱི་ཆོས་ཀྱི་སྒྲོལ་མ། བཀའ་སྲུང་རྡོ་རྗེ་གཡུ་སྒྲོན་སོགས་ཀྱི་སྐུ་བརྙན་བཞུགས་ཡོད། གསུང་རྟེན་དུ་རྒྱལ་བའི་བཀའ་འགྱུར་རོ་ཅོག་གི་གླེགས་བམ་དང་། དེའི་དགོངས་འགྲེལ་བསྟན་བཅོས་འགྱུར་རོ་ཅོག་གི་གླེགས་བམ། ཀོང་སྤྲུལ་རིན་པོ་ཆེའི་མཛོད་ཆེན་

ལྷའི་ཡ་གྱལ་རིན་ཆེན་གཏེར་མཛོད་དང༌། རིག་འཛིན་པདྨ་གླིང་པའི་བཀའ་འབུམ། གཞན་ཡང་གསུང་རབས་གླེགས་བམ་མང་དུ་བཞུགས་ཞིང༌། ཐུགས་རྟེན་དུ་རྒྱལ་དབང་རཏྣ་དྲག་རྩལ་གྱི་གདུང་རྟེན་བཀྲ་ཤིས་འོད་འབར་གྱི་ཞལ་ཚབ། རིན་ཆེན་གཉིས་པ་ལས་གྲུབ་པའི་བྱང་ཆེན་མཆོད་རྟེན་རིན་པོ་ཆེ་སྣ་ཚོགས་ཀྱི་ཕྲ་རྒྱན་ཅན་ཚད་ལྡན་དང་བཀའ་གདམས་མཆོད་རྟེན་ནམ་པད་སྤུངས་མཆོད་རྟེན་རྒྱུ་ལི་ལས་གྲུབ་པའང་མང་དུ་མཆིས།

# ལེའུ་གསུམ་པ། བཀའ་བརྒྱུད་པའི་གདན་སའི་ཡ་གྱལ་འབྲི་གུང་དགོན་དང་དཔལ་ཙ་ཞྭ་ལྷ་ཁང་སོགས་ཀྱི་སྐོར།

## དང་པོ། འབྲི་གུང་བཀའ་བརྒྱུད་པའི་གདན་སའི་སྐོར།

དེ་ཡང་"འབྲི་གུང་ནི་བོད་ཁྲི་སྐོར་བཅུ་གསུམ་གྱི་ཡ་གྱལ་ཞིག་ཡིན་ཞིང་། ཡོན་དང་མིང་སོགས་ཀྱིས་ལུང་ལས་འཇའ་ས་སོགས་རིམ་པར་བསྒྱུལ་ཡོད། གཙུང་གི་དུས་སུ་སྐོམ་པར་ཁྲི་དཔོན་གྱི་ལུང་ལས་སྟག་མགོའི་ཐམ་ཀ་བྱུང་བ་དང་། སྐོམ་པ་ཡེ་ཤེས་རྒྱལ་མཚན་ལ་ཏཱ་སི་ཏུའི་ལུང་ལས། ཆོས་རྗེ་དོན་གྲུབ་རྒྱལ་པོར་ཀུན་ཧྲིང་ཏཱ་གོ་ཤྲཱི། རིན་ཆེན་དཔང་གི་རྒྱལ་པོར་གྲུབ་ཅའོ་ཞང་གི་ལུང་ལས་ཐམ་ཀ ཆོས་རྒྱལ་རིན་ཆེན་དཔལ་བཟང་སོགས་གདན་རབས་མང་པོར་འཇམས་ས་ལུང་ལས། ཐམ་ཀ ཤེལ་བམ་སོགས་མང་དག་གནང་བ་རྣམས་དང་། གསེར་དངུལ་དེ་མིན་ནང་སའི་རྫ་ཆེའི་རིག་དངོས་སོགས་གནང་བ་རྣམས་ཀྱང་འདིར་ཉར་ཚགས་བྱས་ཡོད་པ་རེད།"①

༡ འབྲི་གུང་མཐིལ་འོག་མིན་བྱང་ཆུབ་གླིང་གི་ལོ་རྒྱུས་རགས་བསྡུས།

དགོན་འདི་ཉིད་རྨམ་པ་ཤང་གི་ཁོངས་སུ་ཆགས་ཡོད་ཅིང་། ཁུལ་དེའི་

① འབྲི་གུང་དཀོན་མཆོག་རྒྱ་མཚོ《འབྲི་གུང་ཐེལ་དགོན་གྱི་ལོ་རྒྱུས་རགས་བསྡུས》བོད་ལྗོངས་མི་དམངས་དཔེ་སྐྲུན་ཁང་། སྤྱི་ལོ་༢༠༠༣ ལོའི་ཟླ་༢

ས་ཆའི་མཐོ་ཚད་རྒྱ་མཚོའི་ངོས་ལས་སྤྱི་ཁྲི་༤༥༠༠ཙམ་ཡོད། ཡང་རི་སྣར་ནས་སྤྱི་ལེ་༢༨ཙམ་དང་ལྷ་ས་ནས་སྤྱི་ལེ་༡༤༠ཙམ་སོང་ན་དགོན་དེར་སླེབས་ཀྱི་ཡོད། འབྲི་གུང་བཀའ་བརྒྱུད་ཀྱི་རྩ་བའི་གདན་ས་ཡིན་པ་དང་། དགོན་གནས་འདི་ཉིད་ཐོག་མར་འབྲི་གུང་སྐྱོབ་པའི་མཆེད་གྲོགས་རྟོགས་ལྡན་མི་ཉག་སྒོམ་རིན་གྱིས་རབ་བྱུང་གསུམ་པའི་ལྕགས་ཡོས་ ( སྤྱི་ལོ་༡༡༧༢ ) ལོར་བླ་མའི་ལུང་བསྟན་བཞིན་རི་ཁྲོད་གཅིག་བཏབ། དེ་རྗེས་ཕག་མོ་གྲུ་པའི་དངོས་སློབ་སྐྱོབ་པ་འཇིག་རྟེན་མགོན་པོ་རིན་ཆེན་དཔལ་གྱིས་དགུང་ལོ་སོ་བདུན་པ་རབ་བྱུང་གསུམ་པའི་ས་ཕག་ ( སྤྱི་ལོ་༡༡༧༩ ) ལོར་འབྲི་གུང་མཐིལ་དགོན་ཕྱག་བཏབ། དེའི་ཆོས་བརྒྱུད་དར་སྤེལ་བྱུང་བ་ལ་འབྲི་གུང་བཀའ་བརྒྱུད་ཅེས་ཟེར། དེ་ལྟར་སྐྱོབ་པ་འཇིག་རྟེན་གསུམ་མགོན་གྱིས་ཕྱག་འདེབས་མཛད་པའི་འབྲི་གུང་མཐིལ་བྱང་ཆུབ་གླིང་ཞེས་ཡོངས་སུ་གྲགས་པ་འདི་ནི་སྟོན་པ་མཉམ་མེད་ཤཱཀྱའི་རྒྱལ་པོས་ལུང་དུ་བསྟན་པར་མཛད་ཅིང་། མདོ་སྤྲིན་ཆེན་ལས། མ་འོངས་ལོ་བརྒྱའི་མཐའ་མ་ལ། །བྱང་ཕྱོགས་ས་ཡི་ཕྱོགས་ཆ་རུ། །འབྲི་ཞེས་བྱ་བའི་ཞིང་ཁམས་ཡོང་། །རིན་ཆེན་དཔལ་ཞེས་བྱ་བ་ཡི། །བདེ་བར་གཤེགས་པ་འབྱུང་བར་འགྱུར། །ཡེ་ཤེས་ཡོངས་སུ་རྒྱས་པའི་མདོ་ལས། བྱང་ཕྱོགས་ཁ་བ་ཅན་གྱི་རི་རྒྱུད་དུ། །ཞེས་དང་། རིན་ཆེན་དཔལ་ཞེས་བྱ་བ་འབྱུང་གྱུར་ཏེ། །མི་མཆོག་དེ་ནི་འཇིག་རྟེན་ཁམས་སུ་གྲགས། །ང་ཡི་བསྟན་ལ་བྱ་བ་བྱེད་པར་འགྱུར། །ཞེས་སོགས་དྲི་མ་མེད་པའི་ལུང་དང་། པདྨ་བཀའ་ཐང་སོགས་སུ་ཡང་ལུང་བསྟན་པ་ལྟར། སྐྱོབ་པ་འཇིག་རྟེན་གསུམ་མགོན་གྱིས་ཐོག་མར་དགོན་དེ་ད་ལྟའི་དགོན་ཆགས་ཡུལ་གྱི་ཐུ་ལ་ཀླུ་ཕྲང་ཞེས་པར་འདེབས་དགོས་དགོངས་པ་ལ། བུད་མེད་གཅིག་དང་ཁྱུག་པས་ཁྱོད་གང་དུ་འགྲོའམ་གསུངས

པས། ང་དགོན་པར་འགྲོ་ཞེས་ཞུས། ཅི་བྱེད་དུ་འགྲོ་ཞེས་གསུངས་པར་སྟོད་སྐྱིལ་དུ་འགྲོ་ཞེས་ཞུས་པར། གནོད་སྐྱིལ་དུ་འགྲོ་བའི་སྐབས་གསན་ནས་འདིར་མི་འདེབས་དགོངས་སྟེ་ཕྱིར་ཕེབས། དེ་ནས་ད་ལྟའི་གནས་དེར་ཕག་གྲུའི་སྒྲིབ་མ་ཞིག་བཞུགས་པའི་རི་ཁྲོད་གཅིག་ཡོད་པ་གཟིགས་ཏེ། སྐུ་ཕྱག་དང་བཅས་དེར་ཕེབས་དགོས་དགོངས། སྤྲུལ་པའི་འབྲི་ཞིག་གིས་ངུར་སྨྲ་དང་བཅས་གཡས་སྐོར་དུ་སོང་བས། དགོན་པ་དེར་འདེབས་དགོས་པའི་བརྡ་རུ་གཟིགས། ད་ལྟའང་ས་དེར་འབྲི་ངུར་ཞེས་ཟེར།

འབྲི་གུང་མཐིལ་གཙུག་ལག་ཁང་གི་རྒྱ་ཆོན་དང་རྟེན་གསུམ་སྐོར་ལ།

1. གསེར་ཁང་གཙུག་ལག་ཁང་རྒྱ་ཆོན་ཀ་རིང་བཅུ་དྲུག་ལ་འོག་ཁང་། ཐེགས་ཁང་། བར་ཁང་བཅས་ཆོན་ཀ་བརྒྱད་ཅུ་ཙམ་དང་། སྟེང་དུ་འཛམ་བུ་ཆུ་གསེར་ལས་བསྐྲུན་པའི་རྒྱ་ཕིབས། གསེར་ཟངས་ཀྱི་གན་ཛི་ར་དང་། རྒྱལ་མཚན། གདུགས་བཅས་ཀྱིས་མཛེས་པར་རྒྱན། གསེར་ཁང་གཙུག་ལག་ཁང་ནི་ཐོག་མར་འབྲི་གུང་སྐྱོབ་པ་འཇིག་རྟེན་གསུམ་མགོན་གྱི་གཟིམ་ཁང་ཡིན་ཞིང་། ཕྱིས་ལྷ་ཁང་དུ་བསྒྱུར་པ་ཞིག་རེད། འདིའི་རྟེན་ནི་མགར་ཆོས་སྡིངས་པས་བཞེངས་པའི་གསེར་སྐུ་སྐྱོབ་པ་ང་འདྲ་མ་ཞེས་པ་མི་ཚད་སྐྱོབ་པ་འཚོ་བཞུགས་སྐབས་བཞེངས་པ་ཉིད་ཀྱིས་རབ་གནས་གནང་བ་ཞིག་རེད། འདིའི་གཟུངས་སུ་ཀླུའི་རྒྱལ་པོ་སོག་མ་མེད་ཀྱིས་ཕུལ་བའི་སངས་རྒྱས་ཀྱི་ཚེམས་དང་ནོར་བུ་རིན་པོ་ཆེ་བཞུགས་པ་དང་། རྗེས་སུ་སྐྱོབ་པའི་གདུང་ལས་ཐུགས་གསུམ་བྱུང་བའི་གཅིག་འདིར་བཞུགས་སུ་གསོལ་བས་འདི་ནི་དགོན་འདིའི་རྟེན་གཙོ་ཡིན་ལ། སྐུ་འདིས་གསུང་ཐོན་པའི་ལོ་རྒྱུས་ཀྱང་མང་དུ་མཆིས།

2. གསེར་ཁང་འོག་མའམ་འདུ་ཁང་ལ་ཀ་བ་བཅུ་དྲུག་དང་། འོག

ཁང་། མདུན་ངོས་ཀྱི་གཟིམ་སྤྱིལ་དང་གསོལ་ཐབ་སོགས་ལ་ཀ་བ་བརྒྱ་ཡིན་སྐོར་ཡོད་ལ། དེའི་ནང་བཟོ་བོ་སླེའུ་ཆུང་གིས་བཞེངས་པའི་སྐུ་རྒྱུ་རིན་ཆེན་སྣ་བདུན་ལས་གྲུབ་པའི་རྡོ་རྗེ་འཆང་གི་སྐུ་བརྙན་མི་ཚད་མ་དང་། སྐུ་རྒྱུ་གསེར་ཟངས་ལས་གྲུབ་པའི་མཉམ་མེད་ཐུབ་པའི་དབང་པོ། དྭགས་པོ། སྐྱོབ་པ། ཉེར་བརྒྱད་པ་སོགས་ཀྱི་སྐུ་བརྙན་མི་ཚད་མ་བཞུགས་ཡོད་པ་དང་། རྗེ་ཙོང་ཁ་པས་འབུལ་གནང་མཛད་པའི་གསེར་ཟངས་ལས་གྲུབ་པའི་རྒྱལ་བ་བྱམས་པའི་སྐུ་ཐོག་ཚད་མ་སོགས་སྐུ་རྟེན་བརྒྱ་ཕྲག་ལྷག་དང་། ཙན་དན་གྱི་ཉེ་བའི་སྲས་བརྒྱད། གསེར་བྲིས་དང་མཚལ་དཔར་གྱི་རྒྱལ་བའི་བཀའ་འགྱུར་སོགས་བཞུགས།

3. གཙུག་ལག་ཁང་ཆེན་པོ་མི་འགྱུར་རྡོ་རྗེ་གདན་ནམ་ཡོངས་གྲགས་སུ་སྒོ་མང་ནི་སྐྱོབ་པ་རིན་པོ་ཆེས་བཞེངས་ཤིང་། མཐོ་ཚད་ལ་ཐོག་ཚད་ལྔ་དང་། རྒྱ་ཁྱོན་ལ་ཀ་རིང་ཉི་ཤུ་རྩ་བརྒྱད། ཐོག་ཁར་ཐིགས་ཀ་བ་ཉི་ཤུ་རྩ་བརྒྱད་ཀྱི་རྒྱ་ཁྱོན་དང་། གཙུག་ལག་ཁང་གི་ཡང་སྟེང་དུ་གསེར་ཟངས་ཀྱི་མདའ་ཡབ་ཆུ་སྲིན་གྱིས་བརྒྱན་པ་བརྗིད་ཅིང་ལྡན་ཆགས་པའོ། འདིའི་རྟེན་གཙོ་འབྲི་གུང་གླིང་པས་བཞེངས་པའི་སྐྱོབ་པའི་གདུང་རྟེན་སྐུ་རྒྱུ་གསེར་ཟངས་ལས་གྲུབ་པའི་ཐུབ་པའི་སྐུ་སེང་ཁྲི་དང་བཅས་ཐོག་ཚད་གསུམ་ཅན་ཐུབ་དབང་ཁམས་གསུམ་ཟིལ་གནོན་དུ་གྲགས། འདིའི་གཟུངས་ལ་སྐྱོབ་པའི་ཐུགས་དང་རིང་བསྲེལ་སོགས་རྟེན་ཁྱད་འཕགས་མང་དུ་བཞུགས།

4. བླ་གཡེལ་གྱི་མཐིལ་དང་། ནུབ་ས་ཁྲི་དམར་པོ་ནི་ཆོས་རྗེ་སྐྱོབ་པ་རིན་པོ་ཆེས་ཆོས་ཀྱི་འཁོར་ལོ་བསྐོར་བའི་གནས་ས་བྱིན་རླབས་ཅན་ཞིག་ཡིན་པ་སྟེ། སྐྱོབ་པ་ཉིད་ཀྱི་གནས་བླ་གཡེལ་མཐིལ་དུ་ཕྱིན་པ་རྣམས་ངན་སོང་གི་སྐྱེ་སྒོ

ཁེགས་པའི་དབུ་སྟུང་ཡང་བཞེས་ཡོད་པ་རེད། དེར་བརྟེན་སྐྱེ་བོ་ཚོ་ལས་འདས་པ་རྣམས་ཀྱི་ཕུང་པོ་རྟེན་ཕྱག（དུར་ཁྲོད）དུ་སྐྱེལ་སྐབས་བླ་གཡེལ་མཐིལ་དུ་ཞག་གཅིག་འཇོག་སྲོལ་ཡོད་ལ། དགེ་འདུན་རྣམས་འདུས་ནས་གཤིན་པོར་འཕོ་བ་འདེབས་ཤིང་བསྔོ་སྨོན་མཛད་ཀྱི་ཡོད། བླ་དབྱེའི་ཕྱུག་གི་ས་ཁྲི་དམར་པོ་ནི་སྐྱབས་པ་རིན་པོ་ཆེའི་ཆོས་ཁྲི་ཡིན་པ་མ་ཟད། འབྲི་གུང་གདན་རབས་རིམ་པ་ཁྲི་ལ་ཕེབས་སྐབས། དེའི་སྟེང་དུ་མཛད་སྒོ་དང་བཀའ་ཆོས་ཀྱང་གནང་སྲོལ་ཡོད།

5. འཛམ་གླིང་རྒྱན་གཙུག་ལག་ཁང་ལ་རྒྱ་ཁྱོན་ཀ་བ་བཅུ་ཙམ་ཡོད་པ་ལ། ཐོག་བརྩེགས་གསུམ་སྒོ་འབུར་རབ་གསལ་ཅན། ཕྱོགས་བཞིར་སེང་གེས་བརྒྱན་ཅིང་། ཐོག་སྟེང་གསེར་ཟངས་ཀྱི་རྒྱ་ཕིབས་གཉིས་དང་། ཕོ་བྲང་གི་སྙིང་དཀྱིལ་སྐོར་ལམ་ལ་གཡུང་དྲུང་རིས་ཀྱི་འབྲེལ་བའི་ལྕགས་རི་དང་། བསྐོར་ལམ་ནང་མ་ཧེ་ལག་འཁོར་སྒྲེལ་ནས་ཡོད། འདི་ནི་སྐྱབས་པ་རིན་པོ་ཆེའི་གདུང་རྟེན་ཡིན་ཞིང་། ས་ལ་སྨན་དང་རིན་པོ་ཆེའི་ཕྱེ་མ་བསྲེས་ནས་བཞེངས་པའི་བྱང་ཆུབ་མཆོད་རྟེན་ཐོག་ཚད་གསུམ་ལྡན་ཞིག་ཡིན། འདི་ཉིད་སྤྱན་སྔ་ཤེས་རབ་འབྱུང་གནས་ཀྱིས་གཙོ་བོ་མཛད་དེ་བཞེངས་པ་དང་། ཞལ་ཆེམས་ལྟར་ས་རྗེ་ལས་བསྒྲུབ་པ་ཡིན། འདི་ལ་འཛམ་གླིང་རྒྱན་ཐོགས་པའི་རྒྱུ་མཚན་ནི། སྤར་བལ་ཡུལ་གྱི་རྒྱལ་པོ་འོད་ཟེར་གོ་ཆ་ཞེས་པས་ཅན་དན་གོར་ཤི་ཤ་ལས་གྲུབ་པའི་མཆོད་རྟེན་ནང་དུ། འདས་པའི་སངས་རྒྱས་འོད་སྲུང་དང་། ད་ལྟའི་སངས་རྒྱས་ཤཱཀྱ་ཐུབ་པའི་རིང་བསྲེལ། མ་འོངས་པའི་སངས་རྒྱས་བྱམས་པའི་ཕྱག་སེན་དང་དབུ་སྐྲ་རྣམས་བཞུགས་ཡོད་པ་ནི་ནང་བསྟན་གྱི་ངོས་ནས་འཛམ་གླིང་གི་རྒྱན་དུ་གྱུར་བ་དང་། ཡུམ་རྒྱས་འབྲིང་བསྡུས་གསུམ་འཛམ་གླིང་རྒྱན་

དུ་གྲགས་པ་རྣམས་བཞུགས་ཡོད་པས་དེ་ལྟར་ཐོགས་སོ།

6. གཙུག་སྐུ་འབུམ་ཞེས་གྲགས་པའི་གཙུག་ཞེས་པ་ནི་འབྲི་གུང་མཐིལ་གྱི་གདན་ས་གཉིས་པ་དཔོན་རིན་ཆེན་བསོད་ནམས་གྲགས་པའི་གཙུག་པོར་གྱུར་པ་འབྲི་གུང་མཐིལ་གྱི་གདན་རབས་བཞི་པ་གཙུག་རྡོ་རྗེ་གྲགས་པ་ཞུ་བ་དེ་ཡིན། དེ་ཡིས་གདན་ས་ལོ་ཉེར་བཞི་བསྐྱངས་ནས་བསྟན་པ་དར་རྒྱས་མཛད་པས་གྲུབ་ཆེན་ཏེ་ལོ་པའི་རྣམ་སྤྲུལ་དུ་གྲགས་ཤིང་། སྐུ་གདུང་བཞུགས་པའི་རྟེན་ལ་གཙུག་སྐུ་འབུམ་ཞེས་གྲགས། འདིར་བསྐོར་བ་བྱས་ན་རྟའི་ནད་ཐམས་ཅད་ཞི་བར་འགྱུར་བས་རྟ་ཁྲིད་ནས་སྐོར་བ་བྱེད་སྲོལ་ཡང་ཡོད།

གཙུག་སྐུ་འབུམ་གཙུག་ལག་ཁང་གི་ནུབ་ངོས་སུ་བླ་གབ་མེད་པའི་གནས་སུ་འབྲི་གུང་སྤྱན་སྔ་གཉིས་（སྐྱབ་པ་རིན་པོ་ཆེའི་ཐུགས་སྲས་སྤྱན་སྔ་རིན་ཆེན་འབྱུང་གནས་དང་སྤྱན་སྔ་གྲགས་པ་འབྱུང་གནས་）ཀྱི་གདུང་རྟེན་བྱང་ཆུབ་མཆོད་རྟེན་ས་རྫོས་བརྩིགས་པ་དབུ་ཏོག་གསེར་ཟངས་ཀྱི་གན་ཛི་ར་དང་བཅས་པ་བཞུགས་སོ།

7. ཨ་ཕྱིའི་དཀོར་མཛོད་ཆེན་མོ། ཆོས་རྗེ་སྐྱོབ་པའི་དུས་ནས་བཞེངས་པ་དང་།རྟེན་གྱི་གཙོ་བོ་ཆོས་རྗེ་སྐྱོབ་པས་བཞེངས་པའི་བསྟན་སྲུང་ཨ་ཕྱིའི་སྐུ་དང་། གཙུག་དང་ཆོས་ཀྱི་གྲགས་པས་བཞེངས་པའི་ཨ་ཕྱིའི་སྐུ་བཅས་གསུམ་བཞུགས། རྟེན་ཁང་རྒྱ་ཕྱིན་ཀ་བ་བཅུ་དྲུག ཐེགས་ཁང་རྒྱ་ཕྱིན་ཀ་བ་བཅུ་དྲུག དཀོར་མཛོད་ནང་སྐུ་རའི་ནོར་རྫས། རྐེའུ་དཀར་མོའི་པགས་པ། གཡུ་འབྲུག་སྔོན་མོའི་ཟེ་བ། སེང་གེའི་པགས་པ། གླིང་གི་ནོར་རྫས། འབྲུག་མོའི་གཡུ་སྒྲ་མཐིང་མདོག་གི་ལྷུ་ཚིལ། འབྲུག་མོའི་གྱོན་ཆས་རྨ་བྱའི་སྒྲོ་བསྟར་བ། སློན་ཆེན་གདན་མའི་ཨ་ལོང་། དཔའ་ལའི་རལ་གྲི། དཔའ་བོ་ལུ་གུའི་

ཁྲབ་རྟོག་འཁོར་གསུམ་དང་། ཁྱུང་རྭ་དང་ཁྱུང་སྙེར་གཞུ་འདོམས་གང་ཙམ་ཡོད་པ། གཞན་ཡང་སྟག་གཟིག་དོམ་དྲེད་སོགས་ཀྱི་ཀླ་བྲིས་དང་། མདའ་གྲི་མདུང་སོགས་མཚོན་ཆ་སྣ་ཚོགས་ཀྱིས་རབ་ཏུ་གཏམས་ཡོད། ད་དུང་འདིའི་ནང་སྤར་རྒྱ་ནག་ཏ་མིང་གོང་མ་ཧྲེན་ཙུང་གིས་ཀརྨ་པ་སྐུ་ཕྲེང་དགུ་པ་དབང་ཕྱུག་རྡོ་རྗེར་སྩོར་འབུལ་གནང་བའི་གོས་སྐུ་མཐོང་གྲོལ་ལྷུན་སྒྲུབ་འཛམ་གླིང་རྒྱན་ཞེས་པའི་གོས་སྐུ་ལྷུ་ལག་བཅུ་གཅིག་ཡོད་པ་དང་། གོང་མའི་བཀའ་རྟེན་ཐམ་ཀ་སོགས་ཀྱང་མང་དུ་བཞུགས།

8. མགོན་ཁང་ཆེན་མོའམ་ཨ་ཕྱི་ཁང་ནི། ཉེར་བརྒྱད་པ་རྡོ་རྗེ་རྒྱལ་པོས་(༡༢༨༩—༡༣༥༠)བསྐྲུན་པ་དང་། རྒྱ་ཁྲོན་ཀ་བ་བཅུ་གཉིས་ཡོད་པའི་ནང་རྟེན་དུ་མགོན་པོ་ཕྱག་བཞི་པ་དང་། ཞུབ་སློབ་དཔོན་གྱིས་བཞེངས་པའི་ཨ་ཕྱི་ཆིབས་བཞོན་མ་གཉིས། མཚོ་ཁ་བདེ་ལྡན་གྱི་ཕོ་བྲང་ནས་གདན་དྲངས་པའི་མགོན་པོའི་སྐུ་བརྙན་དང་། མགོན་པོ་བེང་། གཞན་ཡང་ཨ་ཕྱི་དང་མགོན་པོའི་འཁོར་དང་བཅས་པའི་སྐུ་བརྙན། ཞལ་འབག་སྣ་ཚོགས། གཟིའི་ཀ་ལྕུག་སོགས་ནོར་བུའི་རིགས་མང་དག གདན་རབས་རིམ་བྱོན་གྱིས་ཨ་ཕྱིར་ཕུལ་བའི་རྟེན་རྫས་སྣམ་བདུན་ཡོད་ལ། མོ་ལྟར་སོས་གཏོར་སྐབས་གཏོར་རྒྱག་སྒྲུབ་ཞག་བྱེད་རྒྱུན་སྤར་ཆགས་ཡིན།

9. སྒྲུབ་པ་རིན་པོ་ཆེའི་གཟིམ་སྤྱིལ་བྲག་བསླེ་སྐར་ཆུང་བྲག་སྒྲིབ་ལ་བརྟེན་ནས་བཞེངས་པའི་སྒྲུབ་ཁང་ཀ་གཅིག །དེའི་ནང་རྗེ་གཡམ་གྱི་གཟིམ་སྒྲོམ་དང་། ཞབས་རྗེས་འཇའ་ཟུག་མ་སྒྲུབ་པའི་རྟོར་སྐུ་ཚེམས་རྗེས་མ་དང་། སྒྲུབ་ཁང་གི་བྲག་སྟེང་དུ་སྒྲུབ་པའི་ཚེམས་ཤིང་མཆེར་པའི་སྟོན་པ་བཅས་བཞུགས།

10. སྒྲུབ་སྟེ་ཐར་པའི་གྲུ་ཆེན་གཟིམ་ཁང་དམར་པོར་གྲགས་པ་དེ་ནི་རྗེ་ཀུན་དགའ་རིན་ཆེན་(༡༤༧༥—༡༥༢༧)གྱིས་བཞེངས་པ་དང་། རྟེན་གཙོ་སྐྱོབ་པ་དཀྱུང་ལོ་བརྒྱད་ཀྱི་སྐུ་ཚད་སྐྱོབ་པ་རང་ནས་རབ་གནས་མཛད་པ་ཞིག་དང་། མཁན་ཆེན་ཀུན་དགའ་རྒྱ་མཚོས་བཞེངས་པའི་གསེར་ཟངས་ལས་གྲུབ་པའི་ཐུབ་དབང་གི་སྐུ། སྐུ་རྒྱུ་ལི་མ་དང་གསེར་ཟངས་ལས་གྲུབ་པའི་དུས་གསུམ་སངས་རྒྱས་སོགས་ཀྱི་སྐུ་བརྙན་ཆེ་ཆུང་ཅིག་བརྒྱ་ལྷག་ཙམ་དང་། སྐུ་རྒྱུ་གསེར་དངུལ་ལས་གྲུབ་པའི་ལྷ་བབས་མཆོད་རྟེན་ཐོག་ཚད་གཉིས་མ་གཉིས་བཞུགས་པ་གཅིག་ནི་སྐྱབས་མགོན་ཞི་བའི་བློ་གྲོས་ཀྱི་ཐུགས་དམ་གྱི་རྟེན། གཅིག་ཤོས་ནི་སྐྱབས་མགོན་ཆོས་ཀྱི་འབྱུང་གནས་ཀྱི་གདུང་རྟེན་ཡིན་ཞིང་། རྒྱ་ཁྱོན་ཀ་རིང་བརྒྱད་དང་། ཀ་ཐུང་བརྒྱད། ཁོར་ཡུག་ཤག་སྒོར་ཀ་བ་བརྒྱད། ཐེག་ཁང་ཀ་བ་བརྒྱད། སྒོ་འཁྱུར་ཀ་བ་གཉིས་བཅས་ཀ་བ་སུམ་ཅུ་སོ་བཞི་ཡོད།

11. གསེར་མགོ་གཙུག་ལག་ཁང་ནི་རྒྱལ་དབང་ཀུན་དགའ་རིན་ཆེན་གྱིས་གླིང་འདིར་བསམ་གཏན་གྱི་ཁང་བུ་བརྒྱ་ཕྲག་ལྔ་ཙམ་དང་། ལྷན་གཅིག་ཕྱག་བཏབ་པའི་གླིང་ཁ་དར་རྒྱས་རྩེ་ཞེས་པ་དེ་ཡིན། དེའི་རྒྱ་ཁྱོན་ལ་འདུ་ཁང་སྒོ་འཁྱུར་དང་བཅས་པར་ཀ་བ་བཅུ་བཞི་དང་། ཐེགས་ཁང་ཐུང་ཁང་སོགས་ལ་ཀ་བ་བཅུ་ཡོད་པ་བསྡོམས་ཀ་བ་གྲངས་ཉེར་བཞི་ཡོད་ལ། རྟེན་གྱི་གཙོ་བོ་སངས་རྒྱས་ཉིད་ཀྱིས་རབ་གནས་མཛད་པའི་ཐུབ་སྐུ་ཆུ་གཉེར་མ་ཞུ་བ་དེ་ཡིན།

12. རྗེ་རིན་ཆེན་ཕུན་ཚོགས་ཀྱིས་ཕྱག་བཏབ་པའི་སྒྲུབ་གྲྭ་ནུབ་གྱི་འདུ་ཁང་ཡང་རི་ཞེས་པ་ལ་འདུ་ཁང་དང་ཐེགས་ཁང་ཐུང་ཁང་བཅས་ཀ་བ་གྲངས་སུམ་ཅུ་ཡོད་པར་ནང་བཞུགས་རྟེན་གྱི་གཙོ་བོ་རྗེ་རིན་ཆེན་ཕུན་ཚོགས་ཀྱི་སྐུ་གསུང་ཐུགས་མ་དང་། གྲུབ་དབང་དཀོན་མཆོག་ཆོས་སྐྱབས་ཀྱིས་བཞེངས

པའི་བཀའ་ཕྱག་རྒྱ་པོ་གཉིས་འདྲེས་དྲུག་པ་བཀའ་བརྒྱུད་ཀྱི་ལྷ་སྒོམ་སྒྲོད་པའི་བླ་བརྒྱུད་ཀྱི་གསེར་སྐུ་མདའ་ཚད་མ་ལྔ་བཅུ་རྩ་དྲུག གནས་བཅུ། དུས་གསུམ་སངས་རྒྱས། ཆོས་སྐྱབས་རིན་པོ་ཆེ། ཚ་ཞུག་རྡོར་དཔལ་སོགས་ཀྱི་སྐུ་བརྙན་གསེར་ཟངས་ལས་གྲུབ་པ་དང་། གྲུབ་དབང་ནོ་ནོ་རིན་པོ་ཆེ་དང་ཆོས་སྐྱབས་རིན་པོ་ཆེའི་གདུང་རྟེན་གསེར་དངུལ་ལས་གྲུབ་པ་ཐོག་ཚད་མ་གཉིས་བཅས་ཡོད།

13. ཁང་གསར་ཡང་དགོན་ནམ་བདེ་ལྡན་ཁང་ནི། ཐོག་མ་རྗེ་ཀུན་དགའ་རིན་ཆེན་གྱི་བཞུགས་གནས་ཡིན། རྟེན་གཙོ་ནི་རྗེ་ཉེར་བརྒྱད་པས་བཞེངས་པའི་སྐུ་རྒྱ་བོད་ལི་ལས་གྲུབ་པའི་བྱམས་པའི་སྐུ་བརྙན་མི་ཚད་མེ་ཐུབ་མ་དང་། རྟེན་འབྲི་ར་ཆེན་མོ་གཉིས་ཡིན། གཙུག་ལག་ཁང་ནང་དུ་གདན་རབས་འགའ་ཞིག་གི་གདུང་རྟེན་དང་། མཆོད་རྟེན། དེ་བཞིན་ཚོང་དཔོན་ནོར་བཟང་གི་གཟིའི་ཞལ་དཀར་གཟི་མིག་བརྒྱ་རྩ་བརྒྱད་ཡོད་པ་ཞིག་དང་། བྱ་ཤང་ཤང་གིས་ཆོས་རྗེ་སྐྱབས་པ་ལ་ཕུལ་བའི་ཤང་སིལ་སོགས་རིན་ཆེན་གནའ་རྫས་བསམ་གྱི་མི་ཁྱབ་པ་བཞུགས་སོ།

རྒྱ་ཕྱིན་ཀ་རིང་དགུ་དང་། ཐིགས་ཁང་། གསོལ་ཐབ། སྒོ་འཁྱུར་བཅས་བསྒོམས་ཀ་གྲངས་ཉི་ཤུ་དང་། སྟེང་དུ་གསེར་ཟངས་ཀྱི་རྒྱ་ཕིབས་བཅས་ཡོད།

14 བྱང་ཁང་རྙིང་མ་ཁང་། རྒྱ་ཕྱིན་ཀ་བ་བཅུ་གཉིས། དེའི་ནང་འབྲི་གུང་གདན་རབས་ཉེར་གསུམ་པ་ཆོས་རྗེ་དཀོན་མཆོག་རིན་ཆེན་གྱི་ཕྱུགས་དམ་རྟེན་གསེར་དངུལ་ལས་གྲུབ་པའི་བྱང་ཆུབ་མཆོད་རྟེན་དང་། རྒྱ་ནག་མན་ཆེང་གོང་མས་གསེར་གྱིས་བཀང་སྟེ་ཕུལ་བའི་གཡང་ཏིའི་འབོ་སོགས་རྫ་ཆེན་

རིག་རྫས་དུ་མ་བཞུགས་སོ།

15. བྱང་མ་ནུབ་བམ་གསར་མ་ཁང་གཙུག་ལག་ཁང་འོག་མིན་དུ་གྲགས་པ་དེ་ལ་རྒྱ་ཕྱོན་ཀ་རིང་བརྒྱད་དང་། ཐིགས་ཁང་ཀ་བ་བརྒྱད། རྗེ་དཀོན་མཆོག་རིན་ཆེན་དང་། ཆོས་གྲགས། འཕྲིན་ལས་བཟང་པོ་སོགས་ཀྱི་གཟིམ་སྤྲུག་གསོལ་ཐབ་དང་བཅས་པར་ཀ་བ་བཅུ་དྲུག་བསྡོམས་ཀ་བ་སུམ་ཅུ་སོ་གཉིས་སྟེང་དུ་གསེར་ཟངས་ཀྱི་གན་ཛི་ར་ལྟས་ལེགས་པར་བརྒྱན་པའོ། རྟེན་གཙོ་ཀུན་མཁྱེན་རིག་འཛིན་ཆོས་ཀྱི་གྲགས་པའི་གསེར་སྐུ་མི་ཚད་མ་དང་། སྐྱབས་མགོན་འཕྲིན་ལས་བཟང་པོའི་ཐུགས་དམ་རྟེན་ཆོས་འཁོར་མཆོད་རྟེན། འཕྲིན་ལས་བཟང་པོའི་གདུང་རྟེན་ལྷ་བབས་མཆོད་རྟེན། དོན་གྲུབ་ཆོས་ཀྱི་རྒྱལ་པོའི་གདུང་རྟེན་ལྷ་བབས་མཆོད་རྟེན། ཆོས་རྗེ་བསྟན་འཛིན་འགྲོ་འདུལ་གྱི་གདུང་རྟེན་ཆོས་འཁོར་མཆོད་རྟེན། སྐྱབས་མགོན་ཆོས་ཀྱི་ཉི་མའི་གདུང་རྟེན་ལྷ་བབས་མཆོད་རྟེན་རྣམས་ཚང་མ་སྐུ་རྒྱུ་གསེར་དངུལ་ལས་གྲུབ་ཅིང་གསེར་གྱི་གདུགས་དང་། རིན་པོ་ཆེའི་ཕྲས་བརྒྱན་པ་ཐོག་ཚད་གཉིས་ལྡན་ཤ་སྟག གཞན་ཡང་ཐུབ་པའི་མཛད་བརྒྱ་གནས་བཅུ་སོགས་ཀྱི་ཞལ་ཐང་འབྲི་རིས་ཅན་མང་པོ་ཡོད་དོ།

16. བདེ་ལྡན་མི་འགྱུར་གྱི་གཙུག་ལག་ཁང་ནི། སྐྱབས་མགོན་པདྨའི་རྒྱལ་མཚན་གྱི་དབོན་པོ་རིན་ཆེན་མཆོག་ལྡན་གྱིས་བཞེངས་པ་ཞིག་ཡིན། རྒྱ་ཕྱོན་ལ་ཀ་རིང་བརྒྱད་དང་། ཐིགས་ཁང་བཅས་བསྡོམས་ཀ་གྲངས་བཅུ་དྲུག དེའི་ནང་རྟེན་གཙོ་སྐྱབས་མགོན་པདྨའི་རྒྱལ་མཚན་གྱི་གདུང་རྟེན་ལྷ་བབས་མཆོད་རྟེན། སྐྱབས་མགོན་ཆོས་ཀྱི་རྒྱལ་མཚན་གྱི་གདུང་རྟེན་ལྷ་བབས་མཆོད་རྟེན། སྐྱབས་མགོན་ཆོས་ཉིད་ནོར་བུའི་གདུང་རྟེན་ལྷ་བབས་མཆོད་རྟེན།

སྐྱབས་མགོན་ཐུགས་རྗེའི་ཉི་མའི་གདུང་རྟེན་ལྷ་བབས་མཆོད་རྟེན། སྐྱབས་མགོན་ཆོས་ཀྱི་བློ་གྲོས་ཀྱི་གདུང་རྟེན་ལྷ་བབས་མཆོད་རྟེན་བཅས་ཚང་མ་སྐུ་རྒྱུ་གསེར་དངུལ་ལས་གྲུབ་ཅིང་། རིན་པོ་ཆེ་སྣ་ཚོགས་ཀྱི་ཕྲ་བཀོད་པ་གསེར་གྱི་གདུགས་དང་བཅས་པ་ཐོག་ཚད་གཉིས་ལྷན་ཞ་སྦྱག་ཡིན་ལ། གསེར་གྱིས་བྲིས་པའི་བཀའ་འགྱུར། ཆོས་རྗེ་པདྨའི་རྒྱལ་མཚན་གྱི་གཟིའི་ཕྲུག་བུམ། ཆུ་ཞེལ་ཉིང་། མན་ཆིང་གོང་མས་ཕུལ་བའི་མཆོད་རྫས་དུ་མ། བསེ་རུའི་རྭ་སོགས་ཁྱད་དུ་འཕགས་པའི་ནོར་སྣ་འང་མང་དུ་མཆིས།

17. མངའ་རིས་ལ་དྭགས་སྤྱི་ཁང་ནི། སྤྱིར་སྤྱན་སྔ་ཞེས་རབ་འབྱུང་གནས་ཀྱི་སྐུ་དུས་ནས་ལ་དྭགས་ཀྱི་གྲྭ་རིགས་འབྲི་གུང་དུ་སློབ་སྦྱོང་ལ་ཕེབས་སྲོལ་དར་བས་སོ་སོར་བཞུགས་ཡུལ་ཡང་གཏན་འཁེལ་ཡོད། སྤྱི་ཁང་འདི་ཉིད་རྗེ་ཀུན་དགའ་རིན་ཆེན་གྱི་སྐུ་དུས་བསྐྲུན་པ་ཞིག་རེད། འདིར་མངའ་རིས་ལ་དྭགས་ནས་སློབ་གཉེར་ལ་ཕེབས་པའི་གྲྭ་རྒྱུན་གྱི་སྡོད་ཤག་དང་འདུ་ཁང་ཡོད་ཅིང་ལོང་ཚོར་ཆོས་གཞིས་ཀྱང་ཟུར་དུ་ཡོད། དམངས་གཙོའི་བཅོས་བསྒྱུར་གྱི་བར་དུ་གྲྭ་རྒྱུན་བར་མ་ཆད་པ་བྱུང་ཡོད། གྲྭ་རྒྱུན་རྣམས་སློབ་གཉེར་ཐོན་རྗེས་ཕལ་ཆེར་བ་རང་ཡུལ་དུ་ཕྱིར་ལོག་སྟེ། འབྲི་གུང་བཀའ་བརྒྱུད་ཀྱི་རིང་ལུགས་འཛིན་སྐྱོང་བྱེད་ཀྱི་ཡོད། སྤྱི་ཁང་ནང་ཞུགས་རྟེན་གཙོ་སྐྱབས་མགོན་འཕྲིན་ལས་བཟང་པོའི་སྐུ་བརྙན་མི་ཚད་མ་དང་། ཆོས་རྗེ་སྐྱོབ་པའི་སྐུ་སོགས་གསེར་ཟངས་དང་ལི་མ་སྣ་ཚོགས་ལས་གྲུབ་པ་སུམ་ཅུ་ཙམ་དང་། ཙན་དན་ལས་གྲུབ་པའི་བྱང་ཆུབ་མཆོད་རྟེན་ཐོག་ཚད་མ། སྐྱབས་མགོན་བཞུགས་ཁྲི་སོགས་ད་ལྟ་དངོས་སུ་མཇལ་རྒྱུ་ཡོད།

དེ་སྟོན་དགོན་པའི་རྟེན་གཙོ་ནི། ཤ་ལི་ལས་གྲུབ་པའི་འཛམ་གླིང་རྒྱན་

ཞེས་པའི་མཆོད་རྟེན་ཆེ་ལེགས་དེའི་གཟུངས་བཞུགས་སུ་ཙན་དན་གོ་ཤཱི་ཤ་ཡི་ཕྱི་སྦྲོམ་བྱས་པའི་གསེར་གྱི་ཟ་མ་ཏོག་ནང་། སངས་རྒྱས་ཤཱཀྱ་ཐུབ་པའི་སྐུ་བརྙན་བཞུགས་སུ་སངས་རྒྱས་འོད་སྲུང་གི་སྐུའི་རིང་བསྲེལ་སོགས་ཡོད་པ་མ་ཟད། རྟེན་གཙོ་འདིའི་ལོ་རྒྱུས་ཀྱང་བཤད་སྲོལ་ལ། འཛམ་དབྱངས་ཀྱི་སྤྲུལ་པར་གྲགས་པའི་རྒྱ་གར་གྱི་རྒྱལ་པོ་འོད་ཟེར་གོ་ཆ་ཞེས་མི་ཁྲིམ་འབུམ་ཕྲག་ལྔའི་བདག་པོ་དེ་ཉིད་ཀྱི་སྲས་འོད་ཟེར་སྟོང་གི་ཡབ་དགོངས་རྫོགས་ཀྱི་ཆེད་དུ། དུས་གསུམ་སངས་རྒྱས་ཀྱི་རྟེན་འཛམ་གླིང་རྒྱན་བཞེངས་པ་དེ་ཨ་ཏི་ཤས་བོད་དུ་གདན་འདྲེན་གནང་ནས་ཐོག་མར་ར་སྒྲེང་དུ་བཞུགས་སུ་གསོལ། དེ་རྗེས་སེ་སྒྲིད་ཕག་གྲུས་འབྲི་གུང་གི་གདན་སའི་རྟེན་གཙོར་གདན་དྲངས་པར་གྲགས།

འབྲི་གུང་དགོན་པའི་ལས་སྣེ་དབུ་ཆོས་ནི་གཙོ་བོ་མཁན་པོ་དང་། དབུ་མཛད། དགེ་བསྐོས་གཉིས། ཕྱུག་པ་གཉིས། སྤྱི་བསོ་སྡེ་པ་གཅིག་བཅས་ནས་སྤར་སྲོལ་ལོ་གསུམ་མམ། ཡང་ན་ལོ་གཅིག་གཉིས་ནས་འཛོ་ལེན་གྱིས་གསར་བསྐོ་བྱེད་ཀྱི་ཡོད་པ་དང་། གོང་གསལ་ལས་སྣེ་བདུན་གྱིས་རྣམ་ཀུན་དགོན་པའི་ལས་དོན་ཆེ་ཕྲ་མཐའ་དག་ཐག་གཅོད་བྱེད་ཀྱི་ཡོད་ཀྱང་། མི་གསོད་ཀྱི་དོན་རྐྱེན་གྱི་གནད་དོན་ཆེ་རིགས་བྱུང་ན་བྱེད་གཏེ་འབྲི་གུང་བླ་བྲང་ལ་རྩིས་འབུལ་ཐོག །དེ་ནས་མལ་གྲོ་གུང་དཀར་རྫོང་ལ་རྩིས་འབུལ་རྫོངས་བཛ་བྱེད་ཀྱི་ཡོད་པ་དང་། གྲྭ་པ་སྐྱ་བབས་སོགས་བྱུང་ན་གཤགས་འདོམས་ཀྱི་ཆེད་དུ་ཕྱག་འཚལ་མང་ཇ་སོགས་ཀྱི་ཉེས་བསྒྲུབ་བྱེད་དགོས་ཀྱི་ཡོད་པ་རེད། དམངས་གཙོའི་བཅོས་སྒྱུར་སྐབས་ཀྱི་མཁན་པོ་ལས་ཐོག་སོག་པོ་མཆོག་སྤྲུལ་བསོད་ནམས་རིན་ཆེན་ཞེས་པ་དེ་ཡིན་པ་དང་། དེའི་སྐབས་དགོན་འདིར་སྒྲུབ་གྲྭ་ཤར་ནུབ་གཉིས་ལ་མཚམས་པ་དྲུག་ཅུ་ཙམ་དང་། གྲྭ་གྲངས་སུམ་བརྒྱ་བརྒྱད་

ཙུ་སྐོར། ལྷ་ཐང་དྲུག །སྤྲུལ་སྐུ་བརྒྱད་བཅས་ཡོད། རྒྱན་གདན་ཚ་ག་ཕྲུག་ལེན་ནི་ལྷ་མཆོད་དང་། ཀུན་རིགས། ཕག་མོ། ཞི་ཁྲོ་ཡང་ཟབ། བདེ་མཆོག །མི་འཁྲུགས་པ་སོགས་ཀྱི་སྐོར་ཡིན།

སོ་བཙུའི་གོད་ཚག་ནང་རྒྱལ་ཡོངས་དང་འདྲ་བར་དགོན་པ་འདི་ཡང་མིང་གི་ལྷག་མ་ཙམ་དུ་གྱུར། ཏང་གི་སྐབས་བཅུ་གཅིག་པའི་ཀྲུང་ཡུ་ཚང་འཛོམས་ཁྲོམས་ཚོགས་ཐེངས་གསུམ་པ་འཚོགས་རྗེས། ཆོས་ལུགས་ཀྱི་སྲིད་ཇུས་ཁག་རིམ་བཞིན་སླར་གསོ་བྱུང་སྟེ། འབྲི་གུང་ཁུལ་གྱི་དད་ལྡན་སེར་སྐྱ་མང་ཚོགས་ཀྱི་རེ་འདུན་ལྟར། དགོན་པ་སླར་གསོ་བྱེད་ཆེད་སྲིད་གཞུང་ནས་མ་དངུལ་ཕོག་སྐོར་ཁྲི་ཤྲ་གནང་བ་དང་། དགོན་པ་དངོས་སུ་ཉམས་གསོ་བྱེད་དགོས་པའི་ཚོག་མཆན་ཡང་གནང་། ད་ཆ་དགོན་པར་ལྷ་ངས་འཁོར་ཤར་སྐྱོད་ཐུབ་པའི་འགྲོ་ལམ་དང་། ཉམས་གསོ་ཞུས་ཟིན་པའི་གཙུག་ལག་ཁང་དང་། སྐུ་གསུང་ཐུགས་རྟེན་གྲས་སུ་རྟེན་མཆོག་འཛམ་གླིང་རྒྱན་གྱི་མཆོད་ཁང་དང་། ལྷ་གཡེལ་ཚོས་ར་ཆེན་མོ། གསེར་ཁང་གཙུག་ལག་ཁང་། ཨ་ཕྱི་ཁང་། སྒོ་མ་གཙུག་ལག་ཁང་། རྟེན་འཕྲུག་སྒང་། དེ་བཞིན་གྲྭ་པ་སྐེར་གྱིས་གསར་རྒྱག་བྱས་པའི་བསམ་གཏན་གྱི་ཁང་བུ་བརྒྱ་སྐོར། འབྲི་གུང་རྩ་བ་དགོན་གྱི་དགེ་སློང་དོན་གྲུབ་བདེ་ཆེན་གྱིས་སྦྱིན་བདག་གནང་ནས་བཞེངས་པའི་མཉམ་མེད་རིན་ཆེན་དཔལ་གྱི་འདྲ་སྐུ་སྨན་འཛིམ་ལས་གྲུབ་པ་མི་ཚད་མ་ཆེ་བ་གཅིག་ཡོད། དེའི་གཟུངས་བཞུགས་ཏུ་འགྲོ་མགོན་ཕག་གྲུའི་དབུ་ཐོད་ཨ་ཡིག་རང་བྱོན་ཤིན་ཏུ་གསལ་བ་ཡོད་པ་དེས་གཙོས་དམ་རྫས་ཁྱད་འཕགས་དུ་མ་བཞུགས། གཞན་ཡང་དཔལ་མགོན་ཀླུ་སྒྲུབ། ཐུབ་དབང་། སློབ་དཔོན་བསྟན་སྲུང་ཆོས་ཀྱི་སྒྲོལ་མ་བཅས་ཀྱི་འཛིམ་སྐུ་དང་། སྔར་གྱི་འབྲི་ར་ཁང་ནང་ཡོད་པའི་སྤྲུལ་པའི་འབྲི་

ཡི་ར྄་ཙོ་ཡང་ཡོད། གསེར་ཁང་གཙུག་ལག་ཁང་གི་རྟེན་གཙོར་སྒྲུབ་དབང་དཔལ་ཆུང་རིན་པོ་ཆེས་སྦྱིན་བདག་མཛད་དེ། བཞེངས་པའི་སྐྱབས་པ་ཆོས་རྗེ་བླ་མའི་དངུལ་སྐུ་མཐོང་བ་རང་གྲོལ་མི་ཚད་ཆེ་བ་ཞིག་ལ་སྐྱབས་པ་རིན་པོ་ཆེའི་ཐུགས་མེ་ཐུབ་མ་གཟུངས་སུ་བཞུགས་པ་དེ་དང་། དངུལ་ལས་གྲུབ་པའི་བྱང་ཆུབ་མཆོད་རྟེན་ཐོག་ཚད་མ། གཞན་ཡང་གསེར་ཟངས། ལི་ཁར་སོགས་ཀྱི་སྐུ་སྣ་ཚོགས་བརྒྱ་ཕྲག་དང་། སྨན་འཛམ་ལས་གྲུབ་པའི་སྐུ་བཅུ་ཕྲག ཞལ་ཐང་། རྒྱལ་བའི་བཀའ་འགྱུར་རིན་པོ་ཆེས་གཙོས་གསུང་རབ་གླེགས་བམ་རྣམས་དང་། སྤར་གྱི་དགོན་པའི་ནང་རྟེན་འགའ་ཤས་ཀྱང་དད་ལྡན་ཁག་གིས་ཕུལ་འབྱོར་ཞུས་ཡོད།

## ༢ འབྲི་གུང་གླིང་ལོག

ཆོས་རྗེ་སྐྱབས་པ་རིན་པོ་ཆེས་གདན་ས་བཏབ་པ་ནས་བཟུང་། ད་བར་གདན་རབས་བཞི་བཅུ（ལ་ལས་སོ་བརྒྱད་དུ་བརྩི་）ཙམ་བྱོན་ཞིང་། དགེ་འདུན་འདུ་ཚོགས་ཤིན་ཏུ་རྒྱས་པ་འཁོར་ཁྲི་ཕྲག་བྱེ་བའི་ཚོགས་པ་བསྐྱང་ཞེས་པ་ལྟར་ཁྲི་ཕྲག་བཅུ་གྲངས་བྱུང་ཡོད། འོན་ཀྱང་འབྲི་གུང་གླིང་ལོག་སོགས་ལོ་རྒྱུས་ཀྱི་དུས་རབས་སོ་སོའི་ནང་འཕེལ་རྒྱས་དང་ཉམས་རྒུད་མང་པོ་བྱུང་ཡོད། དེ་ཡང་ས་སྐྱ་བའི་དུས་སྐབས་མལ་གྲོ་གུང་དཀར་ཁོངས་སུ་ས་འབྲི་འཁྲུག་པའི་དོན་རྐྱེན་ཞིག་བྱུང་ཡོད་པ་དེར་ཡོངས་སུ་འབྲི་གུང་གླིང་ལོག་ཅེས་ཟེར། དེ་ནི་ས་སྐྱ་པས་བོད་ཀྱི་དབང་འཛིན་བྱེད་རིང་བྱུང་བའི་འཁྲུག་ལོང་ཆེ་ཤོས་ཤིག་ཡིན་

ལ། ལོ་རྒྱུས་ཐོག་ཙུང་དྲག་ཆེ་བའི་དུས་ཟིན་ཞིག་ཀྱང་ཡིན། དེའི་སྐོར་《གཡུ་
ཕྲེང་》①དུ་འཁོད་པ་བཞིན་གླེང་བར་བྱ་སྟེ། ས་འབྲིའི་དབར་འགལ་བ་འབྱུང་
རྐྱེན་ཐོག་མ་ནི། སྤྱི་ལོ་༡༢༣༤བོད་རབ་བྱུང་བཞི་པའི་ཤིང་རྟ་ལོར་འབྲི་གུང་
གི་བླ་མ་དཔོན་རིན་པོ་ཆེ་བསོད་ནམས་གྲགས་པ་སྐུ་གཤེགས་པ་དང་། དེ་དུས
གངས་ཏི་སེར་འགྲོ་མཁན་འབྲི་གུང་གི་རི་པ་ཟེར་བའི་སྒྲུབ་གྲྭ་ཚོ་གཅིག་ཡར་
ལམ་ས་སྐྱར་ཕྱིན་ནས། ཆོས་རྗེ་ས་པཎ་དང་མཇལ་དུས་ཆོས་རྗེས། དཔོན་
རིན་པོ་ཆེ་འོག་མིན་དུ་གཤེགས་སམ། གཤེགས་ལྟས་ཇི་ལྟར་བྱུང་གསུངས་པར་
རི་པ་གཅིག་ན་རེ། འོག་མིན་ཅི་ལ་ཡིན། སྟེང་མིན་དུ་གཤེགཏ་སོང་། རིང་
བསྲེལ་གྱི་ཆར་བབས། ཕྱག་རྒྱ་ཆེན་པོའི་གསེར་སྐུ་ཁྲུ་གང་པ་བྱོན་ཟེར་བ་ལ
ཆོས་རྗེས་ཅང་མ་གསུངས། སང་ཉིན་དེ་ས་སྐྱའི་ཆོས་གྲྭར། ངས་ཁྱེད་ཚོ་ལ
མཁས་དྲག་གི་དྲིན་མེད་དེ། ཁ་སང་གི་ཁ་འཆལ་དེ་འདྲ་ཁ་ནས་མ་འོངས་ཙམ
འདི་ངའི་དྲིན་ཡིན་གསུངས། དེ་རིམ་བཞིན་འབྲི་གུང་པ་རྣམས་ཀྱིས་ཐོས་པས
ཐུགས་ལ་མ་འཐད་པ་བྱུང་། དེ་རྗེས་འབྲི་གུང་པ་དར་བའི་དུས་དཔོན་རྡོ་རྗེ
དཔལ་གཙང་ཕྱོགས་ཀྱི་དཔོན་བྱེད་དུས། དེའི་ཞེ་ནད་དུ་རྗེ་ས་པཎ་གྱི་ཆོས་གྲྭ
ལ་རྟ་རྒྱུགས། ཟངས་མོ་ཆེ་ལ་རྟ་ཚ་བླུད། སྤྱིལ་བུ་བཤིག་ནས་རྒྱ་སྲང་བཙོས།
དེ་ལྟ་བུ་བྱས་པས་ས་སྐྱ་པ་རྣམས་ཀྱི་ཐུགས་ལ་མ་བབས་ཞེས་སོགས་བྱུང་བས
གྲུབ་མཐའི་ཕྱོགས་ཞེན་འཐེན་པའི་འགོ་དེ་ཙམ་ནས་ཚུགས་པར་གྲགས།

གཙོ་བོའི་རྒྱུ་རྐྱེན་ནི་ཧོར་ཧེང་གོར་རྒྱལ་རྒྱུད་ཀྱི་སྟོབས་ཤུགས་ཀྱིས་བོད

① ཚབ་སྟེལ་ཚེ་བརྟན་ཕུན་ཚོགས《བོད་ཀྱི་ལོ་རྒྱུས་རགས་རིམ་གཡུ་ཡི་ཕྲེང་བ》བོད་ལྗོངས་བོད་ཡིག་དཔེ་རྙིང་དཔེ་སྐྲུན་ཁང་། སྤྱི་ལོ་༢༠༠༨ལོའི་ཟླ་༡༠

ཡོངས་གཅིག་གྱུར་བྱས་པའི་དུས་སྐབས་སུ། བོད་ཀྱི་ཆེ་རྒྱའི་ཁྲོད་ན་འབྲི་གུང་པ་ནི་སྟོབས་འབྱོར་ལྡན་གྲགས་ཆེ་ཤོས་ཡིན་པའི་ཁར། ཧོར་རྗེ་ཐ་ཆེའི་དམག་དཔུང་བོད་དུ་འབྱོར་སྐབས་ཀྱང་ཐོག་མར་འབྲི་གུང་དང་མཉམ་འབྲེལ་བྱས་པ་དང་། རྗེས་སུ་རྒྱབ་རྟེན་བཙོལ་ཡུལ་ཡང་ཧོར་གྱི་རྒྱལ་པོ་ཆེ་བ་མོང་གོར་ཧན་ཡིན་པ་མ་ཟད། རྒྱལ་པོ་ཧུ་ལ་ཧུས་ཀྱང་རྒྱབ་སྐྱོར་ཤུགས་ཆེན་བྱེད་ཀྱི་ཡོད་པ་དང་། ས་སྐྱ་པ་ནི་ཆོས་རྗེ་ས་པཎ་གྱི་མཚན་ལྡན་གཞན་དང་མི་འདྲ་བའི་ཐོག་གོ་དན་ཧན་དང་ལྷག་པར་སེ་ཆེན་གོང་མས་བོད་ཡོངས་ལ་དབང་བསྒྱུར་བྱེད་བདེ་ཡོང་ཆེད། ས་སྐྱ་བར་ས་གནས་ཀྱི་དབང་ཆ་སྤྲད་པ་བཅས་ས་འབྲི་གཉིས་ཕན་ཚུན་འགྲན་རྒོལ་བྱེད་པའི་སྟོབས་ཤུགས་གཙོ་བོར་གྱུར་རྐྱེན། བོད་ནང་ཁུལ་གྱི་དབང་ཆ་རྩོད་ལེན་བྱ་རྒྱུའི་འཐབ་རྩོད་དེ་ལ་ཐུག སྤྱི་ལོ་༡༢༨༥ བོད་རབ་བྱུང་ལྔ་པའི་ཤིང་བྱ་ལོར་འབྲི་གུང་པའི་སྐུ་ཞང་ཚུལ་རྒྱལ་ཟེར་བས་དམག་དྲངས་ཏེ། ས་སྐྱའི་ཁོངས་གཏོགས་བྱ་ཡུལ་དགོན་པ་མེར་བསྲེགས་པ་དང་། མཁན་པོ་སངས་རྒྱས་གཙང་སྟོན་བཀྲོངས་ཤིང་། དེ་མིན་གྲྭ་པ་དགུ་ཙམ་བསད་པ་དང་། འཐབ་འཁྲུག་དེའི་ནང་སྐུ་ཞང་ཚུལ་རྒྱལ་བ་ཕ་བུ་སོགས་འབྲི་གུང་པའི་མི་འགའ་ཤས་ཀྱང་བསད་པར་བརྟེན་ས་འབྲིའི་དབར་གྱི་འཁོན་འགྲས་དེ་བས་རྗེ་དར་ཇེ་ཆེར་གྱུར་བ་ཡིན།

གོང་གསལ་ས་འབྲིའི་དབར་གཅིག་ཐོག་ཉིས་བརྩེགས་ཀྱི་འགྲས་གཞི་རིམ་པར་བྱུང་ནས་ས་སྐྱའི་དཔོན་ཆེན་གཞོན་དབང་དང་། བྱང་རྗེར་སོགས་ཀྱི་སྐབས་འཁྲུག་རྩོད་ན་མར་བྱུང་ཞིང་། ལྷག་པར་འབྲི་གུང་གླིང་ལོག་གི་འཕྲལ་ཀྱི་རྐྱེན་ནི་ཡིག་ཆ་ཕལ་ཆེ་བར་ཕག་མོ་གྲུ་པ་དང་འབྲེལ་བར་བཤད་ཡོད། དེ་ཡང་ཕག་གྲུའི་སྤྱན་སྔ་གྲགས་པ་ཡེ་ཤེས་པས་དེ་སྔ་ནས་ས་སྐྱར་བླ་མ་འཕགས

པའི་ཞབས་ལ་གཏུགས་ཏེ་རྒྱུད་གསུམ་གྱི་དབང་བསྐུར་མན་ངག་དང་བཅས་པ་ཞུས། དེ་རྗེས་སྨྱན་སྔ་གྲགས་ཡེས་ཁོང་རང་གི་སྟག་ཚ་( སྲིང་མོའི་བུ་ལ་ཟེར) བྲག་སླེ་བ་ཞེས་པ་ཞིག་ས་སྐྱའི་བླ་མ་ཤར་པ་ཡེ་ཤེས་རིན་ཆེན་ལ་ཕུལ་བ་དང་། ༡༢༨༡ལོད་ལྕགས་སྤྲུལ་ལོར་སྨྱན་སྔ་གྲགས་པ་ཡེ་ཤེས་ཕག་གྲུའི་གདན་སར་ཕེབས་ཤིང་། ས་སྐྱ་བས་ཁོང་གི་རྗེས་སུ་སྟག་ཚ་བྲག་སླེ་བ་ཕག་གྲུའི་གདན་སར་བསྐོ་རྩིས་བྱེད་པ་དེ། ཕག་གྲུའི་སྨྱན་སྔ་བཅུ་གཉིས་པའི་གཙུང་པོ་གྲགས་པ་རིན་ཆེན་པས་ཤེས་ནས་བྲག་སླེ་བ་ཕྱིག་གསོད་བྱས་པར་གྲགས། དེ་རྗེས་སྨྱན་སྔ་གྲགས་པ་ཡེ་ཤེས་སྐུ་གཤེགས་སྐབས་ཕག་གྲུའི་གདན་ས་གཙུང་རྒྱ་པོ་གྲགས་རིན་རང་གིས་བསྐྱངས་པར་བརྟེན་ས་སྐྱ་པས་བྲག་སླེ་དཔོན་པོའི་ཁ་མཚུ་རྩོད་པ་བསླངས། འབྲི་ཕག་གཉིས་ཆོས་རྒྱུད་གཅིག་གྱུར་ཕྱོག་དེ་དུས་འབྲེལ་བ་ཟབ་པས། གཙུང་རྒྱ་པོའི་རྒྱབ་རྟར་འབྲི་གུང་པ་ལངས་སྟབས་མཐར་ཕྱོད་གཞི་དེ་ཡང་ས་འབྲིའི་འཐབ་འཁྲུག་ཏུ་གྱུར་བ་ཡིན།

ཡིག་རིགས་ལ་ལར་འཁོད་པ་ལྟར་ན། སྤྱི་ལོ་༡༢༨༥ལོད་ཤིང་བྱ་ལོ་དེར་འབྲི་གུང་གི་སྒོམ་པ་ཀུན་རྡོར་རིན་ཆེན་ཟེར་བས་སྟོད་ཧོར་གྱི་རྒྱལ་པོ་ཧུ་ལ་ཧུ་ལ་རྒྱབ་སྐྱོར་ཡོང་བ་ཞུས་ཏེ། ཨ་རབ་ས་ཁུལ་ནས་སྟོད་ཧོར་གྱི་དམག་དཔུང་ཁྲི་དགུ་ཙམ་བོད་དུ་ཁྲིད་དེ་ས་སྐྱ་བའི་དབང་བསྒྱུར་རྩ་སློག་གཏོང་རྩིས་བྱས་པ་ལ། སྐབས་དེར་ཡོན་གོང་མའི་ས་སྲུང་དམག་དཔུང་དང་། ས་སྐྱའི་དཔོན་ཆེན་ཨག་ལེན་གྱིས་དབུས་གཙང་གི་བཟའ་དམག་བསྡུ་སྒྲིག་གི་དམག་སྡ་དྲངས་ཏེ། ལ་སྟོད་ཀྱི་དཔའ་མོ་དཔལ་ཐང་དུ་དམག་སྨར་བཅས་ནས་སྟོད་ཧོར་གྱི་དམག་དཔུང་འགོག་སྲུང་བྱས་པར་གྲགས། འོན་ཀྱང་ལོ་དེར་མངའ་རིས་ནུབ་བྱང་ཕྱོགས་སུ་ཁ་བ་ཆེན་པོ་སྔར་མ་གྲགས་པ་ཞིག་བབས་པར་བརྟེན། སྟོད་

ཧོར་གྱི་དམག་ཁྲི་གསུམ་ཙམ་གངས་ཕྱུར་འོག་ཚུད་སྐད་བཅས་གང་ལྟར་དམག་ལམ་འགག་ནས་བོད་དུ་འོང་མ་ཐུབ་པར་སྣང་།

དེ་ལྟར་ས་འབྲིའི་འཐབ་འཁྲུག་གི་ལོ་ལང་དེས་བོད་དབུས་གཙང་ཡོངས་ལ་ཟྲིང་ཟོང་ཆེན་པོ་བྱུང་བར་བརྟེན། ཡོན་གོང་མ་སེ་ཆེན་གྱིས་རྒྱལ་སྲས་ཐེ་མུར་རྡོ་ཁས་སྡེ་ཁྲིད་པའི་ཧོར་དང་། མདོ་སྟོད་སྨད་ཀྱི་དམག་དཔུང་གཏོས་ཆེ་ཞིག་བོད་དུ་མངགས་པ་དང་། དུས་མཚུངས་ས་སྐྱའི་དཔོན་ཆེན་ཨག་ལེན་གྱིས་ཀྱང་དབུས་གཙང་གི་ཁྲལ་དམག་དཔོན་ཆེན་ཁྲིད་དེ་མཉམ་རུབ་ཀྱིས། སྤྱི་ལོ་༡༢༩༠ བོད་རབ་བྱུང་ལྔ་པའི་ལྕགས་སྟག་ལོར་འབྲི་གུང་པར་དམག་བརྒྱབ་སྟེ། འབྲི་གུང་ཐེལ་གྱི་ལྷ་ཁང་ཆེན་མོ་མེར་བསྲེགས་པ་དང་། སྐུ་སེར་བསྡོམས་པའི་མི་གྲངས་ཁྲི་གཅིག་ལྷག་ཙམ་གྱི་སྲོག་ཤོར་སྐད་འདུག་ཅིང་། སྐབས་དེའི་འབྲི་གུང་གི་གདན་ས་འཛིན་པ་སྟོབས་རྗེ་ཡེ་ཤེས་ཀྱིས་འབྲི་གུང་བཅུ་གཉིས་རིན་པོ་ཆེ་རྡོ་རྗེ་རིན་ཆེན་དགུང་ལོ་ལྔ་པ་བཅས་འཁྲིད་ནས་ཞལ་ངོ་དང་བཅས་ཀོང་པོའི་རོང་དུ་བྲོས་བྱོལ་ལ་ཐེབས་དགོས་བྱུང་། དཔོན་ཆེན་ཨག་ལེན་གྱིས་འཕྲོ་དམག་འདེད་བཞིན་ཀོང་པོ་བར་ཕྱིན། འབྲི་གུང་པའི་མི་སྡེ་དང་ས་རིས་མང་པོ་ཡང་ས་སྐྱ་པས་བླངས་པར་གྲགས།

དེ་རྗེས་ཀྱི་གནས་ཚུལ་ཐད《འབྲི་གུང་གདན་རབས་གསེར་ཕྲེང་》ལྟར་ན་འབྲི་གུང་གི་བླ་མ་གཙོ་བོ་རྣམས་ཀོང་པོར་ལོ་གསུམ་ཙམ་རིང་བཞུགས་པ་དང་། དེ་དུས་ཙ་རི་ཏྲའི་རི་པ་ནག་པོ་ཞེས་པའི་དཔའ་བརྟུལ་ཅན་ཞིག་གིས་བྲོས་དམག་རྣམས་བསྡུས་ནས་རྒྱ་བོད་ཀྱི་ལམ་བར་དུ་འཕྲོག་གསོད་སོགས་བྱས་པ་མ་ཟད། སེ་ཆེན་གོང་མར་ཡུས་ཤགས་ཀྱི་ཡི་གེ་ཕུལ་བ་དང་། སྟོད་ཧོར་གྱིས་ཀྱང་བོད་ཀྱི་ས་མཚམས་སུ་ཟིང་གནོད་བྱེད་པ་ལ་སོགས་བྱུང་ཚུལ་དང་། དེར་

བརྟེན་བླ་མ་འཕགས་པའི་མཆོད་དཔོན་གྲགས་པ་འོད་ཟེར་སྟོན་དུ་འཕགས་པའི་གདུང་རུས་འབུལ་བར་གོང་དུ་ཕེབས་ནས། གོང་མའི་ཧི་ཤྲི་མཛད་མུས་ཡིན་པ་དེས་ས་འབྲི་བདེ་འཇགས་ཡོང་བའི་ཞུ་བ་གནང་བ་བཅས་བརྒྱུད། གོང་མས་འབྲི་གུང་པར་གུན་གསལ་གྱི་གནང་སྦྱིན་ནོར་རྫས་དཔག་ཏུ་མེད་པ་བསྩལ་ཐོག དབུས་གཙང་གི་ཁྲི་སྐོར་གཅིག་ཡོངས་པའི་མི་སྡེ་བདག་ཏུ་བཅུག་སྟེ། འབྲི་གུང་གི་དགོན་པ་སླར་གསོ་བྱེད་དགོས་པའི་ལུང་དང་། ནང་འགག་པ་ཡེ་ཤེས་དཔལ་ལ་སྟག་མགོ་ཐམ་ག་དང་སྒོམ་པའི་འཛའ་ས་གནང་ནས་འབྲི་གུང་གི་ཁྲི་དཔོན①དུ་བསྐོས་པ་དང་། དེ་ནས་བཅུ་གཉིས་པ་རྡོ་རྗེ་རིན་ཆེན་དགུང་ལོ་བཅུ་དགུར་སོན་སྐབས་འབྲི་གུང་གི་གདན་སར་ཕེབས་ཤིང་། ལོ་དེར་དགོན་པ་ལྷ་ཁང་རྣམས་ཀྱང་སླར་གསོ་ཕལ་ཆེར་གྲུབ་ནས་ཆོས་ཕྱོགས་ཀྱི་གནང་སྒོ་སྤྱར་ལྷར་ཚུགས་པ་བཅས་ས་འབྲིའི་འཐབ་འཁྲུག་ཞི་འཇགས་སུ་གྱུར་ཚུལ་འཁོད་ཡོད།

མདོར་ན་འབྲི་གུང་གླིང་ལོག་གི་དོན་རྐྱེན་དེའི་ཐོག་ནས་ང་ཚོས་གསལ་པོ་མཐོང་ཐུབ་པ་ནི། གལ་སྲིད་ཡོན་གོང་མའི་སྲུང་སྐྱོབ་དང་རྒྱབ་སྐྱོར་མེད་པ་

① རབ་བྱུང་ལྔ་པའི་ས་འབྲུག（སྤྱི་ལོ་༡༢༦༨）ལོར་ཡོན་རྒྱལ་རབས་ཀྱི་གོང་མ་ཧུ་པི་ལི་སེ་ཆེན་ཧན་གྱིས་མངགས་པའི་གསེར་ཡིག་པ་ཨ་ཀོན་དང་། མི་གླིང་གཉིས་བོད་དུ་འཛོར། དབུས་གཙང་ཡོངས་ལ་དུད་གྲངས་ཞིབ་བཤེར་བྱས། དེ་ནས་ལོ་ངོ་ལྔ་སོང་བ་རབ་བྱུང་ལྔ་པའི་ཆུ་སྦྲུལ（སྤྱི་ལོ་༡༢༧༣）ལོར་དབུས་གཙང་ཡོངས་ལ་གོང་གསལ་གྱི་དུད་གྲངས་གཞིར་བཟུང་ནས་ཁྲི་སྐོར་བཅུ་གསུམ་དུ་ཕྱེ་ནས་ཐུ་པོ་ཤོན་ཤུའི་སི་ཏུའུ་ཡོན་རྗེའི་སྦྲ་ཟེར་བའི་སྲིད་འཛིན་དོ་དམ་ས་ཁུལ་བཙུགས་ཏེ་བོད་ཀྱི་ཁྲི་སྐོར་སོ་སོར་ཁྲི་དཔོན་རེ་བསྐོས་པ་ཡིན།

ཡིན་ནོ། སྐབས་དེར་ས་སྐྱ་བས་བོད་ཆོལ་ཁ་གསུམ་①བདག་སྐྱོང་གཙང་མར་བྱ་རྒྱུ་ལྟ་ཞོག དབུས་གཙང་ཁྲི་སྐོར་བཅུ་གསུམ་②ཡའང་ཁ་ལོ་སྒྱུར་ཐུབ་ཐབས་མེད་པ་དེ་ལོ་རྒྱུས་ཀྱི་དོན་དངོས་ཐོག་ནས་ཤེས་ཐུབ་པ་ཡིན།

## གཉིས་པ། དབུ་སྟོད་ཞྭ་ལྷ་ཁང་སོགས་ཡུལ་དེའི་མངའ་ཁོངས་སུ་ཆགས་པའི་དགོན་པ་དང་ལྷ་ཁང་གལ་ཆེ་ཁག་གི་སྐོར།

### གཅིག དབུ་སྟོད་ཞྭ་ལྷ་ཁང་།

ཞྭ་ལྷ་ཁང་ལ་དབུ་སྟོད་ཞྭ་ལྷ་ཁང་ཡང་ཟེར་ཞིང་། དེ་ནི་ཉི་མ་ལྷུང་རྫ་ཤིང་སྤྲང་མདའ་སྨད་གྲོང་ཚོར་གནས་ཡོད་པ་དང་། དེར་ལོ་ངོ་༡༣༠༠ལྷག་གི་ལོ་རྒྱུས་ལྡན་ཡོད། ལྷ་ཁང་གི་ད་ལྟའི་རྒྱ་ཁྱོན་ལ་སྤྱི་ཁྲི་གྲུ་བཞི་མ་༡༥༨༠ཟིན། དེ་ཡང་ཐོག་མར་སྤྱི་ལོའི་དུས་རབས་བརྒྱད་པའི་ནང་བཙན་པོ་ཁྲི་སྲོང་ལྡེ་བཙན་གྱི་བླའི་མཆོད་གནས་པཎ་ཆེན་བི་མ་ལ་མི་ཏྲའི་དངོས་སློབ་མྱང་ཏིང་ངེ་འཛིན་བཟང་པོས་ཕྱག་བཏབ་ཅིང་། ཞྭ་ཞེས་པའི་མཚན་མིང་ཐོབ་པའི་རྒྱུ་མཚན་ཡང་སྔོན་པཎ་ཆེན་བི་མ་ལ་མི་ཏྲ་རྒྱ་ནག་ཏུ་ཕེབས་ནས་ལོ་ལྔ་བཅུ་སོང་བའི་སྐབས། མྱང་ཏིང་འཛིན་བཟང་པོས་དམ་ཅན་རྡོ་རྗེ་ལེགས་པ་བྲན་དུ་བཀོལ་ནས་གཙུག་ལག་ཁང་བཞེངས་པར་བརྩམས་པ་ན། རྡོར་ལེགས་ཀྱིས་མདོ་ཁམས་སུ་སེར་བ་

---

① མངའ་རིས་གུང་ཐང་ནས་སོག་ལ་སྐྱ་བོ་ཡན་དབུས་གཙང་ཆོས་ཀྱི་ཆོལ་ཁ་དང་། སོག་ལ་སྐྱ་བོ་ནས་རྨ་ཆུ་ཁུག་པ་ཡན་མདོ་སྟོད་མིའི་ཆོལ་ཁ། རྨ་ཆུ་ཁུག་པ་ནས་མཆོད་རྟེན་དཀར་པོ་ཡན་མདོ་སྨད་རྟའི་ཆོལ་ཁ་སྟེ་གསུམ་མོ།

② འགྲོ་མགོན་ཆོས་རྒྱལ་འཕགས་པས་སེ་ཆེན་རྒྱལ་པོའི་བཀའ་འབྲེལ་བཞིན་དབུས་གཙང་ལ་དབང་སྒྱུར་སྐབས་སུ་བཙུགས་པའི་ཁྲི་སྐོར་དྲུག རྒྱ་མ་དང་། འབྲི་གུང་། ཚལ་པ། ཐང་པོ་ཆེ། ཕག་མོ་གྲུ། གཡའ་བཟང་སྟེ་དབུས་ལ་ཁྲི་སྐོར་དྲུག དབུས་གཙང་གི་མཚམས་སུ་ཡར་འབྲོག་སྟག་ལུང་ཁྲི་སྐོར་གཅིག་སྟེ་ཁྲི་སྐོར་བཅུ་གསུམ།

ཕབ་སྟེ་འབྲུ་ཞ་མོང་གི་རྒྱབ་ཁལ་ལྔ་བརྒྱ་ཡོངས་པ་དྲངས། འཛམ་བུའི་གླིང་གི་དངོས་གྲུབ་བཅུད་ཐམས་ཅད་བསྡུས་པས་ཡོངས་ཤིག་ཟེར་བ་ན། མྱང་བན་ཆེན་པོས་རྫུ་འཕྲུལ་གྱིས་ཞྭ་ནམ་མཁའ་ལ་གཟེད་པས། རྫོར་ལེགས་ཀྱིས་ལན་གསུམ་བསྐངས་ཀྱང་མ་ཁེངས་པས་ཡུལ་འདིའི་ཡོངས་སྤྱོད་ཀྱི་རྟེན་འབྲེལ་ལ་ཅུང་ཟད་གཞར་ཟེར། སྔོད་ཀྱི་མིང་ལས་ཞྭ་ལྷ་ཁང་ཞེས་གྲགས་ཀྱང་དོན་ལ་དེ་བཞིན་གཤེགས་པ་ཉིད་ཀྱི་སྣང་ཏུ་ལུང་བསྟན་ལས། བྱང་ཕྱོགས་སུ་ཡུལ་ཤེ་སྔ་ཞྭ་ཞེས་བྱ་བའི་ས་འོག་ནས་དེ་བཞིན་གཤེགས་པའི་གཟུགས་བརྙན་བྱུང་ནས་ཡུལ་གྱི་ས་མཚམས་སྲུང་བར་བྱེད་དོ། ཞེས་ལུང་བསྟན་པ་ལྟར་ཡུལ་དེའི་ཉེ་ཡོག་ཤེ་སྔ་ཞྭ་ཞེས་པ་ནས་ཉང་བན་ཉིད་ཀྱིས་ཐུབ་དབང་བྱང་ཆུབ་ཤིང་དྲུང་མ་གཏེར་ནས་བཞེས་པ་སྙིང་ཁང་གི་ནང་རྟེན་དུ་བཞུགས་པ་ན་ཞྭ་ལྷ་ཁང་ཞེས་ཐོགས། ས་མཚམས་སྲུང་ཞེས་པ་ནི་དབུས་སྟོད་འདི་དབུས་གཙང་རུ་བཞིའི་ཟད་མཐའ་ལ་ཉེ་བས་ཡིན་པས་སོ། ཁྱད་པར་ཡུལ་ཕྱོགས་འདི་མལ་གྲོ་གཟི་ཅན་གྱིས་དབང་དུ་བྱས་ཤིང་། བོད་ཁམས་སྤྱི་ལ་གནོད་གདུག་ཆེ་བས། དེའི་ཁ་གནོན་དུ་གཟི་ཅན་གནས་པའི་མཚོ་གཉན་སྟེང་དུ། ཕྲ་མེན་མཆོད་རྟེན་དྲག་ཤུལ་མཐོན་སྤྱོད་ཀྱི་བཅའ་ཅན་ཤིན་ཏུ་བཀའ་གཉན་པ་བཞེངས། ཆོས་སྐྱོང་མ་གཟའ་རྡོར་གསུམ་དངོས་སུ་བཞུགས་ཀྱང་། ཆུ་སྲུར་གྱི་མིག་ཅན་ལ་ལྡེར་སོ་ཙམ་ལས་མི་མངོན་པའི་མགོན་ཁང་ཤིན་ཏུ་གཉན་པ་དང་། ཕྱི་རོལ་ལྷོ་ཕྱོགས་སུ་ས་རྗེ་ལས་བང་སོའི་རྣམ་པ་ཅན་འདིར་རྫུ་འཕྲུལ་གྱི་ཞྭ་དེ་ཉིད་བཞུགས་པས། བསྐོར་བ་བྱས་པ་དག་ལའང་སྟེང་གདོན་གྱི་གནོད་པ་མི་འབྱུང་བའི་བྱིན་རླབས་ཅན་རྣམས་གནས་རྙིང་དངོས་བསྟན་ཡིན་ལ། དེ་ལྟ་བུའི་བདག་པོའི་རྒྱེན་དུ་གྱུར་པ་མྱང་ཏིང་འཛིན་བཟང་པོ་དེ་ཉིད་ཀྱིས་བསྟན་པ་ལ་བྱ་བ་ཆེན་པོ་དང་།

བོད་འབངས་བདེ་བའི་ཐབས་མཛད་དེ་ལྷ་ས་བྲག་ལྷའི་ཕུག་ཏུ་འཇའ་ལུས་སུ་གཤེགས། སྦྱང་བན་གཤེགས་ནས་ལོ་བརྒྱ་སོང་བ་ན་ཞྭའི་གནས་བརྟན་ལྷང་མ་ལྷུན་རྒྱལ་ལ་རྡོ་རྗེ་ལེགས་པས་ལུང་བསྟན་ནས་གཏེར་བྱུང་། རིམ་བཞིན་བགྲང་བྱའི་ཁྱུར་བཙྫགས་པས་གཙུག་ལག་ཁང་ཉམས་ཞིག་ཆེན་པོར་གྱུར་པ་ན། དུས་རབས་བཅུ་བཞི་པའི་ནང་སློབ་དཔོན་བི་མ་ལའི་དངོས་སྤྲུལ་གངས་རིའི་ཁྲོད་ཙམ་ན། རང་གཞན་གྱི་གྲུབ་མཐའ་རྒྱ་མཚོའི་ཕ་རོལ་ཏུ་སོན་པ་ཀློང་ཆེན་རབ་འབྱམས་གངས་རི་ཐོད་དཀར་དུ་བཞུགས་དུས། བི་མ་ལས་ཞལ་གཟིགས་ཏེ། དབུ་རུ་ཞྭའི་ལྷ་ཁང་འདི་ཉིད་ལ་ཞིག་གསོས་དགོས་པ་ལུང་བསྟན་པ་བཞིན་མཛད་པའི་ཚེ། རྡོ་རིང་གཉིས་འགྱེལ་ཞིང་། དེའི་འོག་གི་དམ་སྲིའི་མནན་ཐོད་ཀྱང་ནམ་མཁའ་ལ་ཡར་བལྡ་སྟངས་ཀྱིས་བཀུག་སྟེ་དེ་ཉིད་དུ་མནན། རྡོ་རིང་འགྱེལ་བ་ཐབས་གང་གིས་ཀྱང་སློང་མི་ཐུབ་པའི་ཚེ། ཐུགས་འཕུར་བའི་ཚུལ་གྱིས་སྐུ་ཆོས་བརྡབས། ལྟ་བ་བསམ་གྱིས་མི་ཁྱབ་པའི་བརྟུལ་ཞུགས་སྐྱེད་པའི་ཚེ། ཐུབ་དབང་། བྱམས་པ། འཇམ་དབྱངས་སོགས་སངས་རྒྱས་དང་བྱང་ཆུབ་སེམས་དཔའ་མང་པོས་ཞལ་གཟིགས། ཁྱོད་དེ་བཞིན་གཤེགས་པ་རི་རབ་མར་མེའི་རྒྱལ་མཚན་ཞེས་བྱ་བར་འཚང་རྒྱ་བར་ལུང་བསྟན་པའི་མོད་ལ་རྡོ་རིང་གཉིས་ཀྱང་དཀའ་བ་མེད་པར་བསླངས། དབུ་རྩེའི་རྒྱབ་ན་གསེར་མང་པོ་སྦང་བ་ལས་འགུག་རྩེ་གང་བཙུས་ཏེ་ལྷ་ཚོགས་རྣམས་ལ་གསེར་གསོལ་བ་དང་། རབ་གནས་མཐའ་རྒྱས་དང་བཅས་ལེགས་པར་མཛད། དེ་སྔ་ལྷ་ཁང་ནང་གི་བཞུགས་རྟེན་དང་བརྟེན་པར་བཅས་པ་ཇི་ལྟར་བཞུགས་ཚུལ་ནི། གཙང་ཁང་དབུ་མར་རྟེན་གཙོ་རྣམ་པར་སྣང་མཛད། ཉེ་བའི་སྲས་བརྒྱད། རྒྱ་སྐད་དུ་གི་ཀང་སྟེ་སྒོ་སྲུང་ཁྲ་བོ་གཉིས། གཙང་ཁང་སྟོར་སློབ་དཔོན་ཆེན་པོ། གཡས་

གཡོན་དུ་པཎ་ཆེན་བི་མ་ལ་དང་། སྦྱང་ཧྲིང་འཛིན་བཟང་པོ། ཆོས་རྒྱལ་ཁྲི་སྲོང་། བཻ་རོ་ཙ་ན། གཙང་ཁང་བྱང་དུ་རྗེན་གཙོ་ཐུབ་དབང་ཆོས་འཆད་མ། བྱམས་མགོན། འཇམ་དབྱངས། ཚངས་པ། བརྒྱ་བྱིན་བཅས་བཞུགས། མགོན་ཁང་སྟེང་ན་ནང་རྗེན་ཁྱད་པར་ཅན་ཐུབ་དབང་ལི་དམར་སྦྱང་བན་འཛིགས་བྱེད། མགོན་པོ་ཕྱག་དྲུག་པ། ཚེ་དཔག་མེད། མི་གཡོ་བ། རྟ་མགྲིན་ལྷུགས་རལ། ཁྱད་པར་རྒྱལ་བ་ཀློང་ཆེན་པའི་ཐུགས་དམ་རྗེན་གུར་མགོན་བྱིན་རླབས་ཆེ་བ་དང་གྲི་གུག བེང་། ལྷ་མོ་འདོད་ཁམས་མ། རྣམ་སྲས་གསེར་ཆེན་རྣམས་དང་། ཕྱིས་འབྱུང་འདུ་ཁང་དུ་རྒྱལ་བ་ཙོང་ཁ་པ་ཆེན་པོའི་སྐུ་དང་། ཇོ་འབྲོམ་གཉིས། གནས་བརྟུ་ལ་སོགས་པ་མངོན་སུམ་དུ་འགྲོ་བའི་མཆོད་སྡོང་ཆེན་པོར་བསྐྲུན་ཏོ། རིག་གནས་གསར་བརྗེའི་སྐབས་ས་རྫོའི་ཐང་པོར་སོང་བ་མ་ཟད། ལོ་རྒྱུས་རང་བཞིན་ལྡན་པའི་རྫོ་རིང་གཅིག་ཡོད་པ་དེ་ཡང་གཏོར་བརྒྱལ་ཆག་དུམ་དུ་བཏང་བ་རེད།

སྤྱི་ལོ་༡༩༨༤ལོར་གཙུག་ལག་ཁང་འདི་སྐྱར་གསོ་ཐུབ་ཕྱིར་རྣམ་དཀར་དགེ་བར་བརྩོན་པའི་ཡུལ་མི་ཁག་གཅིག་གིས་སྦྱིན་བདག་གནང་བ་དང་། མང་ཚོགས་ཀྱི་ཞལ་འདེབས་ཕུལ་བ་དགེ་སློང་དབང་རྒྱལ་དང་གྲྭ་པ་ཁག་གཅིག་གིས་ལྷ་ལྷན་གཞུང་ལ་སློང་མོར་ཕེབས་པ་སོགས་འབད་པ་རྣམ་དག་བྱས་མཐར། སྟེང་ཞོད་བསྡོམས་ཀ་བ་གྲངས་བརྒྱད་ཡོད་པའི་གཙུག་ལག་ཁང་འདི་སྐྱར་གསོ་གནང་ཐུབ་པ་དང་། དེའི་ཞོད་དུ་ཀློང་ཆེན་རབ་འབྱམས་པའི་འཇམ་སྐུ་དང་། བཀའ་སྲུང་གཙོ་བོ་མ་མོ་དང་། གཟའ་ཁྱབ་འཇུག དམ་ཅན་བཅས་ཀྱི་འཛིམ་སྐུ་མི་ཚད་ཙམ་གསར་བཞེངས་གནང་།

ཞྭ་ལྷ་ཁང་གི་སྒོ་འགྲམ་དུ་རྡོ་རིང་གཉིས་ཡོད་པ་ནི་བོད་ཀྱི་བཙན་པོ་ཁྲི་ལྡེ་

སྲོང་བཙན་（སད་ན་ལེགས་འཇིང་ཡོན་）གྱིས། རང་གི་ཆབ་སྲིད་བློན་པོ་ཆེན་པོ་བན་དེ་མྱང་ཏིང་ངེ་འཛིན་（མྱང་ཏིང་འཛིན་བཟང་པོ་）གྱི་བྱས་རྗེས་གཟེངས་སུ་བསྟོད་པའི་ཞལ་བཞེས་བཀའ་གཙིགས་སྤྱི་རྗེས་གཉིས་གནང་བའི་མདོ་དོན་རྡོ་རིང་དུ་བཀོད་པ་ཡིན། རྡོ་རིང་དང་པོ་དེ་ནི་སྤྱི་ལོ་༧༩༨ནས་༨༡༢བར་གྱི་ལོ་ལ་བཙུགས་པ་དང་། རྡོ་རིང་གཉིས་པ་དེ་ནི་སྤྱི་ལོ་༨༡༣ལོར་བཙུགས་པར་མངོན། བན་དེ་མྱང་ཏིང་ངེ་འཛིན་བཟང་པོ་ནི་ཆོས་ཕྱོགས་ནས་སྙན་གྲགས་ཆེ་བ་མ་ཟད། སྲིད་ཕྱོགས་ནས་ཁྲི་ལྡེ་སྲོང་གི་བློན་པོ་འཇོན་ཐང་ཅན་ཞིག་ཡིན། ཁོང་གིས་ཁྲི་ལྡེ་སྲོང་བཙན་སྐུ་ཆུང་ངུའི་དུས་སུ་ཡབ་ཡུམ་གྱི་ཚབ་བྱས་ཏེ་ལེགས་ཕྱོགས་ཀྱི་གསལ་འདེབས་ཞུ་བ་དང་། རྒྱལ་བློན་འབངས་བཅས་མཛའ་ཞིང་མཐུན་པ་སོགས་འཕྲུལ་ལུགས་གཉིས་ཀར་ཕན་པ་ཆེ་བའི་གྲོས་བརྗོད་ནས་ཟིང་ཆ་མེད་པར་བཟོས་པ་བཅས་ཀྱིས་གོང་འོག་ཀུན་གྱི་སྲོག་ཤིང་ལྟ་བུར་གྱུར་པར་བརྟེན། ཁྲི་ལྡེ་སྲོང་བཙན་ཁྲི་ལ་འཁོད་རྗེས་སྲིད་ཀྱི་བློན་པོ་ཆེན་པོར་བསྐོས་པའི་རྗེས་སུ་སྔར་ལས་ལྷག་པར་བྱ་བ་བཟང་པོ་ཤ་སྟག་བསྒྲུབས་པ་བཅས་ཐོག་མཐའ་བར་གསུམ་དུ་བཙན་པོར་ལྷག་བསམ་དག་ཅིང་བྱས་རྗེས་ཆེན་པོ་བཞག་ཡོད་པ་རེད། དེར་བརྟེན་ཁྲི་ལྡེ་སྲོང་བཙན་གྱིས་བན་དེ་མྱང་ཏིང་ངེ་འཛིན་བཟང་པོར་བྱས་རྗེས་དྲིན་གསོ་བྱེད་ཕྱིར་བཀའ་གཙིགས་ཐེངས་གཉིས་གནང་ནས། ཁོང་གི་ཕ་མེས་རྒྱུད་ལ་བཙན་པོའི་གདུང་རྒྱུད་དང་བཅས་པས་དྲིན་གྱིས་བསྐྱངས་ཤིང་ལྟ་རྟོག་བྱེད་རྒྱུའི་ཞལ་བཞེས་གནང་བ་རེད། རྡོ་རིང་གཉིས་ཀ་བན་དེ་མྱང་ཏིང་འཛིན་བཟང་པོར་ཞལ་བཞེས་བཀའ་གཙིགས་གནང་བ་ཆ་འདྲ་ཡང་། རྡོ་རིང་སྔ་མའི་ནང་དོན་ཅུང་རྒྱས་པ་དང་། ཕྱི་མ་དེ་ནི་སྔ་མའི་ནང་དོན་ལ་ཁ་སྐོང་མཛད་པ་ཞིག་རེད། རྡོ་རིང་སྔ་མ་དེར་

བན་དེ་སྤྱང་ཧིང་འཛིན་བཟང་པོའི་མེས་པོ་རྣང་བཟང་འདུས་ཀོང་གི་བུ་ཚ་རྒྱུད་བཅས་ལ་བཙན་པོ་གདུང་རབས་རིམ་བརྒྱུད་ནས་ལྷ་རྟོག་གཟིགས་བསྐྱངས་ཀྱིས། པོ་ཚོའི་ནང་ནས་འཛིན་ཐང་ཆེ་བ་གཅིག་ཞབས་འབྲིང་དུ་བཙུག་ནས་རང་གི་ནུས་པ་དང་བསྟུན་པའི་ཞབས་འདེགས་སྒྲུབ་ཏུ་བཙུག་པ། དུས་རྟག་ཏུ་གོང་ནས་འགོ་འདོན་མཛད་དེ་བཙན་པོར་རྒྱབ་གཏོད་བྱས་པ་ལ་སོགས་པའི་ཉེས་འཛོལ་བྱུང་བའི་ཚེ། ཉེས་ཅན་དེ་རང་ལ་ཆད་པ་གཅོད་པ་ལས་གཉེན་ཉེ་གཞན་ལ་ལེ་ཁག་མི་དགྲི་བ་དང་ཁེ་དབང་གཞུང་བཞེས་མི་མཛད་པ་སོགས་ཀྱི་ནང་དོན་འཁོད་ཡོད་པ་དང་། རྡོ་རིང་གཉིས་པ་དེའི་ནང་དུ་སྣར་ཡང་སྣོན་རྣང་བཟང་འདུས་ཀོང་གི་བུ་རྒྱུད་ཙམ་དུ་མ་ཟད། དེའི་གཉེན་ཚན་གཏོགས་པ་གཙང་དང་སྟོད་ལ་སོགས་པར་གནས་པའི་མི་སེར་ཐལ་པའང་ཞང་སྣོན་ཡི་གེ་པའི་ཐོབ་ཐང་གནང་རྒྱུ་དང་། གལ་ཏེ་ཉེས་པ་མེད་བཞིན་དུ་པོ་ཚོའི་དབང་ལ་གནོད་འཚེ་བྱེད་མི་བྱུང་ན་མཐོ་དམན་སུ་ཡིན་ལ་མ་ལྟོས་པར་ཆད་པ་གཅོད་རྒྱུ། རྣང་བཟང་འདུས་ཀོང་གི་བུ་ཚ་རྒྱུད་བཅས་ནམ་ཡང་བཙན་པོའི་ཆབ་འོག་ཏུ་བསྐྱངས་ཤིང་གཞན་གྱིས་དབང་ཡོད་བྱེད་དུ་མི་འཇུག་པ་བཅས་ཀྱི་ནང་དོན་ཁ་སྐོན་མཛད་ཡོད་པ་རེད། རྡོ་རིང་གཉིས་ཀྱི་ཡི་གེའི་ནང་དོན་ལས་ཁྲི་ལྡེ་སྲོང་བཙན་དུས་སྐབས་ཀྱི་ལོ་རྒྱུས་དང་། རྒྱལ་བློན་བར་གྱི་འབྲེལ་བ། དེ་བཞིན་བཙན་པོ་དེའི་གཅེན་པོ་མུ་ཏུག་བཙན་པོའི་ལོ་རྒྱུས་བཅས་ཀྱི་ཐད་དཔྱད་གཞི་མི་ཉུང་བ་བརྟན་ཡོད་པས་ལོ་རྒྱུས་དོན་སྙིང་ཆེན་པོ་ལྡན་ཡོད་པ་རེད།

## གཉིས། དགོན་པ་དང་ལྷ་ཁང་གལ་ཆེ་ཁག་གཅིག་གི་སྐོར།

### ༡ ཀླུང་ཤོད་སྤྱིལ་བུ་དགོན།

ཟ་(ཛེ་) ཞོལ་ཤང་ཀློ་གྲོང་སྨང་ཁོངས་སུ་ཡོད་པའི་ཀླུང་ཤོད་སྤྱིལ་བུ་

དགོན་ནི། དགེ་བཤེས་འཆད་ཁ་བའི་སློབ་མ་སེ་ཁྱུན་པ་ཆོས་ཀྱི་རྒྱལ་མཚན་གྱིས་ཕྱག་བཏབ། སེ་ཁྱུན་པ་ཆོས་ཀྱི་རྒྱལ་མཚན་ནི་གཉལ་སྟོད་དར་མ་སྒང་དུ་བོད་རབ་བྱུང་གཉིས་པའི་ལྕགས་མོ་གླང་(སྤྱི་ལོ་༡༡༢༡)ལོར་སྐུ་འཁྲུངས། སྔར་འཆད་ཁ་བ་ཆེན་པོས་ལུང་བསྟན་པ་བཞིན། བོད་རབ་བྱུང་གཉིས་པའི་ཤིང་སྦྲུལ་(སྤྱི་ལོ་༡༡༥༨)ལོར་ཤིང་སྦྲུལ་ལོར་འཆད་ཁ་གསར་མ་བཏབ། གླུང་ཤོད་དུ་སྤྱིལ་བུ་དགོན་བཏབ་སྟེ་རྣམ་གཡེངས་སྤངས་ནས། སྟོད་དུ་མཁར་གོང་ལ་ཁ་དང་། སྨད་དུ་ཞུང་ཞིང་སྒང་དུ་མཚམས་མཐོ་རྒྱབ་ནས་ལོ་བདུན་དུ་མཚམས་མི་འདའ་མཛད། འཆད་ཁ་བ་གཤེགས་རྗེས་མེ་སྦྲུལ་ནས་ས་ཁྱིའི་བར་དགོན་པ་གོང་འོག་ཏུ་ལོ་བཅུ་བཞི་བཞུགས་ཏེ། རང་ལོ་དྲུག་ཅུ་རྩ་དགུ་པ་རབ་བྱུང་གསུམ་པའི་ས་མོ་བྱའི་དབྱར་ཟླ་ར་བའི་ཚེས་བཅུ་གསུམ་(སྤྱི་ལོ་༡༡༨༩)ལ་སྤྱིལ་བུར་གཞི་བར་གཤེགས། བོད་ཀྱི་སྤྲུལ་སྐུ་རྣམ་གསུམ་གྲགས་ལོ་སེམས་དཔའ་རིན་པོ་ཆེ་སྐུ་ཕྲེང་རིམ་བྱོན་གསུམ་ཙམ་གྱིས་གདན་ས་སྐྱོང་གནང་མཛད་སྐྱོང་བ་དང་། སྔགས་གྲྭ་གཞིས་དགོན་ལྔ་ས་རྒྱུད་སྨད་གྲྭ་ཚང་དང་ཉེ་བ། གྲྭ་རྒྱུན་སློབ་གཉེར་གདན་ས་གསུམ་གང་རུང་དུ་ཕེབས་སྲོལ་ཡོད་ཐོག དགེ་ལུགས་པ་ཕྱག་བཞེད་མཛད་ཀྱི་ཡོད་པ་དང་། རྒྱལ་དབང་ལྔ་པའི་དུས་སུ་དགེ་འདུན་ཞལ་གྲངས་བཞི་བཅུ་ཞེ་བཞི་ཡོད་པ་《བེ་སེར་》ལས་གསལ། སྤྱི་ལོ་༡༩༨༥ལོར་ཉམས་གསོ་ཞུས།

## ༢ རབ་བརྟན་དགོན།

རྩ་(རྩེ་)ཞོལ་ཤང་གློ་གྲོང་སྒང་ཁོངས་སུ་ཡོད་ཅིང་། གླུང་ཤོད་སྤྱིལ་བུ་དགོན་ནས་བྱང་ཤར་དུ་སྤྱི་ལི་ལྷ་ཙམ་གྱི་སར་བཙུན་དགོན་འདི་མཇལ་རྒྱུ་ཡོད། གླུང་ཤོད་རབ་བརྟན་དགོན་དེ་ནི་བོད་རབ་བྱུང་བདུན་པའི་ས་ལུག་(སྤྱི་ལོ

༡༤༣༩ ) ལོར་ལོ་སེམས་དཔའ་བློ་གྲོས་རྒྱལ་མཚན་གྱིས་ཕྱག་བཏབ། རྗེ་འདི་ཉིད་དབུས་ཡུལ་ཆུམས་གྲོང་གསར་དུ་རབ་བྱུང་བདུན་པའི་ཆུ་སྤྲེལ་ ( སྤྱི་ལོ་ ༡༣༩༢ ) ལོར་སྐུ་འཁྲུངས། ཐང་སྐུའི་མཆོད་ཁང་གསར་མ་དང་ལྷུགས་ཟམ་བརྩིགས། ལྷ་སར་བྱམས་པ་ཁྲིམ་གཟིགས་བཞེངས། ན་བཟའ་དུར་སེར་དང་དཀར་ནག་སོགས་ཕྱི་ནང་གི་དཔྱད་པ་གཙང་བ་དང་བཅས་ཏེ་རབ་བརྒྱད་ན་སྡིངས་དགོན་དང་། རི་ཞོལ་དུ་བདེ་མོ་ཐང་གི་ཆོས་སྡེ་བཏབ་པས་བྱུང་སེམས་བདེ་མོ་ཐང་པར་ཡང་གྲགས། དགུང་གྲངས་དོན་དགུ་ལ་ཕེབས་པ་རབ་བྱུང་བརྒྱད་པའི་ལྕགས་སྟག་ ( སྤྱི་ལོ་ ༡༤༧༠ ) ལོའི་ཟླ་བརྒྱད་པའི་ཚེས་བཅུ་གཉིས་ལ་ཞི་བར་གཤེགས། དགོན་གནས་དེའི་རྟེན་གཙོ་དཔལ་ལྡན་ལྷ་མོ་ཡིན། སྤྱི་ལོ་ ༡༩༨༥ ལོར་གོང་རིམ་ནས་ཆོག་མཆན་གནང་བ་ལྟར་དེ་གའི་མང་ཚོགས་ཀྱིས་ཉམས་གསོ་ཞུས། དེ་རྗེས་སྤྱི་ལོ་ ༢༠༡༠ ལོར་གོང་རིམ་གྱི་ཆོག་མཆན་ལྟར་སླར་ཡང་ཉམས་གསོ་གནང་། ད་ལྟ་བཙུན་མ་ ༢༩ ཙམ་ཡོད་པ་དང་རྒྱུན་དུ་དགེ་ལུགས་པ་ཕྱག་བཞེད་མཛད་བཞིན་ཡོད།

༣ ཁྲི་སྟག་དགོན།

 རྩ་ཞོལ་ཁོངས་ཕྱི་ནང་གྲོང་ཚོའི་ཁྲི་སྟག་དགོན། འབྲི་གུང་སྐྱོབ་པ་ཆོས་ཀྱི་རྒྱལ་པོས་ཕྱག་བཏབ་གནང་ཞིང་། ཕྱིས་དགའ་ལྡན་ཁྲི་ཐོག་རེ་དགུ་པ་བྱང་ཆུབ་ཆོས་འཕེལ་གྱིས་དགེ་ལུགས་སུ་བསྒྱུར། རྟེན་གཙོ་ནི་ཐུབ་པའི་སྐུ་དང་རྟེན་སྲུང་མགོན་པོ་ཕྱག་དྲུག་ཡིན། རིག་གསར་སྐབས་རྩ་འཐོར་སོང་ཡང་སྤྱི་ལོ་ ༡༩༨༢ ལོར་སྟར་གྱི་དགེ་འདུན་ཐུབ་བསྟན་ལགས་ནས་ཉམས་གསོ་གནང་། དགེ་ལུགས་པ་ཕྱག་བཞེད་མཛད་ཀྱི་ཡོད།

༤ གླུང་ཤོད་བྱམས་པ་གླིང་།

ཙ་ཞོལ་ཁོངས་ཕྱི་ནང་གྲོང་ཚོར་གནས་པའི་གླུང་ཤོད་བྱམས་པ་གླིང་ནི། བོད་རབ་བྱུང་བཅུ་པ་ལྕགས་སྦྲུལ（སྤྱི་ལོ་༡༥༨༡）ལོར་བྲུང་ཚུལ་བཀྲས་པ་དང་དཔལ་འབྱོར་པས་ཕྱག་བཏབ་པ་དང་། རྟེན་གཙོ་རྒྱལ་བ་བྱམས་པ་དང་ཀུན་དགའ་དོན་གྲུབ་ཀྱི་སྐུ་བརྙན་ཡིན་ལ། རྒྱལ་དབང་ལྔ་པའི་དུས་སུ་དགོན་སྡེ་དེར་དགེ་འདུན་ཞལ་གྲངས་ལྔ་བཅུ་སྐོར་ཡོད་པ་དང་། གྲྭ་རྒྱུན་སློབ་གཉེར་དགའ་ལྡན་ཉག་རོང་དང་། བྲག་དབར། ལྷ་ས་རྒྱུད་སྟོད་བཅས་པར་ཕེབས་སྲོལ་ཡོད། སྤྱི་ལོ་༡༩༨༩ལོར་ཉམས་གསོ་ཞུས། དགེ་ལུགས་པ་ཕྱག་བཞེད་མཛད་ཀྱི་ཡོད།

## ༥ ཙ་བ་ལྷ་ཁང་།

འབྲི་གུང་བླ་བྲང་གི་ཁོངས་ཙ་རྫོང་མཐིལ་གསུམ་ཞེས་པའི་ཡ་གྱུལ་ཙ（རྩེ་）ཞོལ་ཤང་ཁོངས་སུ་ཡོད་པའི་ཙ་བ་ལྷ་ཁང་ནི་བཙན་པོ་ཁྲི་སྲོང་ལྡེ་བཙན་གྱི་སྲས་ཆུང་བ་སད་ན་ལེགས་འཛིང་ཡོན་གྱི་སྐུ་དུས་སུ་བཞེངས་པའི་ལྷ་ཁང་ཞིག་ཡིན་སྐད། ཡང་དེ་ཁུལ་གྱི་བགྲེས་སྒྲོང་འགའ་ཞིག་ནས་དེ་ནི་སྐར་ཆུང་རྡོ་རྗེ་དབྱིངས་ཀྱི་ལྷ་ཁང་ཡིན་སྐོར་དཀར་ཆག་ཏུ་གསལ་ཚུལ་གསུངས་རྒྱུ་འདུག། དེ་ཡང་རྒྱལ་པོ་བཀའ་ཐང་ལས། རྗེས་ལ་དབུ་རུ་གླུང་ཤོད་གཙུག་ལག་ཁང་༔སྐར་མ་གཅིག་གི་རྒྱ་ཕྱོན་དཔེ་རུ་བླངས༔ སྐར་ཆུང་རྡོ་རྗེ་དབྱིངས་ཀྱི་དཀྱིལ་འཁོར་བཞེངས༔ དབུས་ཀྱི་ལྟེ་བ་རྒྱལ་ཁང་བཟོ་ཐོན་ལ༔ ཕྱོགས་མཚམས་བརྒྱད་དུ་བཀའ་རྟགས་མཆོད་རྟེན་བཞེངས༔ བརྩེགས་ཀྱི་རྡོ་རིང་ལ་སོགས་གཙུག་ལག་ཁང་༔ སྟོང་སྡེའི་མི་བྲན་ས་རྡོ་ཤིང་གཤོག་དང་༔ ཕྱོགས་རེ་དག་ནས་བཟོ་བོ་བརྒྱ་བརྒྱ་ཡིས༔ རྡོ་ཡི་རྨང་བཏིངས་ཤིང་དང་འདམ་བག་བརྩིགས༔ ཞེས་ལྷ་སྲས་མུ་ཏིག་བཙན་པོས་བཞེངས་པའི་སྐར་ཆུང་རྡོ་རྗེ་

དབྱིངས་ཀྱི་ཕོ་བྲང་ཡིན་པ་ནི། གཞུ་སྟོད་ཏི་སྒྲོའི་གནས་ཡིག་དྲག་པོའི་གནས་ཀྱི་ཡི་གེ་བསྡུས་པ་ཞེས་པའི་ནང་། ཨོ་རྒྱན་པདྨ་འབྱུང་གནས་ཀྱི་གཏེར་ཁ་ལས། ལྷ་སྲུས་འཛིང་ཡོན་གྱི་ཟིན་བྲིས་སུ་དབུས་སྟོད་རྩེ་བ་དཀར་ཆུང་ཕོ་བྲང་དུ་བགྲིས་པའོ། ཞེས་གྱང་གསལ་ལོ། ཕོ་བྲང་དེ་ཉིད་འབྲི་གུང་གདན་རབས་བཅུ་དྲུག་པ་རིན་ཆེན་ཕུན་ཚོགས་ཀྱིས་སྤྱི་ལོ་༡༥༥༩ གཡས་གཡོན་དུ་བདག་གིར་མཛད་དེ་ཉམས་གསོ་རྒྱས་པ་གནང་སྟེ། འབྲི་གུང་དགོན་སྡེ་རྣམས་ཀྱི་ཕྱི་མོའི་གྲས་སུ་གྱུར། ཐོག་བརྩེགས་བཞི་ལྡན་གྱི་ལྷ་ཁང་དེའི་རྟེན་གཙོ་ཇོ་བོ་རྗེས་གདན་དྲངས་པའི་སྟར་ཐུབ་པ་རྒྱལ་པོའི་ཁབ་ཏུ་བཞུགས་སྐབས་ཀྱི་སྐུ་བརྙན་རྒྱལ་པོ་དོན་གྲུབ་ཅེས་སྟོན་པ་ཤཱཀྱ་ཐུབ་པ་དགུང་ལོ་གསུམ་གྱི་སྐུ་ཚད་དུ་གྲགས་པ་ཛཱ་གིམ་གྱི་སྟོན་པ་ལུང་སྐུའི་ཆ་བྱད་འཛིན་པའི་སྐུ་བརྙན་སོགས་རྟེན་གསུམ་དཔག་མེད་བཞུགས་ཤིང་། རིག་གནས་གསར་བརྗེ་སྐབས་ལྷ་ཁང་རྨང་ནས་བཤིག་དུས་ས་འོག་ནས་རྡུལ་ཚོན་གྱི་དཀྱིལ་འཁོར་ཞིག་ཐོན་པ་སོགས་བྱུང་། སྤྱི་ལོ་༡༩༨༥ལོ་ལྷ་ཁང་ཆུང་ངུ་ཞིག་ཉམས་གསོ་ཞུས་པའི་རྟེན་གཙོར་དེ་སྔའི་རྟེན་གཙོ་རྒྱལ་པོ་དོན་གྲུབ་ཀྱི་སྐུའི་དུམ་བུ་ཞིག་ནང་བཞུགས་ཀྱི་འཛིམ་སྐུ་སོགས་བཞེངས་ཡོད་པ་དང་། དགེ་ལུགས་པ་ཕྱག་བཞེད་མཛད་ཀྱི་ཡོད། རྩ་བ་དགོན་པ་ནས་ཤར་ཕྱོགས་ཀྱི་ལམ་འཕྲེང་ཞིག་གི་སྟེང་དུ་མཆོད་རྟེན་ཆེན་པོ་ཞིག་ཡོད་པ་དེའི་ནང་བྱང་སེམས་ཀྱི་རིང་བསྲེལ་ཡོད་པས། དེ་གར་བསྐོར་བ་བརྒྱབ་ན་གཟའ་གྲིབ་ཀྱི་ནད་སོགས་ལ་ཕན་ཚུལ་བརྗོད་སྲོལ་ཡོད་པས་བསྐོར་བ་རྒྱག་མཁན་མང་པོ་ཡོད།

## ༥ ཐྲ་བ་ཁ་དགོན།

འབྲི་གུང་རྩ་（རྩེ་）ཞོལ་ཤར་མཐའ་རྒྱས་གྲོང་ཚོའི་ཐྲ་བ་ཁ་དགོན་འདི་

ཉིད། བོད་རབ་བྱུང་བརྒྱད་པ་ས་ཕོ་སྤྲེལ་( སྤྱི་ལོ་༡༩༨༨ ) ལོར་ཀཱ་སྐུ་ཕྲེང་བདུན་པ་ཆོས་གྲགས་རྒྱ་མཚོས་ཕྱག་བཏབ་གནང་བ་དང་། འབྲི་གུང་གདན་རབས་བཅུ་གཉིས་བདག་པོ་ཞང་ངམ་རིན་ཆེན་དཔང་རྒྱལ་སྐབས་སུ། འབྲི་གུང་པའི་སྙིང་པོའི་དོན་རྒྱུད་ཙམ་མ་གཏོགས་འཆད་ཉན་སོགས་ཆོས་བརྒྱུད་ཕལ་ཆེར་ཆད་ལ་ཉེ་བ་དེ་གསོ་བའི་ཕྱིར་དམ་སེལ་མེད་པའི་བླ་མ་བསྟེན་ནས་དབང་ལུང་ཞུས། རྗེན་གསུམ་རམ་འབྱམས་བཞེངས་པའི་རབ་གནས་སོགས་སུ་ཀཱ་ཆོས་གྲགས་རྒྱ་མཚོ་གདན་དྲངས་ནས་བསྟན་པ་ཡོངས་སུ་གསོ་བར་མཛད་ཅིང་། ཕྲ་བ་ཁའི་སྒྲུབ་སྡེ་ཞེས་ཕྱག་བཏབ་པའོ། སྤྱི་ལོ་༡༩༨༩ལོར་ཉམས་གསོ་ཞུས།

དགོན་འདི་དང་ཉེ་བའི་སར་ཆོས་ཁང་འོག་ལྷ་ཁང་ཞེས་པ་ཞིག་མཇལ་རྒྱུ་ཡོད་ཅིང་། ཕྱག་འདེབས་མཁན་དང་འདེབས་ལོ་སོགས་གསལ་བའི་ཡིག་ཆ་བསྙལ་རྙེད་མ་བྱུང་། རྗེན་གཙོ་ཐུབ་དབང་ཡིན། སྤྱི་ལོ་༡༩༨༩ལོར་འདི་གའི་མང་ཚོགས་ཀྱིས་འགྲོ་གྲོན་བཏང་ནས་ཉམས་གསོ་ཞུས།

༧ མགར་དམ་དགོན།

མལ་གྲོ་གུང་དཀར་རྫོང་རྩ་( རྩེ་ ) ཞོལ་ཤང་མི་ལོག་གྲོང་ཚོའི་མགར་དམ་དགོན་ནི། འབྲི་གུང་སྐྱོབ་པ་འཇིག་རྟེན་གསུམ་མགོན་གྱི་ཐུགས་སྲས་གསུམ་གྱི་ཡ་གྱལ་མགར་དམ་པ་ཆོས་སྡིང་པས་དུས་རབས་བཅུ་གཉིས་པའི་ནང་ཕྱག་བཏབ། སྤྱི་ལོ་༡༩༨༩ལོར་ཉམས་གསོ་ཞུས། བཀའ་བརྒྱུད་པ་ཕྱག་བཞེད་མཛད་ཀྱི་ཡོད།

གཞན་ཡང་མི་ལོག་གྲོང་ཚོའི་ནུབ་ངོས་སུ་འབྲི་གུང་གཏེར་སྒྲོམ་གྱི་ནུབ་ཀྱི་སྒོ་སྲུང་ཟུར་རེ་བྲག་དཀར་ཞེས་པ་དེ་ཡོད།

༨ དབྱི་བོ་དགོན།

རྩ་ཞོལ་གད་ཤོང་ས་དབྱེ་བོ་དགོན་ནི། འཇམ་དབྱངས་ཤཱཀྱ་རིན་ཆེན་པས་ཕྱག་བཏབ་ཅིང་། སྟགས་གྲྭ་གཞིས་དགོན་ལྔ་ས་རྒྱུད་སྟོད་དང་ཉེ་བ། གྲྭ་རྒྱུན་སློབ་གཉེར་སྒོ་མང་། སེ་ར་སྨད། ཤང་རོང་རྣམས་སུ་ཕེབས་སྲོལ་ཡོད་ཐོག དེ་སྟ་དགེ་འདུན་ཞལ་གྲངས་ཉི་ཤུ་རྩ་གཉིས་སྐོར་ཡོད་པ་《བི་སེར་》ལས་གསལ། སྤྱི་ལོ་༡༩༨༩ལོར་ཉམས་གསོ་ཞུས།

༩ ཨ་ཕྱི་ལྷ་ཁང་།

དབྱེ་བོ་དགོན་ནས་མར་སོང་ན་གད་ལ་ཧོར་ཞོལ་གྲོང་ཚོའི་དཀྱིལ་དུ་ཨ་ཕྱི་ཁང་ཞེས་པའི་ལྷ་ཁང་ཞིག་མཇལ་རྒྱུ་ཡོད། ལྷ་ཁང་འདི་ནི་དྭ་ལའི་བླ་མ་སྐུ་ཕྲེང་ལྔ་པའི་དུས་འབྲི་གུང་གདན་རབས་ཉེར་གསུམ་པ་རིག་འཛིན་ཆོས་གྲགས་(ཆུང་ཚང་སྐུ་ཕྲེང་དང་པོ)ཀྱིས་ཕྱག་བཏབ་གནང་། ཤོང་ནི་རབ་བྱུང་བཅུ་པའི་ཤིང་ལུག(སྤྱི་ལོ་༡༥༩༥)ལོར་སྲུ་བརྟན་རྡོ་རྗེའི་ཕོ་བྲང་དུ་སྐུ་བལྟམས། བོད་ཀྱི་ལོ་རྒྱུས་ཐོག་གདུང་རྒྱུད་ཆེན་པོ་བཞི་ཡོད་པའི་ནང་འབྲི་གུང་སྐྱུ་རའི་རིགས་སྲས་ཀྱི་ནང་ནས་ཆུང་ཤོས་དེ་ཡིན། མཁས་གྲུབ་གཉིས་ལྡན་གྱི་དགེ་བའི་བཤེས་གཉེན་དུ་མའི་དྲུང་དུ་མདོ་སྔགས་གཉིས་ཀྱིས་གཙོས་པའི་གཞུང་ལུགས་ལ་གསན་བཞེས་མཛད་པ་དང་། ལྷག་པར་གསོ་རིག་བྲད་འབྲི་ལུགས་ཞེས་པའི་སྲོལ་གཏོད་ཐོག་མར་མཛད་པ་སོགས་གསོ་རིག་ལ་ཤིན་ཏུ་མཁས་པར་གྱུར། དགུང་གྲངས་རེ་ལྔར་ཕེབས་པ་རབ་བྱུང་བཅུ་གཅིག་པའི་ས་ཕག(སྤྱི་ལོ་༡༦༥༩)ལོར་སྐུ་འདས། སྨན་དཔྱད་ལ་མཁས་པས་སྨན་པ་རིག་འཛིན་ཆོས་གྲགས་ཞེས་ཞུ་མཁན་ཡང་ཡོད་པར་སྣང་། རྗེ་འདི་ནས་བཟུང་འབྲི་གུང་གདན་སར་སྐྱེ་སྤྲུལ་བརྒྱུད་གཅོད་ཞུ་སྲོལ་དར་ཞིང་། རིག་གསར་སྐབས་ལྷ་ཁང་འདིར་

ཉམས་ཉེས་བྱུང་ཡང་། སྲིད་རྗེས་ལྷུག་གཏོང་བྱུང་རྗེས་གྲོང་ཚོ་འདིའི་ཨ་ལས་ལགས་དང་བཀྲ་ཤིས་ལགས་གཉིས་ཀྱི་གཙོ་འགན་བཞེས་ནས་ཉམས་གསོ་ཚུང་ཟད་གནང་ཞིང་ནང་བཞུགས་རྟེན་གཙོ་རྗེ་སྐྱབས་པ་འཇིག་རྟེན་མགོན་པོ་དང་། ཐུབ་དབང་། ཨ་ཕྱི་ཆོས་སྒྲོན་སོགས་ཀྱི་སྐུ་བརྙན་མཇལ་རྒྱུ་ཡོད།

༡༠ ཐག་རྫོག་མགོན།

ཐག་རྫོག་དགོན་ནི། ཉི་ལྷང་ཤང་སྤང་མདའ་གྲོང་ཚོར་ཆགས་ཡོད་ཅིང་། འབྲི་གུང་སྐྱབས་པའི་བུ་སློབ་བསེ་བ་ཐག་རྫོག་པས་ཕྱག་བཏབ་གནང་ཞེས་དང་། ཡང་སྔོན་སྤྲུལ་གཞན་ཞིག་ལ་ཐོག་མར་བཀའ་གདམས་དགེ་བཤེས་སླུག་རུམ་པས་དགུན་གྱི་དུས་སུ་སྐུ་མཚམས་བཞུགས་པ་དང་། བཞུགས་ཡུལ་མཚམས་ཁང་གི་ཤུལ་དུ་ཆོས་གོས་ཀྱི་རང་བྱོན་ཞེས་རྡོ་ཆེན་པོ་ཞིག་ལ་གྲྭ་ཟན་གྱི་དབྱིབས་དང་འཚེམས་པོའི་རི་མོ་ལྟ་བུ་མཇལ་རྒྱུ་ཡོད། སྤྱི་ལོ་༡༩༨༧ལོར་བསྟན་འཛིན་རྣམ་རྒྱལ་ལགས（ཐག་རྫོག་དགེ་སློང་）ནས་ཉམས་གསོ་གནང་ཞིང་། བསྟན་སྲུང་གཙོ་བོ་རྒྱལ་པོ་སྐུ་ལྔའི་ནང་གསེས་དབུས་ཕྱོགས་ཐུགས་ཀྱི་རྒྱལ་པོ་ཧ་ར་ཡིན་ལ། དགོན་གྱི་རྟེན་གཙོ་རྒྱལ་བ་བྱམས་པ་མགོན་པོ་ཡིན།

༡༡ རྫོང་གསར་བཀྲ་ཤིས་ཚུགས་ཀྱི་ཕོ་བྲང་།（རྫོང་རྩེ་དགོན）

རྩེ（རྩེ་）ཞོལ་ནས་སྤྱི་ལེ་ཉི་ཤུ་རྩ་གསུམ་ཙམ་སོང་ན་ཉི་ལྷང་ཤང་རྫོང་རྩེ་གྲོང་ཚོ་གཞུ་རིང་གཙང་པོའི་ཉིན་ངོས་ཕུ་གུ་གདོང་ཞེས་པའི་རི་སྣར（རྫོང་ཞོལ་གྲོང་གི་རི་ལྡེབས་སུ）དགོན་འདི་མཇལ་རྒྱུ་ཡོད། འབྲི་གདན་བཅུ་བདུན་པ་ཆོས་རྒྱལ་ཕུན་ཚོགས་ཀྱིས་བོད་རབ་བྱུང་བརྒྱུ་པའི་ལྕགས་སྙིང་（སྤྱི་ལོ་༡༥༠༡）ལོར་རྫོང་གསར་བཀྲ་ཤིས་ཚུགས་ཕྱག་བཏབ་གནང་། ཐོག་མར་འབྲི་གུང་རྫོང་ཆུ་ཕ་རིའི་རྣམ་རྒྱལ་ཆོས་རྫོང་ཞེས་པར་ཡོད་པ་ལ་ཧྲུན་གར་

དམག་གིས་གཏོར་རྗེས་ད་ལྟའི་གནས་དེར་སྤོས་གནང་མཛད། 《རྫོང་གསར་བཀྲ་ཤིས་ཚུགས་ཀྱི་གནས་ཡིག》ཞེས་པའི་ནང་། "རྫོང་གསར་བཀྲ་ཤིས་ཚུགས་ཀྱི་ཉུབ་ངོས་ཆུ་རྫིང་གི་ཕ་མཐའ་སྣང་པོ་རིའི་འདབས་སུ་བཀའ་གདམས་གདན་ས་འོད་སྣ་ཆོས་སྡེ་དང་། ལྷོ་ཉུབ་མཚམས་ཀྱི་དེང་སྐབས་འབྲི་གུང་སྒྲོག་ཁང་ཆགས་ཡུལ་གྱི་རི་བོ་གཏོར་མ་འདྲ་བའི་རྩེར་འབྲི་གུང་གནམ་རྒྱལ་ཆོས་རྫོང་གི་གནའ་ཤུལ། ལྷོ་ཤར་གྱི་ཞྭ་གོང་རིའི་འདབས་སུ་དབུ་རུ་ཞྭ་ཡི་ལྷ་ཁང་། ཞྭ་ལྷ་ཁང་གི་བྱང་ཕྱོགས་མང་ར་དཔལ་ཆུའི་ཕར་ངོགས་ཕྱི་དཀར་ཞེས་པའི་ལུང་པའི་མདར་བཙན་པོའི་དུས་རབས་ཀྱི་བང་སོ་ཡིན་ངེས་པའི་གནའ་བོའི་བང་སོ་དང་། བང་སོའི་རྫོ་རིང་ཆག་འཕྲོ་བདག་མེད་དུ་ལུས་པ་གཅིག དེའི་ཤར་ཕྱོགས་སུ་རྙིང་དགོན་ཆོས་ལུང་ཆོས་སྡེ་དང་། ཡར་ཕྱིན་པས་མང་ར་དགོན། བྱང་ཤར་གྱི་མཚམས་སུ་ལོ་རྒྱུས་ཡིག་ཚང་མང་པོར་'བྲ་རོག་རྫོང་དུ་ཁྲིམས་ཀྱི་རྒྱལ་ཟ་བརྡུངས། སྙིང་མེད་པོ་རྣམས་གསེར་ཕྱེ་ཆུ་ལ་འཕོ' ཞེས་གྲགས་པའི་འབྲི་གུང་བྲ་རོག་རྫོང་གི་གནའ་ཤུལ་བཅས་ལོ་རྒྱུས་ཀྱི་རིག་དངོས་ཤུལ་བཞག་ཕུན་སུམ་ཚོགས་པ་དང་། ཆོས་ལུགས་གྲུབ་མཐའ་ཁག་གི་རྟེན་དང་བརྟེན་པ་ཕྱིན་རབས་ཆེ་བ་བཅས་ཡོད།" རྫོང་གསར་བཀྲ་ཤིས་ཚུགས་པོ་བྲང་གི་འཛུགས་སྐྲུན་ཁྱད་ཆོས་ཐད། ཕོ་བོའི་སློབ་དཔོན་ཕུན་ཚོགས་ཚེ་རིང་ལགས་ཀྱིས"ཨར་ལས་བཟོ་སྐྲུན་གྱི་ཁྱད་ཆོས་ལ་བལྟས་ན་གཞིས་ཀ་བསམ་གྲུབ་རྩེ་དང་འདྲ་བའི་ཕྱོགས་ཤིན་ཏུ་མང་། རྫོང་དེའི་ཆགས་ཡུལ་ནི་ཆུ་བོ་གཉིས་གཅིག་ཏུ་འདུས་པ་དང་ལམ་གསུམ་མདོར་གནས་པའི་རི་བོ་ཞིག་གི་སྟེང་དུ་ཆགས་པ་དང་། ས་དབྱིབས་ལ་བལྟས་ཚེ་ས་སྐྱ་དང་ཕག་གྲུ་སྡེ་སྲིད་དུས་སྐབས་སུ་ཁྲི་དཔོན་ཕན་ཚུན་དབར་དམག་འཁྲུག་ཡང་ཡང་ལངས་པས། དམག་དོན་འཐབ་རྩོད་ལ་དོ་

སྣང་ཆེན་པོ་བྱས་ཏེ་བཙུགས་པ་ཞིག་རེད་སྙམ། རྫོང་གི་ཁང་པ་ནི་ས་རྡོ་ཤིང་གསུམ་ལས་གྲུབ་པའི་གནའ་བོའི་བོད་ཁང་གཞི་རྒྱ་ཆེ་ལ་ཐོག་བརྩེགས་ཅན་ཞིག་ཡོད། ཕྱི་ཡི་བཟོ་བཀོད་ཐད་ནས་བལྟས་ཚེ་གནའ་བོའི་དགོན་སྡེ་དང་དམག་དོན་གྱི་མཁར་རྫོང་ཟུང་དུ་འབྲེལ་བ་བརྗིད་ཆགས་ལྟ་ན་སྡུག་པ་ཞིག་ཡོད། ”

ཅེས་གསུངས། དམངས་ཁྲིད་དུའང་ཡུལ་མི་ཚོས། རྟེ་གི་སྨུ་བཙན་གསེར་གྱི་ལྡེ་མིག་འདྲ། གྱང་སྣང་འོང་གཞོངས་འབྲུ་སྣ་འཛོམས་ས་རེད། གཙང་ཆབ་སྔོན་མོ་ཡོན་ཆབ་ཕྱུལ་བ་འདྲ། ར་སོག་ཐང་དེ་བདེ་སྐྱིད་འཛོམས་ས་འདྲ། རྫོང་ཞོལ་གྲོང་དེ་མཎྜལ་ཕྱུལ་བ་འདྲ། རྟ་ལམ་སྐོར་མོ་དར་ཐག་འཐེན་པ་འདྲ། རྒྱལ་སྒོ་ཤར་དེ་ཙན་དན་དམར་པོ་འདྲ། བདེ་གཡང་གཞུང་དེ་གཡུ་ཡི་རྡོ་གཅལ་འདྲ། སྐས་འཛེགས་དེ་ནི་གསེར་སྐས་དངུལ་སྐས་འདྲ། སྒོ་དང་སྐེའུ་ཁྱུང་ཏ་མོའི་མེ་ཏོག་འདྲ། ཕོ་བྲང་འདི་ནི་ཚེ་གཡང་བུམ་པ་འདྲ། སྐྱབས་མགོན་རྣམ་གཉིས་བུམ་པའི་ཕྲ་རྒྱན་འདྲ། གདུགས་དང་རྒྱལ་མཚན་ཟ་བྱའི་སྒྲོ་མདོངས་འདྲ། རྫོང་རྩེའི་རི་དེ་ཇམ་ནག་རང་བྱོན་འདྲ། ཞེས་བསྟོད་པ་ཕུལ་གྱི་ཡོད་དོ།

སྔོན་འདུ་ཁང་ཀ་བ་གཉིས་ཡོད་པའི་ནང་རྟེན་གཙོ་སངས་རྒྱས་རབས་བདུན་གྱི་སྐུ་བརྙན་མི་ཚད་མ། དགེ་འདུན་ལྔ་བཅུ་སྐོར་གྱིས་འབྲི་གུང་བཀའ་བརྒྱུད་ཕྱག་བཞེད་མཛད་པའི་ཐོག །ཁྱུན་མོང་མ་ཡིན་པའི་ཟླ་གྲྭ་བཅོ་བརྒྱད་ཀྱིས་བོད་ཟླ་༡༢ཚེས་༨ནས་༢༩བར་ཞག་ཉེར་གཅིག་རིང་གཤིན་རྗེ་ཚེ་བདག་གི་སྒོ་ནས་སྒྲུབ་པ་གནང་གི་ཡོད། སྐབས་དེར་གཏོར་མའང་ལྷུགས་ཐག་གིས་བཏགས་དགོས་པ་ནི། གཏོར་མ་གང་སར་འཕུར་མི་འགྲོ་བའི་ཆེད་དུ་ཡིན་ཞེས་གསུངས། གྲྭ་པ་སོ་སོས་ཀྱང་གཏོར་ཆུང་མང་པོ་བཟོས་ཏེ་རེས་བསྐོར་གྱིས་ཞལ་

ཕུ་གནང་དགོས། གཏེར་ཆུང་དེ་ཆོས་མཚོན་འགོག་ཐུབ་ཅེས་དང་། སེ་རགཏོང་སྐབས་མི་མདའི་ནང་བླུགས་ཏེ་ནམ་མཁར་བརྒྱབ་ན་སྲིན་ནག་འཐོར་བ། གསོལ་ཞག་གིས་རྩ་ལ་ཕན་པ། གདོན་འདྲེ་འགོག་པ་བཅས་ཀྱི་ནུས་པ་ཡོད། ཁྱིས་འབྲི་གུང་གི་ཆོས་སྲིད་གཉིས་ཀྱི་ལྟེ་གནས་ཡིན་ཞིང་། དེར་སྐུ་གསུང་ཐུགས་རྟེན་གྱི་བཀོད་པ་བསམ་གྱིས་མི་ཁྱབ་པ་བཞུགས་པ་དང་། འབྲི་གུང་སྐྱབས་མགོན་རྣམ་གཉིས་རྒྱུན་བཞུགས་གནང་ས་དང་། དེར་སོག་ཏེ་པ་ལའི་སྒྲུབ་སྡེ་ཞིག་ཀྱང་ཡོད། སྤྱི་ལོ་༡༩༨༥ལོར་དགེ་སློང་བརྩོན་འགྲུས་ལགས་དང་དཔལ་བཟང་ལགས་གཉིས་ནས་ཉམས་གསོ་མཛད་དེ། དགེ་འདུན་གྱི་སྡེ་ཚོགས་ཤིང་བཀའ་བརྒྱུད་པ་ཕྱག་བཞེད་མཛད་བཞིན་ཡོད།

ཛོང་ཞོལ་ནས་ཡར་གཞུ་རོང་བསྐྱོད་སྐབས་ལམ་དུ་འབུམ་ཆུང་དཀར་རི་ལ་ཞེས་པའི་དུར་ཁྲོད་བྱིན་ཅན་ཞིག་ཡོད། དེ་ནས་དམ་དམར་ཕྲང་ཞེས་པའི་སར་ཨོ་རྒྱན་རིན་པོ་ཆེས་བྲག་ལ་དམ་དམར་བསྐྱོན་ནས་འདི་ཡན་ང་ཡི་གནས་ཡིན་ཞེས་བྲག་ལ་ཐམ་ག་བརྒྱབས་པའི་རྗེས་ཤིན་ཏུ་གསལ་བ་ཡོད་ཀྱང་། ཕྱིས་སུ་འཁོར་ལོའི་འགྲོ་ལམ་བཟོ་སྐབས་བྲག་བཤགས་ནས་ད་ལྟ་མཇལ་རྒྱུ་མེད། དེའི་ཐད་ཀྱི་གཞུ་རོང་གཙང་པོའི་ནང་དུ་འབྲུག་མོའི་སྒྲ་གཞོང་ཞེས་རྫོ་བ་སྐྱུང་མོ་ཞིག་ཀྱང་ཡོད། དེ་ནས་ཕྲང་སྒྲོལ་མཚམས་ཏེ་སྒྲོའི་གནས་ཀྱི་ཐེམ་པའི་རང་བྱོན་གསལ་བ་ཡོད། དེའི་ཡར་ཐོག་གི་ལུང་ཆུང་ནང་ཏེ་སྒྲོའི་སྒོ་སྲུང་བར་མ་ཏི་བུ་གླུ་བཙན་གནས་ཡོད། དེ་ནས་ཡར་གང་ཙམ་ཕྱིན་པ་ན་ཛ་རས་ཞེས་རི་ཁྲོད་ཅིག་ཡོད་པ་དེར་སྔར་ཇོ་བོའི་སྐུ་འདྲ་གསུང་བྱོན་མ་བྱིན་ཅན་གྱི་དབུས་སྐུ་གསུང་ཐུགས་རྟེན་ཀྱང་མི་ཤུང་བ་ཞིག་ཡོད་ཀྱང་། དེང་སྐབས་ཤུལ་ཙམ་ཡང་མེད་པར་གྱུར། དེའི་ཞོལ་དེར་སྔར་རྗེ་ཉེར་བརྒྱད་པས་བཏབ་པའི་འབྲི་གུང་བྱ་

རོག་རྫོང་གི་ཞུལ་དང་། དེ་ནས་ཡར་ཙམ་ན་དབང་རིན་པོ་ཆེའི་བཞུགས་གནས་མཁར་ཐོག་གཞིས་ཀའི་ཞུལ་དང་། དེའི་རྒྱའི་ཕ་རོལ་དུ་དངོས་གྲུབ་ལྷུང་རྣར་འཕོད་པ་ལུང་ཆུང་ཁ་བྱང་བལྟ་དེའི་ནང་ཤིང་སྦྱར་པ་མང་དུ་སྐྱེས་ཡོད་པ་ནི། ཀླུ་མལ་གྲོ་གཟི་ཅན་གྱིས་རྡོ་རྗེ་སྐྱབ་པ་རིན་པོ་ཆེར་དངོས་གྲུབ་ཏུ་ཕུལ་བས་དངོས་གྲུབ་ལྷུང་རྣ་ཞེས་པའི་རྗེས་གྲུབ་ཀྱི་མིང་དུ་ཆགས། སྡོན་ཤིང་དེ་རྣམས་ཀྱི་ནང་ནས་སྦྱར་པའི་སྡོན་པ་ཆེན་པོ་ཞིག་བྲེག་ཏུས་ཞུག་པ་དང་། སེ་བ། འཛིང་མ། དབྱེ་མོང་བཅས་ལྷན་དུ་སྐྱེས་པ་ཞིག་ཡོད་པ་དེ་རྒྱུས་བརྡལ་ཏེ་མཁར་ཐོག་གཞིས་ཀར་རྩ་བ་ཚུགས་སོ་ཞེས་ད་ལྟ་ཡང་མཐོང་རྒྱུ་ཡོད། དངོས་གྲུབ་ལྷུང་རྣའི་མར་རྒྱབ་ཀྱི་ལམ་ཟུར་དུ་ཨ་ཕྱིའི་ཆིབས་པའི་ཞབས་རྗེས་གསལ་བ་ཡོད། དེ་ནས་སྣར་ཉི་ངོས་ནས་ཡོང་བའི་ཡུལ་འཛོམ་མ་ཞེས་པའི་གྲོང་ཚོ་ཆུང་ཆུང་ཞིག་ཡོད་པ་དེར་རང་རེའི་གདན་རབས་རྗེ་བཅུ་གཉིས་པ་རྡོ་རྗེ་རིན་ཆེན། ཉེར་བརྒྱད་པ་རྡོ་རྗེ་རྒྱལ་པོ། ཉེར་གཉིས་པ་ཆོས་ཀྱི་རྒྱལ་པོ། དོན་གྲུབ་ཆོས་ཀྱི་རྒྱལ་པོ་སོགས་འཁྲུངས་པའི་ལུམ་བིའི་ཚལ་ལྟར་མཚུངས་པའི་ཡུལ་བྱིན་རླབས་ཆེ་བ་ཞིག་ཡིན། དེའི་ལམ་སྟེང་དུ་རྡོ་འབྱུང་བའི་དབྱིབས་ཅན་དང་། དེའི་ཉུབ་བྱང་རི་ལྡེབས་སུ་ཡོངས་འཛིན་བརྒྱད་རྣ་སྤྲུལ་སྐུ་རིམ་བྱོན་གྱི་གཟིམ་ཁང་གི་ཞུལ་ཀྱང་བཞུགས།

### ༡༢ ཡང་རི་སྒར་དགོན་ཐུབ་བསྟན་སྡེ་བཞི་རབ་རྒྱས་གླིང་།

ཉི་མ་ལྷུང་རྣ་ནས་སྤྱི་ལེ་བཅུ་ཙམ་འབྲི་གུང་ནང་སོང་ན་དགོན་དེར་སླེབས་ཀྱི་ཡོད་ཅིང་། ཡང་རི་སྒར་པ་ནི་དཔལ་ལྡན་འབྲི་གུང་བཀའ་བརྒྱུད་ཀྱི་གདན་རབས་བཅོ་བརྒྱད་པ་ཆོས་རྗེ་རིན་ཆེན་ཕུན་ཚོགས་དགུང་གྲངས་ཉེར་དྲུག་བཞེས་པ་རབ་བྱུང་དགུ་པའི་ཤིང་རྟ་(སྤྱི་ལོ་༡༥༣༨) ལོར་ཡང་རི་སྟོག་

གྲྭའི་སྐར་འཛུགས་པར་མཛད་པས་ཡང་རི་སྐར་པ་ཞེས་པ་འདི་བྱུང་བ་ཡིན་ནོ། ཡང་རི་སྐར་ཞེས་པ་ནི། གནས་གཅིག་ཏུ་མ་བཞུགས་པར་ཡང་ཡང་འཕོས་པའི་རི་ཁྲོད་པའི་ཆོས་སྐར་ཞིག་ཡིན་པས་དེ་ལྟར་ཐོགས། རྗེ་འདིའི་སྐུ་རིང་ལ་སྐར་སྒྲུང་གནང་བ་མ་ཟད་མཁན་པོ་བསྐོ་གཞག་སོགས་བཀའ་དྲིན་བླ་ན་མེད་པར་བསྐྱངས་པས། འབྲི་གུང་ཡང་རི་སྐར་པ་ཞེས་གང་སར་སྙན་གྲགས་ཆེ་བ་སོགས་སྐར་པ་གཞན་གྱི་བླ་ན་མངོན་པར་མཐོ་བ་ཞིག་བྱུང་བ་ཡིན་ནོ། ཡང་རི་སྐར་དགོན་པ་ནི། འབྲི་གུང་གདན་རབས་ཉེར་ལྔ་པ་རྗེ་རིག་འཛིན་ཆོས་ཀྱི་གྲགས་པའི་ཞབས་ཀྱི་སྐུ་ཚེའི་སྨད་ལ་བྱུང་བ་ཡིན་ཏེ། སྐར་གྱི་མཁན་རབས་བཅུ་དགུའི་བར་དུ་སྐར་ཆེན་ཕྱོགས་ཕེབས་ཕོ་ན་ལས་གནས་གཞི་ཚུགས་མེད། སྒྲོ་ལུང་དུ་ཡང་རི་སྐར་གྱི་དགོན་པ་ཇི་ལྟར་ཆགས་པའི་ཚུལ་ནི། སྒྲོ་ལུང་འདི་རྗེ་རིན་ཆེན་ཕུན་ཚོགས་ཀྱི་ཡབ་ཀྱི་གསོལ་སྐལ་ཡིན་པས། ཡབ་བསྟན་པའི་རྒྱལ་མཚན་གྱིས་གཞིས་ཀ་འདིར་པོ་བྲང་བཞེངས་ཏེ་དབང་ལྡན་པོ་བྲང་ཞེས་གསོལ། གདན་རབས་ཉེར་བཞི་པ་རྗེ་དཀོན་མཆོག་རིན་ཆེན་གྱིས་རབ་བྱུང་བཅུ་པའི་ཤིང་བྱི་(སྤྱི་ལོ་༡༧༢༨) ལོར་རྣམ་རྒྱལ་ཆོས་རྫོང་སྒྲུབ་གྲྭ་དང་བཅས་པ་བཞེངས་པ་དེ་ཉིད་རབ་བྱུང་བཅུ་གཅིག་པའི་ལྕགས་སྤྲེལ་(སྤྱི་ལོ་༡༧༩༡) ལོར་སྐྱིད་ཤོད་དང་སོག་དམག་གིས་རྩ་གཏོར་བཏང་བས། རྟེན་གཙོ་ཐུབ་དབང་ཁྲི་རྒྱབ་མ་སོགས་སྒྲོ་ལུང་དུ་གདན་དྲངས་ཏེ། ཚོམས་ཆེན་ཀ་བ་སོ་དྲུག་གསར་རྒྱག་དང་བཅས་གཏན་བཞུགས་མཛད་པས། ཉིད་ལ་འབྲི་གུང་ཞབས་དྲུང་སྒྲོ་ལུང་པ་ཞེས་མཚན་ཐོགས་ཤིང་གནས་འདིར་ཞི་བར་གཤེགས། དགའ་ལྡན་པོ་བྲང་དབུ་ཚུགས་ནས་འབྲི་གུང་པའི་སྲིད་དབང་ཕལ་ཆེར་ཉམས་ཤིང་རྗེ་ཆོས་གྲགས་བསྟན་འཛུགས་བྱས་པར་བརྟེན་སྐར་པ་འཕང་དཀའ་ངལ་ཆེ་བར་

བྱུང་བས། མེ་ཕྲེལ་ལོར་རྗེ་རིག་འཛིན་ཆེན་པོ་ཆོས་ཀྱི་གྲགས་པ་མཆོག་འབྲས་ལྗོངས་སུ་གཤེགས་ཏེ་བྱོན་བརྒྱུད་མཐར། ཁོང་གི་ཞལ་ནས་བསྟན་འགྲོ་ཡོངས་ལ་ཕན་ཐོགས་པའི་ཕྱིར་བརྩེ་བས་ཕྲིན་ལས་རྒྱ་ཆེར་མཛད་ཅིང་ཕྱག་ཕྱི་འབྲང་བའི་སློབ་མ་ཆེན་པོ་རྣམས་ལ་བཀའ་ལུང་ཐོབ་བཞིན་འཕེལ་བར་མཛད། ཡང་རི་སྣར་ལ་བསྟན་ཐུབ་ཀྱི་བཞུགས་ཡུལ་ཞིག་མེད་པས་ངེད་རང་ཉིན་འཁོར་བ་ལས་འོས་མེད་པས། སྣར་ཟླ་ཕྲེལ་དང་བླ་མ་བསྐྱེ་གཞག་སོགས་ལ་གོང་ས་ནས་བཀའ་འཁྲོལ་དགོས་ལུགས་གསུངས་པས་དེ་མ་ཐག་ཞལ་བཞེས་གྲུབ་ཀྱང་ལོ་གཅིག་འགྱངས། རབ་བྱུང་བཅུ་གཅིག་པའི་ས་ཁྱི་(སྤྱི་ལོ་
༡༧༥༨)ལོར་དགའ་ལྡན་ཕོ་བྲང་གིས་སྐུ་ཚབ་ཞལ་ངོ་གཙང་གཟུག་པོ་བ་ཆེད་གཏོང་གིས་སྣར་ཆེ་བའི་བླ་མ་རྒྱལ་སྲས་དང་སྣར་ཆུང་བའི་བླ་མ་བརྒྱད་ར་བ་གཉིས་ཟུར་བཞུགས་དང་། སྣར་པ་གཉིས་ཟླ་ཕྲེལ་ནས་སྤྲོ་ལུང་དུ་གདན་འཛུགས་བྱ་རྒྱུ་དང་། བླ་མར་ནང་སོ་རིན་ཆེན་དང་། གཉེར་པ་དཔོན། གཞན་ཡང་ལས་ཚན་སོ་སོའི་བསྐོ་གཞག་སོགས་ལེགས་གྲུབ་བྱུང་བས་ཞེས་བརྗོད་མཛད་དེ། རྗེ་ཆོས་ཀྱི་གྲགས་པ་ཉིད་ནས་ཀྱང་སྤྲོ་ལུང་གཞིས་ཀ་དང་དེའི་ས་གཞིས་ཞབས་དྲུང་གི་གསོལ་སྐལ་ཡིན་པ་མཆོད་ཐེབས་སུ་ཕྱུར། དེ་ནས་བཟུང་ཡང་རི་སྣར་དགོན་པ་ཞེས་པ་འདི་བྱུང་། དེ་ལྟར་དར་འཕེལ་བྱུང་བའི་ཚུལ་སྐོར་ལ། འབྲི་གདན་ཉེར་དྲུག་པ་རྗེ་དཀོན་མཆོག་འཕྲིན་ལས་བཟང་པོས། སྣར་དུ་མགོན་པོ་གཙོ་འཁོར་དང་ཨ་ཕྱི་གཙོ་འཁོར། བཀའ་སྲུང་བཞི། དགེ་བསྙེན་བཞི། ཐང་ཚངས། ཞིང་སྐྱོང་། རྒྱལ་བློན་སོགས་ཀྱི་གར་འཆམ་གསར་འཛུགས་མཛད་ཅིང་། ལྷག་པར་དུ་འབྲི་གདན་ཉེར་བདུན་པ་དཀོན་མཆོག་དོན་གྲུབ་ཆོས་རྒྱལ་གྱིས་སྣར་གྱི་ཆོས་ཁྲིམས་དག་ཐེར་གནང་ནས་ཆང་ཁྲིམས་སོགས་མཛད་ཅིང་། སྤྲོ་ལུང་འདི་ཉིད་རྒྱ་བསྐྱེད་ཀྱིས་རྟེན་དང་བརྟེན་པར་བཅས་པ་བཞེངས་པར་དགོངས་ནས་རབ་བྱུང་བཅུ་གཉིས་པའི་ས་ལུག་(སྤྱི་ལོ་

༡༧༣༨) ལོར་གཙུག་ལག་ཁང་ལ་སྟེང་ཐོད་ཀ་བ་བཅུ་གཉིས་རེ་ཡོད་པའི་ཞིང་ཚེ་དྲུག་ལྡན་བཞེངས། བདེ་གཤེགས་མཆོད་རྟེན་བརྒྱད་གསེར་དངུལ་ལས་བཞེངས་པ་ཐོག་ཚད་ཁྲིད་གཉིས་ཏེ་ངོ་མཚར་བ་ལྷུན་གྲུབ་རྡོ་རྗེའི་སྦྱོར་བཞུགས་པ་སོགས་བཀའ་དྲིན་ཆེ་བར་བསྐྱངས། སྔར་སྒྲོ་ལུང་གི་ཀུན་དགའ་ར་བའམ་ཡང་རི་སྣར་དུ་འབོད་པ་ལ་ཐུབ་བསྟན་སྡེ་བཞི་རབ་རྒྱས་གླིང་ཞེས་མཚན་གསོལ་བར་མཛད། དེ་རྗེས་གདན་རབས་རིམ་བྱོན་གྱིས་གཟིགས་སྐྱོང་ཤིན་ཏུ་ཆེ་བས་འབྲི་གུང་གི་ཆོས་གྲྭ་ཆེན་པོ་ཐུབ་བསྟན་སྡེ་བཞི་རབ་རྒྱས་གླིང་ངམ་གཞུ་སྒྲོ་ལུང་གི་ཀུན་དགའ་ར་བ་ཞེས་ཡོངས་སུ་གྲགས་ཤིང་། རྟེན་དང་བརྟེན་པ་སོགས་ཕྱོགས་གང་ཅིར་གཞན་དྲིང་མི་འཛོག་པ་ཞིག་ཡིན་ནོ། སྔོན་ཆོས་གྲྭ་འདིར་བཞུགས་སུ་གསོལ་བའི་རྟེན་གསུམ་གྱི་བཀོད་པ་མདོ་ཙམ་ཞུས་ན། 1. གདན་རབས་ཁང་། འདིའི་ནང་རྟེན་གསེར་ཟངས་ལས་གྲུབ་པའི་རྒྱལ་བ་རྡོ་རྗེ་འཆང་ནས་ཏེ་ལོ། ནཱ་རོ། མི་ལ་སོགས་བཀའ་བརྒྱུད་ཀྱི་བླ་རབས་དང་། འབྲི་གདན་ས་བདུན་པར་གྱི་གསེར་ཟངས་ཀྱི་སྐུ་མི་ཚད་ཆེ་བ་ཙམ་བཞུགས། 2. ལྷ་ཆེན་ཁང་། འདིའི་ནང་རྗེ་དོན་གྲུབ་ཆོས་རྒྱལ་གྱིས་གསེར་ཞོ་སུམ་སྟོང་ལྷག་དང་། ཟངས་ཁལ་དྲུག་བརྒྱ་སྐོར་ལས་གྲུབ་པའི་ཐུབ་པའི་དབང་པོའི་སྐུ་ཐོག་ཚད་གཉིས་ལ་ཁྲི་རྒྱབ་ཡོལ་རང་འགྲིག་བཅས་པ་བཞུགས། 3. དངུལ་གདུང་ཁང་། འདིའི་ནང་རྗེ་དོན་གྲུབ་ཆོས་རྒྱལ་གྱིས་སྤྱི་ལོ་༡༧༤༡ལོར་བལ་བོད་ཀྱི་རིག་བྱེད་མཁས་པ་མང་ཙམ་བོས་ནས་རིན་ཆེན་དང་པོ་གཉིས་པ་ལས་གྲུབ་པའི་བྱང་ཆུབ་མཆོད་རྟེན་སོགས་བདེ་གཤེགས་མཆོད་རྟེན་བརྒྱད་ཐོག་ཚད་ཁྲིད་གཉིས་རེ་ཡོད་པ་བཞུགས། 4. འདུ་ཁང་དབང་ཆེན་པོ་བྲང་། རྒྱ་ཕྱིན་ཀ་རིང་བརྒྱད་དང་ཀ་ཐུང་བཞི་བཅུ་ཞེ་བརྒྱད། འདིའི་ནང་གཙོ་བོ་རྒྱུན་ལྡན་གྲྭ་མང་

འདུས་ཚོགས་གནང་ཡུལ་ཡིན། 5. ཨ་ཕྱིའི་དཀོར་མཛོད། རྒྱ་ཕྱོན་ཀ་བ་བརྒྱད། འདིའི་ནང་གཙོ་བོ་བསྟན་སྲུང་ཆོས་ཀྱི་སྒྲོལ་མའི་སྐུ་བརྙན་དང་། རིན་ཆེན་ནོར་སྲིད་ན་དཀོན་པ་མང་པོ་བཞུགས། 6. མགོན་ཁང་ཀ་བ་དྲུག འདིའི་ནང་ཡེ་ཤེས་ཀྱི་མགོན་པོ་ཕྱག་བཞི་པ་དང་། བསྟན་སྲུང་ཆོས་ཀྱི་སྒྲོལ་མ་སོགས་ཆོས་སྐྱོང་སྲུང་མའི་སྐུ་བརྙན་མང་པོ་བཞུགས། 7. ནམ་མཁའ་མཐིང་སང་གི་རྟེན་ཁང་རྒྱ་ཕྱོན་ཀ་བ་བཞི། དེའི་ནང་དུ་བཙན་རྒོད་རོལ་པ་སྐྱབས་བདུན་གྱི་སྐུ་དང་། སྐྱབས་མགོན་ཆོས་ཀྱི་བློ་གྲོས་ཀྱིས་བཞེངས་པའི་གནོད་སྦྱིན་རྡོའུ་དམར་པོ་ཚེབས་གཞོན་མའི་སྐུ། དེ་བཞིན་མཐའ་སྐོར་དུ་གྲི་མདུང་གོ་ཁྲབ་དང་། དབུགས་རྐྱལ། ཁང་སླིང་སོགས་གདུམ་དྲག་ཆེ་བའི་གནས་ཡིན་སྟབས། བུད་མེད་རྣམས་རྟེན་ཁང་ནང་འགྲོ་སྐྱོད་བྱེད་མི་ཆོག་པ་རེད། 8. མཛོད་བརྒྱ་ཁང་། འདིའི་ནང་རྗེ་དོན་གྲུབ་ཆོས་རྒྱལ་གྱིས་བཞེངས་པའི་སྟོན་པ་ཐུབ་པའི་དབང་པོས་མུ་སྟེགས་སྟོན་པ་དྲུག་དང་ཆོ་འཕྲུལ་འགྲན་པའི་མཛད་པ་ཆེན་པོ་ཁག་གི་སྣང་བརྙན་བཟོ་གཙང་དང་། རྒྱལ་བ་ཟས་གཙང་ཉིད་ཀྱི་མཛད་པ་བཅུ་གཉིས་སུ་གྲགས་པའི་སྣང་བརྙན་ཙན་དན་དཀར་དམར་ལས་གྲུབ་པ་སོགས་བཞུགས། 9. གནས་བརྟན་ཁང་། དེའི་ནང་འཕགས་པ་གནས་བརྟན་བཅུ་དྲུག་གི་འཛིམ་སྐུ་དང་། ཙན་དན་དཀར་དམར་ལས་གྲུབ་པའི་བདེ་བ་ཅན་གྱི་ཞིང་བཀོད་ཕུན་སུམ་ཚོགས་པ་སོགས་བཞུགས།

10. དཀྱིལ་འཁོར་ཁང་། དེའི་ནང་དཔལ་འཁོར་ལོ་བདེ་མཆོག་ལུགས་ཀྱི་དཀྱིལ་འཁོར་གསེར་དངུལ་རིན་པོ་ཆེ་དུ་མ་དང་། ཙན་དན་དཀར་དམར་སོགས་ཤིང་མཆོག་བཟང་པོ་དག་ལས་བཞེངས་པ་རྣམས་བཞུགས། 11. མཆོད་ཁང་དང་པོ། དེའི་ནང་དུ་གསེར་ཟངས་ལས་གྲུབ་པའི་སངས་རྒྱས་

སྒྲུ་པད་འཁོར་རྡོར་ཅན་རྣམས་བཞུགས། 12. མཆོད་ཁང་གཉིས་པ། དེའི་ནང་དུ་གསེར་ཟངས་ལས་གྲུབ་པའི་སངས་རྒྱས་རབ་བདུན་དང་། རྡོ་རྗེ་འཆང་། ཏེ་ལོ། ན་རོ། མར་པ། མི་ལ། དྭགས་པོ། ཕག་གྲུ། སྐྱོབ་པ་བཅས་ཀྱི་འདྲ་སྐུ་རྣམས་བཞུགས། 13. པར་ཁང་ཀ་བ་བཞི། དེའི་ནང་འབྲི་གུང་བཀའ་བརྒྱུད་རང་ལུགས་ཀྱི་ཆོས་སྤྱོད་དང་། གསོལ་ཀ། གཞན་ཡང་ཁྲོ་བཅུ། དྲག་པོ། བཀའ་བརྒྱད། གཤིན་རྗེའི་ཆོས་སྐོར་སོགས་ཤིང་པར་ངོ་གྲངས་སུམ་སྟོང་ལྷག་ཙམ་བཞུགས། 14. སྐྱབས་མགོན་གཟིམ་ཚང་། གཙུག་ལག་ཁང་གི་ཐོག་བརྩེགས་བཞི་པའི་ཤར་ངོས་སུ་འབྲི་གུང་སྐྱབས་མགོན་ལྷན་རྒྱས་ཀྱི་གཟིམ་ཚང་དང་། ཚོམས་ཆེན། ཕྱག་མཛོད་ཁང་། གསོལ་ཐབས་སོགས་ཆ་ཚང་བ་ཡོད་ཅིང་། རྗེ་དོན་གྲུབ་ཆོས་རྒྱལ་ནས་བཟུང་འབྲི་གུང་སྐྱབས་མགོན་རྣམ་གཉིས་དབྱར་དུས་ཀྱི་བཞུགས་གནས་གཙོ་བོ་འདིར་མཛད་སྲོལ་ཡོད།

སྔོན་དགོན་འདིའི་རྟེན་གཙོར་ཐུབ་དབང་ཁམས་གསུམ་གཟིལ་གནོན་ནི་འབྲི་གུང་མཐིལ་རྟེན་གར་དུས་གཏོར་བཤིག་སོང་སྐབས། རྒྱ་ལ་བསྐྱུར་བ་ཕྱིས་སུ་སླར་ཡང་གནས་དེར་གདན་ཞུ་བྱས་པས་མཚན་ལའང་ཐུབ་པ་རྒྱ་གདན་མ་ཞེས་ཞུ། སྤྱི་ལོ་༡༩༥༩ ལོའི་གོང་དུ་དགོན་འདིར་བླ་སྤྲུལ་བཅུ་གསུམ་དང་། དགེ་འདུན་ཞལ་གྲངས་བདུན་བརྒྱ་སུམ་ཅུ་སྐོར་ཡོད། ཆོས་གྲྭ་ཆེན་པོ་འདི་ཉིད་ལོ་བཅུའི་ཟང་ཟིང་ཁྲོད་དུ་མིང་ཙམ་ལས་མི་གནས་པར་གྱུར་པ་ལ། སླར་ཡང་མི་རིགས་དང་ཆོས་ལུགས་ཀྱི་སྲིད་བཟང་གི་སྣང་བ་འཆར་བས་སྔར་གྱི་གྲྭ་ཀན་ཚོས་ཡང་རི་སྐར་ཉམས་གསོའི་རེ་བ་འཆར་ཡང་སྐབས་དེར་དམག་སྐར་དུ་གྱུར་ཟིན་པས། དགེ་སློང་ཤཱ་རིའི་བུ་དང་དགེ་སློང་ཨ་རྒྱ་སོགས་ཀྱིས་འགོ་བྱས་ཏེ་

རབ་བྱུང་བཅུ་དྲུག་པའི་ཆུ་ཁྱི་(སྤྱི་ལོ་༡༨༦༢)ལོར་གཡའ་རི་སྒྲུབ་སྡེའི་མགོན་ཁང་ཆེན་མོ་ཉམས་གསོ་མཛད་དེ། མགོན་པོའི་སྣང་བརྙན་གསར་བཞེངས་མི་ཚད་ཀྱི་ཐུགས་དཀར་རྒྱ་ལོའི་ཐུགས་དམ་རྫོང་ནག་གི་མགོན་པོ་སོགས་གཟུངས་སུ་གསོལ་བ་བཅས་རྟེན་གསུམ་ཇི་ཡོད་སྙིང་པ་དང་བཅས་ཆོས་སྒོ་ཕྱེས། རིམ་བཞིན་བསམ་གཏན་ཁང་བུ་སོགས་བཞེངས།

དེ་རྗེས་སྲིད་གཞུང་ནས་ཚོག་མཆན་ཐོབ་པས་སྔར་གྱི་ཚབ་ཏུ་གཡའ་རིའི་འདུ་ཁང་རྒྱ་བསྐྱེད་ཀྱིས་སྒོ་འཕྱར་དང་། འདུ་ཁང་ཀ་རིང་གཉིས་ཐེ་བའི་ཀ་བ་ཉེར་བཞིའི་རྒྱ་ཁྱོན་ཅན་གསར་བསྐྲུན་གྱིས་ཐོག་ཁར་ཐེགས་ཁང་དང་རབ་གསལ། སྐྱབས་མགོན་གཟིམ་ཆུང་སོགས་ལེགས་པར་བཞེངས་ཤིང་། ནང་རྟེན་དུ་མི་ཕམ་མགོན་པོ་དང་། ཚེ་མཐའ་ཡས་པའི་སྣང་བརྙན་ཐོག་ཚད་གཉིས་པ་ཐུན་གཙང་། རྣམ་འདྲེན་བཞི་པ། རྗེ་འཇིག་རྟེན་གསུམ་མགོན། རྗེ་འཕྲིན་ལས་བཟང་པོ། སློབ་དཔོན་བཅས་མི་ཚད་སྨན་འཇིམ་ལས་བཞེངས། རྒྱལ་བའི་བཀའ་བསྟན་འགྱུར་དང་ལྗིབས་བྲིས། ཞལ་ཐང་སྙིང་པ་སོགས་བཞུགས།

མགོན་ཁང་གསར་མར་དཔལ་མགོན་ཕྱག་བཞི་པ་དང་། བསྟན་སྲུང་ཨ་ཕྱི་ཆོས་སྒྲོན། ཆོས་སྐྱོང་གི་བླ་རྫོ་གཟུངས་སུ་བཞུགས་པའི་རྟེའུ་དམར་པོའི་སྐུ་མི་ཚད་ལྡན་དང་། བསྐང་གཏོར། བསྐང་རྫས་སོགས་ལེགས་པར་བཞུགས།

རབ་བྱུང་བཅུ་བདུན་པའི་ཆུ་སྦྲུལ་(སྤྱི་ལོ་༡༨༩༢)ལོར་ཡང་རི་སྔར་གྱི་དམག་སྐར་ཕྱིར་སྤྱིས་ནས་ས་ཆ་དགོན་པར་ཕྱིར་སྤྲོད་བྱུང་བར་མཁན་ཨ་རྒྱ་འཕྲིན་ལས་རྒྱལ་མཚན་གྱིས་གཙོ་བྱས། དགེ་སློང་ཆོས་རྗེ་སོགས་ཀྱིས་རམ་བཏེགས་ནས་གཟིམ་ཤག་གོང་གི་ས་མལ་དུ་འདུ་ཁང་ཀ་རིང་གཉིས་ཐེ་བའི་ཀ

པ་བཅུའི་རྒྱ་ཕྲོན་ཅན་བཞེངས་ནས། ནང་རྟེན་དུ་ཐུབ་དབང་འཛིག་རྟེན་གསུམ་མགོན་དང་། རྗེ་འཕྲིན་ལས་བཟང་པོ། ཐུབ་པའི་དབང་པོ་རྣམས་མི་ཚད། ཨ་ཕྱི་དང་མགོན་པོའི་སྐུ་དང་སྐྱབས་མགོན་བཞུགས་ཁྲི། དེ་མིན་མཆོད་རྫས་སོགས་གང་ལེགས། ལྷེབས་བྲིས་རྗེ་སྐྱོབ་པ་ཡབ་སྲས་གསུམ་ལྷོ་གཟིགས་མ། བདེ་མཆོག་ལྷ་ལྔ་ཧ་མགྲིན་སོགས་འབྲི་རིས་ཅན། ནུབ་ངོས་སུ་སྐྱབས་མགོན་གཟིམ་ཆུང་ཉིས་ཐོག་ཚོམས་དང་བཅས་པ་བསྐྲུན་ཞིང་། གྲྭ་ཤག་ཀྱང་སྔེར་སོ་སོ་ནས་གསར་རྒྱག་མཛད་དེ། འབྲི་གུང་བཀའ་བརྒྱུད་ཀྱི་ཆོས་སྒོ་རྣམས་རིམ་པར་ཕྱེས་ནས་ཡང་རི་སྐར་ཞེས་དད་ལྡན་རྣམས་ཀྱི་ཚོགས་གསོག་ཞིང་མཆོག་སྣར་ཡང་ཞིང་འདིར་མངོན་པར་གྱུར།

## ༡༣ གཞུ་སྨད་གཡའ་རིའི་ཆོས་སྡེ།

ཡང་རི་སྐར་དགོན་ནས་ཤར་ལྷོའི་མཚམས་ཀྱི་རི་འདབས་སུ་སོང་ན་ལུང་པ་སུ་ཤར་དང་མདའ་ནུབ་ཏུ་བསྟན་པ། རི་གླང་པོ་ཆེ་ཉལ་བའི་མགོ་བོ་ནུབ་ཏུ་བསྟན་པའི་ལྷོ་ངོས་སུ་སེ་ཤུག་གི་ནགས་ཚལ་ཚང་ཚིང་འཁྲིགས་པའི་ཁྲོད་དུ། བོད་རབ་བྱུང་ལྔ་པའི་ཤིང་ཡོས་( སྤྱི་ལོ་༡༣༡༥ ) ལོར་འབྲི་གདན་དགུ་པ་རྗེ་ཉེར་བརྒྱད་པ་རྡོ་རྗེ་རྒྱལ་པོ་དགུང་ལོ་ལྔ་བཅུར་ཕེབས་སྐབས་ཕྱག་བཏབ་པའི་གཞུ་སྨད་གཡའ་རིའི་ཆོས་སྡེ་ཞེས་པ་དེ་ཡིན། ཐོག་མར་མགོན་ཁང་གིས་གཙོ་བོ་བྱས་པའི་བསམ་གཏན་གྱི་ཁང་བུ་བཅུ་ཕྲག་འགའ་ཤས་འདེབས་པར་མཛད་ཅིང་སྒྲུབ་སྡེ་རྒྱས་པར་ཡོད། དེ་རྗེས་གདན་རབས་ཉེར་བདུན་པ་ཆོས་ཀྱི་ཉི་མས་བོད་རབ་བྱུང་བཅུ་གསུམ་ལྕགས་བྱི་( སྤྱི་ལོ་༡༧༨༠ ) ལོར་ཉམས་གསོ་དང་རྒྱ་བསྐྱེད་མཛད་དེ་མི་འགྱུར་བདེ་ཆེན་གླིང་ཞེས་མཚན་གསོལ། ཉི་མ་ལུང་ར་བ་ཤད་གྲྭ་ཡང་ཐོག་མར་གནས་དེར་ཆགས། སྤྱི་ལོ་༡༨༥༨ ལོ་བར་ཟབ་ལམ་

བླ་སྒྲུབ་ཉམས་བཞེས་གཙོ་བོར་བྱེད་པའི་སྒྲུབ་གྲྭ་རྒྱས་པར་ཡོད་ཀྱང་རིག་གསར་སྐབས་སུ་ཉམས་ཆག་ཆེན་པོ་བྱུང་། སྔར་སྤྱི་ལོ་༡༩༨༣ ལོར་ཉམས་གསོ་བྱས་ཏེ་མགོན་ཁང་དུ་དཔལ་མགོན་ཕྱག་བཞི་པའི་སྐུ་བརྙན་མི་ཚད་མ། དཔལ་ཀྱ་ཡོའི་ཐུགས་དམ་གྱི་རྟེན་རྡོ་ནག་ལས་གྲུབ་པའི་མགོན་པོའི་སྐུ་གཟུངས་སུ་བཞུགས་པ་དང་། རྗེ་སྐྱོབ་པའི་ཞབས་རྗེས་སོགས་རྟེན་གསུམ་མང་རབ་དང་འདུ་ཁང་གི་རྟེན་གཙོར་མི་ཕམ་མགོན་པོ་དང་། རྒྱལ་བ་ཆོས་མཐའ་ཡས་པའི་སྐུ་ཐོག་ཚད་གཉིས་མ། གཞན་ཡང་ཨོ་རྒྱན་རིན་པོ་ཆེ་དང་། རྣམ་འདྲེན་བཞི་པ། རྗེ་འཇིག་རྟེན་མགོན་པོ། རྗེ་འཕྲིན་ལས་བཟང་པོ་བཅས་ཀྱི་འདྲ་སྐུ་མི་ཚད། རྒྱལ་བའི་བཀའ་འགྱུར་རིན་པོ་ཆེ་དང་། དེའི་དགོངས་འགྲེལ་བསྟན་འགྱུར་སོགས་རྟེན་གསུམ་མང་དུ་བཞུགས། མགོན་ཁང་གསར་མར་མགོན་པོ་ཕྱག་བཞི་པ། ཨ་ཕྱི་ཆོས་སྒྲོན་མ། གདན་རབས་སོ་བཞི་པ་སྐྱབས་རྗེ་ཆོས་ཀྱི་བློ་གྲོས་ལ་བསམ་ཡས་ཆོས་སྐྱོང་གིས་ཕུལ་བའི་ཆོས་སྐྱོང་གི་བླ་རྡོ་གཟུངས་སུ་བཞུགས་པའི་རྟེའུ་དམར་པོའི་སྐུ་དང་། ཁྱབ་འཇུག་གི་སྐུ་བཅས་ཐོག་ཚད་མ་བཞུགས། ད་ལྟ་ཆོས་སྡེ་དེ་ཉིད་ལ་དགེ་འདུན་གྱི་སྡེ་ཚོགས་པར་མ་ཟད་ལོ་ལྟར་བསྟན་སྙིང་དང་དགོངས་གཅིག་འཆད་ཁྲིད་བྱེད་པ། གཞུང་ཆེན་མོ་གཞན་ལའང་འཆད་ཉན་བྱེད་པའི་འབྲི་གུང་བཀའ་བརྒྱུད་ཀྱི་འཆད་ཉན་གྱི་སློབ་མ་ལོ་ལྟར་ས་ག་ཟླ་བར་འདུ་བཞིན་ཡོད།

སྔར་མདའ་ནས་ཡོང་སྟེ་མཚར་དགུ་ཞེས་པ་དེར་སླེབས་པ་ཡིན། དེར་མཚར་དགུའི་སྒོ་བོ་ཞེས་པ་ཐོག་མར་རྗེ་རིག་འཛིན་ཆོས་ཀྱི་གྲགས་པར་འགྲན་པར་བྱེད་པའི་གཞི་བདག་ཅིག་ཡོད་ཅིང་། རྗེས་སུ་ཆོས་གྲགས་ཀྱིས་དམ་ལ་བཞག་པར་མཛད། གཞི་བདག་དེའི་ཆོ་འཕྲུལ་ངོ་མཚར་བ་དགུ་ལུང་པ་དེར་

ཡོད་པ་ནི།（༡）རྒྱ་ཨ་ར་པ་ཙའི་སྒྲ་སྒྲོགས་པ་དང་།（༢）རྡོའི་གཏིང་ཁུངས་ནང་དུ་ཤུག་པ་སྐྱེས་པ། （༣）ཁོ་པའི་ཞག་སྡོད་ཅེས་རྡོ་ཁོག་མ་འདྲ་བ། （༤） གསང་སྤྱོད་ཅེས་པ་ཆབ་དྲི་དངོས་སུ་ཁ་བ། （༥） རྡོའི་སྐས་མགོ་མཇུག་ལྡོག་པ། （༦）ཁོ་པའི་ཞྭ་རེད་ཟེར་བའི་རྡོ་ཞྭ་ཡི་དབྱིབས་ཅན། （༧）རྡོའི་རྟ་སྒ། （༨） རྡོའི་འཕོལ་གདན། （༩）ལུང་པའི་མདའི་གཡས་ངོས་སུ་མདའ་གཞུའི་རྗེས་བཅས་ཡོད།

ལུང་པའི་ནང་དུ་རྗེ་ཆོས་ཀྱི་གྲགས་པའི་དྲག་པོ་སྒྲུབ་པའི་གནས་ཞེས་པའི་བྲག་ཁུང་ངོ་མཚར་ཅན་ཁ་ཤར་དུ་བལྟ་བ། ཟུར་དུ་སྒྲུབ་ཆུ་བབས་པ། དབྱིབས་ཟུར་གསུམ་དང་། བྲག་དང་རྩེ་ཤིང་གི་ནགས་ཚལ་རྒྱབ་ཅིང་སྐྱེ་གཡའ་བར་བྱེད་པ་བལྟ་བས་མི་བཟོད་པ་ཡོད། མཚར་དགུའི་ཐང་དུ་རྗེ་ཆོས་ཀྱི་གྲགས་པའི་ཞབས་རྗེས་དང་། མཚར་དགུའི་སྲོ་བོའི་ཞབས་རྗེས་འདོམ་ཕྱེད་མ་བཅས་གསལ་བར་བཞུགས། དེ་ནས་ཡར་ཙམ་ན་སྐུ་གཉེར་སྣང་ཞེས་པའི་གྲོང་ཚོ་ཞིག་ཡོད་ཅིང་། དེ་ནི་གདན་རབས་བཅུ་དྲུག་པ་རིན་ཆེན་ཕུན་ཚོགས་ཀྱི་འཁྲུངས་ཡུལ་ཡིན། དེའི་ཉེ་སོགས་སུ་རྗེ་རྡོར་འི་སྐུ་རྗེས་དང་ཕྱག་རྗེས་རྡོ་བ་ལ་བཀོད་པ་དུ་མ་མཇལ་དུ་ཡོད། དེའི་ཕ་རིའི་ཉེ་ངོས་སུ་སྐྱིན་གཡས་ཞེས་པའི་བྲག་རི་གཡང་གཟར་ཅིང་ནགས་ཚལ་ཚང་ཚིང་འཁྲིགས་པ་དེར་ཤེལ་གྱི་མཆོད་རྟེན་སོགས་རང་བྱོན་འགའ་བཞུགས་པར་གྲགས། གཏམ་དཔེར། སྐྱིན་གཡས་འཕྲང་ལ་འགྲོ་མཁན་མང་། ཤེལ་གྱི་མཆོད་རྟེན་མཇལ་མཁན་དཀོན། ཞེས་གྲགས་པ་དེ་ཡིན།

དེ་ནས་ཡར་ཙམ་ཕྱིན་པས་སྣང་གསལ་དགོན་ཞེས་སྣང་གསལ་ཀུན་དགའ་ཆེ་མཆོག་གིས་ཕྱག་བཏབ་པའི་རི་ཁྲོད་གཅིག་ཡོད་པ་དེའི་ནང་རྟེན་གྱི་

གཙོ་བོ་སྣང་གསལ་ཀུན་དགའ་ཆེ་མཆོག་གི་འདྲ་སྐུ་བྱིན་ཅན། རྗེ་འཇིག་རྟེན་མགོན་པོ། ཁྱབ་འཇུག་གི་སྐུ། ཡེ་ཤེས་མགོན་པོ། བསྟན་སྲུང་ཆོས་ཀྱི་སྒྲོན་མ། ཆོས་སྐྱོང་གི་ཞལ་འབག་བཅས་དང་། གསུང་རྟེན་རྙིང་མ་བརྒྱུད་འབུམ་གྱིས་གཙོས་གསུང་རབ་བསམ་གྱིས་མི་ཁྱབ་པ་བཞུགས་ཤིང་། འདི་ནི་སྣང་གསལ་སྤྲུལ་སྐུ་རིམ་བྱོན་གྱི་བཞུགས་གནས་ཀྱང་ཡིན། ད་ལྟ་ཐོར་ཞིག་སོང་བས་གྱང་ར་ཞིག་ལས་ལྷག་མེད། སྣང་གསལ་རི་ཁྲོད་ཀྱི་ཤར་ངོས་རི་ལྡེབས་རྫ་ལ་གཟའ་ཁྱབ་འཇུག་གི་གཟུགས་བརྙན་གསལ་བར་ཡོད། སྣང་གསལ་རི་དེའི་ཤར་ངོས་སུ་ལྡེ་ཁྲག་ཐང་ངམ་སྐྱེ་གྲགས་ཐང་ཞེས་པ་ཡོད། དེའི་གོང་ཙམ་ན་གྲོགས་སྣ་ཞེས་གྲགས། རྗེ་རིན་ཆེན་ཕུན་ཚོགས་ཀྱི་སྐུ་དུས་སུ་རྒྱ་མ་དགེ་སློང་ཞེས་པ་ཞིག་རིན་ཆེན་ཕུན་ཚོགས་ཀྱི་དྲུང་དུ་ཆོས་ཞུར་འགྲོ་སྐབས། ས་ཆ་དེར་ལམ་འགྲུལ་ཞིག་ཐུག་པར་ཕན་ཚུན་ཚོང་གི་གཏམ་དྲིས་པས་རྒྱ་མ་དགེ་སློང་ལ་ཕྱི་བྲི་གང་དང་། ལམ་འགྲུལ་དེར་འབྲས་ཐང་ཁྱུག་གང་ཡོད་པས། ལམ་འགྲུལ་དེས་ཕྱི་དང་འབྲས་བརྗེའམ་ཟེར་བས་རྒྱ་མའི་དགེ་སློང་གིས་དེ་ཡག་པོ་བྱུང་། སྤྲུབ་རྒྱགས་ལ་ཕྱི་ལས་འབྲས་ཡུན་རིང་བས་དེ་གྲོགས་ཡིན་དགོངས་ཏེ་བརྗེས་པས་ཕྱིས་ས་དེར་གྲོགས་སྣ་ཞེས་གྲགས་སོ། དེ་ནས་ཡར་ཙམ་ཕྱིན་པ་ན་བྱ་གར་ཞོལ་ཞེས་པའི་ཐང་ཆུང་ཞིག་ཡོད་པ་ནི། སྔར་རྗེ་སྐྱོབ་པ་རིན་པོ་ཆེ་ཐོག་མར་ཕེབས་སྐབས་ས་ཆ་དེར་འདབ་ཆགས་རྣམས་ཀྱིས་གར་གྱི་མཆོད་པ་ཕུལ་བས་བྱ་གར་ཞོལ་ཞེས་གྲགས། གཞན་ཡང་ཆུ་ཕ་རིའི་གཤམ་གྱི་ལུང་པ་བྱ་གྲགས་ཞེས་པ་ཆོས་རྗེ་སྐྱོབ་པ་ཕེབས་སྐབས་བྱ་ཁུ་བྱུག་གི་སྒྲ་ཐོག་མར་གྲགས་པས་བྱ་གྲགས་དང་། ངུར་ཞེས་པ་རྗེ་སྐྱོབ་པར་གནས་ལུང་སྟོན་མཁན་གྱི་འབྲི་ཡིས་ས་དེར་ངུར་བས་ངུར་ནང་ཞེས་ཟེར་སྲོལ་ཡོད།

## ༡༨ ཉི་མ་ལྷུང་ར་བཤད་གྲྭ

འབྲི་གུང་ཐེལ་དང་ཞྭ་ལྷ་ཁང་དུ་འགྲོ་སའི་གསུམ་མདོར་ཉི་མ་ལྷུང་ར་བཤད་གྲྭའི་ཁང་ཤུལ་ཡོད། ཆོས་གྲྭ་འདི་ནི་འབྲི་གུང་གདན་རབས་སོ་ལྔ་པ་སྐྱབས་རྗེ་ཞི་བའི་བློ་གྲོས་ཀྱིས་རབ་བྱུང་བཅུ་ལྔ་པའི་ཆུ་ཕག་སྤྱི་ལོ་༡༨༢༣ ལོར་ཕྱག་བཏབ། དེ་སྔ་ཆོས་སྡེའི་འདུ་ཁང་ནང་དུ་ཐུབ་དབང་ལོངས་སྤྱོད་རྫོགས་སྐུ་སོགས་སྐུ་རྟེན་དང་གསུང་རྟེན་རྒྱལ་བའི་བཀའ་འགྱུར་རིན་པོ་ཆེ་སོགས་དང་། གཞན་ཡང་གཞུང་ཆེན་མོ་རྣམས་ཀྱི་པར་ཤིང་ཆ་ཚང་དང་། གླིང་སྒྲིང་འདོན་ཆའི་དཔར་ཤིང་བཅས་བཞུགས། སློབ་མའི་ཡོང་ཁུངས་ནི་ཡང་རི་སྒར་དང་། འབྲི་གུང་ཐེལ། ཀ་ཚལ་དགོན་སོགས་འབྲི་གུང་བཀའ་བརྒྱུད་ཀྱི་དགོན་སྡེ་ཁག་གཙོས་དབུས་གཙང་དགོན་སྡེ་ཁག་གཅིག་གི་སློབ་མ། དེ་བཞིན་བལ་ཡུལ་དང་། འབྲུག་པ་སོགས་ཆོས་ཕྱོགས་གཞུང་ཆེན་སློབ་གཉེར་བྱེད་སའི་བཤད་གྲྭ་ལྟེ་གནས་ཤིག་ཡིན། དེའང་འདུ་ཁང་ཀ་བ་བཅུ་དྲུག་ནང་བཀའ་ཆོས་གསན་རྗེས་སྐྱོར་སྦྱོང་ཁང་ནང་སྐབས་ཡང་སྐྱོར་དཔོན་གྱིས་ཁྲིད་སྐྱོར་བསྐྱོན། དེ་ནས་སྤྱང་དང་ཉི་མ་དྲ་ས་སོགས་སུ་ཚོ་ཚོ་བྱས་ནས་བགྲོ་གླེང་དང་། སྐབས་ཡང་དགེ་རྒན་ལ་བཀའ་འདྲི་ཞུས་ཏེ་གཏིང་དཔོག་པར་བྱེད། དེ་ནས་དགོང་དྲོ་སྲོད་འཁོར་སྟ་ཆར་དགེ་སྐྱུལ་དང་ལག་རྒྱུག་པས་བསྐོར་གཡེང་བྱེད། གྲྭ་ཤག་ནང་སོལ་མེ་ལས་ཐབ་སྦྱོར་མི་ཆོག རུང་ཁང་ནང་མ་བྱུན་གཉིས་ཡོད་པས་གསོལ་ཇ་དུས་ཐོག་ཏུ་བཏང་རྗེས། ཁོག་ལྷིར་མེ་ཐོར་འཕྱེར་ཏེ་ཇ་དང་མེ་འདག་འཐེན་དགོས། ཞོགས་པ་ཐོ་རེངས་ནས་བཞུན་མར་སྤྱར་ཏེ་ཉི་དྲོད་བར་སྐྱོར་སྦྱང་བྱེད་དགོས། དེ་ནས་འཁར་ཇ་བཏུང་རྗེས་བཀའ་ཆོས་ཚོགས། དེ་ལྟར་ལོ་ལྔ་སློབ་གཉེར་བྱས་ན་ཉི་ལྷུང་བཤད་གྲྭ་ཐོན་པ་ཡིན།བཤད་གྲྭ་དེ་ནས་ཐོན་པའི་སློབ་མ

རྣམས་རང་རང་གི་དགོན་སྡེར་ཕེབས་རྗེས་ཆོས་ཕྱོགས་ཀྱི་བྱ་བ་རྒྱ་ཆེར་སྤེལ་ནུས་པའི་བླམ་སྐྱེས་ཆེན་དམ་པ་མང་དུ་བྱུང་བ་ལགས་སོ།

## ༡༥ སྨན་རྩེ་དགོན།

ཉི་མ་ལྷུང་རྫ་ཤར་སྤྲང་མདའ་སྨད་གྲོང་ཚོའི་ཁོངས་སུ་གནས་པའི་སྨན་རྩེ་དགོན་ནི། འབྲི་གུང་སྨན་རྩེ་སྤྲུལ་སྐུས་དུས་རབས་བཅུ་གཅིག་གཡས་གཡོན་དུ་ཕྱག་བཏབ་པ་དང་། སྨན་རྩེ་དགོན་གྱི་ལོ་རྒྱུས་ཞིབ་པ་འཁོད་པའི་ཡིག་ཆད་ལམ་མཇལ་རྒྱུ་མི་འདུག་ཀྱང་། དེ་སྔ་བོད་ས་གནས་སྲིད་གཞུང་གིས་དབུས་ཁུལ་དགོན་ཁག་གཞུང་ཁྲའི་ནང་དགོན་གནས་འདིར་བཙུན་མ་གྲངས་བཞི་བཅུ་ཡོད་པ་གསལ་བས་དགོན་པའི་གཞི་རྒྱ་ཆེ་ཙམ་ཡོད་ཚོད་འདུག སྤྱི་ལོ་༡༩༨༤ལོར་དགོན་འདི་ཉམས་གསོ་བྱས་ཤིང་། ད་ལྟ་དགེ་ལུགས་པ་ཕྱག་བཞེད་མཛད་ཀྱི་ཡོད།

## ༡༦ ཆོས་ལུང་ཆོས་སྡེ།

ཉི་མ་ལྷུང་རྫ་ནས་ཤར་ངོས་སུ་སྤྱི་ལི་བཞི་ཙམ་གྱི་སར་ཆོས་ལུང་མདོ་རྒྱུད་བྱང་ངོས་ཀྱི་རི་ཁུག་ཏུ་བཙུན་དགོན་དེ་མཇལ་རྒྱུ་ཡོད། གནས་མཆོག་དཔལ་ཆོས་ལུང་དགོན་པའི་ངོ་མཚར་གནས་ཀྱི་བཀོད་པ་ནི། ཕྱི་ལྟར་ན་གནམ་ས་རྒྱ་ཅིན་གཞུ་དབྱིབས་ཅན་ལ། རྒྱབ་རི་བྲག་ཆེན་གཞོག་པ་བརྐྱང་འདྲ། གཡས་རི་སྟག་མོ་ངར་འདྲ། གཡོན་རི་སེང་ཆེན་འགྱིང་འདྲ། མདུན་རི་ནོར་བུ་སྤུངས་འདྲ། དབུས་རི་རྒྱལ་མཚན་འཕྱར་འདྲ། མཐའ་བསྐོར་དུ་དྲི་ཞིམ་འབྲུ་ཤུག་དང་སེ་བ་སོགས་མེ་ཏོག་འབྲས་ཅན་གྱི་སྨན་རིགས་སྣ་ཚོགས་ལྷུན་སྟུག་པ། བྱ་ཚོགས་ཀྱིས་མགྲིན་སྙན་ལེན་ཞིང་། རི་དྭགས་སྣ་ཚོགས་ཀྱི་རྩེད་བྲོ་འཁྲབ་པ། མདུན་ཐང་རབ་མཛེས་སྤང་ལྗོངས་ཀྱི་སྟེང་དུ། དབྱིབས་མདོག་དང་དྲི་ཞིམ་མི་

འདྲ་བའི་འདབ་ལྷན་མེ་ཏོག་རྣམས་ཀྱིས་དགའ་བའི་མགོ་སྙོག་ལྡེམ་ཞིང་ར་ཡིག་གཉིས་པས་སྐན་དབྱངས་ཁྲོལ་བ། དྭངས་གཙང་ཉལ་འགྲོས་ལྡུང་སྒྲ་སྒྲོག་པས་རི་མཐོ་ས་གཙང་ཁོར་ཡུག་ཏུ་ཅང་མཛེས་ཤིང་། མཁའ་རླུང་གཙང་བ་སོགས་རང་བྱུང་གནས་ཀྱི་བཀོད་པས་སྐྱེ་བོ་རྣམས་ཀྱི་ཡིད་དབང་མེད་དུ་འགུགས། ནང་དག་པ་ཡེ་ཤེས་རང་སྣང་ལས་གྲུབ་པའི་དཀྱིལ་འཁོར་རྒྱ་མཚོའི་གཞལ་མེད་ཁང་དུ་རྒྱལ་སྲས་རིགས་གསུམ་མགོན་པོའི་ལྷ་ཚོགས་དང་། ཨོ་རྒྱན་སངས་རྒྱས་གཉིས་པ་ལ་དཔའ་བོ་མཁའ་འགྲོ་ཆོས་སྐྱོང་ནོར་ལྷའི་ཚོགས་ཀྱིས་བསྐོར་ཏེ་བཞུགས་ཤིང་། བྱིན་གྱིས་བརླབས་པས་གནས་དེར་ཕྱིན་པ་ཙམ་གྱི་བྱམས་སྙིང་རྗེ་བྱང་ཆུབ་ཀྱི་སེམས་སོགས་རྣམ་དཀར་དགེ་བའི་རྟོགས་པ་རང་རྒྱུད་ལ་སྐྱེ་བ། ལས་བཞི་སྤྱིར་དང་བྱེ་བྲག་དབང་གི་ལས་ཚོགས་ཡིད་བཞིན་དུ་འགྲུབ་པའི་གནས་མཆོག་ཁྱད་པར་ཅན་འདི་ནི། འབྲི་གུང་བཀའ་བརྒྱུད་ཀྱི་སྲོལ་འབྱེད་ཆེན་པོ་སྐྱོབ་པ་འཇིག་རྟེན་གསུམ་མགོན་གྱི་ཐུགས་སྲས་གཉོས་འགར་ཆོས་གསུམ་གྱི་ཡ་གྱལ་ཆོས་སྐུ་རིན་པོ་ཆེས་བླ་མའི་བཀའ་བཞིན་དུ། སྤྱི་ལོ་༡༢༥༩ལོར་སྒྲུབ་སྡེ་ཆུང་ངུ་ཞིག་བཏབ་ཅིང་ཕྱག་རྫོགས་དབྱེར་མེད་ཉམས་ལེན་གནང་བའི་ཚོགས་པ་བསྐྲུངས་པས། བླ་མའི་མཚན་དང་མཐུན་པར་ཆོས་ལུང་དགོན་ཞེས་ཡོངས་སུ་གྲགས། རྗེས་སུ་གཡུ་སྒྲ་སྙིང་པོའི་སྐྱེ་བར་གྲགས་པ་འབྲི་གུང་གཡུ་སྒྲ་རིན་པོ་ཆེ་གནས་འདིར་ཕེབས་ཏེ་དགོན་པ་རྒྱ་བསྐྱེད་དང་བཙུན་མའི་སྡེ་བཙུགས། སྤྱིར་ས་དགེ་བཀའ་རྙིང་གྲུབ་མཐའ་རིས་རིས་མེད་ཀྱི་མཁས་གྲུབ་དམ་པ་རྣམས་ཀྱིས་གཞུང་ལུགས་ཟབ་མོ་དག་ལ་ཐོས་བསམ་བསྒོམ་གསུམ་མཛད་པ་སྨོས་མེད་དང་། ཁྱད་པར་དུ་འབྲི་གུང་སྐྱོབ་པ་འཇིག་རྟེན་མགོན་པོ་ཉིད་ཀྱིས་ཡབ་ཆེན་མདུན་ནས་རྙིང་མའི་ཆོས་བསྐོར་མང་དུ་གསན་ཞིང་ཕྱག་རྫོགས་ལྷབས་སྦྱོར་དབྱེར་

མེད་ཉམས་ལེན་གནང་བར་བརྟེན། འབྲི་གུང་བཀའ་བརྒྱུད་ཀྱི་དམ་པའི་སྐྱེས་ཆེན་ཚང་མ་སྔ་འགྱུར་རྙིང་མའི་ཆོས་སྐོར་ལ་ཐུགས་དད་ཆེ་བ་མ་ཟད། འོད་གསལ་རྫོགས་པ་ཆེན་པོ་ཉམས་ལེན་གནང་མཁན་ཡིན་གཤིས། མཁས་གྲུབ་གཡུ་སྒྲ་རིན་པོ་ཆེས་ཀྱང་དགོན་འདིར་ཡང་ཟབ་ཉམས་ལེན་བྱེད་པའི་སྲོལ་གཏོད། དེའི་རྗེས་སུ་ཡོངས་ཀྱི་བཤེས་གཉེན་དམ་པ་མཁས་གྲུབ་ཆེན་པོ་ར་ཏོར་དཔལ་ལྡན་ཆོས་ཀྱི་གྲགས་པ་གནས་འདིར་གདན་བཞུགས་གནང་སྟེ། བཀའ་རྙིང་ཟུང་འབྲེལ་གྱིས་གདན་ས་བསྐྱངས། ཉི་ལྷང་ནས་སྲིབ་ངོས་ཀྱི་མང་རའི་ལམ་རྒྱུད་དེར་ཡར་ཙམ་ཕྱིན་པ་ན་གཙང་འགྲམ་དུ་ཕ་བོང་ཆེན་པོ་ཞིག་ཡོད་པ་དེ་དགོན་འདིའི་སྲ་སྲུང་དང་པོ་ཡིན་གསུངས། དེ་དང་ཉེ་བའི་བྲག་ངོས་སུ་རྒྱལ་སྲས་རིགས་གསུམ་མགོན་པོ་དང་ཨོ་རྒྱན་སངས་རྒྱས་གཉིས་པའི་རང་བྱོན་ཡོད། དེ་ནས་ཡར་ཙམ་ཕྱིན་ན་ཆོས་བྲག་ཁྱུང་ཞེས་ཆོས་དཔེ་བརྩེགས་པ་ལྟ་བུའི་ཕ་བོང་འོག་ཏུ་བྱིན་བརླབས་ཞུ་སའི་ཁྱུང་བུ་ཡོད་པ་དེ་སྲ་སྲུང་གཉིས་པ་ཡིན་གསུངས། འདི་ཡན་གྱི་རྡོ་རྣམས་སྟོན་སྐྱུན་སྔ་གྲགས་པ་འབྱུང་གནས་ཀྱིས་རྗེ་བཙུན་སྒྲོལ་མ་ལ་གསོལ་བ་བཏབ་སྟེ་ཏོར་དམག་ལ་ཕབ་པའི་རྡོ་ཆར་གྱི་ཆ་ཤས་ཡིན་པར་གྲགས། ( ལ་བདུན་ཞེས་ཀྱང་གྲགས) གདན་རབས་བཅུ་དྲུག་པ་རྒྱལ་དབང་གནམ་ལྷུགས་མི་འབར་གྱིས་མངའ་རིས་རིག་འཛིན་བདུད་འཇོམས་རྡོ་རྗེ་སོགས་ལས་བརྒྱུད་པའི་སྨྱུང་ལུགས་བཀའ་བརྒྱུད་བདེ་འདུས་ཀྱི་དབང་དང་། ཀ་འཆམ་བཀའ་ཆོས་ཆེན་མོ་ཐོག་མར་ཚུགས་པའི་ས་ཕྱོགས་ཀྱང་དེར་ཡིན། ( འབྲི་གུང་སྤྱལ་མོ་བཀའ་ཆོས་ ) ལ་བདུན་བདེ་སྐྱིད་སྨོན་པ་ཐང་ཆེན་ཞེས་གྲགས། ལ་བདུན་ཐང་ལ་འགྲོ་མཁན་མང་སྟེ་གསེར་གྱི་གཉའ་ཤིང་ས་མཁན་དཀོན་ཞེས་བྲག་ཕུག་གཅིག་ནང་གསེར་གྱི་གཉའ་ཤིང་གི་རང་བྱོན་ཡོད་

པར་གྲགས། དེ་ནས་ཡར་སོང་བས་སྡོན་ཆོས་ཚན་ཞིག་ས་འོག་ནས་ཐོན་པ་དེར་ཁ་བྱང་མེད་པས་ཆོས་ལྷུགས་པ་ཞེས་མཚན་དུ་ཆགས། དེའི་ཤུལ་དུ་ཆུ་ཞིག་བྱུང་བས་ཆོས་མིང་དེ་ལ་ཐོགས་ནས་མི་རྣམས་ཀྱིས་ཆུ་ལྷུགས་པ་ཟེར། དེའི་ཡར་ཙམ་ན་མ་ལྷང་ཞེས་མ་ཎི་སོགས་གཟུངས་སྔགས་སྣ་ཚོགས་ལས་གྲུབ་པའི་རྡོ་ཕུང་རིང་པོ་ཞིག་ཡོད། དེའི་འོག་ཏུ་ཕ་བོང་ཆེན་པོ་ཞིག་ཡོད་པ་དེ་སྒོ་སྒྲུང་གསུམ་པ་ཡིན། དེའི་ཡར་ཙམ་ན་ཤིང་རིགས་སྣ་ཚོགས་ལས་གྲུབ་པའི་ཤིང་ཕུང་ངོ་མཚར་ཅན་ཞིག་ཡོད་པས། ཆུ་དེ་ནས་ནད་རིགས་སྤྱི་དང་འདུས་ནད་སྨུག་པོའི་ནད་ལ་ཤིན་ཏུ་ཕན་པར་གྲགས། དགོན་པའི་གཡས་ངོས་སུ་བྲག་རི་ངག་གི་ལྷ་མོའི་པི་ཝང་གི་དབྱིབས་ཅན་དབུས་ཏུ་ཟན་ཡང་བྲག་ཅེས་བྱ་བ་དེ་ཡོད། དེའི་ངོས་སུ་ཨོ་རྒྱན་པདྨ་འབྱུང་གནས་དང་། བི་མ་མི་ཏྲ། ལོ་ཆེན་རོ་ཙ་ན། ཉང་བན་ཏིང་འཛིན་བཟང་པོ། གནས་ལྷན་མ་ལྷུན་རྒྱལ། ཀློང་ཆེན་རབ་འབྱམས་སོགས་རིས་མེད་མཁས་གྲུབ་དུ་མ་རིམ་པར་བཞུགས་པའི་སྒྲུབ་ཕུག་སྒྲུབ་ཆུ་དང་བཅས་ངོ་མཚར་ཅན་ཡོད། དེ་ནས་ཚུར་ལོག་སྟེ་བསྐོར་ལམ་དུ་ཡར་ཙམ་ཕྱིན་ན་མཁས་གྲུབ་ཆོས་གྲགས་རིན་པོ་ཆེས་ཕྱག་བཏབ་པའི་ཚ་ཚ་ཁང་ཡོད། དེ་ནས་གླིང་བསྐོར་ལམ་དུ་ཕར་ཙམ་སོང་ན་བྱ་ཁྱུང་རང་བྱོན་ཞིག་གི་འོག་ཏུ་རུས་སྦལ་ཁ་གྱེན་དུ་སློག་པ་ཞིག་ཡོད། དེ་ནི་ཀླུ་ནད་ཀྱི་གཉེན་པོ་ཡིན་པར་གྲགས། ལམ་འོག་ཏུ་ཡུལ་ལྷའི་ཆིབས་སྒ་ཞེས་རྡོ་ཡི་རྟ་སྒའི་རང་བྱོན་གསལ་བ་ཡོད། དེའི་ཕར་ཙམ་ན་བྲག་སྒོ་དམར་པོ་ཞིག་དང་། འོག་ཏུ་རྟེན་མཁར་ཞིག་ཡོད་པ་འདི་ནི་བཙན་རྒོད་རོལ་བ་རྒྱ་བདུན་གྱི་སྐུ་མཁར་ཡིན་ཞིང་གནས་འདིའི་སྲུང་མ་གཙོ་བོ་ཡང་ཙིའུ་དམར་ཡིན་པར་མངོན། དེ་ནས་མར་ཡོང་བའི་གཡས་ཕྱོགས་ཀྱི་རི་ལྡེབས་སུ་ཕ་བོང་ཞིག་གི་སྟེང་དུ་སྐུ་མཁར་ཞིག་ཡོད་པ་ནི་ཕྱོགས་འདིའི་

ཡུལ་ལྷ་ཨ་མ་འབོན་ཞེས་པ་དེ་ཡིན།

སྔོན་འདུ་ཁང་ཀ་བ་བརྒྱད་ཀྱི་ནང་རྟེན་གཙོ་སྐྱབས་པ་རིན་པོ་ཆེའི་འདྲ་སྐུ་མདའ་ཚད་མ་དང་། ཕག་གྲུ་རྡོ་རྗེ་རྒྱལ་པོའི་འདྲ་སྐུ་གསུང་བྱོན་མ་སོགས་རྟེན་དང་བརྟེན་པ་དུ་མ་ཡོད་ནའང་། རིག་གནས་གསར་བརྗེའི་སྐབས་ཕལ་ཆེར་ལྷག་མེད་དུ་སོང་། སྤྱི་ལོ་༡༨༢༣ལོར་སྐྱབས་རྗེ་མདོ་སྔགས་དར་རྒྱས་མཆོག་གིས་ཐུགས་རྗེའི་བདག་རྐྱེན་དང་། བཙུན་མ་དཀར་མ་ལྷ་མོ་དང་བསོད་ནམས་པད་མོ་སོགས་འདུས་ཚོགས་ཡོངས་ཀྱིས་ངལ་བ་ཁྱད་གསོད་དང་། ལྷ་སྦྱུགས་རུ་ཐོག་འབྲོག་སྡེ་ནས་སྦྱིན་བདག་དཀོན་མཆོག་ཚེ་བརྟན་སོགས་ཕྱོགས་ཡོངས་ཀྱི་ལྷག་བསམ་དཀར་ཞིང་དད་འདུན་ཆེ་བའི་སྦྱིན་བདག་རྣམས་ཀྱི་རོགས་རམ་འོག་ཕྱིའི་འདུ་ཁང་དང་ནང་རྟེན་ཚེ་དཔག་མེད་དང་། མཁན་སློབ་ཆོས་གསུམ། ཀུན་མཁྱེན་འཇིགས་མེད་གླིང་པ། ཀློང་ཆེན་རབ་འབྱམས་པ་སོགས་ཀྱི་འདྲ་སྐུ་བཞེངས་ཡོད། དགོན་པའི་དཀྱིལ་ན་དབྱིབས་ཟླ་གམ་ཡིན་པའི་ཁང་ཚང་ཞིག་ཡོད། དེ་ནི་མཁས་གྲུབ་ཆེན་པོ་དཔལ་ལྡན་ཆོས་ཀྱི་གྲགས་པས་སྐུ་ཚེ་རྫོགས་པར་བཤད་སྒྲུབ་གནང་ས་ཡིན་པའི་ཆ་ནས་དགོན་འདིའི་ད་ཡོད་རྟེན་གཙོའི་གྲས་ཤིག་ཡིན།

ད་ཡོད་བཙུན་མ་རྣམས་ཐུགས་འདུན་ཁྲིམས་གཙང་དང་། རང་ནུས་གང་ཡོད་ཀྱིས་སྔར་གྱི་ཕྱག་བཞེས་བཟང་པོ་མི་ཉམས་པར་བཀའ་སྙིང་ཟུང་འབྲེལ་གྱིས་ཐོས་བསམ་སྒོམ་གསུམ་གྱིས་ལས་སུ་བཞུད་བཞིན་མཆིས།

༡༧ འོད་སྣ་ཆོས་སྡེ།

ཐང་སྐྱ་ཤང་འོད་སྣ་གྲོང་ཚོར་ཡོད་པའི་འོད་སྣ་ཆོས་སྡེ་ཞེས་པ་ནི། སྤྱི་ལོ་༡༣༢༩ལོར་གཡག་སྡེ་པཎ་ཆེན་གྱི་སློབ་མ་ཨེ་ཕམ་གྱི་གདན་ས་པ་ཆོས་རྗེ་མགོན་

པོ་ཡེ་ཤེས་ཀྱིས་ཕྱག་བཏབ་གནང་མཛད། དེ་སྟུགས་དགོན་ལྷ་ས་རྒྱུད་སྟོད་པ་དང་ཉེ་ཞིང་། གྲྭ་རྒྱུན་རྣམས་སློབ་གཉེར་བྱེད་དུ་དགའ་ལྡན་དགོན་ཉང་རོང་ཁང་ཚན། འབྲས་སྤུངས་བློ་གསལ་གླིང་གྲྭ་ཚང་། སེ་ར་བྱེས་གྲྭ་ཚང་རྣམས་སུ་འགྲོ། དགེ་འདུན་ཞལ་གྲངས་བརྒྱ་དང་ཉེ་ཤུ་རྩ་དྲུག་སྐོར་ཡོད་པ་《བོ་སེར་》ལས་གསལ། རིག་གསར་སྐབས་རྩ་གཏོར་སོང་བ་དང་ཕྱིས་སྤྱི་ལོ་༡༩༨༥ ལོར་བླ་ཆེན་གྲགས་ལྷ་ལགས་ཀྱིས་གཙོ་མཛད་ཉམས་གསོ་གནང་བ་དང་། ལྷ་སྲུང་མཆོད་དྲག་ཞི་དྲག་གཉིས་ཡིན་ལ་རྟེན་གཙོ་ནི་རྒྱལ་བ་ཡེ་ཤེས་མགོན་པོ་ཡིན།

འོད་སྣ་དགོན་པ་དང་རྫོང་ཞོལ་བར་རྒྱུགས་པའི་ལྷ་ས་གཙང་པོར་འོན་སྣ་ལྕུགས་ཟམ་ཞེས་པ་ཞིག་ཡོད་པ་དེ་ནི་གྲུབ་ཆེན་ཐང་སྟོང་རྒྱལ་པོས་བརྩུགས་པར་གྲགས། ལྕུགས་ཟམ་དེས་ལོ་རྒྱུས་ཐོག་ལོ་བརྒྱ་ཕྲག་འགའ་ཤས་རིང་མང་ཚོགས་ཕན་ཚུན་འགྲོ་འོང་བྱ་རྒྱུར་ཕན་ཐུས་ཐོན་པའི་འབྲེལ་འགྲུལ་གྱི་ཆ་རྐྱེན་བསྐྲུན་ཡོད་ཅིང་། དེ་ནི་སྔ་རབས་བོད་རིགས་མི་དམངས་ཀྱི་ངོ་མཚར་ཆེ་བའི་ལག་རྩལ་ཤུལ་བཞག་ཅིག་ཡིན།

## ༡༨ ཐང་སྐྱ་དགོན།

ཐང་སྐྱ་དགོན་གནས་འདི་ཉིད་བར་དབུས་གཙང་ཏུ་བཞི་ལས་དབུས་ཀྱི་སའི་ཆ་དབུ་རུ་སྟོད་(དེང་ཐང་སྐྱ་ཤང་མོ་གྲོང་གྲོང་ཚོ་)དུ་མཆིས་ཏེ། སྟར་ཀྱི་སྲིད་འཛིན་ས་ཁོངས་ནི་བོད་ཁྲི་སྐོར་བཅུ་གསུམ་གྱི་ནང་ཚན་རྒྱ་མ་ཁྲི་འོག་ཏུ་ཡིན་ཞིང་། ད་ལྟ་ནི་མལ་གྲོ་གུང་དཀར་རྫོང་ཁོངས་ཐང་སྐྱ་ཤང་དུ་ཡོད། དེ་ནི་ལྷ་ས་ནས་ཤར་ཕྱོགས་སུ་སྤྱི་ལེ་བརྒྱད་ཅུ་ལྷག་ཙམ་ཞིག་གི་སར་གནས་པའོ། “དགོན་གནས་འདིའི་མཚན་ལ་ཐང་སྐྱ་དང་ཐང་སྐྱབས་ཞེས་པའི་བརྗོད་སྒྲོལ་མི་འདྲ་བ་གཉིས་མཆིས་ཏེ། སྟར་དགོན་འདིར་ཆོས་ཕྱུགས་མཛད་སྒྲོང་ཡོད་

པའི་བགྲེས་སྒྲོང་དང་ཡུལ་གྱི་རྒན་རྒོན་ཁག་ཅིག་གི་ཞལ་རྒྱུན་གསུང་འགྲོས་ལྟར་ན། སྔར་དགོན་གནས་འདིར་ཚལ་དགོན་པ་ཞེས་ཤིང་སྡེན་མའི་ཚལ་གྱི་དབུས་སུ་གནས་པ་ན་དེ་ལྟར་བརྗོད། འོན་ཀྱང་དུས་ཕྱིས་ཇུན་གར་གྱིས་དམག་དྲངས་ནས་སྡེན་མ་མེར་བསྲེགས་པ་སོགས་དགོན་པ་འཛིག་ལ་ཁད་པའི་ཚེ། དགོན་འདིའི་དཀོན་གཉེར་ཞིག་གིས་མགོན་པོ་བེང་གི་ཞལ་ཐང་བྱིན་ཅན་ཞིག་ཡོད་པ་དེ་ཐོག་སྟེང་ནས་དགྲ་ཕྱོགས་སུ་གཡབ་པའི་སྐབས་མེ་རྣམས་རང་སར་ཞི་བ་སོགས་ལ་བརྟེན་དགོན་གནས་འདིར་ཐང་སྐྱབས་ཞེས་བརྗོད་ཟེར་ཡང་། དོན་ལ་བརྟག་པའི་ཚེ་ཇུན་གར་ཚེ་དབང་རབ་བརྟན་གྱིས་དམག་དྲངས་པའི་དུས་ནི་སྤྱི་ལོ་༡༧༡༨ནས་༡༧༡༩བར་ཡིན་ཞིང་། དེའི་སྔ་རོལ་ནས་ཐང་སྐྱ་ཞེས་སྡེ་སྲིད་སོགས་ཀྱིས་གསལ་བར་གསུངས་ཡོད་ལ། སུམ་པ་ཡེ་ཤེས་དཔལ་འབྱོར་སོགས་ཕྱིས་ཀྱི་མཁས་པ་དག་གིས་ཀྱང་ཐང་སྐྱ་དགོན་ཞེས་པ་ལས་ཐང་སྐྱབས་ཞེས་གསུང་རྩོམ་དུ་འཁོད་པ་ཁོ་བོས་མ་མཐོང་ལ་ལོ་ཚིགས་དང་ཧ་ཅང་འགལ་ཆེ་ཞིང་། སྡེ་སྲིད་སོགས་ཀྱང་ཐ་སྙད་ཙམ་ལའང་འཕྲུལ་བའི་རྒྱུར་གྱུར་པས་ཐང་སྐྱབས་ཞེས་འབྲི་བའི་སྒྲིབས་པ་དང་བྲལ། འོ་ན་ཐང་སྐྱ་ཞེས་གང་གི་སྒོ་ནས་བཏགས་སམ་ཞེ་ན། དགོན་འདིའི་གནས་ཡུལ་ཐང་འོད་ཆེ་ལ་མདོག་སྐྱ་བ་ཞིག་ཡིན་པས་ན་ཡུལ་གྱི་མིང་ལ་ཐང་སྐྱ་དང་དགོན་འདིར་ཐང་སྐྱ་དགོན་ཞེས་བརྗོད་པ་མིན་ནམ་སྙམ་པས་དེར་བློ་ལྡན་རྣམས་ཀྱིས་དཔྱད་པར་བྱའོ།” (《བོད་ལྗོངས་ནང་བསྟན་》༢༠༠༩དུས་དེབ་༡༦༧༢) དེ་ཡང་སྤྱི་ལོའི་དུས་རབས་བདུན་པའི་ནང་བཙན་པོ་སྲོང་བཙན་སྒམ་པོས་མཐའ་འདུལ་ཡང་འདུལ་གྱི་གཙུག་ལག་ཁང་རྣམས་གསར་འདེབས་མཛད་སྐབས་དང་དུས་མཉམ་དུ་རྒྱབ་རི་ལྷུན་ཆགས་རི་བོས་བསྐོར་ཞིང་མདུན་ངོས་སུ་ལྷ་སའི་སྐྱིད་ཆུ་ཤར་

ཤང་གི་སྒྲ་དང་བཅས་ཡོན་ཆབ་ཀྱི་རྩོལ་དུ་དལ་བུས་རྒྱུ་བས་གནས་འདིར་ཉེ་མ་ལྷ་ཁང་ཞེས་པ་ཞིག་ཕྱག་བཏབ་པར་གྲགས་ཤིང་། མཁས་དབང་འགའ་ཞིག་གིས་མཐའ་འདུལ་ཡང་འདུལ་གྱི་ལྷ་ཁང་གི་གྲས་སུ་བགྲངས་པ་དང་། དུས་རབས་བཅུ་པའི་ནང་གླུ་མེས་ཀྱིས་ཞིག་གསོ་མཛད་དེ་དགེ་འདུན་གྱི་སྡེ་བཙུགས། ཇོ་བོ་རྗེ་དཔལ་ལྡན་ཨ་ཏི་ཤའི་སློབ་མ་སྤྱན་སྔ་ཚུལ་ཁྲིམས་འབར་དབུས་སྟོད་སྨྱུག་རུམ་དང་། བྱ་ཡུལ། ཐང་སྐྱ་དགོན་དེ་ཉིད་སོགས་སུ་འགྲོ་བའི་དོན་མཛད་ནས་བཞུགས། དེ་ནས་སྤྱན་སྔ་ཚུལ་ཁྲིམས་འབར་གྱི་སློབ་མ་སྨྱུག་རུམ་བརྩོན་འགྲུས་གནས་དེར་འགྲོ་དོན་རྒྱ་ཆེར་སྤེལ་ཞིང་སྐུ་ཚེའི་སྨད་རོལ་དུ་ཐང་སྐྱ་དགོན་འདིར་བཞུགས་ཤིང་། དགོན་འདིའི་དབུ་རྩེའི་ལྷ་ཁང་གསར་མ་ཡང་བཞེངས་པ་དང་། དེ་དུས་དགོན་གནས་འདི་ཉིད་བཀའ་གདམས་རྙིང་མའི་རིང་ལུགས་འཛིན་པའི་གནས་སུ་གྱུར། དེ་ནས་ལོ་ངོ་སུམ་བརྒྱ་ལ་ཉེ་བ་ཞིག་འདས་པ་ན་ཀུན་མཁྱེན་ཇོ་ནང་པ་ཆེན་པོ་དབུས་གཙང་གི་དགོན་སྡེ་ཕལ་མོ་ཆེར་གྲྭ་སྐོར་མཛད་ཅིང་དད་ལྡན་སེར་སྐྱ་རྣམས་དམ་ཆོས་བདུད་རྩིས་འཚོམས་པར་མཛད་ལ། སྐབས་དེར་དགོན་འདིའི་འདུལ་སྡེ་རྣམས་ཀྱིས་དམ་པ་འདིའི་ཞབས་ལ་གཏུགས་ནས་མདོ་རྒྱུད་ཀྱི་དབང་ལུང་ཁྲིད་སོགས་གསན་ནས་དགོན་འདི་ཉིད་ཀྱང་ཇོ་ནང་པའི་རིང་ལུགས་སུ་གྱུར། དེ་ནས་སྤྱི་ལོ་༡༤༤༠ ལས་མས་སུ་སེམས་དཔའ་ཆེན་པོ་བློ་གྲོས་རྒྱལ་མཚན་གནས་འདིར་ཞབས་བཅགས། དམ་པ་འདི་ཉིད་འཇམ་མགོན་བླ་མ་སོགས་སྐྱེས་ཆེན་མང་པོའི་ཞབས་ལ་གཏུགས་ནས་བྱང་ཆུབ་ལམ་རིམ་ཐུགས་ཉམས་སུ་བསྣར་བས་ཕྱིའི་ཀུན་སྤྱོད་ཞི་ཞིང་དུལ་བས་འཕགས་པ་རྟ་ཐུལ་གཉིས་པ་དང་། ནང་གི་ཀུན་སྤྱོད་དཀར་སྡེར་འབབ་ཞིག་མཛད་ལ་དམོད་ལ་པ་ཐུགས་ཁྲོ་བ་སྤུ་ཙམ་ཡང་མི་མངའ་བས

སེམས་དཔལ་ཆེན་པོ་ཞེས་གྲགས། དགོན་འདིའི་མཆོད་ཁང་གསར་མ་བཞེངས་པ་དང་ཐང་སྐུ་ལྟུགས་ཟམ་ཞེས་པ་དེ་ཡང་དེ་དུས་བཙུགས། དམ་པ་དེ་ཉིད་ཀྱིས་དགོན་འདི་ཉིད་དགེ་ལུགས་སུ་བསྒྱུར་བར་མཛད། དེ་རྗེས་དཀའ་ལྡན་ཁྲི་ཆེན་དམ་པ་རྣམས་ཀྱིས་གཙོས་སྐྱེས་ཆེན་དམ་པ་རྣམས་རིམ་པར་བརྒྱུད་ནས་རིག་གནས་གསར་བརྗེའི་སྔོན་རོལ་དུ། དགེ་སློང་བྱམས་པ་རིན་པོ་ཆེ་ཆོས་ཞལ་འཛིན་མཛད་ནས་དགེ་འདུན་གྲངས་༡༠༨ཙམ་གྱིས་གནས་འདིར་འཛམ་མགོན་བླ་མའི་རིང་ལུགས་འཛིན་སྐྱོང་སྤེལ་གསུམ་གྱི་སྒོ་ནས་འགྲོ་བའི་དོན་དཔག་མེད་མཛད་དོ། དེ་ཡང་ཆོས་རྒྱལ་སྲོང་བཙན་སྒམ་པོས་བཞེངས་པའི་ཉི་མ་ལྷ་ཁང་ཀ་རིང་བཞི་ཡི་ནང་དུ་དུས་དེར་བཞེངས་པའི་སངས་རྒྱས་རྣམ་པར་སྣང་མཛད་ཀྱི་འདྲེམ་སྐུ་སོགས་དང་། གླུ་མེས་ཀྱིས་བཞེངས་པའི་གནས་བརྟུ་ལྷ་ཁང་ནང་དུ་འཕགས་པ་གནས་རྗེན་བཅུ་དྲུག །ཆོས་སྲུང་རྒྱལ་ཆེན་བཞི་དང་བཅས་པ་མི་ཚད་མ། སྒྲུག་ཏུམ་བརྩོན་འགྲུས་འབར་གྱིས་བཞེངས་པའི་དབུ་རྩེའི་ལྷ་ཁང་ཤར་ཀ་བ་དྲུག་ལྡན་ནང་དུ་ཐུབ་པ་གངས་ཅན་གཙུག་རྒྱན་དང་། རྒྱ་གར་ཤར་ཕྱིའི་མཆོད་རྟེན་ཆེ་ཆུང་བརྒྱ་ཕྲག སེམས་དཔལ་ཆེན་པོ་བློ་གྲོས་རྒྱལ་མཚན་གྱིསབཞེངས་པའི་མཆོད་ཁང་གསར་མའི་ནང་གསེར་ཟངས་ལས་གྲུབ་པའི་སྟོན་པའི་འདྲ་སྐུ་མི་ཚད་ཆེ་རབ་གཉིས་སོགས་དང་། དགོན་པའི་ལྟོ་ངོས་སུ་དབུས་སྟོད་ལྷ་མོ་ཞེས་པའི་མཆོད་རྟེན་ཆེན་པོ་ཞིག་ཀྱང་ཡོད། ཕྱིས་རིག་གནས་གསར་བརྗེའི་དུས་ཟིང་ནང་འདུ་ཁང་སྟེང་གི་ལྷ་ཁང་དང་། མཐའ་འཁོར་གྱི་བླ་བྲང་གྲྭ་ཤག །དེ་བཞིན་ནང་བརྟེན་རྣམས་བཤིག་གཏོར་གཤིག་གསུམ་འོག་རྩིག་མེད་དུ་གྱུར་ཀྱང་འདུ་ཁང་དང་ནང་སོགས་ཀྱི་ལྷ་ཁང་རྣམས་ཆུས་ཀྱི་འབྲུ་ཁང་བགྱིས་ནས་ལུས་འདུག །འདུ་ཁང་དང་འདུ་ཁང་ནང་ངོས་ཀྱི་

ལྷ་ཁང་རྣམས་ཀྱི་ལྡེབས་རིས་རྣམས་ཆར་ཆུའི་གནོད་སྐྱོན་ཙུང་ཟད་ཙམ་ལས་ཐུར་ལྟར་མ་ཉམས་པར་བཞུགས་ཡོད་པས། གནའ་བོའི་སྒྱུ་རྩལ་གྱི་གསོན་ཉམས་མཚོན་ལ་ལོ་རྒྱུས་རིག་གནས་ལ་ཞིབ་འཇུག་བྱེད་པར་རིན་ཐང་ཡང་ཆེན་པོ་ལྡན།

## ༡༨ དབུས་སྟོད་སྟག་ཕུ་ཆོས་སྡེ།

དགོན་འདི་ཉིད་ཐང་སྐྱ་ཤང་སྟག་ཕུ་གྲོང་ཚོར་ཆགས་ཤིང་། ཇོ་བོ་རྗེ་དཔལ་ལྡན་ཨ་ཏི་ཤའི་སློབ་མ་རིན་ཆེན་སྙིང་པོས་སྤྱི་ལོ་༡༣༨༡ལོར་ཕྱག་བཏབ། སྟག་ཕུ་ཆོས་སྡེ་ནི། ཐོག་མར་བཀའ་གདམས་པའི་གྲུབ་མཐའ་ནས་ཕྱིས་ལོ་མང་སོང་རྗེས་ཀུན་དགའ་དོན་གྲུབ་ཨེ་གོང་པོར་འགྱུར་ཤིང་ཆོས་ཁང་གསར་དུ་བརྩིགས། འདིས་འཇམ་མགོན་ཆོས་ཀྱི་རྒྱལ་པོ་དང་མཇལ་ཞིང་དགེ་ལུགས་པར་འགྱུར། སྤྱི་ལོ་༡༩༥༩གོང་དགེ་འདུན་ཞལ་གྲངས་༨༩ཙམ་ཡོད་པ་ནས་གྲྭ་རྒྱུན་ཕལ་མོ་ཆེ་འབྲས་སྤུངས་གློ་གསལ་གླིང་གྲྭ་ཚང་དུ་སློབ་གཉེར་དུ་ཕེབས་སྲོལ་ཡོད། སྤྱི་ལོ་༡༩༨༦ལོར་ཉམས་གསོ་འགོ་ཚུགས་པ།

དགོན་པའི་ཉེ་འགྲམ་དུ་དུས་རབས་བཅུ་བདུན་པའི་ནང་སྡེ་སྲིད་སངས་རྒྱས་རྒྱ་མཚོའི་སྐབས་བྱུང་བའི་སྟག་ཕུའི་ཉེ་ཐིག་ཟེར་བ་ཚད་འཛིན་ས་ཞིག་བྱས་ནས། སྨན་རྩིས་ཁང་གི་ལོ་ཐོའི་ཐོག་དབུས་སྟོད་སྟག་ཕུའི་ཆུ་འདྲེན་ཉེ་ཐིག་ཟིན་པས་འདེབས་ཆུ་གཏོང་རན་ཞེས་འབོད་པ་ལྟར་འདེབས་ཆུ་དང་། ཞིང་ཁ་སྔ་འདེབས། བར་འདེབས། ཕྱི་འདེབས་བཅས་ཉེ་ཐིག་ཟིན་མིན་ལ་བལྟས་ནས་འདེབས་སྲོལ་ཡོད་ཅིང་ཉེ་ཐིག་བལྟ་ས་ནི་སྟག་ཕུ་དགོན་པའི་( མལ་གྲོང་གུང་དཀར་རྫོང་ཉེ་ལྷུང་ཤང་སྦྲང་མདའ་གྲོང་ཚོ ) སྤྱི་ཁང་གི་མདུན་ངོས་རྡོ་ཕ་བོང་ཞིག་གི་ངོས་སུ་དཀར་ཁྲུང་ཞིག་ཡོད་པ་དེ་ཡིན་པས་ད་ལྟའང་མང་ཚོགས་

ནས་བདག་གཉེར་དང་ཐོར་བཞིན་བེད་སྤྱོད་བྱེད་མུས་ཡིན་ལ་དེ་བཞིན་སྟག་ཕུ་དགོན་པའི་རི་ལྡེབས་སུ་ཁ་བྱང་ལྟར་གནས་ཡོད་པའི་འཁྲུགས་པ་སྟག་ཟེར་བའི་འཁྲུགས་པ་སྟག་གི་གཟུགས་བརྙན་ལྟ་བུ་ཞིག་གནའ་རབས་ནས་ཡོད། དེ་ལ་མང་ཚོགས་ཚང་མས་ནམ་མཇུག་རིང་ཐུང་དང་སད་སྨིན་ཡོད་མེད་སོགས་འཁྲུགས་པ་སྟག་གི་གཟུགས་དབྱིབས་དང་མཇུག་མ་རིང་ཐུང་གི་འགྱུར་ལྡོག་ལ་ལྟ་སྲོལ་ཡོད།

## ༢༠ གྲོག་ཨེ་ཕམ་བསམ་གྲུབ་གླིང་ཆོས་སྡེ།

ཐང་སྐྱ་ཤང་གྲོག་ལྷ་སྡིང་ཤུར་ཆགས་པའི་ཨེ་ཕམ་བསམ་གྲུབ་གླིང་ཞེས་པའི་ཆོས་སྡེ་འདི་ཉིད་ནི། ཀུན་མཁྱེན་གཡག་སྡེ་པཎ་ཆེན་བརྩོན་འགྲུས་དར་གྱིས་རབ་བྱུང་དྲུག་པའི་ས་ཕག་(སྤྱི་ལོ་༡༣༥༨)ལོར་ཕྱག་བཏབ། དགོན་དེར་ཡུལ་གྱི་ཁ་སྐད་དུ་ཨ་ཡང་དགོན་ཟེར་ཞིང་། འབྲི་གུང་ནང་ཀ་མད་སུམ་ཅུའི་རིམ་པ་ལྟར་གྱི་དགོན་པ་ཡོད་པ་ལ་འདི་ནི་གསལ་བྱེད་ཀྱི་མཐའ་མ་ཨ་ཡིག་མིང་ཅན་གྱི་དགོན་དེ་ཡིན་ཞེས་གསུངས།

ཐོར་དགོན་འདེབས་སྐབས་གཡག་སྡེ་པཎ་ཆེན་གྱིས། ས་བརྟག་ཐིག་བཏབས་གཙུག་ལག་ཁང་ཆེན་བཞེངས། དང་པོ་བཞི་འདུས་བར་དུ་ལྔ་བརྒྱ་འདུས། ཐམ་ཡུན་རིང་གནས་པར་བྱིན་གྱིས་རློབས། ཞེས་གསུངས་པ་ལྟར། བར་དུ་དགོན་འདིར་གྲྭ་ཚོགས་ཤིན་ཏུ་རྒྱས་པ་བྱུང་ནས་ཨེ་ཕམ་གླིང་སྟོད་གྲྭ་ཚང་དང་། གླིང་སྨད་གྲྭ་ཚང་ཞེས་པའང་བྱུང་ཡོད་ནའང་། གླིང་སྟོད་གྲྭ་ཚང་རྗེས་སུ་ཐོར་ནས་རྟེན་གཙོ་མཆོད་རྟེན་གཉིས་བཞུགས་ཡོད། ༡༨༥༨ ལོའི་གོང་དུ་གྲྭ་པ་སུམ་ཅུ་སྐོར་ཡོད།

དགོན་འདི་ཆགས་ས་ནི་དཔལ་འཁོར་ལོ་བདེ་མཆོག་ཡབ་ཡུམ་གྱི་གནས་

རི་ཡིན་ཞིང་། དེ་ཡང་གཡས་རི་འཁོར་ལོ་སྡོམ་པའི་ཕོ་བྲང་དང་གཡོན་རིན་ཆེན་སྤུངས་པའི་རི་བོ། རྒྱབ་རི་བདེ་མཆོག་ཡབ་ཡུམ་ཞལ་སྦྱོར་དུ་བཞུགས་པའི་རྣམ་པ་ཤིན་ཏུ་གསལ་ལ། ཞབས་རིར་བླ་མའི་རྟེན་ཕྱག་ཞེས་པ་དང་། དགོན་པའི་འོག་ཏུ་དུར་ཁྲོད་ཕུས་མོ་ཟེར་བ་ཞིག་ཡོད་པ་དེ་བདེ་མཆོག་གི་ཞབས་ཀྱི་ཕུས་མོའི་སྟེང་དུ་འཁེལ་ཡོད་ཅེས་བརྗོད་སྲོལ་ཡོད། དགོན་པ་ཆགས་ས་དེ་ཆོས་འབྱུང་གྲུ་གསུམ་གྱི་ནང་དུ་ཡིན་ཅིང་། དེའི་འགྲམ་དུ་ཆུ་མིག་ཅིག་ཡོད་པ་ནི་ཡུམ་རྡོ་རྗེ་ཕག་མོའི་གསང་ཆབ་ཡིན་པ། རི་དེའི་མཐའ་སྐོར་དུ་དུར་ཁྲོད་བརྒྱད་ཀྱི་བཀོད་པ་ཚང་ཞིང་མཐའ་བསྐོར་དུ་སེ་བ་དང་། ཤུག་པ་སོགས་ཤིང་སྣ་རྒྱས་ཤིང་། བྱ་སྣ་ཚོགས་ཀྱི་སྐད་སྙན་པར་སྒྲོག

སྤྱི་ལོ་༡༩༥༩ལོའི་གོང་དུ་དགོན་པ་འདིར་འདུ་ཁང་ཀ་བ་བཅུ་དྲུག་གི་རྒྱ་ཕྱིན་ཅན་ལ་སྒོ་འཁྱུར་ཀ་བ་བཞི། མགོན་ཁང་ཀ་བ་བཞི། ཕྱག་མཛོད་ཤོད་ཀ་བ་གཉིས། མཛོད་ཁང་ཀ་བ་གསུམ། འདུ་ཁང་སྟེང་ཀ་བ་བཅུ་གསུམ། སྤྱི་འབུམ་ལྷ་ཁང་ཀ་བ་གསུམ། སྤྱི་ཁང་ཀ་བ་ཉི་ཤུ་རྩ་བཞི། ཆོས་རི་ཀ་བ་བཞི། བླ་བྲང་ཀ་བ་བཅུ། གྲྭ་ཤག་བསྡོམས་ཀ་བ་བརྒྱད་དང་ལྔ་བཅུ་ང་དྲུག །གསོལ་ཐབ་ཁང་ཀ་བ་བཞི་བཅས་ཀ་བ་ཉིས་བརྒྱ་བཞི་བཅུ་ལྷག་གི་རྒྱ་ཕྱིན་ལྡན་པའི་དགོན་དེའི་འཛུགས་སྐྲུན་གྱི་རྣམ་གྲངས་རྣམས་ཇི་ལྟར་ཀུན་གསལ་གྱི་ལམ་དུ་རྒྱུ་སྐར་གྱི་ཕྲེང་བས་མཛེས་པའམ། སྤང་ལྗོངས་ཀྱི་སྟེང་དུ་གཡང་དཀར་གྱི་ཁྱུ་ཟས་ལ་གྲམ་པ་ལྟར་གནས་ཡོད་སྟབས། དམངས་ཁྲོད་ངག་རྒྱུན་དུ་ཨེ་ཕམ་དགོན་པ་ལུག་ཁྱུ་འདྲ། མཆོད་རྟེན་གཉིས་ནི་ལུག་རྫི་འདྲ། ཞེས་བརྗོད་སྲོལ་ཡོད་པ་དེའི་ཐོག་ནས་ཀྱང་དགོན་པའི་ལྷ་ཁང་དང་། གྲྭ་ཤག་ཤིན་ཏུ་མང་པོ་ཡོད་པ་རྟོགས་ནུས་སོ།

དགོན་ནང་དུ་བཞུགས་སུ་གསོལ་བའི་སྐུ་གསུང་ཐུགས་རྟེན་བསམ་གྱིས་མི་ཁྱབ་པ་ཞིག་ཡོད་ཅིང༌། རྟེན་གཙོ་ནི་སྒྲོལ་སྐུ་གསུང་བྱོན་མ་ཡིན། སྒྲོལ་མ་འདིས་གསུང་ཇི་ལྟར་བྱོན་པའི་ལོ་རྒྱུས་ནི། སྔར་གྱི་དགོན་གཉེར་དག་གི་གསུང་སྒྲོས་སུ་དེ་སྔ་ཨེ་ཝམ་དགོན་གྱི་དགེ་འདུན་ངག་དབང་དོན་གྲུབ་ཀྱིས་གསུངས་གསལ། ཐོག་མར་སྒྲོལ་སྐུ་དེ་མཉམ་མེད་ཇོ་བོ་རྗེ་ཨ་ཏི་ཤ་ཡི་ཐུགས་དམ་གྱི་རྟེན་གྲས་ཡིན་པ་ཉེ་གནས་མགོན་པོ་འབྲོམ་གྲོས་ལ་གནང་ནས་ཁོང་གིས་དབྱེ་བོ་ཇོ་ཁང་དུ་བཞུགས་སུ་གསོལ། རྗེས་སུ་དབྱེ་བོ་ཇོ་ཁང་ཉམས་གུད་བྱུང་རྗེས་སྒྲོལ་སྐུ་དེ་རྒྱལ་དབང་ལྔ་པ་ཆེན་པོས་ཕོ་བྲང་པོ་ཏ་ལར་གདན་དྲངས་པར་མཛད་པས། སྒྲོལ་མ་དེས་ཡང་ཡང་ཞལ་ཤར་དུ་གཟིགས་པར་རྒྱལ་དབང་ལྔ་པས་ཁྱེད་འདིར་མི་བཞུགས་པ་ཅི་ཡིན་ཞུས་པར། སྒྲོལ་སྐུ་དེས་གསུང་བྱོན་ནས་ང་སྡོད་ས་ཨེ་ཝམ་དགོན་པ་ཡིན་གསུངས་པར། རྒྱལ་དབང་ལྔ་པ་ཨེ་ཝམ་དགོན་དུ་ཞབས་སོར་འཁོད་དེ། སྒྲོལ་སྐུ་གསུང་བྱོན་མ་དེ་ཉིད་ཨེ་ཝམ་དགོན་པའི་རྟེན་གཙོར་གནང་བ་མ་ཟད། དེའི་དཀར་མེའི་མཐུན་རྐྱེན་དུ་རུང་བའང་འཛུགས་པར་མཛད་དེ་ད་ལྟ་རུ་བ་ཆེ་བ་ཞེས་ཟེར་བའི་ཁྱིམ་དུད་དེ་ཡིན་པར་གྲགས་སོ། དེ་བཞིན་འདུ་ཁང་དང༌། མགོན་ཁང༌། ཐྲི་འབུམ་ལྷ་ཁང་བཅས་པར་སྐུ་གསུང་ཐུགས་རྟེན་ཤིན་ཏུ་མང་བས་རྒྱས་སྤྲོས་མི་ཞུ། དགོན་འདིའི་ཆོས་བརྒྱུད་འཛིན་པ་དང་ལོ་རྒྱུས་རྩུང་ཞིབ་པ་དགའ་ལྡན་ཆོས་འབྱུང་སོགས་སུ་གསལ་བས་དེ་ལས་མཁྱེན་པར་མཛོད།

རིག་གནས་གསར་བརྗེའི་ནང་ཕྱི་ནང་སྣོད་བཅུད་དང་བཅས་པ་རྩ་གཏོར་སོང༌། ༡༩༨༧ལོར་དེ་སྔ་དགོན་པའི་གནས་བླ་མ་རྣམ་རྒྱལ་ལགས་ཀྱིས་གཙོ་སྐྱོང་གནང་བའི་འོག དེ་ཁུལ་སེར་སྐྱ་མང་ཚོགས་རྣམས་ནས་ཐོག་མར་ལྷ་

མོ་དང་། མགོན་པོའི་ལྷ་ཁང་གཉིས་བཞེངས། དེ་རྗེས་༡༨༤༧ལོར་སྤྱི་འབུམ་ལྷ་ཁང་གི་སྐོར་ལམ་ཉམས་གསོ་བྱས་པ་དང་། དེ་རྗེས་སྲིད་གཞུང་ནས་ཤིང་ཆ་གང་འཚམ་རོགས་སྐྱོར་ཐོབ་པའི་འོག་དད་ལྡན་མང་ཚོགས་ཀྱིས་རང་འགུལ་ངང་སྤྱི་འབུམ་མཆོད་ཁང་དང་། མགོན་ཁང་། ཙུ་ཁང་། སྒོ་འཆོར་བཅས་བཞེངས་པ་དང་། ༡༨༤༨ལོར་འདུ་ཁང་ས་བཤང་དང་མཛོད་ཁང་ཀ་བ་གཅིག་གྲྭ་ཤག་འགའ་ཤས་ཀྱང་བཞེངས། ད་ལྟ་དགོན་དེར་གསེར་ཟངས་ཀྱི་ཐུབ་དབང་སྐུ་མི་ཚད་མ་གཅིག །གཡག་སྡེ་པཎ་ཆེན་གྱི་ཕྱུགས་དམ་རྟེན་བྲམ་ཟེ་གཟུགས་ཅན་དཔའ་བོ་གཙོ་འཁོར་ལྔ། གཞན་ཡང་གསེར་ཟངས་དང་ལི་སྐུ་བསྡོམས་༡༨སྐོར། རྒྱ་གར་ཤར་ལིའི་པད་ཕྱུངས་མཆོད་རྟེན་༡༣སྐོར། མགོན་པོའི་བླ་རྫོ་བྱིན་ཅན། བདེ་མཆོག་ཡབ་ཀྱི་གསང་བའི་རྡོ་རྗེས་མཚོན་པའི་རྡོ་ངོ་མཚར་ཅན་བཅས་བཞུགས་པ་དང་། སྟར་མུས་དགེ་ལུགས་པའི་སྲོལ་འཛིན་པ་ལགས་སོ།

## ༢༡ ཀམ་ཀམ་དགོན( སྐམ་སྐམ)

དབུས་སྟོད་འཚུམས་མདའ་ཁུལ་( ཐང་སྐྱ་ཤང་ཁོངས་མོ་གྲོང་ཀམ་ཀམ་གྲོང་ཚོ) གྱི་ཀམ་ཀམ་དགོན་ནི། བཀའ་གདམས་པའི་དགེ་བཤེས་བྱ་ཡུལ་བའི་སློབ་མ་ཁྲིམ་གཞེར་རིན་ཆེན་སེང་གེས་ཕྱག་བཏབ། དེ་ཡང་ཁྲིམ་གཞེར་རིན་པོ་ཆེ་འོད་ཟེར་སེང་གེ་ཞེས་བྱ་བ་ནི་འཚུམས་སུ་སྟགས་བརྒྱུད་ལས་རབ་བྱུང་གཉིས་པའི་ལྕགས་འབྲུག་( སྤྱི་ལོ་༡༡༠༠ ) ལོར་སྐུ་འཁྲུངས། རང་ལོ་སོ་བརྒྱད་པ་རབ་བྱུང་གཉིས་པའི་མེ་སྦྲུལ་( སྤྱི་ལོ་༡༡༣༧) ལོར་ཀམ་ཀམ་དགོན་བཏབ། དགེ་འདུན་ཉིས་བརྒྱ་ཙམ་འདུས། སོ་དགུ་བཞེས་པ་རབ་བྱུང་གཉིས་པའི་ས་ཕོ་རྟ་( སྤྱི་ལོ་༡༡༣༨ ) ལོར་བྱ་ཡུལ་བ་གཤེགས། རང་ལོ་བདུན་ཅུ་རྩ་གཅིག་པ་

རབ་བྱུང་གསུམ་པའི་ལྕགས་སྟག（སྤྱི་ལོ་༡༡༧༠）ལོར་གཤེགས། རྗེ་ཙོང་ཁ་པའི་འཕྲིན་ལས་དབུས་སྟོད་ཁུལ་དུ་ཁྱབ་རྗེས་དགེ་ལུགས་པར་གྱུར། མཁན་པོ་ནི་དབུས་སྟོད་བྲག་དབར་གྲྭ་ཚང་དང་གཅིག་ལྟོགས་ཡིན་པ་དང་། སྣེ་སྲིད་སངས་རྒྱས་རྒྱ་མཚོའི་སྐབས་གྲྭ་པ་ཨང་གཉིས་པའི་གྲས་ཉི་ཤུ་རྩ་གསུམ་ཡོད་པ། ཐུགས་ཕྱོགས་རྣམས་རྒྱུད་སྟོད་པ་དང་ཕྱོགས་འདྲ། མཚན་ཉིད་ཀྱི་སློབ་གཉེར་དགའ་ལྡན་ཤར་རྩེ་དང་། འབྲས་སྤུངས་བློ་གསལ་གླིང་། སེ་ར་བྱེས། བྲག་དབར་དགོན་པ་བཅས་སུ་འགྲོ། སྤྱི་ལོ་༡༩༨༥ལོར་ཉམས་གསོ་ཞུས།

## ༢༢ འབྲང་ཕུ་ཕུག་པ་མཐོང་གྲོལ་དགོན།

འབྲང་ཕུ་ཕུག་པ་མཐོང་གྲོལ་དགོན་ནི་ཐང་རྒྱ་ཤང་སླབ་སྟོན་སྨང་གྲོང་ཚོའི་ཁོངས་སུ་ཡོད་ཅིང་། འདིར་ཐོག་མར་འབྲི་གུང་བཀའ་བརྒྱུད་ཀྱི་དགོན་ཤུལ་ཞིག་ཡོད་པའི་ཐོག །བོད་ལ་ཞི་བས་བཅིངས་འགྲོལ་མ་བཏང་བའི་གོང་གི་ལོ་ངོ་ཉི་ཤུའི་ཡས་མས་ཞིག་ལ་ཕ་ཡུལ་ལ་དྭགས་ནས་ཡིན་པའི་སྟོང་གནས་རིན་པོ་ཆེ་ཞེས་པ་ཞིག་ཕེབས་ནས་གནས་འདིར་ཆོས་ཀྱི་འཁོར་ལོ་བསྐོར་ཏེ། སྒྲུབ་པ་བསྒྲིན་པ་དང་སྟོང་གནས་ཚོགས་པའི་སྒྲོལ་བཙུགས། རིག་གསར་སྐབས་འཐོར་ཡང་སྤྱི་ལོ་༡༩༨༥ལོར་ཕ་ཡུལ་ནུ་སྦྲེང་ནས་ཡིན་པའི་སངས་རྒྱས་བསམ་ལགས་ཞེས་པའི་བླ་ཆུན་ཞིག་ཕྱི་བསྐོར་གནས་བསྐོར་ལ་ཕེབས་ཞིང་། ཐོག་མར་སྟོང་གནས་མཐོང་གྲོལ་འབུམ་པ་འདི་བཞེངས་པ་དང་། རིམ་བཞིན་ད་ལྟའི་དགོན་པ་འདི་ཉིད་ཀྱི་རྩ་བ་བཙུགས་ནས་ཆོས་ཀྱི་རྒྱུན་སྤེལ་བ་ཡིན།

ལུང་པ་འདིའི་མདར་ཀ་རྨ་མཆོད་རྟེན་ཟེར་བ་ཞིག་ཡོད། འདི་ནི་ཨ་ཁུ་སྟོན་པའི་མ་ཡི་གདུང་རྟེན་ཡིན་པར་གྲགས། ཁོང་གི་མའི་སྐུ་གདུང་དུར་ཁྲོད་དུ་གདན་དྲངས་ཏེ་སྐུ་རུས་ཀྱིས་གཟུངས་བྱས་ནས་བཞེངས་པའི་མཆོད་རྟེན་

ཞིག་ཡིན། དུར་ཁྲོད་དེ་ནི་མཆོད་རྟེན་འདིའི་དབུ་རྒྱབ་ཏུ་ཡོད། ལམ་རྒྱུད་གཡས་ངོས་དོང་གད་ཀྱི་རི་ལྡེབས་སུ་བཙན་པོའི་དུས་རབས་ཀྱི་བང་སོ་མང་པོ་ཡོད།

## ༢༣ རྣམ་རྒྱལ་ཆོས་རྫོང་ངམ་རྣམ་རྒྱལ་ཆོས་སྡེ།

འབྲི་གུང་གདན་རབས་ཉེར་གཉིས་པ་རྗེ་དཀོན་མཆོག་རིན་ཆེན་གྱིས། བོད་རབ་བྱུང་བཅུ་པའི་ཤིང་བྱི་(སྤྱི་ལོ་༡༦༢༩)ལོར་རྣམ་རྒྱལ་ཆོས་སྡིང་དེར་ས་བྲང་ཆེན་པོ་སྒྲུབ་སྡེ་དང་བཅས་པ་བཞེངས་པར་རྣམ་རྒྱལ་ཆོས་རྫོང་དུ་གྲགས། བོད་རབ་བྱུང་བཅུ་གཅིག་པ་ལྕགས་སྦྲུལ་(སྤྱི་ལོ་༡༦༩༡)ལོར་སོག་བོད་དམག་འབྲི་གུང་དུ་ལྷགས་ཏེ་རྣམ་རྒྱལ་ཆོས་རྫོང་གཙང་བཤིག་བཏང་བའི་ཤུལ་ཡོད།

## ༢༤ དབྱི་ཐུ་རི་ཁྲོད།

དབྱི་ཐུ་(ཨི་ཐུ་ཞེས་ཀྱང་འབོད)དགོན་ནི་ཇོ་བོ་རྗེའི་ཉེ་གནས་མགོན་པོ་སྣ་ཁྲོས་ཀྱིས་ཕྱག་བཏབ། མལ་གྲོ་གུང་དཀར་རྫོང་ཐང་སྐྱའི་མངའ་ཁོངས་གྲོག་ཐུའི་རི་ལྡེབས་སུ་ཆགས་ཡོད། དེ་བཞིན་བྱང་ཤར་རི་ལྡེབས་སུ་དུས་རབས་བཅུ་དྲུག་པའི་ནང་མཁར་སྐལ་བཟང་བདེ་ཆེན་གྱིས་བཏབ་པའི་གཡང་སྟེར་ཞེས་པའི་མོ་དགོན་ཞིག་གི་ཤུལ་དང་། ཤར་ངོས་རི་ལྡེབས་སུ་ཨོ་རྒྱན་དགོན་པ་ཞེས་སློང་ཆེན་རབ་འབྱམས་པ་བཞུགས་སྒྲུང་བའི་མོ་དགོན་ཞིག་གི་ཤུལ་བཅས་ཡོད། རིག་གསར་སྐབས་ཤུལ་མེད་དུ་སོང་ཡང་སྤྱི་ལོ་༡༩༨༥ལོར་ཉམས་གསོ་གནང་ནས་སྔར་མུས་དགེ་ལུགས་པ་ཕྱག་བཞེད་གནང་བཞིན་ཡོད།

## ༢༥ ཙ་ཐོག་དགོན།

མཚན་རྒྱས་པར་ཙ་ཐོག་དགོན་བསམ་གཏན་འཕེལ་རྒྱས་གླིང་ཞེས་ཞུ།

གུང་དཀར་གྲོང་བརྫལ་ནས་སྤྱི་ལེ་ལྔ་བཅུ་ང་ལྔ་ཙམ་སོང་ན་ཏུ་ཐོག་ལྷ་ལུང་གྲོང་ཚོའི་དམར་གཞུང་ལ་འདབས་སུ་བཀྲ་ཤིས་ཐང་ངམ་དམར་ཐང་ཐང་ཞེས་པའི་གྲུང་ངོས་རི་ལྡེབས་སུ་དགོན་འདི་མཇལ་རྒྱུ་ཡོད། དམར་ཐང་ཐང་ཞེས་པ་ནི། སྟོན་ཧྲུན་གར་དམག་གིས་དགོན་པར་གཏོར་བཤིག་བཏང་ནས། རྟེན་གསུམ་འཕྲོག་པ་དང་དགེ་འདུན་པ་ཚོའི་སྐུ་སྲོག་ལ་ཉེན་ཁ་ཚབས་ཆེན་བྱུང་བ་མ་ཟད། ཐང་དེར་དགོན་པའི་འབྲི་གཡག་མང་པོ་བསད་པས་དབུ་མཛད་ཏུ་རིང་ཞེས་བསླབ་གསུམ་དང་ལྡན་པ་ཞིག་ཡོད་པས་མགོན་པོའི་སྐུ་བརྙན་བྱིན་ཅན་ཞིག་ཡོད་པ་དེ་སྙེའུ་ཁུང་ནང་ནས་གཡུགས་པར་བརྩམ་པ་སྟེ། ད་འདིས་ཀྱང་ལག་ར་བཀག་རོགས་རེད་ཅེས་གསུངས་པ་ལ། དཔལ་ཡེ་ཤེས་མགོན་པོས་དངོས་སུ་གསུང་བྱོན་ཏེ་མེ་རྗོག་སྣང་ལ་ཚ་རྗོག་འཇོག་པ་བཞིན་ཡོང་ཐབས་མེད་ཀྱང་གང་ས་རི་ལ་ཉེ་མ་འཁྲོས་པའི་དཔེ་ལྟར་ངེས་གཏན་ཡིན། ཞེས་གསུང་བྱོན་པའི་མཚན་མར་བཀྲ་ཤིས་ཐང་འདིར་ཧོར་དམག་རྣམས་ཆོ་འཕྲུལ་ལ་བརྟེན་ནས་འབྲི་གཡག་བསད་པའི་ཤ་སྤྲུལ་དུ་གྱུར། ཤ་ཟ་མི་རྣམས་དམར་བཤལ་རྒྱབ་པས་ཁྲག་དམར་ལིང་ལིང་དུ་བསྐྱུགས་བཞིན་དུ་འཆི་བས་གནས་འདིར་དམར་ཐང་ཐང་ཞེས་ཁ་རྒྱུན་དུ་ཆགས་ཡོད་ལ། རྒན་རབས་ཚང་མས་ཐ་སྙད་འདི་རང་སྤྱོད་མུས་ཡིན། ཧྲུན་དམག་རྣམས་གནས་དེ་ནས་ཐོན། དགོན་འདི་ཐོག་མར་ཞལ་ཚལ་པའི་སློབ་མ་རྟོགས་ལྡན་བདེ་བ་གཞོན་ནུ་ཞེས་པས་རབ་བྱུང་གསུམ་པ་ལྕགས་ཁྱི་(སྤྱི་ལོ་༡༡༨༠)ལོར་ཕྱག་འདེབས་གནང་མཛད། བཀའ་བརྒྱུད་བསྟན་པའི་ཕྱག་བཞེས་རྒྱུད་འཛིན་མཛད་པོ་ཁྲི་ཐོག་བཞི་ཙམ་བྱུང་། དེ་ནས་སྤྱི་ལོའི་དུས་རབས་བཅོ་ལྔའི་ནང་རྒྱལ་མཆོག་གཉིས་པ་དགེ་འདུན་རྒྱ་མཚོའི་དུས་དགེ་ལྡན་ལུགས་སུ་འགྱུར་ནས་དགེ་འདུན་ཞལ་གྲངས་ཉི་ཤུ་ལྷག་ཡོད།

དགའ་ལྡན་བྱང་རྩེའི་དགོན་ལག་ཡིན། འདུ་ཁང་ཀ་བ་བརྒྱད་ཀྱི་ནང་སྣང་འདམ་གྱི་དུས་གསུམ་སངས་རྒྱས་ཕྱོག་སོ་གཅིག་ཙམ་དང་། རྗེ་ཙོང་ཁ་པ། སྤྱང་མ་ཁང་ནང་མཁས་གྲུབ་བདེ་བ་གཞོན་ནུའི་སྐུ་བརྙན། མཐིང་ཤོག་གསེར་ཡིག་ཅན་གྱི་བླ་མ་ཞང་གི་གསུང་འབུམ་པོད་བཞི། ནང་རྟེན་དུ་ཞང་མི་རུང་གྲགས་ཅེས་པའི་སྐུ་བརྙན་མཁྱིད་གང་ཙམ་བྱས་པ། དགེ་འདུན་སུམ་ཅུ་ལྷག་གིས་བདེ་གསང་འཇིགས་གསུམ་ཕྱག་བཞེད་མཛད་དེ། ལོ་ལྟར་པོད་ཟླ་དང་པོའི་ཚེས་ཉི་ཤུ་བརྒྱད་ནས་གནམ་གང་བར་དུ་ཕྱོག་དགོན་པའི་དགུ་གཏོར་ཞེས་གར་འཆམ་བསྐྱོན་སྲོལ་ཡོད། གར་འཆམ་གྱི་ཆས་གོས་མཁའ་འགྲོ་བགྲུས་འཐག་དང་རིན་བྲལ་གྱི་གོས་ཁ་ཏི་དེ་བཞིན་རྒྱན་བཞི་སོགས་གྲངས་མི་ཉུང་བ་ཡོད། སྦུབ་ལ་ཆ་མཚོན་ན་རྩ་ཆེ་བ་ཧོར་སྦུབ་དང་རྒྱ་སྦུབ། ཆོས་སྐྱོང་བླ་སྦུབ་སོགས་གྲངས་ཉི་ཤུ་རྩ་གྲངས་དང་། གསེར་གྱི་རྒྱ་གླིང་ཆ་གཉིས། དངུལ་གྱི་རྒྱ་གླིང་ཆ་གཉིས། ཟངས་ཀྱི་བླ་དུང་བཞི། དངུལ་གྱི་དུང་ཆེན་ཆ་གཉིས་དེ་མིན་དུང་དང་ཞལ་འབག་སྤྲོས་ཕོར་ཆ་བཞི། དངོས་པོ་སྤྱིར་བཏང་ཁག་མང་པོ་དང་རྟེན་རྫས་ཚོགས་ཡོད་པ་རེ་རེ་བཞིན་བརྗོད་ཐབས་བྲལ། ཉིན་གསུམ་པོ་དེ་དགོན་དེའི་ཐུན་མོང་མ་ཡིན་པའི་དུས་ཆེན་ཞིག་རེད། གནམ་གང་ཉིན་རྟོགས་ལྡན་དུ་ཕྱོག་པ་མཁས་གྲུབ་རིན་པོ་ཆེའི་འདྲ་སྐུ་འདི་གདན་འདྲེན་བཞུས་ནས་གླིང་བསྐོར་དུ་ཕེབས་ཏེ། འཆམ་རྣའི་ནང་མཁའ་འགྲོ་སྡེ་ལྔའི་གར་འཁྲབ་ཀྱིས་སྣ་འདྲེན་ནས་རྗེ་བླ་མའི་རྗེས་དྲན་གནང་གི་ཡོད་པ་དང་། གནས་ཀྱི་བླ་མས་དད་ལྡན་མི་དམངས་ལ་ཚེ་དབང་ཚེ་སྒྲུབ་ཀྱི་བཀའ་དྲིན་བསྐྱངས།

ཡུལ་སྤྱི་དང་མཐུན་པར་དགོན་འདིའི་གཞི་བདག་ལྷ་བཙན་སྐྱོང་རྗེ་བཙན་པོ་ཡིན། གཞི་བདག་སྐྱོང་རྗེ་བཙན་པོ་དེ་མཐུ་ནུས་ཤིན་ཏུ་ཆེ་ལ་ལྷག

པར་ཏུ་ཐོག་དགོན་གྱི་ཙ་དངོས་རྒྱ་ཁབ་ཙམ་ཡང་ཕྱིར་མི་ཐོར་བར་སྲུང་ནུས་པའི་ལོ་རྒྱུས་ཡོད། དཔེར་ན་ལྷུགས་ལྟེ་གསུང་སྒྲོན་མར་གྲགས་པ་ཏུ་ཐོག་དགོན་པའི་ཆུ་འཁོར་གྱི་ལྷུགས་ལྟེ་ཡིན་པ་ཞིག་ཀོང་ཙེ་རས་པའི་ཚོང་པ་ཞིག་ལ་རྔ་འདོགས་བྱེད་ཕུར་བ་མེད་པར་ལྷུགས་ལྟེ་དེ་ཉིད་བཀུས་ཏེ་ཀོང་པོར་སླེབས་རྗེས་ལྷུགས་ལྟེ་མེར་བསྲེགས་ནས་ཕུར་བ་བཟོ་བསམ་པར་སྐབས་སྒྲོ་བུར་དུ་ལྷུགས་ལྟེས་སྐད་གྲགས་པར། ཏུ་ཐོག་སྤྲ་མ་རལ་པས་མ་འཁྲིག་པས། །ཀོང་པོ་བེར་མདོ་སོ་ལས་ག་ལ་འཁྲིག །འོན་ཀྱང་ཕྱོགས་བཞི་མཚམས་བརྒྱད་ནས་སྤྲུད་པ་ཡང་ཡང་བརྒྱབ་ནས་བརྡུངས་ཞེས་གསུང་སྒྲོན་པས་ཚོང་པ་དེའི་སེམས་ལ་འཇིགས་པ་དྲག་པོ་སྐྱེས་ཏེ་བཤགས་པ་དང་སྦྲགས། དགོན་པར་ཕྱིར་ཕུལ་བའི་ལོ་རྒྱུས་ཀྱང་རབས་ལ་གསལ་པོར་གསུང་རྒྱུ་འདུག་ལ་ཕྱིའི་དགྲ་དང་ནང་གི་གནག་སེམས་བཅངས་མཁན་ཀུན་ལ་ལེགས་ཉེས་ཀྱི་དབྱེ་བ་བགྲལ་སྟེ། དགོན་དེ་གའི་དངོས་པོ་ཕྱི་ལ་གཏོང་གི་མེད་ཅིང་ལྷུགས་ལྟེ་དེ་ཉིད་ད་ལྟ་ཉམས་མེད་དགོན་དུ་བཞུགས་ཡོད།

རིག་གནས་གསར་བརྗེ་སྐབས་རྒྱལ་ཡོངས་ཁྱོན་དང་འདྲ་བར་དགོན་པ་འདི་ཉིད་ཀྱང་ཉམས་ཉེས་ཆེན་པོ་བྱུང་ཡོད། སྤྱི་ལོ་༡༩༨༢ལོར་ཆོས་དད་རང་མོས་ཀྱི་སྲིད་ཇུས་སླར་ཡང་གངས་ལྗོངས་འདིར་ཤར་བས་སྔོན་གྱི་དགོན་པའི་དགེ་སློང་བློ་བཟང་མཁས་བཙུན་སོགས་དགེ་སློང་བརྒྱད་དང་ཏུ་ཐོག་འབྲོག་སྡེ་ཡོངས་ཀྱིས་ཉམས་གསོ་བྱེད་རྒྱུའི་བསམ་བློ་འཁོར་བ་དང་། གོང་རིམ་གྱི་འབྲེལ་ཡོད་སྡེ་ཚན་ཁག་ལ་སྙན་ཞུ་ཕུལ་ནས་སླར་གསོ་བྱེད་ཆོག་པའི་ཆོག་མཆན་ཐོབ་པ་ལ། སྟར་དགའ་ལྷུན་གྲུབ་པ་ཡིན་པ་རྣམ་ཨ་བཟང་ལགས་བཟའ་མི་གཉིས་ཀྱིས་གཙོ་བྱས་རྗེ་ཡབ་སྲས་གསུམ་དང་། སྐུ་ཁང་བསྐྱར་བཞེངས་གནང་བ

དང་། དགེ་སློང་བློ་བཟང་མཁས་བཙུན་སོགས་དགེ་སློང་བརྒྱད་ཀྱིས་གཙོ་བྱས་དུས་གསུམ་སངས་རྒྱས་དང་སྤྱན་ར་གཟིགས་ཟླ་བ་ཆེན་པོ། འདུ་ཁང་ཀ་བ་བཅུ་གཉིས། ཚུང་ཁང་ཀ་བ་གཉིས། གྲྭ་ཤག་བཅུ་གཉིས་བཅས་བཞེངས། ད་ལྟ་ཀན་བློ་བཟང་ཤེས་རབ་མཆོག་དང་། དགེ་འདུན་ཉི་ཤུ་ཙམ་གྱི་ལེགས་ཉེས་བླང་དོར་གནས་ལ་སྤྱང་བླང་གི་འཇུག་ལྡོག་མ་ནོར་བར་ཕ་མེས་ཀྱིས་བཞག་པའི་ལོ་རྒྱུས་དང་རིག་གནས་ལ་སྲུང་སྐྱོང་བརྩོན་ཞུ་བཞིན་ཡོད། དེ་སྔོན་དགོན་པར་འགྲོ་ལམ་ནི་རྟ་རྐྱང་མི་རྐྱང་ལས་འགྲོ་བསྐྱོད་མི་ཐུབ་པས། རྡུ་ཐོག་འཛོམས་ནས་ཡིན་པའི་བསྟན་འཛིན་བྱམས་པ་ལགས་ནས་ཐུགས་འཁུར་ཆེ་བཞེས་ཏེ་དགོན་པའི་དགེ་འདུན་རྣམས་དང་། དད་ལྡན་གནས་གཟིགས་པ་བཅས་ལ་འཕྲུལ་འཁོར་འགྲོ་བསྐྱོད་ཐུབ་པའི་ལམ་ཆེན་གསར་བསྐྲུན་བྱས་ཡོད།

རྡུ་ཐོག་དགོན་པའི་ཤར་ངོས་ཀྱི་རི་འདེབས་སུ་ཆུ་ཚན་ཁ་ཤས་ཡོད་པ་དེ་ཚོ་ནི་རྡུ་ཐོག་ཆུ་ཚན་ཞེས་ཚུད་གྲགས་ཆེ་ཙམ་ཡོད་པས་དེར་སྔོན་དཔྱིད་གཉིས་སུ་ཕྱོགས་གང་ས་ནས་ཆུ་ཚན་རྒྱག་མཁན་མང་པོ་ཡོང་བ་དང་། ཆུ་ཚན་དེ་དག་གིས་གྲང་བ་དང་། གྲུམ་པོ། མཁལ་མ་ལ་སོགས་ཀྱི་ནད་རིགས་ལ་ཕན་ནུས་ཆེན་པོ་ཡོད་སྐད།

## ༢༤ རིན་ཆེན་གླིང་དགོན།

རྡུ་ཐོག་དགོན་ནས་སྤྱི་ལི་༡༨་ཙམ་མར་ཡོང་ན་བཀྲ་ཤིས་སྐྱང་ཤང་རིན་ཆེན་གླིང་གྲོང་ཚོའི་དབུས་སུ་བཀའ་བརྒྱུད་བླ་མ་བྱང་སེམས་དགེ་འདུན་རིན་ཆེན་ཞེས་པས་སྤྱི་ལོ་༡༧༨༡་ལོར་ཕྱག་འདེབས་གནང་མཛད་པའི་རིན་ཆེན་གླིང་དགོན་ཞེས་པ་མཛལ་རྒྱུ་ཡོད། ལྷ་སའི་ཕྱིའི་གླིང་བཞིའི་ཁོངས་ཡིན་ཞེས་ཙ་རིར་གནས་བསྐོར་དུ་འགྲོ་གོང་དགོན་དེར་མགོན་པོ་ཕྱག་བཞི་པ་ཞིག་ཡོད་པ་

དེ་མཇལ་དུ་ཡོང་སྲོལ་ཡོད། རིན་ཆེན་གླིང་དགོན་ནི་ཐོག་མར་དྲུང་ནམ་མཁའ་དཔལ་བཟང་པོས་ཕྱག་འཁྱེར་བཞེས་ཏེ། བྱང་སེམས་འདུལ་བ་པ་དགེ་འདུན་རིན་ཆེན་པས་ཉ་ཐོག་བླ་མ་བསོད་ནམས་རྒྱལ་མཚན་ལ་ཆོས་སྡེ་འདེབས་པའི་བརྟག་པ་ཞུས་པར། ཟུར་མདོར་ཐོབ་གསུངས་པས། དེར་ཕེབས་ཀྱང་ཕ་རི་ཚུར་རི་གར་ཡིན་དགོངས་བཞེས་བཞིན་པའི་ངང་ནས་གཏོར་མ་གཏོང་བཞིན་བཞུགས་པ་ན། བྱ་རོག་གིས་གཏོར་ཆས་ཁྱེར་ཏེ་ཕ་རིར་བཞག་པའི་ཤུལ་དུ་མཆོད་ཁང་བརྩིགས་པ་དང་། རྟེན་གསུམ་བཞེངས་ཏེ་རབ་བྱུང་བདུན་པའི་མེ་སྤྲེལ་ལས་མས་ནས་བཙུན་པ་མང་དུ་འདུས་ཤིང་། ཐོག་མར་གླིང་སྟོད་གླིང་སྨད་ཅེས་རྒྱ་ཤིན་ཏུ་ཆེ་བ་བྱུང་བས་དགོན་མིང་རིན་ཆེན་གླིང་དུ་བཏགས། དེ་ནས་པཎ་ཆེན་བསོད་ནམས་གྲགས་པའི་དུས་གྲུབ་མཐའ་དགེ་ལུགས་སུ་འགྱུར། དགོན་པའི་བླ་མ་ཡང་དྲུང་ནམ་མཁའ་དཔལ་བཟང་པོ་ཉིད་ཁྲི་ཐོ་དང་པོར་བསྐོས། ཕྱགས་ཕྱོགས་གཉིས་དགོན་ལྷ་ས་རྒྱུད་སྟོད་དང་ཉེ། གྲྭ་རྒྱུན་སློབ་གཉེར་དགའ་ལྡན་དགོན་ཤར་རྩེ་གྲྭ་ཚང་དང་། འབྲས་སྤུངས་བློ་གསལ་གླིང་གྲྭ་ཚང་། སེ་ར་དགོན་གྲྭ་ཚང་སྨད་སོགས་སུ་ཕེབས་སྲོལ་ཡོད། དུས་རབས་བཅུ་བདུན་ལས་མས་སུ་དགེ་འདུན་ཞལ་གྲངས་བརྒྱ་དང་བདུན་ཅུ་དོན་དྲུག་ཡོད་པ་《པི་སེར》ནང་གསལ། སྤྱི་ལོ་༡༩༩༠གཡས་གཡོན་དུ་ཉེ་འཁོར་དད་ལྡན་སེར་སྐྱ་ནས་ཞིག་གསོས་ཕྲན་བུ་བྱས་ཏེ་སྔོན་གྱི་མགོན་ཁང་གི་ཤུལ་དུ་འདུ་ཁང་ཀ་དྲུག་གསར་བཞེངས་གནང་ཐོག་ནང་རྟེན་དུ་དུས་གསུམ་སངས་རྒྱས་དང་། བྱང་སེམས་དགེ་འདུན་རིན་ཆེན་གྱི་འཇིམ་སྐུ་གསར་བཞེངས་གནང་བ་ད་ལྟ་མཇལ་རྒྱུ་ཡོད།

རིན་ཆེན་གླིང་དགོན་ནས་བྱང་ངོས་སུ་ཆུ་ཡར་ཐོན་ནས་སོང་ན་ཟུར་

དགོན་ཞེས་པའི་རྗེས་ཤུལ་མཇལ་རྒྱུ་ཡོད། དགོན་པ་འདི་སྟོད་ལུང་པ་རིན་ཆེན་སྒྲིང་པོའི་སློབ་མ་ཟུར་བ་ཕག་སྒོམ་རྡོ་རྗེ་ཡེ་ཤེས་ཀྱིས་ཕྱག་བཏབ་པ་དང་། དགོན་པའི་ཕྱིའི་བཟོ་དབྱིབས་སྔར་བཞིན་གནས་ཡོད་ལ་ལྷ་སྲུང་ནི་དམ་ཅན་མགར་ནག་ཡིན། དགོན་ནང་སྐུ་གསུང་ཐུགས་རྟེན་དང་དང་དགེ་འདུན་སོགས་མེད།

འོད་ཟེར་རྐྱང་གི་ནུབ་དང་། རིན་ཆེན་སྒླིང་གི་ཤར་ངོས་སུ་ཤྭ་བ་འཕྲང་ཞེས་པའི་འཕྲང་ལམ་ཞིག་ཡོད་པ་དེའི་སྔོ་ངོས་བྲག་རི་མཐོན་པོ་ཡིན་པ་དང་། བྱང་དུ་མལ་གྲོ་གཙང་པོ་དེ་ཤར་ནས་ནུབ་ལ་དྲག་ཏུ་རྒྱུ་གི་ཡོད་ཅིང་། འཕྲང་ལམ་དེ་འགྲུལ་ལམ་ལྟེ་བ་ཞིག་འཁེལ་ཐོག་སྔོན་མ་རྐྱུན་ཇག་གིས་འགྲུལ་པར་འཕྲོག་བཅོམ་ཡང་ཡང་བྱས་སྐབས་ས་ཁུལ་དེ་རྒྱུད་ཀྱི་མི་སེར་ཚོའི་ཤོད་རྒྱུན་དུ་གླ་ཁོག་དེ་ལས་མེད་པར་ཤབ་འཕྲང་ལམ་ལ་འགྲོ་རྒྱུ་ཟེར་གྱི་ཡོད། ཤྭ་བ་འཕྲང་ཟེར་བའི་དོན་ནི་ཤར་ཕྱོགས་ནས་བལྟས་ཚེ་བྲག་རིའི་རྩེར་རྡོའི་ཤ་བ་ཞིག་གསལ་པོ་མཐོང་རྒྱུ་ཡོད་པ་དང་། བྲག་ལྡེབས་བྱང་ངོས་སུ་རྗེ་བཙུན་སྒྲོལ་མའི་སྐུ་བརྙན་ཞིག་དང་།མ་ཎི་ཡིག་དྲུག་སོགས་ཀྱི་རྡོ་བརྐོས་ཡོད། དེང་སང་དེ་རྒྱུད་ཀླུང་ས་འཁོར་གཞུང་ལམ་འཁེལ་གྱི་ཡོད་ལ་རྡོ་བརྐོས་ཀྱི་སྐུ་དང་ཡི་གེ་སོགས་ད་ལྟ་རྙིང་མེད་མཇལ་རྒྱུ་ཡོད།

## ༢༧ ཆོས་འཁོར་དགོན།

ཆོས་འཁོར་དགོན་ནི་བཀྲ་ཤིས་སྒང་གཞི་སྡུག་ཁོངས་རྐྱང་བུ་ཚལ་གྱི་ཤར་ངོས་སུ་གནས་ཡོད་ཅིང་། རིན་ཆེན་སྒླིང་ཕྱག་འདེབས་མཁན་བླ་མ་བྱང་སེམས་དགེ་འདུན་རིན་ཆེན་མཆོག་ནས་སྤྱི་ལོ་༡༧༢༡ལོར་ཕྱག་བཏབ། ཐོག་མར་ད་ལྟའི་དགོན་འདིའི་ནུབ་བྱང་རི་མཚམས་སུ་ཆགས་ཀྱང་ཕྱིས་གཞི་སྡུག་གྲོང་

དབུས་སུ་གནས་སྦྱོར་པར་གྲགས། རྟེན་གཙོ་ནི་རྒྱལ་དབང་བྱམས་པ་མགོན་པོ་ཡིན། དགེ་ལུགས་པ་ཕྱག་བཞེད་མཛད་བཞིན་ཡོད།

## ༢༨ འཚད་ཁ་དགོན།

འཚད་ཁ་དགོན་ནི་བྲག་ཡོག་ཟམ་པ་ནས་སྤྱི་ལེ་ལྔ་ཙམ་སོང་ན་བྱ་ར་མདོ་ཁྲིད་ལྷ་གྲོང་གི་ལྟག་ཏུ་ཆགས། དགོན་དེ་ནི་བཀའ་གདམས་པའི་དགེ་བཤེས་འཚད་ཁ་བས་ཕྱག་བཏབ་གནང་མཛད། དགེ་བཤེས་འཚད་ཁ་བ་ནི་རབ་བྱུང་གཉིས་པའི་ལྕགས་སྤྲེལ་(སྤྱི་ལོ་༡༡༠༡)ལོར་ཡུལ་ལུ་ར་རུ་སྐུ་འཁྲུངས་པ་དང་། སྦྱགས་པ་ཞིག་གི་རིགས་སུ་འཁྲུངས། བླ་མ་ལྔ་བཅུ་པའི་ནང་གི་དགེ་བཤེས་ཨང་གཉིས་པ་ཡིན། མལ་གྲོར་བྱོན་ནས་འཚད་ཁ་སྙིང་མའི་དགོན་པ་བཏབ། སེ་སྤྱིལ་བུ་བ་ལ་འཚད་ཁ་གསར་མ་འདེབས་པའི་ལུང་བསྟན། མཐར་དགུང་ལོ་དོན་ལྔར་ཕེབས་པ་རབ་བྱུང་གསུམ་པའི་ཤིང་ལུག་(སྤྱི་ལོ་༡༡༧༥)ལོར་སྐུ་གཤེགས། སྔོན་དགོན་དེ་གསང་ཕུ་བླ་བཅུའི་ཁོངས་རྣམ་རྒྱལ་སེར་ཁང་གི་ཁོངས་ཡིན། སྤྱི་ལོ་༡༨༥༨ གོང་འབྲས་སྤུངས་དགོན་བོད་གཞུང་མི་ཚན་ནས་བདག་འཛིན་གནང་། སྔོན་དགེ་འདུན་བདུན་ཙུ་སྐོར་ཡོད། ད་ལྟ་སྔོན་གྱི་འདུ་ཁང་ཀ་བ་གཉིས་ལྡན་གྱི་གྲུང་གོག་སྟེང་གསར་བཞེངས་གནང་བའི་ནང་དགེ་བཤེས་འཚད་ཁ་བའི་འཛིམ་གྱི་གདུང་རྟེན་གསར་བཞེངས་གནང་བ་སོགས་མཇལ་རྒྱུ་ཡོད། དགེ་འདུན་ཞལ་གྲངས་ཉི་ཤུ་སྐོར་གྱི་དགེ་ལུགས་ཕྱག་བཞེད་མཛད་བཞིན་ཡོད། ཡང་དགོན་དེའི་མདུན་རིར་བྲག་ལ་ཁྲུང་ཞིག་ཡོད་པ་དེ་ནི། རིན་ཆེན་སྒླིང་གི་སྲུང་མ་མལ་གྲོ་ཀློན་བཙན་གྱིས་དགོན་དེར་སེར་བ་ཕབ་ནས་ཆུས་ཁྱེར་ལ་ཉེ་བར་དགོན་དེའི་སྲུང་མ་མགར་ནག་ཅེས་པས་ཁྲུང་ལ་སྤྲུལ་ནས་མདའ་བརྒྱབ་པས། དགོན་དེའི་ཤར་ལྷོའི་མཚམས་ཀྱི་བྲག་ལ་ཁྲུང་

ཕྱུག་པའི་རྗེས་ཤུལ་རྒྱབ་རིར་གསལ་བ་མཐོང་རྒྱུ་ཡོད། དེ་བཞིན་ལྷ་ས་ལྷུན་
གྲུབ་རྫོང་ཁོངས་སུ་འཆད་ཁ་དགོན་ཞེས་པ་ཞིག་ཡོད། དེ་ནི་ཤངས་པ་བཀའ་
བརྒྱུད་ཀྱི་སྤྲུལ་གཏོད་པ་ཁྱུང་པོ་རྣལ་འབྱོར་གྱིས་ཕྱག་བཏབ་པ་དང༌། དགོན་པ་
དེ་གཉིས་མིང་ཆ་འདྲ་ཡང་ཕྱག་བཏབ་མཁན་དང་ཆོས་བརྒྱུད་ཁག་ཁག་ཡིན།

༢༨ རྒྱལ་སྟེང་དགོན།

དགེ་བཤེས་བྱ་ཡུལ་བ་ཆེན་མོ་གཞོན་ནུ་འོད་ཀྱི་སློབ་མ་བྲུལ་སྒོམ་ཆེན་པོ་
དབང་ཕྱུག་རྒྱལ་མཚན་གྱིས་སྤྱི་ལོ་༡༡༢༤ལོར་དགོན་པ་འདི་ཐོག་མར་ཕྱག་
བཏབ། བཀྲ་ཤིས་སྒང་ཤང་བྱ་ར་མདོ་གྲོང་ཚོ་ནས་ཕྱུ་རུ་སྤྱི་ལེ་བདུན་ཙམ་
བསྐྱོད་ན། རྒྱབ་རི་རྗེ་བཙུན་སེང་ལྡེང་ནགས་ཀྱི་སྦྲུལ་མ་གཡས་བརྐྱངས་གཡོན་
བསྐུམས་ཚུལ་དུ་གནས་པའི་རང་བྱོན་གྱི་སྟེང་ཞབས་པུས་གཡས་སུ་དུར་ཁྲོད་
དང༌། དཔུས་སུ་གསང་གནས་ཚུལ་དུ་ནོར་བུ་ཆུ་མིག་མདུན་དུ་སོག་པ་རི་
དགོན་པར་ཞལ་ཟས་འབུལ་བའི་ཚུལ་དང༌། དྭངས་བསིལ་གྱི་ཆུ་བོ་དུས་བཞིར་
རྒྱུན་ཆད་མེད་པར་ཡོན་ཆབ་ཀྱི་ཚུལ་དུ་ཤར་ནས་ནུབ་ཏུ་བབས་པ། ལྷོ་ནུབ་ཏུ
ཨོ་རྒྱན་པདྨ་འབྱུང་གནས་ཀྱིས་བྱིན་གྱིས་བརླབས་པའི་གནས་མཆོག་ཨོ་དཀར་
རི་དང༌། ཤར་ངོས་སུ་བྲག་རི་དཀར་པོ་དེ་དགོན་པ་འདིའི་སྲུང་མ་དམ་ཅན་
མགར་བ་རྡོར་ལེགས་ཀྱི་བླ་རི། དེའི་ནུབ་ངོས་སུ་དམ་ཅན་གྱི་ཚེབས་ར། ལྷོ་
ངོས་སུ་དམ་ཅན་གྱི་མགར་ཐབ། གཞན་ཡང་ཤིང་རྣམས་ཕྱུག་ཅེང་བྱ་དང་རི་
དྭགས་སྣ་ཚོགས་ཅི་འདོད་དུ་བག་ཡངས་སུ་རྒྱུ་བ། ས་དཔྱིབས་ནི་ཤར་དུ་ཕུ
ཐག་རིང་ཞིང་ནུབ་དམའ་བས་དགུན་དྲོ་ཞིང་དབྱར་བསིལ་བའི་ཁྱད་ཆོས་དང་
ལྡན་པ་སོགས་དང༌། ས་དཔྱད་ཕུན་སུམ་ཚོགས་པའི་ཞབས་པུས་གཡོན་པའི་
རང་བྱོན་གྱི་སྟེང་དུ་དགོན་འདི་ཆགས། སྤྱི་ལོ་༡༨༥༨ལོའི་གོང་དུ་དགོན་པ་

འདིའི་སྒྲིའི་རྒྱ་ཕྱོན་ནི་འདུ་ཁང་ཀ་བ་བཅུ་གཉིས། ཕྱུག་ཏུ་ཞལ་རས་ལྷ་ཁང་ཀ་བ་བཞི། དེའི་ནུབ་ཏུ་མཛོད་ཁང་ཀ་བ་གསུམ། ཤར་ངོས་སུ་ཉུང་ཁང་ཀ་བ་བཞི། སྒོ་འཁྱུར་ཀ་བ་གཉིས། སྟེང་དུ་གླྭ་ཤག་དང་གཟིམ་ཤག ཐོག་ཁའི་ནུབ་ངོས་སུ་མགོན་ཁང་ཀ་བ་གཉིས། དཀྱིལ་དུ་ཀ་ཕིབས་ཀ་བ་གཅིག །ཤར་ངོས་སུ་མཆོད་རྫས་སོགས་འཛོག་བྱེད་ཀ་གཉིས་གཅིག །རྒྱལ་སྒོའི་སྒོ་འཁྱུར་ཀ་བ་གཉིས་ཅན། ཡང་ཤར་ངོས་སུ་གླིང་ཚང་བླ་བྲང་ཐོག་ས་ཉིས་ཟེ་ཐོག་ཀ་བ་བཅུ། ལྷོ་ངོས་སུ་དམ་ཅན་གྱི་བླ་ཤིང་དུ་གྲགས་པའི་ཤུག་སྡོང་ཆེན་པོ་གཉིས། འདུ་ཁང་བྱང་ཤར་མཚམས་སུ་བླ་བྲང་རྙིང་པ་ཀ་བ་བཅུ་དྲུག་སྟེང་ཁང་དང་བཅས་པ། དེ་བཞིན་མཐའ་འཁོར་དུ་མཆོད་རྟེན་དང་གོས་སྐུ་བཀྲམ་སའི་གྱང་དང་སོགས་ཡོད། དགོན་པའི་སྐུ་གསུང་ཐུགས་རྟེན་བསམ་ལས་འདས་པ་ཡོད་མོད་ཀྱང་། དེ་དག་གི་ནང་ནས་ནང་རྟེན་གལ་ཆེ་བ་ནི་སྐུ་ཡི་རྟེན་རྗེ་བཙུན་སྒྲོལ་མ་གསུང་བྱོན་མ་དང་། བྲུལ་སྒོམ་པ་དབང་ཕྱུག་རྒྱལ་མཚན་གྱི་ཐུགས་དམ་རྟེན་རྫ་བོ་འཇམ་དཔལ་རྡོ་རྗེ། གསུང་གི་རྟེན་འབུ་ནག་ཟིལ་པ་ཅན། ཐུགས་ཀྱི་རྟེན་གདུང་རྟེན་བཀྲ་ཤིས་འོད་འབར་བཅས་ཡིན། དགོན་འདིའི་ཐོག་མའི་མཁན་པོ་བྲུལ་སྒོམ་པ་ཆེན་པོ་དབང་ཕྱུག་རྒྱལ་མཚན་ནས་བཟུང་སྐྱེ་བསོའི་དགེ་བཤེས་རིམ་པར་བྱོན་ཅིང་། དགེ་བཤེས་ཆོས་ལྡན་ལགས་དང་དགེ་བཤེས་སྐལ་བཟང་རྡོ་རྗེ་གཉིས་ཀྱིས་༡༨༥༨ལོ་བར་མཁན་རྒྱུད་བར་མ་ཆད་དུ་བྱོན་པ་ཡིན་ལ། དགོན་པ་འདིར་བསྟན་པའི་གསལ་བྱེད་དུ་གྱུར་བའི་མཁས་པའི་དབང་པོ་ཇི་སྙེད་ཅིག་བྱོན་མོད་ཀྱང་། དེ་དག་རེ་རེ་བཞིན་འདིར་ཡིག་ཚོགས་ལ་འཇིགས་པས་རྒྱས་བཤད་མི་བྱའོ།

རིག་གནས་གསར་བརྗེ་སྐབས་རྒྱལ་ཡོངས་ཁྱོན་དང་འདྲ་བར་དགོན་པ་

འདི་ཉིད་ཀྱང་ཉམས་ཉེས་ཆེན་པོ་བྱུང་ཡོད། སྤྱི་ལོ་༡༩༨༦ལོ་ནས་བཟུང་གོང་རིམ་གྱི་འབྲེལ་ཡོད་སྡེ་ཚན་ཁག་ལ་ཉམས་གསོའི་སྙན་ཞུ་ཕུལ་བ་ལ་བརྟེན་སྤྱི་ལོ་༡༩༨༨ལོའི་བོད་ཟླ་གསུམ་པར་དགའ་ལྡན་དགོན་གྱི་མཁན་པོ་དགེ་བཤེས་བློ་བཟང་བསྟན་འཛིན་ལགས་དང་རབ་བསྟན་རྒྱས་ལགས་རྣམ་གཉིས་གཙོས་ཡུལ་མི་རྣམས་ཀྱིས་རྒྱབ་སྐྱོར་དང་། ལྷག་པར་དུ་དེ་སྔའི་བྱ་ར་མདོ་ཤང་ནས་དགོན་པའི་ཤིང་ཆའི་ཐད་དགོས་ངེས་ཀྱི་རོགས་སྐྱོར་གནང་བ་བཅས་ལ་བརྟེན་ནས་འདུ་ཁང་ཀ་བ་བཅུ་གཉིས་དང་ཞལ་རས་ལྷ་ཁང་ཀ་བ་གཉིས་ནུབ་ཏུ་མཛོད་ཁང་ལྷུང་གང་མ་གཅིག །སྒོ་འཁྱུར་ཁ་སྒོ་ལྷ་ཀ་བ་གཉིས། སྟེང་དུ་རབ་གསལ་ཐོག་ཁའི་བྱང་ངོས་སུ་བླ་བྲང་དོད་དུ་གཟིམ་ཆུང་ཀ་བ་གཉིས། འདུ་ཁང་ཤར་ངོས་སུ་ཐུང་ཁང་ཀ་བ་བཞིའི་རྒྱ་ཁྱོན་ཅན། དེའི་མདུན་དུ་གྲྭ་ཤག་ཀ་གཅིག་ལྷུང་གང་མ་བྱས་པ་ཁག་བདུན་ཙམ་བཅས་ཕྱིའི་བཀོད་པ་ཡོངས་སུ་གྲུབ་པའི་ཐོག་ལྡེབས་རིས་དང་སྐུ་གསུང་ཐུགས་རྟེན་སོགས་གསར་བཞེངས་གནང་། སྔར་སྤྱི་ལོ་༡༩༨༩ལོ་ནས་བཟུང་དགེ་འདུན་ཞལ་གྲངས་ཉི་ཤུ་ལྷག་ཙམ་ནས་དེ་སྔ་དགོན་འདིའི་དབུ་མཛད་རབ་བསྟན་རྒྱས་ལགས་ཀྱིས་སྡེ་ཁྲིད་འོག །རྗེ་འཇམ་དཔལ་སྙིང་པོའི་རིང་ལུགས་ཏེ་རི་བོ་དགེ་ལྡན་པའི་ཕྱག་བཞེད་སྐྱོང་ས་བཞིན་གནས།

## ༣༠ མཁར་སྐྱ་དགོན།

བཀྲ་ཤིས་སྒང་ནས་ཕྱིར་བཏང་འཁོར་ལམ་བརྒྱུད་སྤྱི་ལེ་བཞི་ཙམ་གཟི་ཕྲུག་ནང་སོང་ན་མཁར་སྐྱ་གྲོང་དབུས་སུ་དགོན་དེ་མཇལ་རྒྱུ་ཡོད།

གཟི་ཕྲུག་ཅེས་པ་ནི་ཡུལ་དེའི་ཕུ་ལ་ནོར་བུ་གཟི་ཡིས་ཕྲུག་པས་གཟི་ཕྲུག་ཅེས་པའི་མིང་དེ་ལྟར་བྱུང་ཞེས་དང་། དགོན་དེ་ནི་ཐོག་མར་བཀའ་གདམས་

པའི་དགེ་བཤེས་ཚུལ་ཁྲིམས་ཞུ་བས་སྤྱི་ལོ་༡༣༨༡ལོར་ཕྱག་བཏབ་གནང་མཛད། དེ་རྗེས་རྗེ་ཙོང་ཁ་པའི་དུས་རི་བོ་དགེ་ལྡན་པར་གྱུར། ལྟོ་པ་རྒྱལ་སྲས་སྐུ་ཕྲེང་རིམ་པས་དགོན་དེ་བསྐྱངས་གནང་མཛད། སྔོན་འདུ་ཁང་སྙིང་པ་ཀ་བ་བཅུ་གཉིས་ཅན་ནང་གསེར་ཟངས་ཀྱི་ཐུབ་པ་གསུང་བྱོན་མ་ཞིག་ཡོད་པ་དེ་ནི་འཕན་པོ་ནཱ་ལེནྡྲ་ནས་གདན་དྲངས་ཏེ། ལྷ་ཁང་མདོ་གསུམ་ཞེས་པར་སླེབས་སྐབས་ང་མལ་གྲོ་གཟི་སྨུག་ནང་འགྲོ་གི་ཡིན་ཟེར་གསུང་བྱོན་པས་དགོན་དེར་གདན་དྲངས་ཏེ་བཞུགས་ཞེས་ཟེར། དགོན་དེའི་ཤར་ལྟོའི་མཚམས་སུ་ཨ་མ་རིན་ཆེན་མཚོ་མོ་ཞེས་པའི་མཚོ་ཞིག་ཡོད་པ་ནས་དུང་དཀར་ཞིག་འཕུར་ཡོང་སྟེ་དགོན་དེའི་ཁ་ཁྲིད་གཡས་ལུང་ནང་དུ་ཆོས་སྣང་སྣང་ཞེས་པའི་བཙུན་དགོན་དེར་འཕུར་ཕེབས་པས། བཙུན་མ་ཞིག་གིས་ལྷས་ངན་གྱི་བྱ་ཞིག་འཕུར་སླེབས་བྱུང་གསུངས་པས། དུང་དཀར་དེ་མཁར་སྐྱུར་འཕུར་ཕེབས་པ་བླ་མ་རྒྱལ་སྲས་འཛིན་གྱིས་བཟུང་གནང་སྟེ་དགོན་དེའི་ནང་རྟེན་དུ་བཞུགས། ནམ་མཁའ་གཡེར་སྐབས་དུང་དེ་བཏང་ན་ཨ་མ་རིན་ཆེན་མཚོ་མོའི་ནང་ནས་དུང་སྨུག་མང་པོ་ཐོན་ཡོང་སྟེ་ནམ་མཁའ་ཁྱིན་འཁོར་ཞེས་ཟེར། སྔོན་དགེ་འདུན་བདུན་ཅུ་སྐོར་གྱིས་རི་བོ་དགེ་ལུགས་ཕྱག་བཞེད་པ། འོན་ཆོས་སྡིངས་བླ་བྲང་གི་ཁོངས་ཡིན། ལོ་ལྷར་བོད་ཟླ་གཉིས་པའི་ཚེས་ཉེར་དགུ་ཉིན་འཕན་པོ་ནས་ཞོལ་ཁ་ཆོས་སྐྱོང་གདན་དྲངས་ཏེ་ཆོས་སུམ་ཅུ་ཉིན་སྐུ་ཕེབས་གནང་སྲོལ་ཡོད། ཞོལ་ཁ་ཆོས་སྐྱོང་ནི། ཐོག་མར་བཀའ་གདམས་པའི་བླ་མ་ཞིག་ཡིན་པ་ལ་རྟེན་གར་དུས་ཀོང་པོ་ཞོལ་ཁའི་ནང་བཀྲོངས་པ་གཟུགས་མེད་དུ་སྐྱེས་པ་ས་སྐྱས་དམ་འདོགས་གནང་བ་ཡིན་ཞེས་ཟེར། ད་ལྟ་སྔོན་གྱི་འདུ་ཁང་སྙིང་པའི་ཤུལ་མཁར་སྐྱ་གྲྭ་ཚང་གི་བརྩིག་གདན་སྟེང་གསར་བཞེངས་གནང་བའི་འདུ་ཁང་ནང་སྔོན

གྱི་སྐུ་བརྙན་དེ་དག་གི་སྐུ་ཚབ་གསར་བཞེངས་གནང་བ་མཇལ་རྒྱུ་ཡོད།

ཡང་དགོན་དེ་ནས་ཀང་ཐང་མར་ཆུ་ཚོད་གཉིས་ཙམ་སོང་ན། དེ་མོ་དགོན་ནམ་བཀྲ་ཤིས་ཆོས་སྡིང་ཞེས་སྔོན་དགོན་དེའི་དགོན་ལག་ཡིན་པའི་བཙུན་དགོན་ཞིག་དང་། ཡང་དགོན་དེའི་ཁ་ཕྱོགས་དུ་ཆོས་སྣང་སྣང་ཞེས་རིན་ཆེན་སྡིང་གི་དགོན་ལག་ཡིན་པའི་བཙུན་དགོན་ཞིག་དང་། ཡང་དགོན་དེའི་ལྷག་ཧུ་སེ་ར་རི་ཁྲོད་ཅེས་པ་ཞིག་དང་། དེའི་གཡོན་ངོས་སུ་མཆོད་རྟེན་ཞིག་ཡོད་པ་དེའི་ནང་མཁན་ཆེན་པོ་ཧྲི་ས་དྷའི་སྐུ་སྒྲུབ་ཡོད་ཅེས་གསུངས།

བཀྲ་ཤིས་སྒང་ཁོངས་མཁར་སྐྱ་དགོན་གྱི་བཙན་པོའི་བང་སོའི་དབུ་རྩེར་སྒྲོལ་མ་གཡས་རྐང་གཡོན་བསྐུམ་འདྲའི་རི་བོའི་གཟུགས་བརྙན་ཡོད་པའི་སྐུ་པང་དུ་བསེ་བ་རི་ཁྲོད་ཅེས་པ་ཞིག་ཡོད། སྔར་རྙིང་མའི་དགོན་པ་ཡིན་པའི་ཤོད་རྒྱུན་དང་། གྲུབ་ཆེན་རིན་པོ་ཆེས་ཕྱག་བཏབ་ཅེས་པ་ལས་གྲུབ་ཆེན་སུ་ཡིན་དང་དུས་ཚོད་སོགས་མ་གསལ། དགོན་པའི་གནའ་ཤུལ་གྱི་གྱང་དང་ཆོས་ར། གྲྭ་ཤག་སོགས་མངོན་གསལ་དོད་པོར་ཡོད་ལ་མཁན་སློབ་ཆོས་གསུམ་གྱི་ཡ་གྱལ་མཁན་ཆེན་ཞི་བ་ཚོའི་སྐུ་གདུང་མཆོད་རྟེན་ཞིག་ཡོད་པར་སྙིར་བ་བརྒྱུབ་ཚེ་ཕན་འབྲས་ཆེ་བའི་ཤོད་སྲོལ་ལྟར། དེ་གའི་གཡས་གཡོན་གྱི་མི་སེར་མང་པོ་གནས་འདིར་བསྐོར་བ་བྱེད་པར་འགྲོ་མུས་ཡིན།

### ༣༡ བཀྲ་ཤིས་ཆོས་སྡིང་།

བཀྲ་ཤིས་ཆོས་སྡིང་ནི། བཀྲ་ཤིས་སྒང་ཁོངས་ཟུར་ཕུད་སྟོད་སྟང་སྒང་གི་རི་ལྗིབས་སུ་གནས་ཡོད་ཅིང་། ཤོད་རྒྱུན་དུ་རྒྱལ་སྲས་ཉི་མ་འཛིན་ནམ་འོན་རྒྱལ་སྲས་ཀྱིས་ཕྱག་བཏབ་གནང་མཛད། དེ་སྔོན་བཙུན་མའི་དགོན་པ་ཡིན་པ་ལ། སྤྱི་ལོ་༡༩༤༥ ལོར་དངོས་གྲུབ་དཔལ་ལྡན་ལགས་ཀྱིས་གཙོ་འགན་ཉམས

གསོ་གནང་ནས་ཕོ་དགོན་དུ་ཆགས། གྲུབ་མཐའ་དགེ་ལུགས་པ་འཛིན་པ་ཡིན།

## ༣༢ སྤྲང་ས་དགོན།

བྲག་ཤོག་ཟམ་པ་ཕྱིན་ཏེ་སྒྲིར་བཏང་སྒྱི་ལེ་ལྷ་དྲུག་ཙམ་སོང་ན་བྲག་ཤོག་ཆེམས་པའི་ནང་ཞེས་པར་དགོན་དེ་མཇལ་རྒྱུ་ཡོད། དགོན་འདི་ཉིད་བཀའ་གདམས་པའི་བླ་མ་རྒྱ་ཐང་པ་ཉི་མ་དབང་ཕྱུག་གིས་སྤྱི་ལོའི་དུས་རབས་བཅུ་གཉིས་པའི་དུས་དཀྱིལ་ཙམ་དུ་ཕྱག་བཏབ། “དགོན་འདིའི་མཚན་ཇི་ལྟར་གསོལ་བའི་རྩུལ་ལ་གསུང་སྒྲོས་དུ་མ་ཞིག་ཡོད་དེ། ལ་ལས་དགོན་སྡེ་འདིར་པ་ས་ཞེས་པའི་མིང་འདོགས་པར་གནང་སྟེ། མལ་གྲོ་དང་འབྲི་གུང་བར་ལ་བཀའ་གདམས་པའི་དགེ་བའི་བཤེས་གཉེན་རྣམས་ཀྱིས་ཕྱག་བཏབ་པར་མཛད་པའི་གསལ་བྱེད་སུམ་ཅུ་རེ་རེ་མིང་གཞིར་སྦྱར་བའི་དགོན་གནས་སུམ་ཅུ་ཙམ་ཆགས་པར་བརྗེད། ཆོས་སྡེ་འདི་ཡང་གསལ་བྱེད་ཡི་གེ་པ་ཡིས་མཚོན་པའི་དགོན་པ་ཡིན་ཞེས་དང་། ཡང་འགའ་ཞིག་གིས་ས་མིང་གི་སྒོ་ནས་ས་ཐང་ཐིང་དགོན་ཞེས་འབོད་ལ་ཕྱིས་སུ་བླ་མ་རྗོགས་ལྡན་འཇམ་དཔལ་རྒྱ་མཚོ་མཆོག་རྗེ་གཅིག་ཏུ་སྐྱབ་པ་མཛད་ནས་གཞན་དོན་དུ་གྲུབ་པའི་གོ་འཕང་མཐོན་པོར་གཤེགས་ས་དང་། འཛིག་རྟེན་མཐུན་འཇུག་ལ་མིའི་ཁམས་ཟས་རགས་པ་སྤྲངས་ཏེ། ཤུག་འབྲུ་ཙམ་ལ་བརྟེན་ནས་བཞུགས་པའི་གནས་ཁྱད་པར་ཅན་ཞིག་ཡིན་པས་སྤྲངས་ས་ཞེས་མཚན་གསོལ་བར་གསུངས་མོད། བཀའ་གདམས་ཆོས་འབྱུང་རྣམས་སུ་དགོན་འདི་ཕྱག་འདེབས་པ་པོའི་མཚན་ལ་རྒྱ་སྤྲངས་ས་ཐང་པ་ཞེས་མང་དུ་འབྱུང་བས། སྐབས་དེ་དག་ཏུ་བཀའ་གདམས་པའི་དགོན་སྡེ་ཁག་ལ་ཕྱག་འདེབས་པ་པོའི་མཚན་ནས་སྨོས་པ་མང་དུ་བྱུང་བར་བརྗེད། དེའི་སྒོ་ནས་དགོན་འདིའི་མཚན་ཐོགས་པ་མིན་ནམ་སྙམ། གཞན་ཞིག་ནས་བསམ་ན་

དགོན་པ་འདི་གནས་པའི་ནུབ་ཀྱི་རི་འདབས་ནས་ཤར་གྱི་རི་འདབས་བར་སྤང་ས་ཐང་ཞེས་ས་མིང་དུ་ཆགས་པས་ཡུལ་གྱི་མིང་དེ་ལ་གནས་པའི་བརྟེན་པ་གཙུག་ལག་ཁང་ལ་ཡང་འབོད་སྲོལ་མཆིས་པས། དེ་དོན་རྒྱུ་མཚན་དུ་བྱས་ནས་དགོན་འདིའི་མཚན་ལ་སྤང་ས་དགོན་ཞེས་མཚན་སྲོལ་བ་ཡང་ཡིན་སྲིད།”①

དགོན་འདིའི་ཆགས་དབྱིབས་ནི་རྒྱབ་རི་རྗེ་བཙུན་འཕགས་མ་སྒྲོལ་མ་གཡས་བརྐྱང་གཡོན་བསྐུམ་གྱི་ཚུལ་དུ་བཞུགས་པའི་སྐུ་སྐྱེད་ཡན་ཆད་ཀྱི་རྣམ་པར་སྣང་བ། འདྲེ་བར་ཐབས་ཀྱི་རྒྱལ་པོ་དྲང་སྲོང་ཙི་དཀར་རོལ་པ། ཕྱོགས་བཞིར་བཀའ་གདམས་ལྷ་བཞིས་སྲུང་བའི་ཚུལ་དུ་གཏེར་དུ་བཞུགས་པ། གཡས་སྐོར་དུ་བཀྲ་ཤིས་རྟགས་བརྒྱད་རང་བྱོན་དང་། ནུབ་རི་དར་དཀར་གྱི་ཡོལ་བ་འདྲ་བ། ཤར་རི་གླང་ཆེན་འགྱིང་རེ། མདུན་རི་འཛིགས་བྱེད་ཀྱི་གནས་རི། ནུབ་བྱང་མཚམས་སུ་སངས་རྒྱས་སྟོང་སྐུའི་སྣང་བརྙན་རང་བྱོན། བྱང་ཤར་དུ་མཉྫལ་གྱི་ས་གཞི་བྱི་དོར་བྱས་པ་ཁ་སྤྲུབ་འདྲ་བ། ད་དུང་དེའི་ཉེ་འདབས་སུ་བཙུན་དགོན་གྱི་གནའ་ཤུལ་དང་དེའི་རྒྱབ་རིའི་སྟེང་དུ་རྣམ་སྲས་ཀྱི་མཛོད་ཁང་འོག་སོགས་ཕྱི་སྣོད་ཀྱི་ཆགས་དབྱིབས་དགེ་མཚན་དུ་མས་བརྒྱན་པ། གཞན་ཡང་གསེར་དངུལ་ཟངས་ལྕགས་སོགས་རིན་པོ་ཆེའི་གཏེར་གྱིས་རི་ཕྲན་རྣམས་ཁྱུར་ཁུར་གཏམས་པ། སེ་བ་དང་རྒྱན་འབྲུམ་སོགས་འབྲས་བུ་ཅན་གྱི་ཤིང་དང་། ཤུག་པ་དང་སྤྲ་མ་བ་ལུ་སོགས་མཆོད་པའི་ཡོ་བྱད་དུ་གྱུར་པའི་དྲི་ཞིམ་གྱི་ཤིང་སྣ་ཕུན་སུམ་ཚོགས་པས་དྲི་བསུང་ཅི་དགར་འཕྱུལ་བ། དྭངས་ཤིང་

① ཐུབ་བསྟན་ལུང་རིགས《སྤང་ས་དགོན་གྱི་བྱུང་བ་བརྗོད་པ་དད་གསུམ་འདབ་མ་རྒྱས་པའི་དགའ་ཚལ》

གཙང་བའི་ཡན་ལག་བརྒྱད་ལྡན་གྱི་སྨན་ཆབ་དལ་གྱིས་རྒྱུ་བ། འདབ་ཆགས་སྣ་ཚོགས་ཀྱིས་སྐད་སྙན་ལྷང་ལྷང་དུ་སྒྲོག་བཞིན་ཕན་ཚུན་རྩེད་འཛོར་རོལ་པ། ཡིད་དུ་འོང་བའི་ཤ་བ་དང་གླ་བ་དགོ་བ་སོགས་ཉམ་ཆུང་བདག་མེད་ཀྱི་སྲོག་ཆགས་ཀྱི་ཚོགས་རྣམས་མཐའ་ཡས་སྤྱང་ཐང་ཡངས་པོར་གང་དགར་རྒྱུ་བ་སོགས་སྣོད་བཅུད་ཀྱི་དགེ་ལེགས་འདོད་རྒུའི་དཔལ་གྱིས་ཕྱུགས་ཤིང་། ལྷ་དང་མི་ཡི་དཔལ་འབྱོར་ཕུན་སུམ་ཚོགས་པས་བརྒྱན་པ་ནི་གནས་མཆོག་སྤྱང་སའི་གནས་ཀྱི་ཆེ་བ་ལགས་སོ། དགོན་འདིའི་རྟེན་དང་བརྟེན་པ་ཇི་ལྟར་བཞེངས་པའི་སྐོར་ལ། རྒྱ་ཐང་ཉི་མ་དབང་ཕྱུག་གིས་ཐོག་མར་ཞལ་ལྟོར་བསྟན་པའི་གཙང་ཁང་ཀ་བ་བཞི་ཡོད་པ་ལ། ད་ལྟ་རྗེ་རྟོགས་ལྡན་འཇམ་དཔལ་རྒྱ་མཚོའི་གདུང་རྟེན་བཞུགས་སུ་གསོལ་བའི་ལྷ་ཁང་ཀ་བ་གཉིས་སུ་བྱས་པ་འདི་དང་། ཤར་ངོས་ནས་ནུབ་ཏུ་ཁ་གཏད་པའི་མགོན་ཁང་ཀ་བ་གསུམ་བཞེངས་པའི་ནང་དུ་མགོན་པོ་ཀྲག་ཤད་དང་དཔལ་ལྡན་ལྷ་མོ་རེ་མ་ཏིའི་སྐུང་བརྙན་ཡིད་འཕྲོག་པ་བཞུགས་གསོལ། གསུང་རྟེན་ཁག་བཞུགས་པའི་ལྷ་ཁང་ཡང་ནུབ་ངོས་ནས་སྒྲུག་ཤུལ་རིང་ལ་གྲུ་དོག་པའི་ལྕམ་གང་མའི་ནང་དུ། རྒྱལ་བའི་བཀའ་འགྱུར་རིན་པོ་ཆེ་དང་བསྟན་འགྱུར་གླེགས་བམ་དུ་མ་གཞན་ཡང་དཔར་ཤིང་དུ་མ་བཞུགས་པར་གསུངས། ད་དུང་མདུན་ངོས་སུ་འདུ་ཁང་ཀ་བ་བཅུ་གཉིས་ཀྱི་རྨང་གཞིར་ཐོག་མར་དགོན་པ་གསར་བཞེངས་སྐབས། སྟེང་གཡོགས་མེད་པར་གདན་རབས་ཕྱི་མ་རྣམས་པས་ཐོག་བཀབ་པར་མཛད་ནས་དགེ་འདུན་རྣམས་ལྷུན་དུ་འཚོགས་པའི་སྐལ་བ་བྱུང་། དེའི་རྟེན་གཙོར་དགོན་འདིའི་ཕྱོགས་བཞིར་གཏེར་དུ་བཞུགས་པའི་བཀའ་གདམས་ལྷ་བཞིའི་ཡ་གྱལ་ཡིན་པར་གྲགས་པའི་སྤྱན་རས་གཟིགས་བཅུ་གཅིག་ཞལ་མི་ཚད་མ། སྐུ་ལི་མ་ལས་

གྲུབ་པའི་ཁྲུ་གང་ཙམ་གྱི་ཐུབ་དབང་གཅིག  དགེ་བཤེས་སྤྱིལ་བུ་བའི་རིང་བསྐྲེལ་བཞུགས་པའི་མཆོད་རྟེན།  གསེར་ཟངས་ཀྱི་སྐུ་བརྙན་ཞིག  བླ་མ་ཉིད་ཀྱིས་རྒྱབ་རི་ནས་གཏེར་ནས་བཞེས་པའི་དུང་དཀར་གཡས་འཁྱིལ་ཕྱིས་སུ་སེར་དུང་ཆེན་མོར་གྲགས་པ་དེ་ད་ལྟའང་རང་དགོན་གྱི་རྟེན་དུ་བཞུགས།  བཀའ་གདམས་མཆོད་རྟེན་སྐུ་ཚད་ཆུང་བ་ཁྲུ་གང་དང་ཆེ་བ་ཁྲུ་གཉིས་ལྷག་ཙམ་བྱས་པ་བཅུ་གཉིས་དང་།  རྣམ་རྒྱལ་མཆོད་རྟེན་གཅིག་བཅས་འདི་དག་རྒྱ་ཤྲཱ་ལི་སྐྱེ། གསེར་དཀར་པོ་ལས་གྲུབ་པར་གསུངས་པ་བཅས་ཆོས་རྗེ་རྒྱ་ཐང་པས་དབེན་གནས་འདིའི་རྟེན་དང་བརྟེན་པ་བཞེངས་སྐྱུན་གང་ལེགས་མཛད།  དེ་རྗེས་གདན་རབས་རིམ་བྱོན་གྱིས་རྒྱ་ཐང་ཉི་མ་དབང་ཕྱུག་གི་འདྲ་སྐུ།  ཐུགས་རྗེ་ཆེན་པོའི་སྐུ་བརྙན་གཏེར་མ་མི་ཚད་མ།  རྒྱལ་བ་བྱམས་པའི་སྐུ་བརྙན། རྟོགས་ལྡན་འཇམ་དཔལ་རྒྱ་མཚོའི་སྐུ་དམར་གདུང་བཞུགས་པའི་འཛིམ་གྱི་གདུང་རྟེན་སོགས་རྟེན་དུ་མ་གསར་བཞེངས་གནང་ཞིང་།  དགེ་འདུན་སུམ་ཅུ་སྐོར་གྱིས་ས་སྐྱ་ངོར་ལུགས་ཕྱག་བཞེད་མཛད།  རྣམ་རབ་དྭགས་པོ་གྲྭ་ཚང་གི་དགོན་ལག་ཡིན།  དེ་རྗེས་སྤྱི་ལོ་༡༩༨༥ལོར་གཙང་ཁང་ སྒྲུབ་མར་ལྷ་ཁང་ཀ་བ་གསུམ་ཅན་དང་།  དེའི་མདོར་འདུ་ཁང་ཀ་བ་བཅུ་གཉིས་ཉམས་གསོ་ཐུབ་པའི་རྗེས་མང་ཚོགས་རྣམ་པས་དེ་སྔོན་དགོན་པའི་ཅ་དངོས་རྙེད་པ་དང་སྐུ་བརྙན་འགའ་ཞིག་ཀྱང་ལེགས་འབུལ་ཞུས།  དེ་ནས་སྤྱི་ལོ་༡༩༨༨ལོར་བསྟན་པའི་རྒྱུན་འཛིན་དགེ་འདུན་གྱི་སྡེ་བསྐྱར་དུ་འཛུགས་པར་མཛད།  སྤྱི་ལོ་༡༩༩༨ལོར་འཛིམ་གཟུགས་ཀྱི་རྒྱལ་བ་བྱམས་པ་དང་འཇམ་མགོན་ས་པཎ་གྱི་སྣང་བརྙན།  ད་དུང་གུ་རུ་སྣང་སྲིད་ཟིལ་གནོན་བཅས་ཀྱི་སྐུ་བརྙན་མི་ཚད་ལྷག་ཙམ་བཞུགས་སྒྲོམ་ན་བཟའ་དང་བཅས་པ་གསར་བཞེངས་ཐུབ།  སྤྱི་ལོ་

༡༩༩༩ལོར་སྤང་སའི་ཆོས་ཕྱོགས་ཀྱི་བྱེད་སྒོ་ཆེ་གྲས་མགོན་པོའི་གཏོར་རྒྱག་དང་འབྲེལ་བའི་གར་འཆམ་སླར་གསོ་བྱུང་། སྤྱི་ལོ་༢༠༠༤ལོར་ལྷ་ས་པ་ཀུན་དགའ་རྒྱལ་མཚན་ལགས་ཀྱིས་མ་དངུལ་ཁྲི་བརྒྱད་ལྷག་ཙམ་བཏང་ནས་དེ་སྔའི་བླ་མ་རྫོགས་ལྡན་འཇམ་དཔལ་རྒྱ་མཚོའི་སྐུ་གདུང་མཆོད་རྟེན་བཞུགས་སར་ཉམས་གསོ་གནང་།

ཆོས་རྗེ་འབྲི་གུང་སྐྱོབ་པ་འཇིག་རྟེན་མགོན་པོར་དངོས་སློབ་དང་ཡང་སློབ་སོགས་སའི་རྟུལ་དང་མཉམ་པར་ཕྱིན་པའི་ནང་ནས་ཆེས་མཆོག་ཏུ་གྱུར་པ་ཉེ་གནས་དཔལ་འབྱོར་གྲགས་ཀྱིས་གནས་འདིར་ཞབས་བཅག་སྟེ། དབེན་གནས་སྤང་སའི་རྒྱབ་ཀྱི་རི་འདབས་སུ་སྤང་ས་དགོན་བཞེངས་ནས་ལོ་ངོ་བརྒྱ་ཕྲག་ལྷག་འདས་མཚམས་སུ་ཡང་དགོན་སེ་བ་རོང་གཟིམས་ཁང་ཕྱག་འདེབས་པར་མཛད་ཅིང་། བསྐྱེད་རྫོགས་ཀྱི་ཉམས་ལེན་ལས་མ་གཡོས་པའི་ངང་སློབ་མའི་རྒྱུན་བསྐྱངས། དེའི་རྗེས་རྒྱུན་འཛིན་སློབ་མ་རྣམས་ཀྱིས་ཀྱང་ཆོས་འཆད་ཉན་དང་ལྟ་སྒོམ་སྤྱོད་གསུམ་སོགས་ལུང་རྟོགས་བསྟན་པར་བླ་ན་མེད་པའི་འཕྲིན་ལས་མཛད་པར་བརྟེན་གནས་མཆོག་འདི་བཞིན་གྲུབ་པའི་དབང་ཕྱུག་རྣམས་ཀྱི་ཕ་ས་ཆེན་པོར་གྱུར། དུས་ཕྱིས་མཁས་གྲུབ་རྫོགས་ལྡན་འཇམ་དཔལ་རྒྱ་མཚོ་སོགས་དམ་པ་དུ་མས་གནས་འདིར་ཕྱིན་ཕེབས་ཏེ། རྡོ་རྗེ་ཐེག་པའི་ཕྱག་སྲོལ་ཁག་ལ་གསན་བསམ་སྒོམ་པ་ལྟར་བཞེས་པ་བཅས་དབེན་གནས་འདི་ཉིད་ལོ་རྒྱུས་ཡུན་རིང་ལྡན་པའི་བྱིན་ཅན་གྱི་གནས་མཆོག་ཅིག་ཡིན།

དེ་བཞིན་སྤང་སའི་རྟེན་ཕྱག་གམ་དུར་ཁྲོད་ཀྱི་བྱུང་ཚུལ་ནི། གོང་དུ་ཞུས་པ་ལྟར་འབྲི་གུང་སྐྱོབ་པ་ཆེན་པོའི་ཉེ་གནས་དཔལ་འབྱོར་གྲགས་སྐུ་མྱ་ངན་ལས་འདས་རྗེས་ད་ལྟ་སྤང་སའི་དུར་ཁྲོད་གནས་སའི་ས་ཕྱོགས་འདི་ཉིད་དུ

ཞུགས་འབུལ་མཛད་པས། ས་ཕྱོགས་འདིར་རིང་བསྲེལ་གྱིས་ཁྱབ་པ་སོགས་འཕྲི་གུང་མཐིལ་གྱི་རྟེན་ཕྱག་གི་སྟེང་ཉེ་གནས་རིན་ཆེན་གྲགས་དགོངས་པ་རྫོགས་རྗེས་ངོ་མཚར་བའི་མཚན་ལྟས་དང་གཅིག་མཚུངས་སུ་སྐྱེ་བོ་མང་པོའི་མཐུན་སྣང་དུ་གྲུབ་པ་བྱུང་བར་བརྗེན། འཁོར་སློབ་རྣམས་ཀྱིས་མཆོད་འབུལ་ཟབ་རྒྱས་གནང་བ་དང་འབྲེལ་གནས་ཁྱད་པར་ཅན་དུ་བྱིན་གྱིས་རློབས་པར་མཛད། སྤྱི་ལོའི་དུས་རབས་བཅུ་བཞི་པ་དང་བཅོ་ལྔ་པའི་མཚམས་སུ་མཁས་གྲུབ་རྟོགས་ལྡན་འཇམ་དཔལ་རྒྱ་མཚོ་གནས་འདིར་ཕྱིན་ཕེབས་གནང་སྟེ་ཁྲུས་གསོལ་རབ་གནས་གནང་བ་མ་ཟད། སྐྱེ་བོ་གང་དག་གི་ཕུང་པོ་གནས་འདིར་སླེབས་ཕྱིན་སླར་ཡང་དལ་འབྱོར་གྱི་ལུས་རྟེན་ཐོབ་པ་གཞིར་བཞག་ཐོག་དམ་པའི་ཆོས་དང་འཕྲད་པའི་ཐུགས་སྨོན་གནང་བ་དང་འབྲེལ་ཞལ་བཞེས་ཀྱང་མཛད་པ་སོགས་ཀྱི་ལོ་རྒྱུས་རྨད་དུ་བྱུང་བ་མཆིས།

## ༣༣ འབྲུག་ལྷུན་གྲུབ་ངེས་དོན་ཆོས་འཁོར་གླིང་།

འབྲུག་ལྷུན་གྲུབ་ངེས་དོན་ཆོས་འཁོར་གླིང་ཞེས་པ་དེ་ནི། མལ་གྲོ་གུང་དཀར་རྫོང་རྒྱལ་བཟང་གྲོང་ཚོའི་སྲིབ་སོར་གྱི་ཕུ་ལ་སྤྱི་ལེ་བཅུ་དྲུག་ཙམ་གྱི་རི་ལྗིབས་སུ་མཇལ་རྒྱུ་ཡོད། དགོན་དེ་ནི་འབྲུག་རྒྱལ་དབང་དཔག་བསམ་དབང་པོས་སྤྱི་ལོ་༡༡༧༨ལོར་ཕྱག་བཏབ་གནང་མཛད། རིག་གནས་གསར་བརྗེའི་སྐབས་དགོན་པ་གཞན་དང་འདྲ་བར་ཉམས་ཉེས་བྱུང་ཡོད་ཅིང་། སྤྱི་ལོ་༡༩༨༥ལོར་ཉམས་གསོ་གནང་བའི་ནང་སྐུ་རྟེན་གཙོ་བོ་འབྲུག་པད་དཀར་རྗེ་རྗེ་འཆང་གི་འདྲ་སྐུ་དང་། དགོན་འདི་ཕྱག་བཏབ་གནང་མཁན་རྒྱལ་དབང་དཔག་བསམ་དབང་པོའི་སྐུ་བརྙན་བཅས་མཇལ་རྒྱུ་ཡོད། དགེ་ལུགས་པ་ཕྱག་བཞེད་མཛད་བཞིན་ཡོད།

## ༣༩ དགའ་པ་དགོན།

སེར་སྨད་དགའ་པ་རྣམ་སྤྲུལ་གླིང་ཞེས་པ་དེ་ནི། མལ་གྲོ་གུང་དཀར་རྫོང་ནས་སྤྱི་ལེ་བཞི་ཙམ་སོང་ན་དགའ་པ་གྲོང་དབུས་སུ་ཆགས་པ་དང་། ཆོས་རྗེ་སྨམ་པོའི་ཐུགས་སྲས་བཞིའི་ཡ་གྱལ་འབྲུག་པ་བཀའ་བརྒྱུད་ཀྱི་བསྟན་པའི་སྲོལ་འབྱེད་ཆེན་པོ་འགྲོ་མགོན་གཙང་པ་རྒྱ་རས་པ་ཡེ་ཤེས་རྡོ་རྗེ་མཆོག་ནས་རབ་བྱུང་གསུམ་པའི་མེ་སྟག（སྤྱི་ལོ་༡༢༠༨）ལོར་དགའ་པའི་ཡུལ་འདི་ཉིད་གནས་ཁྱད་པར་ཅན་ཞིག་ཏུ་གཟིགས་པ་དང་། ཡུལ་འདིར་ཀླུ་བདུད་ནག་པོ་ཤིན་ཏུ་མི་བསྲུན་པ་ཞིག་ཡོད་པ་དེའི་ཁ་གནོན་དུ་དགོན་པ་འདི་ཕྱག་བཏབ་པར་གྲགས། དགོན་འདི་ཉིད་ཐོག་མར་བཀའ་བརྒྱུད་པའི་རིང་ལུགས་ཕྱག་བཞེས་གནང་གི་ཡོད།

ཡུལ་དེའི་ཆགས་ཚུལ་ནི་དམངས་ཁྲོད་ཀྱི་སྙན་རྒྱུན་ལ་ས་གྲུ་གསུམ། ཆུ་གྲུ་གསུམ། གནམ་གྲུ་གསུམ། ཀླུ་བདུད་ནག་པོ་གནས་པའི་མཁར་རྫོང་ཡིན་ཟེར། དགོན་པ་འདིའི་ཕུ་ལ་སྟོ་ནུབ་ཏུ་བླ་མ་ཐེག་ཆེན་དགོན་ཞེས་བྱ་བ་དང་། སྨད་ངོས་སུ་དགོན་གསར་ཞེས་བྱ་བའི་དགོན་པ་གཉིས་ཡོད། དགོན་པ་འདི་གཉིས་ཀྱང་ཀླུ་གདོན་བཟློག་པའི་དོན་དུ་བཞེངས་པར་གྲགས། ནུབ་ངོས་ཀྱི་རི་འདེབས་སུ་དགོན་གསར་མཆོད་རྟེན་དང་། བདེ་གླིང་མཆོད་རྟེན་ཟེར་བའི་མཆོད་རྟེན་གཉིས་ཀྱང་ཡོད། གསུང་རྒྱུན་ལ་སོག་པོ་ཇུན་གར་གྱིས་དམག་དྲངས་ཏེ་དགོན་གནས་འདི་ཉིད་ལ་གནོད་འཚེ་ཚབས་ཆེན་བཏང་སྐྱེ། གྱང་ཁོག་ཏུ་གྱུར་ནས་ལོ་ངོ་སུམ་བརྒྱ་ལྷག་ཙམ་སོང་ཞེས་གསུང་གི་འདུག ད་ལྟ་ཤུལ་ཙམ་ལས་མཐའ་རྒྱུ་མེད།

དགའ་པ་དགོན་འདི་ཉིད་ཀྱི་གཡས་རི་ནི་སྣང་ཆེན་ཉལ་འདྲ་བ་དང་།

གཡོན་རི་ནི་གླང་ཆེན་འགྱིང་འདྲ་བ། མདུན་རི་སྒྲོན་མའི་དབུ་རྩེ་ཞེས་གྲགས་ལ་མདུན་རི་ལས་དགུན་དུས་སུ་ཤེར་གཟུགས་ལས་རྗེ་བཙུན་འཕགས་མ་སྒྲོལ་མའི་སྣང་བརྙན་སྐྱེ་བོ་ཀུན་གྱི་སྣང་བྱེད་ཡུལ་དུ་གྱུར་གྱི་ཡོད། དགའ་པ་དགོན་འདི་ཉིད་ཕྱག་བཏབ་ནས་ད་བར་ལོ་ངོ་བརྒྱད་བརྒྱ་ལྷག་ཙམ་སོང་ཡོད། དེ་སྔ་དགའ་པ་རྣམ་གྲོལ་གླིང་དགོན་པ་འདི་ཧ་ཅང་གི་གཞི་རྒྱ་ཆེ་བ་ཞིག་སྟེ། དགོན་པ་འདིའི་ཕྱོགས་བཞིར་དུར་ཁྲོད་བཞི་དང་། མཚམས་ཁང་བཞིར་མཆོད་རྟེན་བཞི། དགོན་པའི་ལྟགས་རིའི་ཕྱོགས་བཞིར་རྒྱལ་སྒོ་བཞི་བཅས་ཡོད་པ་ཡིན། དེ་དག་གི་རྗེས་ཤུལ་ད་ལྟ་ཡང་མཐོང་རྒྱུ་ཡོད། དགོན་པའི་ཤར་ཕྱོགས་སུ་སད་བསྲུང་མཆོད་རྟེན་ཆེན་པོ་ཞིག་ཡོད་ལ། ད་དུང་ཤར་ཕྱོགས་སུ་ཆུ་མིག་བ་མོ་སྔོར་སྔོར་ཟེར་བ་ཞིག་དང་དེའི་གཡས་གཡོན་དུ་ངོ་མཚར་ཅན་གྱི་ཆུ་མིག་འགའ་ཤས་ཀྱང་ཡོད།

དགོན་འདིའི་རྟེན་གཙོ་ནི་ཆོས་རྗེ་རྒྱ་རས་པ་ཉིད་ཀྱིས་ཙ་རིའི་ས་ཕུད་རྡོ་ཕུད་ལས་བཞེངས་པའི་མཆོད་རྟེན་མདའ་ཚད་མ་དེ་ཡིན། དེ་བཞིན་འདུ་ཁང་ཀ་བ་བཅུ་དྲུག་ནང་སྨན་འདམ་གྱི་རྗེ་ཡབ་སྲས་གསུམ་དང་རྟེན་སྐུ་ཇི་སྙེད་བཞུགས། ཐུགས་ཀྱི་རྟེན་འདི་ཉིད་ལ་ཆོས་རྗེ་མཆོག་གིས་རབ་གནས་མཛད་པའི་ངོ་མཚར་ཆེ་བའི་ལྟས་བཟང་དུ་མ་བྱུང་ཞིང་། ལྷག་པར་དུ་ཙ་རིའི་མཁའ་འགྲོ་མ་རྣམས་ཀྱིས་ཙ་རིར་བསྐོར་བའི་གནས་སྒོ་བྱིན་གྱིས་བརླབས་པ་དང་དགའ་པའི་ཡུལ་འདིའི་ཕུ་ནས་སྐྱེ་བོ་རེ་ཟུང་ལ་ཙ་རིའི་སྨྱུག་མ་རྙེད་པའི་ལོ་རྒྱུས་ཀྱང་ཡོད། ད་ཅག་རིན་པོ་ཆེ་མཆོག་གིས་ཀྱང་དགོན་གནས་འདི་ཙ་རིའི་གནས་སྒོ་དང་པར་ངོས་འཛིན་གནང་སྟེ་ཙ་རི་བསྐོར་སྐབས་ཐོག་མར་དགོན་འདི་ཉིད་མཇལ་བར་ཕེབས་ཀྱི་ཡོད། ཡུལ་མི་རྣམས་ཀྱི་ངག་རྒྱུན་དུའང་ཙ་རིར་

གནས་སྐོར་དུ་འགྲོ་ཁར་དགོན་དེ་མཇལ་དགོས། གལ་ཏེ་དགོན་དེ་མ་མཇལ་ན་གོས་ལ་གོང་བ་མེད་པ་དང་ཁྱད་མེད་ཅེས་ཟེར། ཐོག་བརྩིགས་གཉིས་ལྡན་གྱི་བྱམས་ཁང་གི་སྒོ་བྱང་དུ་བསྟན་པའི་རྒྱུ་མཚན་ནི་དགོན་པའི་བྱང་ངོས་སུ་ལྷས་རི་ཞིག་ཡོད་པས་དེའི་ཁ་གནོན་ཡིན་པར་མཚོན་པ་དང་། དགོན་པའི་ཕྱིའི་རྒྱལ་སྒོ་ཁ་ནུབ་ཕྱོགས་སུ་བསྟན་པའི་རྒྱུ་མཚན་ནི། དགོན་པའི་ནུབ་ངོས་ཀྱི་རིའི་འདབས་སུ་སྡིག་སྲིན་གྱི་གཟུགས་དབྱིབས་ཤིག་ཡོད་པས་དེའི་ཁ་གནོན་ཡིན་པར་མཚོན་པ་ཡིན་ནོ། རྒྱལ་མཆོག་ལྔ་པ་ཆེན་པོས་སྲིད་དབང་འགན་བཞེས་མ་གནང་གོང་དུ་གནས་ཚུལ་སྣ་ཚོགས་ཀྱིས་རྐྱེན་པས། དགོན་པར་གཏོར་སྐྱོན་ཤུགས་ཆེར་སོང་ཡང་རྒྱལ་མཆོག་ལྔ་པ་ཆེན་པོས་སྲིད་འགན་བཞེས་རྗེས་དགོན་གནས་སྟར་བཞིན་སླར་གསོ་དང་རྒྱ་བསྐྱེད་བྱུང་སྟེ། གྲྭ་བཙུན་གཙང་འཕར་དང་། མཆོད་གཞིས་དང་། མཆོད་རྒྱུན་སྟོང་རྩ་སོགས་བསྩལ་གནང་བའི་ཐོག་སྐབས་བསྟུན་དགོས་དབང་གིས་དགོན་གནས་འདི་ཉིད་གྲུབ་མཐའ་རི་བོ་དགེ་ལུགས་པར་བསྒྱུར་བར་མཛད་དོ། རབ་བྱུང་བཅུ་གཅིག་པའི་ལྕགས་ཁྱི་སྟེ་(སྤྱི་ལོ་༡༤༧༠)ལོར་སེར་སྨད་ཚོ་ནེ་འཇམ་དབྱངས་ཚུལ་ཁྲིམས་དར་རྒྱས་མཆོག་ཨོ་རོད་ཧུན་གར་དུ་ཆེང་འགྲིག་ལ་མངགས་གཏོང་མཛད་པའི་བདག་རྐྱེན་དུ། རྒྱལ་དབང་ལྔ་པ་མཆོག་གིས་དགོན་གནས་འདི་ཉིད་བདག་སྐྱོང་མཛད་ཆོག་པའི་འགན་དབང་བསྩལ། རབ་བྱུང་བཅུ་གཅིག་པའི་ཤིང་གླང་སྟེ་(སྤྱི་ལོ་༡༤༨༩)ལོར་སེར་སྨད་ཚོ་ནེ་འཇམ་དབྱངས་ཚུལ་ཁྲིམས་དར་རྒྱས་མཆོག་དགའ་ལྡན་གསེར་ཁྲི་མངའ་གསོལ་གནང་བ་ནས་བཟུང་སྟེ་རྗེས་སུ་དག་སྤྱིལ་སྐྱ་ཕྲེང་བརྒྱད་བྱུང་སྟེ་དང་པོ་འཇམ་དབྱངས་ཚུལ་ཁྲིམས་དར་རྒྱས། གཉིས་པ་བསླབ་གསུམ་རྒྱ་མཚོ། གསུམ་པ་བློ་བཟང་ཆོས་གྲགས་དཔལ་ལྡན་

བསྟན་པའི་ཉི་མ། བཞི་པ་ཚུལ་ཁྲིམས་བསྟན་པ་རྒྱ་མཚོ། ལྔ་པ་དབང་ཕྱུག་རྒྱ་མཚོ། དྲུག་པ་བློ་བཟང་དར་རྒྱས། བདུན་པ་ཁྲི་ཆེན་ངག་དབང་ནོར་བུ། བརྒྱད་པ་བློ་བཟང་འཇིགས་བྲལ་འཕྲིན་ལས་དར་རྒྱས་བཅས་སོ། ལོ་ལྟར་བོད་ཟླ་བཞི་པའི་ཚེས་བཅོ་ལྔ་ཉིན་མགོན་ཚོས་གསུམ་གྱི་སྒོ་ནས་གར་འཆམ་གནང་སྲོལ་ཡོད།

རིག་གནས་གསར་བརྗེའི་སྐབས་དགོན་པའི་ཕྱིའི་བཀོད་པར་ཉམས་སྐྱོན་དེ་ཙམ་ཆེ་བ་མ་བྱུང་། ད་ལྟ་སྔོན་གྱི་འདུ་ཁང་ལ་ཉམས་གསོ་གནང་བའི་ནང་སྔོན་གྱི་སྐུ་བརྙན་དེ་དག་གི་སྐུ་ཚབ་གསར་བཞེངས་གནང་བ་དང་ལྷེབས་རིས་རྙིང་མ་སོགས་མཇལ་རྒྱུ་ཡོད།

## ༣༥ མལ་གྲོ་ཆ་དཀར་དགོན།

དགོན་པ་འདི་ནི་དེ་སྔོན་མལ་གྲོ་གུང་དཀར་རྫོང་གུང་དཀར་གུང་བཏལ་ཆ་དཀར་གྲོང་ཚོར་ཆགས་ཡོད་པ་དང་། རྗེ་ཙོང་ཁ་པ་ཆེན་པོའི་དངོས་སློབ་ལྷ་གཟིགས་གྲགས་པ་རྒྱལ་མཚན་གྱིས་ཕྱག་བཏབ་པ། གདན་ས་ཐམ་དུང་དཀར་སྐུ་སྐྱེ་ཚངས་དབྱངས་འབྲུག་གྲགས་ཀྱི་སྐབས་ཐུགས་ལུགས་རྒྱུད་སྟོད་དང་མཚུངས་ཤིང་། གྲྭ་གྲངས་བཞི་བཅུ་ཞེ་གཉིས་སྐོར་ཡོད་པ་དགའ་ལྡན་ཐོས་བསམ་གླིང་བྱེས་དང་བྲག་དབར་རྣམས་སུ་སློབ་གཉེར་དུ་འགྲོ། ད་ལྟ་གྲོང་སྡེ་འདིའི་དབུས་སུ་ཡིན་ཞེས་པའི་ཤོད་རྒྱུན་ཙམ་ལས་དགོན་ཤུལ་ཚུགས་ཀ་མིག་གི་མཐོང་ཡུལ་དུ་མེད།

གུང་དཀར་གུང་བཏལ་ཆ་དཀར་གྲོང་ཚོའི་ཤར་ངོས་རི་སྟེང་དུ་ག་ཚལ་ཟླ་མ་ཁྲ་ཐོད་ཀྱིས་ཕྱག་བཏབ་པའི་ཁྲ་ཐོད་དགོན་ཆགས་ཤུལ་ཞིག་དང་། མཆོད་རྟེན་ཁག་གཉིས་ཙམ་ཡོད་པ་ལས་དགོན་གྱི་ཚུགས་ཀ་མི་སྣང་། ད་ལྟ

ཕྱུགས་རྫོ་འཐག་སའི་བཟོ་གྲྭའི་རྒྱལ་ཕྱོགས་ཀྱི་རི་སྟེང་དུ་མཆོད་རྟེན་མཇལ་རྒྱུ་ཡོད་པ་དེར་ཡིན།

### ༣༨ དམ་ཅན་སྐང་།（ལྷ་ཁང་）

གུང་དཀར་གྲོང་བརྡལ་གྱི་དབུས་སུ་ཐུར་དམ་ཅན་གྱི་སྐུ་མཁར་ཡོད་པའི་དགོན་པ་ཞིག་ཡོད། དགོན་འདི་ཉིད་རིག་གསར་སྐབས་སྐུ་གསུང་ཐུགས་རྟེན་འཐོར་བཤིག་སོང་ཡང་སྤྱི་ལོ་༡༨༤༢ལོར་གུང་དཀར་འབྲི་གཙོད་ཁང་གི་ཕ་སྐལ་བཟང་རྡོ་རྗེ་ལགས་ནས་ཐུར་གྱི་དམ་ཅན་སྐུ་མཁར་དེ་ཉིད་དམངས་ཀྱི་ཚོགས་ཁང་བྱས་པས་བཤིག་རལ་མ་སོང་བར་གནས་ཡོད་པ་ལ། ཐོག་མར་དམ་ཅན་མགར་ནག་གི་སྐུ་ཞིག་དང་། འབུམ་རྒྱས་འབྲིང་བསྡུས་གསུམ་གཞུག་སྒྲོམ་བཅས་ཆ་ཚང་ཞིག་བཞེངས་གནང་བ་དང་། ཀ་ཚལ་གཉའ་ལྷག་སྤྲུལ་སྐུ་དཀོན་མཆོག་བསྟན་འཛིན་ཐུབ་བསྟན་དབང་པོ་ལགས་མཆོག་ནས་གཟུངས་འབུལ་རབ་གནས་མཛད། ལྷ་ལྡན་གཙུག་ལག་ཁང་གི་དགེ་འདུན་འགགས་མཁན་སློབ་ཆོས་གསུམ་དང་། སྤྱན་རས་གཟིགས་ཕྱག་སྟོང་སྤྱན་སྟོང་། བཀའ་འགྱུར་བཞུགས་སྒྲོམ་དང་བཅས་པ་བཞེངས། ཐུར་ནས་དམ་ཅན་ཁང་གི་སྐུ་གཉེར་ཀ་ཚལ་དགོན་པ་ནས་གཏོང་སྲོལ་ལ་གཞིགས་ཏེ། སྤྱི་ལོ་༢༠༡༠ལོར་གཉའ་ལྷག་སྤྲུལ་སྐུ་དཀོན་མཆོག་བསྟན་འཛིན་ཐུབ་བསྟན་དབང་པོ་ལགས་མཆོག་ནས་རྒྱལ་དབང་བྱམས་པ་མགོན་པོའི་སྐུ་གསེར་ཟངས་མི་ཚད་རྟེན་གཙོར་བཞེངས་གནང་མཛད།

### ༣༩ ལྷ་ལུང་སྐྱིད་སྒྲོ་རི་ཁྲོད།

དགོན་འདི་ཉིད་པཎ་ཆེན་ཤཱཀྱ་ཤྲཱི་རྒྱ་མར་ཕེབས་སྐབས་རབ་བྱུང་སྒྲུབ་མི་ཁ་ཤས་བྱུང་བ་རྣམས་སངས་རྒྱས་དཔོན་སྟོན་གྱི་ཞལ་བདག་མཛད་ནས་རྒྱ་མ་ཁྲི་

ཁང་དུ་གནས་ཆགས་པ་ལས། ལྷ་ལུང་བླ་མ་རྗོང་པས་སྐྱིད་སྲོ་གཞིས་ཀའི་ས་ཆ་དགོན་གནས་སུ་ཕུལ་བས་འདུས་སྡེ་འདི་ཆགས་པར་གྲགས། སྔ་དུས་ཇོ་གདན་པའི་ལུགས་དང་། ཕྱིས་བྲག་དབར་ཞལ་སྔ་ནས་བླ་མ་མཛད་དེ་དགེ་ལུགས་སུ་བསྒྱུར། རྗེ་ཙོང་ཁ་པ་ཆེན་པོ་ཡང་མལ་གྲོ་ལྷ་ལུང་དགོན་དུ་བཞུགས་པའི་ལོ་རྒྱུས་རྗེའི་རྣམ་ཐར་དུ་གསལ་ཞིང་། བོད་ས་གནས་སྲིད་གཞུང་གི་དཔོན་རིགས་ཁྲིམ་ཚང་གྲས་ལྷ་ལུང་བྱར་ལྕིའི་གཞིས་ཀའི་འགྲམ་དུ་འཁེལ་ཡོད། གོང་དཀར་གྲོང་བརྡལ་ལྷ་ལུང་གྲོང་ཚོར་ད་ལྟ་ལྷ་ཁང་ཆུང་ངུ་ཞིག་དང་རྗེའི་མཚམས་ཁང་སོགས་མཇལ་རྒྱུ་ཡོད།

# ལེའུ་བཞི་པ། གནས་རི་མཚོ་གསུམ་གྱི་སྐོར།

## དང་པོ། བླ་མཚོའི་སྐོར།

### ༡ གཟི་ཅན་བླ་མཚོ།

གཟི་ཅན་བླ་མཚོ་ནི། མལ་གྲོ་གུང་དཀར་རྫོང་ཏུ་ཐོག་ཤར་གི་ཤར་ལྷོའི་མཚམས་སུ་ (རྫོང་སྲིད་གཞུང་གནས་ཡུལ་ནས་སྤྱི་ལེ་༨༨ཙམ་) གནས་ཡོད་ཅིང་། མཐོ་ཚད་ལ་རྒྱ་མཚོའི་ངོས་ལས་སྤྱི་ཁྲི་༥༥༠༠ཡོད་པ་དང་། དེ་ཡང་མཛེས་སྡུག་ལྡན་པར་བཀྲ་བའི་རི་བོའི་རྩེ་མོར་གངས་དང་། བར་དུ་རྫ་རི་དང་ནགས་ཚལ། གཤམ་དུ་སྤང་སྤྱོངས་ནེའུ་སིང་དང་མེ་ཏོག་རྩི་ཤིང་སོགས་ཀྱིས་རབ་ཏུ་བརྒྱན་ཅིང་། བར་གྱི་རྫ་གསེབ་ཏུ་རྩ་ཚེའི་སྨན་རྫས་གངས་ལྷ་མེ་ཏོག་དང་། གཡའ་སྤྲུག སྤྲ་ལོ་སོགས་ཀྱི་དྲི་བསུང་འཕྱུལ་བ། འདབས་ཀྱི་སྤང་རིར་དབྱར་རྩ་དགུན་འབུ་དང་། ཨུཏྤལ་སེར་པོ། དེ་བཞིན་སྤོ་སྨན་གྱི་རིགས་སྣ་གྲངས་བཅུ་ཕྲག བྱ་རིགས་ལྷ་བྱ་གོང་མོ་དང་། བྱ་ངང་། བྱ་རྡུར་པ། ཁྲིག་པ། རི་དྭགས་གནའ་བ་དང་། ཤྭ་བ། དགོ་བ། གླ་བ། དེ་བཞིན་སྤྱང་ཀི་དང་། དྲེད་མོང་། གཟིག་སོགས་གཅན་གཟན་རི་དྭགས་ཀྱང་མང་པོ་ཡོད།

བླ་མཚོའི་ས་དབྱིབས་ཏུས་སྤྲུལ་འཁྱིང་འདྲའི་སྟེང་དུ་སློབ་དཔོན་གྱི་སྒྲུབ་གནས་གྲོམ་པ་བྲག་ཕུག་དང་། རྫ་རི་གཡང་གཟར་ཅན་གྱི་ཁྲོད་དུ་ལོ་རྒྱུས་ཡུན་རིང་ལྡན་པའི་སྒྲུབ་ཕུག་མང་པོ་མཇལ་རྒྱུ་ཡོད།

བླ་མཚོའི་ཤར་དུ་བལྟས་པའི་ཤར་གྱི་རི་རྒྱུད་དུ་གནས་བརྟན་བཅུ་དྲུག

བླ་མཚོར་གཟིགས་པ་ལྷ་བུའི་བརྗོད་ཉམས་དང་། ཤར་ལྷོ་མཚམས་ནས་ཡུམ་ཆེན་བདུད་རྩིའི་སྨན་མོའི་རི་རྩེ་མཐོང་ཐུབ་པ། དེས་ཀྱང་འགྲོ་བའི་བསོད་ནམས་འཕེལ་ཏེ་ཚེ་བསོད་ནམས་དཔལ་ཐང་འཕེལ་ཞིང་རླུང་རྟ་ཡར་བསྐྱེད་ཡོང་ཞེས་བོད་རྒྱུན་ཆགས། ལྷོ་རི་འབྲས་ཀྱི་མཇལ་ཕྱུལ་བ་ལྷ་བུའི་རི་ལའི་རི་རྒྱུད་ཀྱིས་བླ་མཚོ་དེར་མཛེས་རྒྱན་སྤྲས། ནུབ་རི་སྤྲང་པོ་ཆེར་ནོར་བུ་བཀལ་བ་དང་འདྲ་བའི་ནོར་རི་འདིའི་གཡོན་ཟུར་གཉེར་བ་མཚོ་ནས་དབུ་བཙུགས་ཏེ་མཚོ་མཐོང་ལ་གྱི་ལམ་བུ་ཡང་དེ་ནས་ཡིན། ད་དུང་གླུ་ཆེན་གཅིག་ལ་གླུ་ཆུང་དུ་མས་བསྐོར་བ་ལྟ་བུའི་མཚོ་ཆེན་འདིའི་ཤར་དུ་མཁའ་འགྲོ་སྡེ་ལྔ་མཚོན་པའི་མཚོ་ཆུང་ལྔ། ལྷོ་རུ་འགྲོ་བ་རིགས་དྲུག་མཚོན་པའི་མཚོ་ཆུང་དྲུག ནུབ་ཏུ་གུ་རུ་མཚན་བརྒྱད་མཚོན་པའི་གཉེར་བ་མཚོ་དང་བཅས་པའི་མཚོ་ཆུང་བརྒྱད། བྱང་དུ་རིགས་གསུམ་མགོན་པོ་མཚོན་པའི་གྲོམ་པ་མཚོ་ཆུང་བརྩེགས་པའི་བླ་མཚོ་ཆུང་དུ་གསུམ་བཅས་ཀྱིས་མཐའ་བསྐོར་ཞིང་། ནམ་མཁའ་སྔོན་མོ་ཐང་ལ་ལྷུང་འདྲའི་གཡུ་མཚོ་མེ་ལོང་འདྲ་བ་བྱིན་ཅན་འདི་མཐོང་ཐུབ།

## ༢ མཚོ་རག་མཚོ།

ཐང་སྐྱ་ཁུལ་གྱི་གྲོག་ཕུར་མཚོ་རག་མཚོ་ཞེས་པ་གྲགས་ཆེ་ཙམ་ཞིག་ཡོད་པ་དེའི་རྒྱུ་མཚན་བོད་རྒྱུན་ལྟར་ན། མཚོ་དེ་སྤྱན་རས་གཟིགས་ཀྱི་བླ་མཚོ་ཡིན་པ་དང་། མཚོ་དེའི་སྦུག་ཏུ་སྤྱན་རས་གཟིགས་བཅུ་གཅིག་ཞལ་གྱི་རང་བྱོན་གྱི་རི་བོ་ཆེན་པོ་ཞིག་ཡོད་སྐད། དུས་རྒྱུན་ཆར་བ་མི་གཏོང་བར་ཐན་སྐྱོན་ཆེན་པོས་ལོ་འབྲས་ས་སྐམ་ལ་ཉེ་བའི་ཚེ་འོད་སྣ་དགོན་གྱི་དགེ་འདུན་རྣམས་ཆར་འབེབས་དང་། སྲུང་མ་མཚོ་རག་མཆོད་པ་དང་གསོལ་བ་འདེབས་པ་བཅས་བྱས་ཚེ་དུས་ཐོག་ཏུ་ཆར་པ་བབས་ཀྱི་ཡོད་ཅེས་བོད་རྒྱུན་ཆགས། དེ་སྔོན་ནས

མཚོ་མཇལ་ཞུ་རྒྱུ་ཡོད་ཟེར། དེང་སང་ཡང་མང་ཚོགས་མཚོ་མཇལ་དུ་འགྲོ་མཁན་མང་པོ་ཡོད། མཚོ་དེའི་བྱང་ངོས་རྩ་ཚལ་ཤང་གཤེ་མ་གྲོང་དང་། ལྷོ་ངོས་ཐང་སྐྱ་གྲོང་། ཤར་ངོས་བྲག་ནག་དང་། བྱང་ཤར་དུ་འོད་སྣ་དགོན་བཅས་གནས་ཡོད།

### ༣ ཨོ་དཀར་མཚོ།

བྲག་ཡོག་ཁོངས་སྲིབ་སའི་ཕུར་ཨོ་དཀར་མཚོ་ཞེས་མཚོ་གྲགས་ཅན་ཞིག་ཡོད་པ་དེ་ནི་ཨོད་རྒྱན་ལ། ཨོ་རྒྱན་རིན་པོ་ཆེས་སྲིན་མོ་གནོད་པ་ཅན་ཞིག་བཏུལ་བ་དང་། སྲིན་མོ་བཏུལ་བའི་བྲང་ཁོག་གི་རྗེས་དང་། པགས་པ་གཡོགས་པའི་རྗེས་ཤུལ་བྲག་རི་དམར་པོ་བཅས་གནས་པའི་སར་མཚོ་དེ་མཇལ་རྒྱུ་ཡོད། མཚོ་མཇལ་སྐབས་འབྱུང་འགྱུར་ལ་ཅི་ཡོང་གི་ལུང་བསྟན་སྟོན་གྱི་ཡོད་ལ། སློབ་དཔོན་གྱི་གནས་དེར་ཞི་བ་བཞི་བཅུ་རྩ་གཉིས་དང་ཁྲག་འཐུང་ལྔ་བཅུ་རྩ་བརྒྱད་གནས་པས། བསྐོར་བ་ལན་བདུན་བརྒྱབ་ཆེ། ལྷ་གནས་ཙ་རི་བསྐོར་བ་དང་ཁྱད་མེད་ཅེས་པའི་ཤོད་སྲོལ་ཡོད། བོད་ཟླ་༨ཚེས་༦ནས་ཚེས་༡༥བར་གནས་སྐོར་ཕྱི་བ་ཟེར་ནས་དེའི་རིང་མཚོ་མཇལ་ཡོད་སྐད། དེང་སང་ཡང་ས་ཁུལ་གང་ས་གང་ནས་མཚོ་མཇལ་དུ་འོང་མཁན་མང་མང་པོ་ཡོད།

## གཉིས་པ། ཁྱད་དུ་འཕགས་པའི་འབྲི་གུང་གཏེར་སྒྲོམ་ཆུ་ཚན་དང་འབྲེལ་བའི་ལོ་རྒྱུས་རིག་གནས།

### ༡ གཞུ་སྟོད་[①]གཏེར་སྒྲོམ་གནས་དང་ཆུ་ཚན་གྱི་སྐོར།

སློབ་དཔོན་ཉིད་ཀྱིས་ཨ་ཏུ་རའི་རབ་གནས་ལན་གསུམ་མཛད་པའི་གནས་མཆོག་འབྲི་གུང་གཞུ་སྟོད་གཏེར་སྒྲོམ་མཐར་ཕྱེད་རིལ་བུ་ལྷུང་མོ་ལས་ཀྱི་གནས་ཞེས་དྲག་པོའི་འཕྲིན་ལས་སྒྲུབ་པ་ལ་མཆོག་ཏུ་བསྔགས་པ་རྟག་ཏུ་མཁའ་འགྲོ་འདུ་ངེས་པའི་གནས་མཆོག་ཁྱད་པར་ཅན་གྱི་ཡ་གྱལ། མཁའ་འགྲོའི་གཙོ་མོ་ཡེ་ཤེས་མཚོ་རྒྱལ་ལ་མན་ངག་མཁའ་འགྲོའི་སྙིང་ཐིག་གནང་ས། ཡེ་ཤེས་མཚོ་རྒྱལ་དགའ་སྤྱད་ཀྱིས་དངོས་གྲུབ་བརྙེས་ས། ཨོ་རྒྱན་ཡབ་ཡུམ་སྔ་ཕྱི་ལོ་བཅུ་ཕྲག་ལ་ཉེ་བར་བཞུགས་པའི་གནས་མཆོག སྐུ་སྒྲུབ་གཉིས་པ་མགོན་པོ་འབྲི་གུང་ཆེན་པོ་ཡབ་སྲས་གསེར་གྱི་ཕྲེང་བའི་གྲུབ་ཐོབ་ས་ཆེན་བརྡལ་བ་དེ་རྣམས་ཀྱིས་ཀྱང་། འཕྲིན་ལས་སྐྱོང་ཞིང་བྱིན་གྱིས་བརླབས་པ་དང་། མཁས་གྲུབ་མང་པོས་བསྔགས་ཤིང་བཀུར་བའི་གནས་མཆོག་བཅས་ཡིན་པ་དེ་ཡང་། རིག་འཛིན་ཆོས་ཀྱི་གྲགས་པས། །ནུབ་ཕྱྱོགས་སྒོ་ཡི་མི་འགྱུར་ཧེ་སྒྲོའི་གནས། །དྲག་པོའི་གནས་ཆེན་གཏེར་སྒྲོམ་བྲག་དཀར་ཞེས། །གྲུབ་དབང་པད་མའི་དྲག་པོའི་གནས་ཀྱི་གཙོར། །བསྔགས་ཤིང་བཞུགས་པའི་སྒྲུབ་གནས་ངོ་མཚར་ཅན། །དམ་པའི་ཆོས་དང་དབུལ་སེལ་ནོར་གྱི་གཏེར། །གྲངས་ཡས་བཞུགས་པའི་ཕོ་

---

① གཞུ་རོང་གཙང་པོ་འབབ་སའི་ལུང་པ་དེ་གཞུའི་དབྱིབས་སུ་ཡོད་པས་གཙང་པོའི་སྟོད་རྒྱུད་ཀྱི་ལུང་པར་གཞུ་སྟོད་གཏེར་སྒྲོམ་ལྟ་བུ་དང་། སྐད་རྒྱུད་ལ་གཞུ་སྐད་བཅུ་རོག་རྫོང་（འབྲི་གུང་མཐིལ་ཁུལ་）ལྟ་བུར་འབོད།

བྲང་ཆེ་རྡེག་ཏམས། །བྲག་དཀར་དུང་སེང་གདོང་ལྔའི་ལྷ་ལམ་དུ། ལེགས་པར་འཕྱོ་འདྲ་ཕྱིན་དང་ན་བུན་གཡོ། །དབྱར་ལྔའི་སྤྲ་ཡིས་ས་གསུམ་འདར་ཞིང་དངངས། །ཡན་ལག་བརྒྱད་ལྡན་བདུད་རྩིའི་ཆར་རྒྱུན་བབས། །སྔོང་སྐྱེས་རི་དྭགས་ཚོགས་རྣམས་བདེར་སྤྱོད་ཅིང་། །འབབ་ཆུ་ཧུམ་ཕགས་དྲག་པོའི་སྒྲོག ཙེ་ཤིང་ནགས་ཚལ་ངམ་ནག་སྐྱིགཡའ་བ། །དུར་ཁྲོད་མ་མོ་ཤ་ཟ་ཅེ་སྤྱང་སོགས། །འཇིགས་པའི་གད་རྒྱང་སྒྲིད་གསུམ་ཇམ་སྒྲ་སྒྲོག །སྐལ་ལྡན་རྣལ་འབྱོར་དོན་གཉིས་དངོས་གྲུབ་ལེན། །སྐལ་མེད་ཉམས་པའི་ཚེ་སྲོག་ཚོགས་སུ་རོལ། མ་མོ་མཁའ་འགྲོ་གྲངས་ཡས་སྤྱོད་པའི་གནས། །ཞེས་བསྟོད་དོ།

གཞུ་སྟོད་[1]གཏེར་སྒྲོམ་ཞེས་པའི་མཚན་ལ་བརྗོད་ཚུལ་མི་འདྲ་བ་འགའ་ཞིག་ཡོད་པ་སྟེ། གནས་འདིའི་ཚོགས་ཁང་དབུ་རྩེ་ལ་སོགས་པའི་བྲག་རི་རྣམས་མདོག་དཀར་གནམ་དུ་འཕྱོ་བས་བྱ་ཏི་པའི་སྒྲོ་དང་འདྲ་བས་ཏི་སྒྲོ་ཞེས་དང་། ནོར་དང་ཆོས་ཀྱི་གཏེར་ཁ་བསམ་གྱིས་མི་ཁྱབ་པས་བྱུར་བུར་གཏམས་པའི་སྒྲོམ་དང་འདྲ་བས་གཏེར་སྒྲོམ་ཞེས་དང་། ཡང་སྔར་ཨོ་རྒྱན་ཆེན་པོ་དང་རྗེ་མོ་མཚོ་རྒྱལ་ལ་བསམ་ཡས་སུ་བདུད་བློན་རྣམས་ཀྱིས་བར་ཆད་བརྩམས་པར། ཨོ་རྒྱན་ཡབ་ཡུམ་འོད་ཀྱི་དོ་ལེར་བཞུགས་ནས་བྱང་ཕྱོགས་སུ་བྱོན་པས་ད་ལྟའི་ཏི་སྒྲོའི་ཐད་ཀར་རབ་རིབ་ཀྱིས་ཡལ་སོང་བས་ན་རིབ་ནང་ཞེས་བརྗོད་པ་ཡིན་ཅེས་གསུངས་སྲོལ་ཡོད་ལ་ཡུལ་པ་མང་ཆེ་བས་རིབ་ནང་ཞེས་བརྗོད་དོ། ཆུ་ཚན་

[1] གཞུ་རོང་གཙང་པོ་འབབ་སའི་ལུང་པ་དེ་གཞུའི་དབྱིབས་སུ་ཡོད་པས་གཙང་པོའི་སྟོད་རྒྱུད་ཀྱི་ལུང་པར་གཞུ་སྟོད་གཏེར་སྒྲོམ་ལྟ་བུ་དང་། སྨད་རྒྱུད་ལ་གཞུ་སྨད་བྱ་རོགས་རྫོང་ (འབྲི་གུང་མཐིལ་ཁུལ་) ལྟ་བུར་འབོད།

འདི་ནི་མལ་གྲོ་གུང་དཀར་རྫོང་གི་ཤར་ཕྱོགས་སུ་སྤྱི་ལེ་༧༣དང་། རྒྱ་མཚོའི་ངོས་ལས་སྤྱི་ཁྲི་༤༥༠༠ཙམ་གྱིས་མཐོ་བའི་སར་གནས། ལོ་ངོ་༡༠༠༠ལྷག་ཙམ་གྱི་ལོ་རྒྱུས་ལྡན་ཞིང་མཁས་དབང་དུང་དཀར་རིན་པོ་ཆེས་གསུངས། མཐོ་སར་གངས་དང་། བྲག་རི། ཀེད་པར་ཟྫ་རི་དང་། སྤང་རི། རྩ་བར་ཤིང་སྣ་ཚོགས་དང་། མེ་ཏོག་བཀྲ་ཞིང་། དྭངས་ཤིང་གཙང་བའི་ཆུ་བོ་དང་། ཆུ་ཕྲན་ལྷུང་ལྷུང་དུ་འབབ་པ། རི་དྭགས་རྣམས་བག་ཕེབས་སུ་རྒྱུ་ཞིང་། བྱ་རིགས་སྣ་ཚོགས་ཀྱིས་མགྲིན་པའི་གླུ་དབྱངས་སྙན་པར་སྒྲོགས་པ་སོགས་མ་བཅོས་ལྷུན་གྱིས་གྲུབ་པའི་མཛེས་སྡུག་ངོ་མཚར་ཆེ་བའི་གནས་ཤིག་ཡིན། ཆུ་ཚན་དེར་མདོ་སྤྱུག་གཉིས་ཡོད་པ་ལ་སྤྱུག་མ་རྫོ་བརྩིགས་སྒོར་མོའི་རྫིང་དཔངས་ལ་སྤྱི་ཁྲི་གསུམ་དང་། རྒྱ་ཁྱོན་སྤྱི་ཁྲི་གྲུ་བཞི་མ་ཉི་ཤུ་སྐོར་ཡོད་པར་ཆུ་ཚན་སྤྱུག་མར་སྐྱེས་པ་དང་། ཆུ་རྫིང་མདོར་རྒྱ་ཁྱོན་སྤྱི་ཁྲི་གྲུ་བཞི་མ་སུམ་ཅུ་ཡོད་པ་དེར་བུད་མེད་ཆུ་ཁྲུས་བྱེད་ཀྱི་ཡོད།

དེ་ཡང་གཏེར་སྒྲོམ་ཆུ་ཚན་གྱི་བྱུང་བ་ཅུང་ཟད་ཞིག་བརྗོད་པར། ད་ལྟའི་ཆུ་ཚན་ཡོད་སའི་གནས་དེར་སྔར་རིན་པོ་ཆེ་ཕེབས་སྐབས་གཟའ་དང་སྲིན་མོ་ཀླུ་བདུད་བཅས་"རྨུ་གསུམ"གྱིས་བཀག་པའི་བྲག་རི་ཞིག་ཡོད་པ། དེང་སང་ཡང་རྨུ་གསུམ་ཞེས་བརྗོད། ས་སྟོང་དེར་དུག་མཚོ་ཞིག་འཁྱིལ་ཡོད་སྐབས། དེ་མུར་བཞག་ན་རྗེས་སུ་སྐྱེ་འགྲོར་གནོད་པ་ཡོང་རྒྱུར། སློབ་དཔོན་ཆེན་པོས་རྡོ་རྗེ་མཁའ་འགྲོའི་སྤྲུལ་པ་ལས་ཀྱི་མ་མོར་བྲག་དེ་གཤག་དགོས་པའི་བཀའ་གནང་བར། ལས་ཀྱི་མ་མོས་ཕྱུག་གིས་མེ་ལོང་སྟོན་ནས་བྲག་གཤགས་པ་ན་ཕྱེད་ཞག་ཏུ་སོང་བས་ཕན་པར་མ་གྱུར། སློབ་དཔོན་ཉིད་ཀྱིས་བདུད་འདུལ་ཕྱུག་ནས་རྡོ་རྗེ་འཕངས་ཏེ། བྲག་འོག་བརྗོལ་ནས་དུག་མཚོ་མེད་པ་བཟོས་

གནང་བའི་བྲག་བཤག་པའི་མེ་ལོང་དང་། རྡོ་རྗེའི་རང་བྱོན་གསལ་བར་མཇལ་རྒྱུ་ཡོད། དུག་མཚོ་ཕྱིར་བཤང་བའི་ཤུལ་ལམ་དུ་བདུད་རྩིའི་སྨན་ཆུ་འདི་གཏེར་ནས་བཞེས་པར་གྲགས། འཇིགས་མེད་གླིང་པའི་གཏམ་ཚོགས་གཞུ་སྙོད་གཏེར་སྒྲོམ་གྱི་གཏམ་མཁའ་སྒྲོའི་སྦྲུ་གར་ཞེས་པ་ལས། པད་མའི་བྱིན་རླབས་རྫུ་འཕྲུལ་གྱིས། །རྡོ་རྗེས་བདུད་རྩེའི་སྙིང་ཕུག་ཅིང་། །རྣམ་པར་སྤྲུལ་བའི་ཆུ་ཚན་དེར། །ཁྲུས་ཚོགས་བྱས་ན་སྡིག་སྒྲིབ་དག །འདུ་བ་རྣམ་བཞིའི་ནད་རྣམས་བྱང་། །ཀུན་རྫོབ་བདེན་པ་བསླུ་མེད་ཡིན། །ཞེས་གསུངས་པ་ལྟར་བྱིན་རླབས་ཆེ་བར་གྲགས། འདིས་ཁྲུས་བྱས་ན་ནད་ཞི་བ་དང་སྡིག་སྒྲིབ་དག་པ་སོགས་ཀྱི་ཕན་ཡོན་མཐའ་ཡས་པར་གསུངས་སོ། སྐབས་དེ་དུས་ཀྱི་བྲག་བཤག་མཁན་རྡོ་རྗེ་མཁའ་འགྲོའི་སྤྲུལ་པ་ལ་ཀྱི་མ་མོ་ནི། དེང་སྐབས་ཡོང་གྲགས་སུ་བརྗོད་པའི་འབྲི་གུང་ཨ་ཕྱི་ཆོས་ཀྱི་སྒྲོན་མ་དེ་ཉིད་ཡིན་ཏེ། 《ཨ་ཕྱིའི་གསོལ་ཁའི་》ནང་། དེ་འོག་གཏེར་སྒྲོམ་དྲག་པོའི་གནས་མཆོག་ཏུ། རིག་འཛིན་སློབ་དཔོན་པདྨའི་སྤྱན་སྔ་རུ། ལས་ཀྱི་མ་མོའི་ཚུལ་དུ་སྤྲུལ་ནས། གསང་སྔགས་བསྟན་པ་སྲུང་བ་མ་བྱས་སམ། །ཞེས་གསལ་ཡོད། དེར་ད་ལྟའི་གསང་སྔགས་བདེ་ཆེན་པོ་བྲང་ཆགས་སའི་རྒྱབ་རི་འདིའི་རི་དཔྱད་ནི་གླང་པོ་ཆེ་རྒྱབ་ཏུ་ནོར་བུ་མེ་འབར་འཁྱུར་བ་དང་འདྲ་ཞིང་དེའི་སྟེང་དུ་བདུད་འདུལ་ཕུག་པར་སློབ་དཔོན་གྱི་ཁྲི་དང་། རྫོར་དྲིལ་སོགས་རང་བྱོན་ཡོད། ཆུ་ཚན་འདི་ཉིད་གླང་པོ་ཆེའི་སྣའི་འོག་ཏུ་ཡོད། གཡོན་རི་ཨོམ་ཀོག་གི་བྲག་ལ་ཨ་ཡི་རང་བྱོན་ཡོད་པ་དང་། དེར་ཛྷ་ལ་ཞེས་པའི་དགེ་བསྙེན་གནས། བྲག་རྩ་དེ་ནས་ཆུ་མིག་ཞིག་བབས་པ་དེ། བསིལ་དང་འཇམ་དང་ཡང་པ་དང་། བཏུང་ན་ལྟོ་ལ་མི་གནོད་ཅིང་། མགྲིན་པ་ལའང་མི་གནོད་པ། འདི་དག་ཆུ་བོ་ཡན་ལག་བརྒྱད། ཅེས་པའི་ཁྱད་ཆོས་

ལྡན་ཡོད་པས། ཆུ་དེ་ཆུ་ཚན་ནང་འདྲེས་སྐབས་ཆུ་ཚན་གྱི་ཕན་ནུས་ལེགས་སུ་ཕྱིན། གཡས་རིའི་ངོས་སུ་ཧྥ་རའི་སྐྱ་མཁར་དང་། ལྷུང་རི་རྩེང་དུ་ཧྥ་རའི་ཕུག་པ་ཆགས་ཡོད། དེའི་སྟེང་དུ་དཔའ་བོ་ཨ་ཙར་ས་ལེའི་སྒྲུབ་གནས་ཀ་མགྲིན་ཕུག་པ། ཉེ་རབས་སུ་སྐྱན་གྲགས་ཡོད་པའི་སྒྲུབ་དབང་ཆོས་ལྡན་བཟང་མོའི་མཚམས་ཁང་ཡོད། གཞན་ཡང་འབྲོང་དུའི་ཆུ་ནས་བྱུང་སེམས་དཀར་པོ་དང་། ཆུ་ཚན་ནས་བྱུང་སེམས་དམར་པོ་བབས་པ་ཆོས་བཟང་དུས་བཟང་ལ་ཀུན་གྱི་མཐོང་སྣང་དུ་གྲུབ་པ་ཡོད་ཅིང་། འདི་ཉིད་སློབ་དཔོན་པདྨ་འབྱུང་གནས་དང་། མཁའ་འགྲོ་ཡེ་ཤེས་མཚོ་རྒྱལ། བཀའ་བབས་བརྒྱུད་པའི་བླ་མ་དམ་པ་རྣམས་ཀྱིས་བྱིན་གྱིས་རླབས་ཤིང་འགྲོ་བའི་ནད་ཀུན་སེལ་བའི་ཐུགས་སྨོན་གནང་ཡོད་སྐབས། ནད་རིགས་བཞི་བརྒྱ་རྩ་བཞིར་ཕན་པ་དང་། ལྷག་པར་ཆུ་ཚན་ནང་སྨན་རྫས་ཞིག་ཡོད་པ་དེར་རང་གི་ན་ཚ་གང་ཡོད་དེར་སྦྱར་ན་ཕན་པར་གསུངས། སྤྱིར་ཆུ་ཚན་ནི་མུ་ཟི་དང་། ཙོང་ཞི། རྡོ་ཞོ། བྲག་ཙུར་སོགས་དྲོད་ཆེ་བའི་དངོས་རྫས་ཀྱི་ནུས་པ་ལ་བརྟེན་ནས་རང་བྱུང་གི་ཆུ་ཚན་བྱུང་ཞིང་དེ་དག་སོ་སོའི་ནུས་པ་དང་། དྲི། མདོག རོ་སོགས་མི་འདྲ་བ་ཡོད། ཆུ་ཚན་འདིའི་གཏིང་རིང་ཐུང་སྙོམ་པ་དང་། །དྭངས་ཤིང་གཙང་ལ་དྲི་མ་མེད་པ། །ཛ་ཚང་བསྲེས་ཀྱང་རོ་མི་འགྱུར་བའི་ཁྱད་ཆོས་ལྡན། །ཆུ་ཚན་འདིའི་གྲུབ་ཆ་གཙོ་བོ་རྡོ་སོལ་དང་། །མུ་ཟི་ནག་པོ། ཙོང་ཞི་དཀར་པོ་སོགས་ལ་བརྟེན་ནས་གྲུབ་པ་དང་། ཆུའི་དྲོད་ཚད་ཧྥེ་ཧྲི་ཧྥུའུ་༩༠ – ༩༧བར་ཡིན་པས་ཚ་གྲང་སྙོམ་པ་གཏིང་ཚད་སྤྱི་སྐར་༨༠ – ༡༠ཙམ་ཡོད། ཕན་ནུས་ཐད་པོ་བ་སྐྲུག་པོ་དང་། ཚད་པ་སྙིང་པ། ཆུ་སེར། གྲང་བ། མཁལ་མ། མི་དྲོད་ཉམས་པ། གྲུམ་བུ། རྩ་དཀར། པགས་ནད་སོགས་ལ་ཤིན་ཏུ་ཕན། ཆུ་ཚན་རྒྱུག་སྐབས་ཐོག་མར་

མགོ་ནས་རིམ་གྱིས་ཆུས་བརླན་པར་བྱས་ནས་ཡུན་ཐུང་བ་ནས་རིམ་གྱིས་ཆེར་བསྲིང་དགོས། ལུས་པོ་བཀྲུ་བ་དང་། ནད་ཡོད་ས་དང་རྩ་ལམ་ཡང་ཕྱུར་མཉེད་ཡང་ཡང་བྱ་དགོས། ཁོག་པར་འབྲས་དང་སྐྲན་ཡོད་ན་ཆུ་དལ་པོས་འཕྱུང་ཞིང་ཕོ་བར་སྒོར། ཆུ་ལས་ཐོན་སྐབས་གོས་གདན་ཕྲུག་པོས་གཡོགས་ཏེ་རྡུལ་ཆུ་རང་བཞིན་གྱིས་སྐམ་པར་བྱེད་དགོས། ཟས་སྐོམ་གཙོ་བོ་བཅུད་ཅན་གྱི་རིགས་བརྟེན་དགོས་པ་དང་། ལྷག་པར་སྨན་པའི་ངག་དང་བསྟུན་ན་ཉིན་ཏུ་བཟང་། ཟས་སྐོམ་གྱི་ཁུ་བ་ཡང་ཆུ་ཚན་ཉིད་ལས་བྱེད་དགོས། རྒྱུན་རིང་ཐུང་ཡང་ནད་གཞིའི་བབས་ལ་བསྟུན་ནས་ཕན་ཐོགས་མ་བྱུང་བར་བསྟེན་དགོས། ཆུ་ཚན་རྒྱག་པའི་དུས་ཚོད་སྟོན་དཔྱིད་གཉིས་བཟང་བ་ལས་དཔྱིད་དུས་བོད་ཟླ་༣ – ༤བར་དང་། སྟོན་དུས་བོད་ཟླ་༩ – ༡༠ནང་ཆུ་ཚན་གྱི་ནུས་པ་ལེགས་ཉིང་དབྱར་ཆར་དུས་སུ་ཆུ་ཚན་གྱི་ཕན་འབྲས་ཅུང་ཞན་པ་ཡོད་ཅེས་སྨན་གཞུང་དུ་གསལ། ཆུ་ཚན་རྒྱག་སྐབས་ཡིད་གཟབ་བྱེད་རྒྱུར། ཚ་བ་རྒྱས་པའི་ནད་རིགས་དང་། ཁྲག་ཉིད་མཐོ་བ། སྙིང་གི་ནད། སྦྲུམ་མ་བཅས་ཆུ་ཚན་རྒྱག་སྐབས་རྒྱུན་ཐུང་ཙམ་ཞུགས་དགོས།

ཆུ་ཚན་དེའི་ཕན་ནུས་ཆེ་ལ་གནས་ཡུལ་དབེན་ཞིང་ཉམས་དགའ་བ་སྐྱོ་པོ་ཀུན་ཡིད་དབང་འཕྲོག་ནུས་པ་ཡོད་པས། ཆུ་ཚན་རྒྱག་མཁན་ས་གནས་གང་ས་གང་ནས་ཡོང་མཁན་མང་པོ་ཡོད་ཅིང་། རྒྱལ་ཁབ་ཕྱི་ནང་གི་སྒྲོ་གསེང་བལྟ་སྐོར་བ་མང་པོས་ཡུལ་སྐོར་དང་ཆུ་ཚན་ལ་བརྟག་དཔྱད་བྱེད་ཀྱི་ཡོད།

## ༢ འབྲི་གུང་གཞུ་སྟོད་①གཏེར་སྒྲོམ།

གཞུ་གཏོད་གཏེར་སྒྲོམ་ཞེས་པའི་གནས་འདིར་མཚན་བརྗོད་ཚུལ་མི་འདྲ་བ་འགའ་ཞིག་ཡོད་པ་སྟེ། གནས་འདིའི་ཚོགས་ཁང་དབུ་རྩེ་ལ་སོགས་པའི་བྲག་རི་རྣམས་མདོག་དཀར་གནམ་དུ་འཕྱོ་བས་བྱ་ཏི་པའི་སྒྲོ་དང་འདྲ་བས་ཏི་སྒྲོ་ཞེས་དང་། གནས་འདིར་ནོར་དང་ཆོས་ཀྱི་གཏེར་ཁ་བསམ་གྱིས་མི་ཁྱབ་པས་ཕྱུར་བུར་གཏམས་པའི་སྒྲོམ་དང་འདྲ་བས་གཏེར་སྒྲོམ་ཞེས་གྲགས་པ་དང་། ཡང་སྔར་ཨོ་རྒྱན་ཆེན་པོ་དང་ཇོ་མོ་མཚོ་རྒྱལ་ལ་བསམ་ཡས་སུ་བདུད་བློན་རྣམས་ཀྱིས་བར་ཆད་བརྩམས་པར། ཨོ་རྒྱན་ཡབ་ཡུམ་འོད་ཀྱི་ཏོ་ལེར་བཞུགས་ནས་བྱང་ཕྱོགས་སུ་ཕྱིན་པས། ད་ལྟའི་ཏི་སྒྲོའི་ཐད་ཀར་རབ་རིབ་ཀྱིས་ཡལ་སོང་བས་ན་རིབ་ནང་ཞེས་བརྗོད་པ་ཡིན་ཅེས་གསུངས་སྲོལ་ཡོད་ལ་ཡུལ་པ་མང་ཆེ་བས་རིབ་ནང་ཞེས་བརྗོད་དོ། ལྷ་ས་ནས་ཤར་ངོས་ལི་དབར་བརྒྱ་དང་བཞི་བཅུ་ཙམ་དང་། རྨམ་པ་ཤང་རེབ་མདོ་གྲོང་ཚོའི་ནུབ་བྱང་ནས་སྤྱི་ལི་༡༥ཙམ་གྱི་སར་དགོན་འདི་མཇལ་རྒྱུ་ཡོད། འདི་ནི་འབྲི་གུང་བཀའ་བརྒྱུད་ཀྱི་བརྟན་དགོན་ཆེ་ཤོས་དེ་ཡིན། གཞུ་སྟོད་གཏེར་སྒྲོམ་གྱི་གནས་འདིར། སྤྱི་ལོའི་དུས་རབས་བརྒྱད་པའི་ནང་ཨོ་རྒྱན་རིན་པོ་ཆེ་དང་བོད་ཀྱི་བཟའ་མཁའ་འགྲོ་ཡེ་ཤེས་མཚོ་རྒྱལ་ཡབ་ཡུམ་གཉིས་སྤྲ་ཕྱི་ལོ་བཅུ་ཕྲག་ལ་ཉེ་བར་བཞུགས་ནས། ཡེ་ཤེས་མཚོ་རྒྱལ་ལ་མན་ངག་མཁའ་འགྲོའི་སྙིང་ཐིག་གནང་སྟེ་དགའ་སྐྱིད་ཀྱིས་དངོས་

---

① གཞུ་རོང་གཙང་པོ་འབབ་སའི་ལུང་པ་དེ་གཞུའི་དབྱིབས་སུ་ཡོད་པས་གཙང་པོའི་སྟོད་རྒྱུད་ཀྱི་ལུང་པར་གཞུ་སྟོད་གཏེར་སྒྲོམ་ལྟ་བུ་དང་། སྐད་རྒྱུད་ལ་གཞུ་སྐད་བྱ་རོག་རྫོང་（འབྲི་གུང་མཐིལ་ཁུལ་）ལྟ་བུར་འབོད།

གྲུབ་བརྙེས་པར་གྲགས་པའི་གནས་མཆོག་ཁྱད་པར་ཅན་ཞིག་ཡིན་པ་དང་། རབ་བྱུང་ལྔ་པའི་ལྟགས་འབྲུག་(སྤྱི་ལོ་༡༢༨༠)ལོར་འབྲི་གུང་གདན་རབས་བཅུ་པ་རྡོ་རྗེ་རྒྱལ་པོས་ཐོག་མར་སྒྲུབ་ཁང་བཏབ། དེ་ནས་དཔལ་འབྲི་གུང་བཀའ་བརྒྱུད་ཀྱི་ཡབ་སྲས་གསེར་གྱི་ཕྲེང་བའི་གྲུབ་ཐོབ་རྣམས་ཀྱིས་རིམ་པར་བསྐྱངས་ཤིང་བྱིན་གྱིས་བརླབས་པའི་གནས་མཆོག་ཀྱང་ཡིན་ཏེ། དེ་ཡང་འབྲི་གུང་རིག་འཛིན་ཆོས་ཀྱི་གྲགས་པས་(འབྲི་གདན་ཉེར་གསུམ་པ་)ནུབ་བྱང་སྒོ་ཡི་མི་འགྱུར་ཏེ་སྒྲོའི་གནས། དྲག་པོའི་གནས་ཆེན་གཏེར་སྒྲོམ་བྲག་དཀར་ཞེས། །གྲུབ་དབང་པད་མའི་དྲག་པོའི་གནས་ཀྱི་གཙོར། །བརྟགས་ཤིང་བཞུགས་པའི་སྒྲུབ་གནས་ངོ་མཚར་ཅན། །དམ་པའི་ཆོས་དང་དཔལ་སེར་ནོར་གྱི་གཏེར། །བགྲང་ཡས་བཞུགས་པའི་ཕོ་བྲང་ཆེ་རྫིག་ཛམས། །བྲག་དཀར་དུང་སེང་གདོང་ལྔའི་ལྟ་ལམ་དུ། །ལེགས་པར་འཁྱིལ་འདྲ་སྤྲིན་དང་ན་བུན་གཡོ། །དབྱར་ཛའི་སྒྲ་ཡིས་ས་གསུམ་འདར་ཞིང་དངངས། ཡན་ལག་བརྒྱད་ལྡན་བདུད་རྩིའི་ཆར་རྒྱུན་བབས། །སྔོང་སྐྱེས་རི་དྭགས་ཚོགས་རྣམས་བདེ་སྐྱིད་ཅིང་། །འབབ་ཆུ་རྡུམ་ཕགས་དྲག་པོའི་ང་རོ་སྒྲོག །རྩི་ཤིང་ནགས་ཚལ་ངམ་ནག་སྐྱི་གཡལ་བ། །དུར་ཁྲོད་མ་མོ་ཤ་ཟ་ཅེ་སྤྱང་སོགས། །འཇིགས་པའི་གད་རྒྱངས་སྒྲིད་གསུམ་ཛམ་སྒྲ་སྒྲོག །སྐལ་ལྡན་རྣལ་འབྱོར་དོན་གཉིས་དངོས་གྲུབ་ལེན། །སྐལ་མེད་ཉམས་པའི་ཚེ་སྲོག་ཚོགས་སུ་རོལ། །མ་མོ་མཁའ་འགྲོ་བགྲང་ཡས་སྤྱོད་པའི་གནས། ཞེས་གནས་ཀྱི་ཞིང་བཀོད་ཁྱད་པར་ཅན་བསྟན་པར་མཛད། ཐོག་མར་འདུ་ཁང་ཆུང་དུ་ཞིག་ལས་མེད་པ་དང་། དེ་རྗེས་གནས་འདིར་སྒྲུབ་པ་པོ་མང་པོ་བཞུགས་ཀྱང་འདུ་ཁང་མེད་ཅིང་། བསྙེན་བཀུར་མང་ཇ་སོགས་བྱུང་ན་ཧོམ་ཁུང་གདོང་ཞེས་ད་ལྟའི་འདུ་ཁང་གནས་ཡུལ་འདིར་ཚོགས་ནས་བསྔོ

སྨན་སོགས་གནང་བ་ཡིན། དེ་རྗེས་བདུད་འདུལ་རིན་པོ་ཆེས་འདུ་ཁང་ཆུང་ངུ་ཞིག་བཞེངས་གནང་བ་དང་། གྲུབ་དབང་ངག་དབང་རིན་པོ་ཆེ་ཕྱིན་ཏེ་ཡང་ཟབ་ཀྱི་ཉམས་ལེན་དར་རྒྱས་ཆེ་བ་བྱུང་། དེ་རྗེས་གདན་རབས་སོ་བཞི་པ་དཀོན་མཆོག་བསྟན་འཛིན་ཞི་བའི་བློ་གྲོས་ཀྱིས་འདུ་ཁང་སྟེང་འོག་བར་གསུམ་རྒྱ་ཆེར་བཏང་གནང་སྟེ་སྤྱི་པ་ཐོག་མར་ཚུགས། རྟེན་གཙོ་གུ་རུ་མཚན་བརྒྱད་དང་། རྗེ་སྐྱོབ་པ། དུས་གསུམ་སངས་རྒྱས། བསྟན་སྲུང་ཨ་ཕྱི་སོགས་ཀྱི་སྐུ་བརྙན་མང་པོ་བཞུགས། གསུང་རྟེན་ལ་རྒྱལ་བའི་བཀའ་འགྱུར་རིན་པོ་ཆེ། ཟུར་དུ་འབུམ་ཆ་ཚང་། གློང་ཆེན་མཛོད་བདུན། གཟུངས་བསྡུས་དང་བསྐལ་བཟང་། བརྒྱད་སྟོང་པ་སོགས་བཞུགས། ཐུགས་རྟེན་ལ་བཀའ་གདམས་མཆོད་རྟེན་ཁ་ཤས་བཞུགས་པ་དང་། རིག་འཛིན་ཆོས་ལྡན་བཟང་མོའི་གདུང་རྟེན་དངུལ་ལས་གྲུབ་པ་ཐོག་ཚད་གཅིག་བཞུགས། གཏེར་སྒྲོམ་བཙུན་མ་དགོན་འདི་ཉིད་སྤྱི་ལོ་༡༨༢༥ལོར་ཉམས་གསོ་ཞུས་རྗེས་ད་ལྟ་སྔོན་ཀྱི་འདུ་ཁང་ཤུལ་དུ་གསར་བཞེངས་གནང་བའི་འདུ་ཁང་ནང་། སྔོན་ཀྱི་སྐུ་བརྙན་དེ་དག་གི་སྐུ་ཚབ་གསར་བཞེངས་གནང་བ་དང་གཡས་གཡོན་དུ་བཙུན་ཤག་ཡོད། བཀའ་བརྒྱུད་པ་ཕྱག་བཞེད་མཛད་ཀྱི་ཡོད།

### ༣ ཐེང་རྒྱལ་སྒྲུབ་སྡེ།

རྣམ་པ་ཤང་གཏེར་སྒྲོམ་གྲོང་ཚོར་དགོན་འདི་མཇལ་རྒྱུ་ཡོད། བོད་རབ་བྱུང་ལྔ་པའི་ལྕགས་ཁྱི(སྤྱི་ལོ་༡༣༡༠)ལོར་འབྲི་གུང་གདན་རབས་བཅུ་པ་རྗེ་ཉེར་བརྒྱད་པ་རྡོ་རྗེ་རྒྱལ་པོས་ཕྱག་བཏབ། ཐེང་རྒྱལ་སྒྲུབ་སྡེའི་འདུ་ཁང་ནང་དུ་སྔོན་འདས་ལས་གྲུབ་པའི་རྗེ་ཉེར་བརྒྱད་པའི་སྐུ་བརྙན་བྱིན་རླབས་ཅན་འབེབས་མ་ཞེས་མདའ་གང་མ་དང་རྗེ་འགྲོ་འདུལ་ཞབས་ཀྱི་སྐུ་བརྙན་དེ་

མཚུངས། སངས་རྒྱས་རབ་བདུན་གྱི་སྐུ་བརྙན། མཆོད་རྟེན་ཆ་བརྒྱད། གོང་སྨོས་རྗེ་ཉེར་བརྒྱད་པའི་གཏེར་ཕྱོན་གསེར་ཟངས་ལས་གྲུབ་པའི་བྱམས་པ་མདའ་ཚད་མ། ཡང་རྗེ་ཉིད་ཀྱི་གཏེར་ནས་ཕྱོན་པ་དྲུག་ཐུ་མ། སྨན་འདམ་ལས་གྲུབ་པའི་སྤྱན་རས་གཟིགས་ཕྱག་བཞི་པ། གུ་རུ་མཚན་བརྒྱད། རྗེ་ཉེར་བརྒྱད་པས་བཏར་མཚོ་ནས་གདན་དྲངས་པའི་འབུམ་ནག་ཆུ་ཡི་ཟིལ་ཅན། རྒྱ་ཟམ་ཕྲག་ནས་རྗེ་ཉིད་ཀྱི་གཏེར་ཕྱོན་ཚོགས་དུང་། དཀོར་སྲུང་ཞིང་རྒྱལ་ལྷ་མོ་ཞེས་དཔལ་ལྡན་ལྷ་མོའི་རྟེན་ཚུགས་དང་། ལྷ་མོའི་བྲིས་ཐང་ཤིན་ཏུ་གཉན་པ་སོགས་རྟེན་གསུམ་མང་པར་བཞུགས། སྒྲུབ་སྡེ་འདིའི་ཉམས་ལེན་གཙོ་བོ་ལྷ་ལྡན་དང་། ཆོས་དྲུག་ཁོ་ན་ཡིན་ཡང་ཕྱིས་ཡང་ཟབ་ཆོས་སྐོར་སྤྱི་དང་། ཕྱི་བྲག་ཡང་ཟབ་ལས་གསང་བ་སྙིང་བྱང་གི་སྐོར་འདི་གཙོ་བོར་ཉམས་བཞེས་མཛད། ཞིང་རྒྱལ་བླ་མ་ཞེས་པས་ལས་སྡེ་ཆོས་བཀོད་ཀྱི་གཏོང་ཐེབས་སོགས་བདག་གཉེར་བྱེད་དོ། འདུ་ཁང་གི་སྒོའི་ནང་ངོས་ལྷ་མོའི་ཞབས་ལམ་ཞེས་པ་དང་། སྒོ་མདུན་དུ་ཆིབས་བརྒྱུག་རྟེད་ཐུར་སོགས་ཀྱང་ཡོད། ནུབ་ངོས་སུ་སྤྲུལ་པའི་ཞོ་ཁལ་གྱི་རྗེས་གསལ་བར་བཞུགས་པ་དང་། དེ་ནས་ལྷ་ཁང་གི་ཐོད་དུ་ཆུ་འགོ་སྤྲུག་རིལ་ཞེས་པར་བདེ་མཆོག་ལྷ་རྭ་ཞེས་རྫོ་མཆོད་བྱས་པ་ཞིག་ཡོད། ཉེ་རབས་འབྲི་གུང་དཔའ་ཆུང་རིན་པོ་ཆེ་དཀོན་མཆོག་འཕྲིན་ལས་ཡང་སྤྱོད་པ་ལ་ཐེབས་ཏེ་གནས་འདིར་ཡུན་རིང་བཞུགས། སྤྱི་ལོ་༡༩༩༢ལོར་ཉམས་གསོ་ཞུས།

## ༩ འབྲོང་དུར་སྒྲུབ་སྡེ།

རྣམ་པ་ཤང་གཏེར་སྒྲོམ་གྲོང་ཚོའི་བྱང་ཤར་སྤྱི་ལེ་༧ཙམ་སར་སྒྲུབ་སྡེ་འདི་མཇལ་རྒྱུ་ཡོད། འབྲོང་དུར་དུ་ཐོག་མར་འབྲི་གུང་རིན་ཆེན་ཕུན་ཚོགས་ཀྱིས་གཟིམ་སྤྱིལ་བཏབ་ནས་དེར་སྒྲུབ་པ་མཛད། དེ་ནས་རིམ་གྱིས་ནཱ་རོ་གཉིས

པ་བཀྲ་ཤིས་ཕུན་ཚོགས་ཉིད་ཀྱིས་གཡམ་པ་ལས་བསམ་གཏན་གྱི་ཁང་བུ་རང་གཞོང་ཞིག་བཏབ། སྒྲུབ་པ་ཡུན་རིང་མཛད། དེ་ནས་གདན་ས་ཉེར་དྲུག་པ་རྗེ་དཀོན་མཆོག་བསྟན་འཛིན་འགྲོ་འདུལ་གྱིས་རབ་བྱུང་བཅུ་གསུམ་པའི་ལྕགས་འབྲུག（སྤྱི་ལོ༡༧༤༠）ལོར་འབྲོང་དུར་གཟིམ་སྤྱིལ་གཡས་གཡོན་ཕྱི་ནང་ཚང་མར་རྒྱ་བསྐྱེད་མཛད་དེ། སྤྲུལ་པའི་མཚན་བརྒྱད་ལྷ་ཁང་ནང་གུ་རུ་པདྨའི་སྐུ་ཟ་ཧོར་མ་ཡུམ་གཉིས་མཚན་བརྒྱད་དང་བཅས་བཞེངས་ཏེ། རབ་གནས་སྐབས་ཇ་གཡབ་གླིང་ནས་བྱ་སྒོད་བརྒྱད་འཕུར་ཡོང་ནས་སྐུ་རྣམས་ལ་ཐིམ་པའི་གཟིགས་སྣང་བྱུང་བ་དང་། སྒོ་ཆུང་གི་སེ་བའི་འཁྲི་ཤིང་ལ་རྒོད་ཀྱི་སྤུ་ཡོད་པ་ཡང་དངོས་སུ་མཐོང་བ་བྱུང་། དེ་བཞིན་རྩ་གསུམ་རྡོ་རྗེ་གཞོན་ནུ་ཁྲོ་བོ་བཅུ་ཡབ་ཡུམ་བཅས་བཞེངས། གཞུང་ཕྱོགས་ནས་དམག་བཟློག་ཆེད་སྒྲུལ་བའི་སྨན་འདམ་ལས་རིགས་གསུམ་མགོན་པོ། རྗེ་འགྲོ་འདུལ་ཞབས་ཀྱི་ཐུགས་དམ་གསེར་ཟངས་ཀྱི་ཚོགས་བདག་གླང་སྣ། གསེར་ཟངས་ལས་འབྲི་གུང་གདན་རབས་ཀྱི་སྐུ་འགའ་ཞིག སྐྱབས་མགོན་རིམ་བྱོན་གྱི་གནས་ཁག་ཏུ་གཟིགས་སྣང་བྱུང་བའི་གནས་རྡོ་ངོ་མཚར་ཆེ་བ་དང་། ཕྱག་འཁོར་སོགས་རྟེན་གསུམ་མང་ཙམ་བཞུགས། གཙོ་བོ་རྗེ་རཏྣའི་གཟིམ་སྤྱིལ་ནང་ཨོ་རྒྱན་རིན་པོ་ཆེའི་སྐུ་བརྙན། རྗེ་རཏྣའི་སྐུ་འདྲ་བྱིན་ཅན། རྗེ་འགྲོ་འདུལ་ཞབས་ཀྱི་སྐུ་བརྙན་སོགས་བཞུགས། གཟིམ་སྤྱིལ་གཟིམ་སྒྲོམ་འོག་ཏུ་གསང་ཆབ་ཀྱི་ཆུ་ཡང་ཡོད་ཟེར། སྒྲུབ་སྡེ་འདི་འབྲོང་དུར་བླ་མ་ཞིས་འབྲི་ཇོང་ནས་ཆེད་བཀོད་ལས་སྡེ་བདག་གཉེར་བྱེད་ཀྱི་ཡོད། སྒྲུབ་སྡེ་འདིས་ཡང་ཟབ་ཆོས་སྐོར་ལ་ཉམས་ལེན་མཛད། སྒྲུབ་སྡེའི་གཟིམ་སྤྱིལ་རྒྱབ་རི་ཕག་མོ་དབུ་རྩེ། མདུན་རི་སངས་རྒྱས་སྟོང་སྐུ། གཡས་རི་ཨ་ཕྱིའི་ཕོ་བྲང་སྲུ་ལི་མཐིང་བྲག གཡོན་རི་བཀའ་རྒྱུད་

ཕོ་བྲང་ཞེས་པ་དང་། གཡོན་ངོས་ལ་ཟླང་ས་མདོག་དཔལ་རིའི་ཙོ་ཏའི་དབྱིབས་ལྟར། དཔལ་རི་འགྲོ་བ་ལོ་བརྒྱད་བྱིས་པའི་གཟུགས་ཞེས་དང་། ཚེ་རིང་མཆེད་ལྔའི་ཕོ་བྲང་མཐོན་མཐིང་གཉིས་པ་ཞེས་པ་དང་། བཀའ་རྒྱུད་ཕོ་བྲང་གི་བྲག་ཕོད་དུ་བདེ་མཆོག་ལྷ་ལྔའི་ཕོ་བྲང་། ཨ་ཕྱིའི་ཕོ་བྲང་སོགས་རང་བྱོན་གནས་བཤད་མང་པོ་སྐྱོན་རྒྱུ་ཡོད། འབྲི་གུང་སྒྲོལ་ལོ་བཀའ་ཆོས་ཆེན་མོ་ཟེར་བ་ཡང་གནས་དེར་ཚོགས་ཀྱི་ཡོད།

སྤྱི་ལོ་ ༡༨༤༧ ལོར་ སྒྲུབ་སྡེ་ ཉམས་ གསོ་ ཞུས་ ཤིང་ བཀའ་ བརྒྱུད་ ཕྱག་བཞེད་མཛད་ཀྱི་ཡོད།

འབྲོང་ངུར་བརྒྱུད་ཁ་ལེབ་ཞེས་པའི་ལུང་པ་ཕུ་ཤར་དང་། མདའ་ནུབ་ལ་གཏད་པ་ཞིག་ཡོད། དེ་ནས་ཡར་འཛེགས་མདའ་ཚུ་ཁྲིན་པ་ཞེས་ཨོ་རྒྱན་རིན་པོ་ཆེས་ཕྱག་མདའ་བསྐྱོན་པའི་ཚུ་གཏིང་རིང་དང་། ནས་སྤུངས་སྲུན་སྤུངས་ཞེས་བྱེ་མ་དཀར་ནག་གི་ཕུང་པོ་དང་གསེར་གྱི་རང་འཐག་སོགས་ཡོད། མདའ་ཚུའི་ཁྲིན་པ་སོགས་མཐོང་ནས་རིམ་གྱིས་ལ་སྟེང་ན་སླེབས་པས། ཉིན་ངོས་སུ་མཚོ་ཤིན་ཏུ་དྭངས་པ་པདྨ་འདབ་རྒྱས་པ་ལྟ་བུ་ཡོད་པ་ཞིག་མཐོང་། དེ་ནི་ཨ་ཕྱིའི་བླ་མཚོ་ཡིན། དེའི་གཡོན་གྱི་ཕྱོགས་སུ་མགོན་པོ་བླ་མཚོ་དང་། སོག་རིའི་བླ་མཚོ་ཡོད་པར་མཚོ་གཟིགས་ངོ་མཚར་བ་ཡོད་དོ།

༥ འདུ་ཁང་ཐེག་མཆོག་འོད་ཟེར་གླིང་།

རྨམ་པ་ཤར་ཁོངས་སུ་ཡོད་པའི་འདུ་ཁང་ཐེག་མཆོག་འོད་ཟེར་གླིང་ནི། སྤྱི་ལོའི་དུས་རབས་བཅུ་གསུམ་གཡས་གཡོན་དུ་ཚ་སྤུག་རྡོ་རྗེ་དཔལ་འབར་གྱིས་ཕྱག་བཏབ། དེ་སྔ་དགོན་པའི་ནང་བཞུགས་རྟེན་དང་བརྟེན་པར་བཅས་པ་ཇི་ལྟར་ཡོད་ཚུལ་ལ། གྲུབ་པའི་དབང་ཕྱུག་ཆེན་པོ་ཨ་ར་རིན་པོ་ཆེའི་ཐུགས་དམ་

གྱི་རྟེན་རྗེ་སྒྲུབ་པའི་སྐུ་བརྙན་གཙུག་ཏོར་མ་གྲགས་པ་བྱིན་ཅན། སྤྱན་རས་གཟིགས་བཅུ་གཅིག་ཞལ། འོད་དཔག་མེད་བཅས་སྨན་འདམ་ལས་གྲུབ་པ་དང་། སྐྱབས་རྗེ་ཞི་བའི་བློ་གྲོས་ཀྱི་ཐུགས་དམ་རྟེན། རྗེ་སྒྲུབ་པའི་སྐུ་བརྙན་སྨན་འདམ་ལས་གྲུབ་པ་མི་ཚད་མ་དང་། གཞན་ཡང་གསེར་ཟངས་ལས་གྲུབ་པའི་སྐུ་བརྙན་སྣ་ཚོགས་བཅུ་ཕྲག་ཁ་ཤས་དང་། གནས་སྲུང་དགེ་བསྙེན་རྡོ་རྗེ་བྱང་ཆུབ་ཀྱི་སྐུ་གསོལ་བརྗིད་ཆགས་དང་ལྡན་པ། དེ་མིན་ཞལ་ཐང་དང་གསུང་རབ་ཀྱི་སྐོར། འབུམ་རྒྱས་འབྲིང་བསྡུས་གསུམ་དང་། བརྒྱད་སྟོང་པ་གསེར་བྲིས་མ་པོད་གསུམ། བསྐལ་བཟང་། གཟུངས་བསྡུས། རྟེན་སྙིང་དང་དགོངས་གཅིག་རྗེ་སྒྲུབ་པའི་བཀའ་འབུམ་གསེར་བྲིས་མ། ཚྭ་ཕུག་རྡོ་རྗེ་དཔལ་འབར་གྱི་རྣམ་ཐར་སོགས་ཆོས་ཚན་བྱིན་ཅན་ཤ་སྟག་བཞུགས། ཐུགས་རྟེན་བཀའ་གདམས་མཆོད་རྟེན་ཁ་ཤས་དང་། ཚྭ་ཕུག་གྲུབ་པའི་དབང་ཕྱུག་དཀོན་མཆོག་དཔལ་ལྡན་གྱི་གདུང་རྟེན་སོགས་བཞུགས། ཡུལ་སྟོད་ཅེས་པར་མཚམས་པ་ལྔ་ཡོད། དེའི་ཉམས་ལེན་གཙོ་བོ་ལྔ་ལྡན་དང་། ན་རོ་ཆོས་དྲུག རྗེ་སྒྲུབ་པའི་ཟབ་ཆོས་རྣམས་ཡིན། ཡུལ་སྨད་ཅེས་པར་བཙུན་མ་བཅུ་གྲངས་ཤིག་ཡོད་པས་འབྲི་ལུགས་ཀྱི་ཚོ་ག་ཆོས་སྤྱོད་ཀྱི་ཕྱག་ལེན་སྤྱི་ལྟར་བྱེད་དགོས། རིག་གནས་གསར་བརྗེའི་སྐབས་དགོན་གནས་རྩ་མེད་སོང་ཡང་། ད་ཆ་ཉམས་གསོ་བྱས་ཏེ་རྟེན་གཙོ་རྗེ་སྒྲུབ་པའི་འདྲ་སྐུ་མི་ཚད་མ་སོགས་སྐུ་བརྙན་ཆེ་ཆུང་བཅུ་གྲངས། རྒྱ་རག་ལས་ཚྭ་ཕུག་སྟོ་དཀར་རིན་པོ་ཆེའི་གདུང་རྟེན། གྲུབ་པའི་དབང་ཕྱུག་རྗེ་བཙུན་དཀོན་མཆོག་འཕྲིན་ལས་འོད་ཟེར་གྱི་གདུང་རྟེན་བཅས་དང་། འབུམ་ཆ་ཚང་གསུམ་སོགས་གསུང་རབ་འགའ་ཞིག་དང་། ཞལ་ཐང་མང་རབ། གནས་སྲུང་སོག་རའི་སྐུ་གསོལ་བཅས་བཞུགས་སོ།

གནས་འདིར་ཡུལ་སྐོར། ཡུལ་སྐྱིད་ཅེས་གྲགས་པ་ནི་ཙ་རི་དང་གཉིས་སུ་མ་མཆིས་པའི་གནས་ཡིན་པར་གྲགས།

༤ འཁོར་ཆེན་ཆུ་འཁོར་ལྷ་ཁང་།

རེབ་མདོ་ཁོངས་སུ་གནས་པའི་ཆུ་འཁོར་མ་ཎི་ལྷ་ཁང་ནི། རབ་བྱུང་བཅུ་གསུམ་པའི་མེ་ལུག（སྤྱི་ལོ་༡༧༨༧）ལོར་འབྲི་གུང་གདན་རབས་ཉེར་བདུན་པ་དཀོན་མཆོག་བསྟན་འཛིན་ཆོས་ཀྱི་ཉི་མས་ཕྱག་བཏབ་པ་དང་རིམ་བཞིན་ཕོ་བྲང་ཐེག་ཁང་དང་བཅས་པ་བཞེངས། དེར་ཡིག་དྲུག་འཁོར་ཆེན། ཚེ་གཟུངས་འཁོར་ཆེན། ཡིག་བརྒྱའི་འཁོར་ཆེན་ཆེན་པོ་ཉེར་བཞི་ཁྱད་མཚར་བསྐྲུན་ཏེ་གསེར་ཟངས་ཀྱི་གན་ཛི་ར་སྤུན་བད་རྒྱན་དང་བཅས་པ་ཡོད། དེ་ནས་རིམ་གྱིས་རྒྱ་ཆེར་སོང་སྟེ་འཁོར་ཆེན་བརྒྱ་ཕྲག་ལ་ཉེ་བ་བཞུགས་པ་དང་། དེའི་འཛིན་སྐྱོང་གདན་ས་འབྲི་གུང་མཐིལ་ནས་གནང་སྲོལ་ཡོད། རིག་གསར་སྐབས་ཐོར་ཞིག་སོང་། ད་ལྟ་སྔར་བཞིན་གཞུ་སྟོད་གཏེར་སྒྲོམ་གྱི་མཁའ་འགྲོ་བསྟན་འཛིན་གྱིས་ཉམས་གསོ་གནང་ཐོག་ཡིག་དྲུག་དང་ཡིག་རྒྱ་སོཏ་ཀྱི་ཆུས་བསྐོར་མ་ཎི་བཞེངས་གནང་ཡོད།

དེ་ནས་ཡར་ཙམ་ཕྱིན་པས་ཤེལ་ཕུག་འོག་མ་ཞེས་ལམ་ལྷག་ན་བྲག་སྐྱིབས་ཤིག་ཡོད་པས་དེར་སློབ་དཔོན་རིན་པོ་ཆེ་ཐོག་མར་ཞག་གཅིག་བཞུགས་ཞེས་ཟེར། གཞན་ཡང་དེའི་བརྒྱུད་རིམ་བཞིན་གུ་རུའི་དབུ་ཞྭའི་རང་བྱོན་དང་། ཚེ་རིང་མཆེད་ལྔ། ཡེ་ཤེས་མཚོ་རྒྱལ་གྱི་ཕྱག་མཚན་མི་ལྷགས་གཡང་གཞི། རལ་གྲི་ཕུར་པ། འཇམ་དཔལ་དབྱངས་ཀྱི་རང་བྱོན་སོགས་གནས་ངོ་མཚར་ཅན་མང་པོ་མཇལ་རྒྱུ་ཡོད། དེའི་གོང་ཙམ་ལ་ཆུ་ཚན་འོག་མ་ཟེར་བ་ཡོད་ཅིང་། མུ་ཟི། རྡོ་སོལ། ཙུང་ཞི་འདྲེས་པའི་ཆུ་ཚན་ཡིན་པས་འདུས་པའི་

ནད་སྦྲི་དང་། ཁྲིད་པར་ཆུ་སེར། པགས་ནད། རྩ་དཀར། ཞ་ཁྲུམས་ཀྱི་རིགས་ལ་ཕན་ཆེ་ཟེར།

༧ བདུད་འདུལ་ཕུག་སྒྲུབ་སྡེ།

རྒྱབ་རི་སྤང་པོ་ཆེ་ཕྲེད་དུ་ཉལ་བ་ལ་སྦྲི་གཙུག་ཏུ་ཡིད་བཞིན་གྱི་ནོར་བུས་བརྒྱན་པ་ལྟ་བུ། གདོང་མཚམས་སུ་བདུད་འདུལ་ཕུག་ཅེས་སྔར་ཨོ་རྒྱན་རིན་པོ་ཆེ་པདྨ་འབྱུང་གནས་ཀྱིས་བདུད་འདུལ་བའི་ཏིང་ངེ་འཛིན་ལ་བཞུགས་ཤིང་། བདུད་རྣམས་ཚར་བཅད་པས་ཕུག་པའི་མཚན་ལ་ཡང་བདུད་འདུལ་ཕུག་ཅེས་གྲགས། དེར་ཕྱག་ཞབས་ཀྱིས་རྗེས་དང་རྟོར་དྲིལ་གྱི་རྗེས་སོགས་དང་། བྲག་ཕུག་ནང་རྒྱུན་མི་ཆད་པའི་སྒྲུབ་ཆུ་ཡང་ཡོད། དེའི་གཡས་ངོས་སུ་བྱང་ཆུབ་མཆོད་རྟེན་གྱི་རང་བྱོན། གཡོན་ངོས་སུ་རུས་སྦལ་གྱི་རང་བྱོན། དེའི་བྲག་ལྡེབས་སུ་སྐྱེས་པའི་ཤུག་པ་མང་དུ་ཡོད་པ་ནི་མཁའ་འགྲོའི་དབུ་སྐྲ་ཞེས་རྩ་འགངས་ཆེ་བར་བརྗེ། བོད་རབ་བྱུང་བཅུ་གཉིས་པའི་ཆུ་ཕག（སྤྱི་ལོ་1803）ལོར་བདུད་འདུལ་ཕུག་ཏུ་མངའ་རིས་གྲུབ་ཆེན་ཀུན་དགའ་སྒྲུབ་སྡེ་ཕྱག་བཏབ་སྟེ་འདུ་ཁང་ཞིག་ཀྱང་བཞེངས། དེར་སྨན་འདམ་ལས་གྲུབ་རས་གཟིགས་བཅུ་གཅིག་ཞལ་གྱིས་རྟེན་གཙོ་བྱས་པའི་ཆོས་ལོངས་སྤྲུལ་གསུམ་གྱི་སྐུ་བརྙན། ཨོ་རྒྱན་མཁའ་འགྲོ་ནོར་ལྷ་དང་། སློབ་དཔོན་གྱི་སྐུ་བརྙན་གསུང་བྱོན་མ་ཤིན་ཏུ་རྩ་འགངས་ཆེ་བ་ཞིག་ཡོད་ཅིང་། དེར་གྲུབ་ཆེན་ཀུན་དགའ་ཉིད་སྐུ་གཉེར་གྱི་ཚུལ་དུ་བཞུགས་པར། ཇི་སྐད་དུ། བདུད་འདུལ་སྐུ་གཉེར་དཀོན་མཆོག་ཀུན་དགའ་དེ། ནམ་ཞིག་མཚན་གྱི་དུས་སུ་འགྲོ་དགོས་པའི། ཁྲིད་ཀྱི་ང་བསྐུར་གང་དུ་འགྲོ་འོ་ཞེས་གསུང་བྱོན་པར་གྲགས་པ་དང་། གཞན་ཡང་བསྟན་སྙིང་དང་དགོངས་གཅིག་མཚོ་རྒྱལ་རྣམ་ཐར། མ་གཅིག་རྣམ་ཐར།

ཡང་ཟབ་ཀྱི་ཆོས་སྐོར་ཆ་ཚང་བ་སོགས་གསུང་རབ་མང་དུ་བཞུགས། དེའི་འོག་ཏུ་སོག་རྣའི་སྣ་ལོ་འདོགས་ཡུལ་རྗེ་བ་སྣ་མོང་ཅན་དང་། བདུད་འདུལ་རིན་པོ་ཆེའི་ཆིབས་རྟའི་རྗེས་སོགས་ཡོད་པ་དང་། སྐབས་དེར་དགོན་གནས་དེར་ཡང་ཟབ་ཀྱི་ཉམས་ལེན་ལ་གྲུབ་པ་གཙོ་བོར་བྱེད་པ་ཞིག་ཡིན་ནོ།

## ༨ བདུད་འདུལ་ལྷ་ཁང་།

དགོན་གནས་འདི་རིག་གསར་སྐབས་ཐོར་ཞིག་སོང་ཡང་། ད་ལྟ་སླར་ཉམས་གསོ་བྱས་ཏེ། འདུ་ཁང་གསང་སྔགས་ཕོ་བྲང་ཡང་ཉམས་གསོ་གྲུབ་ནས་རྟེན་གྱི་གཙོ་བོ་རྗེ་རིན་ཆེན་ཕུན་ཚོགས་ཀྱི་སྐུ་བརྙན་མཐོང་བ་དོན་ཡོད་ཅེས་སྤར་འབྲི་གུང་གི་གདན་ས་རིན་པོ་ཆེའི་ནང་རྟེན་དུ་བཞུགས་པ། རྗེ་བསྟན་འཛིན་འགྲོ་འདུལ་གྱི་ཕྱག་ངར་ལ་བཞུན་ཐིག་ཏུ་འཁྲུངས་པའི་རིང་བསྲེལ་གྱི་ཐུགས་རྗེ་ཆེན་པོ་བཅུ་གཅིག་ཞལ་ཐུགས་ཁར་བཞུགས་པ་ཞིག་དང་། གུ་རུ་མཚན་བརྒྱད། རྗེ་སྐྱོབ་པ་རིན་པོ་ཆེ། ཐུབ་དབང་། རྟ་མགྲིན། ཨ་ཕྱི་ཆོས་ཀྱི་སྒྲོན་མ་སོགས་སྐུ་བརྙན། གཞན་ཡང་ཞལ་ཐང་། གསུང་རྟེན་རྒྱལ་བའི་བཀའ་འགྱུར་རིན་པོ་ཆེ་སོགས་བཞུགས་ཏེ། བཙུན་མའི་སྡེ་དང་བཅས་པ་རྒྱས་པར་བཞུགས་སོ།

## ༩ ཙྭ་ཕུག་དབེན་གནས།

ཞམ་པ་ཤང་ཁོངས་སུ་ལུང་པ་ཁ་ཤར་ལ་གཏད་པ་ཞིག་གི་མདའ་ན་རྫོ་མཚོད་མང་དུ་ཕུལ་བ་ཞིག་ཡོད། དེའི་ཕུར་ཙྭ་ཕུག་ཅེས་པའི་དབེན་གནས་ཡོད། གནས་དེ་ནི་སྐྱོབ་པ་འཇིག་རྟེན་གསུམ་མགོན་པོས། སྤྱི་ལོ་༡༡༨༠ལོར་ཕྱག་བཏབ་ཅིང་འབྲི་གུང་དགོན་པའི་དགོན་ལག་ཡིན། རྗེ་སྐྱོབ་པ་ཉིད་འབྲི་གུང་མཐིལ་འོག་མིན་བྱང་ཆུབ་གླིང་ན་བཞུགས་པའི་དུས་ཤིག་ལ་འཁོར་ཁྲི་ཕྲག

བརྒྱལ་བ་བྱུང་ནས་ཐུགས་བསུན་པའི་ཚུལ་ཅུང་ཟད་མཛད། དོན་དུ་གནས་གསུམ་དཔའ་བོ་ཌཱ་ཀི་རྣམས་ཀྱིས་ཐུགས་རྒྱུད་བསྐུལ་ཏེ། དཔེན་གནས་ཚྭ་ཕུག་མཁའ་འགྲོའི་གསང་མཛོད་སྒོ་འབྱེད་པའི་དུས་ལ་བབས་པར་དགོངས་ཏེ། སྐུ་ཉིད་གཅིག་པུར་ཚྭ་ཕུག་ཏུ་གསང་ཐབས་ཀྱིས་ཕེབས་པའི་ལམ་བར་དུ། སློབ་མ་རྣམས་ང་འཚོལ་དུ་ཡོང་ངེས་པས་ཁོང་རྣམས་ལམ་མི་འཚོར་བའི་ཆེད་དུ་ངེས་པར་རྟགས་ཤིག་འཛུགས་དགོས་དགོངས་ནས། ཕ་བོང་གཡག་རོ་ཙམ་ཞིག་རྫུ་འཕྲུལ་གྱིས་བྲག་ཞིག་གི་འགོར་བསྐྱུལ། རོ་ཆུང་དུ་གསུམ་སྤྲེད་བུའི་ཚུལ་དུ་བྱས་ནས་དེའི་འགོར་ཕ་བོང་དེ་བཞག་སྟེ་ཕེབས་སོང་། དེ་ནས་དབུ་རྩེའི་ཚོགས་ཁང་དུ་ཕེབས་པའི་ཕུག་པ་རྩ་དབུ་རྐྱང་རོ་གསུམ་གྱི་རྣམ་པ་ཅན་ངོ་མཚར་སྒོ་འབྱེད་པར་མཛད། དེའི་ནང་སྐུ་གསུང་ཐུགས་རྟེན་གྱི་རིགས་རང་བྱོན་བསམ་གྱིས་མི་ཁྱབ་པ། ཕུག་ཏུ་ཏིང་འཛིན་ཕུག་ཅེས་ཚུལ་ཁྲིམས་ཀྱི་དྲི་བསུང་རབ་ཏུ་འཕྱུལ་བ། སྟེང་དུ་དར་རང་བཞིན་གྱིས་འཛིན་པའི་དར་འཛིན་ཕུག་སྤྱན་རས་གཟིགས་ཀྱི་མགུལ་ཞེས་སྤྱན་རས་གཟིགས་ཀྱི་སྐུ་གཟུགས་ཀྱི་རང་བྱོན་ཤིན་ཏུ་གསལ་བའི་མགུལ་ནས་འགྲོ་དགོས་པས་ན་མིང་དེ་ལྟར་གྲགས། ཤེལ་གྱི་བླ་བྲེ། བསྐལ་བའི་མར་མེ། མཁའ་འགྲོའི་དབུ་གདུགས་ཀྱི་རང་བྱོན། རྗེ་སྒྲུབ་པའི་ཕྱག་རྗེས་དང་ཞབས་རྗེས། མཁའ་འགྲོའི་དབུ་རྗེས། རྗེ་ཉེར་བརྒྱད་པ་དང་ཉེར་གཉིས་པ་རིན་པོ་ཆེའི་ཕྱག་རྗེས་དབུ་སྙམ་རྗེས། འབུམ་ནག་ཆུའི་ཉིལ་པ་ཅན་གྱི་རང་བྱོན། རྗེ་ཉེར་གཉིས་པའི་ཕྱག་མཛུབ་ཀྱིས་ཕུག་པའི་བྲག་ལུང་། བྲག་ཕུག་ཞིག་གི་ཀྱེན་ལ་འཛེགས་པས་ཤི་གསོན་བྱེ་མའི་ལ་ཁ་དང་། སྤྱན་རས་གཟིགས་ཀྱི་མགུལ་ལམ་གྱི་གོང་ནམ་མཁའ་མཐིང་བཟང་ཞེས་ཨ་ཕྱིའི་ཕོ་བྲང་། དེར་སྤྱན་སྔ་ཤེས་རབ་འབྱུང་གྱི་དབུ་སྙམ་གྱི་རྗེས། དེའི་འོག་མར་ཉུལ་བའི་

ཏིང་འཛིན་ཕུག་ཏུ་མཁའ་འགྲོས་ཕུལ་བའི་དབུ་གདུགས་རྐང་པའི་རྗེས། མར་དོན་ནས་གཡོན་ངོས་ནས་ཡར་འཇུལ་བས་བར་དོའི་ཕྲང་ཞེས་ཕུག་ལམ་དོག་པོ་ཞིག དེའི་ནང་ཤེལ་གྱི་ བླ་གྲི་དང་། མཁའ་འགྲོའི་དབུ་སྐྲད་ཞེས་ས་ཞག་རོ་བཙུད་ལྡན་པ་ཞིག་ཡོད། དེ་ནས་མར་མདོ་ནས་ཡོང་བས་མཁའ་འགྲོའི་ཚོགས་གཞོང་དང་། རྗེ་སྐྱབས་པའི་བཞུགས་ཁྲི། གཞན་ཡང་ཕྱག་རྗེས་དང་རང་བྱོན་གྱི་རིགས་ཤིན་ཏུ་མང་བ་བཞུགས། གོང་སྨོས་ཏིང་འཛིན་ཕུག་ཏུ་རྗེ་སྐྱབས་པ་རིན་པོ་ཆེ་ཞལ་བཞུགས་སྐབས། ཤར་གྱི་རྒྱ་ཆེན་སྤྱིམ་རས་གཙོས། བོད་ཀྱི་ལྷ་ཆེན་ཡོངས་དང་། དེའི་འཁོར་དུ་གཏོགས་པའི་བོད་ཀྱི་གཞི་བདག་ཐམས་ཅད་དང་། ཁྱད་པར་དུ་གནས་གསུམ་གྱི་དཔའ་བོ་ཌཱཀི་རྣམས་རྗེའི་དྲུང་དུ་འདུས་ཏེ་དམ་པའི་ཆོས་ཞུ་བ་དང་། དེ་ནས་གདན་འདྲེན་པར་དགེ་འདུན་རྣམས་ཕྱུང་བར། རྗེའི་ཞལ་ནས་ངེད་ཕུ་བུ་རྣམས་ཀྱིས་བྱ་བ་རེ་འདམ་ཁ་བྱེད་དགོས་པ་ཡིན་པས། ཁོ་བོས་ཚོགས་པ་སྐྱོང་། ཁྱེད་རྣམས་ཀྱིས་རི་ཁྲོད་འཁྱིམ། ཡང་ན་ཁོ་བོས་རི་ཁྲོད་འཁྱིམ། ཁྱེད་རྣམས་ཀྱིས་ཚོགས་པ་སྐྱོང་ཞེས་གསུངས་པས། གྲྭ་བུ་སློབ་ཡོངས་ཀྱིས་རྗེ་རིན་པོ་ཆེ་གདན་སར་བྱོན་ནས་ཚོགས་པ་སྐྱོང་བར་ཞུ། ངེད་རྣམས་རི་ཁྲོད་ལ་འགྲོ་བ་ཡིན་ཞུས་པས། དེ་ལྟར་ཞལ་གྱིས་བཞེས་ནས། རྗེ་རིན་པོ་ཆེ་གདན་སར་བྱོན་ཏེ། གྲྭ་པ་རྣམས་རི་ཁྲོད་དུ་སྒོམ་སྒྲུབ་ལ་འབད་པ་ཆེན་པོ་མཛད་དོ། དེ་ནས་བཟུང་སྐྱབས་པ་རིན་པོ་ཆེས་ཙ་རི་དང་། གངས་ཏི་སེ། ལ་ཕྱི་བཅས་གསུམ་དུ་འབྲི་གུང་བཀའ་བརྒྱུད་པའི་བུ་སློབ་ཁག་སོ་སོར་རི་པ་གཏོང་བའི་སྲོལ་དར་ནས་བསྟན་པ་རྒྱས་པར་མཛད། སྒྲུབ་གནས་འདི་སྤྱི་ལོ་༡༩༨༤ལོར་བཀའ་ལུང་དཀོན་མཆོག་དཔའ་སངས་དང་སངས་འཕེལ་གྱིས་གཙོ་འགན་འཁུར་ཡུལ་མི་རྣམས་ཀྱིས་ཉམས་གསོ་ཞུས། ༢༠༠༩ལོར་འབྲི་གུང་

མཐིལ་དགོན་ནས་གཞུང་ལམ་དང་། ཚོམས་ཆེན། ཏུམ་ཁང་སོགས་གསར་རྒྱག་ཐོག་རྟེན་དུ་ཐུབ་དབང་དང་། སློབ་དཔོན་པདྨ་འབྱུང་གནས། རྗེ་སྒམ་པོ་པ་སོགས་བཞུགས། གྲུབ་མཐའ་བཀའ་བརྒྱུད་པ་ཡིན།

## གསུམ་པ། འབྲི་གུང་རྟེན་ཕྱག་ཆེན་མོ་དང་འབྲེལ་བའི་གཏམ་རྒྱུད།

རང་རེའི་གངས་ཅན་ལྗོངས་སུ་སྔོན་ན་ཕུང་པོ་དུར་འཇུག་བྱེད་སྐབས་ལ་སྐུ་གདུང་དུ་འཇོག་པ་དང་། ཞུགས་འབུལ་གཏོང་བ། གཙང་ཆུར་དབྱུགས་པ། ས་སྦས་གཏོང་བ། རྫ་ཆས་ནང་སྦ་བ། ས་འོག་ཏུ་སྦ་བ། དུར་ཁྲོད་དུ་བསྐྱལ་ནས་བྱ་གཏོར་བྱེད་པ་བཅས་ཀྱི་བྱེད་སྟོལ་དར་ཞིང་། དེ་ཡང་ཕུང་པོ་བྱ་གཏོར་བྱེད་པ་འདི་ནི་མཐོ་དམན་དྲག་ཞན་མེད་པ་མི་མང་ཆེ་བས་ཡོངས་ཁྱབ་རང་བཞིན་དུ་བྱེད་པའི་གོམས་སྲོལ་ཞིག་ཡིན་ལ། གཤིན་པོའི་ཕུང་པོ་དེ་ཡང་གཞན་ཕན་ཆེད་དུ་སྦྱིན་པར་གཏོང་བའི་ནང་ཆོས་ཐེག་ཆེན་གྱི་སྙིང་སྟོབས་དེ་བོད་མི་རིགས་ཀྱིས་ཉམས་ལེན་བྱས་པའི་མཚོན་རྟགས་ཤིག་ཀྱང་རེད།

“བོད་རིགས་ཀྱིས་མི་ཤི་བའི་རྗེས་སུ་ཕུང་པོ་དུར་ཁྲོད་གནས་བཟང་ས་ཞིག་ལ་བསྐྱལ་ནས་ལྷ་རབ་ཕུང་པོའི་མདུན་དུ་སྨོན་ལམ་འདོན་མཁན་དགེ་འདུན་པ་གདན་འདྲེན་ཞུས་ནས་ཞལ་འདོན་སྨོན་ལམ་གསུང་དགོས་པ་དང་། ཉི་མ་ཤར་ཙམ་ལ་བསངས་བཏང་སྟེ་བྱ་རྒོད་གདན་འདྲེན་པ་དང་། བསུར་བཏང་སྟེ་དྲི་ས་གཤིན་པོར་སྦྱིན་པ་གཏོང་བ་སོགས་བྱས་མཐར་ཤ་དུམ་བུར་གཏུབ་པ་རྣམས་དང་། ནང་ཆ་དང་ཁྲག་རུས་ལ་རྩམ་པ་བསྲེས་ཏེ། བྱ་རྒོད་ལ་སྟེར་བའི་སྲོལ་ནི་ཏ་ལམ་བོད་ཡོངས་ལ་སྔ་རབས་ནས་དར་ཁྱབ་བྱུང་ཡོད། དེའང་སྟོན་རྒྱ་གར་བསིལ་བ་ཚལ་ཞེས་པའི་དུར་ཁྲོད་དུ་ཕུང་པོ་སྐྱེལ་བ་དང་།

ཡང་དུར་ཁྲོད་ལ་བསྐྱལ་ཏེ་ཁྱི་སྤྱང་ལ་སྟེར་བ་སོགས་ཀྱི་བྱེད་སྲོལ་ཡོད་ལ། ལྷག་པར་ཤཱཀྱ་ཐུབ་པས་གསུངས་པའི་བཀའ་འགྱུར་གྱི་འཁོར་ལོ་སྡོམ་པའི་རྒྱུད་ནང་། ཡུལ་ཉི་ཤུ་རྩ་བཞི་དང་གནས་སུམ་ཅུ་སོ་བཞི། དུར་ཁྲོད་ཆེན་པོ་བརྒྱད་བཅས་བཀའ་འགྱུར་ནང་གསལ་ཞིང་། ལྷག་པར་དུ་སྤྱི་ལོ་༧༠༠༠ཡས་མས་ཙམ་ལ་བོད་དུ་ཕ་དམ་པ་སངས་རྒྱས་བྱོན་པ་ནས་བཟུང་དུར་ཁྲོད་དང་། ཕུང་པོ་དུར་ཁྲོད་དུ་སྐྱེལ་སྲོལ་དར་ཆེ་ཙམ་བྱུང་སྟེ། བོད་བསིལ་བུར་ཐོར་བའི་དུས་ནས་བཟུང་རིམ་བཞིན་འཕེལ་རྒྱས་སུ་སོང་བ་འདྲ། ཕུང་པོ་དུར་ཁྲོད་དུ་བསྐྱལ་ནས་བྱ་གཏོར་བྱེད་པ་དེ་ནི་ཞི་བྱེད་པའི་ཆོས་ནང་ཕུང་པོ་གཟན་སྐྱུར་གྱི་གདམ་ངག་ཅེས་པ་དེ་དང་འབྲེལ་བ་ཡོད་པ་ཞིག་ཡིན་ཞིང་། ཕུང་པོ་གཟན་སྐྱུར་གྱི་གདམ་ངག་ཅེས་པ་དེ་ཕ་དམ་པ་སངས་རྒྱས་ཀྱིས་གསལ་བར་བསྟན་ཡོད་ལ། དུར་ཁྲོད་བརྒྱ་རྩ་དང་། ཚུ་མིག་བརྒྱ་རྩ་སྒྲིམ་དགོས་པ་བཤད་ཡོད། དེས་ན་ཕུང་པོ་བྱ་རྒོད་ཀྱི་ཁར་གཟན་དུ་སྐྱུར་བར་བྱེད་པའི་སྲོལ་དེ་ཕུང་པོ་གཟན་སྐྱུར་གྱི་ཆོས་ལ་ཐུག་ཅིང་། བྱ་གཏོར་བྱས་ན་གཙང་ལ་ལྷག་མ་མ་ལུས་པ། ཕུང་པོ་ཟོས་པའི་བྱ་རྒོད་དེ་ནམ་མཁའི་དབྱིངས་མཐོན་པོ་དང་རི་མཐོན་པོར་སྡོད་པས་གཤིན་པོའི་རྣམ་ཤེས་ཀྱིན་གྱུར་འགྲོ་བས་བདེ་འགྲོར་སྐྱེ་བ། ཕུང་པོ་ཟོས་པའི་བྱ་སྤུན་ཡང་རི་མཐོ་སར་སྐྱེལ་བས་གཙང་བ། དུར་ཁྲོད་དུ་ཞིང་སྐྱོང་ཡབ་ཡུམ (དུར་བདག) གྱིས་རྣམ་ཤེས་བདེ་འགྲོར་འདྲེན་པའི་རོགས་རམ་བྱེད་པ་སོགས་ཀྱི་ཁྱད་ཆོས་མང་པོ་ཡོད་ཅེས་པའི་ཤོད་སྲོལ་ཡང་ཡོད། "①དེ་ཡང་འདིར་གླེང་

---

① 《བོད་ཀྱི་ལོ་རྒྱུས་རིག་གནས་དཔྱད་གཞིའི་རྒྱུ་ཆ་བདམས་བསྒྲིགས》 སྤྱིའི་འདོན་ཐེངས་༢༣མི་རིགས་དཔེ་སྐྲུན་ཁང་། སྤྱི་ལོ་༢༠༠༣ལོའི་ཟླ་༣

པར་བྱ་བའི་འབྲི་གུང་དུར་ཁྲོད་ནི། དེང་དུས་བོད་ན་སྣན་གྲགས་ཆེ་ཤོས་ཀྱི་དུར་ཁྲོད་ཅིག་རེད། འདི་ལ་ལོ་ངོ་དགུ་བརྒྱ་ཉེ་བའི་ལོ་རྒྱུས་ཡོད། "……ལ་ལས་རྟེན་འབྲུག་ཅེས་པ་དུར་ཁྲོད་འདི་ཉིད་ཁོ་ནའི་མིང་ཡིན་པར་མ་ཤེས་པར་དུར་ཁྲོད་ཐམས་ཅད་ལ་རྟེན་འབྲུག་ཅེས་འབོད་པ་ནི་མི་འཐད་དོ། དུར་ཁྲོད་ཀྱི་སྟོད་ཀྱི་ཆོས་ཁྲི་ནི་རྗེ་སྐྱོབ་པའི་བཞུགས་ཁྲི་ཡིན་ལ། སྟེང་དུ་རྗེ་སྐྱོབ་པའི་ཞབས་རྗེས་ཀྱང་ཡོད། "①ཅེས་གསུངས། དུར་ཁྲོད་འདི་འབྲི་གུང་མཐིལ་གྱི་ནུབ་ངོས་ཀྱི་རི་བོའི་སྤོ་རུ་ཆགས་ཡོད། དུར་ཁྲོད་མ་བྱུང་གོང་ས་འདིར་ཧ་འཆག་ལྷེང་ག་ཞེས་བརྗོད་ཅིང་། སྐྱོབ་པ་འཇིག་རྟེན་གསུམ་མགོན་རིན་ཆེན་དཔལ་དེ་ཉིད། ཉིན་ཞིག་འཁོར་ཞུང་བསྐུས་དང་བཅས་པ་ས་ཆ་འདིར་སྐྱོ་བསངས་སུ་ཕྱིན། དེར་འཁོར་རྣམས་ལ་ཇོ་འཕྲུལ་སྣ་རེ་སྟོན་དགོས་ཞེས་གསུངས་པས་གཉོས་རྒྱལ་བ་ལྷ་ནང་པས་རྒྱ་གར་གྱི་ཨ་ཙ་ར་ཞྭ་པ་བླངས་ནས་བྲོ་ལ། དཔལ་ཆེན་ཆོས་ཡེས་བླ་མའི་ཐུགས་ཀར་ཐིམ། འགར་དམ་པས་རྡོ་རྗེ་འཛིགས་ཀྱི་སྐུར་བཞེངས། ཛ་མ་སྤྱི་བོ་བཀྲ་ཤིས་སེང་གེས་ཆོས་གོས་དང་ཛ་ཚགས་གཟར་བུ་རྣམས་ཉེ་ཟེར་ལ་བཀལ་བ་སོགས་ཀྱི་ཇོ་འཕྲུལ་སྣ་རེ་བསྟན་པའི་སྐབས་སུ། ཉེ་གནས་རིན་ཆེན་གྲགས་ཀྱིས་ཇོ་འཕྲུལ་བསྟན་མ་ཐུབ་པས་སྐྱེངས་ནས་དེ་གར་གཤེགས། དེར་སྐྱོབ་པ་རིན་པོ་ཆེས་ཉིད་ཀྱི་ཕྱག་མཁར་དེ་སྐུ་གདུང་གི་སྙིང་གར་བཙུགས་ཏེ་འཛོ་བ《རྟེན་འབྲུག་སྟེང་མ》ཞེས་པ་མཛད་ནས་རིང་བསྲེལ་འབྲུག་རྒྱུ་ཡོད་པ་བྱུང་བས། ཕྱིས་རྟེན་འབྲུག་སྒང་ཞེས་པའི་

① འབྲི་གུང་དཀོན་མཆོག་རྒྱ་མཚོ《འབྲི་གུང་ཐེལ་དགོན་གྱི་ལོ་རྒྱུས་རགས་བསྡུས》བོད་ལྗོངས་མི་དམངས་དཔེ་སྐྲུན་ཁང་། སྤྱི་ལོ་༢༠༠༣ལོའི་ཟླ་༢

མེད་དུ་གྱུར།

དེ་ནི་བྲ་རྒོད་ཕུང་པོའི་རི་དང་དབྱེར་མ་མཆིས་ཤིང༌། དབྱིབས་ཀྱང་མཚུངས་པ་ལ་རྟེན་ཕྱག་ནི་བྲ་རྒོད་ཀྱི་གཤོག་པ་གཡས་པའི་སྟེང་དུ་ཆགས་པ་ཡིན། དེ་ཡང་བཅོམ་ལྡན་འདས་ཡང་དག་པར་རྫོགས་པའི་སངས་རྒྱས་ཀྱི་ཞལ་ནས། མ་ག་དྷ་ཡི་བྱང་ཕྱོགས་སུ། །འཕྲི་གུང་རྟེན་ཕྱག་ཅེས་པ་ན། །བྱང་ཆུབ་སེམས་དཔའ་རིན་ཆེན་དཔལ། །ཞེས་དང༌། སློབ་དཔོན་ཆེན་པོ་པད་མས་ཀྱང༌། བྱང་ཕྱོགས་ཞེས་སུ་བྱ་བ་ལ། །མུན་པ་དྲག་པོའི་དུར་ཁྲོད་ཞེས། དབྱེར་མེད་རྟེན་ཕྱག་ནགས་ཚལ་སྒྲོ། །གནས་དེར་ཤིང་རྟའི་ལྷ་མོ་ཆེ། །སྤྲས་ཡུལ་ཀུན་གྱི་མཛོད་ཀྱང་འཛིན། ཡེ་ཤེས་ལས་བརྒྱའི་ཟབ་ཆོས་གཏེར། །གནས་དེར་ཡོད་དོ་སྐལ་ལྡན་དག །ཅེས་དང༌། རྗེ་ཆོས་ཀྱི་གྲགས་པས། བདག་གིས་སྐྱེ་བ་བཅུ་གསུམ་ལུང་བསྟན་པའི་ནང་གི་གནས་འདི་ཡིན་གསུངས། །སྐར་བསྟུས་ཏེ་བརྗོད་ན། ཤར་རི་སྨྱུག་རས་གཟིགས་ཁ་སར་པ་ཧི། །རི་རྣམ་པར་སྣང་མཛད། །ནུབ་རི་ཕྱག་ན་རྡོ་རྗེ། །བྱང་རི་འཇམ་དཔལ་དབྱངས་ཀྱི་ཚུལ་དུ་བཞུགས་པ་དང༌། སྤྱི་རི་འདི་ཁྲིས་མ་ནག་མོ་འཁྱིལ་པའི་ཚུལ་དུ་བཞུགས་པ་དང༌། རྗེ་ས་འདི་ཉིད་ཁྲིས་མའི་ལྟེ་བའི་དབུས་སུ་ཡོད་ལ། གནས་འདི་ལ་དུར་ཁྲོད་ཆེན་པོ་བརྒྱད་ཀྱིས་བསྐོར་ཐབས་སུ་ཡོད་པ་རྟེན་ཕྱག་གི་གོང་དུ་དུར་ཁྲོད་ཚང་ཚིང་འཁྲིགས་པ། འོག་ཏུ་དུར་ཁྲོད་གྲུ་གསུམ་མི་ཟད་པ་ཞེས་པ། ཡང་རྟེན་ཕྱག་རང་གི་འོག་གི་ལི་ཀི་ལ་སྒྲོག་པ། ནུབ་བྱང་དུ་ཕ་བོང་སྐྱིབས་ཆེན་ཧ་ཧ་རྒོད་པའི་དུར་ཁྲོད་སོགས་ཏེ། དུར་ཁྲོད་ཆེན་པོ་བརྒྱད་ཀྱིས་བསྐོར་བའི་ཚུལ་དུ་ཡོད། དུར་ཁྲོད་འདི་ཉིད་ནི། མུན་པ་ནག་པོ་དང་ཁྱད་པར་མེད་པར་སློབ་དཔོན་པད་མ་འབྱུང་གནས་ཀྱིས་གསུངས། རྒྱ་གར་གྱི་དུར་ཁྲོད་བསིལ་བ་ཚལ་

དང་འདི་བར་འོད་ཟེར་འཕྲོ་བ་རྒྱུན་མི་ཆད་ཅིང་། རྟོགས་ལྡན་རྣམས་ཀྱིས་དུར་ཁྲོད་གཉིས་དབར་དུ་འོད་ཟེར་གྱིས་འབྲེལ་ཡོད་པ་གཟིགས་ཀྱི་ཡོད་ཅེས་གསུངས་ཚུལ་ཡོད། གནས་འདི་མགོན་པོ་ཀླུ་སྒྲུབ་སླར་ཡང་བསིལ་ལྡན་ཞིང་འདིར་བྱོན་པ་རྗེ་འབྲི་གུང་མཉམ་མེད་སྐྱོབ་པ་རིན་པོ་ཆེ་ཡབ་སྲས་རྣམས་ཀྱིས་ཞབས་བཅག་བྱིན་གྱིས་བརླབས་ཤིང་། རྡོ་སོ་འདི་རྒྱལ་བ་མི་འཁྲུགས་པའི་དཀྱིལ་འཁོར་དུ་བྱིན་གྱིས་བརླབས་ཤིང་། འདིའི་འོག་ཏུ་རྗེ་སྐྱོབ་པ་རིན་པོ་ཆེས་ངན་སོང་སྦྱོང་བའི་དཀྱིལ་འཁོར་བཅུ་གཉིས་ཕྱག་བྲིས་སུ་མཛད། དུར་ཁྲོད་ཀྱི་དཀྱིལ་དུ་དུར་རྡོ་འཇའ་ཟུག་མ་ཞེས་པ་ཞིག་ཡོད་པ་ནི་མཁའ་འགྲོ་མ་རྣམས་ཀྱིས་རྒྱ་གར་བསིལ་བ་ཚལ་གྱི་དུར་ཁྲོད་ནས་གདན་དྲངས་ཏེ་འཇིག་རྟེན་གསུམ་གྱི་མགོན་པོར་ཕུལ་བ་དང་། རྒྱ་གར་ཕྱི་སྒྲུང་གིས་རྗེས་སླེབས་ཏེ་དེར་ཐིམ་ཞེས་དང་། འདི་ནི་རྒྱ་གར་གྱི་བསིལ་བ་ཚལ་གྱི་དུར་ཁྲོད་དང་ཁྱད་མེད་ཀྱི་མཚོན་རྟགས་ཤིག་ཀྱང་རེད། རྡོ་དེར་ཡིག་དྲུག་གི་རང་བྱོན་ཡོད་པ་མ་ཟད། མི་སོ་སོར་མཐོང་སྣང་མི་འདྲ་བ་ཡོང་གི་ཡོད། དེ་ཡང་ཆོས་སྐུ་ཉག་གཅིག་མཚོན་པའི་དབུས་སུ་རྡོ་ཚུགས་ཆེ་བ་གཅིག་དང་ཚད་མེད་བཞིས་འགྲོ་དོན་བྱེད་པར་ཕྱོགས་བཞིར་རྡོ་བཞི། ཞི་བ་དང་། རྒྱས་པ་དང་། དབང་དང་དྲག་པ་མཚོན་པའི་ལས་བཞིའི་དབྱིབས་ཅན་གྱི་རྡོ་དང་ས་དབྱིབས་ཚང་བ་ཡོད་ཅིང་། སེམས་ཅན་རྣམས་ཐར་ལམ་ལོ་ནར་དྲངས་པའི་དོན་དུ་རི་རྒྱུད་རྣམས་མ་ཆད་པར་འབྲེལ་ཞིང་། དེའི་སྟེར་རྗེ་སྐྱོབ་པ་འཇིག་རྟེན་གསུམ་མགོན་གྱི་ཞབས་རྗེས་སོགས་མཇལ་རྒྱུ་ཡོད། འདིར་སླེབས་པ་ཐམས་ཅད་འཁོར་བ་དང་ངན་སོང་གི་སྒོ་བཀག་པའི་རྟགས་སུ་འདིར་ཕྱིན་པ་ཙམ་གྱིས་འཇིག་རྟེན་གྱི་སྣང་བ་དང་རྣམ་པར་རྟོག་པ་ཐམས་ཅད་འགག་སྟེ་མི་རྟག་པ་ཞེན་ལ་སྐྱེ། དུས་གསུམ་གྱི་རྟོགས་

ཚོགས་དང་ཉོན་མོངས་པའི་ལྷ་བ་རྣམས་ཚར་གཅོད་པའི་རྟགས་སུ་གནས་འདིར་སྐྱི་གཡའ་ཞིང་རྔམ་བརྗིད་དང་ལྡན་པ་ཡོད། གནས་འདིར་ཕུང་པོ་བསྐྱལ་བ་ཐམས་ཅད་མཐོ་རིས་དང་ཐར་པའི་ལམ་ལོ་ནར་བགྲོད་པ་མ་རྟོགས་ངན་སོང་དུ་ལྟུང་བ་མི་སྲིད་ཅིང་། སྲིད་ན་ཐུབ་པའི་དབང་པོའི་ཆོས་ཐམས་ཅད་ཀྱང་མ་ངེས་པར་ཟད་ལ་རྒྱུ་འབྲས་ཀྱི་རྟེན་འབྲེལ་ཐམས་ཅད་ཀྱང་བདེན་པ་མེད་པར་འགྱུར་རོ། ཞེས་རྗེ་འཇིག་རྟེན་གསུམ་གྱི་མགོན་པོ་ཉིད་ཀྱི་ཞལ་ནས་གསུངས། རྗོ་སའི་འོག་གི་སྤྱིན་པའི་ཕུང་ཆོམ་འདི་ནི་ཁྲིས་མའི་རྫུ་ར་ཡིན་པ་དང་། རྗོ་སའི་ནུབ་ངོས་རྗོ་ས་ལ་བརྩུགས་པ་ཟླ་གམ་གཟུགས་དམར་པོ་འདི་དུར་རྗོ་གསུང་ཅོན་མར་གྲགས་ཏེ། ཐོག་མར་རྗེ་སྐྱོབ་པས་གནས་འདེམས་པའི་སྐབས་སུ་འདིས་མ་འོངས་པ་ན་འདིར་རོ་རྒོད་མང་པོ་ཞིག་ཡོང་བའི་དུས་དེར་ཁོ་བོས་འགོ་བ་འདེབས་པར་བྱེད་དོ་ཞེས་དང་། ཕྱོགས་བཞིར་ཚད་མེད་བཞི་མཚོན་པའི་རྗོ་དམར་བཞི་མཁའ་འགྲོ་མ་བཞི་ཡིན་ཏེ། དེ་རྣམས་ཀྱང་མ་འོངས་པ་ན་རིམས་ནད་ཀྱིས་ཤི་བའི་སེམས་ཅན་མང་པོ་ཡོང་བས། གནས་འདིར་ཡོང་བའི་རིམས་ནད་རྣམས་གཞན་ལ་མ་མཆེད་པར་ལོ་མོ་བཞིས་སྲུང་ངོ་ཞེས་གསུངས། དེ་བཞིན་རིན་ཆེན་དཔྱིག་གི་བརྟར་རྗོ་ཞེས། ཕུང་པོ་ཁྲམ་མ་རྒྱབ་གོང་དེར་གྱི་བརྟར་སྲོལ་ཡོད། དེར་མཚོན་བརྟར་ཏེ་གང་གི་ལུས་ལ་རེག་པས་ངན་སོང་ལས་ཐར་བར་གསུངས། ཉེ་འཁོར་དུ་ཆུ་མིག་གཅིག་ཡོད་པ་དེར་ཤར་ཆུ་ཞེས་ཡན་ལག་བརྒྱད་ལྡན་གྱི་ཆུ་བོ། སྟོན་རྗེ་སྐྱོབ་པ་རིན་པོ་ཆེར་གནས་ལམ་སྟོན་མཁན་སྤྲུལ་པའི་འབྲི་དེ་དེར་སྐུ་གཤེགས་པར་བརྟེན། ཤ་ཁྲག་ལས་ཆུ་མིག་འདི་བྱུང་བས་ཤ་ཆུ་ཞེས་གྲགས་པ་ཡིན་ཟེར། ཆུ་མིག་དེ་དུས་ཚོགས་བཟང་བ་འགར་ཆུ་འོ་མ་མདོག་མི་ཀུན་གྱིས་མཐོང་བ་མང་།

དུར་ཁྲོད་ཀྱི་དོ་དམ་དགོན་པ་གཞུང་ནས་བྱེད་ཅིང་འགན་འཁུར་གྱི་མི་སྣ་དགོན་གཞུང་ནས་བསྐོ་གཞག་བྱེད་ཀྱི་ཡོད། དུས་ཆོད་ངེས་ཅན་ལ་མཚམས་གྲྭ་རྣམས་ཀྱིས་གཤིན་པོའི་རུས་པ་ལྷག་རུམ་དང་སྐྲ་ལ་བྱང་ཚོག་བྱས་ཏེ་མེར་སྲེག་གི་ཡོད། དུར་ཁྲོད་ཀྱི་གཡས་ཕྱོགས་རི་སྟེང་ན་ཆོས་རྗེ་སྐྱབས་པས་ཀླུ་རྒྱལ་གཟི་ཅན་ལ་ཆོས་གནང་བའི་སྐུ་རྗེས་དང་། མལ་གྲོ་གཟི་ཅན་གྱི་སྐུ་རྗེས། དེ་བཞིན་མཁའ་འགྲོའི་བྲོ་ར་སོགས་མང་པོ་མཇལ་དུ་ཡོད།

རབ་བྱུང་བཅུ་དྲུག་པའི་ལྕགས་བྱ་（སྤྱི་ལོ་༡༨༤༡）ལོར་ཉམས་གསོ་འགོ་བཙམས་ཏེ། རིམ་གྱིས་ཞི་ཁྲོ་ལྷ་ཁང་། ལྟུང་བཤགས་ལྷ་ཁང་། སྟེང་དུ་སྒོ་འཕྲིན་ལས་བཟང་པོའི་གདུང་རྟེན་བྱང་ཆེན་མཆོད་རྟེན། ཆོས་སྐྱབས་རིན་པོ་ཆེ། ངེས་དོན་རིན་པོ་ཆེ། ཁྲི་པ་རིན་པོ་ཆེ། ཚེ་བརྟན་རིན་པོ་ཆེ། དཔའ་ཚང་རིན་པོ་ཆེ་རྣམས་ཀྱི་གདུང་རྟེན་ཁང་བརྩེགས་མཆོད་རྟེན་རྣམས་གསར་བསྐྲུན་བྱས་ཡོད། དུར་ཁྲོད་སྟོད་ཀྱི་ཆོས་ཁྲི་ནི་ཉམས་གསོ་ཕྲན་ཙམ་བྱས་པ་དང་། ཆོས་རྗེ་སྐྱབས་པའི་ཞབས་རྗེས་སྟར་བཞིན་གནས། དུར་ཁྲོད་ནུབ་ངོས་རྡོ་འབུམ་དེ་ནི་མི་རབས་ནས་མི་རབས་བར་བརྐྱོས་པའི་སངས་རྒྱས་ཀྱི་གསུང་རབ་དང་། སྙིང་པོའི་གྲས་ཡིན་ཞིང་། རིག་གནས་གསར་བརྗེའི་སྐབས་གསུམ་ཆ་གཉིས་ཙམ་རྩ་མེད་སོང་བའི་འཕྲོ་ལུས་རེད། ཞི་ཁྲོ་ལྷ་ཁང་གི་ནང་དུ་རྡོ་བརྐྱོས་ཞི་ཁྲོའི་ལྷ་ཚོགས་ཀྱང་མཇལ་རྒྱུ་ཡོད་དེ། དེ་དག་ནི་གསང་སྔགས་ཀྱི་གཞུང་ནས་གསུངས་པའི་མིའི་ལུས་ལ་རང་གྲུབ་ཏུ་གནས་པའི་དཀྱིལ་འཁོར་ལྷ་ཚོགས་ཀྱི་གཟུགས་བརྙན་ཡིན།

མདོར་ན་འདི་ནི་བོད་ཀྱི་སྐད་གྲགས་ཅན་གྱི་དུར་ཁྲོད་ཞིག་ཡིན་པས། བོད་དབུས་གཙང་རུ་བཞི་དང་། མདོ་སྟོད་སྨད་ས་ཆར་གྲགས་པའི་དད་ལྡན་

སེར་སྐྱ་མང་པོས་ཚེ་འདས་སུ་སོང་བའི་ཕུང་པོ་འབྲི་གུང་བླ་གཡེལ་མཐིལ་དུ་ཞག་དགོངས་གཅིག་བཞག་པ་དང་། དེ་ནས་བྱ་གཏོར་བྱེད་རྒྱུ་ཕྱུང་ན་ངན་སོང་ལས་ཐར་ཐུབ་པའི་རེ་འདོད་འཚངས་པའི་རྒྱུ་མཚན་ཡང་དེ་བཞིན་ནོ།

## བཞི་པ། མཆོད་རྟེན་ཁག་གཅིག་གི་སྐོར།

### ༡ མཆོད་རྟེན་བརྒྱ་དང་བརྒྱད་ཀྱི་སྐོར།

མལ་གྲོ་གུང་དཀར་གྱི་བྱང་རྒྱུད་བྲག་ལོག་ཆེན་པ་ནས་འགོ་བཙུགས་ཤིང་། ལྷ་ས་སྐྱིད་ཆུ་རྒྱུག་ཁུལ་གཙང་པོའི་གཡས་གཡོན་གཉིས་སུ་གཅིག་གིས་གཅིག་མཐོང་ཙམ་སར་མཆོད་རྟེན་མང་པོ་ཡོད་པར་བོད་སྲོལ་དུ་ཡུལ་དེའི་རྒྱུད་དུ་སད་སེར་སྐྱང་བས་མཆོད་རྟེན་དེ་རྣམས་སད་སྲུང་འབུམ་པ་ཡིན་སྐད། ཁྱོན་མཆོད་རྟེན་གྲངས་བརྒྱ་རྩ་བརྒྱད་ཡོད་ཟེར།

### ༢ སངས་རྒྱས་དཔོན་གྱི་གདུང་རྟེན།

མལ་གྲོ་གུང་དཀར་རྫོང་ཁོངས་རྒྱ་མ་ཁྲི་ཁང་དུ། བཀའ་གདམས་པའི་དགེ་བཤེས་འགྲོ་མགོན་སངས་རྒྱས་དཔོན་གྱི་གདུང་རྟེན་ས་འབུམ་ཆེན་པོ་ཞིག་ཡོད་པ་ཙུང་དྲགས་ཆེ་བ་སྟེ། དེ་ཡང་དེ་སྔོན་བཀའ་གདམས་པའི་དགེ་བཤེས་འགྲོ་མགོན་སངས་རྒྱས་དཔོན་ཁུ་དབོན་གྱི་གདུང་རྟེན་འབུམ་པ་ཆེན་པོ་གསུམ་རྒྱ་མ་ཁྲི་ཁང་གི་ལྷུགས་རིའི་ནང་དུ་བཞུགས་པ་རིག་གནས་གསར་བརྗེའི་སྐབས་གཏོར་བཤིག་བཏང་སྟེ། དབུས་ཀྱི་མཆོད་རྟེན་འབུམ་པ་མན་ཆད་ཞིག་རོར་སོང་། སྤྱི་ལོ་༡༩༩༡ལོར་རྟོར་ཁང་བསོད་ནམས་དཔལ་འབར་ལགས་དང་། དགེ་བཤེས་འཇམ་དཔལ་ཡེ་ཤེས། དགེ་བསྐོས་བྱང་ཆུབ་ཆོས་འཕེལ་བཅས་ཀྱི་སྣེ་ཁྲིད་འོག་རྒྱ་མ་ཤང་གི་དད་ལྡན་མང་ཚོགས་ཆོས་དཀའ་སྤྱོད་འབད་བརྩོན་གནང་བ་དང་། རྒྱ་མ་ཤང་གི་དབུ་ཁྲིད་རྣམ་པའི་ཐུགས་ཁུར་འོག་རབ་རྒྱས་

གླིང་ཞེས་པའི་དགོན་པ་ཞིག་དང་། འགྲོ་མགོན་བླ་སློབ་གདུང་རྟེན་གཙོ་བོ་བཀའ་གདམས་ཁང་བུ་བརྩེགས་པའི་ལུགས་ཀྱི་མཆོད་རྟེན་ཞབས་ནས་དབུ་ཏོག་བར་ཐོག་བརྩེགས་བདུན་ལྡན་ཞིག་ཉམས་གསོ་ཞུས་ཡོད་པ་རེད།

### ༣ རྒྱལ་བཟང་འབུམ་པ།

རྒྱལ་བཟང་དུ་རྫོང་དུས་ལྷ་ཁང་དང་། དགེ་འདུན་གྱི་སྡེ་སོགས་ཡོད་ཚུལ་པེ་སེར་སོགས་སུ་གསལ་ཡང་ཕྱིས་སུ་དགོན་སྡེ་སོགས་མེད་ཀྱང་། གྲོང་ཚོའི་དཀྱིལ་དུ་ས་འབུམ་ཆེན་པོ་ཞིག་ཡོད་པའི་དེའི་ནང་བསྐལ་པའི་མར་མེ་ཡོད་པས་མཚན་མོ་མཆོད་རྟེན་དེའི་བུམ་པའི་ནང་ནས་མེ་འོད་འཕྲོ་ཚུལ་ཤོད་ཀྱི་ཡོད་ལ། དེ་གར་སྐོར་བ་རྒྱག་མཁན་ཡང་མང་ཙམ་ཡོད། རིག་གསར་སྐབས་རྩ་གཏོར་སོང་བས། ད་ལྟ་གནས་འདིར་ཚ་ཚ་ཁང་ཆུང་དུ་ཞིག་ལས་མེད།

### ༤ འཕྲང་ལམ་མཆོད་རྟེན།

མལ་གྲོ་རྩ་ཞོལ་ཤར་ཁོངས་སུ་ལམ་འཕྲང་ཞིག་གི་སྟེང་ཏ་ཙང་སྐད་གྲགས་ཆེ་བའི་མཆོད་རྟེན་ཞིག་ཡོད། དེའི་རྒྱ་ཁྱོན་ཤིན་ཏུ་ཆེ་ལ་དེའི་ནང་བྱང་སེམས་ཀྱི་རིང་བསྲེལ་དང་སངས་རྒྱས་ཆོས་འཕགས་ཀྱི་ཆོམས་བཞུགས་པར་གྲགས་པས། དེ་གར་སྐོར་བ་བརྒྱབ་ན་གཟའ་གྲིབ་ཀྱི་ནད་སོགས་ལ་ཕན་པའི་ཤོད་རྒྱུན་ཡོད། རིག་གསར་སྐབས་གཏོར་སྐྱོན་ཕྱིན་ཡང་། སྤྱི་ལོ་༡༩༨༢ལོར་དགེ་སློང་དཀོན་མཆོག་རྣམ་རྒྱལ་ལགས་ཀྱིས་ཉམས་གསོ་གནང་ནས་སྔར་ལྟར་བཞེངས་ཡོད་ལ། དེར་བསྐོར་བ་རྒྱག་མཁན་ཡང་མང་པོ་ཡོད།

### ༥ ཚེ་ལྷ་(ལ་)སྐུ་འབུམ།

མལ་གྲོ་གུང་དཀར་རྫོང་ཉེ་ལྷུང་ཁོངས་སྤྱང་གི་མདའི་གཡས་ངོས་སུ་ཚེ་ལྷ་( ཚེ་ལ་ཞེས་ཀྱང་འབོད་) སྐུ་འབུམ་ཞེས་པའི་མཆོད་རྟེན་བྱིན་རླབས་ཅན་

གྲགས་ཆེན་ཞིག་ཡོད། དེ་ནི་ཆོས་རྒྱལ་མྱ་ངན་མེད་ཀྱིས་ནུབ་གཅིག་སྔོན་ལམ་ལས་འཛམ་གླིང་དུ་སངས་རྒྱས་ཀྱི་རིང་བསྲེལ་བཞུགས་པའི་མཆོད་རྟེན་བྱེ་བ་ཕྲག་བརྒྱ་བཞེངས་པའི་གྲས་ཡིན་ཟེར། ལ་ལས་ས་འོག་ནས་འབྲུངས་པའི་ཤེལ་དཀར་མཆོད་རྟེན་ཞིག་ཀྱང་ཡིན་ཟེར། ཡང་དུས་རབས་བཅུ་གཉིས་པའི་ཡས་མས་སུ་མཆོད་རྟེན་དེ་དགེ་བཤེས་སླང་རི་བས་བཞེངས་པ་ཞིག་ཡིན་པ་དང་། མཆོད་རྟེན་མ་བཞེངས་གོང་ཉེ་འདབས་ཀྱི་བྲག་ཕུག་ཅིག་ནང་དགེ་བཤེས་སླང་རི་བ་བཞུགས་ཀྱི་ཡོད། དེ་དུས་ཕོ་རང་གི་ཉེ་གནས་དེ་ཚེ་རྫོགས་གྲབས་ཡོད་པ་མཁྱེན་རྗེས་ཉེ་གནས་ལ་ཁྱོད་རང་དེ་རིང་ཨ་མ་ཐུག་འཕྲད་ལ་འགྲོ་དགོས་གསུངས་ནས་འགྲོ་སྐབས་ལམ་དུ་ཤེལ་གྱི་མཆོད་རྟེན་ཆུང་ངུ་ཞིག་མཐོང་བ་དེར་སྐོར་བ་གཉིས་རྒྱབ་པ་ནས་བཟུང་། ཉེ་གནས་དེ་ཚེ་འཕེལ་བའི་ལོ་རྒྱུས་ཡོད་སྐབས་རྒྱུན་དུ་བསྐོར་བ་རྒྱག་མཁན་མང་པོ་ཡོང་གི་ཡོད། རིག་གནས་གསར་བརྗེ་མཇུག་སྒྲིལ་རྗེས་མང་ཚོགས་ནས་མཆོད་རྟེན་དེར་ཉམས་གསོ་བྱས་ཏེ། དེང་སང་མལ་གྲོ་ཡས་མས་གང་ས་ནས་རྟག་ཏུ་བསྐོར་བ་རྒྱག་མཁན་མང་པོ་ཡོང་གི་ཡོད།

དེའི་ཕྱུར་འབྲི་གུང་གདན་རབས་བཅོ་ལྔ་པ་ཀུན་དགའ་རིན་ཆེན་དཔལ་བཟང་པོའི་སློབ་མ་རས་ཆེན་རིན་ཆེན་རྒྱ་མཚོས། སྤྱི་ལོ་༡༥༧༥ ལོར་ཕྱག་བཏབ་པའི་ཕུ་ལུང་རི་ཁྲོད་ཅེས་པ་དེ་ཡིན། དེ་ཡང་རས་ཆེན་རིན་ཆེན་རྒྱ་མཚོ་ནི་རིམ་གཉིས་ཀྱི་ཡོན་ཏན་དུ་མ་དང་ལྡན་ཞིང་། སྒྲུབ་སྡེ་ཐར་པའི་གྲུ་ཆེན་འདེབས་པའི་ཁུར་ལེན་མཛད་ཅིང་། གཟིམ་ཁང་དམར་པོའི་འདུ་ཁང་ཡང་བཞེངས། སྒྲུབ་པའི་རྒྱལ་མཚན་འཛིན་པའི་ཆོས་འཆད་སེམས་ཁྲིད་ཀྱི་སློབ་དཔོན་ཡིན་ལ། མཚན་གཞན་འབྲི་གུང་རས་ཆེན་པའམ་གཟིམ་ཁང་པ་ཞེས་

ཀྱང་གྲགས། ད་ལྟ་རྗེས་ཤུལ་ཙམ་ལས་མ་མཆིས།

## ༤ ཆོས་འཁོར་སྒང་མཆོད་རྟེན་དང་ཆུ་ཚན།

ཆོས་འཁོར་སྒང་གྲོང་ཚོར་མཆོད་རྟེན་ཆེན་པོ་གཉིས་དང་། བྱམས་པ་ལྷ་ཁང་ཞིག་གི་མཐའ་སྐོར་དུ། མཆོད་རྟེན་ཆུང་བ་བཅུ་གྲངས་ཤིག་ཡོད་པ་དེ་གར་སྔོན་དུས་བླ་མ་ཆོས་ཀྱི་རྒྱལ་མཚན་ཞེས་པས་ཕྱག་བཏབ་པའི་དགོན་པ་ཞིག་དང་། དུས་རབས་བཅོ་ལྔ་པའི་ནང་རྗེ་ཙོང་ཁ་པའི་དངོས་སློབ་གུ་ཤྲཱི་དཔལ་ལྡན་དོན་གྲུབ་（ནག་ཤོད་སྟག་ཕུ་སྐྱ་ཕྲེང་དང་པོ་）ཀྱིས་དར་རྒྱས་མཛད། མཆོད་རྟེན་དེ་རྣམས་འབྲི་གུང་གདན་རབས་བཅུ་བཞི་པ་རིན་ཆེན་ཆོས་ཀྱི་རྒྱལ་མཚན་གྱིས་རབ་བྱུང་བཅྲུད་པ་ཆུ་སྦྲུལ་（༡༨༣༣）ལོར་བཞེངས་ཏེ། ནང་བཞུགས་སུ་རིང་བསྲེལ་ལྷ་སོགས་བསམ་གྱིས་མི་ཁྱབ་པ་བཞུགས་པ་དང་། མཆོད་རྟེན་ལ་གསེར་ཟངས་ཀྱི་ཏོག་བཅས་པ་བཞེངས། དགོན་པ་དེར་སྟར་ནས་གྲྭ་བཙུན་སྡོད་མཁན་མེད་ཀྱང་། མཆོད་རྟེན་དང་ལྷ་ཁང་སྟག་ཕུ་དགོན་པ་ནས་དོ་དམ་བྱེད་ཀྱི་ཡོད་ཅིང་། བར་ལམ་ཕ་བོང་ཁ་བླ་བྲང་ནས་མཆོད་རྟེན་ལ་ཉམས་གསོ་གནང་ནས་རིག་གནས་གསར་བརྗེའི་གོང་བར་གནས་ཤིང་། ད་ལྟ་མཆོད་རྟེན་བཤིག་རོའི་འགྲམ་དུ་མཆོད་རྟེན་ཆུང་བ་གཅིག་ཉམས་གསོ་བྱས་ཡོད། གྲོང་ཚོའི་གཤམ་གྱི་གཙང་འགྲམ་དུ་ཆུ་ཚན་ཡོད་པ་དེས་འབམ་སྲུམ་ནད་གཞིར་ཕན་པར་གྲགས་སོ།

# ལེའུ་ལྔ་པ། དབུས་སྟོད་མལ་གྲོའི་ཁུལ་གྱི་མི་སྣ་གྲགས་ཅན།

## དང་པོ། རིག་གནས་བྱ་གཞག་ཐད་མཛད་རྗེས་ཆེ་བའི་སྐྱེས་མཆོག

### ༡ དགྱེར་སྒོམ་པ་གཞོན་ནུ་གྲགས།

དགྱེར་སྒོམ་པ་གཞོན་ནུ་གྲགས་ནི། རྒྱ་མ་སྟོན་མདའ་རོག་སྡེ་ཞེས་བྱ་བར་རབ་བྱུང་གཉིས་པའི་ལྕགས་རྟ་(སྤྱི་ལོ་༡༠༩༠)ལོར་ཡབ་དགྱེར་ལྷ་སྣང་བའི་རིགས་དགྱེར་ཤེས་རབ་སྐྱབས་དང་། ཡུམ་གཡང་མོ་སྐྱུ་ལྕམ་གཉིས་ཀྱི་སྲས་སུ་སྐུ་བལྟམས། ཁོང་གཉིས་ལ་ཕྲིའུ་ལ་སྟག་དང་། བུ་མོ་ཁ་སྟག ཕྲིའུ་ལ་དར་བཅས་མིང་སྲིང་གསུམ་ཡོད་པའི་ཆེ་བ་ལ་སྟག་ནི་དགྱེར་སྒོམ་ཡིན། དགུང་ལོ་བཅུ་གཉིས་ལོན་དུས་ཡབ་གྲོངས་པས་ཡུམ་གྱིས་ཕྲུ་གུ་མིང་སྲིང་གསུམ་པོ་འཁྲིད་དེ་སྟོན་གྱི་ཕུའི་གཉེར་དུ་ཕྱིན་ནས། མཁན་པོ་རྣམ་རཏྣ་བྱ་བ་ལས་རབ་ཏུ་བྱུང་། མཚན་གཞོན་ནུ་གྲགས་པར་བཏགས། དགུང་ལོ་བཅུ་བཞི་པར་བྱ་ཡུལ་བ་ཆེན་པོ་དེར་ཕྱིན་པ་ལས་ཆོས་གསན། དགུང་ལོ་བཅོ་བརྒྱད་པར་སྣེ་ཟུར་དུ་ཕྱིན་པས་སྣེ་ཟུར་པ་ཆེན་པོས་དགྱེས་བཞིན་རྗེས་སུ་བཟུང་། སྣེ་ཟུར་དུ་ལོ་དགུ་བཞུགས་ཏེ་སྣེ་ཟུར་པ་ཆེན་པོ་བསམ་སྦྱོར་གཉིས་ཀྱིས་ཚུལ་བཞིན་བསྟེན་ནས་སྒོམ་པ་ལམ་གྱི་རིམ་པའི་རྟོག་པ་བཅོས་མ་མིན་པ་རྙེད། སྒོམ་པ་གཙོ་བོར་མཛད་པས་དགེ་བཤེས་དགྱེར་སྒོམ་པ་ཞེས་གྲགས། སྣེ་ཟུར་པས་ལུང་བསྟན་པ་

ལྷར་དགུང་ལོ་དྲུག་ཅུ་སྐོར་ལ་རྒྱ་མ་རིན་ཆེན་སྒང་གི་འབུམ་པ་ཆེན་པོ་བཞེངས་པར་མཛད། མཐར་དགུང་ལོ་བརྒྱད་ཅུ་གྱ་གཉིས་པ་ལ་རིན་ཆེན་སྒང་དུ་རབ་བྱུང་གསུམ་པའི་ལྕགས་ཡོས་(སྤྱི་ལོ་༡༡༧༡)ལོར་སྐུ་གཤེགས།

## ༢ འགྲོ་མགོན་སངས་རྒྱས་དཔོན།

འགྲོ་མགོན་སངས་རྒྱས་དཔོན་གཞོན་ནུ་འབྱུང་གནས་ནི་མལ་གྲོ་བ་རབ་ཏུ་བྲམ་སེ་དགྱེར་ལྷ་སྒང་གི་རིགས་སུ་རབ་བྱུང་གཉིས་པའི་ས་རྟ་(སྤྱི་ལོ་༡༡༣༨)ལོར་ཡབ་དགྱེར་བུ་མོ་སྟག་(དགྱེར་སྒོམ་ཆེན་པོའི་གཅུང་པོ་)དང་། ཡུམ་ཞ་མོ་མདོག་གཉིས་ཀྱི་སྲས་སུ་སྐུ་གཏམས། ཁོང་གཉིས་ལ་སྲས་ཆེ་བ་ཡོན་བདག་ཡ་སོ་དང་། ཆུང་བ་འགྲོ་མགོན་ཉིད། དེ་འོག་ལྕམ་མོ་རྒྱ་མོ་ཧོས་དང་གསུམ་འཁྲུངས། ཡབ་ཡུམ་ལ་རྨིས་ལྟས་བཟང་པོ་བྱུང་བས་འདི་བསོད་ནམས་ཅན་མི་ལ་ཕན་པ་ཞིག་ཡོང་གསུང་སྐད། ལོ་བཞི་ལྔ་ནས་བྱིས་པ་རྣམས་བསྡུས་ཀྱིན་ཆོས་བཤད་མཛད། ཁུ་བོ་དགྱེར་སྒོམ་པ་ཆེན་པོས་བྱིས་པ་དེ་ངའི་དྲུང་དུ་སྐྱོལ། དེར་བཞག་པ་ཕངས་གསུངས་ནས་དགུང་ལོ་བརྒྱད་དགུ་ནས་རིན་ཆེན་སྒང་དུ་ཕྱིན། དགུང་ལོ་བཅུ་བདུན་ལ་སླུང་འཁོར་འབེན་ཐང་པས་མཁན་པོ་དང་། ལྷེའུ་སྒོམ་གྱིས་སློབ་དཔོན་མཛད་ནས་རབ་ཏུ་བྱུང་། དགུང་ལོ་སུམ་ཅུ་སོ་གསུམ་ལ་གདན་ས་མཛད། རྒྱ་མ་ཁྲི་ཁང་གི་མཆོད་ཁང་སྙིང་པའི་ནང་གི་རྟེན་གཙོ་བཅུ་གཅིག་ཞལ་རྒྱུ་རིན་པོ་ཆེ་ལས་བསྐྲུན་པ་དེ་ཡང་འགྲོ་མགོན་གྱི་སྐུ་དུས་བཞེངས། རྗེས་སུ་མཆོད་ཁང་འོག་ཅེས་འབོད་པའི་རབ་རྒྱས་གླིང་ཞུ་བ་དེ་ཡིན། དེ་རྗེས་གཡེང་སྒོམ་རིན་གྱིས་གསེར་ཞོ་ཕུལ་བ་དང་། སྔོན་བོད་མཚམས་ཀྱི་སྐྱེ་བོ་གྲགས་ཅན་དར་མ་རྡོ་རྗེས་ཤིང་འདྲེན་པ་བཅས་ཀྱི་མཐུན་རྐྱེན་བཟང་པོ་བསྐྲུན་ནས་མཆོད་ཁང་གོང་རྟེན་དང་བརྟེན་པ་བཅས་པ་བཞེངས་པ་

དང་། ཆོས་འཁོར་རྒྱ་ཆེར་བསྐོར། མཛད་པ་མཐའ་དག་མཐར་ཕྱིན་ནས་བོད་རབ་བྱུང་བཞི་པའི་ལྕགས་རྟ་(སྤྱི་ལོ་༡༢༡༠)ལོར་སྐུ་གཤེགས།

༣ རྡོར་སྟོན་ནམ་མཁའ་བཟང་པོ།

རྗེ་འདི་ནི་མལ་གྲོ་གཟི་ཕྲུག་ཏུ་རབ་བྱུང་དྲུག་པའི་ཆུ་གླང་(སྤྱི་ལོ་༡༣༧༣)ལོར་སྐུ་གཏམས། འཇམ་མགོན་བླ་མ་ཙོང་ཁ་པ་ཆེན་པོ་སོགས་ལས་མདོ་སྔགས་ཀྱི་གཞུང་ལུགས་ཀུན་ལ་སྦྱང་པ་མཛད་དེ་མཁས་པ་ཆེན་པོར་གྱུར། རྗེ་ཙོང་ཁ་པའི་དངོས་སློབ་བསྟན་པའི་སྒྲོན་མེ་བཅུའི་ཡ་གྱལ་ཡིན་པ་དང་། རྗེ་རིན་པོ་ཆེའི་གསུང་རྩོམ་འབོར་ཆེན་ཟིན་བྲིས་སུ་འགོད་གནང་མཛད་ཅིང་། དགའ་ལྡན་བྱང་རྩེ་གྲྭ་ཚང་ཕྱག་བཏབ་སྐྱེ་བླ་རབས་དང་པོ་ཡིན། རྒྱལ་བ་དགེ་འདུན་གྲུབ་པ་སོགས་མཁས་གྲུབ་མང་པོས་ཁོང་གི་དྲུང་ནས་ཆོས་ཞུས། དགའ་ལྡན་དགོན་པར་ཡང་དབེན་བྱང་རྩེ་རི་ཁྲོད་བཏབ། 《ཐེག་པ་ཆེན་པོའི་བློ་སྦྱོང་སྙན་རྒྱུད་ཆེན་མོའི་རྣམ་བཤད་ཉི་མའི་འོད་ཟེར་》ཞེས་བྱ་བ་བཀའ་རྩོམ་མཛད། དགུང་གྲངས་དོན་ལྔ་མེ་ཡོས(སྤྱི་ལོ་༡༤༤༧)ལོར་དགོངས་པ་ཆོས་དབྱིངས་སུ་ཐིམ།

༤ འདུལ་འཛིན་གྲགས་པ་རྒྱལ་མཚན།

འདུལ་འཛིན་གྲགས་པ་རྒྱལ་མཚན་མཆོག་ནི། དབུས་སྟོད་འབྲང་མདའ་ཞེས་པར་རབ་བྱུང་དྲུག་པའི་ཤིང་སྟག་(སྤྱི་ལོ་༡༣༧༤)ལོར་སྐུ་འཁྲུངས། ཆུང་ངུ་ནས་གདན་ས་མཐིལ་དུ་སྤྱན་སྔ་ཆོས་ཀྱི་རྒྱལ་པོའི་གཟིམ་དཔོན་མཛད། དེ་རྗེས་རྗེ་ཙོང་ཁ་པ་ཆེན་པོ་ལ་མི་ཕྱེད་པའི་དད་པ་བསྐྱེས་ཏེ་མདོ་སྔགས་ཀྱི་ཆོས་རྒྱ་ཆེན་གསན་སྦྱོང་གནང་ནས་རྗེ་བདག་ཉིད་ཆེན་པོའི་སྲས་ཀྱི་ཐུ་བོར་གྱུར་ཏེ། རྗེའི་སློབ་མ་ཐམས་ཅད་ཀྱིས་རྗེ་ཉིད་དང་འདྲ་བར་གུས་

པར་བྱེད་ཅིང་ཆོས་ཞུས། མདོ་སྔགས་སྤྱི་དང་ཁྱད་པར་འདུལ་བ་ལ་མཁས་པས་འདུལ་པའི་ཏིཀ། གླིང་འབུམ། བསླབ་བྱ། གཞི་གསུམ་ཆོ་ག་ཕྱོགས་བསྒྲིགས་མང་པོ་བརྩམས་ཏེ་འདུལ་འཛིན་ཞེས་པ་མཚན་དོན་དང་མཐུན་པར་གྲགས། དགའ་ལྡན་དགོན་པ་བཞེངས་པའི་ཚེ། རྗེའི་བཀའ་བཞིན་གཙུག་ལག་ཁང་རྟེན་དང་བརྟེན་པར་བཅས་པ་ཡོངས་སུ་རྫོགས་པ་མ་གྲུབ་པའི་བར་འཁུར་བཞེས། རྗེ་ཙོང་ཁ་པ་ཆེན་པོ་ཞིང་དུ་གཤེགས་རྗེས་རྒྱལ་ཚབ་རྗེ་གདན་སར་མངའ་གསོལ། རྗེའི་གདུང་རྟེན་སོགས་བཞེངས་པ་མཛད། རྗེ་རིན་པོ་ཆེའི་དགོངས་རྫོགས་སུ་སྔར་རྒྱལ་པོ་སྲོང་བཙན་ཡབ་ཡུམ་གྱི་སྐྱིད་མོས་ཚལ་ཏེ། བཙུན་མོ་རྣམས་རྒྱུན་དུ་བཞུགས་པས། བཙུན་མོ་ཚལ་ཞེས་གྲགས་པའི་སར་ཆོས་སྡེ་བཏབ་ནས་དགེ་འདུན་བརྒྱད་བརྒྱ་ཙམ་བསྡུས། འཇམ་དབྱངས་ཆོས་རྗེ་བཀྲ་ཤིས་དཔལ་ལྡན་གྱི་བསྙེན་རྫོགས་ལས་སློབ་ཀྱང་མཛད། བཀའ་རྩོམ《འདུལ་བའི་བསླབ་བྱ་ཆེན་མོ》 དང་《རྩ་ལྟུང་བཅུ་བཞིའི་འགྲེལ་པ་གསལ་བྱེད་འཁྲུལ་སྤོང》《བཅོམ་ལྡན་འདས་ཐམས་ཅད་རིག་པའི་དཀྱིལ་འཁོར་ཆོ་གའི་རྣམ་བཤད་ལེགས་བཤད་སྙིང་པོ》སོགས་པོད་འབྲིང་གཉིས་ཙམ་བཞུགས། དགུང་ལོ་རེ་གཅིག་ལ་ཕེབས་པ་རབ་བྱུང་བདུན་པའི་ཤིང་སྟག་(སྤྱི་ལོ་༡༤༣༨) ལོར་བཙུན་མོ་ཚལ་དུ་སྐུ་གཤེགས། སྐུ་གདུང་རིལ་བུ་བཙུན་མོ་ཚལ་གྱི་དགོན་པར་བཞུགས།

༥ སྤྱན་སྔ་བློ་གྲོས་རྒྱལ་མཚན།

སྤྱན་སྔ་བློ་གྲོས་རྒྱལ་མཚན་ནི། ཡུལ་དབུས་སྟོད་ལྷས་ལུང་བ་ཆོས་གྲྭ་དགོན་གྱི་ཞོལ་གྲྭ་རྣམ་ཁང་ཞེས་བྱ་བར་ཡབ་དགེར་དཔོན་ཆོས་སྐྱབས་དང་། ཡུམ་ཇོ་མོ་བླམ་འབུམ་ཞེས་པ་གཉིས་ཀྱི་སྲས་སུ་རབ་བྱུང་བདུན་པའི་ཚུ་ཏ་(སྤྱི་

ལོ་༡༥༠༢)ལོར་སྐུ་འཁྲུངས། དགུང་ལོ་བདུན་པར་ཁོ་བོ་ཀུན་དགའ་བློ་གྲོས་ཀྱི་དྲུང་དུ་རབ་ཏུ་བྱུང་། མཚན་བློ་གྲོས་རྒྱལ་མཚན་དཔལ་བཟང་པོར་གསོལ། དེ་ནས་སྐམ་སྐམ་དགོན་གྱི་གདན་སར་ཕེབས། གྲྭ་དགོན་མཁན་ཆེན་བསོད་ནམས་ཤེས་རབ་དང་། སྐྱིར་མོ་ལུང་མཁན་ཆེན་ཆོས་རྒྱལ་དཔལ་བཟང་། སློབ་དཔོན་ཤེར་བཟང་པ་སོགས་ལ་བསྟེན། དགུང་ལོ་བཅུ་བདུན་ལ་གཙང་ཕྱོགས་སུ་ཕྱིན་ཏེ། དབེན་གནས་རི་བོ་མདངས་ཅན་དུ་མཁས་གྲུབ་དགེ་ལེགས་དཔལ་བཟང་གི་ཞབས་ལ་གཏུགས་ཏེ་ཐོས་ཀྱི་ཐུ་བོར་གྱུར། ཞྭ་ལུ་དང་གནས་རྙིང་རྣམས་སུ་གྲྭ་བསྐོར་མཛད། དེ་ནས་ཚོགས་ཆེན་དུ་མཁན་པོ་ཡོན་ཏན་རིན་ཆེན་པ་དང་། ལས་སློབ་དང་གསང་སྟོན་སློབ་དཔོན་ནོར་བཟང་པ་ལ་སོགས་རྣམ་པར་དག་པའི་དབུས་སུ་བསྙེན་པར་རྫོགས། དེ་རྗེས་སྤུ་གཞུག་ཏུ་རྗེ་ཙོང་ཁ་པ་ཆེན་པོ་དང་རྒྱལ་ཚབ་རྗེ་སོགས་བསྟེན་ནས་མདོ་སྔགས་ཀྱི་གཞུང་ཀུན་ལ་མཁས་ཤིང་བསྟན་པ་རིན་པོ་ཆེའི་གཙུག་རྒྱན་དུ་གྱུར། མལ་གྲོ་རིན་ཆེན་སྒང་དང་སྐམ་སྐམ་དགོན་དུ་བཞུགས་ཏེ་སྒྲུབ་པ་རྩེ་གཅིག་ཏུ་མཛད། སྤྱི་ལོ་༡༥༥༥ལོར་རིན་ཆེན་སྒང་གི་གདན་སར་ཕེབས་ཏེ་ཁྲི་ཐོག་བཞུགས། རྗེ་ཙོང་ཁ་པའི་དངོས་སློབ་སྤྱུན་སྤུ་བརྒྱུད་ཀྱི་ཡ་གྱལ་ཡིན། རྗེ་འདིའི་ཞལ་སློབ་ཏུ་གྱུར་པ་རབ་འབྱམས་པ་སྨོན་ལམ་དཔལ་བ་(དགའ་ལྡན་ཁྲི་ཐོག་བརྒྱད་པ་)སོགས་བསྟན་པའི་བདག་པོ་མང་དུ་བྱོན། གསུང་རྩོམ་ཡང་《ཐེག་པ་ཆེན་པོའི་བཟློད་པའི་བློ་སྦྱོང་ཕན་བདེའི་ཆར་འབེབས》《བྱང་ཆུབ་ལམ་གྱི་རིམ་པའི་ཁྲིད་ཡིག་གཞན་ཕན་སྙིང་པོའི་ཟུང་འཇུག་རིན་པོ་ཆེ》《དབུ་མའི་ལྟ་ཁྲིད་ཆེན་མོ་》《སྤྱོད་འཇུག་གི་བསྡུས་དོན་མཁས་པའི་མགུལ་རྒྱན》《བཤེས་སྤྲིངས་ཀྱི་བསྡུས་དོན་དགོངས་པ་རབ་གསལ་》སོགས་པོད་འཁྲིང་གསུམ་ཙམ་མཛད། མཐར་

སྐམ་དགོན་དུ་དགུང་གྲངས་དོན་གཅིག་ལ་ཕེབས་པ་རབ་བྱུང་བརྒྱད་པའི་ཆུ་འབྲུག(སྤྱི་ལོ་༡༥༧༢)ལོར་དགོངས་པ་ཆོས་དབྱིངས་སུ་ཐིམ།

## ༨ དབང་རིན་ཆེན་ཆོས་རྒྱལ།

དབང་རིན་ཆེན་ཆོས་ཀྱི་རྒྱལ་པོ་ནི། འབྲི་གུང་གི་གདན་སར་དངོས་སུ་མ་བཞུགས་ཀྱང་ཆོས་བརྒྱུད་ལ་བཀའ་དྲིན་ཆེ་བ་ཡིན་ཞེས《འབྲི་གུང་གདན་རབས་གསེར་ཕྲེང་》དུ་གསལ་ཞིང་། རྗེ་འདི་ཉིད་ནི་གཞུ་སྣད་མཁར་ཐོག་གཞིས་སུ་ཡབ་གདན་རབས་བཅུ་གསུམ་པ་ཆོས་རྒྱལ་རིན་ཆེན་དཔལ་བཟང་དང་། ཡུམ་ཆོས་རྒྱལ་བཟང་མོའི་སྲས་སུ་ས་འབྲུག(སྤྱི་ལོ་༡༥༥༨)ལོར་སྐུ་འཁྲུངས། གདན་རབས་བཅུ་བཞི་པ་རིན་ཆེན་ཆོས་ཀྱི་རྒྱལ་མཚན་དང་ཡུམ་མི་གཅིག་པའི་གཅེན་པོ་ཡིན། དགུང་ལོ་བཅུ་གསུམ་ནས་ཆོས་ལུང་ཚོགས་པའི་མཁན་ཆེན་ཉི་མ་རྒྱལ་མཚན་བསྟེན་ནས་ཐུན་མོང་དང་ཐུན་མོང་མིན་པའི་རིག་གནས་ལ་སྦྱངས་པ་མཐར་ཕྱིན་མཛད། དུས་དེར་འབྲི་གུང་གི་དབང་ཆེད་ཕལ་ཆེར་བདུད་དབང་དུ་སོང་ནས་འཆད་ཉན་མཛད་པ་ཆེར་མ་དར་བས་ཆོས་བརྒྱུད་ཕལ་ཆེར་ཆད་པ་ལ། རྗེ་འདིས་སྒྲུབ་བརྒྱུད་ཀྱི་བསྟན་པ་ཉམས་པ་གསོ་ཕྱིར་དམ་གཙང་མཁས་གྲུབ་རྣམས་ལས་ཁྲིད་དང་བྲིགས་སྤྱངས་ཏེ་མོས་གུས་ཀྱིས་ཕྱག་ཆེན་ལྔ་ལྡན་དང་། ན་རོ་ཆོས་དྲུག འཇིག་རྟེན་གསུམ་མགོན་གྱི་ཟབ་ཆོས་མ་ལུས་པ་སོགས་གསན་བསམ་མཛད་ནས་འབྲི་གུང་དུ་ཕེབས། མཁས་ཤིང་གྲུབ་པའི་དབང་ཕྱུག་ཏུ་གྱུར། སྟག་ལུང་པའི་གདུང་ལས་བྱུང་བའི་རིག་མ་ཞིག་དང་། ཁྲི་ཁང་པའི་རིགས་ཀྱི་རིག་མ་ཞིག་ཁབ་ཏུ་བཞེས་ཀྱང་གདུང་སྲས་མ་བྱུང་། གཅུང་རིན་ཆེན་ཆོས་ཀྱི་རྒྱལ་མཚན་སྐུ་གཤེགས་རྗེས་གདན་སའི་ཁྲིར་མངའ་གསོལ་ཡང་མ་ཕེབས་པར་བྱ་བྲལ་གྱི་བརྟུལ་བཞུགས་ཁོ་ན་བཟུང་། མིང་

རྒྱལ་རབས་ཀྱི་གོང་མས་ཀྱང་ཕྱང་གི་ལུང་ལས་གནང་། ཕྱང་མཁར་ཐོག་པར་གྲགས། ཐུབ་དབང་གི་གསེར་སྐུ་དང་བསྟན་འགྱུར་སོགས་བཞེངས་པར་མཛད། སྐྱེ་བོ་མི་བསྲུན་པ་འགས་དུག་གི་སྦྱོར་བ་ནང་མཆོད་དུ་བཏབ་ནས་དྲངས་པར། ཁོ་བོ་དུག་ལྷའི་དུག་ལས་རྒྱལ་བ་ལ། འཇིག་རྟེན་དུག་གིས་ཇི་བར་ག་ལ་ནུས། ཞེས་སོགས་མགུར་གསུངས་ནས་དུག་གིས་མ་ཐུབ། དེ་ནས་འབྲི་གུང་བྱང་ཆུབ་གླིང་རིན་པོ་ཆེར་བཞུགས། ཆོས་བརྒྱུད་ཐམས་ཅད་རྒྱལ་དབང་ཀུན་དགའ་རིན་ཆེན་ལ་གནང་ནས་བསྟན་པ་གཏད། བུ་སློབ་གཞན་ལ་ཡང་ཞལ་བཀོད་རྒྱ་ཆེ་བ་དང་བཅས་བསྐུལ་ཏེ། ཤིང་བྱི་(སྤྱི་ལོ་༡༥༠༩)ལོར་དགུང་གྲངས་ང་བརྒྱད་སྟེང་གཟུགས་སྐུའི་བཀོད་པ་བསྡུས་སོ།

༧ བ་སོ་ངག་དབང་ཆོས་ཀྱི་དབང་ཕྱུག

རྗེ་འདི་ནི་དབུས་སྟོད་གྲུབ་དྲུག་རྫོང་དུ་ཡབ་སྡེ་པ་སྐམ་བུ་དང་ཡུམ་བསོད་ནམས་བུ་ཁྲིད་གཉིས་ཀྱི་སྲས་སུ་རབ་བྱུང་བཅུ་པའི་མེ་རྟ་(སྤྱི་ལོ་༡༤༠༤)ལོར་འཁྲུངས། སྐུ་གཞོན་དུས་པཎ་ཆེན་བློ་བཟང་ཆོས་རྒྱན་གྱི་དྲུང་དུ་རབ་བྱུང་བསྒྲུབས། དེ་ནས་སེར་བྱེས་གྲྭ་ཚང་དུ་ཆོས་བཞུགས་མཛད་ནས་གཞུང་ཆེན་བཀའ་པོད་ལྔར་གསན་བཞེས་མཛད། དགུང་ལོ་ཉི་ཤུ་རྩ་བཞི་ལ་རྒྱལ་དབང་ལྔ་པ་བློ་བཟང་རྒྱ་མཚོའི་དྲུང་དུ་བསྙེན་རྫོགས་བསྒྲུབས། དགུང་ལོ་ཉི་ཤུ་རྩ་དྲུག་ལ་ལྷ་ས་སྨོན་ལམ་ཆེན་མོར་གྲྭ་སྐོར་དམ་བཅའ་མཛད་པས་མཁས་པའི་གྲགས་པ་ཐོབ། དེ་ནས་གཞིས་དགོན་དུ་ཕྱིར་ཐེབས་ནས་བྱེ་ཕུག་མདོ་སྔགས་དར་རྒྱས་གླིང་དང་རྟ་ཚག་དགོན་པ་སོགས་དགོན་ཁག་སུམ་ཅུ་ཙམ་དང་། དགེ་འདུན་སྟོང་ཕྲག་གཉིས་ཙམ། མི་སེར་དུད་ཁག་སྟོང་ཕྲག་བདུན་ལ་ཉེ་བའི་བླ་མ་དང་དཔོན་པོ་གཉིས་ཀ་མཉམ་དུ་མཛད། དགུང་ལོ་ཞེ་བཞི་ལོ་རྒྱལ

དབང་ལྷ་པ་ཆེན་པོར་རང་རྣམ་ལྷུག་སྙོམ་ཡོང་བའི་ཞབས་སྐྱུལ་ཞུས། མཁས་པའི་བྱ་བ་རྣམ་གསུམ་གྱི་སྒོ་ནས་ལྷ་སྒོམ་སྦྱོང་གསུམ་ཉམས་སུ་ལེན་པའི་རིམ་པ། གཅོད་ཀྱི་གདམས་པའི་སྐོར་གྱི་དབུ་ཕྱོགས་གཞི་ལམ་འབྲས་གསུམ་གྱི་སྒོ་ནས་ལུས་སེམས་ཀྱི་རྡོ་རྗེ་སྤྲས་པའི་དོན་རྒྱུད་ཀྱི་དགོངས་པ་ལྟར་བྲིས་པ། གསང་བ་འདུས་པའི་ཐུགས་ཀྱི་ལྷ་སྐུའི་རྣལ་འབྱོར་བསྐྱེད་རིམ་དངོས་གྲུབ་རྒྱ་མཚོ། རྣལ་འབྱོར་བླ་མེད་རྒྱུད་ཀྱི་རྡོ་རྗེ་གསུམ་འདུས་པའི་དཀྱིལ་འཁོར་སྒྲུབ་མཆོད། ཕྱག་རྒྱ་ཆེན་པོའི་ཁྲིད་ཀྱི་རྣམ་བཤད། པཎ་ཆེན་བློ་བཟང་ཆོས་རྒྱན་གྱི་གསང་བའི་རྣམ་ཐར་སོགས་མདོ་ཐུགས་ཀྱི་བཀའ་རྩོམ་པོད་གཉིས་ཙམ་བཞུགས། དགུང་ལོ་ཞེ་བདུན་ལ་ཕེབས་པ་རབ་བྱུང་བཅུ་གཅིག་པའི་ཆུ་འབྲུག（སྤྱི་ལོ་༡༧༥༢）ལོར་སྐུ་གཤེགས།

## ༤ དཔོན་ཚང་ཡེ་ཤེས།

ཁོང་ནི་སྤྱི་ལོའི་དུས་རབས་བཅུ་བདུན་པའི་དུས་དཀྱིལ་ཙམ་དུ་འབྲི་གུང་ཀ་ཚལ་དུ་འཁྲུངས་ཤིང་། དགུང་ལོ་ཆུང་ངུའི་དུས་ནས་སྨན་རྩིས་ལ་སློབ་པ་ཤིན་ཏུ་བརྟས་པས་སྔོན་གྱི་བག་ཆགས་སད་ཅིང་། གསོ་རིག་གི་བསྟན་པ་བསྐྱང་བའི་རྟེན་འབྲེལ་འགྲིགས། དགུང་ལོ་ཉི་ཤུ་ཐམ་པ་ནས་དཔལ་ལྡན་རྒྱུད་བཞི་ཐུགས་འཛིན་གནང་། དེ་ནས་དཀོན་མཆོག་འགྲོ་ཕན་དབང་པོའི་ཞབས་པད་ལ་བསྟེན་ནས་གསོ་བ་རིག་པའི་རྒྱུད་སྡེ་རྣམ་བཞི་དང་། དམ་པ་གོང་མའི་མན་ངག་ཞལ་རྒྱུན་རྣམས་ལ་སྦྱངས་པ་དང་། ལག་ལེན་གྱི་ཉམས་མྱོང་དང་སྦྲགས་ཏེ་ལོ་ངོ་བཅུ་ཕྲག་ཙམ་གྱི་རིང་དུ་ཐོས་བསམ་མཛད། དེ་ནས་སྐུ་ཚེ་གང་པོར་གསོ་བ་རིག་པའི་བསྟན་པ་བསྐྱངས་ནས་འཆད་རྩོད་རྩོམ་གསུམ་གྱིས་དུས་འདའ་བར་མཛད་དོ། ཁོང་གི་སློབ་མའི་ཚོགས་ལས་མཆོག་ཏུ་གྱུར་པ་ནི་སྨར་

འོག་པའི་ཀཱ་ར་བསྟན་འཕེལ་ཡིན། ཁོང་གི་གསུང་རྩོམ་ནི་《གསོ་བའི་གདམས་པ་ཀུན་གྱི་ཡང་སྙིང་བསྡུས་པ་ཕན་བདེའི་ཆར་རྒྱུན》དང་། 《ཞལ་ཤེས་སྙིང་གི་ཁུ་བའི་རིམ་པ་ཅན་བདུད་རྩིའི་ཐིགས་པ》བཅས་པ་བཞུགས་སོ།

**གཉིས་པ། དབུས་སྟོད་མལ་གྲོའི་ཁུལ་དུ་བྱུང་བའི་འབྲི་གུང་གདན་རབས།**

༡ འབྲི་གུང་གདན་རབས་བརྒྱད་པ་རྡོ་རྗེ་རིན་ཆེན།

འབྲི་གུང་གདན་རབས་བརྒྱད་པ་རྡོ་རྗེ་རིན་ཆེན་ནི་འབྲི་གུང་གཞུ་སྨད་ཀྱི་སའི་ཆ(ཡང་རི་སྒང་ཁོངས)འཛོན་མ་ཞེས་པར་ཡབ་རྡོ་རྗེ་རྒྱལ་མཚན་གྱི་སྲས་སུ་རབ་བྱུང་ལྔ་པའི་ས་རྟ(སྤྱི་ལོ་༡༢༧༨)ལོར་སྐུ་བལྟམས་ཤིང་། དགུང་ལོ་དྲུག་སྟེང་མཚམས་བཅད་པ་ལས་རབ་ཏུ་བྱུང་། མཚན་རྡོ་རྗེ་རིན་ཆེན་ཞེས་བཏགས། ལོ་གཉིས་ཀྱི་བར་ཟབ་ཆོས་མང་དུ་གསན། དགུང་ལོ་བཅུ་གསུམ་པ་ལྕགས་སྟག(སྤྱི་ལོ་༡༢༩༠)ལོར་འབྲི་གུང་གླིང་ལོག་བྱུང་སྐབས་རྗེ་ཉིད་སྐུ་མཆེད་དང་བཅས་པ་ཆོས་སྒོ་བ་རྡོ་རྗེ་ཡེ་ཤེས་ཀྱིས་ཀོང་པོར་སྤྱན་དྲངས་ནས་ལོ་གསུམ་བཞུགས་རྗེས་ཕྱིར་ཕེབས་ཏེ། མཚོའུ་ཁ་ཐང་དུ་བདེ་ལྡན་ཕོ་བྲང་ལ་བཞུགས་ཤིང་ཐོས་བསམ་སློབ་གཉེར་གྱི་སྒོ་རྡོག་བཅད། དགུང་ལོ་བཅུ་དགུ་པ་མེ་སྤྲེལ(སྤྱི་ལོ་༡༢༩༦)ལོར་གདན་སར་མངའ་གསོལ། ལོ་དེར་འབྲི་གུང་མཐིལ་བྱུང་ཆུབ་གླིང་ཉམས་གསོ་མཛད། གྲྭ་ཚོགས་དཔག་མེད་འདུས་པར་ཕྱག་རྒྱ་ཆེན་པོ་ལྷ་ལྔན་གྱི་ཁྲིད་སོགས་གནང་། ལོ་བདུན་གྱི་རིང་ཐོག་ཁང་གསེར་ཁང་དུ་འདག་སྦྱར་གྱི་སྐུ་བཞུགས་པ་མཛད། གངས་ཏི་སེ་དང་། ཙ་རི་ཏྲ་སོགས་ལ་སྒོམ་ཆེན་སྟོང་ལས་མི་ཉུང་བ་བཞུགས་པར་མཛད། གྲྭ་སློབ་ཀུན་ཀྱང་ཐོས་བསམ་སྒོམ་གསུམ་ལ་བརྩོན་པ་ཤ་སྟག་བྱུང་། ལོ་བཅོ་བརྒྱད་བར་ཚོགས་

པ་བསྐྱངས་ནས་དཀྱུང་གྲངས་སོ་བདུན་ལ་ཞབས་སྐབས་སྐུ་གཤེགས།

## ༢ འབྲི་གུང་གདན་རབས་བཅུ་པ་ཆོས་ཀྱི་རྒྱལ་པོ།

འབྲི་གུང་གདན་རབས་བཅུ་པ་ཆོས་ཀྱི་རྒྱལ་པོ་ནི་འབྲི་གུང་གཞུ་སྨད་འཇོན་མ་ཡུལ་དུ་ཡབ་ཀུན་དགའ་རྒྱལ་མཚན་དང་། ཡུམ་དབུར་པ་དར་འཛམ་གྱི་སྲས་སུ་རབ་བྱུང་དྲུག་པའི་ཤིང་ཕག(སྤྱི་ལོ་༡༣༣༥)ལོར་སྐུ་འཁྲུངས་ཤིང་། དགུང་ལོ་བརྒྱད་ལ་ཆོས་ཀྱི་རྡོ་རྗེ་རྒྱལ་པོའི་དྲུང་རབ་ཏུ་བྱུང་། མཚན་ཆོས་ཀྱི་རྒྱལ་པོར་གསོལ། སྐྱབས་སྟོན་གཞོན་ནུ་དཔལ་བའི་དྲུང་དུ་བདེ་མཆོག་གསང་འདུས། དུས་འཁོར་ལ་སོགས་པའི་དབང་དང་གདམས་པ་གསན། དགུང་ལོ་དགུ་ལ་འདུལ་འཛིན་རིན་ཆེན་རྒྱལ་མཚན་གྱིས་མཁན་པོ་དང་། ཆོས་སྒོ་བ་གཞོན་ནུ་དཔལ་གྱིས་སློབ་དཔོན་སོགས་ཁ་བསྐང་གྲངས་ཚང་གི་དབུས་སུ་དགེ་ཚུལ་བསྒྲུབ། ཕྱག་ཕྱུར་ཆོས་རྗེ་ཕྱག་ཆེན་པ་ལས་དགྱེས་རྡོར་ལ་སོགས་རྒྱུད་འགྲེལ་དུ་མར་གསན་སྦྱོང་མཛད། དགུང་ལོ་བཅུ་གཅིག་པར་རྗེ་རྡོ་རྗེ་རྒྱལ་པོ་ལས་ཟབ་མོ་ལྔ་ལྡན། ན་རོ་ཆོས་དྲུག མོས་གུས་སྒྲིག་འཁོར། ཐེག་ཆེན་བསྟན་པའི་སྙིང་པོ། དགོངས་པ་གཅིག་པ། སྐྱབ་པའི་ཟབ་ཆོས་སོགས་བཀའ་བརྒྱུད་ཀྱི་ཆོས་རྣམས་གསན། དགུང་ལོ་ཉི་ཤུ་པ་ལ་ས་སྐྱ་བ་འདུལ་འཛིན་ཀུན་དགའ་རྒྱལ་མཚན་དཔལ་བཟང་པོ་དང་། སློབ་དཔོན་ཆོས་ལུང་པ་སྡེ་སྣོད་འཛིན་པ་ཆོས་ཀྱི་རྒྱལ་མཚན་སོགས་ཀྱི་དབུས་སུ་རྒྱལ་བའི་བསྟན་པ་ལ་ཡོངས་སུ་རྫོགས་མཁན་པོ་དེ་ཉིད་ལས་འདུལ་བ། བྱམས་ཆོས་སྡེ་ལྔ། སྤྱོད་འཇུག་ལ་སོགས་གསན། ལྕགས་ཡོས(སྤྱི་ལོ་༡༣༥༡)ལོར་འབྲི་གུང་གདན་སའི་ཁྲིར་ཞབས་མདོ་སྔགས་རྫོང་དུ་སྒྲུབ་གྲྭ་འཛུགས་པ་སོགས་སྒྲུབ་རྒྱུད་ཀྱི་རིང་ལུགས་ཆེས་ཆེར་འཕེལ་བར་མཛད། དབྱར་ཆོས་དང་དགུན་ཆོས་ཀྱི་ཕྱག་སྲོལ་ཉམས་མེད་ཐོག་

སྟོན་དཔྱིད་སྐབས་ཆོས་སྐོར་རྒྱ་ཆེར་བསྐོར། རྗེ་ཙོང་ཁ་པ་དབུས་སུ་ཕྱིན་ཏེ་འབྲི་གུང་དུ་རྗེ་དེའི་དྲུང་ནས་སེམས་བསྐྱེད་དང་ཕྱག་ཆེན་ལྔ་ལྡན་སོགས་ཆོས་དང་གདམས་པ་གསན། དགུང་ལོ་དྲུག་ཅུ་རེ་གཅིག་པར་ཆོས་སྲིད་ཀྱི་འཁུར་རྣམས་ཆོས་རྗེ་དོན་གྲུབ་རྒྱལ་པོར་གཏད་དེ་གཏེར་སྒྲོམ་དང་། ལྷུན་པོ་ལ་སོགས་པ་དབེན་པ་རྣམས་སུ་སྒྲུབ་པར་བཞུགས། གསུང་རྩོམ་ལ《ལྔ་ལྡན་ནོར་བུའི་ཕྲེང་བ་ལྷན་ཅིག་སྐྱེས་སྦྱོར》《ཆོས་དྲུག་གི་ཁྲིད་ཡིག་ཡེ་ཤེས་མགོན་པོ》《ཨ་ཕྱིའི་སྒྲུབ་སྐོར》དང་དེ་བཞིན་རྟོགས་བརྗོད་དང་ཉམས་མགུར་སོགས་བསྟན་བཅོས་མང་དུ་མཛད། དགུང་གྲངས་བདུན་གསུམ་པ་རབ་བྱུང་བདུན་པའི་མེ་ཕག (སྤྱི་ལོ་༡༤༠༧) ལོར་སྐུ་མྱ་ངན་ལས་འདས་སོ།

༣ འབྲི་གུང་གདན་རབས་བཅུ་གཉིས་བདག་པོ་ཞམ་ངམ་རིན་ཆེན་དཔང་རྒྱལ།

འཆི་མེད་གྲུབ་པའི་མངའ་བརྙེས་བདག་པོ་ཞམ་ནི། ཆོས་རྗེ་དོན་གྲུབ་རྒྱལ་པོའི་སྲས་སུ་རབ་བྱུང་བདུན་པའི་ཤིང་ཕག (སྤྱི་ལོ་༡༣༩༣) ལོར་སྐུ་འཁྲུངས། ཡིག་རྩིས་བསྟན་བཅོས་སྒྲ་རྩལ་ཀུན་ལ་མཁས་ཤིང་། འབྲི་གུང་གི་སྲིད་སྐྱོང་ལ་སྒོམ་པ་ཞེས་འབོད་པར་དེ་སྐབས་གདུང་རྒྱུད་ཆད་དུ་ཉེ་བ་ལ་ཉེད་ནས་སྒོམ་པའི་ཁུར་བསྣམས། སྨིན་ལེགས་དཔལ་འཛིན་ཞེས་པའི་བུད་མེད་ཅིག་ཁབ་ཏུ་བཞེས་པ་ལ་ཆོས་རྒྱལ་རིན་ཆེན་དཔལ་བཟང་འཁྲུངས། མིང་གོང་མས་ཞམ་གྱི་ལུང་ལས་གནང་བས་བདག་པོ་ཞམ་ཞེས་གྲགས། སྐབས་ཤིག་ནག་སོག་གི་སྣང་བ་རྣམས་ཀྱི་འབྲི་གུང་བཀའ་བརྒྱུད་པའི་བསྟན་པ་ལ་མཐོ་མཚམས་བྱུང་བར་ཉེད་ནས་དམག་དཔོན་མཛད་དེ། ཁྲི་སྐོར་གྱི་དམག་དྲངས་ནས་ཕ་རོལ་པོ་ཕམ་པར་མཛད་ནས་ཚུར་ལམ་བསད་པའི་མི་རོ་དུ་མ་གཟིགས་པས

ཐུགས་སྐྱོ་ནས་སྒོམ་པའི་ལས་ཀ་བཞག་ཐོག་ཡབ་ཆོས་རྗེ་དོན་གྲུབ་རྒྱལ་པོ་ལས་རབ་ཏུ་བྱུང་། མཚན་རིན་ཆེན་དབང་རྒྱལ་གསོལ། ཡབ་ལས་ལྷ་ལྷན་དང་། ཆོས་དྲུག་གསན་པ་རྣམས་ལ་ཉམས་ཉེས་ཀྱིས། གསེར་ཁང་ཡང་ཐོག་ཏུ་སྒྲུབ་བཅད་ཐེམ་སྤྲང་ས་ཀྱིས་སྐུ་མཚམས་ལ་ལོ་བཅུ་གཅིག་བཞུགས། ཡབ་ཆོས་རྗེ་དོན་གྲུབ་སྐུ་གཤེགས་རྗེས་འབྲི་གུང་ཁྲི་སྐོར་ཀུན་གྱི་གསོལ་བ་བཏབ་པ་ལྟར། ཟླ་བ་ཕྱེད་གཉིས་རིང་གདན་ས་དང་ཚོགས་པ་བསྐྱངས་ནས་བཙན་ཐབས་སུ་ཁྲིས་ཏེ་རི་པོ་རྩེ་ལྟར་གཤེགས། འཆི་མེད་སྒྲུབ་པ་མཛད་པས་ཚེ་ཡི་དངོས་གྲུབ་བརྙེས་ཏེ་བཞུགས་སྐད།

༥ འབྲི་གུང་གདན་རབས་བཅོ་ལྔ་པ་ཀུན་དགའ་རིན་ཆེན་དཔལ་བཟང་།

འབྲི་གདན་བཅོ་ལྔ་པ་ཀུན་དགའ་རིན་ཆེན་དཔལ་བཟང་ནི། ཡབ་རིན་ཆེན་ཆོས་ཀྱི་རྒྱལ་མཚན་དཔལ་བཟང་པོ་དང་། ཡུམ་རིན་ཆེན་དཔལ་མོ་གཉིས་ཀྱི་སྲས་སུ་སྒྲུ་བཀྲ་ཤིས་སྟེང་ཁར་གྲགས་པའི་ཕོ་བྲང་དུ་རབ་བྱུང་བརྒྱད་པའི་ཤིང་ལུག(སྤྱི་ལོ་༡༥༧༤)ལོར་སྐུ་འཁྲུངས། མཚན་རིན་ཆེན་ལྷུན་པོ་ཞེས་གསོལ། དགུང་ལོ་བཅུའི་སྟེང་ཡབ་སྐུ་གཤེགས། དགུང་ལོ་བཅུ་གཅིག་པར་གླིང་(འབྲི་གུང་དགོན)དུ་ཕེབས་ཏེ་ཆོས་རྗེ་དབང་རིན་པོ་ཆེ་དང་། གཉྫ་པ་ཆོས་གྲགས་རྒྱ་མཚོ། ཆོས་ལུང་ཚོགས་པའི་མཁན་པོ་ཀུན་དགའ་བློ་གྲོས་སོགས་བསྟེན་ནས་གསན་བསམ་དང་རབ་བྱུང་གི་སྡོམ་པ་བཞེས་ཏེ། མཚན་ཀུན་དགའ་རིན་ཆེན་ཆོས་ཀྱི་རྒྱལ་མཚན་དཔལ་བཟང་པོ་གསོལ། དགུང་ལོ་ཉི་ཤུ་པ་ར་བསྙེན་པར་རྫོགས། བར་ལམ་འབྲི་གུང་གི་གླིང་པོ་དོན་རྒྱུད་ཙམ་མ་གཏོགས་ཆོས་རྒྱུད་ཕལ་ཆེར་ཆད། གླིང་རིན་པོ་ཆེ(འབྲི་གུང་དགོན)ཐུགས་ཀྱི་ཉམས

ནས་སྟོང་ལ་ཐུག་པ་ན། མཚུངས་མེད་དབང་རིན་པོ་ཆེ་ཆོས་ཀྱི་རྒྱལ་པོ་ལས་འབྲི་གུང་གི་ཆོས་མཛོད་རྣམས་གསན་ཞིང་། དགུང་ལོ་ཉེར་གཅིག་པ་ལ་གསེར་ཁང་དུ་དགེ་འདུན་གྱི་ཚོགས་ལ་སྐྱབས་པ་ཡབ་སྲས་ཀྱི་ཟབ་ཆོས་རྣམས་རྩལ། ནཱ་རོ་ཆོས་དྲུག་གི་ཁྲིད་སོགས་ཆོས་འཁོར་དཔག་མེད་བསྐོར་བ་དང་རྟེན་བཞེངས་རྒྱ་ཆེར་མཛད། ལྕགས་བྱི་(སྤྱི་ལོ་ ༡༥༤༠) ལོར་སྟོ་གདོང་པའི་དཔུང་ཆེན་པོ་བཏེགས་ཏེ། སྐྱིད་གཡོར་འཕན་གསུམ་གྱི་དམག་དཔོན་དགའ་ལྡན་པས་བྱས། ཡར་ཀླུང་སྟོ་བྱང་འོལ་ཁ་བ་སོགས་ཕྱོགས་མཐའ་ནས་དཔུང་ཆེན་པོ་བཤམས་ནས་མལ་གྲོའི་མདའ་བར་འཁྱིར་བའི་དུས་ཟིང་སོགས་བྱུང་། གཞན་ཡང་དགེ་འབྲིའི་བར་དུ་མི་མཐུན་པ་སོགས་ལ་ཐུགས་སྐྱོ་ནས་དགུང་གྲངས་ལྔ་བཅུ་ང་གསུམ་སྟེང་སྐུ་འདས། གསུང་རྩོམ་མང་།

༥ འབྲི་གུང་གདན་རབས་ཉེ་ཤུ་པ་ཆོས་རྒྱལ་ཕུན་ཚོགས་བཀྲ་ཤིས།

ཆོས་རྒྱལ་ཕུན་ཚོགས་བཀྲ་ཤིས་ནི། རྒྱ་མ་ཁྲི་ཁང་དུ་ཡབ་ལྷ་སྲས་གཉིས་པ་རིན་ཆེན་ཕུན་ཚོགས་དང་། ཡུམ་རིག་འཛིན་བུ་ཁྲིད་ཀྱི་སྲས་སུ་རབ་བྱུང་དགུ་པའི་མེ་ལུག་(སྤྱི་ལོ་ ༡༥༤༧) ལོར་སྐུ་འཁྲུངས་ཤིང་། མཚན་ནོར་བུ་ཞེས་བཏགས། དབུ་ལ་གཙུག་གཏོར་དང་ཡི་གེ་ཨ་གསལ་ཡོད་པར་གྲགས། སྐུ་ན་ཆུང་དུས་ནས་འཇིག་རྟེན་གྱི་གཙུག་ལག་རྣམས་ལ་མཁས་ཤིང་། དགུང་ལོ་བདུན་ལ་སྒྲོ་ལུང་དུ་ཕེབས། ཡབ་རྗེ་རིན་ཆེན་ཕུན་ཚོགས་ཀྱི་དྲུང་ནས་འབྲི་གུང་གི་ཆོས་སྤྱིན་དང་། གསར་རྙིང་གི་དབང་ཆོས་བསམ་གྱིས་མི་ཁྱབ་པ་སོགས་གསན། དེ་ནས་རྒྱ་མར་བཞུགས། དགུང་ལོ་བཅུ་གཅིག་ཐོག་ཡབ་སྐུ་གཤེགས། ཁུ་བོ་རིན་ཆེན་རྣམ་རྒྱལ་གྱི་དྲུང་དུ་རབ་ཏུ་བྱུང་། ཡབ་གཤེགས་ནས་ལོ་གསུམ་གསང་རྒྱ་མཛད་པ་དུས་ཡོལ་ནས་ཚོགས་མང་དུ་དགོངས་རྫོགས་

ཀྱི་འཕྲོ་དང་། དཔྱལ་གདུང་བཞེངས། དེ་རྗེས་ཡུམ་གཤེགས་པའི་འདས་མཆོད་རྣམས་མཛད། སྡེ་པ་མཁར་རྩེ་བས་རྒྱ་མར་དམག་དྲངས་པས་ཀ་ཚལ་དུ་ཕེབས། སྐྱེ་མོ་སྒྲུབ་སྡེ་སོགས་མཚམས་གྲྭ་ཁག་ལོ་གསུམ་རེ་ནས་བརྗེ་ལེན་གནང་བའི་རྒྱུན་ཚུགས། བླ་མ་མང་པོ་ལས་ཟབ་ཆོས་དུ་མ་གསན་པ་དང་། སྒྲུབ་པ་ཉམས་བཞེས་ལ་ཐུགས་བརྩོན་པར་མཛད། ཆོས་འཁོར་རྒྱ་ཆེར་བསྐོར། རྭ་སྒྲེང་དང་། ཉང་པོ་སོགས་སུ་ཕེབས་ནས་ཆོས་ཕྱོགས་མཛད་པ་སྣ་ཚོགས་བསྟན། ལོང་པོ་ནས་དཔོན་ས་ནོར་བུ་སྒྲོལ་མ་ཁབ་ཏུ་བཞེས་པར་སྲས་ཤིག་བྱུང་ཡང་ཞག་བཅུ་གསུམ་ལས་སྐྱ་མ་འཚོ་ཞིང་མི་རིང་བར་དཔོན་ས་ལྷམ་ཡང་གཤེགས། ང་ཕོད་སྡེ་པའི་སྲས་མོ་ཨ་ལྷེ་གཡང་འཁྱུག་ཁབ་ཏུ་བཞེས་པར་སྲས་ཆེ་བ་ནཱ་རོ་གཉིས་པ་འཁྲུངས། འབྲི་གུང་དུ་བཞུགས་སྐབས་སྡེ་པ་མགོན་པ་དཔལ་གྱིས་སྐུ་ལ་སྡོ་བར་བརྩམ་པ་མཁྱེན་ཏེ་བྱང་འབམ་རོམ་དུ་ཕེབས། ད་ནི་འབྲི་གུང་དུ་མི་འགྲོ་གསུངས་པར་ཐེལ་པ་སོགས་ཆེ་ཕྲ་ཐམས་ཅད་ཀྱིས་གདན་དྲངས་ཐོག དགུང་གྲངས་ཉེར་བདུན་བཞེས་པ་རབ་བྱུང་བཅུ་པའི་ཆུ་བྱ་ (སྤྱི་ལོ་༡༥༧༣) ལོར་གདན་སའི་ཁྲི་མངའ་གསོལ། སྡེ་པ་སྐྱིད་ཤོད་པ་ཡོན་བདག་ཏུ་གྱུར། སྒོམ་པ་རིན་ཆེན་རྣམ་རྒྱལ་ཕག་མོར་ཁབ་ཏུ་བྱོན་པ་ནས་འབྲི་ཕག་ཕན་ཚུན་གདུང་གཅིག་ཏུ་ཡིན་ཡང་རྗེ་འདི་འབྲི་གུང་གི་གདན་སར་བཞུགས་པར་འབྲི་ཕག་(འབྲི་གུང་ལ་ཐོག་ཁ་ནང་སོ་དང་། ཕག་མོར་ཁང་གསར་ནང་སོ་ཟེར་ཞིང་བསྟུས་མིང་ལ་ཁང་ཐོག་གཉིས་ཟེར།) མ་མཐུན་པས་དུས་འཁྲུག་མང་དུ་བྱུང་ཡང་རིམ་གྱིས་འཇགས། རབ་བྱུང་བཅུ་པའི་ལྕགས་གླང་(སྤྱི་ལོ་༡༦༠༡) ལོར་གཞུ་སྨད་ཕུ་གུ་གདོང་དུ་རྫོང་གསར་བཀྲ་ཤིས་ཕྱུག་འདེབས་པའི་ས་འདུལ་གནང་། དེ་ནས་ཡངས་རི་སྐར་གྱི་འདུས་པ་རྣམས་ལ་ཞལ་

གདམས་ནན་ཆེ་རྩལ་ཏེ་སྐུ་མཚམས་ལ་བཞུགས། དགུང་གྲངས་ང་དྲུག་བཞེས་པ་རབ་བྱུང་བཅུ་པའི་ཆུ་སྟག་(སྤྱི་ལོ་༡༥༧༣) ལོར་དགོངས་པ་ཆོས་དབྱིངས་སུ་ཐིམས་ཚུལ་བསྟན། རྗེ་འདི་ལ་བུ་སློབ་མང་དུ་ཡོད་པའི་ཁྲོད་བདག་བཀྲ་ཤིས་སྟོབས་རྒྱལ་ཡབ་སྲས་དང་། ཆོས་ལུང་མཁན་ཆེན་བྱམས་པ་ཆོས་འཕེལ་སོགས་ཡོད། རིགས་སྲས་ནི་གདན་རབས་ཉེར་གཅིག་པ་ནཱ་རོ་གཉིས་པ་བཀྲ་ཤིས་ཕུན་ཚོགས་གྲགས་པ་རྒྱལ་མཚན་དང་། ཞྭ་དམར་དྲུག་པ་དཔལ་ལྡན་ཆོས་ཀྱི་དབང་ཕྱུག གདན་རབས་ཉེར་གཉིས་པ་རྗེ་བཙུན་དཀོན་མཆོག་རིན་ཆེན་རྣམས་ཡིན། གོང་གསལ་རིགས་སྲས་རྣམས་ཀྱི་འཁྲུངས་ཡུལ་ཡང་འབྲི་གུང་གི་ས་ཆར་ཡིན་པ་དང་། ཞྭ་དམར་དྲུག་པ་དཔལ་ལྡན་ཆོས་ཀྱི་དབང་ཕྱུག་ནི་རབ་བྱུང་བཅུ་གཅིག་པའི་ཤིང་སྤྲེལ་(སྤྱི་ལོ་༡༥༨༤) ལོར་སྐུ་བལྟམས། ཞྭ་དམར་སྐུ་ཕྲེང་དྲུག་པར་ངོས་འཛིན་ཞུས་ཏེ་གདན་ས་ཡངས་པ་ཅན་གྱི་ཆོས་ཁྲིར་ཕེབས། རབ་བྱུང་བསྙེན་རྫོགས་སོགས་སྡོམ་བཞེས་དང་། སྐུ་ཡོན་གསན་བཞེས་ཀྱིས་མཁས་བཙུན་བཟང་པོའི་མཛད་པས་འདུལ་བྱ་བསྐྱངས་ཤིང་ཀརྨ་ཞྭ་དམར་གྱི་ཕྱག་སྲོལ་ཉམས་མེད་དུ་བསྐྱངས་ནས་དགུང་གྲངས་ཞེ་བརྒྱད་ཐོག་སྐུ་གཤེགས།

### ༤ འབྲི་གུང་གདན་རབས་ཉེར་གཅིག་པ་ནཱ་རོ་གཉིས་པ།

འབྲི་གུང་གདན་རབས་ཉེར་གཅིག་པ་ནཱ་རོ་གཉིས་པ་བཀྲ་ཤིས་ཕུན་ཚོགས་གྲགས་པ་རྒྱལ་མཚན་ནི། འབྲི་གུང་གཞུ་སྨད་སྒྲོ་ལུང་གི་ཀུན་དགའ་ར་བར་ཡབ་རྗེ་གདན་རབས་ཉི་ཤུ་པ་ཆོས་རྒྱལ་ཕུན་ཚོགས་བཀྲ་ཤིས་དང་། ཡུམ་ཡེ་ཤེས་མཁའ་འགྲོའི་མཚན་ལྡན་དཔོན་ས་གཡང་ཁྱུག་མའི་སྲས་སུ་རབ་བྱུང་བཅུ་པའི་ཤིང་ཁྱི་(སྤྱི་ལོ་༡༥༧༤) ལོར་སྐུ་གཏམས། སློབ་དཔོན་དཀོན་མཆོག་དབང་པོ་སོགས་ལས་ཡི་གེ་དང་། གསུང་རབ་སོགས་ལ་སྦྱང་པ་ཕུལ་

ཕྱིན་གནང་། རྒྱ་གར་གྱི་གྲུབ་ཆེན་ནཱ་རོ་པའི་སྤྲུལ་པར་གྲགས། ཡབ་ནས་འབྲི་གུང་གི་ཟབ་ཆོས་ཁག་སོགས་ཆོས་མང་པོ་གསན་བསམ་མཛད། རབ་ཏུ་བྱུང་རྗེས་མཚན་བཀྲ་ཤིས་ཕུན་ཚོགས་གྲགས་པ་རྒྱལ་མཚན་དུ་གསོལ། དགུང་ལོ་དྲུག་ནས་བཅུ་དྲུག་བར་ཐེལ་བྱང་ཆུབ་རིན་པོ་ཆེར་སྦྲིས་བཅས་སྦྲིས་མེད་རིམ་གཉིས་ཉམས་བཞེས་ཀྱི་རྩལ་འདོན་པར་མཛད། བསམ་ཡས་དང་། སྟག་ལུང་སོགས་སུ་ཕེབས་ནས་ཆོས་འཁོར་བསྐོར། ཕག་མོ་བའི་དམག་དང་། ཆོས་རྗེ་བར་ལེ་བའི་མཐུན་བྱུང་ཡང་ཕྱིར་བཟློག །གདུང་བརྒྱུད་སྤེལ་བར་སྲས་བསྟན་པའི་ནོར་བུ་འཁྲུངས། རབ་བྱུང་བཅུ་པའི་ཆུ་ཡོས་ (སྤྱི་ལོ་༡༧༠༣) ལོར་གདན་སའི་ཁྲིར་མངའ་གསོལ། སྟག་གདོང་རྩེར་གཟིམ་ཁང་ལྷུང་ལོ་ཅན་སྐྲུན། ཡབ་གཤེགས་པའི་དདུལ་གདུང་བཞེངས། མི་རིང་བར་སོག་པོ་ཁ་དན་པླ་ཐུར་གྱི་ཧོར་སྟོད་པ་དང་བསྡོངས་ནས་བོད་ཡུལ་ཕལ་ཆེར་དབང་དུ་བསྡུ་བར་བརྩམས་ཏེ། གླིང་ཤོད་བརྒྱུད་རྫོང་གི་ཁད་ཉེར་སླེབས་ཀྱང་ཧོར་དཔོན་གཙོ་གཡུ་རྒྱལ་སོགས་འབྲི་གུང་དམག་དང་། རྗེ་ཉིད་ཀྱིས་མངོན་སྤྱོད་མཛད་པས་བཟློག རབ་བྱུང་བཅུ་པའི་ཆུ་འབྲི་ (སྤྱི་ལོ་༡༧༡༢) ལོར་གཞུ་ཧ་ཐུར་གསང་སྔགས་མཆོག་སྒྲུབ་གླིང་གི་སྒྲུབ་སྡེ་བཏབ། བྱང་ཧོར་བརྒྱུད་ཁམས་སུ་ཕེབས་པས་འགྲོ་དོན་ཆེ་བ་བྱུང་། དེ་ནས་དགུང་གྲངས་ཞེ་གཉིས་བཞེས་པའི་ཤིང་ཡོས་ལོར་གདན་སའི་ཁུར་རྗེ་དཀོན་མཆོག་རིན་ཆེན་ལ་ཕུལ་ཏེ་ཀུན་སྤངས་ཀྱིས་གཏེར་སྒྲོམ་དང་། སྒྲོ་ལུང་སོགས་སུ་བཞུགས། སྐབས་ཤིག་མི་ངན་འགའ་ཞིག་དང་། རིགས་སྲས་བསྟན་པའི་ནོར་བུ་དང་ལྷམ་སྲིང་དཔོན་ཕུན་ཚོགས་རྣམ་གཉིས་ཀྱི་མཛད་སྤྱོད་ཀྱིས་ཞལ་ངོ་ནང་ཞིག་བྱུང་། ཞྭ་དམར་དྲུག་པ་སོགས་ཀྱི་ལེགས་སྤེལ་མཛད་ཀྱང་མ་བྱུང་། དུས་དེར་སྐྱིད་ཤོད་སྡེ་པ་ཨ་དཔལ་གྱིས

འཕགས་པ་ལོ་ཀེ་ཤྭ་རའི་སྐུ་སོག་པོར་བརྔན་ནས་སོག་དམག་བོད་ལྷགས་ཀྱིས་རྗེ་འདི་བྱུང་དུ་གདན་དྲངས་པར་སོག་ཡུལ་དུ་སྤྱོན་ནས་ལོ་ཤས་བཞུགས་རྗེས། དགུང་གྲངས་ལྔ་བཅུ་ང་ལྔ་རབ་བྱུང་བཅུ་གཅིག་པའི་ས་འབྲུག (སྤྱི་ལོ་༡༦༢༨) ལོར་ཞི་བར་གཤེགས།

༧ འབྲི་གུང་གདན་རབས་ཉེར་གཉིས་པ་དཀོན་མཆོག་རིན་ཆེན།

(ཚེ་ཚང་སྐུ་ཕྲེང་དང་པོ) འབྲི་གུང་གདན་རབས་ཉེར་གཉིས་པ་དཀོན་མཆོག་རིན་ཆེན་ནི། ཡབ་རྗེ་གདན་རབས་ཉི་ཤུ་པ་ཆོས་རྒྱལ་ཕུན་ཚོགས་བཀྲ་ཤིས་དང་། ཡུམ་ཡེ་ཤེས་མཁའ་འགྲོའི་མཚན་ལྡན་དཔོན་ས་གཡང་ཁྲུག་མའི་སྲས་སུ (སྲས་བཞིའི་གསུམ་པ་པ་ཡིན) རབ་བྱུང་བཅུ་པའི་ལྕགས་སྟག (སྤྱི་ལོ་༡༥༩༠) ལོར་སྐུ་བལྟམས་ཤིང་། ཏཱ་ལའི་བླ་མ་སྐུ་ཕྲེང་གསུམ་པའི་འོས་སྤྲུལ་དུ་ཡོད་ཀྱང་ཡབ་ནས་འབྲི་གུང་གི་བསྟན་པར་དགོངས་ནས་གཏོང་འདོད་མ་གནང་། དགུང་ལོ་དགུ་ལ་ཡབ་ (རྣན་ཆོས) ཀྱི་དྲུང་རབ་ཏུ་བྱུང་། མཚན་དཀོན་མཆོག་རིན་ཆེན་དུ་གསོལ། དགུང་ལོ་བཅུ་དྲུག་སྟེང་གཅེན་ཞྭ་དམར་བ་ལས་དགེ་ཚུལ་གྱི་སྡོམ་པ་བཞེས་ཐོག་དུས་འཁོར་སོགས་ཀྱི་དབང་གསན། དེ་བཞིན་བླ་མ་དུ་མ་བསྟེན་ཏེ་གསུང་ཆོས་མང་པོ་གསན་ནས་སྒྲུབ་པ་ཉམས་བཞེས་མཛད་ཅིང་། འབྲི་གུང་དང་། འཕན་པོ། ཙ་རི། ལྷོ་ཁ་སོགས་སུ་ཕེབས་ཏེ་ཆོས་འཁོར་རྒྱ་ཆེ་བསྐོར། དགུང་ལོ་ཉེར་དྲུག་ལ་ཕེབས་པ་རབ་བྱུང་བཅུ་པའི་ཤིང་ཡོས (སྤྱི་ལོ་༡༦༡༥) ལོར་གདན་སའི་ཁྲིར་ཕེབས། གསེར་ཁང་སོགས་ལ་ཉམས་གསོ་རྟེན་བཞེངས་རྒྱས་པར་གནང་། དགུང་ལོ་སོ་ལྔ་བཞེས་པ་རབ་བྱུང་བཅུ་པའི་ཤིང་བྱི (སྤྱི་ལོ་༡༦༢༥) ལོར་བྲག་ནག་གི་ས་བཙན་དེར་ཕོ་བྲང་ཆེན་པོ་སྒྲུབ་སྡེ་དང་བཅས་པ་རྨང་བཏིང་ནས་རིམ་པར་བཞེངས་པས། མཐོང་

ན་མི་མཐུན་པ་མེད་པའི་ཕོ་བྲང་མྱུར་དུ་གྲུབ་པས་རྣམ་རྒྱལ་ཆོས་སྡིང་དུ་གསོལ། རིས་མེད་ཀྱི་དགེ་འདུན་སྡེར་བསྙེན་བཀུར་རྒྱ་ཆེ་མཛད། གདུང་རྒྱུད་སྤེལ་བར་མ་མཛད་སྐབས་སྐུ་རའི་གདུང་འདི་ནས་ཆད། དགུང་གྲངས་རེ་ལྔར་ཕེབས་པ་རབ་བྱུང་བཅུ་གཅིག་པའི་ཤིང་རྟ་(སྤྱི་ལོ་༡༧༥༨)ལོར་སྐུ་འདས། ཆེ་ཚང་སྐུ་ཕྲེང་དང་པོར་འདྲེན། སློབ་མའི་མཆོག་ཏུ་གྱུར་པ་དཀོན་མཆོག་ཆོས་ཀྱི་རྒྱལ་པོ་ཡང་རབ་བྱུང་བཅུ་པའི་ཆུ་ཡོས་(སྤྱི་ལོ་༡༧༠༣)ལོར་མལ་གྲོ་བ་རབ་ཏུ་འཁྲུངས་ཤིང་། རིན་ཆེན་བྲག་སོགས་ཀྱི་བླ་མ་མཛད། དགུང་ལོ་རེ་གཅིག་པ་སྟེ་རབ་བྱུང་བཅུ་པའི་ཆུ་ཕག་(སྤྱི་ལོ་༡༧༥༨)ལོར་གཤེགས།

༤ འབྲི་གུང་རིག་འཛིན་ཆོས་གྲགས།

(ཆུང་ཚང་སྐུ་ཕྲེང་དང་པོ)འབྲི་གུང་གདན་རབས་ཉེར་གསུམ་པ་རིག་འཛིན་ཆོས་གྲགས་ནི། ཡབ་རྗེ་གདན་རབས་ཉི་ཤུ་པ་མཚུངས་མེད་ཆོས་རྒྱལ་གཙུག་ལག་འཛིན་གྱི་རྣམ་རོལ་ཆོས་རྒྱལ་ཕུན་ཚོགས་བཀྲ་ཤིས་དཔལ་བཟང་པོ་དང་། ཡུམ་མཚན་ལྡན་གྱི་དབང་མོ་གཡང་ཁྱུག་མའི་སྲས་སུ་(སྲས་བཞིའི་ཐ་ཆུང་ཡིན་)རབ་བྱུང་བཅུ་པའི་ཤིང་ལུག་(སྤྱི་ལོ་༡༥༩༥)ལོར་སྲ་བརྟན་རྡོ་རྗེའི་ཕོ་བྲང་དུ་སྐུ་བལྟམས། བོད་ཀྱི་ལོ་རྒྱུས་ཐོག་གདུང་རྒྱུད་ཆེན་པོ་བཞི་ཡོད་པའི་ནང་འབྲི་གུང་སྐྱུ་རའི་རིགས་སྲས་ཀྱི་ནང་ནས་ཆུང་ཤོས་དེ་ཡིན། ཡབ་རྗེའི་དྲུང་དུ་གཙུག་ཕུད་ཕུལ་བས་དཀོན་མཆོག་ཕུན་ཚོགས་སུ་གསོལ། མཁས་གྲུབ་གཉིས་ལྡན་གྱི་དགེ་བའི་བཤེས་གཉེན་དུ་མའི་དྲུང་དུ་མདོ་སྔགས་གཉིས་ཀྱིས་གཙོས་པའི་གཞུང་ལུགས་ལ་གསན་བཞེས་མཛད་པ་དང་། དེ་བཞིན་བཀའ་སྙིང་གི་བླ་མ་དམ་པ་ཁྱད་འཕགས་རྣམས་བསྟེན་ནས་མདོ་སྔགས་རང་ལུགས་སོགས་ཀྱི་ཆོས་དང་ཐུན་མོང་རིག་གནས་ལ་སྦྱོང་པ་མཛད་དེ། མཁས་

གྲུབ་གཉིས་ལྡན་གྱི་གོ་འཕང་ལ་མངའ་བརྙེས་པའི་མཁས་པའི་སྙན་གྲགས་ཐོབ། སྒྲུབ་པ་ཉམས་བཞེས་ལ་བརྩོན་པར་མཛད། རེ་ཞིག་སྐུ་ཐུགས་འཆང་གི་ཆས་སུ་བཞུགས་ནས་གཙང་སྡེ་སྲིད་ཀྱི་སྲས་མོ་ལྷམ་དྲུང་ཁབ་ཏུ་བཞེས། ལྷམ་དྲུང་མའི་བཞུགས་གནས་སུ་བྱེ་རི་སྟག་རྩེའི་ཕོ་བྲང་གསར་རྒྱག་དང་། གདན་ས་སོགས་ལ་རྟེན་བཞེངས་མང་དུ་མཛད། ཤིང་གླང་(སྤྱི་ལོ་༡༦༢༥)ལོར་བླ་མ་བ་ལོག་པ་སྤྲིན་པ་ཕུན་ཚོགས་ཀྱིས་མཁན་པོ་གནང་ནས་བསྙེན་པར་རྫོགས། ལྷག་པར་གསོ་རིག་ཐད་ཀྱི་སློབ་དཔོན་ནི་ཚེ་ཡི་རིག་བྱེད་འཛིན་པ་གུ་ཎ་ཀཱ་རའི་མཚན་ཅན་བསྟེན་ནས་དཔལ་ལྡན་རྒྱུད་བཞི་གཙོ་གྱུར་གྱི་གཞུང་དང་། མན་ངག་ལག་ལེན་སྐོར་རྣམས་ཐུགས་རྒྱུད་གཅིག་འདྲེས་ཀྱི་གདམས་པའི་གནད་རྣམས་མ་ལུས་པ་མཁྱེན་ནས་དེ་དག་ལས་རིམ་བཞིན་སྨན་དཔྱད་ལག་ལེན་སྐོར་ལ། ཐུན་མོང་མ་ཡིན་པའི་ཁྱད་ཆོས་མང་པོ་ངེས་པར་རྙེད་དེ་འབྲི་ལུགས་ཞེས་པའི་སྲོལ་གཏོད་ཐོག་མར་མཛད་པ་སོགས་གསོ་རིག་ཐད་ཤིན་ཏུ་མཁས་པར་གྱུར། སྐབས་དེ་དུས་དྭ་ལའི་བླ་མ་སྐུ་ཕྲེང་ལྔ་པས་འབྲི་གུང་ཆོས་གྲགས་ལས་བཀའ་སྙིང་གི་གདམས་པ་ཁག་གཅིག་གསན་བཞེས་གནང་བར་བརྟེན། རིན་ཆེན་སྣ་ལྔ་ལས་གྲུབ་པའི་སྨན་བཟོའི་ཡོ་བྱད་ངོ་མཚར་ཅན་ཁ་ཤས་འབུལ་གནང་མཛད། རྗེ་འདི་ལ་རྒྱུད་འཛིན་ཞལ་སློབ་ཕུལ་དུ་ཕྱིན་པ་སྨན་རྩིས་གཉིས་ཀར་མཁས་པ་པཎ་ཆེན་དཀོན་མཆོག་ལྷུན་གྲུབ་དང་། དཀོན་མཆོག་འགྲོ་ཕན་དབང་པོའམ་ཚེ་དབང་བརྟན་པ། ལྷོ་འཕྲིན་ལས་རྣམ་རྒྱལ་སོགས་སློབ་མ་ཤིན་ཏུ་མང་། བརྩམས་ཆོས་ཐད་གྲགས་ཅན་གྱི《རྒྱུད་བཞིའི་བཀའ་མཆན》ཞེས་པ་དང་།《རིན་ཆེན་ཕྲུག་ལེན》བཤད་རྒྱུད་རྒྱང་སེལ་སྐོར་ལ་སྡེ་སྲིད་སངས་རྒྱས་རྒྱ་མཚོས་བཀའ་འདྲི་གནང་བའི་ལན《དཀའ་གནད་དོགས་སེལ》 འབྲི་ལུགས་

ཀྱི་ཁྱད་ཆོས་རྣད་དུ་བྱུང་བའི་《འབམ་བཅོས་ཚེ་འཛིན་སྲོག་སྐྱོབ》 རིམས་ནད་ཀུན་གྱི་གཉེན་པོ་འབྲི་ལུགས་སྨན་ནག་འཕྲུལ་འཁོར་ཆེན་མོའི་ཞལ་ཤེས་ཕྱག་ལེན་སོགས་ཕུལ་དུ་བྱུང་བའི་སྨན་བཅོས་ཀྱི་ཉམས་མྱོང་རྣམས་ཕྱི་རབས་ནད་པའི་དོན་དུ་འཛོག་གནང་མཛད། དགུང་གྲངས་རེ་ལྔར་ཕེབས་པ་རབ་བྱུང་བཅུ་གཅིག་པའི་ས་ཕག་(སྤྱི་ལོ་༡༧༥༨)ལོར་སྐུ་འདས། སྨན་དཔྱད་ལ་མཁས་པས་སྨན་པ་རིག་འཛིན་ཆོས་གྲགས་ཞེས་ཞུ་མཁན་ཡང་ཡོད་པར་སྣང་། རྗེ་འདི་ནས་བཟུང་འབྲི་གུང་གདན་སར་སྐྱེ་སྤྲུལ་བརྒྱད་གཅོད་ཞུ་སྲོལ་དར་ཞིང་། ཁོང་ནི་ཆུང་ཚང་སྐུ་ཕྲེང་དང་པོ་ཡིན།

## གསུམ་པ། དབུས་སྟོད་མལ་གྲོའི་ཁུལ་དུ་བྱུང་བའི་དགའ་ལྡན་ཁྲི་པ།

### ༡ ཁྲི་ཆེན་རྒྱ་ར་ཆོས་སྐྱོང་རྒྱ་མཚོ།

དགའ་ལྡན་ཁྲི་ཐོག་བཅུ་དྲུག་པ་ཁྲི་ཆེན་རྒྱ་ར་ཆོས་སྐྱོང་རྒྱ་མཚོ་ནི། དབུས་སྟོད་རྒྱ་ར་གུར་དུ་རབ་བྱུང་བརྒྱད་པའི་ཆུ་སྦྲུལ་(སྤྱི་ལོ་༡༦༧༣) ལོར་འཁྲུངས་ཤིང་། བྲག་དབར་དགོན་དུ་རབ་བྱུང་མཛད། དགུང་ལོ་ཆུང་དུས་སུ་ཀུན་མཁྱེན་ཀློང་ཆེན་པའི་གསུང་རབ་སྙིང་ཐིག་སྐོར་གསན། འབྲས་སྤུངས་སུ་ཆོས་བཞུགས་མཛད་དེ་འཇམ་དབྱངས་དགའ་བའི་བློ་གྲོས་བསྟེན་ནས་གཞུང་ཆེན་པོ་ལྔ་ལ་སྦྱངས་པ་མཐར་ཕྱིན་པ་མཛད། རྒྱུད་སྨད་དུ་བཞུགས་ནས་རྗེ་པ་ཤེས་རབ་བཟང་པོ་བླ་མར་བསྟེན་ནས་རྒྱུད་འགྲེལ་གྱི་བཤད་པ་དང་། བསྐྱེད་རྫོགས་ཀྱི་ཁྲིད། མན་ངག་ཁག་མང་པོའི་ཕྱག་བཞེས་བཅས་ཆ་ཚང་བ་གསན། རྒྱུད་ཆེན་ཚུལ་ཁྲིམས་བཟང་པོའི་དྲུང་ནས་མདོ་སྔགས་ཀྱི་ཆོས་རྒྱུན་མང་པོ་གསན། དགུང་ལོ་ཞེ་བརྒྱད་པ་ལྕགས་འབྲུག་(སྤྱི་ལོ་༡༥༢༠)ལོར་རྒྱུད་སྨད་

ཀྱི་ཁྲིར་ཕེབས་ནས་ལོ་བཅུ་བཞིའི་རིང་རྒྱུད་འགྲེལ་གྱི་འཆད་ཉན་དང་། བསྐྱེད་རྫོགས་ཀྱི་ཁྲིད་གནང་བ་སོགས་གོང་འཕེལ་དུ་བསྐྱངས་པས། རྒྱུད་འཛིན་སློབ་མ་ཡང་མང་པོ་བྱུང་། བྱང་རྩེ་ཆོས་རྗེའི་ཁྲིར་ཕེབས་ནས་རྒྱུད་སྨད་ཁྲིད་ཆེན་བརྒྱད་དུ་གྲགས་པའི་མན་ངག་མཐའ་དག་དར་སྤེལ་ཐོག《གསང་འདུས་བསྐྱེད་རྫོགས》རྒྱས་བསྡུས་གཉིས་དང་།《དབུ་མའི་ལྟ་ཁྲིད》བཅས་མཛད། དགུང་ལོ་རེ་གསུམ་པ་རབ་བྱུང་དགུ་པའི་ཤིང་ལུག་(སྤྱི་ལོ་༡༥༣༥)ལོར་དགའ་ལྡན་གྱི་ཁྲིར་ཕེབས་ནས་ལོ་བཞིའི་བར་བསྐྱངས། སྟོད་ལུང་ཕྱིར་མིག་ལུང་དུ་རྒྱུད་སྨད་ཐོག་ལ་ཕེབས་སྐབས་གྲྭ་ཚང་ཡང་སྟེང་མཁན་པོས་མཚམས་པ་བ་རྣམས་ལ་ནཱ་རོ་ཆོས་དྲུག་སོགས་ཀྱི་ཁྲིད་ཆེན་བརྒྱད་གནང་སྲོལ་གཏོད། ཐུབ་དབང་གི་གོས་སྐུ་ཆེན་པོ་བཞེངས། དགུང་གྲངས་རེ་བདུན་པ་རབ་བྱུང་དགུ་པའི་ས་ཕག་(སྤྱི་ལོ་༡༥༣༩)ལོར་ངོ་མཚར་བའི་ལྟས་དང་བཅས་ཏེ་སྐུ་གཤེགས། སྐུ་གདུང་མཆོད་རྟེན་ནི་དགའ་ལྡན་དུ་མཁས་གྲུབ་རིན་པོ་ཆེའི་སྐུ་གདུང་གི་གཡོན་ཟུར་དུ་བཞུགས། གསུང་རྩོམ《གསང་འདུས་པའི་བསྐྱེད་རིམ་དང་རྫོགས་རིམ་གྱི་ཁྲིད》རྒྱས་བསྡུས་གཉིས་དང་།《བདེ་མཆོག་བསྐྱེད་རིམ་འདོད་འཇོའི་ཡང་སྙིང》《ཕྱག་རྡོར་འཁོར་ཆེན་གྱི་བསྐྱེད་རྫོགས་ཀྱི་བྱིན་རླབས་བཞི་ལྡན》《ནཱ་རོ་ཆོས་དྲུག་གི་ཁྲིད་ཡིག》《ཕྱག་རྡོར་གསང་བ་བསམ་གྱིས་མི་ཁྱབ་པའི་ཁྲིད་ཡིག》《དབུ་མའི་ལྟ་ཁྲིད》བཅས་ཡོད་པ་དང་། དེ་དག་གི་ཁྲིད་རྒྱུན་ཡང་མ་ཆད་པར་ཡོད་མུས་ལགས།

༢ ཁྲི་ཆེན་ཆོས་གྲགས་བཟང་པོ།

དགའ་ལྡན་ཁྲི་ཐོག་ཉེ་ཤུ་པ་ཁྲི་ཆེན་ཆོས་གྲགས་བཟང་པོ་ནི། དབུས་སྟོད་སྟག་ཕུ་དགོན་པའི་ཉེ་འདབས་ཀྱི་གྲོང་ཚོ་ཞིག་ཏུ་རབ་བྱུང་བརྒྱད་པའི་ཆུ་

བླང་（ སྤྱི་ལོ་ ༡༤༩༣ ）ལོར་འཁྲུངས། སྟག་ཕུ་ཆོས་སྡེར་རབ་བྱུང་མཛད། གཞུང་ཆེན་པོའི་སློབ་གཉེར་གྲྭ་ས་གང་དུ་མཛད་པའི་ལོ་རྒྱུས་མི་གསལ། གཞུང་ཆེན་སློབ་གཉེར་གྲུབ་ནས་རྒྱུད་སྨད་དུ་བཞུགས་ཏེ། རྒྱ་ར་ཆོས་སྐྱོང་རྒྱ་མཚོ་དང་ཆོས་རྗེ་རྒྱལ་མཚན་བཟང་པོར་བསྟེན་ནས་མདོ་སྔགས་ཀྱི་ཆོས་སྐོར་ཆ་ཚང་བ་གསན་ནས་མཁས་པ་ཆེན་པོར་གྱུར། རྒྱུད་སྨད་ཀྱི་མཁན་པོའི་ཁྲིར་ཕེབས་ནས་འཆད་ཉན་གོང་འཕེལ་དུ་སྐྱོང་བཞིན་ཡོད། བྱང་རྩེ་ཆོས་རྗེའི་ཁྲིར་ཕེབས། དགུང་ལོ་དྲུག་ཅུ་པ་རབ་བྱུང་དགུ་པའི་ཆུ་བྱི་（ སྤྱི་ལོ་ ༡༥༥༢ ）ལོར་དགའ་ལྡན་གྱི་ཁྲིར་ཕེབས་ནས་ལོ་བདུན་བར་བསྐྱངས། གནས་བརྟན་བཅུ་དྲུག་གི་གོས་སྐུ་བཞེངས་པ་སོགས་མཛད་དེ་ས་རྟ（ སྤྱི་ལོ་ ༡༥༥༨ ）ལོ་ཟླུར་བཞུགས། ལོ་གཅིག་སོང་བ་དགུང་གྲངས་རེ་བདུན་པ་རབ་བྱུང་དགུ་པའི་ས་ལུག（ སྤྱི་ལོ་ ༡༥༥༩ ） ལོར་བདེ་ཆེན་གསང་སྔགས་མཁར་དུ་སྐུ་གཤེགས། སྐུ་གདུང་ཞུགས་འབུལ་ཞུས་པར་རྟེན་ངོ་མཚར་ཅན་མང་དུ་བྱོན་པ་རྣམས་དངུལ་གདུང་བཞེངས་པའི་ནང་དུ་བཞུགས།

### ༣ ཁྲི་ཆེན་སངས་རྒྱས་རིན་ཆེན།

དགའ་ལྡན་ཁྲི་ཐོག་ཉེར་བདུན་པ་ཁྲི་ཆེན་སངས་རྒྱས་རིན་ཆེན་ནི་མལ་དྲོ་ལྷ་སྒོའི་འབྲོག་སྡེར་རབ་བྱུང་དགུ་པའི་ལྕགས་བྱི་（ སྤྱི་ལོ་ ༡༥༤༠ ）ལོར་འཁྲུངས་ཤིང་། དགུང་ལོ་བཅུ་གསུམ་ལ་རབ་ཏུ་བྱུང་། སེ་ར་སྨད་པའི་འཆད་ཉན་པ་དང་ཤར་པ་སྤྲེལ་ནས་མཛད། གསང་ཕུ་ཉག་རོང་གྲྭ་ཚང་（ རྗེས་སུ་དགའ་ལྡན་ཤར་རྩེ་དང་སྦྲེལ）དུ་སློབ་གཉེར་མཛད། དགུང་ལོ་ང་བདུན་པ་རབ་བྱུང་བཅུ་པའི་མེ་སྤྲེལ（ སྤྱི་ལོ་ ༡༥༩༦ ）ལོར་དགའ་ལྡན་གྱི་ཁྲིར་ཕེབས། དགའ་ལྡན་ཡངས་པ་ཅན་ཞིག་གསོ་དང་། ལྷ་སའི་སྨོན་ལམ་གྱི་གྲལ་དབུ

མཛད། དགུང་གྲངས་རེ་བཞི་རབ་བྱུང་བཅུ་པའི་ཆུ་ཡོས(སྤྱི་ལོ་༡༧༠༢)ལོར་བྲུར་བཞུགས་ཀྱིས་ཐང་སྐུ་དང་། ཕག་མོ་ཆོས་སྡེ། རིན་ཆེན་གླིང་སོགས་ཀྱི་བླ་མ་གནང་ཐོག་ཏྲ་ལའི་བླ་མ་སྐུ་ཕྲེང་བཞི་པ་ཡོན་ཏན་རྒྱ་མཚོའི་རབ་བྱུང་མཁན་པོ་མཛད། དགུང་གྲངས་དོན་གསུམ་རབ་བྱུང་བཅུ་པའི་ཆུ་བྱི(སྤྱི་ལོ་༡༧༡༣)ལོར་སྐུ་གཤེགས།

༨ ཁྲི་ཆེན་མཁྱེན་རབ་ཡོན་ཏན་རྒྱ་མཚོ།

(དགའ་ཁྲི་གྱ་བརྒྱད་པ་མཁྱེན་རབ་ཡོན་ཏན་རྒྱ་མཚོ)ཡོངས་གྲགས་སུ་ལྷང་རྒྱབ་ཁྲི་ཆེན་ཞུ་བ་དེ་ཡིན། སྤྱི་ལོའི་དུས་རབས་བཅུ་དགུ་པའི་ནང་དབུས་སྟོད་འབྲི་གུང་དུ་འཁྲུངས། ལྷ་སར་ཕེབས་ནས་ཐོག་མར་སྨྲ་མང་གུར་རུ་ཁང་ཚན་དུ་སྒྲིགས་ཞུགསམཛད་ཀྱང་། ཐོབ་ཁུངས་ལ་བརྟེན་པའི་རྩོད་གླེང་བྱུང་བར་འབྲས་སྤུངས་བློ་གསལ་གླིང་ཧི་ཏོར་ཁང་ཚན་དུ་སྒྲིག་ཞུགས་མཛད་དགོས་བྱུང་། གཞུང་ཆེན་མོའི་སློབ་གཉེར་ཐོན་ནས་དགེ་བཤེས་ལྷ་རམས་པ་གནང་རྗེས། རྒྱུད་སྨད་གྲྭ་ཚང་དུ་ཆོས་ཞུགས་མཛད་ནས་གསང་སྔགས་ཀྱི་སློབ་གཉེར་དང་ཆབས་ཅིག་མདོ་སྔགས་གྱི་ཆོས་རྒྱུན་རྒྱ་ཆེར་གསན། རིམ་བཞིན་རྒྱུད་སྨད་བླ་མ་དབུ་མཛད་དང་། མཁན་པོ། བྱང་རྩེ་ཆོས་རྗེ་བཅས་ཀྱི་ཁྲི་ལ་ཕེབས། རབ་བྱུང་བཅོ་ལྔ་པའི་ཤིང་སྟག(སྤྱི་ལོ་༡༩༡༨)ལོར་དགའ་ལྡན་གྱི་ཁྲིར་ཕེབས། སྔ་རྗེས་སུ་མདོ་སྔགས་ཀྱི་ཆོས་རྒྱུན་མང་པོ་འཆད་སྤེལ་མཛད། ཁྲི་ལ་ཕེབས་ནས་ལོ་དྲུག་པ་ས་ལུག(སྤྱི་ལོ་༡༩༡༩)ལོར་སྐུ་གཤེགས། ཞལ་ཆེམས་སུ་ངའི་ཡང་སྲིད་མེད་པས་རྩད་གཅོད་མ་བྱེད་ཅེས་བཀའ་གནང་བ་ལྟར། སྐུ་ཆས་གང་ཡོད་དགོངས་རྫོགས་མཆོད་འབུལ་དུ་བཏང་ཞེས་ཁྲི་ཆེན་དེ་དང་དུས་ཐོག་གཅིག་པའི་སྐྱེས་ཆེན་དམ་པ་འགའ་ཞིག་གི་ཞལ་ནས་དངོས་སུ་ཐོས་བྱུང་

ལགས། ཁོང་ལྷ་ས་ལྷུང་རྒྱབ་ཁང་གསར་དུ་བཞུགས་སྐབས་ཁྲི་ལྷུང་རྒྱབ་པ་ཞེས་འབོད། 《སྨྱུར་བའི་ཆོས་དྲུག་གི་འདོན་བསྒྲིགས་ཆ་བབས་སུ་བཀོད་པ》སོགས་གསུང་རྩོམ་པོད་གཅིག་ཡོད།

## བཞི་པ། དབུས་སྟོད་མལ་གྲོའི་ཁུལ་གྱི་གྲགས་ཅན་སྐྱེས་མ།

### ༡ འབྲི་གུང་སྒོམ་མ་རིན་ཆེན་དཔལ་མོ།

འབྲི་གུང་སྒོམ་མ་རིན་ཆེན་དཔལ་མོ་ནི། འབྲི་གུང་གདན་རབས་བཅོ་ལྔ་པ་ཀུན་དགའ་རིན་ཆེན་གྱི་མ་ཡུམ་དང་། སྟག་རྩེ་མི་དཔོན་གྱི་སྲས་མོ་ཡིན། འབྲི་གུང་ཆོས་རྗེ་རིན་ཆེན་ཆོས་ཀྱི་རྒྱལ་མཚན་དཔལ་བཟང་པོའི་ཇོ་མོར་བཞེས། འབྲི་གུང་གི་སྒོམ་པ་(དཔོན་ཆེན་)ཡི་ལས་འགན་བཟུང་སྐབས་སྒོམ་མ་ཞེས་བརྗོད། དུས་ཚོད་གང་ཙམ་རིང་སྒོམ་པ་གནང་རྗེས་སྐུ་ན་མཐོར་གསོན་པས། གླུང་ཤོད་རྩེ་པའི་གཞིས་ཁར་ཟུར་བཞུགས་མཛད་དེ་སྲིད་སྐྱོང་སྒོམ་པའི་འཁུར་མགོན་པོ་རྒྱལ་མཚན་གྱིས་བཞེས། སྒོམ་མ་རིན་ཆེན་དཔལ་མོ་ནི་འབྲི་གུང་དུ་བུད་མེད་ཀྱིས་སྒོམ་པ་གནང་མཁན་གཅིག་པོ་དེ་ཡིན།

### ༢ ནེ་ནེ་ཆོས་ལྡན་དབང་མོ།

ནེ་ནེ་ཆོས་ལྡན་བཟང་མོ་ནི་འབྲི་གུང་གཞུ་སྟོད་ཀྱི་ཆ་སྒྲུ་ཕོད་མདོ་སྣང་(ད་ལྟའི་ཡངས་རི་སྒར་ཁོངས་གྲུ་ཕོད་མདོ་སྣང་)དུ་ཡབ་རིག་འཛིན་འཇིགས་མེད་གླིང་པའི་སྲས་མོ་གཅེན་སྐྱབས་མགོན་ཆོས་ཀྱི་རྒྱལ་མཚན་ལྷན་དུ་འབྲི་གུང་དུ་ཕྱིན་ནས་སྒྲུར་བཞུགས་པའི་བརྒྱུད་སྒོ་པོ་གནམ་གང་དང་། ཡུམ་སྒྲུ་ཁང་པའི་བུ་མོ་ཚེ་ཉིད་ཀྱི་སྲས་སུ་རབ་བྱུང་བཅོ་ལྔ་པའི་མེ་གླང་(སྤྱི་ལོ་༡༨༧༧)ལོར་འཁྲུངས། དུས་རབས་བཅུ་དགུ་པའི་དཀྱིལ་ནས་ཉེ་སྨའི་དཀྱིལ་བར་གྲགས་ཆེ་བའི་རྗེ་བཙུན་མ་ཞིག་ཡིན་ཞིང་། སྒྲུའི་ཕུད་ནང་དུ་ཁོང་གི་དབུ་སྒྲ

བསིལ་ས་ལས་བྱུང་བར་གྲགས་པའི་ཆུ་མིག་ཞིག་ཀྱང་ད་ལྟར་མཆིས། རས་ཆེན་ངག་དབང་ཕུན་ཚོགས་སྐྱུར་ཕྱིན་པར་མཇལ་བས་བཅོས་མིན་གྱི་མོས་པ་འཁྲུངས་ནས། རྗེས་སུ་འཛིན་པར་གསོལ་བས་བཙུན་མ་བྱས་ན་ལེགས་ཞེས་གསུངས་པས་ནང་ནས་བཙུན་མ་བྱེད་པར་ཐག་བཅད་ནས་གཉེར་སྒྲོམ་དུ་ཕྱིན། རས་ཆེན་མཆོག་གི་ཞབས་ལ་གཏུགས་ནས་རྒྱལ་བའི་བསྟན་པ་ལ་ཐོས་བསམ་གྱི་བྱ་བ་དགུ་བརྩམས། བཙུན་མ་གཞན་ལྟར་སྟོན་ཀ་བསོད་སྙོམས་དང་སྒྲུག་སྒྲུག་ལའང་ལན་མང་དུ་ཕྱིན། སྐྱབས་མགོན་ཀུན་གཟིགས་ཆོས་ཀྱི་སྣྭ་གྲོས་སོགས་ལས་སྒྲུབ་བརྒྱུད་འདི་ཉིད་ཀྱི་ཆོས་མཛོད་ལྷ་ལྡན་སོགས་ཅི་རིགས་པ་གསན་པ་དང་། གཉེར་སྒྲོམ་རྒྱང་གྲགས་སུ་ཚེ་དང་སྒྲུབ་པ་སྙོམས་པའི་བརྩོན་འགྲུས་ཀྱིས་ཉམས་ལེན་ཆུ་བོའི་རྒྱུན་བཞིན་མཛད། དགུ་ལ་མཚམས་སྒྲ་རིང་པོ་ཞིག་བཞག་ཡོད། འབྲི་གུང་ཙམ་མ་ཟད་ས་ཕྱོགས་མང་པོ་ནས་སྐད་གྲགས་ཐོས་ནས་ཆོས་ཞུར་ཡོང་མཁན་མང་དུ་བྱུང་སྟེ། སྒྲུབ་པའི་ལག་རྗེས་རྨད་དུ་བྱུང་བས་རྗེས་འཇུག་སྐལ་ལྡན་མང་པོར་ཐར་པའི་སྒོ་འཕར་ཡངས་པོར་ཕྱེས། ལྷ་ལྡན་དང་ཡང་ཟབ་གང་འདོད་ཀྱི་ཁྲིད་བསྐྱལ། སྐུ་ཚེ་ཧྲིལ་པོར་སྒྲུབ་པ་མཛད་ཅིང་དགུང་གྲངས་གྱ་གཅིག་ལ་ཕེབས་པ་རབ་བྱུང་བཅུ་དྲུག་པའི་ས་ཁྱི་( སྤྱི་ལོ་༡༩༥༨ ) ལོར་དགོངས་པ་ཆོས་དབྱིངས་སུ་ཐིམ། གཞུང་སའི་མི་དྲག་མང་པོས་ཀྱང་མཇལ་བཅར་ཆོས་འབྲེལ་བྱེད་པ་སོགས་ཆོས་འབྲེལ་ཐོབ་པ་ཤིན་ཏུ་མང་། སློབ་མ་གཙོ་གྲས་ནི་དཀར་ཤེའི་ཤེས་རབ་མཐར་ཕྱིན་དང་། ག་རྫའི་ཡེ་ཤེས་སྒྲོལ་མ། རྫ་འབེའི་ཨ་ནེ་སོགས་ཡོད། དུས་སྐབས་དེར་འབྲི་གུང་གི་ནེ་ནེ་ཆོས་ལྡན་བཟང་མོ་དང་། ཤུགས་གསེབ་ལོ་ཆེན་ཆོས་ཉིད་བཟང་མོ། སྟག་ལུང་གི་ཆོས་དྲུང་མ་བསྟན་འཛིན་ཆོས་ཉིད་དབང་མོ་གསུམ་ནི་ཆོས་ལུགས་ཀྱི་མཚན་སྙན་ཆེ་

ཅམ་ཡོད་མཁན་གྱི་བུད་མེད་ཡིན་སྐབས་རྗེ་བཙུན་མ་རྣམ་པ་གསུམ་ཞེས་འབོད་མཁན་ཡང་ཡོད་འདུག

### ༣ ལྷ་མོ་མཁས་ཅན་ཨ་མ་ཚེ་རིང་། （ཨ་མ་སེ་རིལ）

ཨ་མ་ཚེ་རིང་ནི། སྤྱི་ལོའི་དུས་རབས་ཉི་ཤུ་པའི་འགོར་མལ་གྲོ་གུང་དཀར་རྫོང་ཁོངས་འབྲི་གུང་ཁུལ་གྱི་ཞིང་པའི་ཁྱིམ་ཚང་ཞིག་ཏུ་བཙས་ཤིང་། འབྲི་གུང་གི་ལྷ་མོ་བའི་ནང་ཞུགས་ནས་ལྷ་མོ་འཁྲབ། དེ་རྗེས་སྐྱོར་མོ་ལུང་གི་ལྷ་མོའི་སྐྱིད་སྡུག་ལ་བཅུག་པ་དང་། ཁོང་གིས་ལྷ་མོའི་འཁྲབ་རྩལ་ལེགས་པར་སྦྱངས་ནས་ཕོ་འཁྲབ་མོ་འཁྲབ་ཚང་མ་ཤེས་པ་མ་ཟད། སྐད་གདངས་སྙན་ལ་མགྲིན་ཁུག་ཡག་པོ་ཡོད་སྐབས། ཕོ་མོའི་འཁྲབ་སྟོན་གང་ཡང་བྱེད་ལ་རྒྱུ་ལུའི་འགན་ཡང་འཁུར་བ་རེད། རབ་བྱུང་དྲུག་པའི་ས་ཕག（སྤྱི་ལོ་༡༩༥༩）ལོར་སྐྱོར་མོ་ལུང་ལྷ་མོ་ཚོགས་པ་དེ་བོད་ལྗོངས་ལྷ་མོ་ཚོགས་པར་བསྒྱུར་བ་ནས་ཕྱི་རྗེས་སུ་ཨ་མ་ཚེ་རིང་གིས་ཚོགས་གཙོ་གཞོན་པ་དང་། ཚོགས་གཙོའི་འགན་འཁུར་ཏེ་བོད་ཀྱི་ལྷ་མོར་བཅོས་སྒྲིག་བྱེད་པའི་ནང་ཞུགས་པ། ལྗོངས་སྲིད་གྲོས་ཀྱི་ཨུ་ཡོན་སོགས་བྱས་ཤིང་། ཆུ་ཕག（སྤྱི་ལོ་༡༩༨༣）ལོར་སྐུ་འདས།

## ལྔ་པ། དབྱིན་འགོག་དཔའ་བོ་མདའ་དཔོན་ལྷ་སྡིངས་སོགས་ཉེ་རབས་ལོ་རྒྱུས་ཐོག་གི་གྲགས་ཅན་མི་སྣ།

### ༡ དབྱིན་འགོག་དཔའ་བོ་མདའ་དཔོན་ལྷ་སྡིངས།

མདའ་དཔོན་ལྷ་སྡིངས་པ་དགྲ་ལྷ་ནི། དབྱིན་ཇི་བཙན་འཛུལ་དམག་ལ་འཐབ་རྩོད་བྱེད་སྐབས་རང་སྲོག་བློས་བཏང་བའི་བཙན་རྒོལ་གྱི་དཔའ་བོ་ཞིག་རེད། ཁོང་ནི་སྤྱི་ལོ་༡༨༧༧ལོར་འཁྲུངས་ཤིང་། དེ་སྐབས་བོད་ས་གནས་སྲིད་གཞུང་གི་ཤོད་དྲུང་སྲུས་རྣམ་པ་དང་། ཆིབས་དཔོན་ཆེ་མོ་བ། དེ་རྗེས་བོད་

དམག་གི་གཙང་མདའ་དཔོན་གྱི་ལས་འགན་བཞེས་པར་མདའ་དཔོན་ལྷ་སྡིངས་སྲས་སུ་གྲགས། སྤྱི་ལོ་༡༩༠༣ ལོའི་ཟླ་༡༡པར་དབྱིན་ཇི་བཙན་འཛུལ་པས་སེང་པའི་རྐང་དམག་ཆིག་སྟོང་བཞི་བརྒྱ་ཙམ་དང་། གོར་ཁའི་དམག་མི་གྲངས་བདུན་བརྒྱ། རྟ་དམག་བརྒྱ། མེ་སྒྱོགས་དང་མེ་མདའ་སྦག་སྦག་གི་དམག་སྡེ་ཁག་གཅིག སྨན་ཁང་དང་། རྒྱབ་ཕྱོགས་མཐོ་སྤྲོད་དཔུང་སྡེ་སོགས་མི་གྲངས་ཆིག་ཁྲི་ལྷག་ཙམ་སྦྲིག་འཛུགས་བྱས་པའི་ནང་དབྱིན་ཇིའི་མི་བརྒྱ་ལྷག་ཙམ་ལས་མེད། དབྱིན་དམག་གི་དམག་དཔོན་ཆེན་པོ་རྒྱ་ཁྲ་ཐང་ནའི་བཀོད་འདོམས་འོག་ཧྲང་ཞའོ་དམག་དཔོན་རུང་ཧྥའོ་ཧྲང་གིས་དམག་སྣེ་ཁྲིད་དེ། ལོ་དེའི་ཟླ་༡༢ ཚེས་༡༢ ཉིན་དབྱིན་དམག་རྣམས་ནག་ཐང་དུ་འཛོམས། དེ་ནས་རིམ་བཞིན་ཛ་ལེབ་ལ་བརྒལ་ཏེ་གྲོ་མོ་རིན་ཆེན་སྒང་དང་། ཕག་རི་རྫོང་ལ། གུ་རུ་སོགས་སུ་འོངས། སྐབས་དེ་དུས་བོད་ཀྱི་ཡུལ་དམག་སུམ་སྟོང་ལྷག་ཙམ་གཡུལ་སའི་མདུན་ཕྱོགས་ཕག་རིར་འཁྱོར་ནས་འགོག་རྒོལ་མཐའ་གཅིག་ཏུ་བྱས་ཀྱང་། དུས་དེར་དབྱིན་དམག་གིས་ཕག་རི་བཙན་བཟུང་བྱས་རྗེས་རིམ་བཞིན་རྒྱལ་རྩེ་ཕྱོགས་སུ་དམག་སྐྱོད་བྱེད་པའི་གྲབས་བྱས། བོད་དམག་གི་རྒྱབ་ཕྱོགས་སུ་དཔུང་རོགས་ཇི་ཡོད་མ་ཤེས་སྟབས། དབྱིན་ཇིས་དོ་པོ་དབོར་འདྲེན་མཁན་བོད་མི་གཉིས་ཆེད་མངག་ཕྱུགས་རྫིར་བརྫུས་ནས་ཀ་ལ་བར་བོད་དམག་གི་རྒྱབ་ཕྱོགས་སུ་དཔུང་རོགས་གང་དང་གང་ཡོད་ཉུལ་ཞིབ་ལ་བཏང་སྐབས་མི་གཅིག་འཛིན་བཟུང་བྱས་པ་དང་། གཅིག་བྲོས་ཤོར་བས་རྒྱབ་ཕྱོགས་སུ་དཔུང་དམག་འབོར་ཆེན་ཡོད་པའི་གནས་ཚུལ་རྣམས་དབྱིན་དམག་གི་འགོ་དཔོན་ལ་བཤད་པས་དངངས་སྐྲག་རབ་ཏུ་སྐྱེས་ཏེ་བྱེད་ཐབས་བསྒྱུར་ནས་གཡོ་ཅན་དྲང་བརྫུས་ཀྱིས་ཤིང་འབྲུག་(སྤྱི་ལོ་༡༩༠༤) ལོའི་ཟླ་༡ཚེས་༡༥ཞོགས་པ་དུད་སྣེ་

ནས་བོད་ཀྱི་དམག་སྒར་ལ་དབྱིན་བོད་ཞི་གྲོས་མི་སྣ་གང་མགྱོགས་ལྷན་འཛོམས་བྱ་རྒྱུའི་ཡི་གེ་བཏང་བར་བརྟེན། བོད་ཀྱི་དཔོན་དམག་རྣམས་དབྱིན་དམག་གི་གཡོ་སྒྱུའི་སྒྲོར་བའི་མགོ་སྐོར་འོག་ཚུད་དེ་གྲོས་མོལ་བྱེད་རྒྱུ་ཁས་བླངས། དེ་ནས་མདའ་དཔོན་ལྷ་སྡིངས་སྲས་དང་། རྣམ་སྲས་གླིང་། རྒྱལ་རྩེ་རྫུ་དཔོན་སྐྱིད་སྡུག པཎ་ཆེན་རིན་པོ་ཆེའི་སྐུ་ཚབ་གསོལ་དཔོན་མཁན་པོ་བཟུར་ཁང་ནུབ་སོཏ་བོད་ཕྱོགས་ཀྱི་འཐུའ་མི་དང་། རྟུང་ཏའོ་ཧྲང་སོགས་དབྱིན་ཇིའི་འགོ་དམག་གི་འཐུས་མི་རྣམས་ཆུ་མིག་གཞོངས་ཀོའི་དཀྱིལ་དུ་རྫོའི་རགས་སྐོར་ཞིག་ཡོད་སར་འཛོམས་ཐོག་ཕན་ཚུན་གོ་མིང་ངོ་སྤྲོད་བྱེད་རེས་བྱས་རྗེས། དབྱིན་ཇིའི་དམག་དཔོན་རྟུང་ཏའོ་ཧྲང་གིས་“གྲོས་མོལ་བྱེད་པར་ཐོག་མར་ཕྱོགས་གཉིས་ཀས་སྔོན་འགྲོའི་ཆ་རྐྱེན་དུ་ཞི་བའི་སྒོ་ནས་གྲོས་མོལ་བྱེད་དགོས་སྟབས་དྲག་ཆས་འཇོག་དགོས་པས་ཕན་ཚུན་དམག་མི་ཚོའི་མེ་མདའི་ནང་གི་མདེའུ་འདོན་དགོས་ཤིང་། བོད་དམག་ཚོས་སྒུད་ཏིའི་མེ་གསོད་དགོས་པ་དང་། དབྱིན་དམག་ཚང་མས་མེ་མདའི་ཁོག་ནང་གི་མདེའུ་ཚང་མ་འདོན་རྒྱུ་ཡིན། ”ཞེས་བརྗོད། སྐབས་དེར་དགྲ་ཕྱོགས་ཀྱི་ཁ་མཁས་ཚིག་འཇམ་ལ་ཡིད་ཆེས་ཀྱིས་མདའ་དཔོན་ལྷ་སྡིངས་པ་སོགས་འཐུས་མི་རྣམས་ནས་དེ་ལྟར་དང་ལེན་གྱིས། བོད་དམག་རྣམས་ལ་བཀའ་བརྡ་བཏང་བས་བོད་དམག་ཡོངས་ནས་མེ་མདའི་སྒུད་དེ་བསད་དེ་བློ་སྙོད་ངང་བསྡད། དབྱིན་ཇི་བཙན་འཛུལ་པ་ནི་གཡོ་འཁྲུལ་གདུག་རྩུབ་ཀྱི་ལས་ལ་བྱང་ཆུབ་པས་སྐིག་ཏུ་དབྱིན་དམག་མང་པོ་བོད་དམག་གི་མཐའ་སྐོར་དུ་ཡིབ་སྡེ་བསྡད་ཅིང་། མེ་མདའི་ཁོག་ནང་གི་མདེའུ་བཏོན་ཡང་མེ་མདའི་མཐིལ་གྱི་སྣུམ་ཐུགས་སའི་ནང་མདེའུ་སྦས་ཏེ་ཉར། དེ་ནས་ཕན་ཚུན་ཞི་གྲོས་བྱེད་འགོ་ཚུགས་ཏེ། ཆུ་ཚོད་སྐར་མ་བཅོ་ལྔ་ཙམ་སོང་སྐབས་དབྱིན་

དམག་གི་དམག་དཔོན་ཞིག་གིས་གློ་བུར་དུ་མི་མདའ་ཆུང་ཆུང་ཞིག་བརྟོན་ནས་ལྷ་སྡིངས་སྲུས་དང་། རྣམ་སྲུས་གླིང་སོགས་བོད་ཕྱོགས་ཀྱི་འཁྲུས་མི་རྣམས་ལ་མི་མདའ་འཕངས་སྐབས་དེ་གར་འཐབ་འཁྲུག་ཆེ་ཙམ་ལངས་རྗེས་བོད་དམག་ཕམ་པ་དང་། མདའ་དཔོན་ལྷ་སྡིངས་སྲུས་རྒྱུས་ནས་རོ་ཡི་དཀྱིལ་དུ་ཤེ་བརྫུ་བཏབ་པ་དབྱིན་དམག་ལ་གསང་བརྡ་བྱུང་ནས་དབྱིན་དམག་གིས་བཟུང་བར་ཡོང་དུས། ཁོང་གིས་ཧ་བཞིན་ཏེ་ཤར་རིའི་ངོས་བྲིས་སྐབས་མི་སྒྲིགས་འཕངས་པས་ལྷ་སྡིངས་སྲུས་དཔའ་ངར་ལྡན་པའི་ངང་སྐུ་གཤེགས་པ་རེད། མདོར་ན་ཐེངས་འདིའི་དབྱིན་རྒོལ་དམག་འཁྲུག་ལ་ཕམ་ཉེས་བྱུང་ནའང་བོད་ཀྱི་སེར་སྐྱ་དམག་དམངས་ཡོངས་ཀྱིས་བོད་མདའ་དང་། མདའ་གྲི་གདུང་གསུམ། ཞུར་རྫ་སོགས་འཁྱེར་ཏེ་མི་སྒྲིགས་དང་། འཕྲུལ་མདའ། མི་མདའ་སྦག་སྦག་སོགས་དེང་རབས་ཅན་གྱི་མཚོན་ཆ་འཁྱེར་བའི་དབྱིན་ཇི་བཙན་འཛུལ་དམག་ལ་དཔའ་ངར་ཞུམ་པ་མེད་པའི་དམག་འཐབ་ཡང་ཡང་བྱས་ཏེ། མེས་རྒྱལ་གྱི་མཐའ་མཚམས་དང་། རང་ཉིད་ཀྱི་ཕ་ཡུལ་སྲུང་སྐྱོབ་བྱེད་པའི་ཆེད་དུ། རང་སྲོག་བློས་བཏང་ནས་སྐུ་གཤེགས་པའི་དཔའ་བོའི་མཛད་རྗེས་ལ་བསྟུགས་པར་འོས་སོ།

སྐྱེར་ལྷ་སྡིངས་པའི་མིང་ཆ་ཚང་དུ་ཕག་མོ་ལྷ་སྡིངས་ཞེས་འབོད་པ་དང་། མལ་གྲོ་གུང་དཀར་རྫོང་འོག་སྐྱེར་གཞིས་ཆེ་གྲས་གཉིས་པ་དེ་ཡིན་ལ། མལ་གྲོ་གུང་དཀར་རྫོང་གི་གཙོ་དྲག་ཕག་མོ་བ་ཞེས་པ་དེ་ཡིན། ལྷ་སྡིངས་ཀྱི་ཕ་གཞིས་གནས་ཡུལ་དེ་སྐྱིད་ཆུའི་བྱང་ཕྱོགས་ཐང་སྐྱའི་ཤོངས་གྲོག་ནང་དུ་ཡོད་ཅིང་། བྱང་རི་སྒྲོལ་མ་རིའི་ངོས་སུ་གཡི་ཕུ་ཞེས་རི་ཁྲོད་དང་། རྗེ་བོ་རྗེ་ཨ་ཏི་ཤའི་གདུང་རུས་བཞུགས་པའི་མཆོད་རྟེན་སོགས་མཆོད་རྟེན་མང་པོ་ཡོད་པའི་

དཔེན་གནས་དང་། སྔོ་ངོས་ཐང་དཀྱིལ་དུ་བཙན་པོ་སྲོང་བཙན་གྱི་སྐུ་དུས་སུ་བཞེངས་པའི་ཐང་སྐུ་གཙུག་ལ་ཁང་། ཤར་ངོས་རི་ལྡེབས་སུ་དུས་རབས་བཅུ་དྲུག་པའི་ནང་མཁར་སྐལ་བཟང་བདེ་ཆེན་གྱིས་བཏབ་པའི་གཡང་སྒང་ཞེས་པའི་མོ་དགོན། ནུབ་ངོས་རི་ལྡེབས་སུ་གཡག་སྡེ་པཎ་ཆེན་བརྩོན་འགྲུས་དར་གྱིས་བཏབ་ཅིང་། ཕྱིས་ས་ལུགས་ནས་དགེ་ལུགས་སུ་བསྒྱུར་བ་གྲོག་ཨེ་ཕམ་དགོན་སོགས་དཀྱིལ་དུ་ཆགས་ཤིང་། དེ་གའི་ས་མི་རི་གླུང་གི་བདག་པོ་བྱེད་པའི་སྨེར་ལྷ་སྡིངས་པའི་ཐོག་མའི་འབྱུང་ཁུངས་ནི། དཀའ་ལྡན་ཕོ་བྲང་པའི་དབང་བསྒྱུར་ཐོག་མར་ཚུགས་སྐབས་གླིང་གེ་སར་གྱི་དཔའ་བརྟུལ་དཔའ་ལ་སེང་སྟག་ཨ་དོམ་གྱི་མི་རྒྱུད་དུ་གྲགས་པའི་འབའ་བདེ་ཆེན་ཁང་གསར་བའི་བུ་དོན་གྲུབ་ཚེ་དབང་ཞེས་པ་ལྷ་སར་ཡོང་ནས་རང་གི་ཕ་མེས་དུས་སུ་བྱས་རྗེས་བཞག་ཚུལ་དང་། རང་ནས་ཕྱིས་འབྱུང་དཀའ་ལྡན་ཕོ་བྲང་ལ་བསམ་པ་རྣམ་དག་བྱ་རྒྱུའི་དམ་བཅའ་བཞག་པ་སོགས་ལ་བརྟེན་ཕག་མོ་རྩེ་(ད་ལྟ་སྟག་རྩེ་རྫོང་ཁོངས)པར་ཡོད་པའི་སྐྱིད་ཤོད་བྲག་དཀར་བའི་མི་རྒྱུད་ཀྱི་གོ་མག་ཏུ་བཏང་ནས་ཐང་སྐུ་ལྷ་སྡིངས་ཞེས་པའི་ས་ཁང་མི་སེར་དང་བཅས་པ་བདག་ཐོབ་བྱུང་ནས་སྨེར་ལྷ་སྡིངས་པའི་མིང་ཐོག་ཏུ་ཤོད་དྲུང་ཞུས། སྡོད་གནས་མ་གཞིས་དེ་ཕག་མོ་རྩེ་ནས་གྲོག་ལྷ་སྡིངས་གཞིས་སུ་སྤོས་སྟབས་ཕག་མོ་ལྷ་སྡིངས་ཞེས་འབོད་སྐད། དོན་གྲུབ་ཚེ་རིང་གི་བུ་རྒན་པས་ཏཱ་ལའི་སྐུ་ཕྲེང་བརྒྱད་པའི་སྐུ་དུས་སུ་བཀའ་བློན་གྱི་འགན་འཁུར་བ་ནས་བཟུང་ལྷ་སྡིངས་དེ་བཞིན་མི་དྲག་ཁོངས་སུ་གཏོགས། དོན་གྲུབ་ཚེ་རིང་གི་བུ་གཞོན་པས་རྩིས་དཔོན(རིམ་པ་བཞི་པ)བྱས། བཀའ་བློན་ལྷ་སྡིངས་པའི་བུས་བཀའ་དྲུང་སོགས་ཀྱི་འགན་བླངས། དེའི་བུ་དགྲ་ལྷས་ཆབས་དཔོན་ཆེ་མོ་བ་སོགས་བྱས། དེ་རྗེས་མདའ་དཔོན་གྱི་

འགན་འཁུར་ནས་དབྱིན་འགོག་དམག་སར་ཐེབས་ཞིང་། ༡༩༠༩ལོ་དབྱིན་འགོག་དམག་འཐབ་ནང་སྐུ་སྲོག་དོར་བའི་མདའ་དཔོན་ལྷ་སྡིངས་སྲས་སྲུ་གྲགས་པ་དེ་ཡིན། དེའི་ཚ་བོ་མགོན་པོ་སླན་གྲགས་ཀྱིས་མདའ་དཔོན་དང་། ཟླ་གྲང་ཕྱག་མཛོད་པ་( རིམ་པ་བཞི་པ) ཐོགས་དཔོན་སོགས་བྱས། དེའི་ཚ་བོ་ངག་དབང་གྲགས་པས་རྩེ་དྲུང་བྱས་ཏེ་ལྷ་སྡིངས་ནས་ལྷ་ས་སྐྱ་འབུམ་ཐང་གི་ལྷ་སྡིངས་གཞིས་སྐལ་ཐོབ་བྲུར་ཐོན་བྱས་ཏེ་རྩེ་མགྲོན་དང་། ནན་ཅིང་དོན་གཅོད་པ། དྲུང་ཡིག་ཆེ་མོ། སྐུ་བཙར་མཁན་ཆེའི་ཐོག་མཛོད་ཕྱུག་དོ་དམ་སོགས་དང་། ཚེ་སྨོན་གླིང་ཟླ་གྲང་གི་ཕྱག་མཛོད་བྱས། དགྲ་ལྷའི་བུ་བསོད་ནམས་ཚེ་རིང་ནས་དིང་རི་དམག་གི་མདའ་དཔོན་སོགས་བྱས་རྗེས་ཚེ་མཇུག་ཏུ་ཀན་ཆོས་ཀྱིས་དགེ་སློང་སྒྲུབ། མགོན་པོ་སླན་གྲགས་ཀྱི་བུ་བསོད་ནམས་དཔལ་འབྱོར་གྱིས་རྩམ་ལེན་དང་། གནང་རྟུ་འགོ་པ། ཟླ་གྲང་ཕྱག་མཛོད་པ་སོགས་བྱས། ༡༩༥༩ལོ་ཕྱི་རྒྱལ་དུ་ཐོན་ནས་༡༩༨༥ལོ་ཕྱི་རྒྱལ་དུ་འདས། དེའི་བུ་རྣམ་རྒྱལ་རྡོ་རྗེ་ད་ལྟ་ལྷ་ས་གྲོང་ཁྱེར་སྲིད་གྲོས་ཀྱི་ཨུ་ཡོན་ཡིན།

དབང་རིགས་ཐད། ལྷ་སར་ལྷ་སྡིངས་གཟིམ་ཤག་ཅེས་ལྷ་ས་གྲོང་ཁྱུལ་སྙིང་པའི་ལྷོ་ངོས་སུ་ཁང་པ་ཐོག་ཚད་གཉིས་ལྡན་རྒྱ་ཁྱོན་ཆེ་ཙམ་དང་། མལ་གྲོ་གུང་དཀར་རྫོང་ཁོངས་སུ་ཡོད་པའི་གྲོག་ལྷ་སྡིངས་གཞིས་སུ་རྟེའུ་རའི་སྒང་དུ་གཞིས་ཁང་ཐོག་བརྩེགས་བཞི་ལྡན་རྒྱ་ཁྱོན་ཆེ་བ་དང་། ལྷུང་རྟའི་ནང་སྒྲི་ཁང་གཟིམ་ཆུང་ལེ་ལག་དང་བཅས་པའི་ཐོག་ཆབ་རྫིང་ཡང་ཡོད། རྒྱུན་དུ་མི་དྲག་སྤྱི་མཚུངས་ཀྱི་ཕྱག་མཛོད་དང་། དྲུང་ཡིག གཉེར་པ། ཞབས་གྲས་ཕོ་མོ། ལས་དོན་བང་ཆེན་སོགས་ནང་ཟན་སྣ་ཚོགས་མི་གྲངས་བརྒྱ་སྐོར་དང་། རྒྱུན་ཞར་སྡོད་མཛོ་བཞི་བཅུ་སྐོར། མཛོ་མོ་དང་། བ་ཕྱུགས་ཉི་ཤུ་སྐོར། ར་ལུག་

སྟོང་ཕྲག་བརྒྱལ་བ། བཙོན་ཧྲ་བཙོན་དྲེལ་ལྔ་བཅུ་སྐོར། ཁལ་དྲེལ་སུམ་ཅུ་ཙམ། ཕྲུག་ཕྱུར་འཁྲིག་ཁག་ལ་གནག་ཕྱུགས་དྲུག་བརྒྱས་བསྐོར། མ་གཞིས་རྗེའུ་ར་འི་སྣང་དང་། ཐང་སྐྱ་གཞིས་ཀ་ཤོད། ཕག་མོ་ཞོལ་སྒྲུར་མ་ཁང་གསར་གཞིས། ཕག་མོ་ཞོལ་སྟོང་སྨད་སྣང་གཞིས། གཡའུ་སྣང་གཞིས། རྫེ་ཉ་སྨད། སྣེར་སེང་གེ་རྡ་བའི་གཞིས། བྱང་ཕྱོགས་ལ་རྒྱབ་ཏུ་གླུང་ཤོད་ནང་མགུ་ཡར་བལྷ་གཞིས་བཅས་གཞིས་མ་ལག་བདུན་དང་། ས་ཞིང་གཞི་ཁྲོན་ཆེ་ཙམ། མི་སེར་གནས་ཡུལ་ཕག་མོ་ཞོལ་ལ་ཁང་གསར་དང་། ཕག་མོ་ཞོལ་སྟོང་སྨད་སྣང་། སྟོང་པོ་སྣང་། སྲིབ་སྣའི་སྣང་སོགས་སྣང་གི་མིང་ཅན་གྲོང་ཚོ་སོགས་གྲོང་ཚོ་ཁག་མང་བཅས་ལ་དབང་བའི་ས་ཞིང་དང་། མི་སེར། ཕྱུགས་རིགས་སོགས་ཡོད་ཐོག དམིགས་བསལ་གྱི་ཁྲལ་རིགས་ནི་རྫེ་ཐོ་བྲང་གི་བཙག་དམར་བསྡོག་འདོན་བྱ་རྒྱུས་ཕྱི་ཁྲལ་དང་། ནང་ཁྲལ་གཞིས་ཀའི་ས་ཞིང་འདེབས་ལས་སོགས་ཡིན།

## ༢ ཆླབས་ཆེན་གྱི་རྒྱལ་གཅེས་རིང་ལུགས་པ་ང་ཕོད་ངག་དབང་འཇིགས་མེད།

ཆླབས་ཆེན་གྱི་རྒྱལ་གཅེས་རིང་ལུགས་པ་དང་། བོད་རིགས་མི་དམངས་ཀྱི་ཐུལ་བྱུང་བུ་ཕྲུག ། རང་རྒྱལ་གྱི་མི་རིགས་ལས་དོན་གྱི་ཐུལ་བྱུང་འགོ་ཁྲིད། ཀྲུང་གོ་གུང་ཁྲན་ཏང་གི་མཛའ་མཐུན་གྲོགས་པོ། ང་ཕོད་ངག་དབང་འཇིགས་མེད་ནི། རབ་བྱུང་བཅུ་ལྔ་པའི་ལྕགས་ཁྱི་(སྤྱི་ལོ་༡༨༧༠) ལོར་ཡུམ་རྟོར་ཁང་གི་སྲས་མོ་བྱམས་པ་ལགས་སུ་རྒྱ་མར་སྐྱ་འཁྲུངས། ཆུང་དུས་བོད་ཀྱི་ཡིག་རྩིས་སོགས་ལ་སྦྱངས་པ་གནང་། གྲོང་དྲག་དམག་གི་རུ་དཔོན་གྱི་འགན་བཞེས། ང་ཕོད་ཀྱི་ཁོ་མག་ཏུ་ཕེབས་ཏེ་དེ་གའི་མིང་ཐོག་ནས་ཞབས་སྟོད་ཞུས་

རྗེས་སྦྱ་རྗེས་སུ་བཤེར་དཔང་དང་། རྩིས་དཔོན་ཐོག་ཞིབ་ཁང་ངོ་དམ། བཀའ་བློན་སོགས་ཀྱི་གོ་ས་བཞེས། མི་དམངས་བཅིངས་བཀྲོལ་དམག་ཆབ་མདོར་འཁྱོར་སྐབས་མདོ་སྨད་སྤྱི་ཁྱབ་པ་ཡིན། རབ་བྱུང་བཅུ་དྲུག་པའི་ལྕགས་ཡོས་(སྤྱི་ལོ་༡༩༥༡) ལོར་བོད་ཞི་བས་བཅིངས་བཀྲོལ་འབྱུང་ཐབས་སྐོར་གྱི་གྲོས་མཐུན་འཛོག་སྐབས་བོད་ས་གནས་སྲིད་གཞུང་གི་དབང་ཆ་ཚང་མ་ཡོད་པའི་སྐུ་ཚབ་གནང་། བོད་ཞི་བས་བཅིངས་བཀྲོལ་བྱུང་རྗེས། བོད་ཁུལ་ཁང་གི་སི་ལིང་ཡོན་གཞོན་པ་དང་། བོད་རང་སྐྱོང་ལྗོངས་གྲ་སྒྲིག་ཨུ་ཡོན་ལྷན་ཁང་གི་དྲུང་ཡིག་ཆེ་མོ། རྒྱལ་ཡོངས་མི་དམངས་འཐུས་ཚོགས་ཀྱི་འཐུས་མི། རབ་བྱུང་བཅུ་དྲུག་པའི་ས་ཕག་(སྤྱི་ལོ་༡༩༥༩) ལོར་ངོ་ལོག་ཟིང་འཁྲུག་ལྡིང་འཛུགས་བཏང་རྗེས་བོད་རང་སྐྱོང་ལྗོངས་གྲ་སྒྲིག་ཨུ་ཡོན་ལྷན་ཁང་གི་ཀྲུའུ་རེན་གཞོན་པ་དང་། ལྗོངས་མི་དམངས་ཨུ་ཡོན་ལྷན་ཁང་གི་ཀྲུའུ་ཞི། གསར་བརྗེ་ཨུ་ཡོན་ལྷན་ཁང་གི་ཀྲུའུ་རེན་གཞོན་པ། ལྗོངས་མི་དམངས་འཐུས་ཚོགས་རྒྱུན་ཨུད་ཀྱི་ཀྲུའུ་རེན་སོགས་དང་། སྐབས་གསུམ་པ་དང་བརྒྱད་པ་དགུ་པ་བཅུ་པ་བཅུ་གཅིག་པའི་རྒྱལ་ཡོངས་སྲིད་གྲོས་ཀྱི་ཀྲུའུ་ཞི་གཞོན་པ་དང་། སྐབས་གསུམ་པ་ནས་སྐབས་བདུན་པ་བར་རྒྱལ་ཡོངས་མི་དམངས་འཐུས་ཚོགས་རྒྱུན་ཨུད་ཀྱི་ཨུ་ཡོན་ཀྲང་གཞོན་པ་སོགས་གནང་། ཀྲུང་གོའི་བོད་ལྗོངས་རིག་གནས་སྲུང་སྐྱོབ་དང་འཕེལ་རྒྱས་མཐུན་ཚོགས་ཀྱི་ཚོགས་གཙོ་བཅས་ཀྱི་འགན་བཞེས། དགུང་ལོ་བརྒྱ་ལ་གསོན་པ་སྤྱི་ལོ་༢༠༠༩ ལོའི་ཟླ་བཅུ་གཉིས་པའི་ཚེས་ཉེ་ཤུ་གསུམ་ཕྱི་དྲོའི་ཆུ་ཚོད་བཞི་དང་སྐར་མ་ལྔ་བཅུའི་ཐོག་པེ་ཅིང་དུ་སྐུ་གཤེགས།

## ༣ མཁས་དབང་ཧོར་ཁང་བསོད་ནམས་དཔལ་འབར།

མཁས་དབང་ཧོར་ཁང་བསོད་ནམས་དཔལ་འབར་ནི། ས་ལུག་(སྤྱི་ལོ་

༡༩༡༩）ལོར་རྒྱ་མར་འབྲུངས། ལྷ་ས་སྐྱིད་རས་སློབ་གྲྭར་བོད་ཡིག་སློབ་སྦྱོང་དང་། སྤྱི་ལོ་༡༩༣༨ལོར་དགེ་བཤེས་ཆོས་ཀྱི་གྲགས་པའི་དྲུང་ནས་ནང་ཆོས་དང་བོད་ཡིག་བརྡ་སྤྲོད་སོགས་སྦྱངས་བརྩོན་གནང་། རྩིས་ཁང་（བོད་ས་གནས་སྲིད་གཞུང་གི་དཔོན་རིགས་སྐུ་བོ་གསོ་སྦྱོང་བྱེད་ས）དུ་རྩེལ་རྩིས་སློབ་སྦྱོང་གནང་བ་བརྒྱུད་སྲུས་རྣམ་པའི（རིམ་བཞི་ཆུང་བ）གྲས་སུ་ཞབས་སྡོད་ཞུས་རྗེས་རྩམ་ལེན་པ་དང་། མདོ་སྨད་ཕོགས་ཁང་། སྐུ་སྲུང་རུ་དཔོན། གཞུང་འབྲུ་སྤྱི་མཛོད་ཁང་གི་ལས་བྱ། ཛ་སག་སོགས་ཀྱི་ལས་གནས་དང་གོ་གནས་བཞེས། བོད་ཞི་བས་བཅིངས་འགྲོལ་ཐོབ་རྗེས་ཆབ་མདོ་བཅིངས་འགྲོལ་ཨུ་ཡོན་ལྷན་ཁང་གི་ཨུ་ཡོན་དང་། རབ་བྱུང་བཅུ་དྲུག་པའི་ས་ཕག（སྤྱི་ལོ་༡༩༥༩）ལོར་ངོ་ལོག་ཟིང་འཁྲུག་ལངས་སྐབས་རྒྱལ་གཅེས་ཀྱི་ལངས་ཕྱོགས་སུ་བརྟན་པོ་བཟུང་སྟེ་ལྗོངས་གྲ་སྒྲིག་ཨུ་ཡོན་ལྷན་ཁང་གི་ཚན་སེ་ཕྱིའི་ཚན་སེ་ཡོན་དང་། ལྗོངས་སྲིད་གྲོས་ཀྱི་ཀྲུའུ་ཞི་གཞོན་པ། ལྗོངས་སྤྱི་ཚོགས་ཚན་རིག་ཁང་གི་བློ་འདྲི་ཡུལ། ལྗོངས་མི་དམངས་འཐུས་ཚོགས་རྒྱུན་ཨུད་ཀྱི་ཀྲུའུ་རེན་གཞོན་པ་སོགས་ཀྱི་འགན་བཞེས། མཁས་དབང་དགེ་འདུན་ཆོས་འཕེལ་སོགས་ལས་ལོ་རྒྱུས་དང་ཆོས་ལུགས་རིག་གནས་སོགས་ལ་གསན་བཞེས་གནང་། ཁོང་ནི་བོད་ཀྱི་རིག་གནས་བྱ་གཞག་ལ་ཐུགས་ནུས་འདོན་མཁན་ཞིག་ཡིན་སྐབས། མཁས་དབང་དགེ་འདུན་ཆོས་འཕེལ་དང་དགེ་བཤེས་ཆོས་ཀྱི་གྲགས་པ་སོགས་ཀྱི་སྦྱིན་བདག་ཞུས་ཏེ། ཁོང་རྣམ་པའི་རྩོམ་ཡིག་དཔེ་སྐྲུན（ཤིང་པར）གྱི་མཐུན་རྐྱེན་སྒྲུབ་པ་སོགས་གནང་བ་མ་ཟད། ལྷག་པར་མཁས་དབང་དགེ་འདུན་ཆོས་འཕེལ་སྐུ་འདའ་ཁར་གསུང་རྩོམ་ཟིན་བྲིས་རྣམས་ཧོར་ཁང་བསོད་རྣམས་དཔལ་འབར་ལ་གནང་སྟེ། བདག་གཅེས་དགོས་ཚུལ་བཀའ་མངགས

གནང་བ་ལྟར་རབ་བྱུང་བཅུ་བདུན་པའི་ས་སྤྲེལ་( སྤྱི་ལོ་༡༨༤༨ ) ལོ་《གངས་ཅན་རིག་མཛོད》དཔེ་དེབ་གསུམ་གྱི་ཐོག་དགེ་འདུན་ཆོས་འཕེལ་གྱི་གསུང་རྩོམ་བཀོད་པའི་ཟིན་བྲིས་མཚོ་འདོན་དང་། ཞུས་དག་དཔེ་སྐྲུན་གསལ་བཤད་འབྲི་བ་སོགས་གནང་། གཞན་ཡང་ཁོང་གིས་ལོ་རྒྱུས་དང་། རིག་གནས་སོགས་ཀྱི་རྩོམ་ཡིག་མི་ཉུང་བ་འབྲི་བ་གནང་། རབ་བྱུང་བཅུ་བདུན་པའི་ཤིང་ཁྱི་( སྤྱི་ལོ་༡༨༨༩) ལོ་དགུང་ལོ་བདུན་ཅུ་དོན་དྲུག་ཐོག་སྐུ་གཤེགས།

དེ་ཡང་སྐེར་ཧོར་ཁང་ནི་མལ་གྲོའི་སྐེར་ཁག་གི་ནང་ནས་འཛིན་ཁོངས་གཞི་རྒྱ་ཆེ་ཤོས་ཤིག་ཡིན་ལ། དེ་ནི་ཧོར་ཇིང་གེར་གྱི་རྒྱལ་རྒྱུད་གསང་གཞུང་བར་ཏར་ཇིང་གེར་དཔོན་ཞེས་པ་ཏྭ་ལའི་བླ་མ་སྐུ་ཕྲེང་ལྔ་པའི་སྐབས་ལྷ་སར་འགྲོར། སྐབས་དེ་དུས་ནས་ཕ་གཞིས་སྦྱོར་འཛུགས་བྱུང་བ་དང་། མ་གཞིས་གནས་ཡུལ་རྒྱ་མ་ཁྲི་ཁང་ནི་ས་སྐྱའི་དུས་བོད་ཁྲི་སྐོར་བཅུ་གསུམ་གྱི་གྲས་ཡིན་པ་སྟེ། ཧོར་ཁང་པའི་མི་རྒྱུད་ནི་སོག་པོ་ཨོ་རོས་ཐའི་ཇིས་ལྷ་སར་གཞིས་ཆགས་ནས་ཁང་པ་གསར་རྒྱག་ཐོག བོད་ས་གནས་སྲིད་གཞུང་གིས་ཆུ་ཤུལ་སྡུད་བདེ་ཚར་སྡོང་གཞིས་ཀྱི་བདག་ཐོབ་གནང་ཞིང་། ཨོ་རོས་ཐའི་ཇི་འདས་རྗེས་དེའི་བུ་མོར་པོ་ལྷ་མི་དབང་གི་གཙུང་པོ་ནོ་ཨན་ཧོ་ཤུ་ཆེ་རབ་བརྟན་མག་པར་བསུས་པ་དེས་རབ་བྱུང་བཅུ་གཉིས་པའི་མེ་ལུག་( སྤྱི་ལོ་༡༧༢༧ ) ལོ་རྒྱལ་རྩེར་འཁྲུག་དམག་འཐབ་པའི་བྱུས་རྗེས་སུ་ཇ་སག་དང་ཐའི་ཇི་རིམ་པ་དང་པོའི་གོ་གནས་བྱུང་བ་དང་། ནག་ཆུ་ཁུལ་བར་མཐའ་སྐེར་གཞུང་དགུའི་དཔོན་དུ་བསྐོ་བཞག་བྱུང་། དེ་འདས་རྗེས་གཙུང་པོ་སེར་ཆེན་ཏ་ཤི་ཁ་རབ་བརྟན་དོན་གྲུབ་ཀྱིས་གོ་གནས་སུ་མཐུད་བཟུང་། སྲུན་གསུམ་པ་ཚེ་དབང་རྡོ་རྗེ་དང་། དེའི་བུ་དབང་འདུས་ལ་ཕོ་ལྷ་མི་དབང་དང་། བོད་སྟོད་ཨམ་བན་གྱི་རིགས་རམ་འོག་གོང་མ་

ཚན་ལུང་ནས་གོ་གནས་དང་བར་མཐའ་སྐྱེར་གཞུང་དགུའི་དམག་གི་དབང་ཆ་རང་འཇགས་གནང་། དེའི་བུ་བསོད་ནམས་བཀྲ་ཤིས་ཀྱིས་གོ་གནས་མུ་མཐུད་འཛིན་ཐོག་རབ་བྱུང་བཅུ་གསུམ་པའི་ཆུ་བྱི་（སྤྱི་ལོ་༡༧༩༢）ལོ་ནས་བཀའ་བློན་བྱས་ཀྱང་། གོར་དམག་སྐབས་གཡོལ་ཐབས་བྱས་རྐྱེན་བཀའ་བློན་གནས་དབྱུང་བཏང་། སྐར་ཟླ་བ་གསུམ་ནས་བཀའ་བློན་རང་འཇགས་བྱས། དེའི་བུ་ཚེ་རིང་དབང་ཕྱུག་རྡོ་རྗེ། དེའི་བུ་དོན་གྲུབ་གཡུ་རྒྱལ་གྱིས་བཞེར་དཔང་དང་། དེ་ནས་རྩིས་དཔོན་བྱས་ཏེ་བཀའ་བློན་ལྷུང་རྒྱབ་དང་མཉམ་དུ་ཚབ་མཛོད་བསྐྱོད་དེ་ལས་དོན་ཡག་པོ་བྱུང་བར་ཇ་སག་རིམ་པ་དང་པོའི་གོ་མིང་བྱུང་། དེའི་བུ་ཐོགས་མེད་ཀྱིས་པའི་གོ་མིང་ཤུལ་འཛིན་བྱས་ཀྱང་མི་རིང་བར་འདས། དེའི་བུ་དབང་ཆེན་གྱིས་ཇ་སག་བྱས་ཀྱང་རྗེས་སུ་གོ་གནས་ཕབ། དེའི་བུ་བསོད་ནམས་སྟོབས་རྒྱལ་གྱིས་བཀའ་བློན་བྱེད་སྐབས་བོད་རབ་བྱུང་བཅོ་ལྔ་པའི་ཆུ་ཡོས་（སྤྱི་ལོ་༡༨༠༣）ལོར་བཀའ་བློན་བཤད་（སྨྲ）ཞོལ（ཁང）ཆང（ཁྲིམ）གསུམ་དང་མཉམ་དུ་གནས་དབྱུང་ཐོག་ནོར་བུ་གླིང་ཁར་བཀག་བསྐྱིལ་བྱེད་སྐབས་གཙང་ཆུར་མཆོངས་ནས་འདས། དེའི་བུ་དབང་ཆེན་ཕུན་ཚོགས་ལ་ཇ་སག་གི་གོ་གནས་བྱུང་། དེའི་བུ་བསོད་ནམས་དཔལ་འབར་གྱིས་དེ་སྔའི་བོད་ས་གནས་སྲིད་གཞུང་གི་ཇ་སག་དང་། རང་སྐྱོང་ལྗོངས་མི་དམངས་འཐུས་ཚོགས་རྒྱུན་ཨུད་ཀྱི་ཀྲུའུ་རེན་གཞོན་པ་སོགས་གནང་། ཧོར་ཁང་གི་གཞི་རྩའི་གནས་ཚུལ་ནི། རབ་བྱུང་བཅུ་གཉིས་པའི་ཤིང་སྟག་（སྤྱི་ལོ་༡༧༣༨）ལོའི་བོད་ཟླ་༡༡ཚེས་༢༠ཉིན་ཕོ་ལྷ་ཐའི་ཇེ་བསོད་ནམས་སྟོབས་རྒྱས་ནས་བཏང་བའི་《ཤེ་བམ་ཆེ་མོ》ཞེས་པའི་ནང་ཁྲི་ཁང་གི“བུ་མོ་གཉིས་ཀྱི་མག་པར་འདི་གའི་རིགས་རུས་དཔོན་རབ་བརྟན་དོན་གྲུབ་སྦྱིན་ཡོད་པར་བོད་སྡེ་རྣམས་ཁྲི་

ཁང་འཛིན་མི་རང་བདག་ལྷ་སའི་ཁང་པ། སྨོན་གོང་བུད་མེད་ལྷ་གདོང་དང་བཅས་པའི་མི་སེར་རྣམས་རྒྱལ་པོ་ལྷ་བཟང་ཁང་དང་། གོང་ས་སྐུ་ཞབས་རིན་པོ་ཆེ། ཕང་གཙང་ཧྲུན་བཅས་ཀྱི་བཀའ་ཤོག་ལ་ཁྲལ་རིགས་རྩ་ཆག་དེབ་མཚན་བཅས་ཕེབས་འདུག་ཀྱང་། རེ་གཉིས་གནས་མིན་སྣ་ཚོགས་བྱུང་འདུག་པ་ད་ཆ་དཔོན་རབ་བརྟན་དོན་གྲུབ་ལ་མིག་བསྐྱང་གི་སྒྲུབ་ཆག་ཡང་ཧིག་བྱེད་རྒྱུར” ཞེས་དང་། རབ་བྱུང་བཅུ་གཉིས་པའི་མེ་ལུག་(སྤྱི་ལོ་༡༧༨༧) ཟླ་༧ཚེས་༢ཉིན་ཏཱ་ལའི་བླ་མ་སྐུ་ཕྲེང་བརྒྱད་པས་སྩལ་བའི་བཀའ་ཤོག《ཤ་བམ་ཆེ་མོའི་ཤ་གཡོག》ཞེས་པ་མེ་བྱི་ཟླ་༤ཚེས་༡༤འཁོད་པའི་བཀའ་ཤོག་ཐམ་འགྱུར་ནང་གསལ་“ཁྲི་ཁང་དཔོན་ཛ་སག་ཐའི་ཌེ་བསོད་ནམས་བཀྲ་ཤིས་འདི་པའི་ཕ་མེས་ནོ་ཡོན་ཁོ་ཤོའུ་ཆེ་ཅན་མི་ཐོག་བཞི་ནས་མི་ཚེ་ཧྲིལ་པོར་གཞུང་བསྟན་ལར་རྒྱའི་ཞི་དྲག་གི་བྱེད་སྒོ་སློ་ཐུབ་བྱུང་བར་བརྟེན་བརྒྱུད་འཛུགས་ཀྱི་རིམ་པ་དང་པོའི་ཛ་སག་གི་གོ་མིང་གཟེངས་བསྟོད་གོང་མ་ཆེན་མོ་ནས་སྩལ་ཞིང་། བོད་ཀྱི་གཞིས་མ་ལག་སྟོ་བྱུང་གི་འཛིན་དབང་གསར་སྐྱིང་རྣམས་ལ་ཡང་མི་དྲག་བཀའ་གྲུང་ཛ་སག་དབང་འདུས་ཞྭ་སེར་གྱི་བསྟན་པ་ལ་གུས་འདུད་ཤིན་ཏུ་ཆེ་ཞིང་། ལྷུགས་བྱ་དུས་འགྱུར་སྐབས་འཚོ་ཟིན་ལྷུས་ཐེངས་ཀྱི་བོད་ལ་ཕན་ཆེ་བྱུང་བ་དང་། བཅོམ་མདོར་རྒྱ་སྦྱིང་སྤྱ་ཕྱིའི་གདོང་ལེན། ཨ་ཁང་སག་སོ་པ་ཚོན་སེང་གི་མཆོད་གལ་ཆེ་དམིགས་བསྒྲུབས་ཀྱི་ལས་དོན་རིམ་པར་ཞབས་འདེགས་ལྷག་བསམ་ངོ་མཐོན་པ་བྱུང་བ་བཅས་གོང་མ་ཆེན་མོ་ནས་བཀའ་བློན་གྱི་ལས་དོན་གོ་ས་གཟེངས་བསྟོད་བསྒྲུ་བཞག་སྩལ་ཐོག་ནས་ཚེ་མ་ཟིན་རྗེས། བསོད་ནམས་བཀྲ་ཤིས་འདི་པར་ཛ་སག་རིམ་པ་དང་པོའི་གོ་མིང་སྤྱ་རྒྱུན་པ་ཤུལ་བུར་འཛུགས་བྱས་པ་ནས་འདི་པས་ཀྱང་མཆོ་སྟོན་གྱི་སྤྱི་ཁྱབ་ཞི་དྲག སྣེ་ཤན་རིང་

ཐུང་། རྩིས་དཔོན། མདའ་དཔོན་སོགས་ཀྱི་བྱེད་སྒོ་ཆེ་ཕྲ་དམིགས་བསྐོས་གང་ཅིར་ཕུགས་བསམ་མི་དམན་པ་བྱུང་སྐབས་དམིགས་བསལ་མིག་བསྐྱངས་དགོས་གྲུས་བཅས་འདི་པས་འཛིན་པའི་རྒྱ་མ་ཁྲི་ཁང་འོག་སྐོར་བཅས། ཟུར་སྤྱང་། བོད་འབྲོག ལྷ་སའི་ཁང་པ་ནག་བྱང་སྒོ་ར་བཅས་པ། ཀོང་ནས་འཛིར་རེ་ཡན་རྩ་རྫོན་ཉིན་བརྒྱུད་ཀྱི་རྩ་ཟ་སྤང་སྤོངས། འགྱུད་མེད་སྒོ་གསུམ་བཅས་པར་གཞུང་གཙོད་གཞན་རྩོད་མེད་པའི་བཀའ་གཏན་ཁུངས་ཐུབ་དང་འབྲེལ་དོན་ད་ལྟ་ཕན་གནས་བཞིན་སོགས་ཀྱི་ན་གླིང་རི་ཀླུང་གི་རྩ་ཆུ་ཤིང་གསུམ་གྱི་བསྲུང་བཀག་ཟ་སྐྱིག ཆུ་ལུད་ཚར་གསུམ་གྱི་འགྲོ་ལམ་ཕྱགས་བོན་སྡིག་གསུམ་བཟོ་ཤེས་ཀྱི་ཡོན་བདག རྩ་ཚིག་དང་འགལ་བའི་སྐྱེ་མོ་བ་དགའ་མིན་གྱི་བོགས་ཤེས་འདེབས་རྩ་འཕོ་ལེན། ས་རྩི་ཁུངས་སྙིག་གི་ཞིབ་དཔྱད། འདོན་དང་ལག་འདོན་ལ་འཕར་འགེལ་ཁོངས་གཏོགས་ཀྱི་ས་ཁང་མི་རྩ་ཕྱི་གྱུར་དུ་སོང་བ་དང་། མགོ་བཏགས་བླངས་པ། ས་འཛིན་ས་བུད་སྟོངས་བའི་ས་ཞིང་ཁང་རྩ་ཚེར་ཆུ་སོགས་ཚོང་ཡིག་ལ་སྐད་མེད་གཞུང་ཞི་དྲག་སྒྲུབ་རྟེན་བཅས་སྤྱི་ཁྱབ་རྩ་ཚིག་དང་དན་ཡིག་གི་དོན་བཞིན་ཀྱིད་གོང་འཁོད་སུ་འདྲ་ཞིག་ལ་ཡོད་ཀྱང་རང་ཁུངས་སུ་སྙིག་འཛུགས་འདོད་མཐུན་གྱི་ཞིང་བརྗེས་བྱས་པ་ཕན་ཚུན་བྲིས་དོན་གྱི་དོན་རྩོད་གླེང་མེད་པ་སོར་གནས། ཧོར་བར་དང་། སྨད་མ། དམར(ཡོན)ཐོག་བཅས་བྱང་སྡེ་ནས་རིན་དང་བསྩོ་རྟེན་ལེན་སྤྲད། ཚྭ་ཚོང་གི་ལག་དོ། གྲོ་ཁ་བསྡུ་གཏོང་། ཁྱུ་ལུག་དང་། སྐྱིད་སྡུག་གི་སྐབས་ལན། བུ་ཚ་དང་སོ་རྟུག་འཚོ་མི་རེ་ཤེ་ཁེབས་གསུམ། བོད་མདོ། མྱང་སྨང་། སྨའ་བཅའ། འོལ་ཁ་ཀོན་འབྲུ་མ་བཅས་པར་ཧོར་ཚོང་གོང་གསལ་གྱི་ཚྭ་བལ་ཤ་བཅས་ཚོང་ཁྲལ་ནང་ལེན་བྱས་འཐུས་སྤར་རྒྱུན་ད་ལྟ་ཕན་གྱི་སྲོལ་རྒྱུན་ཅི་ཡིན་ལྟར་དགོས་པ་དང་།

ནང་སྲོད་ཁ་མཆུའི་གཙོ་རྒྱུ་དང་ཉན་མིན་རིགས་ཚབས་ཆེ་མིན་པའི་ཆང་ཆུང་ལ་ཁྲིམས་མཐུན་བབས་མཚུངས་ཀྱིས་རྗེས་གནོན་བཏང་ཚོག་རྒྱུ། འཛིན་བདག་འཇགས་གསུམ་ཡོང་འབབ་དང་བཅས་པ་གང་ན་ཅི་ཡོད་རྫིང་གེར་ཐའི་ཐུན་ཚོགས་རབ་བརྟན་ནས་ད་ཕན་ཛ་སག་རིམ་ཅན་གྱི་སྲོལ་ལམ་གང་ཡོད་ལ་འཇགས་གནས་སྐོར” ཞེས་སོགས་གསལ།

རྫོར་ཁང་གཞིས་མ་ལག་གི་ངོ་རྟེན་སོན་ཁལ་༡༠༠༠སྐོར་དང་། འདོན་མི་སེར་སོན་ཁལ་༥༠༠༠སྐོར། ཞིང་བྲན་ཐེམ་དུད་༧༠ཙམ་དང་མི་གྲངས་༢༨༠སྐོར། འབྲོག་ཁག་༨དང་། འབྲི་གཡག་༥༩༠དང་། གཞིས་ཀར་ར་ལུག་༣༠༠སྐོར། རྫོད་མཛོ་༡༦དང་། ཧ་དྲེལ་༡༥སྐོར་བཅས་ཡོད་པ་དང་། ཁྲལ་འུལ་ཐད་རྟ་རྟེན་ཡོད་པ་འུལ་མི་༩༠སྐོར་གྱིས་ཉིན་ལྟར་ཞིང་གཡོག་དང་། དཔྱིད་འདེབས་སྐབས་ཕྱུག་འདེབས་༩༠༠ཞེས་ཟོ་ཕྱུགས་རྫོར་ཁང་གཞུང་རྒྱུང་ནས་བཏང་སྟེ། འུལ་ལག་གིས་འདེབས་ལས་སོགས་བྱེད་དགོས། སྟོན་དུས་བཅས་ཐ་གཡུལ་ལས་སྐབས་མཉམ་རུབ་ཅེས་ས་རྐང་རྗེས་འབྲེལ་གྱི་མི་གཏོང་དགོས། ཞིང་བོགས་ཞེས་སོན་ཁལ་༦༠༠སྐོར་གྱི་འདེབས་གཡོག་ཐད་མི་སེར་ལ་འདེབས་རྟེན་སོན་ཁལ་༦༠༠སྤྲད་དེ། རྩ་འབྲུ་བསྡུ་འཇུག་བར་ཞིང་གཡོག་ཡོངས་རྫོགས་མི་སེར་ནས་བྱ་དགོས་ལ་ཁྲལ་པ་ཚོར་དེ་སྔའི་བོད་ས་གནས་སྲིད་གཞུང་གི་ས་རྫོང་ཧ་ཁལ་དང་། རྒྱ་ཤིང་བཙོད་གསུམ། གཞན་ཡང་བཞི་སྡ་དམག་བཅས་འཁྲི་སྲོལ་ཡོད། ཁྲལ་པའི་ཁོངས་རྒྱ་སྒྲིང་དམག་རྐང་བཅུ་སྐོར་ཡོད་པར་དམག་རྟེན་བྲུར་དུ་སོན་ཁལ་༦༠ཙམ་རེ་ཡོད་པ་ནས་རྒྱ་སྒྲིང་དམག་རེ་བཏང་སྟེ་དེའི་འཁྲི་ཆ་སྒྲུབ་དགོས་པ་མ་ཟད། རྗེས་འཕར་སྐུ་སྲུང་དམག་ཉིས་སྡེ་རེ་གཏོང་དགོས། ཞབས་གྲས( མདུན་གཡོག) ཆེ་ཁག་བཞི་ནས་རྫོར་ཁང་

ལ་ཞབས་ཕྱི་འཛུགས་དགོས་པ་དང་། དེ་མིན་ རྡ་རྒྱང་ཞེས་པ་གཞིས་སོན་ཁལ་༢༠ཙམ་ཡོད་པའི་མི་ཚང་ལྔ་ནས་ཞབས་ཕྱི་མི་རེ་འཛུགས་དགོས། ཞབས་གྲས་ངོ་བཙར་ལ་རླ་རེ་ཕོགས་འབྲུ་ཁལ་རེ་སྤྲད་ཕྱིན་སླ་སྟོ་གོས་གསུམ་གང་ཡང་མེད། ནང་ཟན་ ཐེམ་ དུད་ ༦ལ་ སྟོ་ རྟེན་ སོན་ ཁལ་ ༡༥ཙམ་ རེ་ ཡོད་ པ་ ནས། ཁང་གཉེར། གད་པ། དུང་པ། རྒྱ་གླིང་། ལས་དཔོན་སོགས་རྩག་རྩིག་ལས་ཁྲལ་རྒྱུག་དགོས། རྟོར་ ཁང་ གཞུང་ རྒྱང་ ནས་ ཟླ་ ཕྲུག་ ལས་ ཁྱུངས་ སུ་ མར་ ཁལ་༤༠དང་། དགའ་ལྡན་སྟོན་མཆོད་ལ་མར་ཁལ་༣༦དང་། དད་རྫས་སུ་ཞིབ་འཕར་འབྲུ་རུའི་ཁལ་༥༠༠བཙས་འཇལ་དགོས།

༦ འབྲི་གུང་སྐྱབས་དབང་ཨ་མགོན་རིན་པོ་ཆེ།

ཡོངས་སུ་གྲགས་པའི་སྐྱབས་དབང་ཨ་མགོན་རིན་པོ་ཆེ་ནི། འབྲི་གུང་རི་མདོ་སྨང་ར་སེ་གྲོང་ཚོར་ཡབ་ནི་ར་སེ་བའི་མི་བརྒྱུད་དུ་གྱུར་པའི་ར་སེ་ཚང་གི་བུ་ཚོས་རྗེ་བཀྲ་ཤིས་མཆོག་དང་ཡུམ་ནི་འབམ་མདོ་དཔོན་ཚང་གི་བུ་མོ་བདེ་སྐྱིད་འཛོམས་པ་གཉིས་ལ་སྲས་མིང་སྲིད་བཞི་ཡོད་པ་ལས་ཉིད་ནི་བཞི་པ་དེ་ཡིན་པར་སྣང་ལ། དེ་ཡང་རབ་བྱུང་བཅུ་བཞི་པའི་ཆུ་སྤྲང་( སྤྱི་ལོ་༡༨༥༣) ལོར་སྐུ་འཁྲུངས། འབྲི་གདན་ཆེ་མོའི་མགོན་ཁང་དུ་གནག་སྔུམ་གྱི་དབུ་སྐྱེས་ཞུལ་ནས་སྐྱབས་གསུམ་འཛིན་པའི་སྡོམ་པ་ཉོས་པས། མཚན་ལ་ཨ་མགོན་ཚེ་རིང་དུ་གསོལ། དགུང་ལོ་ལྔ་དྲུག་ཙམ་བཞེས་པའི་ཚེ་མཁས་གྲུབ་བྱེ་བའི་འབྱུང་གནས་གདན་ས་རིན་པོ་ཆེར་ཡབ་ཡུམ་གྱིས་བསྐྱལ་ནས་གསེར་ཁང་ཆོས་རྗེ་མཐོང་བ་དོན་ལྡན་གྱི་དྲུང་དུ་ཚངས་སྤྱོད་དགེ་བསྙེན་གྱི་སྡོམ་པ་མནོས་ཤིང་། རྒྱལ་བ་བསྟན་པ་ལ་རབ་ཏུ་བྱུང་བར་མཛད། གཙུང་སྐུ་འབུམ་གྱི་ནུབ་དེར་ར་སེ་བའི་ཤག་ཚང་ཡོད་པ་དེར་བཞུགས་ནས་བཟ་སྦྱོད་ཀྱི་ཕྱི་མོ་འབྲི་གློག་སོགས་སྦྱངས་པ་

རིམ་བཞིན་མཛད། དཀྱུང་གྲངས་ཉི་ཤུ་བཞེས་པ་རབ་བྱུང་བཅོ་ལྔའི་ཆུ་སྤྲེལ་(སྤྱི་ལོ་༡༨༧༧) ལོར་འཁྲུང་ཏུར་དུ་བཀའ་ཆོས་སྐབས་སུ་སྐྱབས་མགོན་ཐུགས་རྗེའི་ཉི་མ་ངེས་ལེགས་ཆོས་ཀྱི་འོད་ཟེར་གྱི་དྲུང་ལས་དགེ་ཚུལ་གྱི་སྡོམ་པ་མནོས་པས་མཚན་དཀོན་མཆོག་བློ་གྲོས་སུ་གསོལ། འབྲི་གུང་སྒྲུབ་གྲྭའི་རྡོ་རྗེ་སློབ་དཔོན་ཆེན་མོ་ཁྲི་ཐོག་སོ་གཅིག་པ་རྗེ་བཙུན་དཀོན་མཆོག་ཆོས་སྐྱབས་མཆོག་རྩ་བའི་བླ་མར་བསྟེན་ནས་མདོ་སྔགས་ཆོས་ཚུལ་རྒྱ་མཚོའི་སྙིང་པོ་ཚེ་གཅིག་སངས་རྒྱས་མངོན་པར་བྱེད་པའི་ཉེ་ལམ་ཕྱག་རྒྱ་ཆེན་པོ་ལྔ་ལྡན་གྱི་སྔོན་འགྲོའི་ཁྲིད་མནོས། དེ་ནས་སྒྲུབ་གྲྭར་བཞུགས་ནས་ཤར་གྱི་སྒྲུབ་སྡེ་ཐུར་མ་པའི་གྲུ་ཆེན་དུ་མཚམས་ལ་བཞུགས་ཚེ། སྐྱབས་འགྲོ་གསོག་སྐབས་ཕྲེང་བའི་ཚབ་ཏུ་གྱུང་ལ་རི་མོ་བཏབ་པར་གྲགས། གྲྭ་ཚང་གི་སློབ་གཉེར་དང་རང་འབྲིའི་ལས་ཀ་རྣམས་གནང་ཞིང་ཇ་མ་མཛད་པས་ཨ་མགོན་ཇ་མ་ནག་རིལ་ཞེས་འབོད་སྐད། རྩ་རླུང་ལ་རང་བྱན་ཚུད་པས་སྤྲུལ་བསྒྱུར་རྫུ་འཕྲུལ་ལ་མངའ་བརྙེས་ཀྱང་རེ་ཞིག་སྦས་པའི་ཚུལ་མཛད་ཅིང་། སྨྱོས་པ་ལྟར་གནང་བས་གྲྭ་ཚང་ནས་ལྷུགས་སུ་བཅུག་ནས་ཤིང་ཁང་ནང་དུ་བཙོན་འཇུག་ཀྱང་བྱས་པར་གྲུབ་དབང་ཚེ་བརྟན་གྱིས་ཞུས་ངོར་སློད། རེ་ཞིག་ན་མཚམས་པའི་འདུ་ཁང་ནང་དུ་ལྷུང་ཙན་བླ་བྲང་གི་ཆུ་སྣང་ལ་ཆོས་གོས་བཀོན་ནས་ཚོགས་སུ་ཁྲིད་པ་སོགས་གོ་རྒྱུ་ལྡན་པའི་སྤྱོད་པའང་མཛད། གཞུང་སའི་ལས་སྣེ་མང་ཞིག་འཁྱོར་བར་མངོན་མཁྱེན་ཐོགས་མེད་དུ་གསུངས་པས་གཞུང་ཞབས་རྣམས་ཀྱང་དད་པའི་མིག་རྙེད། དེ་ལྟ་ས་བ་འབྲི་གུང་དུ་ཡོང་ཁྱིན་གྲུབ་དབང་མཇལ་ཨེ་ཐུབ་བྱེད་སྲོལ་ཡོད་ལ། དེ་ཚོར་གསུང་པའི་ལུང་དང་བརྡ་སོགས་རེ་རེ་ནས་སུས་ཀྱང་བརྗོད་ཐབས་བྲལ། ངོ་མཚར་ཆེ་བའི་མཛད་པ་མང་པོ་ཤོད་སྲོལ་མཆིས་སྐབས་རབ་བྱུང་བཅུ་དྲུག་

པའི་ཞིང་ཕག་（སྤྱི་ལོ་༡༨༣༩）ལོར་གང་གི་ངོ་མཚར་གྱི་མཛད་པའི་སྙན་གྲགས་ཕྱོགས་ཀུན་ལ་ཁྱབ་ཅིང་། རྒྱལ་ཚབ་སྲིད་སྐྱོང་རྭ་སྒྲེང་རིན་པོ་ཆེ་རྒྱལ་དབང་བཅུ་གསུམ་པའི་ཡང་སྲིད་བརྩད་གཅོད་ངོས་འཛིན་གནང་ཕྱོགས་བརྟག་དཔྱད་གནང་ཆེད། ཆོས་འཁོར་རྒྱལ་དུ་ལྷ་མོའི་བླ་མཚོར་ཕེབས་ཞོར་དུ་འབྲི་གུང་ཐེལ་དགོན་དུ་གནས་གཟིགས་དང་སྦྲགས། གྲུབ་དབང་མཇལ་བར་ཆེད་གཏད་ཕྱིན་པར་འབྲི་གུང་བླ་བྲང་གིས་དབུས་དགོན་སྡེ་ཆོས་བསུ་བ་གྲ་རྒྱས་ཞུས། རྭ་སྒྲེང་ནས་གསེར་ཁང་ཆོས་རྫེར་བེར་དང་པང་ཁེབས་སོགས་འབུལ་གནང་མཛད་པས། དེ་སྔོན་ཕྱོགས་འདིར་བླ་སྐུ་ལ་ཆོས་གོས་ལས་བེར་དང་པང་ཁེབས་སྤྲོད་སྲོལ་མེད་ཀྱང་། དེའི་སྐབས་ཕྱིན་ནས་བཟུང་དར་བ་ཡིན། རྗེ་འདི་པས་སྤྱིར་ཚེ་དབང་ལོ་ན་ཞུ་མི་སུ་བྱུང་ལ་གནང་བ་ལས་ཆོས་ཁྲིད་གཞན་མི་གསུངས་ཏེ། སྐབས་ཤིག་ལྟུང་ཅན་མཁན་སྤྲུལ་དང་། དགེ་བསྐོས་འདུལ་བ་རང་རིག་གསུམ་ལ་བདེ་མཆོག་ལྷན་སྐྱེས་ལྷ་ལྔའི་ཁྲིད་རྒྱས་པར་བསྐུལ་ཞིང་། རྫོགས་རིམ་རྩ་རླུང་གི་འཕྲུལ་འཁོར་རྣམས་དམར་ཁྲིད་དུ་གནང་བ་དང་། ཐག་རིང་གི་དོན་གཉེར་འགར་ཕྱག་རྒྱ་ཆེན་པོ་ལྷ་ལྷན་གྱི་ཁྲིད་ཞིབ་མོར་བསྐུལ་བ་སོགས་སློག་ཆོས་ཚུང་ཟད་སྟོན་པའི་མཛད་པ་ཡང་ཀུན་དུ་གྲག

ཨ་མགོན་རིན་པོ་ཆེ་མཇལ་མཁན་མང་པོ་ཡོད་པར་རེ་འགས་གང་ཐུལ་བ་རྣམས་བཞེས་པ་མ་ཟད། ད་དུང་གྱོན་པ་སོགས་བསྐྱེར་དང་གསུངས་པ་དང་། རེ་འགས་ཐུལ་བ་བཞེས་རྒྱུ་ལྟ་ཅི་ཐ་ན་ཞལ་མཇལ་ཡང་མི་གནང་བའི་ཐོག་ང་ཁ་རོགས་ཞོག་ཨང་ཅེས་གསུང་གི་ཡོད་འདུག སྐབས་རེ་དུར་ཁྲོད་ཁར་ཐུང་པོ་བྱ་གཏོར་བྱེད་པར་ཡང་ཕེབས་ཀྱི་ཡོད་སྐད། རབ་བྱུང་བཅུ་དྲུག་པའི་ཆུ་ལུག་（སྤྱི་ལོ་༡༨༩༣）ལོར་ཆུང་ཚང་ཡང་སྲིད་ལྷ་ལྡན་དུ་འབྲུངས་པའི་ཟེར་

སྒྲོས་བྱུང་བར་ཀུན་ཀྱང་དེར་རྟོན་པར་ཉེ་བ་ན། མཚམས་པ་འབུམ་ཚོགས་སར་རྫེ་ཉིད་ནས་ཐུགས་འཕུར་ཏེ། ལྷ་སར་འབྲུངས་མེད། ནུབ་ཨེ་ཆུང་ཕྱུག་ན་སྒོམ་པའི་ཚེ། ཆོས་ཕྱི་ནང་རྟེན་འབྲེལ་མངོན་དུ་གྱུར། གསུངས་པ་ཨེ་རྒྱ་རིར་ཡོད་ཅེས་གསུང་སྐད་ཆེན་པོས་གསུངས་པས། མཚམས་པ་ཚོས་ཨ་མགོན་རིན་པོ་ཆེས་གསུངས་པ་དེ་ཡིན་ངེས་ཞེས་གླེང་བར་བྱུང་། དེ་ལྟར་ངོ་མཚར་གྱི་མཛད་པ་སོ་སྐྱེའི་བློ་ཡུལ་ལས་འདས་པ་བསྟན་ཅིང་ངེས་དོན་བསྟན་པའི་ཆེ་བ་མངོན་སུམ་དུ་བསྟར་ནས། དཔལ་འབྲི་གུང་པའི་རིང་ལུགས་ཀྱི་སྟན་གྲགས་ཀྱི་བ་དན་སྲིད་རྩེའི་བར་དུ་མི་ནུབ་པར་བསྒྲེངས་ཏེ། དགུང་གྲངས་གོ་གསུམ་ལ་ཕེབས་པ་བོད་རབ་བྱུང་བཅུ་དྲུག་པའི་ཤིང་བྱ་(སྤྱི་ལོ་༡༩༤༥)ལོའི་ནག་ཟླའི་དམར་ཕྱོགས་ཀྱི་བཟང་པོ་གསུམ་པའི་ཉིན་ཞི་བའི་ཀློང་དུ་ཐིམ་པར་གྱུར་ཏོ། སྐུ་གདུང་ཆུང་ངུ་ཞིག་ལས་མ་བྱུང་ངོ་།

## ༥ འབྲི་གུང་སྐྱབས་དབང་དཔའ་ཆུང་རིན་པོ་ཆེ།

དགེ་སློང་དཔའ་ཆུང་ངམ་སྐྱབས་དབང་དཀོན་མཆོག་འཕྲིན་ལས་བཟང་པོ་ནི། འབྲི་གུང་སྒྲ་ག་ཞེས་པའི་འཁྲོག་སྟེར་ཡབ་བཙོ་ལྷ་དང་ཡུམ་སྒྲོལ་མ་ལྷ་གཉིས་ཀྱི་སྲས་སུ་རབ་བྱུང་བཅོ་ལྔ་པའི་ལྕགས་བྱི་(སྤྱི་ལོ་༡༩༠༠) ལོར་སྐུ་བལྟམས། སྐུ་བྱིས་པའི་དུས་གཅིག་ཕུར་བཞུགས་ཏེ་དབེན་པར་སྦྱོ་ཞིང་། སྲོག་ཆགས་ཕྲ་མོ་ལའང་གནོད་འཚེ་མི་མཛད་པར་བརྩེ་བ་ཆེན་པོའི་རང་མདངས་ཆེས་ཆེར་མངའ་བས། ཡབ་ཀྱིས་མཚན་དཔའ་ཆུང་ཞེས་གསོལ། དགུང་ལོ་དྲུག་ལ་སོན་སྐབས་ཉེ་འཁོར་གྱི་འབྲི་གུང་བཀའ་བརྒྱུད་ཀྱི་རིང་ལུགས་འཛིན་པའི་བེ་གུ་དགོན་དུ་བཞུགས་པའི་དགེ་བའི་བཤེས་གཉེན་ཆེན་པོ་བེ་གུ་ལུང་རྟོགས་རྒྱ་མཚོ་ཞེས་པའི་དྲུང་དུ། ཡུམ་གྱིས་རང་ཉིད་ཀྱི་གཙུག་གཡུ་ཞིག་ཡོད་

པ་འབུལ་སྟེ་མཛད་དོ། ཕྲན་གྱི་བུ་འདི་སྣོད་རྒྱལ་བའི་བསྟན་པར་ཕན་ཐོགས་པའི་རེ་བ་ཡོད་པས་གཙུག་ཕུད་བཞེས་ཏེ། བྱིན་རླབས་མཛད་རོགས་ཞུས་པར་བླ་མས་ཐུགས་དགྱེས་བཞིན་དབུ་སྐྲ་གཙུག་ཕུད་བཞེས་གནང་བ་དང་ཐུགས་སྨོན་རྒྱ་ཆེར་མཛད། དེ་ནས་ཊཱིག་ལ་སྦྱངས་བརྩོན་མཛད་པས་མྱུར་དུ་ཊཱིག་བཟང་བར་མཁྱེན་པས། སློབ་དཔོན་ཀུང་ཐུགས་མཉེས་པར་གྱུར། དགུང་ལོ་བཅུ་བདུན་པར་ཁྲིམ་དུ་ཕྱུགས་རྫི་མཛད་སྐབས་རྒྱུན་དུ་ཞལ་འདོན་དགེ་སྦྱོར་ལ་བརྩོན་པར་མཛད། དེ་ནས་འབྲི་གུང་ཐེལ་དུ་ཆོས་བཞུགས་མཛད་དེ། སྐྱབས་མགོན་ཁྲི་དཔོན་གྲུབ་དབང་ཚེ་བརྟན་རིན་པོ་ཆེའི་དྲུང་ནས་ཕྱག་ཆེན་པོ་ལྔ་ལྡན་གྱི་གདམས་པ་སོགས་གསན་ཏེ་ཉམས་བཞེས་ལ་འབད། དགུང་ལོ་ཉི་ཤུ་རྩ་དགུ་པ་ས་འབྲུག་ལོར་གཙོ་སྨད་དབེན་པའི་རིའི་བཤད་གྲྭར་ཕེབས་ཏེ། དཀའ་སྤྱད་ཀྱིས་གསན་བསམ་མཛད་དེ་གཞུང་དོན་ཐུགས་སུ་ཆུད་པ་བྱུང་། དགུང་གྲངས་སུམ་ཅུ་བཞེས་པ་ས་སྦྲུལ་ལོར་སྐྱབས་མགོན་ཞི་བའི་མཚན་ཅན་གྱིས་མཁན་པོ་མཛད་དེ་བསྙེན་པར་རྫོགས། དེ་ནས་མཁས་གྲུབ་དུ་མའི་ཞབས་ལ་གཏུགས་ནས་མདོ་སྔགས་ཀྱི་གཞུང་ལུགས་ལ་ཐོས་བསམ་ཉམས་ལེན་བརྩོན་པ་ལྷུར་ལེན་གནང་བས། མཁས་བཙུན་བཟང་གསུམ་གྱི་སྙན་གྲགས་རྒྱས། དགུང་གྲངས་ཞེ་གཅིག་པ་ལྕགས་སྤྲུལ་ལོར་གྲུབ་དབང་དབང་རྒྱལ་གཤེགས་པས་རྗེ་འདི་ཉིད་སྒྲུབ་གྲྭའི་རྡོ་རྗེ་སློབ་དཔོན་ཁྲི་ཐོག་སོ་ལྔ་པར་སྐྱབས་མགོན་ཞི་བའི་མཚན་ཅན་གྱིས་མངའ་གསོལ་བར་མཛད་པས་སྒྲུབ་དཔོན་གྱི་ཐུགས་འགན་བཞེས། དགུང་ལོ་རེ་གཅིག་རབ་བྱུང་བཅུ་དྲུག་པའི་ལྕགས་བྱི་(སྤྱི་ལོ་༡༧༨༠)ལོ་ནས་བཟུང་བར་སྐབས་ཤིག་གི་རིང་སེ་ར་དགོན་དང་། འབྲི་གུང་སོགས་སུ་ལུང་འདོན་པ་དང་ཕྱུགས་རྫི་སོགས་གནང་ནས་བཞུགས། མེ་རྟ་(སྤྱི་ལོ་༡༧༨༨)

ལོར་རིག་གནས་གསར་བརྗེ་ཟེར་བའི་འཚུབ་འགྱུར་གྱི་དུས་རབས་འགོ་ཚུགས་ཏེ། རྟེན་གསུམ་དགོན་གནས་མང་པོའི་འཕྲིན་ལས་ཀྱི་མཛུག་སྟུད་པར་བརྩམས་པ་སོགས་ཀྱིས་རྗེ་ཉིད་འབྲུངས་ཡུལ་དུ་ཕེབས་དགོས་བྱུག ལྕགས་བྱ་(སྤྱི་ལོ་༡༩༨༡) ལོར་འབྲི་གུང་མཐིལ་དགོན་པ་ཉམས་གསོ་བྱས་རྗེས་དགོན་པར་བཞུགས་ཏེ་གྲྭ་གསར་པ་རྣམས་ལ་དགེ་ཚུལ་སློང་གི་སྡོམ་པ་གནང་། རྗེ་འདི་པའི་ངོ་མཚར་མཛད་པ་ཕྱོགས་ཀུན་ཏུ་འབར་བས་མཇལ་བཅར་ཞུ་མི་ཆུ་བོའི་རྒྱུན་ལ་འབུལ་དངོས་མང་དུ་མཆིས་ཀྱང་དད་འབུལ་ཞུས་པའི་དངུལ་དངོས་རྣམས་དགོན་པའི་ཚོགས་ཡོངས་སུ་སྨིན་གཏོང་དང་། འབྲི་གུང་གི་བཤད་སྒྲུབ་འཆད་ཉན་སྐོར་གསོ་མཛད་པ་ལས་ཉིད་ནས་ཁབ་ཙམ་བདག་གིར་མི་མཛད་ཅིང་། འཆི་བའི་ཐད་འདོད་ཆུང་ཆོག་ཤེས་ཕོ་ནར་མཛད་དེ་གོས་ཆེན་གྱི་ན་བཟའ་སྐུ་ཆེ་ཧྲིལ་པོར་བཞེས་མ་སྐྱོང་། སྐུ་ལ་རྒྱུན་དུ་ན་བཟའ་བན་ཧྲུལ་པོ་ན་གསོལ་བ་ད་ལྟའང་མཇལ་རྒྱུ་ཡོད་དོ། རྗེ་ཉིད་ཀྱིས་སྦྱིན་བདག་མཛད་དེ་སྐུ་རྟེན་དུ་མཉམ་མེད་འབྲི་གུང་པ་ཆེན་པོ་རིན་ཆེན་དཔལ་གྱི་སྐུ་བརྙན་མཐོང་བ་རང་གྲོལ་ཞེས་སྐྲུན་པ་འཇིག་རྟེན་གསུམ་མགོན་གང་གི་ཐུགས་མི་ཐུབ་མས་གཙོས། ས་གསུམ་ན་དགོན་པའི་རྟེན་གཟུངས་སུ་བཞུགས་པའི་སྐུ་རྒྱུ་རིན་ཆེན་གཉིས་པ་ལས་གྲུབ་པའི་སྐུ་ཐོག་ཚད་མ་དང་། གསུང་རྟེན་དུ་རྒྱལ་བའི་བཀའ་བསྟན་འགྱུར་སོགས་བསྐྱུ་ཡོན་གྱིས་གདན་ས་རིན་པོ་ཆེར་གདན་དྲངས། ཐུགས་རྟེན་དུ་སྐུ་རྒྱུ་རིན་ཆེན་གཉིས་པ་ལས་བསྐྲུན་པའི་བྱང་ཆུབ་མཆོད་རྟེན་ཕྲ་བཀོད་ཕུན་སུམ་ཚོགས་པས་ལེགས་པར་བརྒྱན་པའི་ཐོག་ཚད་མ་བཞེངས་པར་མཛད། གཞན་ཡང་སྐུ་གསུང་ཐུགས་རྟེན་མང་དག་ཅིག་ཀྱང་གདན་དྲངས་པར་མཛད།

མེ་སྟག་(སྤྱི་ལོ་༡༩༢༦)ལོའི་ཟླ་བ་བདུན་པའི་ཚེས་བཅུ་བཞིར་ཐུགས་གྲས་བསྟན་འཛིན་ཉི་མར་སྒྲུབ་བརྒྱུད་ཀྱི་བསྟན་པ་འདི་ཁྱེད་ལ་གཏད་པ་ཡིན་གསུངས་ཏེ། སྒྲུབ་གྲྭའི་སློབ་དཔོན་དུ་མངའ་གསོལ་ཏེ་དགོངས་པ་གཞན་དོན་དུ་གཏད་པར་གསུངས་པས། ཅི་བྱ་གཏོལ་བྲལ་གྱིས་སྐྱབས་མགོན་ཆུང་ཚང་ལ་སྙན་སྒྲོན་ཕུལ་བ་བཞིན་བྱོན་ཏེ། སྟག་ལུང་རྩེ་སྤྲུལ་སོགས་བུ་སློབ་ཆོས་བཞུགས་པར་གསོལ་བས་ལོ་གསུམ་བཞུགས་རྒྱུའི་ཞལ་བཞེས་ཐུང་། ཟླ་བ་བརྒྱད་རིང་ཉིན་ལྟར་ཆུ་འཁོལ་ཞལ་སྐྱེམས་རྩུབ་མོས་འགོག་པ་སོལ་བ་ལས་གཞན་གྱི་ཟས་རིགས་པ་གང་ཡང་མ་གསོལ་བར་ཉིད་ཀྱི་སྤྱན་སྔ་བ་དགེ་སློང་སོགས་ཀྱིས་གསོལ་བ་ཡང་ཡང་བཏབ་མཐར་གསོལ་ཆས་བག་ཙམ་རེ་གསོལ་བ་མཛད། དེ་ནས་འབྲི་གུང་ཐེལ་གྱི་གསང་སྔགས་གསར་མའི་གར་འཆམ་གྱི་རྒྱུན་སྲོལ་ཉམས་གསོ་མཛད་པ་དང་། ཆོས་རྗེ་སྐྱབས་པ་རིན་པོ་ཆེའི་དར་སྒྲ། བསྟན་སྙིང་དགོངས་གཅིག་གི་གསུང་པར་བསྐོ་རྒྱུ། རྟེན་འཛམ་གླིང་རྒྱན་དང་། འདུ་ཁང་ཉམས་གསོ་བྱ་དགོས་པའི་བཀའ་སློབ་མཛད་དེ། སྔར་གྱི་ཞལ་བཞེས་ལོ་གསུམ་བཞུགས་པའི་དུས་ཚོད་རྫོགས་འཚམས་གདུལ་བྱ་གཞན་དོན་དུ་གཤེགས་པའི་ཐུགས་གཏད། མཐར་དགུང་གྲངས་གྱ་དགུ་ཐེབས་པ་བོད་རབ་བྱུང་བཅུ་བདུན་པའི་ས་འབྲུག་(སྤྱི་ལོ་༡༩༢༨)ཧོར་ཟླ་༨ཚེས་༢༧ཉིན་ངོ་མཚར་བའི་ལྟས་དང་བཅས་ཏེ། ཐུགས་ཆོས་སྐུའི་དགོངས་པ་འོད་གསལ་འགྲོ་འོང་སྤྲོས་པ་དང་བྲལ་བའི་ངང་དུ་གཤེགས་སོ།

# ལེའུ་དྲུག་པ། ཐུན་མོང་མ་ཡིན་པའི་ཐོན་ཁུངས་དང་ཡུལ་སྲོལ་བཟང་པོ།

## དང་པོ། ཐུན་མོང་མ་ཡིན་པའི་ཐོན་ཁུངས།

༡ གཏེར་རིགས་ཀྱི་སྐོར།

རྡོ་གཙྭ་ཧྭ་ཚོས་གཞི་སྔོ་གྲངས་བཅུ་བཞི་ཙམ་དང་། གསེར། ཟངས། རྡོ་ཞོའི་རྡོ། དེ་བཞིན་ཛ་ཧོར་གཡུ་རྡེ་གཏོང་བྱེད་ཀྱི་ཞ་རྡོ་དང་། བཙག་དམར། ཞ་ཉེ་སོགས་ཐོན།

༢ སྨན་རྫས་ཀྱི་སྐོར། དབྱར་རྩ་དགུན་འབུ་དང་། གཡའ་སྐྱ་རིལ། སྤང་རྒྱན་དཀར་པོ། སྤང་རྒྱན་ཁྲ་བོ། ཨུཏྤལ་སྔོན་པོ། ཧིག་ཏའི་རིགས། སྤང་སྤོས། སོ་མོ་དམར་པོ་སོགས་སྔོ་སྨན་སྣ་ཚོགས་དང་། གླ་རྩི། ཁྲག་ར། ལྷགས་སྤྲུལ་སོགས་སྨན་རྒྱུ་སྣ་ཚོགས་ཡོད།

༣ རི་སྐྱེས་སྲོག་ཆགས་ཀྱི་སྐོར། ཁྲུང་ཁྲུང་སྙེ་ནག་དང་། ངང་པ་དཀར་པོ། སེར་པོ། བྱ་ངང་། གོང་མོ། སྲེག་པ། འཇོལ་མོ་སོགས་བྱ་བྱིའུ་སྣ་ཚོགས་དང་། ཤ་བ་དང་། གླ་བ། གནའ་བ། རི་བོང་། འཕྱི་བ་སོགས་རི་དྭགས་སྣ་ཚོགས། གཟིག་དང་། དྲེད་མོང་། སྤྱང་ཀི། ཝ་མོ། གཡི། སྲམ། ཨ་དཀར་སོགས་གཅན་གཟན་སྣ་ཚོགས་ཡོད།

༤ རི་སྐྱེས་རྩི་ཤིང་གི་སྐོར། ཤུག་པ་དང་། ཐམ། ཁྲེས་པ། གླང་མ། གླ་ཚེར། སེ་པ། སྐྱེར་པ། སྐྱ་སེར། བ་ལུ། སུ་ལུ། ཐེན་མ་སོགས་རི་ཀླུང་དུ

རྫུས་སྐྱེས་སྐྱེ་ཤིང་དང་། ལྕུམ་བུ། སྦྱར་པ་དང་། ལྕང་མའི་རིགས། ཡོམ་སྦྲག་སོགས་འབྲས་བུ་མེད་པའི་བཙུགས་ཤིང་། ཁམ་བུ་དང་། ཀུ་ཤུ། སེའུ་སོགས་འབྲས་ལྡན་བཙུགས་ཤིང་བཅས་ཡོད།

༥ ཐོན་སྐྱེད་ལག་རྩལ་གྱི་སྐོར།

རྫ་བཟོའི་ལག་རྩལ། བོད་ཀྱི་རྫ་ཆས་སྒྱུ་རྩལ་ནི། ལོ་རྒྱུས་རིང་ལ་བཟོ་དབྱིབས་དང་རྣམ་གྲངས་མང་བ་སོགས་ཀྱི་ཁྱད་ཆོས་ལྡན། དེ་ཡང་མལ་གྲོའི་སྟག་ཕུ་དང་། དྭགས་པ། བ་རབ་བཅས་ལ་ཡང་རྫ་བཟོའི་ལོ་རྒྱུས་ཡུན་རིང་ཡོད་ཅིང་། ཤོད་རྒྱུན་དུ་རྫ་བཟོའི་ལག་རྒྱུན་དེ་སྤྱི་ལོའི་དུས་རབས་བཅུ་གཉིས་པའི་ནང་། སྐྱེས་བུ་ཡེ་ཤེས་རྡོ་རྗེས་མལ་གྲོའི་ཤ་བ་སྒང་ཞེས་པར་གསར་བཙུགས་གནང་བ་ལས་རིམ་བཞིན་དར་སྐད། དེ་གའི་རྫ་ཆས་བཟོ་བཀོད་ལེགས་ལ་སྤུས་ཀ་དག་པས་ལྷ་སའི་ཁྲོམ་རར་འགྲོ་རྒྱུག་ཆེ་བའི་ཐོག ཁོང་ཆོས་ཁོག་ལྷིར་དང་། ཁོག་མ། མཆོད་ཀོང་སོགས་ཁྱིམ་སྤྱོད་སྣོད་ཆས་ཙམ་མ་ཡིན་པར་རི་དྭགས་འཁོར་ལོ་དང་། གན་ཛི་ར། སྤོས་འཛིན་སོགས་བཟོ་བཀོད་དག་ལ་གཡུ་རྩེ་སེར་པོ་དང་། ལྗང་གུ་ཚོན་མདངས་བཀྲ་ཞིང་ཞུད་ཁ་འཛམ་པ་སོགས་ཡོད་སྐབས་ནོར་བུ་གླིང་གའི་ཕོ་བྲང་ཁག་དང་གཞུང་སྒོའི་སྟེང་གི་རྒྱ་ཕིབས་སོགས་སྟག་ཕུའི་རྫ་བཟོ་ལས་བཟོས་པའི་ཤོད་རྒྱུན་འདུག སྟག་ཕུ་གྲོང་ཚོར་རྫ་བཟོའི་ལག་རྒྱུན་དར་རྒྱས་ཆེ་ཙམ་ཡོད་པར་བརྟེན་དྷ་ལའི་བླ་མ་སྐུ་ཕྲེང་བཅུ་གསུམ་པས་ནོར་བུ་གླིང་ཁའི་ཕོ་བྲང་ཁག་གཅིག་དང་། གཞུང་སྒོའི་སྟེང་རྩེ་སེར་པོ་བཏང་བའི་རྫ་ཁོའི་རྒྱ་ཕིབས་གསར་བཟོའི་ལག་རྩལ་པ་སྟག་ཕུ་སོ་ནས་བསྐོང་འཁུགས་གནང་བའི་ནང་དུ། སྟག་ཕུའི་རྫ་མཁན་བསོད་ནམས་ཀྱིས་ལག་རྩལ་གཟེངས་སུ་ཐོན་པ་བརྟན་པའི་བྱས་རྗེས་སུ་དབུ་ཆེན་གྱི་གོ་མིང་

ཐབ་སྐབས་སྐུག་ཕུའི་རྫ་བཟོ་ཆེ་མོ་ཞེས་གྲགས། རྒྱན་གཏན་གྱི་རྫ་ཁོའི་སྣོད་ཆས་ཙམ་མ་ཡིན་པར་རྫ་ཁོས་མཛེས་ཆས་སྣ་ཚོགས་སོགས་བཟོས་ཤིང་ཁོང་གིས་བཟོས་པའི་རྒྱ་ཕིབས་དང་། བྱ་རི་དྭགས་ཀྱི་གཟུགས་བརྙན་སོགས་འགའ་ཞིག་ད་ལྟའང་ནོར་བུ་གླིང་གར་མཐོང་རྒྱུ་ཡོད།

རྩ་(རྩེ་)ཞོལ་སོགས་ས་ཆ་ཁ་ཤས་ལ་སྣང་མའི་ཡལ་གར་སླེལ་པོ་དུང་དཀར་(ཤིང་པགས་བཤུས་པའི་སླེལ་པོ་མཐིལ་གྲུ་བཞི)ནག་དང་། འབྲུ་སྣོད་ཀྲོམ། སྣམ་སོགས་བཟོ་ལྟས་ཀྱི་ལག་རྒྱུན་ལེགས་པོ་ཡོད། དེ་བཞིན་ཁང་པའི་བར་བཅད་ཀྱང་ཤིང་གི་ཡལ་ག་ལྟས་ནས་འདག་ཞལ་བཏང་བའི་ཤག་མ་ཞེས་པའང་དར་ཆེ།

༤ ཞིང་འབྲོག་ཐོན་ལས་སྐོར།

ས་མ་འབྲོག་ནི། རྫོང་ཁོངས་སུ་དཔལ་འབྱོར་གྲུབ་ཆ་གཙོ་བོ་ཡིན་ཞིང་། འབྲུ་རིགས་ལོ་ཏོག་ནས་དང་། གྲོ། སྲན་མ། ཞོག་ཁོག་སོགས་ཡིན། ཕྱུགས་རིགས་གཙོ་བོ་བ་སླང་དང་། གཡག་ལུག་སོགས་གསོ་ཚོགས་བྱེད་ཀྱི་ཡོད། རྨམ་པ་དང་གཟི་སྤྲུག་ནས་ས་ཁྲུལ་གཞན་དང་མི་འདྲ་བའི་ཕ་གཡག་གཟུགས་སྟོབས་ཆེ་བའི་རྒྱུད་བཟང་ཐོན་གྱི་ཡོད་པར་བརྟེན། ས་ཁྲུལ་གཞན་ནས་ཕ་གཡག་སྐྱུབ་མཁན་ཡོང་གི་ཡོད།

དཔལ་འབྱོར་ལོ་ཏོག་གཙོ་བོ་པད་ཁ་ཡིན་ཞིང་། རྫོང་ཁོངས་སུ་པད་ཁའི་ཐོན་འབོར་ཆེ་ལ་ཡང་སོན་རྩིས་ནས་ས་ཁྲུལ་གཞན་དག་ནས་ཉོ་སྐྱུབ་བྱེད་པར་ཡོང་གི་ཡོད་པ་མ་ཟད། མལ་གྲོའི་སྐྱུམ་ཞེས་ལྔ་ས་ཁྲུལ་ལ་གྲགས་ཆེ་ཙམ་ཡོད།

## གཉིས་པ། འབྲི་གུང་ཁུལ་གྱི་རྒྱལ་ཁབ་རིམ་པའི་དངོས་མེད་རིག་གནས་ཤུལ་བཞག་གི་སྐོར།

### ༡ དམངས་ཁྲོད་ཀྱི་རིག་རྩལ་འབྲི་གུང་བོད་སྟོད་པའི་ཨོན་གྱི་སྐོར།

ཨོན་ནི་གཤེན་རབས་མི་བོ་ཆེའི་སྐུ་དུས་སུ་དར་བས། གནའ་བོའི་ཞང་ཞུང་ཤེས་རིག་ལ་ཁུངས་གཏུགས་ཆོག་པ་ཞིག་ཡིན་ཞིང་། དེར་དུས་ཡུན་རིང་བའི་ལོ་རྒྱུས་དང་། ངོ་མཚར་ཆེ་བའི་འཁྲབ་ཆས། སྙན་འཇེབས་ཡིད་དབང་འཕྲོག་པའི་གླུ་སྒྲ། མགྱོགས་དལ་རན་པའི་གར་འགྲོས་དང་ལྡན་ཞིང་། ཕལ་ཆེ་བ་མང་ཚོགས་རང་བཞིན་གྱི་བྱེད་སྒོ་དང་། ཆོས་ལུགས་མཛད་སྒོར་འཁྲབ་སྟོན་བྱེད་པ་སོགས་དམིགས་བསལ་ཁྱད་ཆོས་ལྡན་པའི་གནའ་བོའི་ཞང་ཞུང་གི་གླུ་གར་ཞིག་ཡིན། དེ་ཡང་གུ་གེའི་གནའ་ཤུལ་གནས་ཤུལ་ལྷ་ཁང་དམར་པོའི་ལྡེབས་རིས་ཁྲོད་དུ་གུ་གེ་རྒྱལ་པོས་ཇོ་བོ་རྗེ་གདན་ཞུའི་སྐབས་རྒྱ་ཆེ་བའི་གུས་སྲོལ་མཛད་སྒོ་སྤེལ་བ་དང་། དེའི་ནང་མཛེས་ཤིང་ལྷ་ན་སྡུག་པའི་ཨོན་ཆས་གྱོན་པའི་བུ་མོ་བཅུས་ཨོན་འཁྲབ་པ་དང་། ལོ་རྒྱུས་དེབ་ཐེར་ནང་གསལ་བར་གཞིགས་ན། སྤྱི་ལོ་༡༠༤༢ ལོར་མཐོ་ལྡིང་དགོན་པས་ཨོན་གྱི་ཚོ་ག་ཞབས་བྲོར་བྱས་ཏེ། ཇོ་བོ་རྗེ་གདན་ཞུའི་གུས་སྲོལ་མཛད་སྒོའི་ཐོག་འཁྲབ་སྟོན་བྱས་པ་རེད།

དེ་ཡང་ཐོག་མར་ཨོན་ཞེས་པའི་ཐ་སྙད་ཀྱི་གོ་དོན་ནི། ཨོན་ནི་གནའ་བོའི་ཞང་ཞུང་སྐད་ཡིན་ཞིང་། དེའི་གོ་དོན་ནི་གླུ་གར་ཞེས་པའི་དོན་ཡིན། ཨོན་འདིའི་འཁྲབ་ལུགས་སྐོར་ཙུང་ཟད་འཆད་པར་བྱ་བ་ལ《སྤུ་རབས་བོད་ཀྱི་འབྱུང་བ་བརྗོད་པ་འབེལ་གཏམ་ལུང་གི་སྙིང་པོ》ལས“གནའ་དུས་ཞང་ཞུང་གི་ཡུལ་ལུགས་ཨོན་གྱི་སྐོར། ཨོན་རྩེད་མི་གྲངས་ཉི་ཤུ་ནས་བརྒྱ་སྐོར་བར་གང་

ཡོད་ཚོ་གསུམ་དུ་བཅད་དེ་ལག་བསྟོལ་བསྒྲིལ་མ་ གླུམ་སྐོར་ གྱི་ནང་རིམ་པ་མི་མང་དུས་གསུམ་དུ་ཕྱེད། ཨོན་དཔོན་དང་པོ་དེས་ལག་གཡས་ཀྱིས'རྔ་རང'ཞེས་གཡག་དཀར་པོའི་རྫ་མ་དངུལ་གྱི་ཡུ་བ་ཅན་ཞིག་འཕར་བསྐོར་བྱེད་བཞིན་རྫ་ཆེ་ཆུང་དང་། དུང་ཆེན། སུར་སྣ། འཁར་རྫ། སྦུབ་ཆལ་སོགས་ཀྱི་སྒྲ་དང་བཅས་ཁ་ནས་དབྱངས་དང་། རྐང་པས་འགྲོས་ཀྱི་གཡས་སྐོར་དུ་བསྐྱོད་པའི་གསེབ་ཏུ' སད་ལྷ་ཅེས་ལྷ་རྟེན་དང་ཡུལ་ལྷ་དྲེགས་པ་ཅན་གྱི་རིགས་སོགས་སོ། །' མཉམ་དུ་བགྲོད་ཅིང་། ངག་གི་གླུ་དབྱངས་ནི། ཧྲི་ལི་ཧྲེ་ཧོའན། ལག་པ་མཐུད་ནས་འགྲོ། ཧྲུ་ལི་ཧྲུ་ཧོ་ན། ཨོན་རྗེད་རོལ་ལ་ཕེབས། ཧ་ཡ་ཧྲེ་ཧོ་ན། སྟོན་དུ་མགྱོགས་པར་སྐྱོད་ལ་ཕྱིར་གཤེགས། ཁ་ཧྲུ་ཧྲུ་རིང་ཝུང་ཧྲེན། ལྷ་མཇལ་མི་ཚོ། ཁ་ཧྲུ་ཧྲུ་ཚུ་ལི་པ་ལྷ་ཁང་ལིད་པ་འདིར་འཛོམས། གླུམ་པོ་ཧྲུ་རི་དྭའི་ཧྲེན། ལྷ་ཡིས་དུག་ཐོད་གླུམ་པོ་གླུབ། འདིས་མཚོན་ཏེ་ཞང་སྐད་འདྲེས་མའི་སྟེར་གྱི་ཡུལ་སྐད་རྙིང་པ་ལས་དབྱངས་དང་བཅས་ཏེ་འཁྲབ་ལུགས། ཁྱེའུ་སོགས་སྟོད་ཕྱོགས་བོད་ཀྱི་མཐའ་མཚམས་ཡུལ་ཁག་རྣམས་སུ་ཧ་ཅང་གི་དར་ཁྱབ་ཆེ་བ་ཡིན། འདི་ཡང་སྟེར་དུས་སྟོན་པ་གཤེན་རབ་བསུ་སྐྱེལ་གྱི་སྐབས་རྣམས་སུ་ཡང་འདི་ལྟར་རྗེད་པའི་ལུགས་ཡོད་པ་ཡིན་འདུག་སྟེ། ལུང་ལས། ལ་ལ་ཞིག་གི་ཨོན་བརྗེའོ། །ཞེས་གསུངས་པའི་ཕྱིར།"(ཤོག་༧༥༩–༧༥༥) ཞེས་གསུངས་པ་ལྟར། ཨོན་ནི་ཆེས་དར་སྤྱ་བའི་གནའ་བོའི་གླུ་གར་ཞིག་ཡིན་ལ། འདི་ནི་དམངས་ཁྲོད་དུ་གཞི་རྒྱ་ཆེ་ཞིང་ཁྱབ་གདལ་ཆེ་བ། དམིགས་བསལ་གྱི་ཉམས་འགྱུར་ལྡན་ལ་གླུ་གར་ཟུང་དུ་འབྲེལ་བ་ཞིག་ཡོད་པ་གསལ་པོར་མངོན། ནང་དོན་གཙོ་བོ་ནི་ཡུལ་ལྷ་གཞི་བདག་དྲེགས་ལྡན་གསོལ་བའི་གླུ་གར་གྱི་རྣམ་པ་ཞིག་ཡིན་ཞིང་། སྤྱི་ཚོགས་གོང་དུ་འཕེལ་བ་དང་སྦྲགས་

གནའ་བོའི་ཤོན་རྩེད་ལའང་དར་ཤོན་སོགས་ནང་གསེས་རིགས་བཅུ་གསུམ་ཙམ་དབྱེ་བ་དང་། འཁྲབ་མཁན་གྱི་ལག་ཏུ་དར་མཚོན་འཁྱེར་བ། སྐྱེ་བོ་ཕོ་མོ་ཞུགས་ཏེ་བརྩེ་དུང་གི་རྣམ་པ་མཚོན་པའི་གླུ་གར་ཞིག་ཡིན་ཞེས་གསུངས་སོ། །

འབྲི་གུང་པར་རིག་གནས་ཤིན་ཏུ་མང་པོའི་ཁྲོད་དུ་སྐད་གྲགས་ཕྱོགས་བཅུར་གྲགས་པ་དེ་ནི་དམངས་ཁྲོད་རིག་རྩལ་ཆེ་བཞི་ཞེས་སུ་གྲགས། དང་པོ། འབྲི་གུང་བོད་སྟོད་པ་ནི་འབྲི་གུང་གདན་སའི་འོག་གི་གྲོང་ཚོ་ཨང་དང་པོ་ཡིན་པ་དེར་ངོ་མཚར་ཆེ་ལ་ལོ་ངོ་སྟོང་ཕྲག་ཏུ་མར་ཞུན་བརྡར་ཐེབས་པའི་དམངས་ཁྲོད་རིག་གནས་དེར་ཤོན་ཞེས་འབོད། གཉིས་པ། ཉིན་པ་བར་ཚོག་ལྷ་མོ་ཡིན་ཞིང་། དེ་ནི་འབྲི་གུང་ཡངས་རི་སྒར་དང་། ཕྱི་མ་ཁ། རྫོང་ཞོལ་བཅས་ས་ཁུལ་གསུམ་གཙོ་བོར་བརྩེ་སྲོལ་ཡོད། ཁུལ་དེ་གསུམ་གྱིས་བོད་ཀྱི་ལྷ་མོའི་འཁྲབ་གཞུང་མ་ལུས་པར་འཁྲབ་ཤིང་རང་སའི་ཁྱད་འཕགས་དངོས་དང་ཟུང་འབྲེལ་ཡོད་པར་དམངས་ཁྲོད་ནས་ཤིན་ཏུ་དགའ་ཞེན་ཆེན་པོ་བྱེད་ཀྱི་ཡོད།

ལྷག་པར་དུ་རྫོང་ཞོལ་ལྷ་མོ་ནི་བོད་ཀྱི་ས་ཕྱོགས་གང་སར་སྐད་པའི་གྲགས་པ་ཁྱབ་པའི་གྲུབ་ཆེན་ལྕགས་ཟམ་པ་ཐང་སྟོང་རྒྱལ་པོས་དབུས་སྟོད་འོལ་ཁ་ལྕགས་ཟམ་གསར་སྐྲུན་མཛད་རྗེས། དུས་ཕྱིས་ལྕགས་ཟམ་ཉམས་གསོའི་མཐུན་རྐྱེན་དུ་དམིགས་ཏེ་ཐང་སྟོང་རྒྱལ་པོ་སྐུ་ངོ་མས་ཆེད་འཛུགས་གནང་བ་ཞིག་རེད། གསུམ་པ། ཀླུང་ཤོད་རྩེ་ཞོལ་ཁུལ་གྱི་གཞས་ཆེན་ཡིན་པ་རེད། དེ་ཡང་བོད་བཙན་པོའི་དུས་ནས་དར་སྲོལ་བྱུང་བའི་གྲགས་ཅན་གླུ་གར་ཞིག་ཡིན་པས་སྐད་གྲགས་ཆེ། བཞི་པ། ཁེམ་ཆུ་བརྒྱུད་ཀྱི་བྲོ་ཞེས་པ་དེ་ཡིན། སྟོན་མཁན་སློབ་ཆོས་གསུམ་གྱིས་བསམ་ཡས་མི་འགྱུར་ལྷུན་གྱིས་གྲུབ་པའི་གཙུག་ལག་ཁང་བཞེངས་སྐབས་དཀའ་ངལ་གྲངས་ལས་འདས་པ་བྱུང་བས། མཐར་

རྫུ་འཕྲུལ་གྱིས་ལྷ་འདྲེར་མགོ་སྐོར་གཏོང་བའི་དོན་དུ་བྲོ་འདི་སྲོལ་གཏོད་མཛད་རྗེས། དེ་ནས་བརྒྱུད་པའི་འབྲི་གུང་རང་ལུགས་ཀྱི་ཁྱད་ཆོས་ལྡན་པའི་སྦྲང་མདའི་བྲོ་ཞེས་འབོད། དེ་ལ་འཁྲབ་ཆས་སྦྱིར་འདྲ་བ་སྟེ་མཐེ་བོང་གཡས་པར་བ་སོའི་གྲུད་གོར་གྱོན་པ་དང་། སྐེད་པར་མདའ་གཞུ་སག་བཏགས་འདོགས་པ་དེ་ཡིན། གཅིག་ནི་གྲོགས་དབྱེ་ཕུ་སྐར་མ་མཆོད་པ་ཡིན། དེ་ཡང་ཛོ་བོ་རྗེ་དཔལ་ལྡན་ཨ་ཏི་ཤ་སྐྱུ་ངོ་མས་མཛད་པའི་སྟོད་རྒྱུན་མཆིས་པ་རྣམས་ད་ལྟ་ཏན་རབས་རེ་གཉིས་ཀྱི་ངག་ལམ་དུ་མ་འཕོར་ཙམ་ཞིག་གནས་ཡོད་དོ། གོང་གསལ་དེ་དག་ནི་བོད་ས་གནས་སྲིད་གཞུང་གི་རིག་རྩལ་ཁྲལ་ཁོངས་སུ་ཚུད་པ་ཞིག་རེད།

འདིར་སྐབས་སུ་བབས་པ་འབྲི་གུང་བོད་སྟོད་པའི་སྟོན་འདི་ཉིད་གནའ་དུས་སུ་དུས་ངེས་མེད་ལ་འཁྲབ་སྲོལ་ཡོད་པ་ཞིག་མ་ཡིན་པར། འབྲི་གུང་སྐྱོབ་པ་འཇིག་རྟེན་མགོན་པོ་ནས་གདན་རབས་རིམ་བྱོན་དང་། བུ་སློབ་རིམ་པར་གསེར་ཁྲི་མངའ་གསོལ་གྱི་མཛད་སྒོ་དང་། ཚེབས་སྦྱུར། བཀའ་ཆོས་དང་དབང་ཆེན་ལེན་པ། ལོ་འཁོར་བཅུ་གཉིས་ཀྱི་སྤྲེལ་ལོ་འབྲི་གུང་འཕོ་བ་ཆེན་མོ་བཅས་ལ་ངེས་པར་དུ་འབུལ་དགོས་པའི་གཟིགས་མོ་ཕྱིན་ལྷབས་ཀྱི་ཚན་ཁ་མ་ཡལ་ཞིག་ཏུ་གྱུར་ཡོད་པ་རེད་ཅེས་ངག་རྒྱུན་དུ་ཁྱབ་པ་ལས་དེ་མིན་གྱི་དུས་ཆེན་ཅི་རིགས་ལ་སྟོན་གཟིགས་འབུལ་བའི་སྲོལ་མེད། ཡང་སྟོན་གཟིགས་འདི་དམིགས་བསལ་གྱི་འབུལ་དགོས་པ་འགའ་ཞིག་ནི་བོད་ས་གནས་སྲིད་གཞུང་གིས་བཀའ་ཕབ་པའི་འོག་སྟོན་གཟིགས་འབུལ་དགོས་པ་དང་། ཁུལ་འདི་གར་དགུར་དུས་འོང་སྐོར་དུས་ཆེན་ལ་ལྷ་འཁྲབ་ཟེར་བའི་མིང་འདོགས་སྲོལ་ཡོད་པ་དེའི་དུས་ཆེན་ལ་སྟོན་སྐྲ་འགའ་ཞིག་འབུལ་སྲོལ་ཡོད། དེ་ལའང་འཁྲབ་ཚན་གྱི་

དབྱེ་བ་ཡོད།

འབྲི་གུང་པའི་མཛོད་སྣ་ཆེ་གྲས་ཁག་གི་ནང་རིག་རྩལ་བྱེད་སྒོའི་བང་རིམ་སྐོར་ལ་དང་པོ་ཐོན་དང་། གཉིས་པ་བྲོ། གསུམ་པ་ལྷ་མོ། བཞི་པ་འབྲས་དཀར། ལྔ་པ་གཞས་ཆེན། དྲུག་པ་ཆོས་ལུགས་ཀྱི་ཆ་བྱད་དུང་དང་རྒྱ་གླིང་། སུར་སྣ། མདོ་དར་སོགས་འབུད་བརྡུངས་དཀྲོལ་གསུམ་དང་། གདུགས་དང་རྒྱལ་མཚན་སོགས་ཟབ་སྒྲིང་བྱེད་པའི་ནང་དུའང་ཐོན་ནི་སྟོན་དུ་འགྲོ་བ་ཡིན་པས་དམིགས་བསལ་ལོ་རྒྱུས་རིང་བ་དང་། སྙན་གྲགས་ཕུན་སུམ་ཚོགས་པའི་ལོ་རྒྱུས་ལྡན་པར་མཚོན། དམངས་ཁྲོད་ཏུའང་ཐོན་གྱི་རིག་གནས་ལ་བག་ཆགས་ཟབ་མོ་ཡོད། དེར་རིག་གནས་ཀྱི་ལྷད་མོ་དང་ལོ་རྒྱུས་ཀྱི་སྙན་གྲགས་ཆེས་ཆེར་གྱུར། 1. ཐོན་གཟིགས་འབུལ་སྐབས་སྟེ་ཁྲིད་མཁན་གསུམ་ཡོད་པའི་གཙོ་བོ་ངོར་རའི་ཨ་ར་ཁ་ཕྱུགས་པ་ཞེས་འབོད། དེའི་འཁྲབ་ཆས་ལ་ལྷ་མོའི་འཁྲབ་གཞུང་ནང་གི་བླ་མའི་དྲང་སྲོང་གི་འབག་འདྲ་བ་རྒྱ་ར་ཨག་ཚོམ་སོགས་ར་སྐྱེས་མགོ་ལྷགས་ཀྱིས་བརྒྱན་པ་ཟུར་གྱོན་དང་། ལག་གཡས་དར་ཚོན་སྣ་ལྔའི་མདའ་དར་གྱིས་ཐོན་དམངས་ཡོངས་ལ་ཕྱོགས་སྟོན་བྱེད་པ། ལག་གཡོན་མཐེ་བོང་ལ་བ་སོའི་གྲུད་གོར། རྒྱ་ལོག་དམར་ཁྲའི་སྟོད་གོས་སྟེང་ལྟེ་དཀར་ཁྲ་དང་འོག་འཇུག་སེར་པོ། གཡོན་དུ་སྒྲོག་དུང་དཀར་པོ་གྱོན་པ། ངོར་མ་ནག་པོ་བསུན་གྲལ་ཤིག་ཤིག་ལ། སྐེད་པར་ལིང་ཤང་དང་ཐིག་རྟལ་རང་འགྲིགས། ད་དུང་མདའ་གཞུ་སག་བཏགས་བྱས་པ། ཡུལ་ལྷམ་རྒྱན་དྲུག་ལ་ཞབས་སྒྲོག་ཐེར་མའི་ཐེའུ་ཚུང་བཅས་ཀྱིས་མཛེས་པར་བྱས་ནས། བརྗིད་ཉམས་ཆེན་པོས་ཐོན་གླུ་གཏོང་རེས་སུ་ལ་བབས་ཀྱང་དེ་ཕྱོགས་སུ་རྩལ་མཆོངས་ཀྱི་བསྐོར་བ་རེ་གཉིས་སྐོར་ཏེ། གདངས་ཚིག་སྐོར་བཞིན་གར་གྱི་ཉམས་འགྱུར་ལྡན་པ་བྱེད།

མཚམས་མཚམས་སུ་དོར་ར་སྐོར་མོ་བཞད་གད་ཀྱང་སྐྱོང་། དོར་དམངས་ཀྱི་རྩོན་ཤབ་ཤོབ་ཏུ་གྱུར་སྐབས་ཨ་ར་བས་སྐད་གསངས་མཐོན་པོས“ཞབས་བྲོ་མ་ཤེས་ཡོང་བ་ད་མིན། རྐང་པའི་འོག་ལ་ཚེར་མ་ད་མེད། ཚེར་མ་ཡོད་ན་གཟུགས་པོའི་དོག་བྱས། ལག (མཆན་ཁུངས) ཡོག་འོག་ལ་གྲུ་གྲུ་འདྲ་མེད། གྲུ་གྲུ་ཡོད་ན་ལུག་པའི་དོག་བྱས། ཁ་ཡི་ནང་ལ་གཡུ་རྐང་འདྲ་མེད། གཡུ་རྐང་ཡོད་ན་འཐོར་བའི་དོག་བྱས། ཤར་སྤྲིན་པའི་འོག་ནས་སྤྲིན་གསར་ཞིག་ལངས་བྱུང་།”ཞེས་དོར་ར་ཡོངས་ལ་ཤབ་ཤོབ་བསངས་ཐུབ་པ་བྱེད།

༢ དོར་རའི་གཞས་དཔོན་གཉིས་སོ་སོའི་གླུ་ལེན་ལ་བབས་དུས། རྩོན་སྔ་ར་རེར་དལ་གཞས་དང་འཁྲུག་གཞས་རེ་བཟུང་འཕྲེལ་དུ་ཡོད་པ་ལྟར་བློ་ལ་བཅངས་ཏེ། ལག་གཡས་པའི་མདའ་དར་གྱིས་ཁ་ཕྱོགས་བྱས་ནས། ཅ་ཅོའི་སྐད་སྐད་རྐྱང་པ་མ་ཡིན་པར་ཚིག་དོན་གྱིས་ཕྱུག་པ་དང་། དབྱངས་ཀྱི་འགྱུར་ཁུག་ཕུན་སུམ་ཚོགས་པ་སྟེ་སྒྱུ་རྩལ་གྱི་ཉམས་ཟིལ་ལྡན་པའི་ཐོག་ནས། ཀུན་གྱི་སྙན་ལམ་དུ་ཡིད་དབང་འཕྲོག་ཐུབ་པའི་མགྱོགས་འགྱུག་རན་པོ་ཡོད་པའི་སྙན་འཇེབས་ལྡན་པ་དང་གཅིག གཟུགས་ཆས་ལྡེམ་ལ་མགོ་བོ་གྲུག་ཙམ་དང་། བསྒམ་ཞིང་དད་གུས་མཚོན་པའི་ཀུན་སྤྱོད་དང་གཉིས། ལག་གཉིས་གཡས་ལེན་གཡོན་འཛོག་དང་། པད་སྐོར་ཕྱུག་བཏབ་གཡོན་འབུལ་དང་ཐད་ཕབ་བྱེད་པ། ཡང་ན་ལག་གཉིས་སྐེད་ཟེར་བྱས་ཏེ། རེས་མོས་ས་ཕྱོགས་སུ་འཛོག་ཚུལ་བཏོན་པ། ཡན་ལག་གཉིས་པད་སྐོར་བརྒྱུད་སློའི་འདོགས་རྒྱུན་ལ་བརྟར་ནས་སིག་སྒྲ་གྲགས་པ་དང་གསུམ། ཁོམ་བགྲོད་གཡས་ནས་བླངས་ཏེ་གཡོན་དེས་དལ་མོར་ཕྱིར་གཞེགས་དང་། མཚམས་རེར་གཡས་ཕྱོགས་སུ་གསུམ་རྐྱག གཡོན་སྐོར་ནས་གསུམ་རྐྱག ཟུར་གཞེགས་ཏེ་གསུམ་རྐྱག ནང་རུ་རུབ་རུབ།

ཕྱིར་གཤིག་བྱེད་པ་དང་བཞི་སོགས་རྣམ་པ་མ་ངེས་པ་མང་པོ་ཡོད་པ་རེད།

འབྲི་གུང་བོད་སྟོད་པའི་སྔོན་གྱི་རིག་རྩལ་གྱི་ཁྱད་ཆོས་སྐོར་ལ། ༡
སྔོན་གདངས་དང་ཞབས་བྲོ་དངོས་ལ་ས་གནས་ཀྱི་མེས་པོ་ཆོས་རང་གི་ཕ་མེས་ནས་བརྒྱུད་སྤྱོད་པའི་མི་ལོ་སྟོང་ཕྲག་ནང་སྲེག་བཅད་བརྡར་གསུམ་ལས་ཐོན་པའི་ཆེས་ཡར་ཐོན་ཡིན་ལ། བོད་མི་རིགས་རང་ཉིད་ལ་ཐོག་མ་ནས་ཡོད་པའི་ལུས་ངག་ཡིད་གསུམ་གྱི་ཀུན་སྤྱོད་བཟང་པོ་རྣམས་སེམས་སྐྱོན་ཅན་གྱི་མིར་རླུང་གདུག་སྨན་ཨ་གར་སོ་གཅིག་འཕྲུལ་བ་ལས་ལྷག་པས། རླུང་ཁ་མནན་ནས་སེམས་ཞི་སྟོད་དུ་བབས་པ་ལྷ་བུར་འགྱུར་བར་མཚོན་པར་བྱེད་པའི་གཞས་གདངས་དང་ཞབས་བྲོ་ཕྱོགས་བསྡུས་བྱས་ནས་བྱུང་། དེ་རྣམས་དངོས་གཞིའི་སྔོན་ལ་འགྱུར་བ་དང་། དེའི་སྐད་འཛེར་ཡིད་དབང་འཕྲོག་པ་རྣམས་གསན་གཟིགས་གནང་མཁན་ཚོའི་སྤྱན་ལམ་དུ་ཕུལ་བས་ན་ཡིད་དབང་མི་འཕྲོག་པ་ག་ལ་སྲིད།

2. གཞས་གདངས་ནི་ཆུ་བོའི་རྒྱུན་ལྟར་འཛམ་ལ་རིང་པོ་ཡོད་པ་དང་། སྐམ་བསྐྱེད་ལྡན་ལ་གྲུས་ཞབས་རྗེ་གཅིག་ཏུ་མཚོན་པར་བྱེད་པའི་གཟུགས་པོའི་འཁྱེར་སོ་དང་གུག་ཀ། ལག་གཉིས་གཡས་ལེན་གཡོན་འཛོག་དང་། བསྐོལ་སྒྲིལ་པད་སྐོར་ཕྱག་སྟབས་དང་། དལ་མོར་གཡས་བཞག་གཡོན་འཛོག་བྱེད་པ། ཡང་ན་རང་གི་སྤྱིའི་འདེགས་རྒྱུན་ལ་བརྟར་ནས་སེར་སྒྲ་དང་བཅས་མདུན་བསྒྲོད་ཕྱིར་གཤེགས་བྱེད་པ། སྔོན་གདངས་དང་ཞབས་བྲོ། ཕྱག་སྟབས་བཅས་ནི་ཕན་ཚུན་གཅིག་ལ་གཅིག་རྟེན་ཡིན་པ་མ་གཏོགས། སྐད་མཐོལ་ཁང་མཐོལ་སོགས་འགྲོ་ས་མེད། དེ་ནི་གནའ་ཉམས་ཇོད་པ་དང་། གར་སྟབས་ཀྱི་ཉམས་འགྱུར་མཛེས་པ། མི་རིགས་ཀྱི་ཁྱད་ཆོས་མངོན་གསལ་ཇོད་པ་བཅས

ཡོད། ད་ལྟ་རྒྱལ་ཁབ་རིམ་པའི་འབྲི་གུང་བོད་སྟོད་པའི་ཕྱོན་ལ་ཞིབ་འཇུག་གནང་མཁན་ཞིག་ཡིན་ཕྱིན་རང་མི་རིགས་ཀྱི་སྐལ་བ་ཡ་ཐོག་ངམ་གདོད་མའི་སྤྱི་ཚོགས་ཀྱི་མི་རྣམས་ཀྱི་འཚོ་བའི་ཁྲོད་ཀྱི་ཀུན་སྤྱོད་བཟང་པོ་འདི་མངོན་པར་བྱེད་པ་དང་། ཡང་ན་སྐབས་དེའི་རང་བྱུང་ཁམས་ཀྱི་འཇིག་རྟེན་ཆགས་ཚུལ་དངོས་ནི་ཕྱོན་པ་ཆོས་སྐྱོན་པའི་རྒྱན་གོས་དང་འདོགས་རྒྱན་སྣ་ཚོགས་དེ་དག་ལ་མི་ལོ་བརྒྱ་ཕྲག་ནང་གི་མིའི་གཟུགས་བརྙན་ཆེས་གསལ་པོར་མངོན་ཐུབ་ཀྱི་ཡོད། ཕྱོན་ཚོགས་ནི་འབྲི་གུང་གདན་རབས་རིམ་བྱོན་མང་པོས་རང་གིས་བྱ་གཞག་ཆེ་གྲས་གསར་གཏོད་རེ་འགྲུབ་སྐབས། དེ་དང་མཐུན་པའི་ནང་དོན་མགོ་འདོན་བྱས་ནས་བྱུང་བ་ཞིག་ཡིན་པས། ཆོས་བྲོ་ཆོས་བསྟོད་བྱེད་རྒྱུ་གཙོ་བོར་བཟུང་སྟེ་མི་རྗེ་བླ་དཔོན་དང་། རང་བྱུང་ཁོར་ཡུག་སོགས་ལ་བསྟོད་པའི་ནང་དོན་ཚུད་ཡོད། མདོར་ན། འཁྲབ་རྩལ་ལ་གར་དགུའི་ཉམས་དང་ལྡན་པའི་དལ་ཞིང་། ཐུགས་སྣམ་པའི་གཤིས་རྒྱུད་གྱིས་མཐོང་ན་མ་དད་པ་མེད་པའི་ལུས་ཀྱི་ཉམས་འགྱུར་མཁས་ལ་འགྱིང་ཉམས་དོད་པ། ངག་གི་མདངས་དབྱངས་རིང་ལ་འགྱུར་ཁུག་རན་པ། ལག་གི་ཕྱག་བཏབ་བབ་ཆགས་པ། རྐང་བྲོའི་འགྲུལ་སྟབས་མཐུན་པ། གཟུགས་རྩལ་པོ་ཡང་ཤ་དོད་ལ་བབ་ཆགས་པའི་ཉམས་དང་ལྡན་པ་བཅས། སྐྱེ་བོ་རྣམས་ཀྱིས་མཐོང་བ་ཙམ་གྱིས་ཡིད་དབང་འཕྲོག་ཐུབ་པའི་ཕྱོན་གྱི་ཁྱད་ཆོས་དམིགས་བསལ་ཅན་འདི་ཉིད་ཨ་ཕྱི་ཆོས་ཀྱི་སྒྲོལ་མའི་འཕྲིན་ལས་ཀྱི་རྒྱུན་ལས་སྤྲོལ་གཏོད་གནང་བའི་སྐོར་དམངས་ཁྲོད་དུ་ཕྱོད་རྒྱུན་ཡང་མི་འདྲ་བ་འགའ་ཞིག་སྣང་།

༣ ཕྱོན་ཞེས་ཡིག་ཐོག་ཏུ་འཁོད་ཚུལ་ནི། དེ་ཡང་འབྲི་གུང་གདན་རབས་བཅུ་གཉིས་པ་གོ་ཤྲི་དོན་གྲུབ་ཆོས་ཀྱི་རྒྱལ་པོ་༡༣༥༡ལོ་ནས་གདན་

རབས་གསེར་གྱི་ཕྲེང་བར་མངའ་གསོལ་རྗེས་ཆོས་སྲིད་ཟུང་འབྲེལ་གྱི་བབས་བླངས་པར་གོང་མའི་ལུང་ལས་གོ་ཤྲི་དང་འཛའ་ས། ཐམ་ག་སོགས་སྩལ་གནང་བྱུང་བ་དང་། ཉིད་ནས་གདན་སར་མཆོད་སྟོང་ཆེན་པོ་བཀྲ་ཤིས་སྒོ་མང་ཐོག་རྩེགས་གསུམ་ལྡན་གསར་བཞེངས་དང་། སྟོན་གོང་མ་གོ་པེ་ལ་སེ་ཆེན་ཏན་གྱིས་༡༢༦༩ལོར་ཀརྨ་སྐུ་ཕྲེང་གཉིས་པ་པཀྴིར་མཆོད་ཡོན་དུ་ཕུལ་བར་གྲགས་པའི་ཕྱབ་དབང་དང་རྒྱལ་བ་བྱམས་པའི་གོས་སྐུ་མཁའ་འགྲོའི་ཀྲད་འཐག་ལ་འཚེམས་དྲུབ་ཟུང་དུ་འབྲེལ། འཛམ་གླིང་ན་ཆེས་དཀོན་པ་གཉིས་ལས་རྒྱལ་བ་བྱམས་པའི་གོས་སྐུ་ལྷུ་ལག་བཅོ་བརྒྱད་པ་པཀྴིས་འབྲི་གུང་གདན་རབས་བཅུ་པ་གཙུང་དེ་མོ་བ་རྡོ་རྗེ་གྲགས་པར་བཀའ་དྲིན་གཏང་རག་ཏུ་ཕུལ། དེར་ཞལ་མཇལ་རབ་གནས་ཀྱི་མཛད་སྒོ་སོགས་བཀྲ་ཤིས་པའི་བྱ་བ་མང་པོའི་རྟེན་འབྲེལ་དགའ་སྟོན་ལ་དམིགས་ཏེ། རྗེ་ཉིད་ནས་འཇིག་རྟེན་གྱི་ས྄ྒ་གར་ཀུན་ལས་མཆོག་ཏུ་གྱུར་པ་རྣམས་སྔོན་ལ་སྦྱར་ཞེས་ལོ་རྒྱུས་ནང་འཁོད་ཡོད་པ་དང་། དེ་རྗེས་རིམ་བཞིན་གདན་རབས་བཅུ་བདུན་པ་རྒྱལ་དབང་ཀུན་དགའ་རིན་ཆེན་༡༩༢༠དང་། ཉེར་བཞི་པ་རྗེ་བཙུན་དཀོན་མཆོག་རིན་ཆེན་༡༦༡༥དང་། ཉེར་ལྔ་པ་རིག་འཛིན་ཆོས་ཀྱི་གྲགས་པ་༡༦༢༣དང་། ཉེར་དྲུག་པ་སྐྱབས་མགོན་འཕྲིན་ལས་བཟང་པོ་༡༦༨༠དང་། སུམ་ཅུ་པ་པདྨ་རྒྱལ་མཚན་༡༧༦༠དང་། སོ་གཅིག་པ་ཆོས་ཀྱི་རྒྱལ་མཚན་༡༧༨༣སོགས་ཀྱིས་ཁ་བསྐྱོང་འཕྲུས་ཚང་དུ་བཏང་བའི་སྐུ་གར་བརྒྱ་ཕྲག་འགའ་ཞིག་ཕྱོགས་གཅིག་ཏུ་བསྡེབས་པའི་སྔོན་གྲངས་ལྔ་བཅུ་ལྷག་ཙམ་གཏན་ལ་ཕབ་པའི་དཔེ་ཆ་ནག་ཁྲིས་པོད་ཆེ་བ་གཅིག་ཡོད་པ་ནི་རིགས་གསར་གོད་ཆགས་སྐབས་རྩ་མེད་དུ་སོང་། ༡༨༥༨ལོའི་གོང་མཚམས་སུ་སྔོན་བྲོའི་གཞས་མའི་ཡོངས་ཁྱུངས་གཙོ་བོ་ཁྲལ་

རྐང་དྲུག་དང་། ཏུད་ཆུང་ཐེམ་ཏུད་ཞུང་ཤས་ཤིག་དང་འབྲི་གུང་ཐེལ་གྱི་སྤྱི་གསོ་བླ་བྲང་བཅས་ལས་གྲུབ་པའི་ཨོན་བྲོའི་གཞས་མ་དང་། འཁྲབ་ཚས་སོགས་ཚ་ཚང་འགན་འཁྱེར་དགོས། ཁྲལ་ཏུད་དེ་ཚོ་ནི་འབམ་མདོ་དཔོན་ཚང་དང་། ར་སེ་བ། ཐེལ་ཞོལ་པ། རང་བྱུང་ང་། ཕ་རི་བ། ཛྲན་ཐང་དཔོན་ཚང་དང་། སྐྱིབ་པའི་ལྷ་ཁང་། གྲོང་སྟོད་པ་སོགས་ཡིན་པས་གཞས་མ་མི་གྲངས་བཞི་བཅུའི་སྐོར་ཞིག་འདུག ཉེ་རབས་རིག་གསར་གོང་གཞས་མ་དེ་དག་ནང་ཨོན་དཔོན་ཛྲན་ཐང་སྐྱིབ་པའི་ལྷ་ཁང་གི་བརྟན་པ་དང་། ཐེལ་ཞོལ་བསམ་གཏན་གཉིས་ཡིན་པ་དང་། ཁོང་གཉིས་ནི་དོར་རའི་ཨ་ར་ཕྱུགས་པའི་འགན་ཡང་འཁྱེར་དགོས། བུ་མོའི་གཞས་དཔོན་ཛྲན་ཐང་ཨ་མ་རིན་ཆེན་དང་། གྲོང་སྟོད་སྤྲ་བཟང་སོགས་ཕོ་མོའི་ཨོན་གཞས་མཁས་པ་མང་པོ་བྱུང་བའི་ལོ་རྒྱུས་ཀྱང་ཡོད་དོ།

འབྲི་གུང་ཨོན་གྱི་འཁྲབ་ཚས་སྐོར་ལ། 1. ཡུལ་དབུས་ཀྱི་ཁྱད་ཆོས་ལྡན་པའི་སྣམ་ཕྲུག་དང་། ཤད་མ། འགོ་སྣམ། གོས་ཆེན་སོགས་བེད་སྤྱད་དེ་ཕོ་མོ་གཉིས་ཀའི་ཕྱུ་པ་ཚད་དང་ལྡན་པ་དང་། བུད་མེད་རྣམས་ལ་དེའི་སྟེང་ཕྲུ་མེད་བཟུང་འབྲེལ་གྱིས་གྱོན་པའི་འོག་ཏུ་དར་མཚོན་སྣ་ལྔའི་འོག་འཇུག ཞིང་སྐད་དམར་སེར་སྣ་ཚོགས་སྣ་ལྔའི་སྐྱང་གདན། མོ་ལྷམ་རྒྱན་དྲུག་ལ་ཞབས་སྒྲིག ཐེར་མའི་ཐེའུ་ཆུང་སྤྱི་ལྷར་སྟེང་། དམིགས་བསལ་དུ་འབྲི་གུང་ཨ་ཕྱི་ཆོས་ཀྱི་སྒྲོལ་མའི་ཆས་སྤྲོལ་ཞེས་མགོ་བོར་དཔལ་གཡུ་གསེར་གོན་དང་རྒྱབ་གཡུ། སྟོང་སྐྱུད་སྣ་ཚོགས་ཀྱི་སྒྲ་ཤུག སྒྲ་མཚམས་ནས་བཟུང་ཏུང་ཐོད་དང་མིག་བྱུར། གཡུ་བྱུར་གཟི་མུ་ཏིག་སོགས་ཀྱི་མགུལ་རྒྱན། གསེར་དངུལ་གྱི་གའུ་སྐོར་གཟུགས་དང་ཟུར་དྲུག །ན་ལོན། དར་མཚོན་སྣ་ཚོགས་ལྔའི་རྒྱབ་དར་གྱིས

འོག་ཏུ་དར་དཀར་གྱི་ག་ཤ་གཡས་ཕབ་གཡོན་ཕབ། ལག་གདུབ་དང་། མཛུབ་རྒྱན། གཡས་དུང་དཀར་པོ་མོ་གྲི་གཡོན་འདོགས་དང་། ཁབ་ཤུབ་སོགས་སློ་ཀྲང་ས་དང་བཅས་ཀྱིས་མཛེས་པར་བྱས་པ་དང་། ཕོ་རྣམས་རྣ་ལོན་སྐོར་མོ་དང་འབུ་རས་དཀར་དམར་གྱི་སྟོད་ཐུང་དང་དོར་མ། དར་དཀར་པོའི་ག་ཤ་གཡས་ཕབ། སྟོད་སྨུད་དམར་པོའི་སྤྲ་ཤུག་ལ་གསེར་དངུལ་གྱི་འཇའ་ཡོད་ཀྱིས་བརྒྱན་པའི་སྤྲ་སྐོར། ཕོ་གྲི་གཡས་དང་། སློ་རྒྱན་གཞན་དག མགུལ་རྒྱན་སྣ་ཚོགས། ཕོ་ལྷམ་རྣ་དབྲིལ་དང་། དགའ་ལྷམ་རྒྱན་རིས་ཅན། ཞབས་སྒྲོག་ཐེར་མའི་ཐེའུ་ཆུང་སོགས་སྤྲད་པའི་སྟག་ཤར་གཞོན་པ་བྲུ་ཡི་ཆས་ཉམས་སོ། །

2. མོ་ཆས་གོང་མཚུངས་ལ་དམིགས་བསལ་འབྲི་གུང་ཡུལ་གྱི་སྟམ་ཞྭ། ཕོ་རྣམས་ཞྭ་མོ་ལྕགས་མདའ། སྤྲ་དང་སྤྲ་ཤུག་དམར་པོ་རང་འགྲིག་ནར་མོ། རྣ་བ་གཡས་སུ་གཡུ་རྣ་དང་གཡོན་མུ་ཏིག་སོག་ཐྲིལ། གོས་སེར་དམར་གྱི་ཕྲུ་པ། ལིང་སྐེད་དམར་པོ། དར་དཀར་པོའི་ག་ཤ་གཡས་ཕབ། རྒྱ་གྲི་ཐུར་ཤུབ། འཐོལ་ལན་འཇའ་ཚེན་གྱི་ལྷམ་བཅས།

3. ཕོ་རྣམས་ཕྲུ་པ་དམར་པོ་ནག་པོ། སྤྲ་དང་སྤྲ་ཤུག་རང་འགྲིག །གཡུ་སྣ་དང་རྣ་ལོན་སྐོར་མོ། སེར་ཆེན་འཐོག་རྡོ་སོགས་དང་བུ་མོ་རྣམས་མགོ་པར་སྤྲ་ཕྲུག་དང་། མོ་གོས་ཐིག་ཆུང་། ལྷམ་ཟླུམ་པ་དང་བཅས།

4. སྔོན་ཆས་དམིགས་བསལ་ཅན་འགའ་ཞིག་ཡོད་སྲོལ་འདུག །དེ་རྣམས་ཆ་རྐྱེན་ཡོད་ཚེ་ཐན་རབས་རྣམས་ཀྱིས་ཧུས་བཀོད་འོག་གསར་སྐྲུན་བྱེད་རྒྱུ་ཡིན།

༢ འབྲི་གུང་བཀའ་བརྒྱུད་པའི་རོལ་དབྱངས་སྐོར།

འབྲི་གུང་བཀའ་བརྒྱུད་པའི་ཆོས་ལུགས་རོལ་དབྱངས་ནི་བོད་ཀྱི་དགོན་

སྔེ་ཁག་གི་སྒྲུབ་མཆོད་ཚོ་ག་དང་དགའ་བསུའི་ཚོ་ག །ལྷ་འཆམ་སོགས་ཆོས་ལུགས་ཚོ་གར་མེད་དུ་མི་རུང་བའི་དགོན་པའི་རོལ་དབྱངས་ཀྱི་རྣམ་པ་གཙོ་བོ་ཞིག་ཡིན། དེ་ཡང་༡༡༧༩ལོར་སྐྱོབ་པ་འཇིག་རྟེན་མགོན་པོས་འབྲི་གུང་བཀའ་བརྒྱུད་པའི་རོལ་དབྱངས་གཏོང་བའི་སྲོལ་གཏོད་པ་ནས་རིམ་བཞིན་འཕྲུས་ཚང་དུ་བཏང་བས་རྩུང་ཆ་ཚང་བའི་རོལ་དབྱངས་ཤིག་ཏུ་གྱུར་ཡོད། འབྲི་གུང་རིན་ཆེན་ཕུན་ཚོགས་ཀྱི་དུས་སོ་ལྔ་རྗེ་རྗེ་གྲོ་སོད་འཁྲབ་པའི་སྲོལ་དར་ཞིང་། རོལ་ཆས་རིགས་དང་དཀྱིལ་སྟངས་སོགས་ཆོས་ལུགས་ཚོ་ག་དག་ཏུ་དར་སྤེལ་བྱུང་བས་རོལ་དབྱངས་ཀྱི་འཕེལ་རྒྱས་ལ་ནུས་པ་ཆེན་པོ་ཐོན་ཡོད། དེ་རྗེས་འབྲི་གུང་གདན་རབས་རིམ་བྱོན་གྱིས་མུ་མཐུད་རོལ་ཆས་ཇེ་མང་དང་དཀྱིལ་བའི་སྒྱུ་རྩལ་སོགས་ཀྱི་འཕེལ་རྒྱས་ལ་བྱས་རྗེས་ཆེན་པོ་བཞག་ཡོད། དུས་རབས་བཅོ་ལྔ་པའི་རྗེས་སུ་རོལ་ཚོགས་དེ་རིམ་བཞིན་གཏན་འཇགས་དང་སྒྲིག་གཞི་ལྡན་པ་ཞིག་ཏུ་གྱུར་ཞིང་། རོ་ཆས་ཡང་བཅུ་ལྷག་ཙམ་མང་དུ་ཕྱིན་པ་དང་བསྟུན་ནས་འབུད་དཀྱིལ་གྱི་སྒྱུ་རྩལ་གོང་མཐོར་ཕྱིན་ནས་བོད་ཀྱི་དགོན་པ་ཁག་གི་ཆོས་ལུགས་མཛད་སྒོའི་ཁྲོད་གནས་བབས་གལ་ཆེན་བཟུང་ཡོད། རོལ་དབྱངས་དེ་ནི་ནང་དོན་དང་རྣམ་པ་མི་འདྲ་བའི་ཆོས་ལུགས་བྱེད་སྒོའི་ཁྲོད་འཚམ་ལ། འགྱུར་བ་མང་ཞིང་དབྱངས་ཀྱི་འདེགས་འཇོག་གསལ་བའི་རོལ་དབྱངས་ཤིག་ཡིན་པ་མ་ཟད། དེའི་ཚིག་ཟིན་ཐོར་བཀོད་པ་དང་གྲྭ་པ་ཀུན་གྲས་རྣམས་ཀྱིས་ངག་བརྒྱུད་ཐོག་ནས་རྒྱུན་འཛིན་བྱས་པ་ཞིག་ཡིན།

འབྲི་གུང་བཀའ་བརྒྱུད་པའི་ཆོས་ལུགས་རོལ་དབྱངས་ལ་ཆོས་རོལ་ཟེར་ཞིང་། རོལ་ཆས་སུ་ལག་ཛ་དང་། སྦུབ་ཆལ། དུང་ཆེན། རྒྱ་གླིང་། གསེར་སྣ། ཊ་མ་རུ། རྐང་གླིང་། རྐང་དུང་། དུང་དཀར་སོགས་ཡོད་ལ། དེའི་ནང་སྦུབ་

ཚལ་དང་ལག་ཟ། དུང་ཆེན། རྒྱ་གླིང་དག་ནི་རོལ་ཚོགས་ཀྱི་གྲུབ་ཆ་གཙོ་བོ་ཡིན་ཞིང་རོལ་ཆོག་དང་། དུང་ཆོག །འཆམ་ཡིག་སོགས་ཡོད། རོལ་ཆས་ཆེ་གྲས་༤༠ལྷག་ཙམ་ཡོད་པའི་ནང་འབུད་དཀྲོལ་ཐུབ་པ་༢༠ལྷག་ཡོད། དེ་དག་སྒྲུབ་མཆོད་དང་། རབ་གནས། སྨོན་ལམ། ཆོས་ཚོགས། ལྷ་འཆམ་སོགས་ཀྱི་སྐབས་སྤྱོད་ཀྱི་ཡོད། ད་ལྟ་རོལ་ཆས་དེ་དག་ལ་འབུད་རྡུང་དཀྲོལ་གསུམ་བྱང་ཆུབ་པ་བཙུན་པ་དགུང་ལོ་༤༠ལ་ཕེབས་པ་གཅིག་ལས་མི་འདུག །

དེ་ལ་ཐུན་མོང་མ་ཡིན་པའི་ལོ་རྒྱུས་དང་སྒྱུ་རྩལ་གྱི་རིན་ཐང་ཆེན་པོ་ལྡན་ཡོད་ཅིང་། དེ་ཡང་འབྲི་གུང་བཀའ་བརྒྱུད་པ་ནི་བོད་ཀྱི་ནང་བསྟན་གྲུབ་མཐའི་ཁྲོད་གནས་བབས་ངེས་ཅན་ཞིག་བཟུང་ཡོད་པ་དང་། ཆོས་ལུགས་རོལ་དབྱངས་དེར་ལོ་ངོ་༤༠༠ལྷག་ཙམ་གྱི་ལོ་རྒྱུས་ཡོད་པས་དེར་ལོ་རྒྱུས་ཀྱི་དོན་སྙིང་ཆེན་པོ་ལྡན་ཡོད།

གཞན་ཡང་། རོལ་ཆས་དེར་སྲོལ་རྒྱུན་དམངས་ཁྲོད་རོལ་ཆས་སྒྱུ་རྩལ་གྱི་ཉིང་བཅུད་མང་པོ་ལྡན་པ་མ་ཟད། རྒྱལ་ནང་དང་། རྒྱ་གར། དབྱི་སི་ལན་རྒྱལ་ཁབ་སོགས་ཀྱི་ཡུལ་བྱུང་སྒྱུ་རྩལ་རིག་གནས་ཀྱང་བསྡུ་ལེན་བྱས་པས་རིག་གནས་འབྲེལ་འདྲིས་དང་བརྒྱུད་བསྒྲགས་བྱེད་པའི་ནུས་པ་བཅས་རིན་ཐང་ཆེན་པོ་ལྡན་ཡོད། ལོ་ལྟར་འབྲི་གུང་དགོན་པའི་ལྷ་འཆམ་དང་ཆོས་ལུགས་ཚོ་ག་སོགས་གཟིགས་པར་དད་ལྡན་མང་པོ་ཕེབས་ཀྱི་ཡོད།

### ༣ འབྲི་གུང་འཚོམ་དྲུབ་ཐང་གའི་ལག་རྩལ་གྱི་སྐོར།

ཐང་གི་ནི་རས་དང་། གོས་ཆེན། ཤོག་བུའི་སྟེང་དུ་གོས་ཆེན་འཚོམ་པའམ་ཚོན་འབྲི་བའི་རི་མོའི་སྒྱུ་རྩལ་ཞིག་ཡིན་ཞིང་། དེར་བོད་མི་རིགས་ཀྱི་ཐུན་མོང་མ་ཡིན་པའི་རིག་གནས་ཀྱི་ཁྱད་ཆོས་ཟབ་མོ་ལྡན་ཡོད། ཐང་ག་

བཞེངས་སྐབས་དེའི་རིགས་ལས་འབྲི་གུང་ཚེམ་དྲུབ་ལག་རྩལ་ནི་སྤྱི་ལོ་༡༨༨༠ལོའི་འབྲི་གུང་གདན་རབས་སུམ་ཅུ་སོ་ལྔ་པའི་དུས་ནས་འགོ་ཚུགས་ཤིང་། དེའི་སྒྲོལ་གཏོད་མཁན་ནི་འཕྲིན་ལས་རྡོ་རྗེ་མཆོག་ཡིན་པ་དང་། དེ་རྗེས་མི་རབས་ལྔ་ཙམ་གྱི་ཁྱིམ་རྒྱུད་ཀྱིས་བརྒྱུད་འཛིན་བྱས་པ་ལ་བརྟེན་ནས་ཐང་གའི་འཚེམ་བཟོའི་ལག་རྩལ་དེ་རིམ་བཞིན་འཕྲུལ་ཚད་དུ་སོང་ཞིང་། བཟོ་བཀོད་སོགས་གང་ཅིའི་ཐད་ནས་ཞིབ་ཚགས་ཕུས་གཙང་དུ་ཕྱིན་ཡོད། འབྲི་གུང་གི་ཐང་གའི་འཚེམ་དྲུབ་ལག་རྩལ་དེ་ཅུང་དམིགས་བསལ་ཆེ་བའི་རིགས་ཤིག་ཡིན་ཞིང་། ཁོང་ཚོས་རྒྱུན་དུ་གོས་ཆེན་རྣམས་སྒྲིག་པ་དང་། སྒྱུར་བ། འཚེམ་པ། འཕར་ཚིངས་རྒྱག་པ་སོགས་ཀྱི་ལས་ལ་དང་དོད་ཆེན་པོ་གནང་གི་ཡོད་ཅིང་། འཚེམ་དྲུབ་ཐང་ག་དེ་དག་འཕར་ཚིངས་ཀྱི་ལག་རྩལ་ལས་བྱུང་བ་ཤ་སྟག་ཡིན་སྐབས། གསར་བཞེངས་བྱུང་བའི་ཐང་གའི་གཟུགས་བརྙན་དེ་དག་འབུར་དུ་ཐོན་ལ་ཚེས་མངོན་པར་གསལ་ཞིང་། ལྷག་དོན་མི་སྣའི་གཟུགས་བརྙན་དེ་དག་གསོན་ཉམས་ལྡན་པ་ཞིག་ཡོད།

འབྲི་གུང་འཚེམ་དྲུབ་ཀྱི་ཐང་གའི་བཟོ་རྩལ་དེའི་སྒྲོལ་གཏོད་པ་འཕྲིན་ལས་རྡོ་རྗེ་ནི། སྐབས་དེའི་འཚེམ་དྲུབ་མཁས་ཅན་ཞིག་ཡིན་པས། རྒྱུན་དུ་སྐུ་དྲག་དང་དགོན་སྡེ་ཁག་ནང་ཐང་ག་བཟོ་སྐྲུན་གྱི་ཕྱག་ལས་གནང་གི་ཡོད་པ་དང་། ཁོང་ཉིད་ཀྱིས་ཕྱག་སོར་ལས་འབྱུངས་པའི་ཐང་ག་ཞིག་ད་ལྟའང་གཡང་ཁ་དགོན་པའི་ནང་མཇལ་རྒྱུ་ཡོད། དེ་ནས་ཁོང་གི་ཁྱིམ་རྒྱུད་རྣམས་ཀྱིས་ཁོང་གི་ཕྱག་རྒྱུན་རྒྱུད་འཛིན་དང་གོང་འཕེལ་གང་ལེགས་བཏང་བས། ལག་རྩལ་དེ་ཉིད་དར་སྒྲོལ་ཧ་ཅང་ཆེན་པོ་བྱུང་ཡོད།

དེ་ཡང་ཐང་ག་དེ་དག་གི་ནང་དོན་མདོར་བསྡུས་ཙམ་ཞིག་གླེང་ན།

སྤྱིར་ཐང་གའི་ནང་བསྟན་བྱའི་དོན་ཕུན་སུམ་ཚོགས་ཤིང་། རྒྱུ་ཆེ་བ་ཞིག་ཡིན་ཏེ་ཆོས་ལུགས་ཀྱི་ནང་དོན་ཁོ་ན་མ་ཡིན་པར་ལོ་རྒྱུས་དང་དམངས་སྲོལ་སོགས་ཡོད་པས། དེ་ནི་མི་རྣམས་ཀྱིས་བོད་ཀྱི་ལོ་རྒྱུས་དང་རིག་གནས་ཤེས་རྟོགས་བྱེད་པའི་ཤེས་བྱ་ཀུན་འདུས་ཀྱི་དཔེ་མཛོད་ཅེས་བརྗོད་ཀྱི་ཡོད། དེ་དང་འདྲ་བར་འབྲི་གུང་འཆམ་དྲུབ་མའི་ནང་དོན་ལ་ཡང་གཙོ་བོ་སྟོན་པ་བཅོམ་ལྡན་འདས་དང་། བྱང་ཆུབ་སེམས་དཔའ། སྟོན་པའི་འཁྲུངས་རབས་ཀྱི་སྐོར། གསང་སྔགས་ཡི་དམ་ལྷ་ཚོགས། སྤྱན་རས་གཟིགས། སྒྲོལ་མ། ཆོས་སྐྱོང་སྲུང་མ། གྲུབ་ཐོབ་ཆེན་པོ། བླ་མ་གྲགས་ཅན་དང་སྐྱེས་ཅན་དམ་པ། དེ་བཞིན་བོད་ཀྱི་ལོ་རྒྱུས། གཙུག་ལག་ཁང་དང་མཆོད་རྟེན། ཤམ་བྷ་ལའི་ཞིང་ཁམས་དང་ཕྱི་སྣོད་ཀྱི་འཇིག་རྟེན་གྱི་བཀོད་པ། སྲིད་པ་འཁོར་ལོ། རི་རབ་ལྷུན་པོ་སོགས་ནང་དོན་ཕུན་སུམ་ཚོགས་པ་ཡོད། འབྲི་གུང་འཆམ་དྲུབ་ཐང་གའི་རི་མོའི་སྒྲིག་བཀོད་ཚགས་དམ་ཞིང་། ཚ་སྙོམས་པ། ཤ་ཚུགས་ལ་རྣམ་པ་བཀྲ་ཞིང་། རི་མོའི་འབྲི་ཐབས་གཙོ་བོ་ཞིབ་བྲིས་ཚོན་དང་སྐྱ་རིས་ཟུང་དུ་འབྲེལ་བ་ཞིག་ཡིན་པ་དང་། འཆམ་དྲུབ་མ་ལས་གྲུབ་པའི་རི་མོའི་གཟུགས་བརྙན་རྣམས་འབུར་དུ་ཐོན་པས། ལྷ་ཁང་སོགས་ཀྱི་ནང་བཞག་ཚེ་བརྗིད་ཉམས་ཆེ་ལ་གསོན་ཉམས་ལྡན་པ་ཞིག་ཡོད་པ་ཀུན་གྱིས་མཁྱེན་གསལ་ལགས།

འབྲི་གུང་འཆམ་དྲུབ་མའི་ལག་རྩལ་གོང་འཕེལ་ཤུགས་ཆེན་བྱུང་བས། ད་ལྟའི་བར་དུ་དགོན་སྡེ་དང་མི་སྒེར་གྱི་ཉར་ཚགས་བྱས་པ་མང་ཙམ་ཡོད་དེ། དཔེར་ན། མཐོ་ཚད་ལ་ཐོག་བརྩེགས་ལྔ་ཙམ་ཡོད་པའི་འབྲི་གུང་ཐེལ་དགོན་དུ་ཉར་ཚགས་བྱས་པའི་སངས་རྒྱས་ཤཱཀྱ་ཐུབ་པ་དང་འབྲི་གུང་བླ་མ་རིམ་བྱོན་དང་གཙོ་འཁོར་གྱི་ཞལ་ཐང་དང་། དེར་ཡོད་པའི་སྟོན་པ་གཙོ་འཁོར་གྱི་ཞལ་ཐང་།

མཐོ་ཚད་ལ་ཐོག་བརྩེགས་གསུམ་ཅན་ཡོད་པའི་འབྲི་གུང་ཡང་རི་སྒར་དགོན་དུ་བཞུགས་པའི་སློབ་དཔོན་པདྨ་འབྱུང་གནས་ཀྱི་ཞལ་ཐང་། གཏེར་སྒྲོམ་དགོན་གྱི་ཐོག་ཚད་གཅིག་ཅན་ཡོད་པའི་གུ་རུའི་ཞལ་ཐང་། རྩ་ཞོལ་དགོན་གྱི་ཐོག་བརྩེགས་གསུམ་ལྡན་གྱི་བྱམས་པ་ཆོས་འཁོར་གྱིས་གཙོས་པའི་བཀའ་གདམས་བླ་མ་རིམ་བྱོན་གྱི་ཞལ་ཐང་། ཐོག་བརྩེགས་དྲུག་ཅན་ཡོད་པའི་རྡོ་རྗེ་བྲག་དགོན་པའི་སློབ་དཔོན་པདྨ་འབྱུང་གནས་ཀྱི་ཞལ་ཐང་། སྟག་རྩེ་རྫོང་ལོ་དགོན་དུ་བཞུགས་པའི་ཐོག་བརྩེགས་བཅུ་ཅན་གྱི་ཇོ་བོ་རྗེ་དཔལ་ལྡན་ཨ་ཏི་ཤ་གཙོ་བོ་བྱས་པའི་ཞལ་ཐང་། གཏེར་སྒྲོམ་ལྷིང་རྒྱལ་དགོན་དུ་བཞུགས་པའི་སྤྱན་རས་གཟིགས་སེམས་ཉིད་ངལ་གསོའི་འཚེམས་དྲུབ་ཞལ་ཐང་སོགས་ཡོད། གཞན་ཡང་ཐེའི་ཕན་དང་། ཕྱིའི་རྒྱལ་ཁབ་ཨ་མེ་རི་ཁ། རྒྱ་གར་སོགས་སུ་ལའང་མང་པོ་ཡོད།

འབྲི་གུང་འཚེམས་དྲུབ་གའི་བཟོ་རྩལ་ལ་ཐུན་མོང་མ་ཡིན་པའི་ཁྱད་ཆོས་མང་པོ་ཡོད་ཅིང་། དེ་ནི་ཁྲིད་ཀྱི་ཐང་ག་ལག་བཟོའི་ནང་ཆེས་དམིགས་བསལ་ཅན་ཞིག་ཡིན་པ་དང་། ཚོན་འབྲིའི་ཐང་ག་བཟོ་ཐབས་དང་བསྡུར་ན་ཚུང་དཀའ་ཚོགས་ཆེ་ཞིང་། ལས་ཀའི་འགོར་ཚད་ཀྱང་ཆེན་པོ་ཡོད། དེ་ཡང་ཐང་ག་དེ་རིགས་བཟོ་སྐབས་སྔོན་ལ་འབྲི་བྱའི་ནང་དོན་རྣམས་རི་མོར་ཕབ་དགོས་པ་དང་། དེ་ནས་འཕར་ཚེངས་རྒྱག་དགོས། འཕར་ཚེངས་རྒྱག་སྐབས་རྒྱུ་ཆ་རྩེ་གྲ་ཤ་སྟག་དགོས་ཤིང་། རྒྱ་ཁྱོན་ལ་སྨི་གྲུ་བཞི་མ་བཅུ་ཡོད་པའི་ཐང་ག་ཆེ་གྲས་རྣམས་བཞེངས་སྐབས་རྟའི་ཙ་མ་རྐང་ལྔ་དྲུག་མཉམ་དུ་སྒྲིམ་ནས་དེར་ཚགས་ཤའམ་ལུག་ཤ་རློན་པ་བཅུག་སྟེ་མཉམ་དུ་སྒྲིལ་བ་བྱེད་དགོས་པ་དང་། ཕྱི་ངོས་རྣམས་ཚོན་ཁྲ་སྣ་མིན་གྱི་གོས་ཆེན་གྱིས་ཐུམ་ནས་སྡོངས་སྐྱུད་ཀྱིས་འཚེམ་དགོས།

དེ་དང་འདྲ་བར་རྒྱ་ཁྱོན་ལ་སྨི་གྲུ་བཞི་མ་གཅིག་ནས་གཉིས་བར་རམ་ཡང་ན་རྒྱ་ཁྱོན་དེ་ལས་ཆུང་བའི་ཐང་ག་ཆུང་གྲས་རྣམས་བཞེངས་སྐབས་ཏའི་ཛ་མ་ཀང་གཉིས་གསུམ་མཉམ་དུ་སྒྲིམ་ནས་འཚོམ་བཟོ་བྱ་དགོས། གང་ལྟར་ཐང་ག་དེ་རིགས་བཞེངས་པའི་བརྒྱུད་རིམ་ནི་རྙོག་འཛིང་ཆེ་ཞིང་། ཐང་ག་བཞེངས་མཁན་གྱི་རི་མོའི་ཆུ་ཚད་སོགས་ཚད་ངེས་ཅན་ཞིག་ལྡན་དགོས། ཕྱིར་ཐང་ག་བཞེངས་མཁན་གྱིས་ཚོན་འབྲིའི་ཐབས་ལ་བརྟེན་པའམ་ཡང་ན་ཚོན་འབྲི་དང་འཕར་ཚེངས་ཟུང་དུ་འབྲེལ་བའི་ཐབས་ལ་བརྟེན་ནས་ཐང་ག་ལེགས་འགྲུབ་བྱེད་སོད། འབྲི་གུང་འཚོམ་དྲུབ་མའི་ཐང་ག་ནི་འཚོམ་དྲུབ་ལག་བཟོ་ཁོ་ན་ཡིན་པས། བོད་ཀྱི་དམངས་ཁྲོད་རིག་གནས་སྒྱུ་རྩལ་གྱི་ཁྲོད་ནམ་ཡང་ཉམས་སུ་མི་རུང་བའི་རྩ་ཆེའི་ནོར་བུ་ཞིག་ཡིན་ལ། ལོ་རྒྱུས་ལ་ཞིབ་འཇུག་བྱེད་པའི་རིན་ཐང་ངེས་ཅན་ཞིག་ལྡན་ཡོད་པ་དང་། དེའི་བཟོ་རྩལ་གྱི་བརྒྱུད་རིམ་དང་བཟོ་སྐྲུན་གྱི་རྣམ་པར་སྐབས་དེའི་སྤྱི་ཚོགས་དང་། ཆོས་ལུགས། དམངས་སྲོལ་སོགས་ཀྱི་ནང་དོན་ནང་པོ་ཡོད།

དེང་གི་ཆར་འབྲི་གུང་འཚོམ་དྲུབ་མའི་ཐང་གའི་ཐོན་ཟས་འདི་ཡང་བསྐྱར་བཅོས་སྒོ་དབྱེའི་དུས་བཟང་འོག་ཁྲིམ་རྣའི་ཐོག་བསྐྱོད་འགོ་ཚུགས་ཤིང་། དེའི་ཐུན་མིན་གྱི་བཞེངས་སྟངས་དང་། ཕུན་སུམ་ཚོགས་པའི་རིག་གནས་ཀྱི་མཚོན་དོན་བཅས་ལ་རྒྱལ་ཁབ་ཕྱི་ནང་སྐུ་མགྲོན་གྱིས་ཧ་ཅང་མཉེས་པོ་གནང་གི་ཡོད། དེར་བརྟེན་ང་ཚོས་དེའི་ལེགས་ཆ་འཛིན་སྤེལ་གང་ལེགས་ཀྱིས་དེའི་རིན་ཐང་མངོན་པར་བྱེད་དགོས།

## ༨ འབྲི་གུང་སྤྱོས་བཟོའི་ལག་རྩལ་གྱི་སྐོར།

འབྲི་གུང་སྤྱོས་ཀྱི་ཐོག་མའི་ཐོན་ཡུལ་ནི་ཐམ་པ་ཤང་ཁོངས་ཀྱི་འབྲི་གུང་

དགོན་པ་ཡིན། འབྲི་གུང་ནི་ས་རྒྱུས་ཡུན་རིང་ལྡན་ལ། གནས་ཤུལ་གྲགས་ཅན་མང་ཞིང་སྙན་གྲགས་ཆེ་བའི་ཕུལ་བྱུང་གི་རིག་གནས་བང་མཛོད་ཅིག་ཡིན། སྙན་པའི་བ་དན་ཕྱོགས་བཞིར་ཁྱབ་པའི་འབྲི་གུང་སྤོས་ནི་འབྲི་གུང་བཀའ་བརྒྱུད་པའི་སྲོལ་འབྱེད་པོ་སྐྱོབ་པ་འཇིག་རྟེན་མགོན་པོ་མཆོག་གི་ཡན་ལག་བདུན་པའི་འགྲུབ་མཛད་ཀྱི་གསང་བའི་བཅོས་ཐབས་ཀྱི་རྨང་གཞིའི་ཐོག་བོད་ལུགས་གསོ་རིག་མཁས་ཅན་གྱིས་སྨན་སྦྱོར་ལག་རྩལ་ཟུང་དུ་འབྲེལ་ཏེ་རྩ་ཆེའི་སྐྱེ་དངོས་རྒྱུ་ཆ་དག་རྩེར་སོན་གྱི་ལག་རྩལ་ལ་བརྟེན་ནས་བཟོས་པ་ཞིག་ཡིན། དེར་ཁོར་ཡུག་གང་དུ་སྤྱོད་ཀྱང་ཆོག་པའི་ཁྱད་ཆོས་ལྡན་པ་མ་ཟད། དྲི་ཞིམ་ལ་འཆམ་ནད་རིགས་དང་འགོས་ནད་རང་བཞིན་གྱི་ནད་རིགས་སོགས་སྔོན་འགོག་བྱེད་པའི་དམིགས་བསལ་གྱི་ཕན་འབྲས་བཟང་པོ་ཐོན་གྱི་ཡོད། འབྲི་གུང་སྤོས་ཀྱི་བཟོ་རྩལ་བརྒྱུད་རིམ་རྙོག་རྫིང་ཆེ་ཞིང་། ལས་རིམ་སོ་སོར་ལག་རྩལ་གྱི་ཚད་མཐོ་པོ་དགོས་པས། ཕྲུས་ཚད་རྒྱུན་སྐྱོད་སྤོས་གཞན་གྱིས་བསྡུར་ཐབས་མེད།

འབྲི་གུང་བོད་སྤོས་ཀྱི་བཟོ་རྩལ་བརྒྱུད་རིམ་ངོས་ནས་བཤད་ན། ཐོག་མར་སྨན་ནུས་ལྡན་པའི་རྒྱུ་ཆ་དག་འཚོལ་བསྡུ་བྱས་ནས་མེ་དང་ཆུའི་ཐབས་ལ་བརྟེན་ནས་རྒྱུ་ཆ་གཙང་སེལ་བྱས་ཏེ་སྨན་ནུས་ཆེ་རུ་གཏོང་བ་དང་དུག་གནོད་ཆུང་རུ་གཏོང་གི་ཡོད། དེ་རྗེས་རྒྱུ་ཆ་གཙོ་བོ་ཤུག་པ་དག་ཆུ་འཁོར་གྱིས་ཞིབ་ཞིབ་བཟོ་བ་དང་། རང་བྱུང་བོད་སྨན་གྱི་རྒྱུ་ཆ་དང་རི་སྐྱེས་དངོས་རྫས་ཁ་ཤས་མཉམ་དུ་སྡེབ་སྦྱོར་བྱས་ཏེ་ཕྱེ་མར་གཏོང་དགོས། ཕྱེ་མར་བཏང་ཟིན་པའི་རྒྱུ་ཆ་དག་ཚད་གཞི་ངེས་ཅན་གྱི་ཆུ་དང་མཉམ་དུ་བསྲེས་ནས་དུས་ཚོད་རིང་ཙམ་བསྐལ་དགོས། མཇུག་ཏུ་བསྐལ་ཟིན་པའི་ཕྱེ་མ་དག་སྤོས་བཟོའི་ལག་ཆ་བཀོལ་ནས་སྤོས་བཟོ་གི་ཡོད། ལས་སྔོན་བྱས་ཟིན་པའི་སྤོས་དག་ཉིན་གཉིས་ནས

གསུམ་པར་གྲིབ་སྐམ་བཏང་རྗེས་རབ་གནས་ཞུ་དགོས། དེ་ནས་ཐུམ་སྒྲིལ་རྒྱབ་ནས་ཕྱུས་ཚོང་བྱས་ཆོག །འབྲི་གུང་སྤོས་ཀྱི་རྒྱུ་གཙོ་བོ་ནི་ཙན་དན་དཀར་དམར་དང་། གུར་གུམ། ག་བུར། ཁ་ཆེ་ཤ་སྐམ། ཀ་ཀོ་ལ། སྤང་རྩི། ལི་ཤི། ཤིང་མངར། ཨ་རུ། བ་རུ་ར། འོམ་བུ། པུ་ཀར་མུ་ལ། ཤུ་དག་ནག་པོ། དྲི་ཞིམ་སྤྲག་མ་མེ་ཏོག་སོགས་ཡོད་ལ། སྤོས་བཟོའི་ཡོ་བྱད་གཙོ་བོ་ནི་བོད་སྨན་གྱི་རྒྱུ་ཆ་དག་ཞིབ་བཟོ་བྱེད་པའི་ཆུ་འཁོར་དང་། རྒྱུ་པགས་པ་ལས་གྲུབ་པའི་ཞིབ་བཟོས་ཕྱེ་མའི་སྣོད། གནའ་རབས་བོད་ཀྱི་རྒྱ་མ(ཉ་ག) དྲི་ཞིམ་གྱི་སྨན་སྣ་བསྐོལ་སའི་རྫ་གཞོང་། བོད་སྤོས་སྒྲིམ་ཁྲ་གཏོང་བའི་ཁུང་བུ་ཡོད་པའི་ར་ཅོ་བཅས་ཡོད། སྤོས་དེའི་ཁྱད་ཆོས་ངོས་ནས་བཤད་ན། འབྲི་གུང་བོད་སྤོས་ཀྱི་ཐོག་མའི་རྒྱུ་ཆ་ཚང་མ་རང་བྱུང་ཁམས་ཀྱི་ལྷད་མེད་ཤ་སྟག་སྟེ། སྐྱར་སྐྱེས་ཐུབ་པའི་རྩི་ཤིང་དག་གི་རྒྱུ་ཆ་བྱེད་པ་མ་གཏོགས། སྲོག་ཆགས་དང་རྫས་འགྱུར་གྱི་དངོས་པོ་སྦྱོར་ཀྱི་མེད་ལ། གཙོ་བོ་འབྲི་གུང་ཆོས་རྗེ་སོགས་བླ་མ་རྩ་ཆེན་དག་ལ་ཆོས་རྫས་སུ་ཕུལ་བ་ལས། གཞི་རྒྱ་ཆེ་བའི་བེད་སྤྱོད་བྱེད་ཀྱི་མེད། དེ་བཞིན་སྤོས་དེ་ཧ་ཅང་ཕྲ་ལ་གཉེན་པ་དང་། གཙང་ལ་གས་སྒྲུབས་མེད་པ། ལོ་མང་སོང་ཡང་འཕྲོ་བརླག་ཏུ་མི་འགྲོ་བ་བཅས་ཀྱི་ཁྱད་ཆོས་ལྡན་ཡོད།

འབྲི་གུང་སྤོས་ལ་ལོ་རྒྱུས་དང་། སྨན་བཅོས། བཟོ་རྩལ་སོགས་ཀྱི་རིན་ཐང་ཆེན་པོ་ལྡན་ཡོད་དེ། དེར་ལོ་ངོ་༨༠༠ལྷག་ཙམ་གྱི་ལོ་རྒྱུས་ཡོད་ལ། ད་བར་འཕེལ་རྒྱས་བྱུང་བ་ཡང་འབྲི་གུང་བཀའ་བརྒྱུད་ཀྱི་གྲུབ་མཐའ་དར་འཕེལ་བྱུང་བ་དང་ཐབ་ཀར་འབྲེལ་བ་ཡོད། དེར་བརྟེན་འབྲི་གུང་སྤོས་བཟོའི་ལག་རྩལ་ལ་ཞིབ་འཇུག་བྱས་ན་ལོ་རྒྱུས་ཀྱི་དོན་སྙིང་ཆེན་པོ་ལྡན་ཡོད། འབྲི་གུང་བོད་སྤོས་ནི་རྒྱུ་ཆ་ཕྱུས་གཙང་དང་ལག་རྩལ་རྩེར་སོན་གྱི་ཐབས་ལ་བརྟེན་ནས

བཟོས་པ་ཞིག་ཡིན། དེར་ནད་ཀྱི་མྱུ་གུ་སེལ་བ་དང་། མིའི་ལུས་པོའི་དྲི་ངན་དག་པ། རིམ་འགོག་ནུས་པ་མཐོར་འགྲོ་བ། མཁའ་དབུགས་གཙང་སེལ། ནད་འབུ་གསོད་པ་དང་དུག་སེལ་བྱེད་ཐུབ་པ་སོགས་འགོས་ནད་རིགས་ལ་ཕན་པ་ཤིན་ཏུ་ཆེ། འབྲི་གུང་བོད་སྤོས་ཐོན་སྐྱེད་བྱེད་པའི་བྱ་རིམ་རྙོག་ཛིང་ཆེ་ཞིང་། ལག་རྩལ་བྱང་ཆུབ་པ་ཞིག་དགོས། དེ་ནི་བོད་རིགས་ངལ་རྩོལ་མི་དམངས་རྣམས་ཀྱིས་བློ་གྲོས་རྩལ་ལས་བྱུང་བའི་ཉིང་བཅུད་ཅིག་ཡིན། དེ་བཞིན་དཔལ་འབྱོར་རིན་ཐང་ཐད། མིག་སྔར་མི་རིགས་ཀྱི་ཁྱད་ལྡན་ཐོན་རྫས་ལ་མཐོང་ཆེན་བྱེད་པའི་དུས་བཟང་དེར་ས་གནས་ཀྱི་ལས་ཞུགས་གནད་དོན་ཐག་གཅོད་དང་ཞིང་འབྲོག་པའི་ཡོང་འབབ་འཕར་སྣོན། ཁྲོམ་ར་འི་དགོས་མཁོ་སྐོང་ཐུབ་བཅས་ཀྱི་ཕན་པ་ཆེན་པོ་ཐོན་གྱི་ཡོད།

མདོར་ན། སྤོས་བཟོའི་ལག་རྩལ་དེ་ནི་རང་ཅག་བོད་མི་རིགས་ཀྱི་ཐུན་མོང་མ་ཡིན་པའི་ལག་ཤེས་ཐོན་རྫས་ཤིག་ཡིན་པས། གཅིག་ནས་བོད་སྨན་སྐྱེ་དངོས་འདེབས་འཛུགས་ཀྱི་རྟེན་གཞི་བཙུགས་ནས་སྤོས་བཟོའི་རྒྱུ་ཆ་མཁོ་འདོན་དང་། ས་མཐོའི་འབྱུང་ཁམས་ལ་གནོད་འཚེ་མེད་པའི་ཐོག་བོད་སྤོས་ཀྱི་ཕྱུགས་ཚད་འགན་ལེན་བྱས་ནས་བརྟན་འཁྱིན་སོགས་ལ་བརྟེན་ནས་དེའི་རིན་ཐང་དང་ཕན་ནུས་དྲིལ་བསྒྲགས་བྱས་ཏེ་འབྲི་གུང་བོད་སྤོས་ཐོན་བཟོ་བྱེད་མཁན་ལ་རྒྱུད་འདེགས་ཚན་ནན་གཏོང་དགོས།

## གསུམ་པ། ཁྱལ་དེའི་དམངས་སྲོལ་དང་དེའི་ཁྱད་ཆོས།

རྒྱན་གོས་ཐད། གོས་ནི་འགྲོ་བ་མིའི་རིགས་ཀྱི་ལོ་རྒྱུས་ཐོག་དར་སྤྱི་ཞིང་མེད་དུ་མི་རུང་བའི་མཁོ་ཆས་ཤིག་ཡིན་ལ། རྒྱན་ནི་མིའི་རིགས་ལ་གོས་དར་བའི་རྗེས་ནས་བྱུང་བ་ཞིག་ཡིན། བོད་མི་རིགས་ནི་རྒྱན་ཆར་མཐོང་ཆེན་བྱེད་

པ་མ་ཟད། རྒྱན་ཆའི་རྒྱུ་དང་འདོགས་སྲོལ་གྱི་ཐད་མི་རིགས་གཞན་དང་ཁྱད་པར་ཆེན་པོ་ཡོད། དེ་བཞིན་བོད་ཀྱི་ཡུལ་གྲུ་སོ་སོའི་ཕྱིའི་རྒྱན་གོས་ཐད་ལའང་ཁྱད་པར་ཅུང་ཟད་ཡོད་དེ། ཕྱི་རྒྱན་གོས་ཀྱི་བཟོ་དབྱིབས་དང་འདོགས་སྲོལ་སོགས་ལས་ས་ཆ་གང་ནས་ཡིན་པ་དང་། ས་ཁུལ་དེའི་རིག་གནས་སྒྱུ་རྩལ་སོགས་མཚོན་གྱི་ཡོད། དེ་ཡང་འབྲི་གུང་རྫོང་གི་བུད་མེད་ཚོས་སྐྲ་ལྕང་ལོ་གཉིས་ལྷས་པ་མགོ་བོར་དཀྲིས་པའི་རྒྱབ་ཏུ་སྐྲ་གཞུག་དང་བཅས་ཅུང་ཟད་སྣོད། གཉེན་སྒྲིག་མ་བྱས་པའི་བུ་མོ་དང་། ཁྲོ་བོ་འདས་གྲོངས་སོང་བ་རྣམས་ཀྱིས་ལྟག་རྒྱབ་ཏུ་དངུལ་གྱི་གཞུ་སྣོང་གཟུགས་ཅན་ལེབ་མོ་དཀྱིལ་དུ་གཡུ་ཕྲ་ཡོད་པའི་"ལྟག་གཡུ" ཞེས་པ་ཞིག་རྒྱག་པ་དང་། གཉེན་སྒྲིག་བྱས་ཟིན་པའི་བུ་མོ་དང་། ཁྲོ་བོ་བསྡད་ཡོད་པ་རྣམས་ཀྱིས་གཙུག་ཞེས་གོང་གསལ་གྱི་བཟོ་དབྱིབས་ལྟར་གྱི་དངུལ་གི་གཡུ་ཕྲ་ཅན་ཞིག་རྒྱག་སྲོལ་གྱིས་བུ་མོ་གཉེན་སྒྲིག་བྱས་ཡོད་མེད་དང་། བུད་མེད་རྒན་པ་ཚོར་ཁྲོ་བོ་བསྡད་ཡོད་མེད་ཀྱང་གཙུག་གཡུ་ཡོད་མེད་ཀྱིས་ཤེས་ཀྱི་ཡོད། བུད་མེད་ཚོས་རྣ་ལོང་གཡུ་ཕྲ་གསུམ་སྦྲེལ་ཅན་ཞིག་འདོགས་པ། རྒྱན་གཏན་སྣམ་བུ་ནག་པོའི་ཞྭ་སྒོར་མོ་ཞྭ་ལྟག་གྱེན་དུ་མཛེས་པའི་རྒྱབ་ངོས་སུ་ཞྭ་རྣ་གཉིས་ཀྲོང་ངེར་བསྒྲེངས་པ་ཞིག་གྱོན། གཟབ་མཆོར་སྦྲིས་སྐབས་སུ་ཕྲུགས་ཉིས་རྩེགས་གྱོན་པ་སོགས་བྱེད། སྐྱེས་པ་ཕལ་ཆེར་སྐྲ་ལྕུག་ཕྲན་བུ་དང་བཅས་ལྕང་ལོ་གཅིག་ལ་སྐྲ་ཤུག་དམར་པོ་ཆེན་པོ་ཞིག་བརྒྱབ་སྟེ་མགོ་བོར་དཀྲིས་ཤིང་། གཡོན་ནུ་རེ་འགས་བ་སོའི་ཤ་གྲད་གཅིག་དང་། དངུལ་གྱི་ཚོགས་ཁེབས་གཡུ་བྱུར་གྱི་སྤྲ་ལྷན་འགའ་ཤས་ལྕང་ལོའི་ཐོག་རྒྱུ་བ་དང་། འབུ་རས་ཀྱི་འོག་འཇུག་ཕུ་ཐུང་ཆེན་པོ་ཞིག་གྱོན་པ། ཕོ་མོ་ཚང་མས་ལྷམ་རྡོག་གཅིག་མ་ཞིག་གྱོན་ཞིང་ཕྱུ་པ་དང་པང་གདན་སོགས་བོད་རིགས་སྤྱི་དང་འདྲ་བ་བཅས

ཡིན། མལ་གྲོའི་རྒྱུད་ཀྱི་ས་མ་འབྲོག་དང་། འབྲོག་ཁུལ་གྱི་སྐྱེས་པ་ཕལ་ཆེར་ཡང་ཆས་གོས་གོང་དང་འདྲ།

## བཞི་པ། དབུས་སྟོད་མལ་གྲོའི་ཁུལ་གྱི་དུས་ཆེན་གལ་ཆེ།

### ༡ མལ་གྲོའི་ཁུལ་གྱི་འོང་སྐོར་དུས་ཆེན།

ཞིང་ཁུལ་དུ་དཔྱར་དུས་གཏོང་བའི་འོང་སྐོར་ནི། བོད་རྒྱལ་སྤུ་དེ་གུང་རྒྱལ་དུས་སུ་མཛངས་བློན་རུ་ལས་སྐྱེས་ཀྱིས་ཞིང་ལས་ལ་མཐོང་ཆེན་གནང་ནས་ཞིང་ལས་ལག་རྩལ་གོང་འཕེལ་གཏོང་སྐབས་བོན་པོ་བས་ཞིང་ཁར་སྐོར་བ་བརྒྱབ་ནས། ལོ་ལེགས་ཡོང་བའི་གསོལ་བ་འདེབས་པའི་ཚོ་ག་སྤེལ་བ་ནས་བརྒྱུད་རིམ་གྱིས་དམངས་ཁྲོད་དུ་དར་བའི་དུས་ཆེན་ཞིག་རེད། འོང་སྐོར་གཏོང་བའི་དུས་ཚོད་ནི་གཅིག་འགྱུར་མིན་པར། ཡུལ་ལུང་སོ་སོའི་ས་བབ་གནམ་གཤིས་ཀྱི་གནས་ཚུལ་དང་། ལོ་ཏོག་སྨིན་སྨ་ཕྱིའི་དོན་དངོས་ལ་གཞིགས་ནས་གཏོང་གི་ཡོད། ལྷ་སའི་ཉེ་འཁོར་སོགས་བོད་ཀྱི་ཞིང་པ་རྣམས་ཀྱིས་ལོ་རེའི་བོད་ཟླ་བདུན་པ་དང་བརྒྱད་པའི་ནང་ཟླ་བ་དེའི་ཡར་ངོའི་ཚེས་ཆ་བཟང་བ་ཞིག་ལ་འོང་སྐོར་ཞེས་པ་གཏོང་སྲོལ་ཡོད། དེ་སྔ་བོད་ས་གནས་སྲིད་གཞུང་སྐབས་ལྷ་སའི་མི་དཔོན་གཉིས་དང་། ལྷ་ས་གཉེར་ཚང་བ། དཀོན་གཉེར་དཔོན་སོགས་ཀྱིས་འགོ་ཁྲིད་ནས་ཇོ་བོའི་ན་བཟའ་གདན་ཞུས་ཀྱིས་ཞིང་བསྐོར་གྱི་ཉིན་དེར། ཞིང་ཁའི་ཉེ་འགྲམ་ས་སྟོང་ཞིག་ལ་གུར་ཆེ་ཆུང་མང་པོ་འཛའ་སྒྲིན་འཁྲིག་པ་ལྟ་བུ་བརྒྱབ་པའི་ནང་གདན་ལྷོག་དང་། བཟའ་བཏུང་གི་སྟོན་མོ་རྒྱ་ཆེན་ཡང་སྒྲིག་ལེགས་པར་བྱས། ཞིང་པ་ཕོ་མོ་རྣམས་སྤྲ་དྲ་ཁྲུས་བྱས་པ་དང་། རྒྱན་གོས་གཟབ་མཆོར་གྱིས་བརྒྱན། ཞིང་བདག་རྣམས་གྱོན་པ་གོས་ཆེན་སེར་པོའམ་སྨུག་ལྗང་སེར་མ་སོགས་ཀྱི་ཕྱུ་ཆེན་ལ་ཤག་གྱོན། ཞྭ་འཐོག

སེར་པོ་དང་། སོག་ཞྭ་དམར་པོ། འཇའ་ལྷམ་བཅས་གྱོན་ཏ་ཆས་ཕྲུས་ལེགས་ཁ་གསར་སྤྲས་ཏེ་ རྟ་ཐོག་སྲིད་པ་ཏོ་སྔོན་ཤིང་ལོ་མ་ཅན་ལ་སྒྲིགས་ཤིང་ཁ་བཏགས་དཀར་པོ་བཏགས་པ་ལག་ཏུ་འཁྱེར། དེ་རྗེས་རིགས་རུས་བཟང་བའི་ཕ་མ་གཉིས་འཛོམས་ཀྱི་བུ་གཅིག་བུ་མོ་གཅིག དཔའ་བོ་དཔའ་མོ་ཞེས་རྒྱན་གོས་ཀྱིས་སྤྲས་ཏེ། རྟ་ཐོག་ཏུ་ལག་གཡས་པར་མདའ་དར་རེ་འཁྱེར། ཞིང་བདག་ཧ་པ་རྣམས་ཕྲེང་སྤར་སྒྲིགས་ནས་སྟོན་ལ་དལ་བུར་བསྐྱོད། དེ་རྗེས་སྐྱེས་ཕོ་མོ་རྣམས་ཀང་ཐང་གིས་རྒྱལ་བའི་བཀའ་བསྟན་པོད་རེ་རྒྱབ་ལ་འཁྱེར་ཞིང་། ཆོས་ཚོགས་གི་སླུ་གཞས་ཀྱང་ལེན་པ་བཅས་ཉིན་དཀྱུང་ཙམ་ལ་ཞིང་ཁའམ་འོང་ཁར་བསྐོར་ཟིན་རྗེས་ཇ་ཆང་དང་སྟོན་མོར་ལོངས་སྤྱོད་བཞིན་རྟ་རྒྱུགས་དང་། སྒྲར་གཞས། ཞབས་བྲོ་སོགས་ཀྱི་རྩེད་འཇོར་རོལ་ནས་གང་སྐྱིད་དུ་སྡོད་པ་དང་། དགེ་འདུན་ནམ་ཐུགས་པ་གང་ཙུང་གིས་ཡུལ་ལྷ་གསོལ་མཆོད། དགོང་དྲོ་ཉི་མ་མ་བརྒྱལ་ཙམ་ལ་ཕྱི་དྲོའི་གསོལ་སྟོན་གྲུབ་རྗེས་བསངས་ལ་མེ་སྤར་ནས་ཚང་མས་ཀི་སོའི་ལྷ་རྒྱལ་བཏང་ནས་གྲོལ། དེའི་ཕྱི་ཉིན་ལག་སྟོད་པ་དང་། གཞིས་འགོའི་འབྲུས་མི་བཅས་ནས་ནོར་བུ་གླིང་ཁར་དེ་ལོའི་ལོ་ཏོག་གི་ཕྲུས་ཚོད་འབུལ་སྲོལ་ཡོད་པ་བཅས་སོ། འོང་སྐོར་ནི་ཞིང་ཁུལ་གྱི་སྒྲོ་སྐྱིད་དུས་ཆེན་རྒྱས་པ་ཞིག་ལ་བརྗེ་སྲོལ་ཡོད་པ་རེད།

དེང་སྐབས་ཏང་གི་སྲིད་ཇུས་བཟང་པོའི་འོག་དེའི་ནང་དོན་ཀུང་ཐོན་སྐྱེད་ཀྱི་ནུས་ཤུགས་གོང་འཕེལ་ཕྱིན་པ་དང་། མི་འཚོའི་འཚོ་བར་འགྱུར་ལྡོག་བྱུང་བའི་དངོས་ཡོད་དང་བསྟུན་ནས་འོང་སྐོར་གྱི་ནང་དོན་ལའང་འགྱུར་བ་འགྲོ་བཞིན་ཡོད། དེང་སྐབས་མལ་གྲོའི་ཞིང་ཁུལ་གྱི་འོང་སྐོར་གཏོང་བའི་ནང་དོན་དང་རྣམ་པ་ནི་སྔར་གྱི་རྣང་གཞིའི་ཐོག་ཏ་རྒྱུག་མདའ་འཕེན་དང་། པེ་ག

ཇོ་མགྲོགས། གཡག་རྒྱུག ལྷ་མོ་གློས་གར། ཐག་ཐག་གཏོང་རྩལ། སྒོར་གཞས་ལ་སོགས་རིག་རྩལ་འགྲན་བསྡུར་གྱི་བྱེད་སྒོ་སྣ་ཚོགས་ཡོད་ལ། དེ་བཞིན་ཁྱིམ་མི་ཚང་མས་ལུས་ལ་དུས་སྟོན་གྱི་རྒྱན་གོས་གྱོན་ནས་དགའ་སྤྲོའི་ངང་བཟའ་རིགས་ཟུན་སུམ་ཚོགས་པ་འཁྱེར་ཏེ། དགའ་ཉེ་སྤུན་མཆེད་མཉམ་འཛོམས་ཀྱིས་རིག་རྩལ་གཟིགས་མོར་རོལ།

༢ འབྲི་གུང་ཕྱིལ་པོ་འཕོ་བ་ཆེན་མོ།

འབྲི་གུང་འཕོ་བ་ཆེན་མོ་ཞེས་བོད་ཕྱིལ་པོ①ནམ་ཤར་（ཧོར་ཟླ་དྲུག་པའི་ཚེས་བདུན་ནས་ཚེས་བཅོ་ལྔ་བར་ཡིན）དུ་མལ་གྲོ་གུང་དཀར་རྫོང་གི་གཏེར་སྒྲོམ་ཤུར་འབྲོང་དུར་སུམ་མདོ་དགོན་གྱི་ས་གནས་སུ་འབྲི་གུང་མཐིལ་དགོན་གཙོ་བོའི་ཐོག རྩ（རྩེ）ཞལ་དགོན། ཡངས་རི་དགོན། རྫོང་རྩེ་དགོན་སོགས་ཀྱི་ཁྱོན་གྲྭ་གྲངས་སྟོང་ཕྲག་ཡས་མས་འཛོམས་ནས་ཟླ་གཅིག་རིང་གྲྭ་ཚང་སོ་སོའི་ཚོགས་གུར་ནང་ཟུར་ཚོགས་བྱེད་ཀྱི་ཡོད་པ་དང་འབྲེལ་འབྲི་གུང་

① ཕྱིལ་གྱི་ལོར་དུས་མཆོད་གཏོང་བ་ལ་གསུང་སྒྲོལ་འགའ་ཞིག་ཡོད་དེ་ཐུད་ལུགས་ཀྱི་བསྟན་རྩིས་ལ་སྟོན་པ་ཤཱཀྱ་ཐུབ་པ་ལྷུམས་ཕྱིལ་པོ་ལ་འཁྲུངས་པར་བཞེད་པ་དང་། ཡང་སློབ་དཔོན་པདྨ་འབྱུང་གནས་ཕྱིལ་གྱི་ལོ་ལ་སྐུ་འཁྲུངས་པ་དང་། བོད་དུ་ཕེབས་དུས་ཕྱིལ་ལོ་ཡིན་ཚུལ་སོགས་ཕྱིལ་ལོ་ནམ་ཡིན་ལ་དམིགས་བསལ་གྱི་དུས་སྟོན་མཆོད་པ་དང་། ཕྱག་སྐོར་གནས་མཇལ་ཞུ་སྲོལ་ཡོད་པར་ཕྱིལ་ལོ་ཕྱིལ་ཟླ་ཞེས་འབོད། དཔེར་ན་ཙ་རི་རོང་སྐོར་དང་། འབྲི་གུང་འཕོ་བ་ཆེན་མོ། ནགས་ཤོད་སྤྲིན་མོ་རྫོང་གི་རི་སྐོར་སོགས་ཡོད།

ཆེ་ཚང་ཆུང་ཚང་[1]གཉིས་ཀ་ཕེབས་ཀྱི་ཡོད་པ་མ་ཟད། དེ་སྐབས་ཁམས་ཁུལ་དང་། ཉག་རོང་། སྟོད་ལ་ཉག བྱང་རིགས། དབུས་གཙང་སོགས་ཕྱོགས་ཡས་མས་ཀྱི་འབྲི་ལུགས་ཆོས་སྡེ་གང་ས་ནས་ཡོང་བའི་སེར་སྐྱ་མང་ཚོགས་སྟོང་ཕྲག་ཁ་ཤས་འདུ་འཛོམས་ཀྱི་སར་འབྲི་གུང་སྐྱབས་མགོན་སོགས་ནས་འཕོ་བ་གནང་སྲོལ་ཡོད། འབྲི་གུང་གདན་རབས་དགུ་པ་རྗེ་ཉེར་བརྒྱད་པས་ས་ཕྲེལ་ལོར་གཏེར་སྒྲོམ་གྱི་གནས་མང་པོའི་སྒོ་གསར་དབྱེ་གནང་བ་དང་། ཕུར་པའི་རྩ་འཆམ་བཙུགས་པ་དང་། གཞན་ཡང་ཆོས་སྟོན་རྒྱ་ཆེར་མཛད་པས་ཕྲེལ་ལོའི་བཀའ་ཆོས་ཞེས་རིམ་བཞིན་སྲོལ་རྒྱུན་དུ་ཆགས་ནས། བཀའ་ཆོས་གནང་ཡུལ་འབྲི་གུང་མཐིལ་དང་། རྩེ་པ། ཚེའུ་ཁར་སོགས་གཅིག་ཏུ་མ་ངེས། དེ་རྗེས་གདན་རབས་རིག་འཛིན་གནམ་ལྕགས་མེ་འབར་གྱིས་དབེན་གནས་འབྲོང་དུར་དུ་འཛག་སྤྱིལ་བཏབ། ཕྲེལ་ལོ་ཕྲེལ་ཟླའི་དུས་མཆོད་ཀྱི་སྐབས་སུ་འབྲོང་དུར་དུ་འདུས་པ་ཁྲི་སྐོར་ལ་གུ་རུ་ཞི་བའི་དབང་དང་། ཡང་ཟབ་རྩ་གསུམ་གྱི་གཏོར་དབང་ལ་སོགས་པ་གནང་ནས་འགྲོ་བ་མང་པོ་སྨིན་ཅིང་གྲོལ་བའི་ལམ་ལ་བཀོད། དེ་རྗེས་གདན་རབས་དཀོན་མཆོག་རིན་ཆེན་དང་། རིག་འཛིན་ཆོས་གྲགས་ཀྱི་དུས་སུ་ཕྲེལ་ལོའི་སྐབས་གོང་གསལ་དབང་བསྐུར་མཛད་པ་མ་ཟད། སྐྱབས་རྗེ་རྣམ་གཉིས་ཀྱི་ཐུགས་ཉམས་སུ་བཞེས་པའི་སྨུར་ལམ་འཕོ་བའི་གདམས་པ་

① སྐྱབ་པ་རིན་པོ་ཆེས་འབྲི་གུང་མཐིལ་དུ་མཁན་ཆེན་གུ་རུ་བ་གདན་སར་བསྐོས་པ་ནས་བཟུང་གདན་རབས་ཉེར་གཉིས་པ་དཀོན་མཆོག་རིན་ཆེན་བར་གདན་རབས་རིམ་པར་བྱོན་པ་དང་། གདན་རབས་ཉེར་གསུམ་པ་རིག་འཛིན་ཆོས་གྲགས་ནས་སྤྲུལ་སྐུ་ངོས་འཛིན་ཞུ་སྲོལ་དར་ཞིང་། གདན་རབས་ཉེར་གཉིས་པ་དཀོན་མཆོག་རིན་ཆེན་གྱི་སྤྲུལ་སྐུ་རིམ་པར་བྱོན་པ་རྣམས་ལ་ཆེ་ཚང་རིག་འཛིན་ཆོས་གྲགས་ཀྱི་སྤྲུལ་སྐུ་རིམ་པར་བྱོན་པ་རྣམས་ལ་ཆུང་ཚང་བཅས་ཟེར།

འཇའ་ཚུགས་མ་དེ་ཉིད་གདུལ་བྱ་རྣམས་ལ་བཀའ་དྲིན་བསྐྱལ་ནས་འཕོ་བ་ཐེབ་པའི་རྟགས་མཚན་མགོ་ན་བ། སྤྱི་གཙུག་ནས་ཆུ་སེར་ཐོན་པ། ཚང་བུག་བརྡོལ་བ། ལ་ལ་ཡུད་ཙམ་ཞིག་དྲན་མེད་འགྲོ་བ། སྣ་ཁྲག་དོན་པ་ལ་སོགས་པའི་རྟགས་མིག་མཐོང་ལག་ཟིན་དུ་ཡོད་པར་འབྲི་གུང་འཕོ་བ་ཆེན་མོ་ཞེས་སྐད་པའི་གྲགས་པ་ཕྱོགས་ཀུན་དུ་ཁྱབ་པར་གྱུར། དེ་ཡང་འབྲི་གུང་འཕོ་བ་ཆེན་མོ་དེ་ལའང་བཀའ་མ་དང་གཏེར་མ་གཉིས་ཡོད་པ་ལས། བཀའ་མ་ནི་གདོད་མའི་མགོན་པོ་རྡོ་རྗེ་འཆང་ནས་བརྒྱུད་པའི་བཀའ་བབས་ཉམས་ཀྱི་བརྒྱུད་པ་དང་། རྟོགས་པ་དོན་གྱི་བརྒྱུད་པ་གཉིས་སུ་མཆིས་པ་ལས། སྔ་མ་ནི་བཀའ་བབས་བཞིའི་དང་པོ་སྟེ། དེ་ཡང་རྡོ་རྗེ་འཆང་དང་། དེས་བྱང་སེམས་བློ་གྲོས་རིན་ཆེན་དང་། འཕགས་མཆོག་དམ་པ་ཀླུ་སྒྲུབ། སློབ་དཔོན་མ་ཏང་གི་རྣམས་ལས་བརྒྱུད་པའི་རིམ་ལྔ་དང་། འཕོ་བ་དང་གྲོང་འཇུག་གི་བཀའ་རྗེ་བཙུན་ཏེ་ལོ་བར་བབས་པ་ཏེ། ཕྱི་མ་ནི་འཁོར་ལོ་སྡོམ་པ་མི་ཡི་གཟུགས་འཛིན་རྗེ་བཙུན་ཏེ་ལོ་པ་ཤེས་རབ་བཟང་པོས་ཁྱབ་བདག་རྡོ་རྗེ་འཆང་དངོས་ལ་གསན། དེས་རྒྱ་གར་པཎ་གྲུབ་ཀྱི་གཙུག་རྒྱན་ན་རོ་ཡེ་ཤེས་དངོས་གྲུབ་ལ་གནང་། དེས་སྒྲ་བསྒྱུར་གྱི་རྒྱལ་པོ་དགྱེས་མཛད་མར་པ་ལོ་ཙྪ་ལ་གནང་། དེས་གསང་བ་འདུས་པ་རྣལ་འབྱོར་གྱི་དབང་ཕྱུག་མི་ལ་རས་པ་ལ་གནང་། དེས་གསུང་གི་རྡོ་རྗེ་མཉམ་མེད་སྒམ་པོ་ལ་གནང་། དེས་ཁམས་གསུམ་ཆོས་ཀྱི་རྒྱལ་པོ་འབྲི་གུང་འཇིག་རྟེན་གསུམ་གྱི་མགོན་པོ་ལ་གནང་ནས་རིམ་པར་བརྒྱུད་པའི་སྙན་བརྒྱུད་ཀྱི་ཟབ་ཆོས་འཕོ་བ་འཇའ་ཚོན་མ་ཞེས་བྱ་བ་དེ་ཡིན་ལ། འཇའ་ཚོན་མ་ཞེས་པའང་འཕོ་བའི་རྟགས་ཐོན་དུས་འཚི་ཚེ་འཇའ་ཚོན་འཁྲིགས་པས་དེ་ལྟར་གྲགས།

གཏེར་མ་ནི། སངས་རྒྱས་འོད་དཔག་མེད་ཀྱིས་གུ་རུ་རིན་པོ་ཆེ་ལ་གནང་། དེས་ཁྲི་སྲོང་གི་བློན་པོ་ཉི་མ་ལ་གནང་ནས་གདམས་པ་རྣམས་དྭགས་ལ་སྣམ་པོའི་རྒྱབ་ཀྱི་མཚོ་མཇལ་ནག་པོར་གཏེར་དུ་སྦས་པ་ལ། བློན་པོ་ཉི་མའི་སྐྱེ་བ་སྤྲུགས་རྫེ་ཉི་ཟླ་སངས་རྒྱས་ཀྱིས་བཏོན་ནས་སྤེལ། དེས་སྐྱེས་བུ་ནམ་མཁའ་རྒྱལ་མཚན་ལ་གནང་། དེས་རྟོགས་ལྡན་དགེ་འདུན་བཟང་པོ་ལ་གནང་། དེས་ཕ་རྒོད་དྲི་མེད་བློ་གྲོས་ལ་གནང་། དེས་ཆོས་རྗེ་སངས་རྒྱས་རྒྱལ་མཚན་ལ་གནང་། དེས་སྨན་རྩེ་སློབ་དཔོན་རྒྱལ་མཚན་ལ་གནང་། དེས་འབྲི་གུང་ཡང་སྣར་མཁན་པོ་སྔ་ཕུན་ཚོགས་རྣམ་རྒྱལ་ལ་གནང་བ་འབྲི་གུང་གིས་ཕྱག་ལེན་གནང་ནས་ཟབ་ཆོས་ཀྱི་གྲས་སུ་བཞུད་པའི་གདམས་པ་འཇག་ཚུགས་མ་ཞེས་འཕོ་བ་འགྱངས་རྟགས་སྤྱི་པོར་འཛག་མ་ཚུགས་པ་འབྱུང་བས་དེ་ལྟར་གྲགས། བོད་སྲོལ་ལ་འབྲི་གུང་འཕོ་བ་འཇག་ཚུགས་ནི། བཀའ་ཟབ་ལ་དོན་དང་ལྡན་པས་རྒྱང་འཕོ་ཞུས་ན་རྟ་པོའི་ཉིན་ལམ་བཅོ་བརྒྱད་ཀྱི་སར་ཐེབས་ཀྱི་ཡོད། འཕོ་བ་ཟེར་བའི་སྒྲ་དོན་ཡང་གནས་གཅིག་ནས་གཅིག་ཏུ་འཕོ་བ་ལ་ཟེར་ཞིང་། འདིར་འཆི་ཚེ་བར་དོ་སོགས་ངན་སོང་དུ་མི་གཏོང་བར་ཐད་ཀར་མཐོ་རིས་དག་པའི་ཞིང་ཁམས་སུ་འཕོ་བ་ལ་ཟེར་བ་ཡིན་ནོ། གདམས་པ་འདི་གནང་སྐབས། མགོ་ན་ཚ་སེར་ཟིལ་པ་ཁྲིམ། འཇག་མ་འཛུགས་སོགས་རྟགས་རྣམས་འབྱུང་། ཞེས་གསུངས། འཕོ་བའི་དགོས་པ་ནི་རང་རེ་དལ་འབྱོར་གྱི་མི་ལུས་ཐོབ་ཀྱང་། མི་ཚེའི་ཉི་མ་ནི་ཡུན་ཐུང་། འཆི་བདག་གི་བདུད་ནི་བང་མགྱོགས། དམ་པའི་ཆོས་ལ་ཕྱི་བཤོལ་དང་ལེ་ལོའི་དབང་དུ་སོང་། ཡིངས་མ་ལམ་ལ་མི་ཚེ་ཟད་ནས་འཇིག་རྟེན་ཕ་རོལ་དུ་འགྲོ་སྐབས། ང་ཆོས་བྱེད་དགོས་བསམ་ཀྱང་བྱེད་ཡུན་མེད་པའི་གནས་སུ་གྱུར། ལས་ཀྱི་དབང་གིས་སྐྱེ་བ་ཕྱི་མ་

ངན་སོང་གི་གནས་སུ་འགྲོ་ངེས་པའི་སྐབས་སུ་ངན་སོང་གི་སྐྱེ་སྒོ་ཁེགས་པར་བྱེད་པའི་ཐབས་འཕོ་བ་ལས་ལྷག་པ་ཞིག་མེད་དེ། ཇི་སྐད་དུ། གདོལ་པ་སྨྱིག་མ་མཁན་ལ་སོགས། མཚམས་མེད་ལྔ་ནི་བྱེད་པ་ཡང་། ལམ་འདི་དག་དང་ཕྲད་གྱུར་ན། ཡང་དག་གྲོལ་བ་ཉིད་དུ་གྱུར། ཞེས་དང་། རྗེ་སྒྲ་སྒྱུར་མར་པ་ལོ་ཙྪས་ཀྱང་། སྒོམ་པའི་སངས་རྒྱས་ཀུན་ལ་ཡོད། མ་སྒོམ་སངས་རྒྱས་ང་ལ་ཡོད། ཅེས་གསུངས་པའང་། གདམས་པ་འདི་ལ་དགོངས་པའོ།

༣ ཕག་མོའི་འབྲི་གུང་ཡང་རི་སྒར་བཀའ་ཆོས།

བཀའ་ཆོས་ཀྱི་བྱེད་སྒོའི་རིམ་པ། ཆོས་སྟོན་པའི་ས། སྟོན་པའི་དུས། སྟོན་པ་པོ། བསྟན་བྱ། སྟོན་ཡུལ་བཅས་ཁྱད་འཕགས་ལྔ་ལྡན་ཚོགས་པའི་སྐབས་སུ་ས་ཟླའི་ཆོས་བདུན་ལ་སྟོན་འགྲོའི་བྱ་རིམ་འཁྲུས་ཚང་སོང་ནས་ཆོས་བརྒྱུད་ལ་དངོས་སུ་ཚུགས་ཀྱི་ཡོད། དེ་ཡང་བཀའ་དབང་དང་། བཀའ་ཆོས་འཕོ་བ་ཆེན་མོ་གསུམ་གྱི་སྒོ་ནས་ཆོས་སྟོན་པར་མཛད་དེ་ཐོག་མར་ཆོས་འདོད་དག་ལ་སྐྱབས་སྡོམ་ངེས་ཅན་བསྩལ། དེ་ནས་བསྙེན་གནས་ཀྱི་སྡོམ་པ། དགེ་བསྙེན་གྱི་སྡོམ་པ། དགེ་ཚུལ་གྱི་སྡོམ་པ། བར་མ་རབ་བྱུང་གི་སྡོམ་པ། དགེ་སློང་གི་སྡོམ་པ་བཅས་འདུལ་ཆོག་ལྟར་ངེས་པ་ལྔ་བྲལ་མདོན་འགྱུར་བཅུ་ལྡན་གྱིས་སྩལ་སྒྲོལ་དང་། དེ་རྗེས་ཆོས་བཅུ་གསུམ་ཉིན་རིང་བརྒྱུད་ཤིང་རྟ་གཉིས་ཀྱི་ལམ་སྒྲོལ་ལྡན་ཞིང་། ཉེ་བརྒྱུད་དགེ་བཤེས་དོན་སྡེངས་པར་མི་ཕམ་མགོན་གྱིས་བསྩལ་བའི་ཐུགས་བསྐྱེད་ཀྱི་རིམ་པ་འགྲོ་མགོན་ཕག་གྲུ་ལ་གནང་། དེ་ཉིད་ཀྱིས་ཆོས་རྗེ་འབྲི་གུང་པར་གནང་ཞིང་། ཆོས་རྗེས་རྗེ་དུས་མཁྱེན་འདིའི་དོན་དུ་འབྲི་གུང་དུ་ཕེབས་པར་བསྩལ་བའི་《འབྲི་གུང་ཐུགས་བསྐྱེད་ཆེ་མོ》ཞེས་ཡོངས་སུ་གྲགས། འཇིག་རྟེན་གསུམ་མགོན་ནས་ད་ལྟའི་བར་བླ་མ་བརྒྱུད

པའི་བྱིན་རླབས་དང་ཕྱག་བཞེས་མ་ཉམས་པ་དེ་ཉིད་སྨིན་སྨ་རིན་པོ་ཆེས་མཛད་པའི་ཡིག་ཆའི་སྟེང་ནས་བསྟུལ་གྱི་ཡོད། དེ་བཞིན་མདོ་སྔགས་ཀྱི་གཏེར་དུ་གྱུར་ཕྱིར་ཐུབ་པ་རྡོ་རྗེ་གདན་གྱི་དབང་། གངས་ཅན་ལྷ་སྐལ་སྙིང་བརྩེའི་གཏེར་གྱི་དབང་། ཉེས་ཀུན་སེལ་བའི་རྣམ་འཇོམས་ཀྱི་དབང་། ཚེ་གེགས་སེལ་ཞིང་འཕེལ་ཕྱིར་ཚེ་དཔག་མེད་གྲུབ་རྒྱལ་ལུགས་ཀྱི་དབང་དང་། སྒྲོལ་དཀར་ཚེ་དབང་སོགས་རིམ་བཞིན་སྩོལ། དེ་ལྟར་གདུལ་བྱ་དག་ཕྱི་སོ་ཐར་རིས་བདུན་གྱི་སྡོམ་པས་མཛེས་ཤིང་ནང་སངས་རྒྱ་བར་བྱེད་པའི་རྒྱུ་ཞག་ཅིག་དུ་བྱང་སེམས་སྡོམ་པས་བལྟམས། གསང་བར་ཐེག་མཆོག་སྔགས་ཀྱི་སྡོམ་པ་ལེགས་འཛིན་པའི་སུམ་ལྡན་གྱི་སྐལ་བཟང་མངོན་དུ་བྱེད་པའི་གོ་སྐབས་ལག་ཏུ་གཏད་པ་ལགས་ཤིང་། སྡོམ་པ་དེ་དག་གི་སྲུང་བླངས་ཚུལ་བཞིན་རྟོགས་ཕྱིར་ཉིན་ལྟར་བཀའ་ཆོས་ཀྱི་རིམ་པ་སྐྱེས་བུ་གསུམ་གྱི་ལམ་རིམ་བཞིན་བློ་སྦྱོང་རྣམ་བཞི་ནས་ཕྱི་ནང་ཁྱད་པར་འབྱེད་ཆོས་སྐྱབས་སོགས་དང་། མཐར་བླ་མེད་ཐེག་རྩེའི་བར་གྱི་ལམ་རིམ་ཀུན་གང་ཟག་གཅིག་གི་རྒྱུད་དུ་བསྒྲར་ཐབས་སྟོན་པའི་འབྲི་གུང་ལམ་རིམ་ཆེན་མོར་གྲགས་པ་《ཐེག་ཆེན་བསྟན་པའི་སྙིང་པོ》དང་། དེའི་ཁྱད་ཆོས་《དགོངས་པ་གཅིག་པ》བཅས་ཀྱི་འགྲེལ་བ་རྒྱས་བསྡུས། མཉམ་མེད་དྭགས་པོའི་ལམ་མཆོག་དང་ལམ་རིམ་སོགས་ཀྱི་ལུང་ཁྲིད་སྩལ་བ་མ་ཟད། གདུལ་བྱའི་རེ་འདོད་ལྟར་བཀའ་ཆོས་ཅི་རིགས་ཀྱང་བསྩལ་ནས་ནང་པ་སངས་རྒྱས་པའི་བསྟན་པའི་ནང་དོན་མ་རྟོགས་པས་རྟོགས་པ་དང་། རྟོགས་པ་ཡང་གོང་དུ་འཕེལ་ནས་མཐའ་རྒྱས་ཀྱི་སྐྱུལ་མ་མཛད་ཀྱི་ཡོད། དེ་བཞིན་འབྲི་གུང་དགོན་སྡེའི་སྒྲུབ་གྲྭ་ཁག་ནས་ཀྱང་སྐབས་དེར་འབྲི་གུང་བཀའ་བརྒྱུད་རང་ལུགས་ཀྱི་ངེས་དོན་ཉམས་ལེན་གྱི་རིམ་པ་དག་གི་སྨིན་བྱེད་ཀྱི་དབང་། གྲོལ་བྱེད་ཀྱི་ཁྲིད།

རྒྱལ་བརྟེན་གྱི་ལུང་སོགས་ཟླ་བ་གཉིས་ལ་ཉེ་བ་ཞིག་སྐྱལ་བརྒྱུད། བཤད་གྲྭས་རང་ལུགས་བསྟན་སྙིང་དང་ཁྱད་པར་དམ་ཆོས་དགོངས་པའི་རྩ་འགྲེལ་ལ་དམ་བཅའ་བཞག་ནས་དགེ་བཤེས་ཀྱི་མཚན་རྟགས་ལེན་སྲོལ་ཡོད་པ་བཅས་སྐབས་དེར་དད་ལྡན་བཀའ་ཆོས་ཞུ་མཁན་མང་པོ་ཡོད་པའི་ཆོས་ལུགས་དུས་ཆེན་ཞིག་ཡིན།

༤ འབྲི་གུང་གཞུ་སྟོད་ཏི་སྒྲོའི་གནས་སྐོར།

དེ་ཡང་ལྷ་ས་ནས་ཤར་ངོས་ལི་དབར་བརྒྱ་དང་བཞི་བཅུ་ཙམ་གྱི་སར་ཆགས་པའི་གཞུ་གཏོད་གཏེར་སྒྲོམ་གནས་འདིར་མཚན་བརྗོད་ཚུལ་མི་འདྲ་བ་འགའ་ཞིག་ཡོད་པ་སྟེ། གནས་འདིའི་ཚོགས་ཁང་དབུ་རྩེ་ལ་སོགས་པའི་བྲག་རི་རྣམས་མདོག་དཀར་གནམ་དུ་འཕྱོ་བས་བྱ་ཏི་པའི་སྒྲོ་དང་འདྲ་བས་ཏི་སྒྲོ་ཞེས་དང་། གནས་འདིར་ནོར་དང་ཆོས་ཀྱི་གཏེར་ཁ་བསམ་གྱིས་མི་ཁྱབ་པས་བྱུར་བུར་གཏམས་པའི་སྒྲོམ་དང་འདྲ་བས་གཏེར་སྒྲོམ་ཞེས་གྲགས་པ་དང་། ཡང་སྔར་ཨོ་རྒྱན་ཆེན་པོ་དང་ཇོ་མོ་མཚོ་རྒྱལ་ལ་བསམ་ཡས་སུ་བདུད་བློན་རྣམས་ཀྱིས་བར་ཆད་བརྩམས་པར། ཨོ་རྒྱན་ཡབ་យུམ་འོད་ཀྱི་དོ་ལེར་བཞུགས་ནས་བྱང་ཕྱོགས་སུ་བྱོན་པས། ད་ལྟའི་ཏི་སྒྲོའི་ཐད་ཀར་རབ་རིབ་ཀྱིས་ཡལ་སོང་བས་ན་རིབ་ནང་ཞེས་གསུངས་སྲོལ་ཡོད་པ་གོང་དུ་བརྗོད་ཟིན་པ་ལྟར། ཡུལ་པ་མང་ཆེ་བས་རིབ་ནང་ཞེས་བརྗོད་དོ། གཞུ་སྟོད་གཏེར་སྒྲོམ་གྱི་གནས་འདིར། སྤྱི་ལོའི་དུས་རབས་བདུན་པའི་ནང་ཨོ་རྒྱན་རིན་པོ་ཆེ་དང་བོད་ཀྱི་བཟའ་མཁའ་འགྲོ་ཡེ་ཤེས་མཚོ་རྒྱལ་ཡབ་ཡུམ་གཉིས་ཟླ་ཕྱི་ལོ་བཅུ་ཕྲག་ལ་ཉེ་བར་བཞུགས་ནས། ཡེ་ཤེས་མཚོ་རྒྱལ་ལ་མན་ངག་མཁའ་འགྲོའི་སྙིང་ཐིག་གནང་སྟེ། དཀའ་སྤྱད་ཀྱིས་དངོས་གྲུབ་བརྙེས་པར་གྲགས་པའི་གནས་མཆོག

ཁྱད་པར་ཅན་ཞིག་ཡིན་པ་དང་། དེ་ནས་དཔལ་འབྲི་གུང་བཀའ་བརྒྱུད་ཀྱི་ཡབ་སྲས་གསེར་གྱི་ཕྲེང་བའི་གྲུབ་ཐོབ་རྣམས་ཀྱིས་རིམ་པར་བསྐྱངས་ཤིང་བྱིན་གྱིས་བརླབས་པའི་གནས་མཆོག་ཀྱང་ཡིན་པས། དེ་ཡང་འབྲི་གུང་རིག་འཛིན་ཆོས་ཀྱི་གྲགས་པས（འབྲི་གདན་ཉེར་གསུམ་པ་）རྒྱབ་བྱང་སྔོ་ཡི་མི་འགྱུར་ཏི་སྒྲོའི་གནས། དྲག་པོའི་གནས་ཆེན་གཏེར་སྒྲོམ་བྲག་དཀར་ཞེས། །གྲུབ་དབང་པད་མའི་དྲག་པོའི་གནས་ཀྱི་གཙོར། །བསྔགས་ཤིང་བཞུགས་པའི་སྒྲུབ་གནས་ཛོ་མཚར་ཅན། །དམ་པའི་ཆོས་དང་དབུལ་སེར་ནོར་གྱི་གཏེར། །བགྲང་ཡས་བཞུགས་པའི་ཕོ་བྲང་ཆེ་ རྫིག་ རྣམས། །བྲག་དཀར་དུང་སེང་གདོང་ལྔའི་ལྕ་ལམ་དུ། །ལེགས་པར་འཁྱིལ་འདྲ་ སྲིན་དང་ན་བུན་གཡོ། །དབྱར་རྔའི་སྒྲ་ཡིས་ས་གསུམ་འདར་ཞིང་དངངས། ཡན་ལག་བརྒྱད་ལྡན་བདུད་རྩིའི་ཆར་རྒྱུན་བབས། །སྔོང་སྐྱེས་རི་དྭགས་ཚོགས་རྣམས་བདེ་སྐྱིད་ཅིང་། །འབབ་ཆུ་དུམ་པགས་དྲག་པོའི་ང་རོ་སྒྲོག །རྩི་ཤིང་ནགས་ཚལ་ངམ་ནག་སྐྱི་གཡལ་བ། །དུར་ཁྲོད་མ་མོ་ཤ་ཟ་ཅེ་སྤྱང་སོགས། །འཇིགས་པའི་གད་རྒྱངས་སྒྲིད་གསུམ་ཇམ་སྒྲ་སྒྲོག །སྐལ་ལྡན་རྣལ་འབྱོར་དོན་གཉིས་དངོས་གྲུབ་ལེན། །སྐལ་མེད་ཉམས་པའི་ཚེ་སྲོག་ཚོགས་སུ་རོལ། །མ་མོ་མཁའ་འགྲོ་བགྲང་ཡས་སྤྱོད་པའི་གནས། །ཞེས་གནས་ཀྱི་ཞིང་བཀོད་ཁྱད་པར་ཅན་བསྟན་པར་མཛད།

གནས་སྐོར་དུས་ནི་སྤྲེལ་ལོའི་ཟླ་བ་དྲུག་པའི་ནང་ས་ཕྱོགས་ཁག་ནས་གནས་སྐོར་དང་བཀའ་ཆོས་སོགས་ཞུ་མཁན་འདུ་འཛོམས་ཆེ་ཤོས་ཤིག་ཀྱང་ཡིན་ནོ།

## ༥ མང་ར་བྱ་ཡུལ་དགོན་གྱི་གར་འཆམ་ཆེན་མོ།

ཆོས་ལུང་མདོ་ནས་ཕྱིར་བཏང་སྤྱི་ལེ་གཉིས་ཙམ་སོང་ན་མང་ར་གྲོང་

ཚོར་ཡོད་པའི་དགོན་འདི་མཇལ། དགོན་འདི་དགེ་བཤེས་བྱ་ཡུལ་བ་གཞོན་ནུ་འོད་ཀྱིས་རབ་བྱུང་གཉིས་པའི་ཆུ་སྦྲེལ་( སྤྱི་ལོ་༡༡༡༣ ) ལོར་ཕྱག་བཏབ་གནང་མཛད་སྐབས། རྗེས་སུ་བྱ་ཡུལ་པའི་རྣམ་སྤྲུལ་གླིང་རིན་པོ་ཆེའི་མ་དགོན་དུ་གྱུར། དགོན་འདིའི་ནང་སྐུ་གསུང་ཐུགས་རྟེན་ཇི་ཡོད་སྐོར་རྒྱས་པ《ཀཿཐོག་སི་ཏུའི་དབུས་གཙང་གནས་ཡིག་》ནང་གཟིགས་པར་འཚལ། རྟེན་གཙོ་ཇོ་བོ་འཇམ་གླིང་གཡས་བཞག་དང་། བྱ་ཡུལ་བས་ཇོ་བོ་རྗེས་གདན་དྲངས་པའི་པད་ཕྱུངས་མཆོད་རྟེན་ལ་དཔེ་བྱས་ནས་བཞེངས་པའི་ལི་མའི་བཀའ་གདམས་མཆོད་རྟེན་ཤིན་ཏུ་མང་བ་ཡོད་པ་དང་། བྱ་ཡུལ་ཉིད་ཀྱི་སྐུ་གདུང་བཞུགས་པའི་མཆོད་རྟེན་དང་གསུང་རབ་པུ་ཏི་བསམ་གྱིས་མི་ཁྱབ་པ་བཞུགས་པར་གྲགས། དེང་སང་ཡང་ཉམས་གསོ་བྱས་ཏེ་མཆོད་རྟེན་འགའ་ཞིག་མཇལ་རྒྱུ་ཡོད། སྟོན་དགེ་ལྷན་གླིང་། ཐུབ་བསྟན་གླིང་། རྣམ་རྒྱལ་གླིང་སོགས་གླིང་གསུམ་ཡོད་པ་ལ་དགེ་འདུན་བཞི་སྟོང་བར་འཕེལ་ཞེས་གྲགས། སྤྱི་ལོ་༡༨༥༨ གོང་དགོན་གནས་དེར་དགེ་འདུན་ཞལ་གྲངས་དྲུག་ཅུ་རེ་དྲུག་དང་། སྤྱི་ལོ་༡༨༨༩ ལོར་ཉམས་གསོ་བྱས། དེ་ཕྱི་གྲྭ་རྒྱུན་ཕེབས་ཁུངས་འབྲས་སྤུངས་བློ་གསལ་གླིང་གྲྭ་ཚང་དུ་ཡིན།

འཆམ་ནི་བོད་ཀྱི་དགོན་སྡེ་ཁག་གི་ཆོས་ལུགས་ཀྱི་བྱེད་སྒོ་གལ་ཆེན་ཞིག་ཡིན་པས། དགོན་པ་མང་པོ་ཞིག་ལ་འཆམ་རྒྱག་པའི་ལུགས་སྲོལ་ཞིག་ཡོད་ལ། དེར་རྒྱ་ཆེའི་མང་ཚོགས་ཆོས་ཧ་ཅང་དགའ་པོ་བྱེད་ཀྱི་ཡོད། མལ་གྲོ་གུང་དཀར་རྫོང་ཉི་ལྷུང་ཤང་དུ་ཡོད་པའི་མང་ར་བྱ་ཡུལ་དགོན་པ་ནི། ལོ་རྒྱུས་ཡུན་རིང་ལྡན་པའི་བཀའ་གདམས་པའི་དགོན་སྙིང་གྲགས་ཅན་ཞིག་ཡིན་པ་དང་། དེའི་གར་འཆམ་ལ་ཆོས་ལུགས་སྒྱུ་རྩལ་གྱི་ཉམས་འགྱུར་ཆེན་པོ་ལྡན་ཡོད། ལོ་

རའི་ས་ག་ཟླ་བའི་ཚེས་བཅུ་བཞི་དང་བཅོ་ལྔ་གཉིས་ལ་མང་ར་སེ་གཏོར་ཞེས་པའི་དུས་ཆེན་དང་། བོད་ཟླ་བཅུ་གཉིས་པའི་ཚེས་ཉེ་ཤུ་དགུ་ཉིན་དགུ་གཏོར་གཏོར་རྒྱག་ཉིན་འཆམ་དགོས་པའི་ཆོས་སྤྱོད་ཀྱི་བྱེད་སྒོ་ཞིག་ཡིན་ལ། དེ་ཡང་ས་ག་ཟླ་བའི་ཚེས་བཅུ་བཞིའི་ཞོགས་པ་འབབ་གསོལ་ཞེས་པའི་གསོལ་ཁ་འདོན་རྒྱུ་དང་། དེ་རྗེས་གར་འཆམ་པའི་རོལ་མོ་བ་དང་དེ་བཞིན་གར་འཆམ་པ་ཚོའི་སྟོད་གནས་བཀོད་སྒྲིག་ལེགས་པོ་བྱེད་རྗེས། གླིང་སྤྲུལ་རྡོ་རྗེ་འཆང་གི་འདྲ་སྐུ་དེ་འཆམ་ཁྲིར་གདན་འདྲེན་ཞུ་བ་དང་། དྲུང་འཁོར་གྱི་ཆས་གོས་སྤྲས་པའི་ཕྱག་དར་བ་མི་བརྒྱད་ཡོད་པ་དེ་རྒྱ་གླིང་པ་བཞི་དང་། སྦྱོས་སྣར་བ་བཞི་ཡིན།

དགོན་སྡེའི་གར་འཆམ་གྱི་སྐོར།

ཞྭ་ནག དེ་ནི་གར་འཆམ་པ་བཅུ་དྲུག་ལས་གྲུབ་པ་ཞིག་ཡིན་ལ། དེ་དག་གི་སྔགས་འཆང་གི་ཆས་ལ་ཞྭ་ནག་གྱོན་པ་དང་སྣ་ནག་རྒྱབ་འཛར་ལན་བུ་ཡོད་པ། ལག་ཏུ་ཕུར་ཐོད་འཛིན་ཅིང་གོས་ནག་གྱོན་ནས་གསེར་སྐྱེམས་འབུལ་བཞིན་གདོན་བགེགས་འགུག་ཚུལ་བྱེད་ཀྱི་ཡོད།

རྡོ་རྗེ་འཁྲོལ་ལེགས། དེ་ནི་གར་འཆམ་པ་མི་གཅིག་ཡོད་པ་དེས་ཆོས་སྐྱོང་མགོན་པོ་སྤྲེའུ་གདོང་གི་མདུན་དུ་བཅར་ཏེ། ནད་པ་ཡིན་ཁྲུལ་བྱས་ནས་ནད་བསྟན་ཚུལ་བྱེད།

ཧྭ་ཤང་། ཧྭ་ཤང་གཅིག་དང་ཧྭ་ཕྲུག་བཅུ་གྲངས་ཤིག་ཡོད་པ་ནས། ཧྭ་ཤང་དེས་ཕྱག་འཚལ་ཁྲུལ་བྱེད་པ་དང་ཧྭ་ཕྲུག་རྣམས་ཕན་ཚུན་རྩེད་མོ་རྩེ་བཞིན་ཡོད།

གཡག་སེང་། དེ་ནི་གཡག་ནག་གི་གཟུགས་བརྙན་ཆེན་པོ་ཞིག་མི་དྲུག་གིས་བཏེགས་ནས་ཡོད་པ་དང་། ལུ་གུ་དཀར་པོ་ཞེས་པ་ཆེ་ཆུང་སྣ་གཡག་ཙམ་

ཞིག་ཡོད། གཡག་སེང་རེས་ཁ་གདངས་ཤིང་ཧ་མ་གཡབ་གཡོབ་བྱེད་པ་དང་སྤྲུགས་ངུར་རྒྱངས་བྱེད་པ། ལུ་གུ་རེས་འགྲོ་སློག་བྱེད་བཞིན་མཆིས།

**ཨ་ཙ་ར།** ཨ་ཙ་ར་ཕོ་མོ་གཉིས་ཀྱིས་འཕགས་ཡུལ་རྣལ་འབྱོར་པ་ཡིན་ཁུལ་བྱས་ཏེ། གར་འཆམ་བདེ་ལྷུག་འཁྱུག་པོས་བསྐོར་བ་བརྒྱབ་ནས་སློག་གི་ཡོད།

**དགེ་སློང་།** དེར་ཕྱག་ཏུ་འཁར་སིལ་དང་ལྷུང་བཟེད་བསྣམས་པ་དང་། དབུ་ལ་ཐང་ཞུ་ཞེས་པ་བླ་མའི་དབུ་ཞྭ་མཆོད་པ། སྐུ་ལ་སྣམ་སྦྱར་བཞེས་པའི་དགེ་སློང་བཅུ་དྲུག་ཡོད་པ་དེ་ཚོས་གར་འཆམ་དལ་པོར་བརྒྱབ་ནས་སློག་གི་ཡོད།

**རྣམ་སྲས།** དེར་གར་འཆམ་པ་མི་བརྒྱད་ཡོད་པ་དེ་ཚོས་ནོར་ལྷ་གཏེར་བདག་བརྒྱད་སོ་སོའི་སྐུ་མདོག་དང་ཕྱག་མཚན་མི་འདྲ་བ་རེ་བཞེས་ཏེ། འཆམ་རའི་ནང་བསྐོར་བ་རེ་རྒྱག་བཞིན་སློག་པའི་སྐབས་དེར་རྒྱ་གླིང་པ་ཚོས་ལེའུ་དེའི་འགོ་བཙུགས་པ་ནས་མཇུག་མ་རྫོགས་བར་སྐན་གསན་འབུལ་དགོས།

**ཁྲབ།** དེར་གར་འཆམ་པ་བཅུ་དྲུག་ཡོད་པ་ཚང་མར་ཁྲབ་གྱོན་པ་དང་། ལག་ཏུ་གྲི་དང་ཕུབ་བསྣམས་ཡོད་ལ། དབུ་ལ་དབུ་རྨོག་གསོལ་བ་དེའི་ཐོག་ཏུ་དར་ཚུང་ངུ་རེ་དང་། རྒོད་པོའི་སྒྲོག་ཞུ་རེ་བཙུགས་ཡོད། དེ་ཚོས་གཡུལ་འགྱེད་པའི་ལད་མོ་བྱས་ནས་སློག་གི་ཡོད།

**མགར་སོར།** དེ་ནི་དམ་ཅན་མགར་བ་ནག་པོ་དང་བཙན་རྒོད་སོར་ར་དེ་བཞིན་ཆོས་སྐྱོང་སྲེལ་གདོང་གསུམ་གྱི་ཆས་གོས་གྱོན་ཡོད་ལ། མགར་བ་ནག་པོས་མགར་བ་ཡིན་ཁུལ་བྱེད་པ་དང་། སོར་ར་དང་ཆོས་སྐྱོང་གཉིས་ཀྱིས་མགར་གཡོག་ཡིན་ཁུལ་བྱས་ནས་དགོན་པའི་གདུགས་དང་རྒྱལ་མཚན་སོགས་བརྟུངས་ཁུལ་བྱེད་ཀྱི་ཡོད། (སོར་ར་ཞེས་པ་དེ་ཡུལ་འདིའི་གཞི་བདག་ཡིན་ལ

དེ་ཚོ་འཁྲབ་མཁན་ཡང་ཁྲིམ་པ་མི་ནག་ཡིན）མཚམས་འདིར་དུང་པ་དང་རྒྱ་གླིང་པ་གཉིས་ཀྱིས་ལིང་ག་ཞེས་པའི་མི་གཟུགས་གཅིག་འཁྲམ་རར་འཁྱེར་ཡོང་ནས་མགར་ནག་དང་ཆོས་སྐྱོང་ཐྲེལ་གདོང་ལ་འབུལ་བ་དང་། དེ་གཉིས་ཀྱིས་ལིང་ག་དེ་འཁྲམ་རའི་དབུས་སུ་འཛུག་གི་ཡོད།

**ཐམ་ཟེ་ལྷམ་སྒྲིང་།** འདི་གཉིས་ལ་སྲུང་མ་དམར་ནག་གཉིས་ཀྱང་ཟེར། དེ་གཉིས་ཕེབས་སྐབས་རྒྱ་གླིང་དང་དུང་སོགས་རོལ་མོ་སྣ་ཚོགས་འབུད་དཀྲོལ་བྱེད་དགོས་ཤིང་། དེ་གཉིས་ཀྱིས་འཁྲམ་རའི་དཀྱིལ་གྱི་ལིང་ག་དེར་བསྐོར་བ་བྱས་ནས་འགྲོ་གི་ཡོད། དེར་སྐོར་འདོན་དང་པོ་ཟེར།

**སེང་གེ་དང་ཆུ་སྲིན།** འདི་གཉིས་ཀྱིས་སེང་གེ་དང་ཆུ་སྲིན་གྱི་ཆས་གོས་གྱོན་པ་དང་། ཕྱག་ཏུ་ཀ་ལི་དང་ཕུར་པ་བསྣམས་ནས་ཡོད་ལ། དེ་གཉིས་ཀྱང་ལིང་ག་དེར་བསྐོར་ནས་འགྲོ་གི་ཡོད། དེར་སྐོར་འདོན་གཉིས་པ་ཟེར།

**ཤྭ་གཡག** འདི་གཉིས་ཀྱིས་ཀྱང་སྔར་བཞིན་ལིང་གར་བསྐོར་བ་བྱས་ནས་འགྲོ་གི་ཡོད། ཆས་གོས་ནི་ཤྭ་བ་དང་གཡག་གི་འདྲ་གཟུགས་གྱོན་ཡོད།

**འབག་དམངས།** དེ་ནི་སྔོན་ལ་ཆོས་རྒྱལ་གྱི་ཆས་གོས་གྱོན་པ་དེས་སའོག་རིམ་པ་དགུ་ནས་ཕྱིར་དོན་ཚུལ་བྱེད། དེ་ནས་ཆོས་རྒྱལ་གྱི་ཡུམ་བཙུན་མོ་མཛེས་ཕྱིར་ཡོང་གི་ཡོད། དེ་ནས་རིམ་གྱིས་མགོན་པོ་ཕྱག་དྲུག་པ་དང་ལྷ་མོའི་འཁོར་དོན་ནས། འཆམ་དཔོན་གཞིའི་སྐབས་རོལ་མོ་ཁང་ནས་མཁན་པོ་དང་རོལ་མོ་བ་ཚོས་ལིང་ག་འགུག་འཆང་བྱེད། དེ་ནས་ཤྭ་གཡག་གཉིས་ཕྱིར་ཡོང་ནས་ལིང་ག་དེར་བརྟུངས་ནས་ལིང་གའི་ཁོག་ནང་གི་རྒྱུ་མ་རྣ་ཚོའི་རྩེར་གཟེར་ཏེ་གནམ་ལ་གཏོར། དེ་འཕྲུལ་འབག་དམངས་ཞེས་པའི་གར་འཆམ་པ་ཚོས་ཀྱང་ལག་ཏུ་གྲི་དང་ཀ་ལི་བཟུང་ཡོད་པས་ལིང་ག་དེར་གྲི་ཞུབ་རྒྱབ་ནས་མགོ་མ

གཏོགས་ཚང་མ་དུམ་བུར་བཏུབ། དེ་འཕྲུལ་ཡང་བུད་མེད་ཅེས་པའི་གར་འཆམ་པ་བཅུས་ཕྱིར་ཡོང་ནས་ཞིང་ག་དུམ་བུར་བཏང་བ་དེ་གང་སར་གཏོར་ནས་སོག་པ་དང་། དེ་རྗེས་འབག་དམངས་རྣམས་ཀྱང་གར་འཆམ་བྱེད་ཀྱིན་རིམ་གྱིས་རང་རང་གི་སྡོད་གནས་སུ་སྡོད་ཀྱི་ཡོད། དེ་ནས་བཙུན་མོ་མཛེས་ཕྱིར་གྱིས་ཞིང་གའི་མགོ་དེ་འཁྱེར་ནས་དམ་ཅན་ཆོས་རྒྱལ་ལ་སྤྲོད་པ་དང་། ཆོས་རྒྱལ་གྱིས་ཞིང་གའི་མགོ་དེ་འཁྱེར་ནས་སོག་རྗེས་འཁྲམ་རའི་ནང་ཡོད་པའི་འབག་དམངས་རྣམས་གར་འཆམ་བྱེད་ཀྱིན་རེ་རེ་བཞིན་སོག་གི་ཡོད།

དུར་བདག དེར་དུར་བདག་ཕོ་མོ་གཉིས་ཀྱིས་ཀྱང་ཞིང་ག་གཅིག་ཞགས་པ་ནག་པོས་བསྡམས་ནས་དུར་བདག་རེ་ཐག་པའི་སྡེ་རེ་བཟུང་ནས། ཞིང་ག་དེ་འཆམ་རའི་དཀྱུས་སུ་འཁྲིད་ཁྱུལ་བྱེད་པ་དང་། དེ་རྗེས་ཞིང་ག་དེ་ས་ལ་ཤུགས་ཀྱིས་ལན་གསུམ་བསྡམས་ནས་དགྲ་བགེགས་བསྒྲལ་ཚུལ་བྱས་ནས་སོག་གི་ཡོད། །

ཨ་ཙ་ར། ཨ་ཙ་ར་བཅུ་དྲུག་ཡོད་པ་དེ་ཆོས་ལག་ཏུ་ག་ལི་དང་ཕུར་པ་བཟུང་ཡོད་ལ། འཆམ་རའི་ནང་སྐྱིད་གཟེར་བྱས་ནས་བསྐོར་བ་བྱེད་པ་སོགས་གར་འཆམ་འཁྲུག་པོ་བྱས་ནས་སོག་གི་ཡོད།

བོད་ཆེས་བཅོ་ལྔའི་ཚོགས་པ་ཡར་འགྲོ་དཀར་མོ་ཞེས་པའི་གར་འཆམ་པ་གཅིག་ཡོད་པ་དེས་འཆམ་གོས་སེར་པོ་གྱོན་ཡོད་ལ། འཆམ་རའི་ནང་ལུག་བལ་བྲེགས་པ་དང་། འཁལ་བ། འཐག་པ། དྲས་པ། འཚེམ་པ། གྱོན་པ་བཅས་ཀྱི་བར་ལད་མོ་བྱེད་ཀྱི་ཡོད། ཕྱི་རྫོ་འབག་དམངས་རྣམས་དོན་ནས་ལྷ་མོ་རབ་བརྟན་མ་སྤྱན་འདྲེན་པའི་གར་འཆམ་བྱེད་ལ། ལྷ་མོའི་ཕྱག་ཏུ་གྲི་དང་ག་ལི་བསྣམས་ཡོད། སྐབས་དེར་ཡང་ལྷ་མོས་ཞིང་གར་བསྐོར་བ་རྒྱབ་ནས་རང་

གནས་སུ་ཡོག་གི་ཡོད། དེར་ལྷ་མོའི་སྐོར་འཆམ་ཟེར། དེ་རྗེས་ཤྭ་གཡག་གཉིས་ཀྱིས་ཕྱིར་ཡོང་ནས་ཞིང་ག་བསྐྲལ་བ་དང་། འབག་དམངས་ཆོས་ཞིང་ག་བཏུབ་པ། བུད་མེད་ཆོས་ཞིང་ག་གཏོར་གྱི་ཡོད། གར་འཆམ་འཇུག་འགྲིལ་ཁར་ཡུལ་དེའི་ཆོས་སྐྱོང་མགོན་པོ་སྤྲེལ་གདོང་ནས་ལྷས་མོ་བ་ཚོའི་བྲང་ཁར་འོ་མ་དང་ཆུ་བསྲེས་པ་གཏོར་གྱི་ཡོད། (དེས་བད་ཀན་གྱི་ནད་ལ་ཕན་ཟེར) ཉིན་གཉིས་གར་པའི་འཆམ་མང་ཆེ་བ་ཉིན་དང་པོ་དང་མཚུངས་ལ། གར་འཆམ་གྱི་ལེའུ་ཚང་མར་དུང་གི་གདངས་ཚིག་དང་བསྟུན་ནས་འཁྲབ་དགོས་པས། གར་འཆམ་འདི་དག་ལ་དུང་འཆམ་ཞེས་ཀྱང་འབོད་ཀྱི་ཡོད།

དེ་བཞིན་དགུ་གཏོར་གཏོར་རྒྱག་ཞེས་པ་ལོ་རེའི་བོད་ཟླ་བཅུ་གཉིས་པའི་ཚེས་ཉི་ཤུ་གསུམ་ཉིན་ནས་འགོ་བཙུགས་ཏེ་ཉིན་ཞག་དྲུག་རིང་། ཆོས་རྒྱལ་གྱི་སྐུ་མདུན་དུ་དཔལ་ལྡན་དམག་ཟོར་རྒྱལ་མོ་དང་ལྷ་མོ་རབ་བརྟན་རྣམ་གཉིས་ཀྱིས་གཙོས་པའི་ཆོས་སྐྱོང་སྲུང་མ་རྣམས་ཀྱི་གསོལ་ཀ་འདོན་པ་སོགས་སྒྲུབ་ཞག་བྱས་ནས། བོད་ཚེས་ཉི་ཤུ་དགུའི་ཞོགས་པ་དགུ་གཏོར་ཞེས་པའི་གཏོར་མ་དེ་བཞེངས་ཀྱི་ཡོད། དགུ་གཏོར་བཞེངས་སྟངས་སོཏ་ཀྱི་སྐོར་རྒྱས་པ་《བོད་ལྗོངས་ནང་བསྟན》༢༠༠༧ལོའི་དུས་དེབ་གཉིས་པར་གཟིགས།

### ༨ འོད་ཟེར་རྒྱང་དུ་མཁས་གྲུབ་བདེ་བ་གཞོན་ནུའི་འདྲ་སྐུ་གདན་ཞུ།

རུ་ཐོག་དགོན་གྱི་མངའ་སྡེ་འོད་ཟེར་རྒྱང་ནི། དུས་རྟག་ཏུ་བླམ་ལ་དད་གུས་དང་གསོལ་བ་རྩེ་གཅིག་ཏུ་བཏབ་མཁན་དཔོན་ཞིག་ཡིན་པས་བླ་མའི་གཟུགས་སྐུ་ཆོས་དབྱིངས་སུ་ཐིམས་པའི་སྔོན་ཙམ་ལ་དམངས་ནས་ཞུ་བ་ཕུལ་གསལ། ངེད་ཡུལ་ནས་སད་སེར་མི་ཡོང་བ་བླམས་ཐུགས་རྗེས་གཟིགས་ཞེས་ཞུ་བ་ཕུལ་བར། གཉིས་ཀ་མི་ཡོང་བའི་ཞལ་བཞེས་ནས་ཁོང་གི་བྱིན་གྱིས་བརླབས

པའི་དུང་གཡས་འཁྱིལ་ཞིག་གནང་བ་ལྟར་དུས་དེ་ནས་བཟུང་། ལོ་ལྟར་བོད་ཟླ་བཞི་པའི་ཚེས་བཅོ་ལྔའི་ཉིན་ཏུ་ཐོག་དགོན་པ་ཐོག་མར་ཕྱག་འདེབས་མཛད་པ་པོ་ཞང་ཚལ་པའི་སློབ་མ་མཁས་གྲུབ་བདེ་བ་གཞོན་ནུའི་སྐུང་བརྙན་གསེར་ཟངས་ལས་གྲུབ་པ་ཁྲུ་ཚད་ཅིག་ཡོད་པ་དེ་དང་དུང་གཡས་འཁྱིལ་འདི། འོད་ཟེར་རྒྱང་གྲོང་ཚོར་གདན་དྲངས་ནས་སྔོན་དུས་གཡུལ་ལས་མ་ཟིན་བར་དེ་གར་བཞུགས་ཀྱི་ཡོད།

བོད་ཟླ་བཞི་པའི་ཚེས་བཅོ་ལྔ་ཉིན་ཏུ་ཐོག་དགོན་པའི་ཚོགས་གཞུང་དུ་ཟླ་མ་མཆོད་པའི་ཚོགས་འབུལ་ཞིག་བྱས་རྗེས། འོད་ཟེར་རྒྱང་གི་རྫོང་ (འོལ་དགའ་རྫོང་) ཚབ་དང་། ཚོ་མི། རྒན་པ་སོགས་གཟབ་མཆོར་སྤྲས་ནས་རྟ་རྒྱག་བསྒྲིགས་ཏེ་མི་གཅིག་གིས་སྐུ་དེའི་བཞུགས་སྒམ་རྒྱབ་ཏུ་གདན་ཞུ་བྱས་ནས་འོད་ཟེར་རྒྱང་གི་ཚེས་བཅུ་ལྷ་ཁང་དུ་བཞུགས་སུ་གསོལ་བ་ནི། ཡུལ་དེར་སེར་སྲུང་ཐུགས་པར་བསྟེན་མ་དགོས་པར་སྐུ་དེས་སད་སེར་སྲུང་བ་ཡིན་ཟེར། སྔོན་དུས་གཡུལ་ལས་ཟིན་སྐབས་སྐུ་དེ་དགོན་པའི་གཡུལ་ཁར་གདན་དྲངས་ནས་ཚོགས་འབུལ་ཞུས་རྗེས། རྫོང་ཚབ་སོགས་ཀྱིས་རྟ་རྒྱག་དང་བཅས་ཏུ་ཐོག་དགོན་པར་གདན་ཞུ་བྱེད་ཀྱི་ཡོད།

བོད་ཟླ་ལྔ་པའི་ཚེས་བཅུ་ཉིན་འོད་ཟེར་རྒྱང་གི་ཚེས་བཅུ་བ་ཚོས་དེ་གའི་ཚེས་བཅུ་ལྷ་ཁང་གི་རྭ་སྐོར་ནང་གུ་རུ་མཚན་བརྒྱད་ཀྱི་གར་འཆམ་རྒྱག་པ། དེ་དུས་ཀྱི་འཆམ་པ་བ་དང་། རོལ་མོ་བ་སོགས་ཚང་མ་གྲོང་ཚོའི་ནང་གི་ཞིང་པ་ཤ་སྟག་ཡིན།

# ལེའུ་བདུན་པ། མལ་གྲོ་གུང་དཀར་རྫོང་གི་བྱུང་རིམ་དང་དེང་དུས་ཀྱི་རྣམ་པ་གསར་པ།

## དང་པོ། མལ་གྲོ་གུང་དཀར་རྫོང་གི་བྱུང་རིམ་རགས་བཤད།

### ༡ མིང་གི་ཐོགས་ཚུལ་སྐོར།

ལྷ་ས་གྲོང་ཁྱེར་མལ་གྲོ་གུང་དཀར་རྫོང་ཁུལ་ལ་དེ་སྔོན་པོ་རྒྱུས་ཡིག་ཚགས་དང་མེས་པོའི་ཞལ་རྒྱུན་ནང་གླུང་ཤོད་དང་། སྐྱིད་སྟོད། དབུས་སྟོད། འབྲི་གུང་སོགས་འབོད་སྲོལ་ཁ་ཤས་བྱུང་ཡོད། དེ་ཡང་གླུང་ཤོད་ནི་འབྲི་གུང་དང་མལ་གྲོ་བརྒྱུད་ཀྱི་ས་ཆ་ལ་གླུང་ཤོད་ཟེར་ཞིང་། "ལྷ་སའི་སྐྱིད་ཆུའི་མགོ་སྟོད་དུ་ཡོད་པའི་དབུ་རུ་སྟོད་ཀྱི་ས་ཆ་རྣམས་ལ་ཟེར་བ་སྟེ། དེའི་ཁོངས་སུ་ར་སྒྲེང་། འབྲི་གུང་། དབུས་སྟོད། མལ་གྲོ་ཁུལ་རྣམས་ཡོད། རྒྱ་མ་ཁྲི་སྒང་སོགས་སྐྱིད་ཆུའི་སྟོ་ཕྱོགས་ཀྱི་སྨད་རྒྱུད་རྣམས་གླུང་ཤོད་ཁོངས་སུ་མི་གཏོགས་པ་ཡིན་པ་དེ་སྔའི་བོད་ས་གནས་སྲིད་གཞུང་གི་ཡིག་ཆ་འགའ་ཞིག་གི་རྫོང་ཁོངས་དབྱེ་སྟངས་ལ་གཟིགས།"① ཡང་དེའི་ཁུལ་ལ་སྐྱིད་སྟོད་ཡང་ཟེར་ཏེ་ལྷ་སའི་གཙང་པོ་ལ་སྐྱིད་ཆུ་དང་དེའི་འབབ་ཡུལ་གྱི་ལུང་པའི་མིང་ལ་སྐྱིད་ཤོད་ཟེར། དེ་ལ་སྟོད་སྨད་གཉིས་ཏེ་འབྲི་གུང་གི་ས་སྣེ་རྫོགས་མཚམས་ལྷན་དང་། འབྲོམ་

① དུང་དཀར་བློ་བཟང་འཕྲིན་ལས《དུང་དཀར་ཚིག་མཛོད》ཀྲུང་གོའི་བོད་རིག་པ་དཔེ་སྐྲུན་ཁང་།

སྟོད་སྟག་རྩེ་ཁུལ་ཡན་ཆོད་ལ་སྐྱིད་སྟོད་དང་། དེའི་མན་ཆད་ཡར་ལུང་གཙང་པོ་དང་སྐྱིད་ཆུ་འདྲེས་མཚམས་ཆུ་ཤུལ་ཡན་སྐྱིད་སྨད་ལ་ངོས་འཛིན་དགོས། དེ་བཞིན་དབུས་སྟོད་ནི་དབུས་གཙང་རུ་བཞིའི་ནང་གསེས་དབུ་རུའི་ལྗོངས་ཀྱི་སྟོད་རྒྱུད་ས་ཆ་རྣམས་ལ་ཟེར། "དགེ་ལྡན་ནམ་དགའ་ལྡན་དགོན་འདི་ཉིད་ནི་འབྲི་གུང་དང་ལྡན་གྱི་ས་མཚམས་སུ་ཡོད་ཚུལ་ཙོང་ཁ་པའི་རྣམ་ཐར་དུ། འབྲི་དང་ལྡན་གྱི་ས་མཚམས་སུ། དགེ་ཞེས་བྱ་བའི་དགོན་པ་འདེབས། ཞེས་བྱུང་བས་འབྲི་གུང་ཁྲི་སྐོར་དུས་དགའ་ལྡན་ཡན་ཆད་ལ་འབྲི་གུང་ཞེས་བརྗོད་ཅིང་། ནགས་ཤོད་འབྲི་རུ་ཡང་འབྲི་གུང་ཁྲི་སྐོར་གྱི་རུ་ཤིག་ཡིན་པས་དེ་ལྟར་ཐོགས་པར་གྲགས། ཕྱིས་སུ་དགའ་ལྡན་ཕོ་བྲང་དུས་ཁྲི་སྐོར་ཉམས་པས་འབྲི་གུང་གི་མིང་ཡང་མལ་དྲོ་ག་ཚལ་ཡན། ཀླུང་ཤོད་རྩེ་མོ་མན། སྦྲ་ག་ལྷོ་བྱང་གཉིས་ཏེ་བྱང་མར་སེ་རོང་སྦྲ་ག་ཤར་མ་རྡོ་ར་སྤྱང་མོ། སྤྱིལ་ཏེ་དང་ལྷོ་མར་ཤབ་འབྲུང་རྣམ་པ་མང་ར་བཅས་སུ་འབྲི་གུང་ཞེས་ཡོངས་སུ་བརྗོད་པ་ཡིན། ཡིག་རྙིང་ནང་དུ་འབྲི་ཁུང་ཁོ་ན་ཡིན་པ་ལ་རྗེ་རཏྣ་ཚུན་ཆད་ནས་འབྲི་གུང་ཞེས་འབྲི་བ་མང་ཞིང་། ལ་ལས་འབྲི་གོང་ཞེས་ཀྱང་བྲིས་པ་མང་དུ་མཐོང་ངོ་། རབ་བྱུང་བཅོ་ལྔའི་བར་དུ་འབྲི་གུང་ཐེལ་ཞེས་པའི་འབྲི་སྲོལ་རྒྱུན་ཆགས་སུ་དར་ཁྱབ་བྱུང་ཞིང་། རབ་བྱུང་བཅུ་དྲུག་པའི་སྨད་ནས་འབྲི་གུང་མཐིལ་ཞེས་པའི་འབྲི་སྲོལ་ཞིག་ཆགས་པར་གྱུར། "①《རྫོང་གསར་བཀྲ་ཤིས་ཚུགས་ཀྱི་གནས་ཡིག》ཞེས་པའི་ནང་། "འབྲི་གུང་ཞེས་པའི་ལུང་པ་འདིའི་མིང་ཇི་ལྟར་ཐོགས་ཚུལ་ཐད་

① འབྲི་གུང་དཀོན་མཆོག་རྒྱ་མཚོ《འབྲི་གུང་ཆོས་འབྱུང་》མི་རིགས་དཔེ་སྐྲུན་ཁང་། སྤྱི་ལོ་༢༠༠༩ལོའི་ཟླ་༢ ཤོག་གྲངས་༢༨༩

དམངས་ཁྲོད་ཀྱི་གཏམ་རྒྱུད་ཅིག་ཡོད་པ་ནི། གནའ་སྔ་མོ་འབྲི་ཞིག་ཡོད་པ་དེ་དེང་སང་ནག་ཆུ་ས་ཁུལ་ཤག་ཆུ་ཁ་གྲོང་རྫལ་འབྲི་ལུང་ཤང་གི་ཡངས་པའི་རྩ་ཐང་ཐོག་འཚོ་ཞིང་གནས་པ་ལ་བེའུ་མང་པོ་སྐྱེས་ཤིང་དེ་དག་འཚོ་སྐྱོང་གི་ཆེད་དུ་སྡུག་སྣ་ཀྲུ་མྱུངས། སྐྱེ་བ་འདི་ལ་ནི་ལུས་སྟྱོལ་སོང་ལ་བཀོལ་སྤྱོད་ཁོ་ནའི་དབང་དུ་སོང་བས་འཁོར་བ་ལ་ཡིད་འབྱུང་སྐྱེས་ནས་དམ་པའི་ལྷ་ཆོས་ཤིག་གི་ཆེད་དུ། ཤག་ཆུ་གཙང་པོ་དེད་དེ་འོང་བས་དེང་སྐབས་འབྲི་རུ་རྫོང་གནས་ས་དེར་སླེབས་དུས་མི་ཚང་ཞིག་གིས་ཟིན་ནས་སླར་ཡང་འཇིག་རྟེན་འཁོར་བའི་འདམ་དུ་ལྷུངས་ཤིང་བེའུ་མང་དུ་འཕེལ་བས་དེར་རུ་བ་ཞིག་ཀྱང་ཆགས། སྐབས་ཤིག་ཁྲིམ་བདག་གི་སྐྱག་ཏུ་བྲོས་ནས་ཡོང་བས་འབྲི་གུང་བྱང་ཆུབ་གླིང་དུ་སླེབས་ནས་དེ་གར་ཚོའི་འདུ་བྱེད་སྟོངས་པས་ན་འབྲི་ཡི་ལུང་པ་ཡིན་པས་འབྲི་ལུང་དང་། འབྲི་ཡི་རུ་བ་ཆགས་པས་འབྲི་རུ། ཚོ་མཇུག་སྐྱེལ་ས་ཡིན་པས་འབྲི་གུང་ཞེས་གྲགས། ”།ཞེས་འཁོད། དེ་བཞིན་འབྲི་གུང་ཞེས་པ་ནི་སྐྱོབ་པ་འཇིག་རྟེན་གསུམ་མགོན་ལ་འབྲི་ཡིས་ངུར་སྨྲ་སྒྲོག་ནས་ལུང་བསྟན་པའི་ཚུལ་བྱུང་བས་འབྲི་ངུར་ཞེས་པ་དེ་རིམ་བཞིན་འབྲི་གུང་ཞེས་པའི་སྒྲར་འགྱུར་ཞེས་གསུངས། ཡང་འབྲི་གུང་སྐྱབས་མགོན་ཆོས་ཀྱི་བློ་གྲོས་ཀྱི་ལ་ཕྱིའི་གནས་ཡིག་ཏུ། སྟོན་བཙན་པོ་སྲོང་བཙན་སྒམ་པོའི་བློན་པོ་འབྲི་སེ་རུ་གུང་སྟོན①ཀྱི་མངའ་མཛད་པའི་ཡུལ་ཡིན་པས་འབྲི་གུང་དུ་གྲགས་ཞེས་གསུངས་སོ།

① འབྲི་སེ་རུ་གུང་སྟོན་ནི་བཙན་པོ་སྲོང་བཙན་སྒམ་པོའི་བློན་པོ་མེད་ཐབས་མེད་པ་བཞིའི་གྲས་ཤིག་རེད། འོན་ཀྱང་བློན་པོ་གཞན་ལ་ཕྲག་དོགས་ཆེ་ཞིང་ལྷག་པར་མགར་སྟོང་བཙན་ལ་སྡང་སེམས་དང་། རྒྱལ་བཟའ་བོད་དུ་ཕེབས་རྒྱུར་དཀའ་རྙོག་མང་པོ་བཟོས་པ་སོགས་ཀྱི་ཤོད་སྲོལ་ཡོད།

ད་ལྟའི་ཆར་ཁུལ་དེར་ཡོངས་གྲགས་ལ་མལ་གྲོ་གུང་དཀར་ཞེས་འབོད་ཅིང་། བོད་ཀྱི་ཆོས་འབྱུང་ལོ་རྒྱུས་དང་ཏུན་ཧོང་སོགས་ཡིག་རྙིང་ནང་མལ་གྲོ་གུང་དཀར་ཞེས་འབོད་པའི་ཐ་སྙད་འདི་འབྲི་སྲོལ་སྣ་ཚོགས་བྱུང་ཡོད་དེ། མལ་ཧོ་དང་། མལ་དྲོ། མས་དྲོས། མལ་གྲོ་ཞེས་པ་དང་། གུང་མཁར་རམ། གུང་དཀར་ཞེས་འབོད། དེ་ཡང་ས་མིང་དེའི་མལ་དང་གུང་གཉིས་སྦྱིར་ཡིག་གཟུགས་གཅིག་མཚུངས་ཡིན། ཐ་སྙད་དེ་དག་སོ་སོའི་འགྲེལ་ཚུལ་ཐད་ཡང་བཤད་རྒྱུན་མི་འདྲ་བ་ཁ་ཤས་ཆགས་ཡོད་དེ། 《ཏུན་ཧོང་བོད་ཀྱི་ཡིག་ཆ་》ཡི་ནང་མལ་ཧོ་དང་མལ་གྲོ་ཞེས་འབོད་འདུག མས་དྲོས་ཞེས་པ་ནི་མཚོ་མ་དྲོས་པའི་ནང་ཀླུ་གཟི་ཅན་ཞེས་པ་ཞིག་ཡོད་པ་དང་། དེ་བོད་དབུས་ཁུལ་ད་ལྟའི་མལ་གྲོར་གནས་ཀྱི་ཡོད་སྟབས"མ་དྲོས"ཀྱི་སྒྲ་དེ་ཟུར་ཆགས་ནས"མལ་གྲོ"ཞེས་འབོད་པར་གྲགས། དེས་ན་ཀླུ་ཆེན་མལ་གྲོ་གཟི་ཅན་གྱི་གནས་ཡུལ་ཡིན་པས་ཀླུ་མིང་གི་ཆ་ཤས་ཡུལ་ལ་ཐོགས་པར་འདོད། ཡང་མལ་དྲོ་ཞེས་པ་དེ་ནི་ཕྱར་ཇོ་བོ་ཁ་པ་མཆོག་ས་ཡུལ་དེར་ཕེབས་ནས་ཞག་སྡོད་གནང་སྐབས། ཡུལ་དེའི་དུད་ཚང་གཅིག་གིས་མལ་གཟན་ཞིག་ཕུལ་བར་དེ་ཐུབ་རྗེ་ཙོང་ཁ་པ་ཉིད་གཟིམ་མལ་སྒྲོ་པོ་བྱུང་སྟབས"མལ་དྲོ"ཞེས་གསུངས་པས་ས་མིང་དེ་ལྟར་བྱུང་ཞེས་ཟེར། ཡང་ཡུལ་མི་འགའ་སྔོན་དུས་རྒྱ་བཟའ་ཀོང་ཇོ་བོད་དུ་ཕེབས་སྐབས་མལ་གྲོ་གུང་དཀར་དུ་དགོང་མོ་ཚུགས་ཞག་གནང་ནས་དེའི་དགོང་མོ་མེ་སྲོས་ཏེ་མེ་དྲོ་པོ་བྱུང་། སང་ཞོགས་གུང་དཀར་ནས་འགྲོ་རྒྱུ་ཡིན་གསུངས་ཏེ་ཕེབས་ཁར་ད་ནས་ལུང་པ་འདིར"མེ་དྲོ"གུང་དཀར་ཐོགས་གསུངས་པས"མེ་དྲོ"མེ་དྲོ་ཟེར་དགོས་པ་ལས་མལ་གྲོ་མིན་ཟེར། དེ་བཞིན་གུང་དཀར་ཞེས་པའང་རེ་འགས་གུང་དཀར་མ་ཡིན་པར"གུང་མཁར"བརྗོད་དགོས། ཡུལ་

གྱི་དཀྱིལ་དུ་མཁར་ཞིག་ཆགས་པའི་དོན་ཡིན་ཏེ། སྐེར་མཁར་གདོང་པ་ཡང་མཁར་དེའི་གདོང་དུ་ཡོད་པའི་དོན་ཡིན་ཟེར། ཨོད་སྲོལ་གཞན་ཞིག་ནི་གནའ་དུས་མལ་གྲོ་གུང་དཀར་གྲོང་ཚོ་མ་ཆགས་གོང་དེ་གར་སླུ་གཟི་ཅན་གྱི་རྟེན་མཁར་དཀར་པོ་ཞིག་ཡོད་པར་བརྟེན་"སྐུ་མཁར་" ཞེས་སོགས་འབོད་སྲོལ་ཡོད་མོད། གཞུང་ཡིག་ཐོག་ཆེ་བར་"མལ་གྲོ་གུང་དཀར་" ཞེས་འབོད་ལ་ད་ལྟའང་དེ་ལྟར་འབྲི།

ཡང་དམངས་ཁྲོད་དུ་ས་ཆ་གཞན་གྱི་མི་རྣམས་ཀྱིས་མལ་གྲོ་གུང་དཀར་གནམ་གྱི་མཐའ་ལ་ཡོད་ཅེས་ཨོད་སྲོལ་ཞིག་ཡོད། དེ་ནི་སྔོན་ཕ་གཞིས་རྣམ་གླིང་ནས་ཡིན་པའི་སྐུ་དྲག་གཅིག་ཡི་གེ་བསྐྱེལ་བར་མལ་གྲོ་གུང་དཀར་རྫོང་ལ་བཏང་། མི་དེ་མལ་གྲོ་གུང་དཀར་རྫོང་དུ་སླེབས་གྲབས་ཡོད་པའི་ལམ་དུ་ངལ་གསོ་རྒྱག་སྐབས་མདུན་གྱི་རི་ཟུར་དུ་ཕོ་རོག་གཅིག་ཡོད་པ་མཐོང་། དེ་ནས་མལ་གྲོ་གུང་དཀར་རྫོང་ནས་ལོག་ཐོན་དུས་སྔོན་ངལ་གསོ་སའི་ས་ཆར་ངང་སེར་གཅིག་བབས་ཡོད་པ་མཐོང་ (གཞིས་རྩེ་བཀྲས་ལྷུན་དགོན་དུ་ཉྭ་གམ་སེར་པོ་མཆོད་སྲོལ་ཡོད་པ) མི་དེ་མལ་གྲོ་གུང་དཀར་རྫོང་དུ་ཉིན་གསུམ་སྡོད་རིང་མལ་གྲོའི་ཤར་ངོས་ཀ་ཚལ་སོགས་ཀྱི་རི་རྣམས་སྨུག་པས་སྒྲིབ་པ་མཐོང་བས། རང་གི་ཡུལ་དུ་སླེབས་རྗེས་ཡུལ་མི་ཚོས་མལ་གྲོ་གུང་དཀར་རྫོང་ཞེས་པ་གང་འདྲ་འདུག་ཅེས་དྲིས། མི་དེས་ཡུལ་མི་རྣམས་ལ་"མལ་གྲོ་གུང་དཀར་གནམ་གྱི་མཐའ་ལ་འདུག ཕོ་རོག་ལྷ་ཆོས་ཞུ་བ་ངས་མཐོང་།"ཞེས་བཤད། དེ་ནས་བཟུང་དམངས་ཁྲོད་དུ་མི་རྣམས་ཀྱིས་མལ་གྲོ་གུང་དཀར་གནམ་གྱི་མཐའ་ལ་ཡོད་ཅེས་པའི་བཤད་སྲོལ་རིམ་བཞིན་ཆགས།

## ༢ ལོ་རྒྱུས་ཐོག་གི་འཛིན་དབང་འཕོ་འགྱུར་སྐོར།

ལོ་རྒྱུས་ཐོག་གི་འཛོམ་དབང་འཕོ་འགྱུར་ཐད། "《ཏུན་ཧོང་བོད་ཀྱི་ཡིག་ཆ་》ལས་བྱུང་བའི་བཙན་པོ་རིམ་བྱུང་གི་ལོ་རྒྱུས་ཞེས་པའི་ནང་འཁོད་པར་གཞིགས་ན། མལ་གྲོ་ཐོག་མར་འཕན་པོ་ལྗུན་གྲུབ་རྫོང་ཁོངས་སུ་ཡོད་པའི་ཟིང་པོ་རྗེ་ཁྲི་པངས་སུམ་གྱི་མངལ་ཁུལ་ཡིན་པ་ལ་དུས་རབས་བདུན་པའི་སྟོད་ཆར། ཟིང་པོ་རྗེ་ཁྲི་པངས་སུམ་གྱི་བྲན་གློན་མྱང་དང་དབས། མཚོན་གསུམ་གྱིས་རྗེ་བོར་ཇོ་ལོག་སྟེ་ཡར་ལུང་སྤུ་རྒྱལ་བཙན་པོར་མགོ་བཏགས་པ་དང་། དེ་ནས་རིང་པོར་མ་སོང་བཙན་པོ་གནམ་རི་སྲོང་བཙན་གྱི་དཔུང་དང་སེབས་ནས་ཟིང་པོ་རྗེ་ཁྲི་པངས་སུམ་གྱི་མངའ་འོག་མཐའ་དག་དབང་དུ་འདུས་ཤིང་། དེ་རྗེས་བཙན་པོས་མྱང་དང་དབས་མཚོན་གསུམ་སོ་སོར་བྲན་ཁྲིམ་བྱ་དགར་གནང་སྐབས་མལ་གྲོའི་ས་ཁུལ་དེ་དབས་དབྱི་ཚབ་ཀྱི་བདག་སྐྱོང་ས་ཁུལ་དུ་བསྐྱལ་འདུག བོད་རྗེ་སྲོང་བཙན་སྒམ་པོས་བོད་ཡོངས་གཅིག་འགྱུར་མཛད་རྗེས་མལ་གྲོའི་ལྟེ་བ་ནི་དེང་སང་གི་མལ་གྲོ་གུང་དཀར་རྫོང་ཁོངས་གོང་དཀར་གྲོང་རྡལ་ཡོད་ས་དང་དེའི་ཉེ་འཁོར་གྱི་ས་ཆ་རྣམས་ཡིན་འདུག "①དེ་བཞིན་(《གྲོང་ཁྱེར་ལྷ་སའི་ལོ་རྒྱུས་རིག་གནས》དེབ་ལྔ་པ་)ནང་"སྤྱི་ལོའི་དུས་རབས་བདུན་པའི་ནང་། བཙན་པོ་སྲོང་བཙན་སྒམ་པོའི་སྐབས་གཏན་ལ་ཕབ་པའི་《བོད་ཆེན་པོ་དྲུག་》ཅེས་པའི་ནང་དབུས་གཙང་རུ་བཞིར་ཕྱེ་བ་ལས་མལ་གྲོ་གུང་དཀར་རྫོང་དེ་དབུས་རུའི་ཁོངས་སུ་གཏོགས་པ་དང་། ཡོན་རྒྱལ་རབས་ཀྱི་དུས་སུ་ས་སྐྱ་བའི་དབང་བསྒྱུར་སྐབས་དབུས་གཙང་ཁུལ་དུ་ཁྲི་སྐོར་བཅུ་གསུམ་བཙུགས་དུས་ད་ལྟའི་མལ་གྲོ་གུང་དཀར་རྫོང་གི་ཁྱབ་ཁོངས་རྣམས་འབྲི་གུང་ཁྲི་

① (《ཏུན་ཧོང་ནས་ཐོན་པའི་བོད་ཀྱི་ལོ་རྒྱུས་ཡིག་ཆ》ལས་བྱུང་བའི་བོད་སྡོངས་ས་མིང་།)

སྐོར་དང་། རྒྱ་མ་ཁྲི་སྐོར་གཉིས་ཀྱི་ཁོངས་སུ་གཏོགས། ཕག་གྲུའི་སྐབས་སུའང་འབྲི་གུང་དང་རྒྱ་མ་ཁྲི་དཔོན་གྱི་འོག་ཏུ་གནས། དགའ་ལྡན་ཕོ་བྲང་པའི་དབང་བསྒྱུར་རྗེས་རྒྱ་མ་དང་། འབྲི་གུང་གཉིས་ཀ་མལ་གྲོ་གུང་དཀར་གྱི་རྫོང་འོག་ཏུ་གཏོགས་ཤིང་། འབྲི་གུང་ཁྲི་དཔོན་གྱི་ཁྱབ་ཁོངས་ཁག་གཅིག་ལྷུན་གྲུབ་རྫོང་གི་ཁོངས་སུ་བསྒྱུར། རབ་བྱུང་བཅུ་བཞི་པའི་ཆུ་སྟག་(སྤྱི་ལོ་༡༨༦༣) ལོར་བསྐྱར་སྒྲིག་བྱས་པའི་《བཀའ་ཤག་རྒྱ་དེབ་》ནང་རིམ་པ་དྲུག་པའི་ཏོག་གནས་རྫོང་སྡོད་བཞི་བཅུ་ཞེ་གསུམ་ཁོངས་མལ་གུང་གཞིས་སྡོད་སྐྱ་བོའི་འགྲོ་ཁུངས་གཅིག ལྷ་ས་ནས་ཞག་གཉིས། ལི་དབར་བརྒྱ་དང་བཞི་བཅུ་ཞེས་གསལ་འདུག བར་སྐབས་ཤིག་མལ་གྲོ་གུང་དཀར་རྫོང་དེ་བསྟན་རྒྱས་གླིང་བླ་བྲང་ནས་འཛིན་སྐྱོང་བྱས་ཀྱང་། སྤྱི་ལོ་༡༨༩༩ ལོ་དེ་མོ་སྲིད་སྐྱོང་ངག་དབང་བློ་བཟང་འཕྲིན་ལས་དཔལ་ཉེས་བྱུང་རྗེས་མལ་གྲོ་གུང་དཀར་དང་། རྫོང་དེའི་ཁོངས་སུ་ཡོད་པའི་བསྟན་རྒྱས་གླིང་བླ་བྲང་གི་ཆོས་གཞིས་ཡོད་ཚད་གཞུང་བཞེས་ཐོག མལ་གྲོ་གུང་དཀར་རྫོང་སྡོད་ཤོད་སྐོར་མི་འགྲོ་སྐྱུར་གཏོང་ཐོག་བསྟན་རྒྱས་གླིང་གི་ཆོས་གཞིས་རྙིང་པ་གད་ལ་འོག་དང་། བློན་པོ་སྣང་། རྣམ་རྒྱལ་སྣང་བཅས་ལ་གཞིས་སྡོད་གཞུང་ཞབས་སེར་སྐྱ་གང་དྲུང་རེའི་འགྲོ་ཁུངས་སུ་གཏན་འཁེལ་བྱས། རབ་བྱུང་བཅོ་ལྔ་པའི་ས་ལུག་(སྤྱི་ལོ་༡༩༡༩) ལོར་མལ་གྲོ་གུང་དཀར་རྫོང་དེ་བཤད་སྒྲ་བློན་ཆེན་དཔལ་འབྱོར་རྡོ་རྗེའི་བྱས་རྗེས་སུ་སྐྱེར་བཤད་སྒྲ་བར་ཁ་འཛིན་གཏན་འཇགས་བྱུང་ཞིང་། སྐྱེར་བཤད་སྒྲ་བས་རྩིས་ལེན་སྐབས་མལ་གྲོ་གཞིས་(རྫོང་) སྡོད་ཤོད་དྲུང་ལྷ་ལུང་ཟུར་ཚྭ་བ་ཡིན་འདུག སྐྱེར་བཤད་སྒྲ་བས་གཞིས་སྡོད་གཡོག་པོ་གཅིག་དང་། ལས་རོགས་ཤིག་གཏོང་བ་དང་། རབ་བྱུང་བཅུ་དྲུག་པའི་ས་ཕག་(སྤྱི་ལོ་༡༩༥༩) ལོར

མལ་གྲོ་གུང་དཀར་གཞིས་སྡོད་ངོ་ཚབ་སྟག་འཇུག་ཟླ་ཚུང་དང་། རྒྱལ་ནང་བྲེ་སྲང་གཉིས་ཡིན། ”

མལ་གྲོ་གུང་དཀར་རྫོང་ནི་༡༨༥༧ལོར་གསར་བཙུགས་བྱས་ཤིང་། ༡༩༥༩ལོའི་ཟླ་༩པར་མལ་གྲོ་གུང་དཀར་རྫོང་དང་འབྲི་གུང་རྫོང་མཉམ་བསྡུས་ཐོག་མལ་གྲོ་གུང་དཀར་རྫོང་དངོས་སུ་དབུ་བརྙེས་པ་དང་། རྫོང་གནས་ཡུལ་གུང་དཀར་གྲོང་རྡལ་ཡིན་ཞིང་ལྷ་ས་གྲོང་ཁྱེར་གྱི་ཤོངས་གཏོགས་ཡིན། དམངས་གཙོའི་བཅོས་སྒྱུར་རྗེས་མལ་གྲོ་གུང་དཀར་གྱི་མི་དམངས་རྣམས་ཡར་ལངས་བདག་པོར་གྱུར་ནས་ཧང་གི་འགོ་ཁྲིད་འོག་སྤྱི་ཚོགས་རིང་ལུགས་ཀྱི་ལམ་དུ་བསྐྱོད་འགོ་ཚུགས་ཤིང་། ༡༩༦༠ལོར་རྫོང་ཡོངས་ལ་ཆུས་པ་དང་། ཉི་མ་ལྷུང་ར། རྩ་ཞོལ། ཐང་སྐྱ། བྲག་ལོག གུང་དཀར། བཅས་ཚུས་དྲུག་དང་། རི་མདོ། ཆུམ་པ། གཏེར་སྒྲོམ། པ་ར་ཁ། རྫོང་ཞོལ། སྤང་མདའ། ཕྱི་མ་མཁའ། སྤྱུམ་མདའ། ཡངས་རི་སྒར། མ་ར། རྩ་(རྩེ་)ཞོལ། མཐའ་རྒྱལ། མི་ལོག དེས་རྟོར། ཟློ་གྲོང་། ཕྱི་ནང་། སླབ་སྟོན། གྲོང་གཉིས། མོ་གྲོང་། གྲོག་ཕུ། སྡོང་པོ་སྒང་། རྣམ་རྒྱལ་གླིང་། བྱ་ར་མདོ། སྐྱིད་གྲུ་སྒྲུ། བྲག་ལོག བཀྲ་ཤིས་སྒང་། གཟི་སྤྱུག རིན་ཆེན་གླིང་། རི་མཐོ། རྒྱ་མ། གུང་དཀར། དྭགས་པ། རྒྱལ་བཟང་། ཀ་ཚལ་བཅས་ཤང་སུམ་ཅུ་སོ་བཞི། ཤང་འོག་གྲོང་ཚོ་ཁག་བཅས་ཀྱི་མི་དམངས་སྲིད་གཞུང་བཙུགས་པ་དང་། ཟླ་མཐུན་ངག་དབང་ཕུན་ཚོགས་ཀྱིས་རྫོང་དཔོན་ཐོག་མའི་འགན་འཁུར། ༡༩༦༧ལོ་ཐོན་སྐྱེད་རྒྱུ་ཆ་སྤྱི་ལ་དབང་བའི་མི་དམངས་ཀུང་ཧྲེའི་ལམ་ལུགས་བཙུགས། ༡༩༨༤ལོ་ནས་སྐབས་བཅུ་གཅིག་པའི་ཀྲུང་ཨུ་ཚང་འཛོམས་གྲོས་ཚོགས་ཐེངས་གསུམ་པའི་དགོངས་དོན་བཞིན། ཐོན་སྐྱེད་འགན་འཁྲིའི་ལམ་ལུགས་ལག་

བསྐྱར་ཐོག་ཀྲུང་ཧྲེ་རྣམས་ཤང་དུ་སྒྱུར། ༡༩༨༧ལོ་རྒྱུས་འཛིན་ཤང་བཙུགས་བྱས་ནས་ཤང་བཅོ་ལྔ་དང་། གྲོང་རྡལ་གཅིག སྲིད་འཛིན་གྲོང་ཚོ་བརྒྱ་དང་བཞི་བཅུ་ཞེ་དགུ་བཅས་ཡོད། ༡༩༩༦ལོ་ཤང་དང་གྲོང་ཚོ་ཁ་ཤས་ཟླ་སྒྲིལ་བྱས་རྗེས་ཀྲུང་དཀར་གྲོང་རྡལ་དང་དེའི་ཁོངས་རྒྱལ་བཟང་དང་། དྭགས་པ། ཀྲུང་དཀར། ཀ་ཚལ་བཅས་གྲོང་ཚོ་ཨུ་ཡོན་ལྷན་ཁང་བཞི། རྩ་ཞོལ་ཤང་འོག་རྩ་ཞོལ་དང་། གད་ལ་རྟེར། མི་ལོག ཕྱི་ནང་། མཐའ་རྒྱལ། སློ་གྲོང་སྒང་བཅས་གྲོང་ཚོ་ཨུ་ཡོན་ལྷན་ཁང་དྲུག རྨམ་པ་ཤང་འོག་པ་ཏ། སྟག་གྲུ། རི་མདོ། གཏེར་སྒྲོམ། ཕོ་བ་ནང་། ཐའི་ནང་བཅས་གྲོང་ཚོ་ཨུ་ཡོན་ལྷན་ཁང་དྲུག བཀྲ་ཤིས་སྒང་ཤང་འོག་བཀྲ་ཤིས་སྒང་དང་། བྱ་ར་མདོ། ཐག་ལོག རིན་ཆེན་སྒྲིང་། རྣམ་རྒྱལ་སྒྲིང་། མཁར་རྒྱ། སྐྱེ་རྒྱ། གཟི་སྒྲུག་བཅས་གྲོང་ཚོ་ཨུ་ཡོན་ལྷན་ཁང་བརྒྱད། རི་མཐོ་ཤང་འོག་འཛོམ། ལྷ་ལུང་། གཉེན་བཅས་གྲོང་ཚོ་ཨུ་ཡོན་ལྷན་ཁང་གསུམ། ཉི་མ་ལྷུང་ར་ཤང་འོག་སྤང་མདའ། ཕྱི་མ་མཁའ། སྒྲུམ་མདའ། མ་ར་ཞིང་། མ་ར་འབྲོག སྤྲང་མདའ། ཡངས་རི་སྒང་། རྫོང་ཞོལ་བཅས་གྲོང་ཚོ་ཨུ་ཡོན་ལྷན་ཁང་བརྒྱད། རྒྱ་མ་ཤང་འོག་ཙོ་ཙོ་རོང་། ཁྲི་ཁང་། སྨོན་མདའ་བཅས་གྲོང་ཚོ་ཨུ་ཡོན་ལྷན་ཁང་གསུམ། ཐང་སྐྱ་ཤང་འོག་སྟོང་པོ་སྒང་། འབྲོག མོ་གྲོང་། གྲོང་གཉིས། སླབ་སྟོན་བཅས་གྲོང་ཚོ་ཨུ་ཡོན་ལྷན་ཁང་ལྔ། ད་ཡོད་རྫོང་ཡོངས་ལ་གྲོང་རྡལ་གཅིག་དང་ཤང་བདུན། སྲིད་འཛིན་གྲོང་ཚོ་བསྡོམས་བཞི་བཅུ་ཞེ་གསུམ། མི་འབོར་༥༥༩༥༨ (༢༠༠༧ལོ་མཇུག) བཅས་ཡོད།

## ༣ དམངས་གཙོའི་བཅོས་བསྒྱུར་གོང་རྫོང་གི་སྲིག་གཞི་དང་ཁྲལ་རིགས་སོགས་ཀྱི་སྐོར།

དམངས་གཙོའི་བཅོས་བསྒྱུར་གོང་རྫོང་གི་སྒྲིག་གཞི་དང་ཁྲལ་རིགས་སོགས་ཀྱི་སྐོར་ལ་མལ་གྲོ་གུང་དཀར་རྫོང་གི་སྒྲིག་གཞི་ནི་རྫོང་སྡོད། （དཔོན་）ཆེན་པ་བཤད་སྒྲའི་གཡོག་པོ་ཞིག་དང་། ལས་རོགས་ཞིག ལས་དྲུང་མི་གཅིག ཁང་གཉེར་མི་གཅིག སོ་ནམ་འགོ་པ་གཅིག བརྒྱ་ཚོ་ཆེན་པོ་མི་གཅིག་བཅས་ཀྱི་ཐོག་འཁྲི་གུང་དགོན་པ་དང་། རྒྱ་མ། ཕག་མོ་ལྷ་སྡིངས།（བསྡུས་མིང་ལ་འབྲི་རྒྱ་ཕག་གསུམ་ཟེར་）བཅས་ཀྱི་གཙོ་དྲག་མི་རེ་སོགས་ཡོད་པ་ནས་དུས་རྒྱུན་གྱི་ལས་ཀ་རྣམས་རྫོང་དཔོན་ཆེན་གཞོན་དང་། ལས་དྲུང་། ཁང་གཉེར། བཅས་ནས་བྱེད་ཅིང་། སྐབས་རེ་སོ་ནམ་འགོ་པ་ཡང་ཡོང་དགོས། འབྲི་རྒྱ་ཕག་གསུམ་གྱི་གཙོ་དྲག་ལ་གུང་དཀར་དུ་སྡོད་ཁང་རེ་ཡོད་ལ། དྭགས་པ་དང་། རྩ་ཚོགས་ཁང་གི་ཆེན་པོ་ལ་གུང་དཀར་དུ་ཆེན་ཁང་ཡོད། ཚོགས་འདུ་ཆེ་རིགས་ལ་བརྒྱ་ཚོ་བཅུ་དྲུག་གི་ཆེན་པོ་འཛོམས་དགོས་པ་དང་། འབྲི་རྒྱ་ཕག་གསུམ་གྱི་ཐོག་གཞུང་སྐེར་ཚོས་གསུམ་གྱི་གཙོ་དྲག་རྣམས་འཛོམས་དགོས་པ་ཡིན། ཁྲལ་རིགས་ཐད་གཞི་ཁྱོན་ཆེ་ཆུང་གིས་བརྒྱ་ཚོ་བཅུ་དང་། བརྒྱ་ཚོ་དྲུག་གི་ཚོགས་འདུ་ཚོགས་སྲོལ་ཡོད།

རྫོང་སྡོད་བཤད་སྒྲའི་ཕྱག་མཛོད་ཁང་ནས་གཏོང་བ་དང་། ལས་དྲུང་ནི་འབྲི་རྒྱ་ཕག་གསུམ་ཁོངས་ནས་ཡིག་རྩིས་གོ་འཕེར་རེ་བདམས་ཏེ། བཀའ་ཤག་ལ་འཆར་གཞི་ཕུལ་ནས་ཕྱག་རྟགས་ཕེབས་པ་དེས་བྱེད་དགོས་པ། ཁང་གཉེར་ནི་མལ་གྲོ་གུང་དཀར་གྲོང་ཚོའི་ཁོངས（མལ་གྲོ་གུང་དཀར་ཞོལ་པ་ཟེར）ནས་རྫོང་སྡོད་བརྒྱུད་བཤད་སྒྲར་འོས་འཆར་ཕུལ་བ་ལྟར་བཤད་སྒྲ་ནས་བསྐོ་བཞག་བྱེད་པ། སོ་ནམ་འགོ་པ་དང་བརྒྱ་ཚོ་ཆེན་པོ་དེ་མལ་གྲོ་ཞོལ་ཁོངས་ནས་འོས་བསྡུས་ཏེ་རྫོང་སྡོད་ཀྱིས་བསྐོ་སྲོལ་བཅས་ཡིན་འདུག

རྫོང་སྡོད་ཀྱི་ལས་འགན་ནི་རྩེ་ཤོད་བཀའ་ཤག་སོགས་ཀྱི་བཀོད་རྒྱ་ལག་ལེན་བྱ་རྒྱུ་དང་། མི་གསོད་སོགས་ཁྲིད་དོན་ཆེ་རིགས་བྱུང་ན་བཀའ་ཤག་ལ་བཀའ་སྒྲར་དགོས་པ་ལས་དེ་མིན་ཆུང་ཙག་ཐག་གཅོད་བྱེད་རྒྱུ། རྫོང་སྡོད་རང་འོག་གི་བརྒྱ་ཚོ་རྒན་པོ་བསྐོ་རྒྱུ་སོགས་ཡིན། རྒན་ཁག་སོ་སོའི་ལས་འགན་ནི་དཔོན་རིགས་དང་། དམག་མི་སོགས་གཞུང་དོན་ལ་འགྲོ་བསྐྱོད་སྐབས་རྟཨུལ་དང་། ཁལ་མ། རྟ་(གཡོག) ཐབ་(གཡོག)སོགས་ཀྱི་ཨུལ་མི། སྡོད་ཁང་ལ་གདན་ལྷོག་གྲ་སྒྲིག་བྱ་རྒྱུ་སོགས་ཁྲལ་རྐྱེན་ས་ཞིང་ཁང་འདོན་ཆེ་ཆུང་གིས་ཆ་གསེས་བྱ་རྒྱུ། རྒྱུན་གཏན་གཞུང་ཡིག་སྐྱེལ་མཁན་ལ་རྟཨུལ་གཏོང་རྒྱུ་དང་། སྡོད་སྒྲིག་བྱེད་རྒྱུ། ས་ཚོགས་ཀྱི་བདལ་སྐྱེལ་བྱ་རྒྱུ་སོགས་ཡིན།

ཁྲལ་རིགས་ཐད་དབུས་གཙང་སྤྱི་དང་འདྲ་བར་གཞུང་གི་ཁྲལ་ལ་ཕྱི་ཁྲལ་དང་། རང་ཁོངས་དཔོན་ཁྱུངས་ཀྱི་ས་ཞིང་འདེབས་ལས་དང་། མི་ཤིང་གཅོད་སྒྲུག དོས་སྐྱེལ་སོགས་ལ་ནང་ཁྲལ་ཟེར། ཕྱི་ཁྲལ་ནི་དཔོན་རིགས་དང་། དམག་སྐར་སོགས་གཞུང་དོན་ལ་འགྲོ་མིར་ལམ་ཡིག་གཞིར་བཟུང་རྟཨུལ་དང་། ཁལ་མ། མི་རྫིང་། སྡོད་ཁང་གདན་ལྷོག་སོགས་གྲ་སྒྲིག་བྱེད་དགོས་པའི་ཐོག་རྟ་ཁལ་རྫོང་སྐྱེལ་ཡིན་ན་ཤར་དུ་ཀོང་པོ་རྒྱ་མདའ་དང་། ནུབ་ཏུ་བདེ་ཆེན། བྱང་དུ་ནག་ཆུའི་ཁོངས་ཧག་པ་སེ་རབ། ལྷོར་འོལ་དགའ་རྫོང་ཁོངས་འོད་ཟེར་ཀྱང་བར་སྐྱེལ་དགོས། འོད་ཟེར་ཀྱང་དུ་འོལ་དགའ་རྫོང་དཔོན་གྱིས་བསྐོས་པའི་རྫོང་ཚབ་གཅིག་ཡོད་པ་དེས་འོལ་རྫོང་དང་མལ་གྲུང་བར་གྱི་ཁྲལ་ཨུལ་དོས་ཁལ་རྩིས་སྤྲོད་ལེན་བྱེད་པ་སོགས་ཀྱི་འགན་འཁུར་བྱེད་ཀྱི་ཡོད། གཞན་ཡང་རྒྱ་ཤིང་བརྫོད་གསུམ་སོགས་ཀྱི་ཁྲལ་རིགས་རྣམས་སྤྱི་འགྲེའི་ཐོག སྔོན་ལམ་ཤིང་སྒྲུབ་པའི་འཆར་ཅན་ཤིང་གཅོད་བྱ་ཡུལ་རྒྱ་མ་སོགས་ནས་ཤིང་གཅོད་བྱ་དགོས

ཐོག་སྐབས་རེ་ཤིང་འཕྲུགས་ཞེས་གཞུང་སྨེར་ཚོས་གསུམ་གྱི་ཕོངས་གླིང་ག་གང་འོས་ནས་ཡལ་ག་གཅོད་བྲེག་བྱས་ཆོག་གི་ཡོད། ཤིང་རྣམས་རྒྱ་མ་ཀོ་ས་ནས་གཟིངས་བཏང་སྟེ་ལྷ་སའི་ཕྲུག་མཛོད་གླིང་གའི་རགས་ཟུར་དུ་འདོན་དགོས་པ་སོགས་ཡིན། དེ་སྔའི་དཔོན་རིགས་དང་དམག་སྒར་སོགས་ལྷ་ས་ནས་ཀོང་པོ་དང་། ཆབ་མདོ་བར་སོགས་ལ་གཞུང་དོན་དུ་འགྲོ་འོང་སྐབས་འགྲུལ་ལམ་གཙོ་བོ་དེ་མལ་གྲོ་བརྒྱུད་འཁེལ་སྐབས། རྟ་ཁལ་དོས་སྐྱེལ་སྟོད་སྨྲིག་སོགས་ཀྱི་ཁྲལ་ཅུལ་མང་བའི་ཐོག་ཞག་སྡོད་བྱ་ཡུལ་མལ་གྲོ་གུང་དཀར་རྫོང་ཕོངས་ལྔ་ཛོས་སུ་གུང་དཀར་དང་། རིན་ཆེན་གླིང་གཉིས་དང་། བྱང་ངོས་སུ་སྡོང་པོ་སྒང་དང་། ཐང་སྐྱ་ཀོ་ས། ཉི་མ་ལྷུང་ར། ཡང་རི་སྒར། སྤྲུམ་མདའ། རྨམ་པ་བཅས་ལ་སྡོད་སྨྲིག་བྱེད་དགོས་སྐབས་ཚུགས་ཞག་སོ་སོར་དཔོན་རིགས་མཐོ་དམའ་ཐོབ་ཐང་གཞིར་བཟུང་གདན་སྟོག རྟ་གཡོག ཐབ་གཡོག གཟན་པ། མེ་ཤིང་སོགས་ཁྲ་སྨྲིག་བྱེད་དགོས།

ལྷགས་སྤྱིན་གསོལ་མར། ལྷ་སའི་ཞོལ་པ་ལས་ཁྱུངས་ནས་རྩེ（ དྭ་ལའི་བླ་མ）གསོལ་ཐབ་ཏུ་ལྷགས་སྤྱིན་གསོལ་མར་ཞེས་ཉིན་ལྟར་མར་སོས་པ（ དཀར་ལྷི་ཞེས་ཕལ་ཆེར་རྒྱ་མ་བདུན་བརྒྱད་ཙམ）འབུལ་དགོས་པ་དེ་ཚོ་ལྷགས་སྤྱིན་ཤེ་མ་ཞེས་པ་མལ་གྲོ་གཟི་ཕྲུག་དང་། རིན་ཆེན་གླིང་། ལྷུང་གཤོངས། རུ་ཐོག་སོགས་སུ་འབྲོག་པ་ཡོད་པ་སོ་སོས་ནམ་དུས་རེས་མོས་ཀྱིས་འབུལ་དགོས་རྣམས་གསོལ་མར་ཨའུ་ཞེས་མི་གཉིས་ཡོད་པར་ཞོལ་ཆིབས་ར་ལས་ཁྱུངས་ནས་བཞོན་རྟ་དང་། ལྷགས་སྤྱིན་གསོལ་མར་བླུག་སྒམ་འགེལ་རྟ་དཔྱེར་ཁ་དང་སྒ་ཆས་ཆ་ཚང་གཏོང་དགོས་པའི་ཐོག་ས་གནས་སོ་སོའི་ལྷགས་སྤྱིན་དཀར་ཁང་ནས་ཉིན་ལྟར་རེས་མོས་ཀྱིས་འབུལ་དགོས། དེ་དག་ཞོལ་ལས་

ཁུངས་ཀྱི་ནང་གཟན་གསོལ་མར་ཞལ་ངོས་རྩེ་གསོལ་ཐབ་ཏུ་འབུལ་བར་འགྲོ་སྲོལ་ཡོད།

དེ་བཞིན་ཐུ་ཁྲལ་ཞེས་དྭགས་པ་དང་། སྣག་ཕྱུ། པ་རབ་བཅས་ཀྱི་ཐུ་བཟོ་བ་ཁྲིམ་ཚང་ཁག་གཅིག་ནས་ལྷ་ས་གཉེར་ཚང་ལས་ཁུངས་དང་། ཞོལ་ལས་ཁུངས་སུ་ལོ་ལྟར་མི་ཏོག་ཕོག་མ་གྲངས་ཚད་（ཁ་གསལ་མི་འདུག） ངེས་ཅན་ཞིག་ཁྲལ་འཇལ་དགོས་པ་ཡིན།

**རྩེ་ཐོ་བྲང་གི་བཙག་དམར་བསྟོག་འདོན།** རྩེ་ཐོ་བྲང་ལ་སྔོན་རྒྱུའི་བཙག་དམར་དེ་ད་ལྟའི་ཐང་སྐྱ་ཤང་ཁོངས་གྲོག་གཡས་ལུང་ཤར་རི་ནས་ཐོན་པ་དེ་ལོ་ལྟར་སྙེར་ལྷ་སྡིངས་ཀྱི་མི་སེར་མི་གྲངས་བཞི་བཅུ་སྐོར་ཞིག་གིས་དབྱར་ཁ་ཟླ་བ་གཉིས་ཙམ་རིང་བཙག་དམར་བསྟོག་འདོན་བྱེད་དགོས་ཤིང་། དེའི་རིང་ལྷ་ས་བླ་བྲང་ཕྱག་མཛོད་ལས་ཁུངས་ནས་ཇོ་ལགས（ནང་གཟན）ཤིག་དོ་དམ་པར་བསྐོ་གཏོང་ཐོག་བླ་ཕྱག་ལས་ཁུངས་ནས་ཡུལ་དེའི་ལྷ་གྲོགས་ལྷའི་སྲས་མོ་ཞེས་པར་ལྷ་ཆས་ཆ་ཚང་དང་། ཞལ་དཀར་དཀར་སངས་ཆ་སོགས་བསྐུར་བ་རྣམས་ཕུལ་ཏེ་ཡུལ་ལྷ་དེ་ཕོག་ཞུགས་བྱས་རྗེས་བཙག་དམར་འདོན་འགོ་འཛུགས་ཀྱི་ཡོད། བཙག་དམར་འདོན་པ་དེ་རི་མཐོའི་སྟེང་ནས་ས་དོང་ནང་འཛུལ་དགོས་པ་མ་ཟད། དོང་ལམ་དེའི་ནང་ཐག་འཁྱུད་ཀྱིས་འགྲོ་ས་ལ་ལར་གུ་ཏ་ཅང་དོག་ལ་ཉེན་ཁ་ཡང་ཆེན་པོ་ཡོད། ལས་མི་ཚོས་ཉིན་མཚན་ལས་རེས་ཁག་གཉིས་བགོས་ཏེ་ས་དོང་ནས་བཙག་བསྟོག་སྐབས་བཞུ་མར་རེ་འཁྱེར་ཐོག་སྣུ་ཕད་རེ་སྒོ་ལ་གྱོན་ཏེ་བསྟོག་ནས་ཕྱིར་ཐོན་རྗེས་ལས་རེས་གཞན་དེ་འཛུལ་གྱི་ཡོད། དེ་ལྟར་བསྟོག་འདོན་ཟིན་པའི་བཙག་དམར་རྣམས་སྐྱིད་ཆུའི་ཐོག་ཀོ་བས་བར་དབོར་འདྲེན་གྱིས་ལྷ་སར་བླ་ཕྱག་ལས་ཁུངས་སུ་འབུལ་དགོས་ཀྱི་ཡོད།

བཙུག་དམར་བསྟོག་འདོན་བྱེད་པའི་ཐོག་མའི་དུས་སྐབས་ནི། སྔེ་སྲིད་སངས་རྒྱས་རྒྱ་མཚོའི་སྐུ་དུས་བྱུང་བ་དང་ཁྲལ་དེ་དར་ཞིང་། དེའི་ས་རྟེན་ལ་འཁྲི་བའི་གཞུང་ཁྲལ་གང་འཚམས་ཤིག་བཙུག་འདོན་གྱིས་འཐུས་པ་ཡིན་སྐད།

དམངས་གཙོའི་བཅོས་བསྒྱུར་གོང་རྫོང་དེའི་རི་གླུང་ཀུན་གཞུང་ (དེ་སྐབས་བོད་ས་གནས་སྲིད་གཞུང་) སྒེར་ (སྐུ་དྲག་མི་དྲག) ཆོས་ (ཆོས་གཞིས་) ཏེ་དགོན་པ་གྲྭ་ཚང་དང་། བླ་བྲང་ཁག་) གསུམ་ལ་དབང་ཞིང་། དེ་སྐབས་བོད་ས་གནས་སྲིད་གཞུང་གི་ཁྲལ་བསྡུའི་རྩ་འཛིན་《ལྕགས་སྟག་ཞིབ་གཞུང་》ཞེས་པའི་ནང་"འདི་ནང་བསྡོམས་ཆོས་གཞིས་འདོན (ཉིས་བརྒྱ་བྱེད་བཅུ་གཉིས་དང་བཞི་ཆ་གཅིག་) སྒེར་འདོན (བརྒྱ་དང་བཅོ་ལྔ་དང་བཞི་ཆ་གཅིག་) གཞུང་རྒྱུག་རྐང་ (བྱེད་ལྔ་བཅུ་ང་བདུན་དང་བཞི་ཆ་གཅིག་) (འབྲོག་རྐང་བྱེད་བཞི་བཅུ་ཐམ་པ་དང་དྲུག་ཆ་གཅིག་བཅས་ཡོད།)" ཅེས་འཁོད་འདུག དམངས་གཙོའི་བཅོས་བསྒྱུར་རྗེས་དེ་སྐབས་ཁྲུབ་ཁོངས་ནས་སེ་རི་རོང་དང་། སྨ་ཁ་གཉིས་ནག་ཆུ་ས་གནས་ཀྱི་ཁོངས་སུ་ཆོད་པ་དང་། ལོ་སྐལ་བཟང་ཟམ་པ་མན་ཆད་ཀྱི་ཐེམ་གྲངས་ལྔ་བཅུ་སྐོར་སྟག་རྩེ་རྫོང་ཁོངས་སུ་སོང་ཞིང་། དེ་སྐབས་འོལ་དགའ་རྫོང་ཁོངས་ཀྱི་ཚོ་རྒྱུ་ཟམ་པའི་ཤར་ནས་གོང་པོ་རྒྱ་མདའི་ས་མཚམས་བར་དུ་ཡོད་པའི་ན་ཐོག་སོགས་མལ་གྲོ་གུང་དཀར་གྱི་ཁོངས་སུ་སྤྲེལ་བས། ད་ཡོད་མལ་གྲོ་གུང་དཀར་རྫོང་ཁོངས་སུ་ཡོད་པའི་གྲོང་ཚོ་ཁག་དང་། དེ་དག་ལ་དེ་སྔ་དབང་བསྒྱུར་དཔོན་ཁུངས་སུ་ཡིན་སྐོར་མདོ་ཙམ་བཀོད་པར། (གཞམ་གསལ་གྲུང་རྟགས་ནང་ཡོད་པ་དཔོན་ཁུངས་ཡིན་)

ར་སེ། འབམ་མདོ། ཛན་ཐང་། རི་མདོ་སྣང་། མཐིལ་གཞོལ། གོང་པོ་རྩ་ར། འབྲུག་ནང་། ཐོ་བ་ནང་། ཐའི་ནང་། རེབ་ནང་། ཏུ་རྒྱུ་ནང་།

སླ་ནང་། པ་ར་ཁ། རྫོང་ཞོལ། (ཀྲུང་སྒང་) ལ་སྟེང་སྒང་། ཆོས་ལུང་། རོང་མདོ། (འབྲི་གུང་ལྷ་ཐང་) ཞྭ་པ་(སེར་བྱེས་) ལྷུགས་མཁའ་(གཞུང་རྒྱུག་) སྤང་མདའ། སྤང་མདའ་ཤོད། དགའ་གྲོང་། ཏེ་གད། སྨན་རྩེ་དགོན། བཀྲ་ཤིས་སྒང་། ཆོས་སྟེང་། རྫ་རྒྱུ། (འབྲི་གུང་ལྷ་ཐང་) རི་སྐྱིད་སྒང་། རྩི་རིབ་ནང་། (འབྲི་གུང་ལྷ་ཐང་) བཀྲ་ཤིས་སྒོངས། དགེ་ཀན། ཐག་རྫོག(རྒྱུད་སྟོད་) ཐང་སྟོད་སྒང་། རིན་ཆེན་སྒང་། མདོང་སྒང་། (གཞུང་རྒྱུག་) ཀྲུང་འབྲེལ། གཞུ་སྨད། བྱ་མ་ཁ། ཨུ་རུ། འཇོལ་སྒང་། འདམ་བུ་ནང་། སྤྲུམ་མདའ། ཕོད་མདོ་སྒང་། དགོན་ཆུང་སྟེང་། བྱ་ཐག ཡ་རི་སྒང་། ཚ་ཁུག ཀོ་གཉེར། ཨེ་མ་རི། བ་ར་སྒང་། གཡུ་གོང་། མཚོ་སྨད། (འབྲི་གུང་ལྷ་ཐང་) རྣམ་རྒྱལ་གླིང་། བ་ཚག ཐག་ཡོག འཇང་སྒང་། ཤ་རི་སྤྲུག གྲོང་སྐོ། རགས་ནང་། ཁྲག་ནང་། སྐྱིད་ནང་། སྟུང་ནང་། དགྲིབ་ནང་། སྒང་ནང་། ངར་ནང་། (གླིང་ཚང་ལྷ་ཐང་) བ་ར་སྒང་། གཡུ་གོང་། མཚོ་སྨད། དབྱངས་ཅོས་ཐང་། ལྷ་ཀླུ་གོག(འབྲི་གུང་ལྷ་ཐང་) ར་ཁྲམ། (རྒྱུད་སྟོད་) སླབ་རོང་། སླ་པགས། རྩ་ཞོལ། ཉེར། མཐའ་རྒྱས། ཀོ་མཁན། ཁྲལ། མཁའ། བདེ་ཁང་། གཏིང་མོ། ཐང་སྒང་། གནས་ཆུང་། རམ་བུམ། རོ་བཟང་། མི་ཡོག ལའི་ནང་། གཏམ། དེས་གཞུང་། འོ་མོ། རའི་ནང་། སྟག་ཕུ། གཡུའི་དགོན། ཆུ་འཁོར། ཡི་ཁྲིམ། ཁྲ་སྤྱལ། ཁྲང་ཁ། འདྲིས། སློ་གྲོང་། སྤྱི་མདའ། ལྷུང་སྒང་། སྤྱི་ཕུ། གན་ཅེ། ཚའུ། ཕྱི་ནང་། ཟུར་སྒང་། ཁྲི་སྟག ཡིད་ཆས། གོང་མོ། མདུང་གད། གྲན་ཆེན། འགོ་གྲོང་། ཐག་དཀར་མདོ། བ་ང་། གྲོང་གཉིས། འཇོ། (འབྲི་གུང་ལྷ་ཐང་) སླབ་སྟོན། (སྙེར་བཤད་གྲྭ་) ཀྲུང་གསར། སྟག་ཕུ།

( ཀུན་བདེ་གླིང་བླ་བྲང་ ) ཀྲོ་ཁང་གསེབ། ( སྒེར་ལྷ་སྡིངས་ ) བྲག་ནག་ ( གཞུང་རྒྱུག་ ) རྩ་སྐེ་མ། ( སྒེར་ལྷ་སྡིངས་ ) ཐང་སྐྱ། མོ་གྲོང་། ( རྩེ་རྣམ་རྒྱལ་གྲྭ་ཚང་ ) ཉི་ཐང་། ཀམ་ཀམ། ( ར་སྒྲེང་བླ་བྲང་ ) ང་ཏུ། ( འབྲི་གུང་བླ་བྲང་ ) རྒྱ་ར། བར་ཞོག་གཞུང་། གཡོན་ལུང་ནང་། ཏ་སྟའི་སྒང་། གཞིས་ཀ་ཞོད། སྟེབས་ར། ( སྒེར་ལྷ་སྡིངས་ ) གཡུ་སྒང་། ཁང་གསར་ཀོག སྤོང་པོ་སྒང་། ( གཞུང་རྒྱུག་ ) མགོའི་སྒོ། ( སྒེར་དོམ་པོ་ ) གནམ་གང་སྒང་། རྣམ་རྒྱལ་གླིང་། ( གཞུང་རྒྱུག་ ) མཁའ་མོའི་སྒང་། ( ཁྲི་བྱང་བླ་བྲང་ ) འོན་བཟང་། ( དྭགས་པ་བླ་བྲང་ ) བ་རྫིང་། ( དགའ་ལྡན་བླ་སྤྱི་ ) ཉི་མ་སྨུག ( འབྲས་སྤུངས་ཕོད་པ་གཞུང་ ) བྱ་ར་མདོ། ཤེའི་གྲོང་། ( དགའ་ལྡན་བླ་སྤྱི་ ) རྒྱལ་སྡིངས་ ( གླིང་ཚང་བླ་བྲང་ ) ལྷ་ཁང་། ( ཁྲི་བྱང་བླ་བྲང་ ) རྫམ་བྱུང་། ( གཞུང་རྒྱུག་ ) སྐྱིད་རྒྱ། ( སྒེར་བཤད་གྲྭ་ ) མོ་ཀྲའི་སྒང་། འཆད་ཁ། ར་ལུང་། ( འབྲས་སྤུངས་ཕོད་པ་གཞུང་ ) རྫོང་ལོག ( གཞུང་རྒྱུག་ ) བ་ལོག རྣམ་རྒྱལ་ཁང་གསར། ( དགའ་ལྡན་བླ་སྤྱི་ ) ཚྭམས་པ་ནང་། བཀྲ་ཤིས་སྒང་། བྱ་འཕྱུལ་སྒང་། ( རྒྱུད་སྟོད་ ) སྒྲུབ་ཤེལ། ( སྒེར་བཤད་གྲྭ་ ) སྨན་རྩེ་སྒང་། ( དྭགས་པ་བླ་བྲང་ ) མཁར་རྒྱ། ( འོན་ཆོས་སྡིངས་ ) དཔོན་རྫོང་། ( སྒེར་པ་ ) ཆོས་སྐྱང་། ( འོན་ཆོས་སྡིངས་བླ་བྲང་ ) མདོ་མཁའ། བརྒྱ་ཚོ་སྟོད། བརྒྱ་ཚོ་སྨད། རིན་ཆེན་གླིང་། ལོག་མ། ( གཞུང་རྒྱུག་ ) ཞོ་གོང་། ( དགའ་ལྡན་བླ་སྤྱི་ ) གྱང་གོང་། ( སེར་བྱེས་ ) ཟར། (   ) ཏམ་མདོ། ( སྒེར་བཤད་གྲྭ་ ) འོད་ཟེར་རྒྱང་། ( གཞུང་རྒྱུག་ ) འཁྲོག་པ་རུ་ཁག་བརྒྱད། ( ཀུན་བདེ་གླིང་བླ་བྲང་ ) ཁང་བྲེལ། ( གཞུང་རྒྱུག་ ) ཐུག་ཙག ཚལ་མོ་ཁ། རྩེ་རྩེ་རོང་། ཡ་སྟག་སྒང་པ།

ས་ཚོགས་ཀོག སྤྲིན་ཆེན། ཕན་སག དགའ་གྲོང་།（སྒེར་རྗོར་ཁང་） རིན་ཆེན་སྣང་། མགྲོགས་འགྲོ།（ལ་མོ་）ན་གད། འཕེ་ལའི་སྣང་། འཕེ་ལའི་ནང་། མདུང་རྒྱབ་མ། ལྷ་མོ་ཁང་གསར། སྤང་སྟོ། གྲུང་ངག བོང་ཁའི་སྣང་། གནས་ནང་ཀོག ན་ཙུ་བརྒྱུད། སྟག་མཛུག མདའ་ཤར། སྣང་སྟོད། སྣང་སྨད། ཤིང་ཚང་།（སྒེར་རྗོར་ཁང་） སྣང་མདའ།（ལ་མོ་） འབྲོག་པ་ཙ་ཁག （གཞུང་རྒྱུག་དང་། སྒེར་རྗོར་ཁང་། དགའ་ལྡན་ཁྲི་དྭགས་བླ་བྲང་།） མཁར་གདོང་། （སྒེར་མཁར་གདོང་）གྲུང་དཀར། （གཞུང་རྒྱུག་）ཤུག་གསེང་། （ལ་མོ་）ལྷ་ལུང་། （སྒེར་བྲུར་སྤྱི་）གྲོང་སྨད། （སེར་སད་） བཀྲ་ཤིས་རྣམ་རྒྱལ་（དགའ་ལྡན་ཤར་རྩེ་） གྲུང་གྲོང་། （གཞུང་རྒྱུག་） དྭགས་པ་（དྭགས་པ་བླ་བྲང་）བ་རབ་（གཞུང་རྒྱུག་） རྒྱལ་གྲོང་སྣང་། 鲍བ་སོའི་ནང་། （གཞུང་རྒྱུག་） བ་ང་། （དགའ་ལྡན་བླ་སྤྱི་） སྤྲུར་པའི་སྣང་། དགའ་ཁང་། རྒྱལ་བཟང་། བསམ་གླིང་སྣང་། （གཞུང་རྒྱུག་） ཚ་ཁས། དཔོན་པོ་རྣོད་སྣ།（རྒྱུད་སྨད་） ཀ་ཚལ། （གཞུང་རྒྱུག་） ཆོས་འཁོར་སྣང་། （གཞུང་རྒྱུག་དང་། ཕ་བོང་ཁ་བླ་བྲང་） ཆ་དཀར། （གཞུང་རྒྱུག་）བཅས་གྲོང་ཚོ་ཁག་གི་ནང་གཞུང་རྒྱུག་གྲོང་ཚོ་སུམ་ཅུ་སོ་གསུམ། སྒེར་ཁོངས་གྲོང་ཚོ་ལྔ་ཅུ་ང་གཅིག ཆོས་གཞིས་གྲོང་ཚོ་བརྒྱ་དང་ལྔ་བཅུ་ང་གསུམ་བཅས་འདུག ཆོས་གཞིས་ཀྱི་ནང་ནས་གཞི་ཁྲོན་ཆེ་ཤོས་འབྲི་གྲུང་ལྷ་[1]སྣང་གི་ཁོངས་ཡིན་པ་དང་། སྒེར་གཞིས་ནང་ནས་ཆེ་ཤོས་སྒེར་རྗོར་ཁང་ཡིན།

① 《གྲོང་ཁྱེར་ལྷ་སའི་ལོ་རྒྱུས་རིག་གནས་》དེབ་ལྔ་པའི་ཤོག་གྲངས་༦པ་ནས་བྲངས།

## གཉིས་པ། ང་ལྷའི་རྫོང་གི་གནས་ཡུལ་དང་ཁྱབ་ཁོངས་སྐོར།

དེ་ཡང་སྲོང་བཙན་སྒམ་པོའི་འཁྲུངས་ཡུལ་མལ་གྲོ་གུང་དཀར་རྫོང་ནི། བོད་རང་སྐྱོང་ལྗོངས་ཀྱི་དབུས་དང་། ལྷ་ས་གྲོང་ཁྱེར་གྱི་ཤར་ཕྱོགས་སྐྱིད་ཆུའི་དཀྱིལ་རྒྱུད། རྒྱལ་ཁབ་ཀྱི་༣༧༨གཞུང་ལམ་ནི་འགྲམ་དུ་གནས་ཡོད་ཅིང་། ས་རྒྱུ་གཤིན་ལ་རྩ་ཆུ་འཛོམས་པ། རིན་ཆེན་གཏེར་དང་སྨན་རྫས་སོགས་རང་བྱུང་ཐོན་ཁུངས་ཕུན་སུམ་ཚོགས་ལ། རིག་དངོས་གནའ་ཤུལ་གྱིས་བརྒྱན་པའི་ཤེས་རིག་གི་བང་མཛོད་ཆེན་པོ་ཞིག་ཡིན། ལྷ་ས་ནས་རྫོང་གནས་ཡུལ་གུང་དཀར་གྲོང་རྡལ་བར་ལམ་ཐག་སྤྱི་ལེ་བདུན་ཅུ་ཙམ་ཡོད།

ས་ཁྲའི་ཐོག་གི་གནས་ཡུལ་ནི། སའི་གོ་ལའི་ཤར་གྱི་ཁྲིད་ཐིག་དགུ་བཅུ་གོ་གཅིག་གི་ཕུའུ་གྲངས་དྲུག་ནས་ཁྲིད་ཐིག་དགུ་བཅུ་གོ་གཉིས་ཀྱི་ཕུའུ་གསུམ་གྱི་བར་དང་། བྱང་གི་གཞུང་ཐིག་ནི་སུམ་ཅུ་དགུའི་ཕུའུ་དྲུག་ནས་གཞུང་ཐིག་སུམ་ཅུ་ཐམ་པའི་ཕུའུ་གཉིས་ཀྱི་བར་ཡིན། རྫོང་དེའི་ཤར་ཕྱོགས་སུ་ཉིང་ཁྲི་ས་ཁུལ་གྱི་ཀོང་པོ་རྒྱ་མདའ་རྫོང་དང་། ལྷོ་ཕྱོགས་སུ་ལྷོ་ཁ་ས་ཁུལ་གྱི་ཟངས་རི་རྫོང་དང་། སྣེ་གདོང་རྫོང་། གྲ་ནང་རྫོང་། ནུབ་ཕྱོགས་སུ་གྲོང་ཁྱེར་ལྷ་སའི་སྟག་རྩེ་རྫོང་། ལྷུན་གྲུབ་རྫོང་། བྱང་ཕྱོགས་སུ་ནག་ཆུ་ས་ཁུལ་གྱི་ལྷ་རི་རྫོང་བཅས་དང་ས་འབྲེལ་ཞིང་། མལ་གྲོ་གུང་དཀར་དང་ཀོང་པོ་རྒྱ་མདའི་ས་མཚམས་ནི་སྤྲ་ལ་དང་། མི་ལའི་རི་རྒྱུད་ཀྱི་རྒྱབ་མདུན་ཡིན་པ་དང་། མལ་གྲོ་དང་ཟངས་རིའི་ས་མཚམས་ནི་རུ་ཐོག་གི་སྒོ་ངོས་བར། མལ་གྲོའི་ཁོངས་གཟི་ཕྲུག་གི་ཕུ་ནས་སྒོ་ཁའི་སྣེ་གདོང་རྫོང་ཁོངས་འོན་དང་འབྲེལ་བ། མལ་གྲོ་རྒྱ་མའི་ཕུ་ནས་སྒོ་ཁའི་གྲ་ནང་རྫོང་ཁོངས་བསམ་ཡས་དང་འབྲེལ་བ། མལ་གྲོ་གུང་དཀར་དང་

སྟག་རྩེ་རྫོང་གཉིས་ཀྱི་ས་མཚམས་ནི། སྐྱིད་ཆུའི་བྱང་རྒྱུད་དུ་མལ་གྲོའི་ཡོངས་སྔོང་པོ་སྣང་དང་སྟག་རྩེའི་ཡོངས་ཆུ་གཉིས་ཀྱི་བར་དཔྱད་པ་རི་ཟུར་ནས་སྐྱིད་ཆུའི་སྒོ་ངོས་བཙུན་མོ་ཚལ་གྱི་རི་ཟུར་རྒྱུད་བར། མལ་གྲོ་དང་ལྷུན་གྲུབ་རྫོང་གཉིས་ཀྱི་ས་མཚམས་ནི་གད་ཧོར་བར། མལ་གྲོ་དང་ནག་ཆུ་ལྷ་རི་རྫོང་གཉིས་ཀྱི་ས་མཚམས་ནི་གངས་དཀར་ལ་རྒྱབ་མདུན་ཡིན།

མལ་གྲོ་གུང་དཀར་རྫོང་གི་ས་གཞིའི་རྒྱ་ཁྱོན་ལ་སྤྱི་ལེ་ངོས་སྙོམས་གྲུ་བཞི་མ་༥༦༢༠ཡོད་པ་དང་། ས་ཞིང་རྒྱ་ཁྱོན་མུའུ་ཁྲི་༨.༦༣ རྩྭ་ཐང་མུའུ་ཁྲི་༤༠ ནགས་ཚལ་རྒྱ་ཁྱོན་མུའུ་ཁྲི་༤༢ རྫོང་འདིའི་ཆ་སྙོམས་མཐོ་ཚད་ལ་རྒྱ་མཚོའི་ངོས་ལས་སྤྱི་ཁྲི་བཞི་སྟོང་ལྷག་ཙམ་ཡིན་ཞིང་། རྫོང་གནས་ཡུལ་གུང་དཀར་གྲོང་རྡལ་རྒྱུད་དུ་སྤྱི་ཁྲི་༣༨༢༠སྐོར་དང་། མཐོ་ཤོས་འབྲི་གུང་དགོན་པ་ཆགས་ཡུལ་དུ་སྤྱི་ཁྲི་༤༨༠༠སྐོར། དམའ་ཤོས་སྔོང་པོ་སྣང་རྒྱུད་དུ་སྤྱི་ཁྲི་༣༧༥༠སྐོར་བཅས་ཡིན། མལ་གྲོ་གུང་དཀར་རྫོང་གི་ས་བབ་ཐད་ཤར་དང་བྱང་མཐོ་ལ། ནུབ་དང་ལྷོ་དམའ་བ། ལོ་གཅིག་ནང་ཆར་པ་བབས་ཚད་ཧའོ་མིས་༥༢༦དང་། བབས་ཚད་མང་ཆེ་བ་ཟླ་བ་དྲུག་པ་ནས་དགུ་པ་བར་ཡིན་པ་དང་། ལོ་གཅིག་ནང་ཉིན་མ་སྟོན་ཚད་ཆུ་ཚོད་༢༨༨༡༣ ལོ་གཅིག་ནང་སད་མེད་པའི་དུས་ཚོད་ཉིན་༡༠ ལོ་རེའི་དྲོད་ཆ་སྙོམས་ཧྲུའུ་༥—༧བར་དང་དམའ་ཤོས་༠—༢༣དྲོད་ཚད་མཐོ་ཤོས་༢༦—༧ཡིན།

ད་ལྟའི་མལ་གྲོ་གུང་དཀར་རྫོང་གནས་ཡུལ་གུང་དཀར་གྲོང་རྡལ་ནི། དེ་སྔ་གྲོང་ཚོའི་དཀྱིལ་དུ་ཀླུ་མལ་གྲོ་གཟི་ཅན་གྱི་རྟེན་མཁར་ཞིག་ཡོད་པའི་མཐར་གྲོང་ཚོ་ཆགས་ཤིང་།གྲོང་སྟོད་ཤར་པ་དང་། གླིང་སྟོད། བདེ་སྐྱིད་ཁང་གསར། བདེ་ལེགས་པ། གྲོང་སྨད་ཁང་གསར། རྫོང་ཤར། རྟ་ཟམ་བཅས

ཁྲལ་པ་ཁྱིམ་དུད་ཆེ་བ་བདུན་ཡོད་པ་དང་། ད་དུང་དུད་ཆུང་དང་སྦྱོགས་མི་གཞིས་ཆགས་སོགས་རིམ་བཞིན་མང་དུ་སོང་ནས་གྲོང་བརྡལ་དེ་ཆགས། དེ་གར་གཏན་སྡོད་བོད་རིགས་ཕུད་ད་དུང་རྒྱ་རིགས་(ཆེང་གོང་མའི་རྒྱུད་རྫར་)ཐེམ་གྲངས་བཅུ་གསུམ་དང་། གཞན་ཡང་དེ་སྔོན་ལྷ་ས་མཛལ་བར་ཡོང་ནས་ཨ་ལྕེ་དང་ཁ་ཐུག་སྐྱེ་གཞིས་ཆགས་འབྲུག་པ་ཐེམ་གྲངས་གཉིས་དང་། བལ་པོ་ཚོང་རྒྱག་པར་ཡོང་ནས་གཞིས་ཆགས་ཁ་ཚ་ར་ཐེམ་གྲངས་བཅུ་གཉིས་བཅས་ཡོད། དེ་སྔའི་རྫོང་དཔོན་སྡོད་གནས་ཐོག་མར་རྫོང་ཤར་བྱས་ཀྱང་ཁང་པར་སྐྱིན་ཤོར་སྐབས་གྲོང་ཚོའི་ལྷ་ངོས་གླིང་ཀའི་ནང་གི་སྒྲོ་ཁང་དུ་བསྡད། རྗེས་སུ་གྲོང་ཚོའི་དཀྱིལ་གྱི་བཀར་ཁང་དུ་སྤོས་པ་ཡིན་འདུག གྲོང་ཚོའི་དཀྱིལ་དུ་བྱམས་པའི་འཛམ་སྐུ་ཐོག་ཚད་གཉིས་ལྷན་ཞིག་གཙོ་བཞུགས་ཀྱི་དུས་གསུམ་སངས་རྒྱས་ཀྱི་སྐུ་ཡོད་པའི་ལྷ་ཁང་ཐོག་ས་གསུམ་ལྷན་ཞིག་དང་། དེའི་ཤར་ངོས་དམ་ཅན་སྐུ་མཁར་ཞེས་དམ་ཅན་རྡོར་ལེགས་ཀྱི་འཛམ་སྐུ་ཐོག་ཚད་མ་བཞུགས་པའི་ལྷ་ཁང་ཉིས་ཐོག་ཞིག་ཡོད། གྲོང་ཚོའི་ལྷོ་ངོས་རི་ལྡེབས་སུ་མཆོད་རྟེན་ཞིག་ཡོད་པ་དེར་སྐོར་བ་བརྒྱབ་ན་བད་ཀན་གྱི་ནད་ལ་ཕན་པར་གྲགས་པ། གྲོང་ཚོའི་ནུབ་ངོས་སུ་མཆོད་རྟེན་ཞིག་ཡོད་པ་དེ་ནི་མཆོད་རྟེན་བརྒྱ་རྩའི་གྲས་ཡིན་པར་གྲགས།

## གསུམ་པ། དེང་དུས་ཀྱི་རྣམ་པ་གསར་པ།

གོང་རིམ་ཏང་དང་སྲིད་གཞུང་གིས་ཐུགས་ཁུར་གཟིགས་སྐྱོང་དང་། རྫོང་མི་དམངས་ཀྱིས་ཤུགས་ཆེའི་རྒྱབ་སྐྱོར་འོག་རྫོང་གནས་ཡུལ་གྱི་གྲོང་བརྡལ་དུ་རྫོང་སྲིད་གཞུང་གི་གཞུང་ལས་ཁང་སོགས་ཐོག་བརྩེགས་ཁང་ཆེན་སྣ་ཚོགས་ཀྱིས་ཁྱབ་ཡོད་པ་དང་། ཁྲིམ་གཞུང་གཡས་གཡོན་དུ་ལྗོན་ཤིང་མེ་ཏོག་དང་

གྲལ་བསྟར་སྒྲིག་པའི་ཚོང་ཁང་དང་ཟ་ཁང་། རོལ་རྩེད་ཁང་སོགས་ཡོད། དེ་བཞིན་འབྲུག་ཆ་ངོད་པའི་ཁྲིམ་གཞུང་དུ་གྲོན་ཆས་དང་བཟའ་རིགས། གློག་ཆས། ཞིང་འབྲོག་ཐོན་ཟོག་སོགས་དེང་དུས་ཀྱི་དངོས་ཟོག་ཕུན་སུམ་ཚོགས་ལ། ཐན་གཞོན་ཕོ་མོ་ལུས་སྦྱོང་དང་སྤྲོ་འཆམ་བྱེད་སའི་སྤྱི་གླིང་བཅས་ཡོད།

ཞིང་ལས་ཆུ་བེད་ཐད། རྫོང་ཡོངས་ལ་ཞིང་ལས་ཆུ་རྫིང་དང་ཨར་འདམ་ཡུར་བུ་སོགས་གསར་བཟོ་བྱས་ཡོད་ལ་ས་ཞིང་འདེབས་ལས་དང་བརྔ་བསྡུ་སོགས་དེང་རབས་འཕྲུལ་ཆས་ལ་བརྟེན་བཞིན་ཡོད། གློག་ལས་ཐད། འབྲི་གུང་གློག་ཁང་སོགས་གློག་ཁང་ཆེ་ཆུང་དང་ཉི་གློག་བཅས་གསར་སྐྲུན་བྱས་པས། རྫོང་ཡོངས་ལ་ཉིན་མཚན་ཀུན་ཏུ་གློག་འོད་ཀྱི་ཁྱབ་ཅིང་། བརྙན་འཕྲིན་དང་། གློག་ལམ། ཁ་པར་སོགས་ཆ་འཕྲིན་ཅན་གྱི་སྤྱི་ཚོགས་ཤིག་འཛུགས་སྐྲུན་བྱེད་པར་རྨང་གཞི་དང་སྟབས་བདེ་བསྐྲུན་ཡོད།

སློབ་གསོའི་ཐད། རྫོང་སློབ་འབྲིང་དང་སློབ་ཆུང་ཁག་ཏུ་སྔ་རྗེས་སུ་དེང་རབས་ཅན་གྱི་སློབ་ཁྲིད་ཁང་དང་། གཞུང་ལས་ཁང་། སློབ་ཕྲུག་ཉལ་ཁང་། ཟ་ཁང་བཅས་གསར་བསྐྲུན་ཐོག སློབ་གྲྭའི་ནང་རྒྱུད་རིང་སློབ་གསོའི་སྒྲིག་ཆས་དང་། དཔེ་ཀློག་ཁང་དང་དཔེ་མཛོད་ཁང་སོགས་ཆ་ཚང་བས་སློབ་གསོ་སློབ་ཁྲིད་གསར་གཏོད་དང་། སློབ་མའི་སློབ་སྦྱོང་ཐད་སྟབས་བདེ་ཚད་མེད་བསྐྲུན་ཡོད། སྤྱི་ལོ་༢༠༡༡ལོར་རྒྱལ་ཁབ་རིམ་པའི་“ལོ་དགུའི་འོས་འགན་སློབ་གསོ་ཁྱབ་གདལ་”གྱི་ཞིབ་གཉེར་རྩིས་ལེན་བདེ་བླག་ངང་ལེགས་གྲུབ་བྱུང་ཡོད།

ཡུལ་སྐོར་ཐོན་ལས་འཕེལ་རྒྱས་སྐོར་ལ་གཟི་སྦྲུག་རང་བྱུང་སྲུང་སྐྱོབ་ཁུལ་དང་། ཡིད་གར་འོང་བའི་གཟི་ཅན་ལྷ་མཚོ། ངོ་མཚར་ཆེ་བའི་གཏེར་སྒྲོམ་ཆུ་

ཚན། ཏ་ཐོག་ཆུ་ཚན་སོགས་རང་བྱུང་ཡུལ་ལྗོངས་ཁུལ་དང་། གཞན་ཡང་མི་བཟོས་ཡུལ་ལྗོངས་ཐད་གནས་མཆོག་རྒྱ་མའི་ཡུལ་གྱི་ལོ་རྒྱུས་ཡུན་རིང་ལྡན་པའི་ཕོ་བྲང་བྱམས་པ་མི་འགྱུར་གླིང་། ཁྲ་འགོ་ཆུ་མིག རྒྱ་མ་ཁྲི་ཁང་། གཡུ་ཁྱུང་བྲག(ཨོ་རྒྱན་སྒྲུབ་ཕུག) རྒྱ་མ་ཕུ་རྒྱབ་སྒྲུབ་ཕུག རྩ་ར་པད་མ་སྟོང་ལྡན། དེ་བཞིན་སྣན་པའི་གྲགས་པ་ཀུན་ལ་ཁྱབ་པའི་འབྲི་གུང་བཀའ་བརྒྱུད་ཀྱི་གདན་ས་འབྲི་གུང་ཐེལ་སོགས་ལ་གཞུང་ལམ་དང་། མགྲོན་ཁང་། དེ་བཞིན་རྒྱང་གཞིའི་སྒྲིག་བཀོད་བཅས་ཆ་ཚང་བར་སྒྲུབ་ཡོད།

འཕྲོད་བསྟེན་ཐད། རྫོང་མི་དམངས་སྨན་ཁང་ལ་ཕྱི་བཅོས་དང་ཁོག་ནད། དབང་པོ་ལྔ། སྐྲོག་པར། གཤག་བཅོས། བུད་མེད། ཕྲུ་གུ བོད་སྨན་སོགས་ཀྱི་སྡེ་ཚན་དེ་བཞིན་ནད་རིམས་འགོག་བཅོས་བབས་ཚུགས་དང་། དེ་བཞིན་ཤང་སོ་སོར་འཕྲོད་བསྟེན་ཁང་དང་། གྲོང་ཚོ་སོ་སོར་ཡང་སྨན་བཅོས་ཁང་བཅས་ཡོད།

འཕྲིམ་འཕྲུལ་ཐད། ཁྲིན་བོད་གཞུང་ལམ་སོགས་ལ་རླངས་འཁོར་ཆེ་འབྲིང་ཆུང་གསུམ་ཉིན་མཚན་སྟོས་མེད་བྲེལ་ཞིང་། རྫོང་ནས་ཤང་དང་གྲོང་ཚོ་ཁག་ལ་འཕྲུལ་འཁོར་འགྲོ་ལམ་ཡོད་ལ་དེང་རབས་ཅན་གྱི་ཟམ་པ་ཡང་མང་པོ་བསྐྲུན་ཡོད། གཞན་ཡང་ཉེ་བའི་ལོ་ཤས་རིང་རྫོང་དང་ཤང་གྲོང་ཚོ་བཅས་ཀྱི་ཁང་པ་དང་གཞུང་ལམ་བཅས་ལ་ཤིང་འཛུགས་ནགས་བཟོའི་ལས་དོན་ཡག་པོ་སྤེལ་བས། སྔོ་ལྗང་ཅན་གྱི་ཁོར་ཡུག་སོགས་མལ་གྲོ་འདི་ཉིད་འཕེལ་རྒྱས་ངང་མུ་མཐུད་མདུན་སྐྱོད་བྱེད་བཞིན་ཡོད།

དེ་བཞིན་ད་ལྟ་གྲོང་དཀར་གྲོང་བརྟལ་ཤར་ངོས་སུ་ཀ་ཚལ་གྲོང་གསར་སྤེལ་འཛུགས་སྒྲུབ་བྱེད་དང་བྱེད་མུས་ཡིན།

ཟུར་བཀོད།

## དང་པོ། དབུ་རུ་ཞྭ་ལྷ་ཁང་གི་རྡོ་རིང་ཆེ་བའི་ཡི་གེའི་ཟོ་བསྒྲུབས། ①

(སྤྱི་ལོ་༡༧༥༤ ལོར་བསྒྲུབས)

༄༅།།གནམ་སྟོད་ཀྱི་རྒྱལ་པོ་འཕྲུལ་གྱི་ལྷ་བཙན་པོ་ཁྲི་སྲོང་ལྡེ་བཙན་གྱི་བཀས་བན་སྒང་ཏིང་ངེ་འཛིན་དབུ་སྣང་ག་རྟོགས་གཡུང་དྲུང་དུ་གནང་བ། བན་དེ་ཏིང་ངེ་འཛིན་ལྷ་ཞིག་གནོང་ནས་སྙིང་ཉེ་སྟེ། ང་སྐུ་ཆུང་དུ་ནས་ཆབ་སྲིད་མ་བཞེས་པའི་བར་དུ་ཡབ་ཡུམ་གྱི་གོ་བྲ་སྟེ་ལེགས་པ་ལ་ཞིན་པར་བྱས། ཞང་དུ་པོའི་གོ་བྱས་ཏེ་སྐུ་བཙས། ཡབ་སྲས་གཅེན་གཅུང་ཡབ་ཡུམ་སྲས་གློ་བོ་ག་དགྱེས་ཤིང་མཐུན་པར་སྦྱར་བ། སྤྱིར་ལེགས་པའི་བཀའ་གྲོས་གསོལ་ཅིང་ལས་སུ་བྱས་པ་ལས་སྨོགས་ཏེ། དཔེན་པ་བྱེད་བྱེད། སྙིང་ཉེའོ། ། ཕྱིས་ཡབ་དང་གཅེན་ཐུགས་མོངས་བཏུང་པར་བྱུང་བའི་བརྗེས། ང་ཆབ་སྲིད་མ་བཞེས་པའི་སྐབས་སུ། གཅིག་ཕན་ཕུན་དང་། གདོན་སྟོན་པ་དག་ཡོད་པ་ཡང་། བན་དེ་ཏི་ངེ་འཛིན་བམ་དྲ་འཛིན་པས་དཔེན་ད་བའི་བཀ་གྲོས་གསོལ་ལགས། ཁྲག་ཕྲུག་མྱེད་པར་བྱས་ལེགས་པ་བྱའོ་ཆོག་གི་གཞི་བཟུང་ནས། ངའི་ཆབ་སྲིད་ལ་རྩིག་སྟེ་སྤྱིར་ལེགས་པའི་ལས་ཆེན་པོ་བྱས་ཏེ། ངའི་ཞ་སྔར། ཆབ་སྲིད་འདོན་འདོན་པ། སྙིང་ཉེ་ཉེ། བླ་འོག་ཀུན་གྱི་གཟུངས་བྱས་ཏེ་ཕྱོགས་སུ་འཁྲུག་པ་མེད་ཅིང་བདེ་བར་བྱེད་བྱེད་དོ། ཆབ་སྲིད་ཀྱི་བློན་པོ་ཆེན་པོ་གནས་

---

① 《བོད་ལྗོངས་ནང་བསྟན་》༢༠༠༢ ལོའི་དུས་དེབ་དང་པོ་ནས་བྲངས།

བྱས་ཀྱིས་ཀྱང་། འཕྲལ་ཡུན་གཉིས་སུ་སྦྱིར་ལེགས་ཤིང་དཔེན་པ་འབའ་ཞིག་
བྱེད་བྱེད་དོ། །འདི་ལྟར་སྔ་ཕྱི་གཉིས་སུ་གང་བས་ཀྱང་ལྷག་པར་སྙིང་ཉེ་ཞིང་།
ཉོ་ཤ་ཆེན་པོ་འབུལ་འབུལ་བ་སྟོན་གྱི་བླ་དཔེ་དང་སྦྱར་ཞིང་། བཀའ་དྲིན་འོས་
པར་སྨིན་པར་དགོངས་པ་ལས། བན་དེ་ཉིད་རྗེས་འབངས་ཀྱི་ལུགས་དང་།
དགེ་སློང་གི་ཚུལ་འཛིན་ཅིང་། བཀ་དྲིན་མི་ཉོང་པར་གསོལ་གྱིས་ཀྱང་ཉོ་ཤའི་
ལན་བཀ་དྲིན་སྨིན་པའི་ཆོས་ཡིན་པས། ངའི་བཀས་བན་དེ་ཏིང་ངེ་འཛིན།
གཙོས་བཙན་པ་བྱིན་ཏེ། སྲིད་གཡུང་དྲུང་དུ་གནང་བ། ཡུན་དུ་བརྟན་ཞིང་
བདེ་བར་བྱ་བ་དང་། ཀུན་གྱིས་ཤེས་པར་བྱ་བའི་ཕྱིར་དཀོན་མཆོག་གི་བརྟེན་
གཙུག་ལག་ཁང་འདིར་གཙོས་ཀྱི་མཁར་བུ་བརྩིགས། རྗེ་རིང་བཙུགས་ནས།
གཙོས་ཀྱི་མདོ་རྗོལ་མངོན་པར་བྲིས་ཏེ་མཐའ་ཕྱག་རྒྱས་བཏབ་ནས་བཞག་པ་
ཡིན་གྱིས་སྲས་དཔོན་ཕྱི་མ་མངའ་མཛད་པ་རྣམས་དང་། ཆབ་སྲིད་ཀྱི་བློན་པོ་
ཕྱི་མ་དང་། བྱེད་པ་ལས་སྐྱོགས་པས་ཀྱང་། ནམ་ནམ་ཞར་ཞར་བ་གཙོས་ཀྱི་ཡི་
གེ་ལས་འབྱུང་བ་དང་། རྗེ་རིང་ལ་བྲིས་པ་ལས་མི་དབྲི་མི་བཅོས་མི་བསྒྱུར་པར་
གྱིས་ཤིག ནམ་ནམ་ཞར་ཞར་བཙན་པོ་གདུང་རབས་རྒྱུད་ཀྱིས། བན་དེ་ཏིང་
ངེ་འཛིན་གྱི་སྨྱིས་པོ་བློན་སྣང་བཟང་འདུས་ཀོང་གི་བུ་ཚ་འཕེལ་རྒྱུད། སྤྱིན་
རས་ཀྱིས་བཙའ་ཞིང་འོས་པ་ཞམ་འབྲིང་དུ་བཞག་པ་དང་། རྗེ་ཙམ་དུ་ནུས་
པར་བཀུར་བསྟོད་པ་དང་། གཞན་གྱིས་མནར་རམ་ལྟམས་ལས་ཆད་ན། བཀ་
དྲིན་བླནས་མཛད་པ་དང་། ཉེ་ཡང་དག་པ་མ་ཡིན་ན། འཕྲ་མ་མི་གསྙན།
ཏམ་ལས་མི་གཅད་པ་དང་། སྣང་བཟང་འདུས་ཀོང་གི་བུ་ཚ་འཕེལ་རྒྱུད། ལ་
ལ་ཞིག་གིས་སྐྱུ་དང་ཆབ་སྲིད་ལ་སྙིང་རིངས་སམ། ཉེས་པ་གཞན་ཞིག་བྱས་ན་
ཡང་། གང་གིས་ཉེས་པ་ལ་རྨ། ཕུ་ནུ་བུ་ཚམ་ཉེས་པ་གཞན་ཁྲིན་གྱི་རྨ་སྐྱོད་ལ་

སྨི་གདགས་བཀག་ནར་དམྱི་མཛད། ཅི་ཉེས་ཀྱང་གྲོད་ན་གཅིག་གིས། བསྐྱང་བ་དང་། ཡི་གེ་གཡུང་དྲུང་སྨྱིང་སྨྱི་ནྲག་པར་བྱིན་པ་དང་། ལས་སྔ་ཆེན་པོ་བདེ་ཡུན་དུ་ཆང་ཀྱུར་བྱིན་པ་དང་། སྟེའི་དཔོན་པོ་རྒྱུད་དུ་གནང་བ་དང་། སྣང་བཟང་འདུས་ཀོང་གི་བུ་ཚ་འཕེལ་རྒྱུད་ཀྱི་བྲན་ཞིང་། འབྲོག སོག ཚོལ་ལས་སྩོགས་པ། ནམ་ཞར་རབས་ཆད་དམ། བཀ་གྲོད་ལ་ཐོགས་ན་ཡང་། ཕྱག་ཏུ་མི་བཞེས། གཞན་སྨྱི་སྨྱིན། མས་མ་ཕྱུལ་ཕན་ཆད་མི་བཞེས་པར་གནང་བ་ལས་སྩོགས་སྟེ། ནམ་ནམ་ཞར་ཞར་བློན་སྣང་བཟང་འདུས་ཀོང་གི་བུ་ཚ་འཕེལ་རྒྱུད། སྲིད་བདེ་ཞིང་བརྟན་པའི་གཙོག་གནང་བ་འདི། ནམ་ནམ་ཞར་ཞར་གནང་ཞིང་སྨྱི་བསྒྱུར་མི་བཙོས་པར་ངའི་ཞ་ལྷ་ནས་ཀྱང་དབུ་སྙུང་གནང་། གཙེན་ལྷ་ཏུ་བཙན་དང་། ཇོ་མོ་ཆེད་དང་རྒྱལ་ཕྲན་རྣམས་དང་། ཆབ་སྲིད་ཀྱི་བློན་པོ་མན་ཆད། ཞང་ལོན་ཆེ་ཕྲ་ཀུན་ཀྱང་མནས་བསྐྲག་ཏེ། བན་དེ་ཏིང་ངེ་འཛིན་སྙིང་ཉེ་ཞིང་ཝེ་ཤ་ཛེ་ལྟར་ཕྱུལ་བ་དང་། དཔེན་པ་ཅི་བྱས་པ་དང་། གཙོགས་ཅི་གནང་བ་ཞིབ་མོ་ནི། དཔེ་གཅིག་ཕྱག་རྒྱས་བཏབ་སྟེ། གཙོགས་ཀྱི་མཁར་བུ་འདིར་བཞག དཔེ་གཅིག་ནི་ཕྱག་རྒྱས་བཏབ་སྟེ་འོག་དཔེར་འཆང་དུ་བཙུག་གོ །བན་དེ་ཏིང་ངེ་འཛིནད་ཀྱི་མེས་པོ་ཞུ་པོ། དབྱི་གོང་གི་རྒྱུད་ཀྱང་། དབུ་སྙུང་གཙོགས་གནང་ངོ་། རྡོན་མྱང་དབའ་ཀྱི་ཟའ་དང་སྦྱར་ན་མྱང་བཀའ་དྲིན་ཆུང་སཔ་འདྲ་ནས། ངའི་བཀས། མྱང་གི་གཙོགས་ཀྱང་ཟུར་ཕྱུང་བརྟན་བསྐྱེད་དེ་གནང་ངོ་། ། ༄། གཙོགས་ཀྱི་མཁར་བུ་འདི། ནམ་ཞིག་དབྱེ་དགོས་ན་ཡང་། སྲས་དཔོན་ཆབ་སྲིད་ཀྱི་མངའ་གང་མཛད་པས་རིང་ལུགས་ཐུགས་ཆེ་པ་བ་ཙོགས་བདག་འདྲང་བ་གསུམ་ཡན་བཅད་བསོ་སྟེ། ཞག་སྟེལ་པ་ལ་དབྱུང་ཞིང་། ཕྱིར་ཡང་འདི་བཞིན་ཕྱག་རྒྱ་དང་། རིང་ལུགས་ཀྱི་རྒྱས་བཏབ་སྟེ་གཞག་པར་གནང་ངོ་།

## གཉིས་པ། འབྲི་གུང་པའི་གདུང་རབས་རེའུ་མིག[①]

- འ་མེས་དབང་ཕྱུག
  - རྡོ་རྗེ།—1. འབྲི་གུང་པ་རིན་ཆེན་དཔལ།—2. རྡོ་རྗེ་ཚུལ་ཁྲིམས(འབྲི་གུང་པའི་མི་རྒྱུད་མིན་པ། འབྲི་གུང་དགོན་པའི་ཁྲི་ཐོག་གཉིས་པའི་ཁྲི་པ་མཛད)
  - དཀོན་མཆོག་རིན་ཆེན། – ཨ་ཧ་ཨ་གྲགས།
    - 5. གཙུང་རིན་པོ་ཆེ་རྡོ་རྗེ་གྲགས། (1211 – 1279) 1259ལོར་ཁྲི་པ་མཛད།
    - 6. དཔོན་རྒྱུད་པ་རྡོ་རྗེ་སེང་གེ
    - 3. དཔོན་རིན་པོ་ཆེབསོད་ནམསགྲགསཔ་1187 ལོར་འཁྲུངསཔ་དང་། དེབ་སྔོན་དུ1222 – 1233བར་ཁྲི་པ་མཛད་ཚུལ་བཀོད་ཡོད།
    - 4. སྤྱན་སྔ་གྲགས་པ་འབྱུང་གནས། འབྲི་གུང་རྒྱུད་པའི་མི་རྒྱུད་མིན་པར་ཕག་གྲུའི་མི་རྒྱུད་རེད། འབྲི་གུང་དགོན་པའི་ཁྲི་ཐོག་བཞི་པ་ཡིན།

① ཏུང་དཀར་བློ་བཟང་འཕྲིན་ལས་དང་དར་མདོ་བཀྲ་ཤིས་དབང་འདུས།

7. མཚམས་བཅད་པ་གྲགས་པ་བསོད་ནམས་(1238 – 1284) 1284ལོར་ཁྲི་པ་མཛད།

རྡོ་རྗེ་སེང་གེ – དཀོན་མཆོག་ཚོས།

ཨ་ནུ་རྒྱལ། – བསོད་ནམས་རྡོ་རྗེ། ཐོག་ཁ་པ། (1226 – 1284) 1278ལོར་ཁྲི་པ་མཛད། –

10. རྡོ་རྗེ་རྒྱལ་མཚན།

8. དེབ་སྔོན་དུ། རྡོ་རྗེ་ཡེ་ཤེས།

→ ཀུན་དགའ་རྒྱལ་མཚན – 11. ཉེར་གཉིས་པ་ཚོས་ཀྱི་རྒྱལ་པོ། དེབ་སྔོན་དུ་(1335 – 1409)

1351 – 1400བར་ཁྲི་པ་མཛད།

རྡོ་རྗེ་རྒྱལ་པོ(1284 – 1350) 12. དོན་གྲུབ་རྒྱལ་པོ། དེབ་སྔོན་དུ་(1357 – 1415)

14011ལོར་ཁྲི་པ་མཛད། 13. དབང་རིན་པོ་ཆེ། (རིན་ཆེན་དཔལ་རྒྱལ) 14. རིན་ཆེན་

དཔལ་བཟང་།

(1421 – 1467) 1435ལོར་ཁྲི་པ་མཛད།

9. བཅུ་གཉིས་པ་རིན་ཆེན་རྡོ་རྗེ། (1278 – 1315) 1290ལོར་ཁྲི་པ་མཛད།

## གསུམ་པ། འབྲི་གུང་ཁྲི་དཔོན་རེའུ་མིག

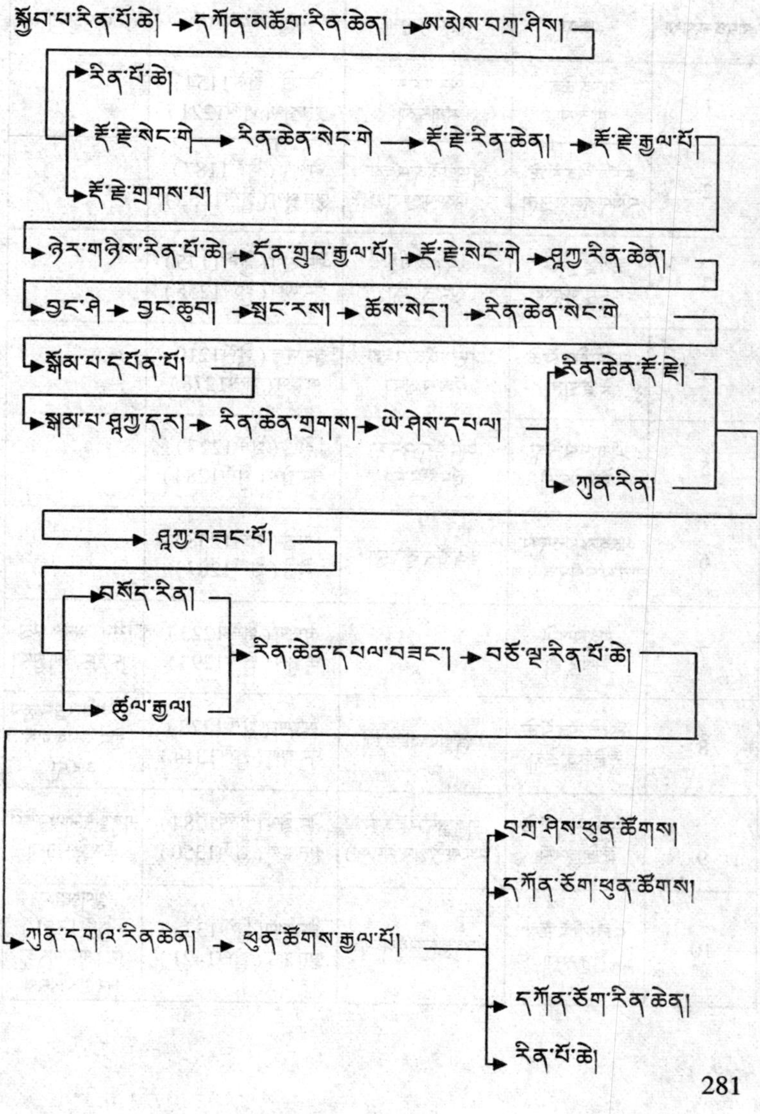

# བཞི་པ། འབྲི་གུང་གདན་རབས་རིམ་བྱོན།

| གདན་རབས། | མཚན། | འཁྲུངས་ཡུལ། | འཁྲུངས་འདས་ལོ། | ཞར་བྱུང་། |
|---|---|---|---|---|
| 1 | མཁན་ཆེན་གུར་པ། | སེའུ་གངས་དཀར་མོ། | ཤིང་ཁྱི་(སྤྱི་ལོ1154)<br>ལྕགས་སྦྲུལ(སྤྱི་ལོ1221) | |
| 2 | དཔོན་རིན་པོ་ཆེ་བསོད་ནམས་གྲགས། | སྨ་ཡུལ་ནོན་འཛམ་འོམ་བུ་ལུང་། | མེ་ལུག་(སྤྱི་ལོ1187)<br>ལྕགས་སྦྲུལ་(སྤྱི་ལོ1235) | |
| 3 | ཆོས་རྗེ་གྲགས་པ་འབྱུང་གནས། | མདོ་ཁམས་ལྡེ་ལུང་རག་ནེ། | ཤིང་ལུག་(སྤྱི་ལོ1175)<br>ཤིང་ཡོས་(སྤྱི་ལོ1255) | |
| 4 | གཙང་རིན་པོ་ཆེ་རྡོ་རྗེ་གྲགས། | སྨ་ཡུལ་ནོན་འཛམ་འོམ་བུ་ལུང་། | ལྕགས་རྟ་(སྤྱི་ལོ1210)<br>ས་སྟག་(སྤྱི་ལོ1278) | |
| 5 | ཐོག་ཁ་པ་རིན་ཆེན་སེང་གེ | མདོ་སྟོད་འདན་སྟོད་ཚོང་དུ། | མེ་ཁྱི་(སྤྱི་ལོ1227)<br>ཤིང་སྤྲེལ་(སྤྱི་ལོ1284) | |
| 6 | མཚམས་གཅོད་པ་གྲགས་པ་བསོད་ནམས། | ལྡན་སྟོད་ཚོང་དུ། | ས་ཁྱི་(སྤྱི་ལོ1238)<br>མེ་ཁྱི་(སྤྱི་ལོ1287) | |
| 7 | གཉན་བས་ཡེ་ཤེས་རྡོ་རྗེ། | | ཆུ་ལུག་(སྤྱི་ལོ1223)<br>ཆུ་སྦྲུལ་(སྤྱི་ལོ1293) | འདིའི་སྐབས་འབྲི་གུང་གླིང་ལོག་བྱུང་། |
| 8 | ཆོས་རྗེ་རིན་པོ་ཆེ་རྡོ་རྗེ་རིན་ཆེན། | གཞུ་སྨད་འཛོན་མ། | ས་སྟག་(སྤྱི་ལོ1278)<br>ཤིང་སྟག་(སྤྱི་ལོ1314) | འབྲི་མཐིལ་བྱང་ཆུབ་གླིང་ཉམས་གསོ་མཛད། |
| 9 | ཆོས་རྗེ་རིན་པོ་ཆེ་རྡོ་རྗེ་རྒྱལ་པོ། | གཞུ་སྨད་འཛོན་མ་(ཡངས་རི་སྒང་ཁོངས་) | ཤིང་སྤྲེལ་(སྤྱི་ལོ1284)<br>ལྕགས་སྟག་(སྤྱི་ལོ1350) | གཞུ་སྨད་གཡའ་རིའི་ཆོས་སྡེ་བཏབ། |
| 10 | འཛམ་གླིང་ཆོས་ཀྱི་རྒྱལ་པོ། | གཞུ་སྨད་འཛོན་མ། | ཤིང་ཕག(སྤྱི་ལོ1335)<br>ལྕགས་གླང་(སྤྱི་ལོ1421) | ལྕགས་གླང་(སྤྱི་ལོ1351)འབྲི་གུང་གདན་སའི་ཁྲིར་ཕེབས། |

| | | | | |
|---|---|---|---|---|
| 11 | ཆོས་རྗེ་དོན་གྲུབ་རྒྱལ་པོ། | གཞུ་སྨད་འཛོན་མ། | ས་བྱ་(སྤྱི་ལོ1369)<br>མེ་ལུག་(སྤྱི་ལོ1427) | |
| 12 | ཆོས་རྒྱལ་རིན་ཆེན་དཔལ་བཟང་། | གཏེར་སྒྲོམ་དང་ཉེ་བའི་གཞུ་སྟོད་སྒྲུ | ལྕགས་གླང་(སྤྱི་ལོ1421)<br>ས་གླང་(སྤྱི་ལོ1479) | |
| 13 | ཆོས་རྗེ་རིན་ཆེན་ཆོས་ཀྱི་རྒྱལ་མཚན། | གཞུ་སྟོད་སྒྲུའི་ཆ་བཀྲ་ཤིས་སྡིང་ཁ | ས་སྦྲུལ་(སྤྱི་ལོ1449)<br>ཤིང་འབྲུག(སྤྱི་ལོ1484) | |
| 14 | དབང་རིན་ཆེན་ཆོས་ཀྱི་རྒྱལ་པོ། | གཞུ་སྨད་མཁར་ཐོག | ས་འབྲུག(སྤྱི་ལོ1448)<br>ཤིང་བྱི་(སྤྱི་ལོ1504) | |
| 15 | ཀུན་དགའ་རིན་ཆེན་དཔལ་བཟང་པོ། | གཞུ་སྟོད་སྒྲུའི་ཆ་བཀྲ་ཤིས་སྡིང་ཁ | ཤིང་ལུག(སྤྱི་ལོ1475)<br>མེ་ཕག་(སྤྱི་ལོ1527) | འདི་སྐབས་སྡེ་འབྲི་དབར་འཁྲུག་ཆེན་བྱུང་། |
| 16 | ཆོས་རྗེ་རིན་ཆེན་ཕུན་ཚོགས། | གཞུ་རོང་སྒྲུ་གཉེར་སྐང་། | ས་སྦྲུལ་(སྤྱི་ལོ1508)<br>མེ་སྦྲུལ་(སྤྱི་ལོ1557) | དྭ་མེད་གོང་མ་ཡུང་ལོས་ཞང་གི་ལུང་ལས་གནང་། |
| 17 | རིན་ཆེན་རྣམ་རྒྱལ་ཆོས་ཀྱི་གྲགས་པ་རྒྱལ་མཚན་དཔལ་བཟང་པོ། | ལྷ་པོ་སྟོད་ཀྱི་ཕོ་བྲང་རྣམ་གསུམ་གླིང་། | ས་ཡོས་(སྤྱི་ལོ1519)<br>མེ་བྱི་(སྤྱི་ལོ1576) | མིང་གོང་མས་འཇའ་ས་ཞིལ་དམ་སོགས་གནང་། |
| 18 | པཎ་ཆེན་རིན་པོ་ཆེ་བསོད་ནམས་དཔལ་གྱི་རྒྱ་མཚོ། | རྣམ་གསུམ་གླིང་། | མེ་ཕག་(སྤྱི་ལོ1527)<br>ས་སྦྲུལ་(སྤྱི་ལོ1569) | |
| 19 | ཆོས་རྗེ་རིན་ཆེན་ཕྱོགས་ལས་རྣམ་རྒྱལ | རྣམ་གསུམ་གླིང་། | ལྕགས་ཕག(སྤྱི་ལོ1551)<br>ཆུ་བྱ་(སྤྱི་ལོ1570) | |
| 20 | ཆོས་རྒྱལ་ཕུན་ཚོགས་བཀྲ་ཤིས། | རྒྱ་མ་ཁྲི་ཁང་། | མེ་ལུག་(སྤྱི་ལོ1547)<br>ཆུ་སྟག་(སྤྱི་ལོ1602) | |
| 21 | ནཱ་རོ་གཉིས་པ་བཀྲ་ཤིས་ཕུན་ཚོགས་གྲགས་པ་རྒྱལ་མཚན། | འབྲི་གུང་གཞུ་སྨད་སྒོ་ལུང་། | ཤིང་ཁྱི་(སྤྱི་ལོ1574)<br>ས་འབྲུག་(སྤྱི་ལོ1628) | |

| 22 | རྗེ་བཙུན་དཀོན་མཆོག་རིན་ཆེན། | འབྲི་གུང་གཞུ་སྨད་སྒྲོ་ལུང་། | ལྕགས་སྟག(སྤྱི་ལོ1590)<br>ཤིང་རྟ་(སྤྱི་ལོ1654) | ཆེ་ཚང་སྐུ་ཕྲེང་དང་པོར་འདྲེན། |
|---|---|---|---|---|
| 23 | འབྲི་གུང་རིག་འཛིན་ཆོས་གྲགས། | འབྲི་གུང་གཞུ་སྨད་སྒྲོ་ལུང་། | ཤིང་ལུག(སྤྱི་ལོ1595)<br>ས་ཕག་(སྤྱི་ལོ1659) | ཆུང་ཚང་སྐུ་ཕྲེང་དང་པོར་འདྲེན། |
| 24 | རྗེ་བཙུན་དཀོན་མཆོག་འཕྲིན་ལས་བཟང་པོ། | བྱང་ཀོང་ཡོང་པོའི་ཕྱོགས་ཀྱི་སླང་གྲོང་། | མེ་སྤྲེལ་(སྤྱི་ལོ1656)<br>ས་ཁྱི་(སྤྱི་ལོ1718) | ཆེ་ཚང་སྐུ་ཕྲེང་གཉིས་པ། འབྲི་རིས་ཞེས་མཁྱེན་ལུགས་ལས་བྱུང་དུ་གྲུབ་པའི་རི་མོའི་རྒྱུད་བྱུང་ངོ། |
| 25 | འཇམ་དབྱངས་ཆོས་ཀྱི་རྒྱལ་པོ་འཕྲིན་ལས་དོན་ཀུན་གྲུབ། | འཇང་རྒྱལ་ཐང་། | ཤིང་སྤྲེལ་(སྤྱི་ལོ1704)<br>ཤིང་ཁྱི་(སྤྱི་ལོ1754) | ཆུང་ཚང་སྐུ་ཕྲེང་གཉིས་པ། |
| 26 | དཀོན་མཆོག་བསྟན་འཛིན་འགྲོ་འདུལ། | ཀོང་ཡུལ་ཨོ་རོང་། | ཤིང་འབྲུག(སྤྱི་ལོ1724)<br>མེ་ཁྱི་(སྤྱི་ལོ1766) | |
| 27 | དཀོན་མཆོག་བསྟན་འཛིན་ཆོས་ཀྱི་ཉི་མ་ | འཇང་ཡུལ་ལི་ཙང་ཕུ་ཚུ་ཁ། | ཤིང་ཕག་(སྤྱི་ལོ1755)<br>ཆུ་བྱི་(སྤྱི་ལོ1792) | |
| 28 | བསྟན་འཛིན་པད་མའི་རྒྱལ་མཚན། | ཀོང་པོ། | ལྕགས་སྟག(སྤྱི་ལོ1770)<br>མེ་ཁྱི་(སྤྱི་ལོ1826) | 《འབྲི་གུང་གདན་རབས་གསེར་ཕྲེང་》བརྩམས། |
| 29 | འཇམ་དབྱངས་ཆོས་ཀྱི་རྒྱལ་མཚན་དཔལ་བཟང་པོ། | སྟོ་ཁ་འཕྱོངས་རྒྱས་ཚེ་རིང་སྒོངས། | ཆུ་གླང་(སྤྱི་ལོ1793)<br>མེ་ཁྱི་(སྤྱི་ལོ1827) | |
| 30 | སྟག་ཕྲུ་པ་དཀོན་མཆོག་བསྟན་འཛིན་ཆོས་ཀྱི་བློ་གྲོས། | མདོ་ཁམས་རི་པོ་ཆེ། | ལྕགས་བྱ་(སྤྱི་ལོ1801)<br>ས་ལུག་(སྤྱི་ལོ1859) | |

| | | | | |
|---|---|---|---|---|
| 31 | རིན་ཆེན་བསྟན་པའི་མཛེས་རྒྱན་རང་བྱུང་ཆོས་ཉིད་ནོར་བུ་དཔལ་བཟང་པོ། | ཟངས་རི་རྩེ་ནེ་ཁང་ཚང་། | ས་བྱི་(སྤྱི་ལོ1828)<br>མེ་གླང་(སྤྱི་ལོ1865) | |
| 32 | དཀོན་མཆོག་ཐུབ་རྗེའི་ཉི་མ་ངེས་ལེགས་ཆོས་ཀྱི་འོད་ཟེར་འགྲོ་འདུལ་དཔལ་བཟང་པོ། | བྱང་གནམ་མཚོ་ཕྱུག་མོའི་ཉེ་འགྲམ་གནམ་རུའི་སྡེ། | ས་བྱི་(སྤྱི་ལོ1828)<br>ཤིང་བྱ་(སྤྱི་ལོ1885) | |
| 33 | དཀོན་མཆོག་བསྟན་འཛིན་ཆོས་ཀྱི་བློ་གྲོས་འཕྲིན་ལས་རྣམ་རྒྱལ། | འོལ་ཁ་འཁྲུངས་གཞིས་སྣང་གསལ་འོད་ལྷུན། | ས་འབྲུག(སྤྱི་ལོ1868)<br>མེ་རྟ་(སྤྱི་ལོ1906) | |
| 34 | དཀོན་མཆོག་བསྟན་འཛིན་ཐུབ་བསྟན་གསལ་བྱེད་ཞི་བའི་བློ་གྲོས་དཔལ་བཟང་པོ། | དྭགས་ཡུལ་གྲུ་བཞི་ཆ་ཚུ་ལྷུང་། | མེ་ཁྱི་(སྤྱི་ལོ1886)<br>ཆུ་ལུག་(སྤྱི་ལོ1943) | |
| 35 | དཀོན་མཆོག་བསྟན་འཛིན་ཆོས་ཀྱི་འབྱུང་གནས་འཇིགས་མེད་རྣམ་རྒྱལ། | འབྲི་གུང་རོག་མདོ། | ས་བྱ་(སྤྱི་ལོ1909)<br>ལྕགས་འབྲུག(སྤྱི་ལོ1941) | |
| 36 | བརྒྱད་ར་མཆོག་སྤྲུལ་དཀོན་མཆོག་ཐུབ་བསྟན་དབང་པོ། | སྨྲ་ག་སྐྱོ་མ་མང་རྣ་སྐྱི་ཐག་ཚང་། | ཤིང་བྱི་(སྤྱི་ལོ1924)<br>ས་ལུག་(སྤྱི་ལོ1979) | |

| 37 | དཀོན་མཆོག་བསྟན་འཛིན་ངག་དབང་ཐུབ་བསྟན་ཆོས་ཀྱི་སྣང་བ་དཔལ་བཟང་པོ། | སྡེ་ཁའི་ཚར་གཏོགས་ཨེ་ཆེན་ལྷ་རྒྱ་རའི་ཕོ་བྲང་། | ཆུ་རྟ་(སྤྱི་ལོ1942) | སྔོང་ས་ནང་བསྟན་མཐུན་ཚོགས་ཀྱི་དྲུང་ཆེ་གཞོན་པ། |
|---|---|---|---|---|
| 38 | དཀོན་མཆོག་བསྟན་འཛིན་ཀུན་བཟང་འཕྲིན་ལས་ལྷུན་གྲུབ་ཕྱོགས་ལས་རྣམ་རྒྱལ། | ལྷ་ལྡན་ཚ་རོང་གཟིམ་ཤག | མེ་ཁྱི་(སྤྱི་ལོ1946) | |

**གསལ་བཤད།** འབྲི་གུང་གདན་རབས་རིམ་བྱོན་གྱི་བརྩི་སྲོལ་ཐད་བཞེད་པ་མི་མཐུན་པ་ཡོད་མོད། འདིར་《འབྲི་གུང་གདན་རབས་གསེར་ཕྲེང་》ལྟར་སྐྱོབ་པ་རིན་པོ་ཆེ་གོང་དུ་ཕུད་དེ་མཁན་ཆེན་གུ་ར་བ་གདན་རབས་དང་པོར་བཞག་པ་དང་། དབང་རིན་ཆེན་དཔང་རྒྱལ་གདན་སར་དངོས་སུ་མ་བཞུགས་ཞེས་གདན་རབས་གྲས་སུ་རྩིས་མེད། དེ་བཞིན་འབྱུང་ས་ཡུལ་དང་འབྱུངས་འདས་ལོ་ཚིགས་སོགས《འབྲི་གུང་གདན་རབས་གསེར་ཕྲེང་》དང《འབྲི་གུང་ཆོས་འབྱུང་》བཅས་གཞིར་བྱས་ཏེ་བསྒྲིགས་ཡོད།

**དཔྱད་གཞིའི་ཡིག་རིགས།**

ཛ་ཐོ་ཛེ་ཨ་ཏི་ཤས་གཏེར་ནས་བཏོན་པ《བཀའ་ཆེམས་ཀ་ཁོལ་མ》ཀན་སུའུ་མི་རིགས་དཔེ་སྐྲུན་ཁང་། སྤྱི་ལོ་༡༩༨༩ ཟླ་༩

ཡར་རྗེ་ཨོ་རྒྱན་གླིང་པས་གཏེར་ནས་བཏོན《བཀའ་ཐང་སྡེ་ལྔ》སེར་གཙུག་ནང་བསྟན་དཔེ་སྐྲིང་འཚོལ་བསྡུ་ཕྱོགས་སྒྲིག་ཁང་ནས་བསྐྲུན། སྤྱི་ལོ་

༢༠༡༠ལོའི་ཟླ་༤
རྒྱལ་དབང་ལྔ་པ《དཔྱིད་ཀྱི་རྒྱལ་མོའི་གླུ་དབྱངས》 མི་རིགས་དཔེ་སྐྲུན་ཁང་། སྤྱི་ལོ་༡༩༥༧ཟླ་༡༠
སྡེ་སྲིད་སངས་རྒྱས་རྒྱ་མཚོ《དགའ་ལྡན་ཆོས་འབྱུང》 ཀྲུང་གོའི་བོད་ཀྱི་ཤེས་རིག་དཔེ་སྐྲུན་ཁང་། སྤྱི་ལོ་༡༩༨༩ཟླ་༡༡
ས་སྐྱ་བསོད་ནམས་རྒྱལ་མཚན《རྒྱལ་རབས་གསལ་བའི་མེ་ལོང》 མི་རིགས་དཔེ་སྐྲུན་ཁང་། སྤྱི་ལོ་༡༩༨༡ཟླ་༥
ངག་དབང་ ཀུན་ དགའ་ བསོད་ ནམས་ རྒྱལ་ མཚན《 བཀའ་ གདམས་ ཆོས་འབྱུང》 མཚོ་སྔོན་མི་རིགས་དཔེ་སྐྲུན་ཁང་། སྤྱི་ལོ་༡༩༩༤ལོའི་ཟླ་༡
ལས་ཆེན་ཀུན་དགའ་རྒྱལ་མཚན《བཀའ་གདམས་ཆོས་འབྱུང་གསལ་བའི་སྒྲོན་མེ》 བོད་ལྗོངས་མི་དམངས་དཔེ་སྐྲུན་ཁང་། སྤྱི་ལོ་༢༠༠༣ཟླ་༡༢
འབྲི་གུང་བསྟན་འཛིན་པད་མའི་རྒྱལ་མཚན《འབྲི་གུང་གདན་རབས་གསེར་ཕྲེང》 བོད་ལྗོངས་བོད་ཡིག་དཔེ་རྙིང་དཔེ་སྐྲུན་ཁང་། སྤྱི་ལོ་༡༩༨༩ལོའི་ཟླ་༧
སི་ཏུ་ཆོས་ཀྱི་རྒྱ་མཚོ《ཀཿཐོག་སི་ཏུའི་དབུས་གཙང་གནས་ཡིག》བོད་ལྗོངས་བོད་ཡིག་དཔེ་རྙིང་དཔེ་སྐྲུན་ཁང་། སྤྱི་ལོ་༡༩༩༩ལོའི་ཟླ་༩
དུང་དཀར་བློ་བཟང་འཕྲིན་ལས《དུང་དཀར་ཚིག་མཛོད》ཀྲུང་གོའི་བོད་རིག་པ་དཔེ་སྐྲུན་ཁང་། སྤྱི་ལོ་༢༠༠༢ལོའི་ཟླ་༦
མིག་དམར་ཚེ་རིང《<ཏུན་ཧོང་ནས་ཐོན་པའི་བོད་ཀྱི་ལོ་རྒྱུས་ཡིག་ཆ>ལས་བྱུང་བའི་བོད་ལྗོངས་ས་མིང》བོད་ལྗོངས་བོད་ཡིག་དཔེ་རྙིང་དཔེ་སྐྲུན་ཁང་།

ཕྱི་ལོ་༢༠༠༥ལོའི་ཟླ་༨

འབྲི་གུང་དཀོན་མཆོག་རྒྱ་མཚོ《འབྲི་གུང་ཆོས་འབྱུང》མི་རིགས་དཔེ་སྐྲུན་ཁང་། ཕྱི་ལོ་༢༠༠༩ལོའི་ཟླ་༢

འབྲི་གུང་དཀོན་མཆོག་རྒྱ་མཚོ《འབྲི་གུང་ཐེལ་ལོའི་ཡུལ་སྐོར་གནས་ཡིག》བོད་ལྗོངས་མི་དམངས་དཔེ་སྐྲུན་ཁང་། ཕྱི་ལོ་༢༠༠༩ལོའི་ཟླ་༡

ཆོས་འཕེལ《ལྷ་ས་ས་ཁུལ་གྱི་གནས་ཡིག》མི་རིགས་དཔེ་སྐྲུན་ཁང་། ཕྱི་ལོ་༢༠༠༩ལོའི་ཟླ་༦

བཤེས་གཉེན་ཚུལ་ཁྲིམས《ལྷ་སའི་དགོན་པ》བོད་ལྗོངས་མི་དམངས་དཔེ་སྐྲུན་ཁང་། ཕྱི་ལོ་༢༠༠༩ལོའི་ཟླ་༦

《བོད་ལྗོངས་གནའ་ཤུལ་གནས་མཆོག》དཔེ་ཚོགས། བོད་ལྗོངས་མི་དམངས་དཔེ་སྐྲུན་ཁང་།

《གྲོང་ཁྱེར་ལྷ་སའི་ལོ་རྒྱུས་རིག་གནས》(མལ་གྲོ་གུང་དཀར་རྫོང) གྲོང་ཁྱེར་ལྷ་ས་སྲིད་གྲོས་ལོ་རྒྱུས་རིག་གནས་དཔྱད་ཡིག་རྒྱུ་ཆ་རྩོམ་འབྲི་ཨུ་ཡོན་ལྷན་ཁང་།

《བོད་ལྗོངས་ནང་བསྟན》དུས་དེབ་ཁ་ཤས། ཀྲུང་གོ་ནང་བསྟན་མཐུན་ཚོགས་བོད་ཡན་ལག་མཐུན་ཚོགས།

རྡོ་རྗེ《རྒྱ་མའི་གནས་ཡིག》བོད་ལྗོངས་མི་དམངས་དཔེ་སྐྲུན་ཁང་། ཕྱི་ལོ་༢༠༠༦ལོའི་ཟླ་༡༠

《བོད་ཀྱི་དངོས་མེད་རིག་གནས་ཤུལ་བཞག་གི་དཔེ་རིས》བོད་ལྗོངས་བོད་ཡིག་དཔེ་རྙིང་དཔེ་སྐྲུན་ཁང་། ཕྱི་ལོ་༢༠༡༣ལོའི་ཟླ་༦

图书在版编目(CIP)数据

墨竹工卡县文化史 ：藏文 /拉巴扎西著. ——拉萨：西藏藏文古籍出版社，2012.12
ISBN 978 -7 -80589 -280 -1

Ⅰ. ①墨… Ⅱ. ①拉… Ⅲ. ①文化史 - 墨竹工卡县 - 藏语 Ⅳ. ①k297.54

中国版本图书馆 CIP 数据核字(2012)第 212032 号

**墨竹工卡县文化史**

作　　者　拉巴扎西
责任编辑　索朗次旦
出　　版　西藏藏文古籍出版社
发　　行　西藏新华书店
印　　刷　拉萨市明鑫印刷有限公司
开　　本　850 × 1168　1/32
印　　张　9.5
版　　次　2013 年 7 月第 1 版
印　　次：2013 年 7 月第 1 次印刷
书　　号　ISBN 978 -7 -80589 -280 -1

印　　数：01 -2,000　　定价：18.00 元

# གནའ་བོའི་དུས་ཀྱི་མལ་གྲོ་དང་འབྲེལ་བའི་རིག་གནས་ལོ་རྒྱུས།


| | |
|---|---|
| རྩོམ་པ་པོ། | ལྷག་པ་བཀྲ་ཤིས། |
| རྩོམ་སྒྲིག་འགན་འཁུར་བ། | བསོད་ནམས་ཚེ་བརྟན། |
| དཔེ་སྐྲུན་ཚན་པ། | བོད་ལྗོངས་བོད་ཡིག་དཔེ་རྙིང་དཔེ་སྐྲུན་ཁང་། |
| པར་འདེབས་ཚན་པ། | ལྷ་ས་གྲོང་ཁྱེར་མིང་ཞེན་པར་འདེབས་ཚད་ཡོད་ཀུང་སི། |
| དེབ་ཚད། | 850×1168 1/32 |
| པར་ཤོག | 9.5 |
| པར་གཞི། | 2013ལོའི་ཟླ7པར་པར་གཞི1བསྒྲིགས། |
| པར་ཐེངས། | 2013ལོའི་ཟླ7པར་པར་ཐེངས1བཏབ། |
| པར་གྲངས། | 01－2,000 |
| དཔེ་རྟགས། | ISBN978－7－80589－280－1 |
| རིན་གོང་། | སྒོར 18.00 |